책과
혁명

책과 혁명

프랑스혁명 이전의 금서와 베스트셀러

로버트 단턴 지음 ● 주명철 옮김

인쇄 출판의 자유
1797년의 채색 판화에서 우리는 인쇄 출판의 자유를 얻은 프랑스인들이 앞다투어 인쇄물을 제작해 널리 퍼뜨리는 모습을 볼 수 있다.

식자공의 작업
식자공이 원고를 보면서 활자를 골라 인쇄기에 올릴
판을 짜고 있다. 컴퓨터 조판이 발달한 오늘날에는
사라진 풍경이다.

인쇄소 풍경
그림의 왼쪽에서는 식자공이 활자를 골라 판을 짜고 있으며, 가운데 직공들은 판에 잉크를 바르거나 인쇄
기에 종이를 걸고 있다.

17세기 이탈리아의 서적행상인

라디오도 없던 '초기 정보 양식의 시대'에 주요한 정보 보급원이었던 서적행상인들은 험
담·소문·악담·노래 따위의 입말과 수기신문·벽보 같은 글말이 정보를 활발하게 유통
시키는 데 큰 역할을 했다. 사회 서열의 맨 밑바닥에 있는 가난한 사람들은 때로는 제대
로 내용도 파악하지 못한 채 인쇄물이나 서적을 팔러 다녔다. 정식허가를 받지 않고 불
법 서적을 몰래 팔던 사람들은 혹된 벌을 받았다.

—아니발레 카라치 그림으로 제작한 1646년의 판화

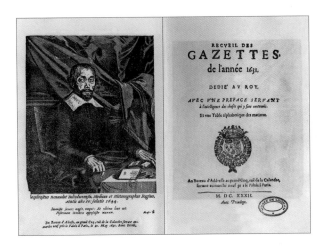

테오프라스트 르노도와 《가제트》
르노도는 1631년 5월 3일 《가제트》 첫 호를 발간하여 프랑스 신문의 역사를 열었다.
그러나 그의 사업은 성공하지 못했다. 1653년 10월 23일 마지막 기사를 쓴 르노도
는 이틀 뒤 사망했다.

기욤 토마 레날과 그의 베스트셀러
레날 신부가 디드로의 도움을 받아 쓴 《두 개의 인도에서 유럽인의 식민활동과 무역
에 관한 철학적이고 정치적인 역사》는 혁명 전 10여 년 동안 20판 이상을 찍을 정도
로 성공작이었다.

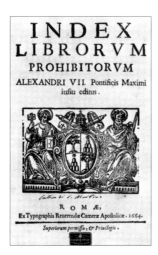

금서목록

1664년 교황청이 발행한 이 목록에는 파스칼·갈릴레오·케플러의 작품이 들어 있다. 교황청은 20세기 후반에 비로소 금서목록의 발행을 멈추었다. 생각의 차이나 다양함을 인정하는 문화 다원주의의 승리를 보여주는 상징적인 개혁으로 바티칸에서는 거의 4세기 전에 처러진 갈릴레오의 재판에 대해 잘못을 시인했다.

시라노 드 베르주라크 작품

17세기 프랑스 시인이며 작가인 시라노 드 베르주라크의 공상적인 작품 《달과 해의 세계에 있는 나라와 제국들에 관한 익살맞은 이야기》는 1687년 영어로 번역되었다. 이 작가의 생애는 19세기 에드몽 로스탕의 희곡으로 잘 알려졌다.

철학적 작품 목록(1775?)
뇌샤텔출판사에서 작성한 이 목록에 올라 있는 '철학적'(불법) 서적은 혁명 전 프랑스에 널리 보급되었다. 이 목록은 불법 서적을 국경 너머 프랑스로 밀수입하는 활동이 얼마나 활발했는지 추측할 수 있게 해준다.

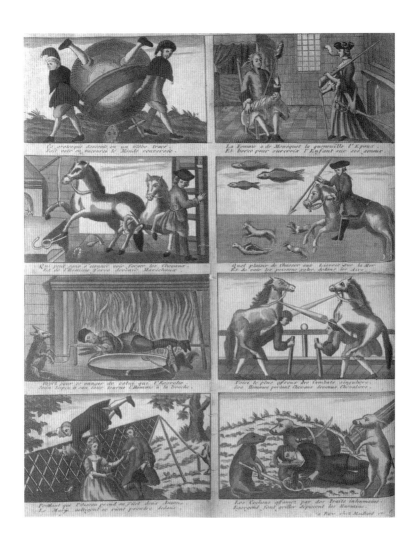

인간의 터무니없는 생각, 또는 거꾸로 된 세상
15세기부터 19세기 초까지 서양에서 유행한 판화는 대개 문맹이던 민중에게 잠시나마 고된 일상에서 벗어
날 수 있는 꿈을 안겨주었다.

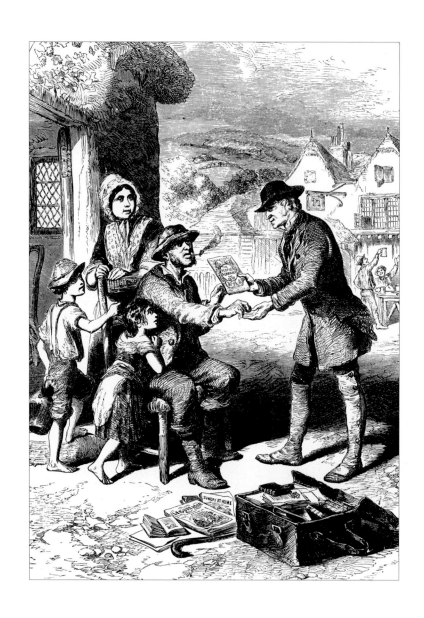

영국의 인쇄물 행상인

크라코프 나무 아래
18세기 파리의 팔레 루아얄 정원에는 '크라코프 나무'가 한 그루 있었는데, 그 나무 아래 사람들이 모여 시사 문제를 이야기했다. 그림에서는 어떤 사람이 신문을 큰 소리로 읽어주는 모습을 볼 수 있다.

파리식의 간단한 밤참(위)
1792년 9월 2일의 파리 대학살 소식을 들은 영국인은 (문자 그대로) '아래를 벗은 사람들' (상퀼로트)이 우악
스럽게 인육을 먹는 모습을 통해 프랑스혁명에 대한 역겨움을 드러냈다.
−제임스 길레이의 판화

프랑스의 침략에 따라 예측할 수 있는 두려움(아래)
자유의 나무에 윌리엄 피트를 매달아놓고 매질하는 모습, 에드먼드 버크가 황소뿔에 받치는 모습을 담은
이 그림은 프랑스혁명의 물결이 영국으로 밀려오는 데 대한 두려움과 경계심을 표현하고 있다.
−제임스 길레이의 판화

"프랑스 영광의 극치, 자유의 정점, 자유·정의·충성심, 그리고 몽매한 인간들의 모든 도깨비여, 안녕!"
—제임스 길레이의 판화

비밀 인쇄기
18세기에 불법 인쇄물을 찍어내는 사람들은 경찰이 급습할 때 쉽게 감출 수 있도록 인쇄기를 간편하게 제작했다.

일러두기

1. 저자 주는 미주 처리하였고, 옮긴이 주는 각주 처리하였다. 단, 4부의 각주('abc···')는 원문의 주다.
2. 원서의 강조체는 한국어판에서 고딕체로 표시하였다.

금서의 사회사,
금서의 문화사를 위하여

이 책은 단턴이 발표한 수많은 작품 중에서 1979년에 발표한 《계몽주의의 사업: 백과사전의 출판에 관한 역사, 1775~1800The Business of Enlightenment: A Publishing History of Encyclopédie, 1775~1800》의 뒤를 잇는다. 앞의 책이 18세기에 가장 성공한 금서였던 디드로의 《백과사전》이 그 뒤 출판업자 팡쿠크의 기획으로 판본 형태를 바꿔가면서 프랑스와 유럽에 널리 보급되는 과정을 복원한 역작이라면, 이 책은 그 뒤 25년 동안 뇌샤텔출판사에 남아 있는 방대한 사료를 조사하여 1789년 혁명이 일어나기 전 프랑스에서 가장 많이 읽은 금서의 유통과정, 서적상과 그가 만나는 독서의 세계, 더 나아가 18세기 정보의 생산과 유통의 얼개를 복원하고, 그것이 어떤 담론을 생산하거나 유통시키면서 혁명 직전의 문화를 반영하거나 변화시키는 원동력이 되는지 살폈다.

책과 혁명은 어떤 관계가 있는가

단턴이 원래 계획을 훌륭하게 성취하기를 기대하면서, 여기에서는 그가 관심을 기울인 '책의 역사'가 어떻게 발전했는지 잠시 추적하고, 그 맥락 속에서 단턴의 저서, 특히 이 책이 차지하는 자리를 살펴보도록 하겠다.

'책의 역사'는 '인쇄술의 역사'와 구별하기 위해 생긴 개념이다. '인쇄술의 역사'가 기술의 발달사와 함께 책을 사랑하는 마음에서 희귀본이나 진귀본의 역사에 관심을 기울인 데 비해, 뤼시앵 페브르와 앙리 장 마르탱이 함께 쓴 《책의 출현L'apparition du livre》(1958)과 함께 본격적으로 시작된 '책의 역사'는 아주 큰 계획을 실현하고자 했다. 물론 이 책의 제목은 오해를 불러일으킬 소지가 있다. 손으로 쓴 것도 책이라고 부른 현실을 잊게 만들고, 책이 구텐베르크의 활판인쇄술과 함께 나왔다고 주장하는 것처럼 들릴 위험을 안고 있기 때문이다. 그러나 《책의 출현》에서 저자들은 활판인쇄술로 찍은 책이 나온 이후 300년 동안 책의 영향력과 문화적 행동을 파악하고자 했다. 다시 말해 이들은 사상의 전달과 전파의 새로운 양식이 유럽 문화에 가져온 부수적인 사건들을 이해하려는 분명한 의지를 품고 책을 썼다. 이들은 특히 15세기부터 18세기까지 책의 역사에 관한 후속 연구를 자극했는데, 우리는 그것을 세 가지 경향으로 분류할 수 있다.

첫째 경향은 특정 장소와 시대에 나와 오늘날까지 남아 있는 인쇄물, 아니면 서적출판행정청의 출판 허가를 받아 등록을 마친 흔적을 고문서에 남긴 인쇄물에 관한 연구다. 앙리 장 마르탱의 연구(《17세기 파리의 책, 권력, 그리고 사회, 1598~1701》, 1969)와 프랑수아 퓌레가 주도한 공동연구(《18세기 프랑스의 책과 사회》 1권, 1965; 2권, 1970)가 이 경향을 대표한다. 이러한 모범을 좇아 루앙·아비뇽의 책과 사회에 관한 연구도 나왔다.

둘째 경향은 책과 관련된 사람들에 관한 연구에서 찾을 수 있다. 서적상-인쇄업자, 인쇄장인, 식자공, 인쇄공, 제본업자들에 관한 연구는 사회

직업의 분류를 바탕으로 이들의 재산, 인척관계, 지리적 유동성, 사회적 부동성을 파헤쳤다. 미국의 나탈리 지몬 데이비스는 리옹의 사례를 연구하여 이 경향을 대표했다. 게다가 책과 관련한 사회직업별 집단의 작업관행, 작업장의 구조, 노동자들의 관습을 파헤치는 연구도 이 경향에 속하게 되었다. 리슈네는 18세기 중엽의 뇌샤텔출판사에 관한 연구를 남겼다.

셋째 경향은 산업화 이전의 사회에서 책이 어떻게 불평등하게 분배되었는지 파악하는 연구에서 나타났다. 이러한 경향의 연구는 죽은 사람이 남긴 재산의 목록, 장서의 경매목록에 나타난 책을 조사하는 데서 출발하여 사회집단별로 책의 소유, 장서의 크기, 장서의 구성요소 같은 문화적 내용을 파악했다.

단턴은 이 세 가지 경향에서 무엇보다도 첫째 경향에 속했다. 그는 1960년대 프랑수아 퓌레가 주도한 공동연구에 참여했던 것이다. 그러나 모든 범주를 분명하게 나눌 수 없듯이, 단턴은 《고양이 대학살》(조한욱 옮김, 문학과지성사, 1996)에서 보는 바와 같이 인쇄공·작가·독자·서적감독관 같은 사람들의 세계를 다루기도 했다. 게다가 그는 다니엘 모르네의 문제의식(《프랑스혁명의 지적 기원》, 주명철 옮김, 민음사, 1993)을 계승하여 책과 혁명의 관계를 밝히려고 노력하기 시작했다. 그리고 25년의 연구를 정리한 결과 《책과 혁명》을 내놓게 되었다. 그는 무엇보다도 "18세기 사람들은 어떤 책을 읽었는가?"라는 문제가 너무 방대하기 때문에 "그들은 무슨 책을 읽지 못했는가?"라는 비교적 작은 문제를 해결하려고 노력했다.

그러나 '비교적 작은 문제'도 일반적인 '책의 역사'와 마찬가지로 책을 만들고, 운송하고, 팔고, 사고, 소유하고, 읽는 사람들에 대한 연구를 바탕으로 깔고 있다. 게다가 이 문제는 빼앗긴 책, 추적당하는 책의 내용 분석도 필수적인 사항으로 요구하고 있다. 이처럼 '책의 역사'에서 곁가지를 친 '금서의 역사'는 계몽사상과 프랑스혁명의 관계를 고려하는 역사가들을 기대감에 들뜨게 만드는 것이다.

물론 단턴이 금서 연구의 선구자는 아니다. 펠릭스 로켕(《프랑스혁명 이전의 혁명정신》, 1878)과 블랭(《1748년부터 1789년까지 계몽사상 운동, 서적 출판의 역사에 관한 문서로 보는 파리의 계몽사상 전파에 관한 연구》, 1913)이 금서를 통해서 계몽사상·혁명사상이 어떻게 전파되었는지 밝히려고 노력했기 때문이다. 그러나 1950년대부터 '책의 역사'가 발달한 이후 단턴은 새로운 문제의식, 새로운 접근법, 새로운 방법론으로 무장한 '금서의 역사' 연구에서 가장 유명한 역사가로 떠올랐다.

책은 역사를 기록할 뿐 아니라 만들기도 한다

두루 알다시피 단턴은 다니엘 모르네가 시작한 연구를 조금 다른 각도에서 발전시켰다. 단턴은 옛 프랑스 사람들이 '체험한 문학'을 연구하고, 책이란 사건을 기록하는 수동적인 매체일 뿐만 아니라 사건을 만드는 요인이기도 하다는 주장을 증명하기 위해 금서의 세계를 복원했다. 그는 이 책에서 합법성의 영역에 못지않게 중요한 비합법성의 영역에 속한 책을 연구할 필요를 논증한다. 왜? 단턴은 그 이유를 이렇게 설명한다.

첫째, 책의 역사는 '인문과학'의 새로운 분야로서 문학과 문화사 전반에 대해 좀더 넓은 안목을 마련해줄 수 있다. 사회 전체를 통해서 독자가 어떤 책을 손에 넣었는지, 그리고 (일정한 범위에서나마) 독자가 어떻게 그것을 이해했는지 알게 됨으로써 우리는 문학을 전반적인 문화체계의 일부로 연구할 수 있기 때문이다. 이러한 견해로써 문제에 접근하기 위해서는 유명한 저자가 쓴 위대한 책에 대한 선입관을 버려야 한다. … 또 나는 혁명 전 프랑스의 금서 전집에 관한 목록과 함께 금서가 어떤 지역으로 전파되고 작품마다 수요가 어떻게 달랐는지에 관한 정보를 제공함으로써, 앞으로 더욱 높은 수준의 연구가 나올 수 있도록 머릿돌을 놓고 싶다. …

둘째, 나는 서적의 역사가 어떻게 의사소통의 역사라는 좀더 넓은 영역으로 나아가는 길을 열어주는지 보여주고 싶다. 우리는 문학을 한 가지 의사소통 체계로 이해할 수 있다. … 문학은 인쇄물·글·입말·시각자료 따위의 모든 매체가 교차하고 맞닿는 전반적인 문화에 속한다. 18세기 프랑스에서 책은 … 험담·소문·농담·노래·낙서·벽보·풍자시를 담은 광고·편지·신문 같은 것이 넘치는 사회에 유통되었다. 이러한 매체 가운데 다수가 책의 영향을 받았듯이, 책에 그 흔적을 남기기도 했다. 뜻을 전달하고 증폭시키는 과정을 통해서 프랑스는 말과 그림으로 넘쳐났다. 그러나 그 과정은 어떻게 작용했는가, 그리고 그것은 앙시앵 레짐의 안정을 어떻게 위협했는가?

이러한 문제가 바로 내가 조사하고자 하는 세 번째 영역과 관련된 것이다. 그것은 이념의 표현과 여론의 형성이라는 영역이다. 이것은 순전히 이론적인 영역이다. 왜냐하면 우리가 사실상 단일한 대중에 대해 말할 수 있다 해도 우리는 대중이 무엇인지 정확히 알지 못하며, 18세기 대중은 어떻게 여론을 형성했는지에 대해서도 잘 모르기 때문이다. 그러나 금서는 '여론public opinion'과 관련한 정보를 많이 담고 있기 때문에, 나는 '여론'을 고찰해보고 싶다는 유혹을 뿌리칠 수 없었다.

이 같은 추론은 우리에게 좀더 친숙하고 구체적인 연구 영역으로 되돌아가게 만든다. 이 네 번째 영역은 프랑스혁명의 기원에 대한 정치사 영역이다. … 왜냐하면 금서는 정치적인 주장을 담고 있으며, 정치에 대한 전반적인 견해를 보여주기 때문이다. 분명히 말해서, 금서는 베르사유에서 실제로 일어난 정치공작과 일치하지 않았다. 오히려 그것은 정치 현실과는 별 상관이 없었기 때문에, 지금까지 내가 '민간전승folklore'이라고 불렀던 것을 재현하고 있다. 그러나 그것은 그렇게 하면서 현실 자체를 빚어냈고, 사건의 진행과정을 결정하는 데 이바지했다.

좀 길게 인용했지만 이것이 단턴이 《책과 혁명》에서 보여준 문제의식이다. 이 문제의식에서 출발한 단턴의 논증에 수긍할 것인가 아닌가는 독자의 몫으로 남겨두겠다.

단턴, 학술적인 깊이와 대중적 재미를 함께 제공하는 역사가

1995년에 초판이 나오고 이듬해에 미국비평가협회상National Book Critics Circle Award을 받은 이 책은 '금서의 사회사'와 '금서의 문화사'로 분류할 수 있는 명저다. '금서의 사회사', 왜냐하면 이 책에서 그는 무엇보다도 서적 거래에 참여하는 사회집단들과 그들의 관행을 자세히 복원하고 있기 때문이다. '금서의 문화사', 왜냐하면 그는 중요한 금서의 내용을 분석하는 데 그치지 않고 '새로운 문화사'에서 관심을 쏟는 주제인 '여론'이 형성되고 전파되는 경로를 추적하고 있기 때문이다.

그리하여 결국 프랑스혁명이 왜 그전에 일어났던 수많은 봉기와 달랐는지 간접적으로나마 독자가 깨닫게 해준다. 다시 말해, 1750년대부터 절대주의를 비판하는 여론이 지속적으로 존재하고, 특히 1770년대 루이 15세 치세 말부터 쏟아져나온 중상비방문이 반영하거나 형성한 여론은 1789년의 사건을 더욱 크게 만드는 힘으로 작용했음을 독자는 이 책에서 확인할 수 있다. 예를 들어 1789년 8월 초 일부 귀족 대표들이 봉건적 권리를 포기한다고 선언했을 때, 그들은 단순히 7월 14일의 폭력이나 프랑스 전역을 휩쓴 대공포에 겁먹었기 때문은 아니었을 것이다. 제3신분이 전국신분회 대표자 수를 두 배로 늘려달라고 주장하는 동시에 신분별 투표가 아니라 개별 투표를 실시하자고 주장한 것은 계몽주의에 물든 결과가 아니었던가? 1789년 1월 24일 전국신분회 대표 선출에 관한 법이 나온 뒤 약 3개월 동안 쏟아져나온 6만 건의 진정서Cahier de doleances는 '책의 역사' '금서의 역사'와 분명 관계가 있다.

단턴의《책과 혁명》은 특히 정치적 중상비방문의 역사를 자세히 추적하고, 혁명 전 20년 사이에 그것의 성격이 바뀌면서 사건을 기록하는 매체보다는 사건을 만드는 매체로서 작용하는 과정을 분석했다. 중상비방문이 인용하는 '사실'은 다양한 원천에서 나왔다. 그것은 무엇보다도 궁정에서 나왔고, 다양한 경로를 통해 서민층에게까지 전파되었다. 따라서《책과 혁명》은 앙시앵 레짐 말기 의사소통의 순환체계에 관한 문화사다.

《백과사전》처럼 거의 200명의 필자가 참여한 집단저작도 포함하고 있지만, 대체로 개인의 저술이 많은 금서는 인쇄술 덕분에 공적 영역의 의사소통 순환체계에 맞물려서 영향을 주고받았다. 가장 일상적인 입말에서 정식으로 출판 허가를 받은 서적에 이르기까지 공적 영역에서 일어나는 의사소통은 정치·경제·사회·문화의 요인에 따라서 합법적인 순환체계에 불법적인 요소를 더하기도 했다. 단턴이 다른 곳에서 한 말대로, "초기 다중매체의 사회"—비록 라디오조차 없는 사회였지만, 다양한 인쇄매체를 이용한 사회—는 그 나름대로 복잡한 방식으로 사상과 지식을 전파하고, 더 큰 의미를 갖는 것으로 발효시켰다.

이 얼개에 걸려 있는 수많은 사람들의 활동은 일종의 술래잡기와 같았다. 하루하루 힘겹게 살아가기 위해 내용도 제대로 모르는 인쇄물을 옮기는 노동자에서, 살롱에 드나들면서 문학계 소식을 훤히 꿰고 있는, 한마디로 말해서 글과 매우 친숙한 사람에 이르기까지, 그리고 국경수비대의 말단 직원에서 서적출판행정총감에 이르기까지 수많은 사람들의 사회적 임무, 경제생활, 그리고 문화·취미 생활이 걸려 있는 위험한 술래잡기. 이 술래잡기를 단턴처럼 재미있고 신나게 연구한 사람은 없을 것이다. 그가 쓴 책을 읽는 재미가 그 사실을 증명해준다. 옥스퍼드대학교에서 박사학위를 받은 1964년부터 1년 동안《뉴욕 타임스》기자생활을 한 단턴은 현실을 보도하는 것처럼 200여 년 전의 일을 생생하게 보도하면서 우리를 금서의 세계로 안내한다. 이 책이 한국만이 아니라 이탈리아·포르투갈·스웨덴·독일에서도 번역되었다는 사실만 보아도 단턴이 얼마나 학술적인 깊이와 대중적인 재미를 함께 제공하는 역사가인지 알 수 있다.

그를 단순히 '금서의 역사가'의 꿈을 실현한 행운아라고 말한다면, 그가 25년 동안 쏟은 노력을 오히려 욕되게 할지 모른다. 그가 프랑스의 서적 거래에 관한 역사를 복원할 만큼 방대한 사료를 만날 수 있었다는 사실은 행운이기는 해도, 그것을 자기 것으로 만드는 과정에서는 온갖 어려움을 극복해야 했다. 단턴은《책과 혁명》의 서문에서 "나는 이 작품을 서지사항, 서적의 유포, 서적의 원문을 모두 포함하는 서적 그 자체에 바친다"고 말했는데, 여기에서 잠시 '서지사항'을 밝히는 작업이 얼마나 어려운 일인지 소개하고자 한다.

서적상의 주문서에 적힌 제목이나 경찰이 압수한 서적목록은 오늘날 우리가 읽는 인쇄물과 달랐다. 그것을 쓴 필체가 다르고, 게다가 악필도 많았다. 그것을 해독하기도 무척 어렵지만, 해독한 뒤에 더 큰 일이 남는다. 책의 역사가, 특히 금서의 역사가는 자신이 해독한 제목만 가지고 그 책이 무엇인지 모르는 경우가 많기 때문에, 이제부터 모든 서지학 사전, 도서관 색인을 샅샅이 뒤져서 그 책이 과연 어떤 것인지 알아내고, 실제로 그 책을 도서관에 신청해서 확인해야 한다. 게다가 애당초 자신이 베껴적은 제목 가운데에는 같은 제목을 간략하게 표기해놓거나 소리 나는 대로 적은 것이 많기 때문에, 그것을 바탕으로 확인한 서지학적 정보 가운데 비슷한 책제목이 여럿일 때는 그 당시 서적상이나 경찰이 실제로 적은 책이 어떤 것인지 확신하지 못하는 경우도 종종 있다.

결국 단턴이 뇌샤텔출판사의 고문서와 씨름하면서 보낸 25년 가운데 적어도 몇 년을 서지학 정보를 얻는 데 보냈다고 추산할 수 있다. 단턴은 그 결과를《책과 혁명》의 자매편에 담았다. 그 자매편은《비밀문학의 전집The

Corpus of Clandestine Literature》으로서 1769년부터 1789년 사이에 나온 720종의 금서에 관한 서지사항을 담고 있다. 하지만 720종의 금서목록만 가지고는 그의 노고를 제대로 파악할 수 없다. 그러니 이렇게 말해보자. 720종의 금서를 체로 치는 과정이 25년의 연구라고 말이다. 결국 성실함과 우직함이 대작을 낳는다는 교훈!

책의 역사에서 독서의 역사로

이 책이 독서의 역사를 직접 다루려는 목적을 갖고 있지 않다 해도, 마지막으로 독서의 역사에 대해서 잠시 얘기하려 한다. 독서의 역사는 책의 역사와 뗄 수 없는 관계인 동시에 독자적인 영역의 역사이기도 하다. 우리가 책을 읽는 행위, 또는 이유를 생각해보면 인쇄술, 제본술, 출판업과 광고 따위와 어느 정도 관계가 있지만, 전혀 다른 측면에서도 독서의 역사를 연구할 수 있음을 이해할 수 있다. 책의 역사에서 책의 물질적 조건(종이, 활자, 인쇄소, 서점, 제본술 따위)과 함께 식자율이나 문해율, 검열 따위의 문화적 요소가 중요하다. 독서의 역사는 책이라는 공통의 요소를 개인이나 특정 집단이 전유하는 문제, 다시 말해서 독자가 내용을 전유하는 방식이 시대마다 다르다는 전제에서 출발한다.

똑같은 물건을 가지고 있다 해도, 그것을 소비/사용하는 방식이 문화적 차이를 보여주고, 사회적 차이를 낳기도 한다. 텔레비전을 최신형으로 갖춰놓고 주로 '종편'을 시청하면서 웃고 우는 시청자와 구닥다리 텔레비전으로 교육방송을 보는 시청자의 문화적 차이는 분명히 크다. 똑같은 문화적 요소를 다르게 이용하는 현실을 이해하는 역사, 그것이 문화사다. 문화사가는 소비는 창조와 맞먹는 행위라고 생각한다. 그래서 전통적인 사상사에서 하는 작업도 소홀히 하지 않으면서, 한 걸음 더 나아가 독자가 내용을 어떤 식으로 이해하고 활용하는지에도 관심을 쏟는다. 그래서 사회문화사에서 책의 역사가 중요하다면, 문화사에서는 독서의 역사가 중요하다.

독서의 역사? 과연 그것을 어떻게 연구한단 말인가? 오늘날에도 책을 사는 사람에 대한 정보는 쉽게 구해도 읽은 사람의 정보를 구하기란 비교적 어려운 법인데, 하물며 산업혁명 전의 독자가 책을 어떻게 읽었는지 어찌 안단 말인가? 확실히 무슨 책을 보유한 사람이 얼마나 있었는지 조사하는 양적 역사보다, 그 책을 어떻게 전유했는지 파악하는 질적 역사인 동시에 양적 역사의 조사는 거의 불가능해 보인다. 그럼에도 책의 물질적 조건이 시대마다 다르다는 것을 이해한다면, 책을 전유하는 방법도 다를 것이라는 가설을 세울 수 있다.

오늘날의 책을 보면 반드시 물질과 내용이 결합할 필요는 없다. 라디오를 예로 들면 이해하기 쉽다. 누구나 라디오를 갖고 있지만, 독재국가가 아닌 이상 자기가 듣고 싶은 방송을 골라서 듣는다. 즉 라디오와 내용이 반드시 결합하지 않는다. 라디오 한 대만 있으면 여러 방송을 돌려가면서 듣고 싶은 대로 듣는다. 라디오가 없던 시절의 책은 물질과 사상이 결합한 형태였다. 그러므로 이론적인 얘기지만, 책을 찢거나 불태우면 사상도 죽일 수 있었다. 금서를 압수하면 그 내용을 볼 수 없기 때문이다. 그러나 오늘날의 전자책은 내용을 저장하는 곳이 따로 있기 때문에, 이 또한 이론적인 얘기지만, 종이책처럼 없애기는 어렵다. 물론 그것을 무력화하는 새로운 기술이 나오게 마련이므로, 여기서는 책 읽기의 조건이 바뀌었다는 얘기를 강조하려고 단순화해서 말했음을 이해하기 바란다. 그러므로 종이책을 읽는 조건을 연구하는 것도 독서의 역사에서 중요한 요소임을 강조한다.

독서는 명사 같지만, 사실상 행위이며 동사다. 그러므로 독서를 하면 정신만이 아니라 몸도 피곤하다. 게다가 귀족이나 부유한 평민이 촛불 아래서 편안하게 책을 읽는 것과, 같은 원본을 요약한 책을 읽거나, 그것을 주위 사람들에게 한 사람이 읽어주는 것은 분명히 다른 효과를 낳는다. 더욱이 요약본은 원전을 요약한 사람의 창조물이다. 요약자는 원저자가 쓴 내용을 그대로 요약하지 않고, 원저자가 썼다고 자신이 생각하는 내용을 요약하기 때문이다. 독서의 결과도 마찬가지다. 개인은 저마다 원저자의 사상을 자기 나름대로 전유한다. 원저자가 그렇게 말했다고 생각한다. 여기서 독서와 해석의 역사를 공부할 수 있는 가능성이 하나 생겼다.

애기가 너무 복잡하게 커지기 때문에 이쯤에서 정리하자면, 독서의 역사는 독자마다 '밀렵꾼'이라고 생각하면서, 특정 시대의 물질적 요소(책)가 얼마나 불평등하게 분포되었는지 연구한 사회사적 성과를 바탕으로 개인이 그 요소를 전유(내용을 파악)하는 방식까지 연구하는 역사라 하겠다. 더욱이 모든 시대의 책은 다른 책을 읽고 말하지 않는가. 그것이 독서의 결과가 아니면 무엇이랴. 그러므로 독자는 '밀렵꾼'이다. 저자는 정성스레 일군 밭에 낱말의 씨를 똑바로 뿌려놓고 가꾸어놓았지만, 독자는 울타리를 부수고 마구 침범해 자기가 읽고 싶고 보고 싶은 내용을 얻어가지고 떠나기 때문이다. 그러므로 독자는 능동적인 인간이고, 독서는 명사가 아니라 동사다. 그렇다고 해서 의미가 무한히 확장된다고 말하기는 어렵다. 모든 것은 문화적 구축물이며 그 규약 속에서 발생하기 때문에 그 범위는 한정된다. 독서의 역사에서 전파 못지않게 담론도 중요하다. 전파의 과정을 파악하고, 저자의 담론이 어떤 의미를 가졌는지 분석하고, 전파 과정에서 어떻게 증폭되는지 밝히는 데까지 나아가야 한다.

단턴은 이 책에서 18세기 특정 독자가 《계몽사상가 테레즈》나 《2440년》이나 《뒤바리 백작부인에 관한 일화》를 읽고 전유하는 방식을 철저히 추적하지는 못했지만, 그것은 사료가 부족하기 때문이지 방법을 모르기 때문은 아니다. 그는 독서가 그 시대의 규약을 따르는 행위이며, 의사소통의 얼개 속에서 일어나는 행위임을 논증하고, 18세기 프랑스의 '금서 베스트셀러' 가운데 세 작품이 각각 어떤 방식으로 그 시대의 요구를 반영하고, 더 나아가 문화를 바꾸는 힘으로 작용했는지 밝혔다. 그러므로 전문가가 아니라도 그의 연구 성과를 비판하기는 쉽지만, 역사가로서 그가 이룬 업적을 부인하기란 어렵다.

나도 박사논문(결과물은 《바스티유의 금서》, 그리고 증보판 《서양 금서의 문화사》)을 쓰면서 단턴이 한 고생의 10분의 1 정도는 해봤기 때문에, 그가 얼마나 힘들게 작업했는지 잘 안다. 그가 고생을 한 만큼 자기의 꿈을 현실로 일군 행복한 역사가라는 사실도 잘 안다. 9년 전, 내가 번역한 책을 한 권 보내드렸더니, 그는 친절하게 답장을 써서 한국의 출판 수준이 과연 금속활자를 발명한 나라의 수준을 반영한다면서 고마워했다. 그 감회에 젖는 기회를 다시 누리는 나는, 알마출판사 덕에 다시 행복하다.

2014년 1월,
주명철

내 선생님이자 친구인
해리 피트를 위하여

책머리에

역사에서 거창한 질문은 종종 감당할 수 없는 것처럼 보인다. 혁명은 무엇으로 말미암아 일어나는가? 왜 가치 체계는 바뀌는가? 여론은 어떻게 사건에 영향을 미치는가? 이 책에서는 이러한 질문에 대한 답을 다른 방식의 질문을 던지면서 찾으려 한다. "18세기 프랑스인은 어떤 책을 읽었는가?"

이 작은 물음으로 어떻게 중대한 문제에 대한 답을 얻는 길을 열 수 있는지 이 연구를 진행하는 과정에서 분명해질 것이다. 여기서 나는 이 문제를 던져놓고, 이 문제 역시 그 나름의 역사를 가지고 있다는 사실을 간단히 언급하고 싶다.

83년 전, 다니엘 모르네Daniel Mornet는 맨 처음 이 질문을 던졌다. 그는 이 문제를 프랑스혁명의 지적 기원이라는 드넓은 영역에 발을 들여놓기 위한 출발점으로 삼았다. 그런데 18세기 프랑스인이 무엇을 읽었건, 그것은 우리가 보통 18세기 프랑스 문학이라고 여기는 것과는 달랐다고 모르네는 주장했다. 사실 우리는 고전을 핵으로 모인 작품들의 전집을 각 시대의 문학으로 생각한다. 또 우리는 우리의 교수님들에게서 고전에 대한 관념을 물려받는다. 그러나 우리의 교수님들도 그들의 교수님들에게서 그 관념을 물려받았기 때문에, 시간을 거슬러 올라가보면 19세기 초의 어느 가물가물한 시점부터 그 관념을 물려받았음을 알 수 있다.

이렇듯 문학의 역사는 여러 세대에 걸쳐 조각조각 잇고, 여기는 자르고 저기는 잡아늘이고, 어떤 곳은 닳아빠지고, 다른 것에 덧대고, 어디에나 시대착오로 장식해서 교묘하게 꾸며낸 작품이다. 따라서 그것은 과거 사람이 실제로 경험한 문학과는 별 관계가 없다.

처음부터 모르네는 앙시앵 레짐 시대의 사람들이 무엇을 읽었는지 밝혀내면서 그들이 **체험한 문학**littérature vécue을 파악하고자 했다. 그는 모두 2만 권이나 되는 책을 세면서 연구를 시작했고, 18세기 개인 장서의 경매목록에서 그 자료를 모았다. 그는 색인 카드를 산더미처럼 모은 뒤에, 루소의 《사회계약론Social Contract》이 얼마나 들어 있는지 조사했다. 그 답은 한 권이었다. 2만 권 가운데 하나라니!

18세기 가장 위대한 정치논문이자 프랑스혁명의 성서라고 할 수 있는 책이 1789년까지는 거의 읽히지 않았던 것처럼 보인다. 계몽주의와 프랑스혁명을 연결하는 고리가 끊어진 것처럼 보였다. 프랑스인은 인민주권과 일반의지를 생각하는 대신, 마담 리코보니Mme Riccoboni의 감상적인 소설이나 테미죌 드 생티야생트Thémiseul de Saint-Hyacinthe의 모험담에 더욱 흥미를 느낀 것처럼 보였다. 이렇게 볼 때, 프랑스혁명은 '루소의 잘못la faute à Rousseau'도 아니요, 그렇다고 '볼테르의 잘못la faute à Voltaire'도 아니었다.[1]

모르네가 이 연구를 한 것은 1910년이었다. 그런데 오늘날 우리는 모르네가 몇 가지 잘못을 저질렀음을 알고 있다. 먼저, 그는 《사회계약론》

을 포함한 루소 전집이 막 나오기 시작하던 1780년까지만 조사했다. 그는 《사회계약론》을 알기 쉽게 풀어쓴 출판물을 무시했다. 특히 《에밀Emile》의 제5부에 실린 대중판은 이론의 여지 없이 혁명 전에 베스트셀러였다. 또한 모르네가 이용한 자료에는 흠이 있었다. 경매에 부칠 정도로 중요한 개인 장서의 소유자가 무엇을 읽었는지 보여주는 근거는 말할 것도 없거니와, 모든 영역에 걸친 책을 골고루 소유하고 있는 경우는 거의 없었다. 그리고 경매 도서목록은 검열을 받아야 할 인쇄물이기 때문에, 모르네가 바라던 바와는 달리 이념서적을 빠뜨리게 마련이었다.

모르네의 대답이 정확하건 정확하지 않건, 그가 던진 질문은 아직도 유효하다. 그것은 일련의 연구에 실마리를 제공했다. 산발적이기는 해도 거의 80년 동안 연구자들은 앙시앵 레짐 시대 프랑스인이 실제로 읽은 책을 조사하려고 노력했다. 각 연구자는 저마다 장단점이 있다. 모든 연구 성과가 우리의 지식을 풍부하게 해주었다. 그러나 전체적으로 그들은 서로 무시하거나, 아니면 어떤 모형을 추출할 수 없을 정도로 수많은 모순을 보여주고 있다. 그러므로 모르네의 질문은 아직도 우리를 애타게 만들면서 문학의 역사에서 해결해야 할 숙제로 남아 있다.

그의 질문은 **그릇된 질문**question mal posée이 되기 쉽다. 생각만큼 그렇게 간단히 대답할 수 있는 질문이 아니기 때문이다. 그 문제를 다루기 좋을 만큼 다듬기 위해서 나는 모르네가 손대지 않은 요소인 불법 문학에 한정해서 조사하려고 했다. 물론 방대한 양을 외면한다는 사실을 나는 잘 안다. 단지 나는 18세기 프랑스 문학 전반을 두루 살펴볼 수 없지만, 금지된 부분만큼은 정확히 조사할 수 있다고 생각했다. 그리고 그 부분만 해도 드넓었다.

사실 거기에는 계몽주의가 거의 모두 들어 있고, 모르네가 나중에 프랑스혁명의 지적 기원이라고 생각한 것이 모두 포함되어 있었다. 18세기 프랑스 독자의 눈으로 볼 때 불법 문학은 실질적으로 근대문학 전체와 다를 바 없었다. 그것을 뿌리 뽑는 책임을 맡은 관리였던 말제르브C.-G. de Lamoignon de Malesherbes는 그 일이 불가능하다는 사실을 알았다. 그리고 참으로 그는 그 일을 하려 들지 않았다. 그는 다음과 같이 썼다. "정부의 공식 허가를 받은 책만 읽은 사람은 같은 시대 사람들보다 거의 100년이나 뒤질 것이다."

말제르브는 법을 어기고 발간한 모든 것을 빼앗으려고 노력하는 대신 자신이 맡은 행정의 올가미를 좀더 넓게 벌려놓았다. 그 결과, 국가가 합법적으로 인정해주지 않았기 때문에 비공식적이기는 해도, 별 해가 없는 저작이 유통되는 여지가 생겼다. 이러한 관행은 17세기에 뿌리를 내리고 있었다. 당시는 루이 14세의 절대주의를 전형적으로 보여주는 국가기관이 인쇄물을 통제하려고 노력하던 때였다.

그러한 기관으로 먼저 검열기관을 들 수 있다. 왕립검열관censeurs royaux은 서적출판행정청Direction de la librairie이나 도서유통을 담당하는 정부부처에 소속했다. 그다음으로 치안청이 있는데, 파리의 치안총감 밑에는 전문적인 서적감독관inspecteurs de la librairie들이 있었다. 끝으로, 서적출판인의 독점기관인 조합이 있다. 이들은 각 지방의 조합과 특히 파리의 서적상과 인쇄업자공동체Communauté des libraires et des imprimeurs 같은 조합으로서, 그 구성원은 거의 모든 특허를 소유했고, 국내의 인쇄물 화물을 검열하면서 그 권리를 지켜나갔다.

만일 책을 합법적으로 출판하려면 이러한 제도 속에 있는 모든 장애물을 넘은 뒤 왕의 특허를 완전한 형태로 책 속에 인쇄해넣어야 했다. 오늘날의 저작권과 마찬가지로, 특허를 얻으면 원문을 출판하는 권리를 독점할 수 있었다. 또 그것은 왕의 인가를 알리는 도장 노릇도 했다. 그것은 원문의 정통성과 함께 질도 보증해주었다. 검열관의 승인도 특허와 똑같은 역할을 했다. 그것은 관행상 책의 첫머리나 끝에 특허와 함께 실렸다. 이처럼 완전히 합법적인 책을 발간하려면 국가가 고심해서 만든 기준을 순순히 따라야 했다.

만일 국가의 기준을 피하려 한다면 대개는 프랑스 밖에서 인쇄해서 몰래 들여와야 했다. 이런 까닭에 프랑스 국경을 따라서 수십 개 출판사가 생겼다. 또한 수백 명이나 되는 중개인이 지하조직을 움직여 독자에게 책을 유통시켰다. 그러나 이 방대한 산업으로 말미암아 프랑스 왕국으로 수많은 불온사상이 들어와 퍼지는 반면, 왕국의 재산이 밖으로 빠져나갔다. 프랑스 행정당국은 한때 자기가 부추긴 경쟁의 분위기를 깨뜨리기란 불가능하다는 사실을 깨닫고서 책을 분류하는 방법을 고안해냈다. 그들은 특허를 줄 수 없는 책 가운데 교회나 국가 또는 전통적인 도덕을 공격하지 않는 책은 유통시키기로 했다.

그리하여 1750년까지 서적감독관들은 합법적인 출판물을 아주 미묘한 차이에 따라 여러 범주로 구분했다. 그들은 합법성의 영역을 특허privilège, 묵인permission tacite, 단순 허가permission simple, 경찰 허가permission de police, 단순 관용simple tolérance의 범주로 넓혔다. 이렇게 해서 합법성은 거의 알아차릴 수 없을 단계를 몇 차례 넘어 비합법성과 맞닿게 되었다. 한편 자유사상의 문학이 앙시앵 레짐의 정통 가치 체계의 밑둥을 자르면서 자라났다. 체제수호자들은 탄압을 강화하면서 맞섰다. 이들이 탄압한 책들은 법의 울타리 밖 먼 바깥에 있는 책, 말하자면 순수하게 비합법적인 책이었다. 내가 연구하자고 제안하는 것이 바로 이러한 책이다.

행동보다 말하기가 더 쉽다. 18세기 문학에서 구제불능일 정도로 비합법적인 요소는 20세기 사람의 눈에는 별로 두드러져 보이지 않는다. 어떤 책은 《무지개의 여신 이리스의 엉덩이Le Cul d'Iris》 따위의 거친 말로 된 제목이나, "필라델피아에서 인쇄" 또는 "자유라는 간판 아래서" 또는 "바스티유의 100리 밖에서" 따위의 도발적인 거짓주소로 금서의 성격을 과시하고 있다. 그러나 다수는 별로 공격적이지 못한 것처럼 보이며, 또한 정부가 관대하게 대해준 합법성의 경계에 있는 작품에 비해 눈에 더 띌 만큼 불법적으로 보이지도 않는다.

그렇다면 우리는 경찰이 생각했던 대로 진짜 '나쁜 책mauvais livre'을 어떻게 가려낼 수 있을까? 경찰은 몇 가지 목록을 갖고 있었다. 왕의 자문회의에서도 나쁜 책을 고발하는 인쇄물을 발행했다. 주교들은 설교단에서 야단을 쳤다. 그리고 사형집행인은 파리 고등법원의 층계 아래에서 금서를 찢고 화형에 처하는 거창한 예식을 거행했다. 그러나 이러한 활동은 그 어느 것도 우리가 금서의 총체를 연구할 정도로 충분한 자료를 만들어내지 못했다.

우리가 '나쁜' 책을 모두 추적하려면 오직 지하유통망을 살펴보는 길밖에 없다. 그리고 그러한 통로는 오직 그것을 이용했던 전문직업인들의 서류를 통해서만 접근할 수 있다. 하지만 지금까지 남아 있는 문서는 단 한 곳에서 나왔다. 뇌샤텔출판사Société typographique de Neuchâtel만이 관련 문서를 남겨놓았을 뿐이다. 이 출판사는 프랑스어권의 스위스에 있는 뇌샤텔공국에서 프랑스 시장에 책을 공급하던 중요한 출판사이자 도매업자였다. 그곳에 있는 문서보관소에는 프랑스 전체의 거래량을 재구축할 수 있을 만큼 충분한 자료가 보관되어 있다. 편지 5만 통과 장부책이 책장 여러 개에 꽂혀 있다. 그러나 그것도 완전한 자료라고 할 수는 없기 때문에, 서적유통에 관한 행정과 질서 유지에 관련된 방대한 파리 고문서에 대한 연구를 병행해서 보완해야 한다. 나는 이 모든 자료를 두루 다뤘으며, 이 책에서는 그 성과를 제시하고자 한다.

실제로 이 책의 주제는 너무 범위가 넓어서 한 권에서 다루기 어렵다. 이 책은 (짝을 이루는 《비밀문학의 전집The Corpus of Clandestine Literature》

과 함께) 3부작의 두 번째 작품이 된다. 첫 번째 작품은 디드로Diderot의 《백과사전Encyclopédie》 출판에 관한 역사였으며, 세 번째는 출판과 서적 판매 전반에 관한 연구가 될 것이다. 나는 이 작품을 서지사항, 서적의 유포, 서적의 원문을 모두 포함하는 서적 그 자체에 바친다.

나는 이 연구가 아주 흥미롭다는 사실을 알고 25년 동안 매달려왔지만, 몇몇 독자의 눈에는 얄팍한 호고주의antiquarianism로 비칠 수도 있음을 알고 있다. 이렇게 묻는 독자가 있을지 모른다. 어째서 당신은 200년이나 잊혀진 채로 있던 문학의 전집을 추적하느라 골머리를 썩이는가? 오늘날의 베스트셀러도 아주 평범해 보이는 마당에 18세기의 베스트셀러에 어째서 주목하는가? 이것이 학문적으로 어떤 중요성이 있는가?

나는 이렇게 대답하련다.

첫째, 책의 역사는 '인문과학'의 새로운 분야로서 문학과 문화사 전반에 대해 좀더 넓은 안목을 마련해줄 수 있다. 사회 전체를 통해서 독자가 어떤 책을 손에 넣었는지, 그리고 (일정한 범위에서나마) 독자가 어떻게 그것을 이해했는지 알게 됨으로써 우리는 문학을 전반적인 문화체계의 일부로 연구할 수 있기 때문이다. 이러한 견해를 가지고 문제에 접근하기 위해서는 유명한 저자가 쓴 위대한 책에 대한 선입관을 버려야 한다. 그렇다고 해서 문학이 사회학에 통합되어야 한다는 뜻은 아니다. 그와는 달리, 우리가 잊고 있던 과거의 베스트셀러는 대부분 오늘날에도 훌륭한 읽을거리가 된다.

나는 몇 작품을 골라 자세히 분석함으로써, 내용 분석이 어떻게 학문의 한 분야로서 서적 역사의 핵심을 이루는지 보여주고 싶다. 또 나는 혁명 전 프랑스의 금서 전집에 관한 목록과 함께 금서가 어떤 지역으로 전파되고 작품마다 수요가 어떻게 달랐는지에 관한 정보를 제공함으로써, 앞으로 더욱 높은 수준의 연구가 나올 수 있도록 머릿돌을 놓고 싶다.

아직도 할 일은 많이 남아 있다. 왜냐하면 이러한 문학의 대부분은 한 번도 조사를 거치지 않았기 때문이다. 그 일부를 영어권 독자에게 소개하기 위해서 나는 가장 중요한 작품 세 가지를 골라 내용을 발췌하고 번역해서 이 책에 실었다. 독자는 표본을 보고 불법 문학의 세계에 대해 자기 나름의 인상을 얻을 수 있을 것이다. 그것은 놀랍거나 충격적이거나 외설스럽거나 우스꽝스러울지 모른다. 하지만 그것은 문학사에서 위대한 인물이나 위대한 작품을 통해 친숙해진 세계와는 분명히 다르게 보일 것이다.

둘째, 나는 서적의 역사가 어떻게 의사소통의 역사라는 좀더 넓은 영역으로 나아가는 길을 열어주는지 보여주고 싶다. 우리는 문학을 한 가지 의사소통 체계로 이해할 수 있다. 그것은 지은이와 펴낸이로부터 박은이와 파는이를 통해서 독자에게 연결되기 때문이다. 또 문학은 인쇄물·글·입말·시각자료 따위의 모든 매체가 교차하고 맞닿는 전반적인 문화에 속한다. 18세기 프랑스에서 책은 라디오·텔레비전과 경쟁하지 않았지만, 험담·소문·농담·노래·낙서·벽보·풍자시를 담은 광고·편지·신문 같은 것이 넘치는 사회에 유통되었다. 이러한 매체 가운데 다수가 책의 영향을 받았듯이, 책에 그 흔적을 남기기도 했다. 뜻을 전달하고 증폭시키는 과정을 통해서 프랑스는 말과 그림으로 넘쳐났다. 그러나 그 과정은 어떻게 작용했는가, 그리고 그것은 앙시앵 레짐의 안정을 어떻게 위협했는가?

이러한 문제가 바로 내가 조사하고자 하는 세 번째 영역과 관련된 것이다. 그것은 이념의 표현과 여론의 형성이라는 영역이다. 이것은 순전히 이론적인 영역이다. 왜냐하면 우리가 사실상 단일한 대중에 대해 말할 수 있다 해도 우리는 대중이 무엇인지 정확히 알지 못하며, 18세기에 대중은 어떻게 여론을 형성했는지에 대해서도 잘 모르기 때문이다. 그러나 금서는 '여론public opinion'과 관련된 정보를 많이 담고 있기 때문에, 나는 '여론'을 고찰해보고 싶다는 유혹을 뿌리칠 수 없었다.

이 같은 추론은 우리에게 좀더 친숙하고 구체적인 연구 영역으로 되돌아가게 만든다. 이 네 번째 영역은 프랑스혁명의 기원에 대한 정치사 영역이다. 여기서 나는 오직 한 가지 주장만 하려 하며, 그것에 대한 논증은 장래의 연구로 미루고자 한다. 그러나 나는 그 주장이 금서를 논의하는 데서 한 자리를 차지할 만하다고 믿는다. 왜냐하면 금서는 정치적인 주장을 담고 있으며, 정치에 대한 전반적인 견해를 보여주기 때문이다. 분명히 말해서, 금서는 베르사유에서 실제로 일어난 정치공작과 일치하지 않았다. 오히려 그것은 정치 현실과는 별 상관이 없었기 때문에, 지금까지 내가 '민간전승folklore'이라고 불렀던 것을 재현하고 있다. 그러나 그것은 그렇게 하면서 현실 자체를 빚어냈고, 사건의 진행과정을 결정하는 데 이바지했다.

나는 내가 할 수 있는 것보다 더 많이 약속하고 있는지도 모른다. 하지만 그렇기 때문에 나는 출발점—모르네가 던진 "1789년 이전의 프랑스인은 어떤 책을 읽었는가?"라는 질문—으로 더 잘 돌아갈 수 있었다. 그것은 중요한 질문이다. 아마 역사학이 던질 수 있는 질문 가운데 가장 행복한 질문일지 모른다. 왜냐하면 우리는 그 답을 얻는 과정에서 낯선 영역으로 깊이 들어갈 수 있기 때문이다. 이 책은 그 영역을 탐사한다. 우리는 오래된 문제를 따라가는 동안 새로운 문제와 만날 것이다. 또한 우리는 인쇄된 말을 역사를 움직이는 힘으로 연구하는 영역—이제 더이상 인정받을 필요는 없지만, 자기가 약속한 것의 가치를 스스로 증명해야 하는 영역—에 들어 있는 일반적인 의미를 제시하고자 한다.

나는 수년간의 노력 끝에 이 연구 성과를 발간하면서, 하버드대학교의 '소사이어티 오브 펠로스Society of Fellows'에 빚을 졌음을 밝혀야 마땅할 것이다. 나는 1964년 그곳에서 연구비를 받아 연구를 시작할 수 있었다. 또 마지막 전력질주 단계에서 연구를 지속할 수 있도록 도움을 준 '맥아더 재단MacArthur Foundation'에도 감사드린다. 나는 '비셴샤프츠콜레그 추 베를린

Wissenschaftskolleg zu Berlin'의 마음 맞는 동료들 속에서 이 글을 완성했다. 이 책을 쓰는 동안 나는 수많은 친구와 동료들의 비평을 듣고 많은 것을 얻었다. 특히 레이먼드 번Raymond Birn, 피터 브라운Peter Brown, 로제 샤르티에 Roger Chartier, 스티븐 포먼Steven Forman, 칼로스 포먼트Carlos Forment, 앤서니 그래프턴Anthony Grafton, 크리스티앙 주오Christian Jouhaud, 제프리 메릭Jeffrey Merrick, 피에르 레타Pierre Rétat, 프랑수아 리골로François Rigolot, 데일 반 클레 이Dale Van Kley의 도움이 컸다. 신시아 게설러Cynthia Gessele는 통계자료를 정 리하는 데, 마조리 애스베리Marjorie Asbury는 도서목록을 정리하는 데, 그리 고 수전 단턴Susan Darnton은 프랑스 문헌을 옮기는 데 각각 헤아릴 수 없을 정도의 도움을 주었다. 도서목록도 역시 로버트 도슨Robert Dawson, 비비엔 마일른Vivienne Mylne의 전문적인 조언에 힘입은 바 크다. 그런데 마일른이 사망함으로써 18세기 학자들은 가장 훌륭한 동료 한 사람을 잃었다.

1부

금지된 문학과
문학시장

1장

외투 밑의
철학

사형집행인은 파리 고등법원 안마당에서 금서를 찢고 불태우면서 인쇄된 말의 힘에 경의를 표했다. 그러나 법관들은 원본을 보관하는 데 비해, 사형집행인은 종종 가짜를 파기했다. 또한 법관들은 금서를 화형에 처할 수 있는 권한을 일반인이 믿었던 만큼 마구 휘두르지 않았다. 그들은 금서를 불에 집어넣는 일보다 책을 더 잘 팔리게 만드는 수단은 없다는 사실을 알았기 때문에, 차라리 될 수 있는 대로 야단법석을 떨지 않은 채 책을 몰수하고 서적상을 구속하는 편을 택했다. 내가 계산해본 결과, 1770년대와 1780년대에는 해마다 책이나 소책자의 경우 4,5권꼴로 고발했고, 이 기간에 나온 인쇄물 가운데 겨우 19권만 공개적으로 소각했다.[1]

이렇게 불길 속에 들어간 책도 있었지만 수천 권의 다른 책은 지하유통망을 거쳐 은밀히 돌아다녔다. 그것들은 왕국 방방곡곡에 있는 굶주린 독자에게 불법 문학의 기본식단을 마련해주었다. 그러나 무슨 책이 그렇게 유통되었는지는 아무도 모른다.

도처에서 행상인들이 '외투 밑에서sous le manteau' 팔던 다양한 문학작품의 거대한 덩어리는 실제로 얼마나 컸으며 어떻게 생겼을까? 체제수호자들도 알지 못했다. 그들은 도서 출판과 유통을 감독하려고 노력했지만, 공식적인 유죄판결을 받지 않으면서도 불법이라고 생각할 수 있는 책에 대한 기록을 남기지 못했다.[2] 문학의 합법성이라는 관념은 여전히 불분명했다. 왜냐하면 서적 거래를 담당한 당국이 합법과 불법의 경계선을 계속 이리저리 옮겨놓았기 때문이다.

합법적인 측면에서 그들은 여러 종류의 특허와 허가를 발행했을 뿐만 아니라, 이름을 명시하지 않거나 '아주 잘 알려진 사람들에게만 허가함' 같은 완곡한 표현으로 등기부에 기재된 임시 허가도 내주었다.[3] 비합법적인 측면에서 그들은 합법 서적의 해적판contrefaçon, 공인 서적상을 통하지 않고 개인이 수입한 합법 서적, 무례하지는 않아도 어떤 형태의 허가도 받지 못한 책(대체로 다른 나라에서 허가를 받은 수입 서적), 그리고 칙령과 검열관의 보고서에서 명기한 세 가지 기준—왕, 교회 또는 인습상의 도덕—가운데 하나라도 거스르는 책을 모두 몰수했다.

사람들은 세 가지 기준을 거스르는 '나쁜 책들'(경찰은 이렇게 불렀다) 사이에서 불법의 등급을 제대로 결정할 수도 없었다. 하지만 그것을 구분하는 일은 중요한 결과를 낳았다. 왜냐하면 어떤 책을 몰수한 뒤 서적상에게 되돌려주는 경우가 있는가 하면, 어떤 경우는 서적상을 바스티유에 보내는 근거로 삼았기 때문이다.

파리 서적상 조합의 관리자들은 1771년부터 1789년까지 파리 세관에서 몰수한 모든 책의 제목을 기록했다. 처음에 그들은 '금지된 책'(격리하거나 파기할 것), '허가받지 못한 책'(어떤 경우 발송인에게 반송해야 할 것), '해적판'(팔아서 수익금을 원래 특허 소유자에게 돌려줄 것)이라는 세 가지 일반적인 항목으로 그 책들을 분류했다. 그러나 몰수한 책이 점점 많아지자 세 영역의 경계선이 무너져서 서로 겹쳐 일관성도 잃었고, 마침내 그 분류체계마저 무너져서 3,544개 항목이 뒤죽박죽으로 나열된 덩어리만 남게 되었다. 이 책들은 단 한 가지 공통점으로 저마다 어느 정도 불법의 냄새를 풍겼다.[4]

조합 관리자들은 정교하게 구분해야 할 곳에 이르러서는 자신의 후각을 믿을 수 없었다. 그 누가 인쇄기에서 쏟아져나오는 문학을 계속 추적할 수 있었겠는가? 그 누가 불법에 가까운 합법 서적과 온건한 불법 서적의 차이를 말할 수 있었겠는가? 운송업자는 아마 이러한 능력이 있었던 것 같다. 왜냐하면 그들은 불법 문학을 발송한 경우 벌금형을 받을 수 있었기 때문이다. 그러나 퐁타를리에의 운송중개인 장 프랑수아 피옹은 자기에게 금서를 알아볼 수 있는 능력이 없다고 고백했다. 그는 스위스 국경의 세관 관리에게 지침을 내려달라고 부탁해서 다음과 같은 대답을 들었다.

나는 어떤 책이 금서인지 피옹 씨에게 확실히 말해드릴 수 없습니다. 대체로 종교·국가·미풍양속을 거스르는 것은 모두 들어올 수 없습니다. 프랑스 역사의 해적판, 《백과사전》 같은 몇몇 책에 대해서는 특별히 반입 금지 지침을 내려두었습니다. 그러나 세관에서는 책의 질에 대해서는 별로 관심을 두지 않습니다. 그것은 서적상 조합이 결정할 문제입니다.[5]

물론 서적상은 더욱 정보에 밝았다. 그들은 상품의 발송을 의뢰했고, 그들의 조합 이사들이 그 상품을 검사했다. 원칙적으로 그 과정에 서적감독관inspecteur de la librairie이 참관하게 되어 있었다. 그러나 대부분의 서적상은 실제로 어떤 책이 유통되고 있는지, 특히 지하세계에서는 어떤 책이 나도는지에 대해서는 단지 어림짐작만 할 수 있었다. 문학잡지는 검열을 받았고, 가끔 지하세계의 서적을 다루는 경우가 있었다고는 해도 그러한 책에 대해 논평해서는 안 되었다.

사람들은 제목만 가지고 어떤 책인지 판단할 수 없었다. 물론 표제지에는 많은 단서가 있었다. "왕의 허가와 특허를 받음" 따위의 표준 형식을 맨 밑에 인쇄해넣은 것이라면 비록 해적판이라 할지라도 합법 서적처럼 보였다. "바티칸의 비용으로 인쇄함" "프리아푸스*의 인쇄소" "윌리엄 텔의 집에서"처럼 터무니없이 엉터리 주소를 제시하는 책은 어느 것도 법을 존중하는 체하지 않았다. 그러나 이같이 양극단 사이에 있는 책은 분명히 구별할 수 없는 여지가 많았다.

서적상은 도서목록을 보거나 심지어 비밀경로를 통해 전파되는 소문을 듣고 책을 주문하는 경우가 많았으며, 제목을 잘못 아는 수도 있었다. 어떤 서적상은 제목을 제대로 쓰지도 못했다. 베르사유의 푸앵소**가 스위스에 있는 공급자에게 "속임수로 가득 찬 중편소설nouvelles des couvertes des ruse"을 25권 보내달라고 주문했을 때, 스위스인은 푸앵소가 《러시아 사람들에 대한 새 소식Nouvells découvertes des russes》이라는 여행서적을 원하는 줄 알았다. 그는 푸앵소가 원장신부 레날l'abbé Raynal의 이름을 잘못 쓴 것la bes Raynalle을 보고서도 그가 《두 개의 인도에서 유럽인의 식민활동과 무역에 관한 철학적이고 정치적인 역사Histoire philosophique et politique des établissements et du commerce des européens dans les deux Indes》를 원한다고 올바로 파악하기도 했다.[6] 그러나 그들은 리옹의 과부 바리텔이 '샤르트뢰 수도원의 인물전Portraits des Chartreux'이라는 별 문제 없이 들리는 제목을 적었지만, 사실

---

*   남근의 신.

** 베르사유의 서적상 푸앵소는 한때 책을 압류당했다. 그는 자기 재산을 찾기 위해 당국에 선처를 호소한 뒤 바스티유에 보관된 자기 책의 목록을 작성했다. 이 목록의 내용을 분석한 연구로는 주명철, 《바스티유의 금서》(문학과지성사, 1990)의 제2부가 있다.

상《샤르트뢰 수도원의 문지기 동 부그르 이야기Histoire de dom B⋯, portier des Chartreux》*라는 반종교적인 음란서적을 뜻하는 주문서를 대단히 잘못 읽었다.[7]

이러한 실수는 심각한 결과를 낳을 수 있었다. 서적상이 가게에《동 부그르 이야기》를 갖고 있다가 잡히면 감옥에 갇히거나 업계에서 추방당할 수 있었다. 그것을 운반하는 마차꾼은 벌금형을 받거나 짐마차에 있던 모든 것을 몰수당했다. 그것을 파는 행상인은 (갤리선의 노젓는 죄수를 상징하는) GAL이라는 글자를 이마에 새겨넣고 군선에 올라 사슬에 묶인 채 노를 저어야 했다. 실제로 이러한 형벌을 받은 사람이 있었다.[8]

앙시앵 레짐의 말기는 일부 역사가가 상상하는 세상과 달랐다. 그것은 즐겁고 관대하고 자유방임식의 세상이 아니었으며, 게다가 바스티유도 별 셋짜리 호텔이 아니었기 때문이다. 비록 바스티유는 혁명 전 선전가들이 생각해낸 것처럼 고문을 자행하던 곳으로 혼동되어서는 안 되지만, 문학과 관련해서 그곳에 들어간 수많은 사람의 삶을 망쳐놓았다. 그러나 문학을 창작하지는 않았다 할지라도 문학을 존재하게 만든 전문인이라 할 출판인과 서적상이 저자보다 더 많이 들어갔다. 이러한 사람들은 일상의 사업에서 날마다 합법과 불법을 구별해야 했다.

18세기에 그들이 이러한 어려움에 대처했던 방법을 연구한다면, 200년 뒤의 역사가를 괴롭히는 문제―다름 아니라 혁명 직전 프랑스에서 실제로 유통되던 문학에서 위험 요소를 가려내는 문제―를 해결할 수 있는 방향으로 들어설 수 있을 것이다. 이러한 방법은 시대착오의 위험을 비켜갈 길을 마련해준다. 우리는 앙시앵 레짐의 정통성을 위협했으리라고 생각하는 여러 관념에서 출발하는 대신 18세기 서적의 세계를 움직이던 사람들의 관행

---

*   B⋯는 Bougre의 완곡한 표현이다. 이 말은 '남색가'를 뜻한다.

을 조사해야 한다. 즉 그들이 법의 테두리 밖에서 독자에게 책을 전달하기 위한 방대한 체제를 이용하여, 곁말을 써서 체제에 위험한 요소를 일컫고, 교환하고, 시장에 내놓고, 주문하고, 포장하고, 발송하고, 판매하는 방법을 조사한다면, 금서를 구별하는 가능성을 배울 수 있을 것이기 때문이다.

업계의 곁말

금서를 구분하는 문제는 무엇보다도 언어의 문제로 보인다. 경찰은 바스티유에 수감된 랭스의 서적상 위베르 카쟁을 심문하면서 그의 편지에 종종 나타나는 '철학적 상품philosophical articles'이라는 알쏭달쏭한 말을 설명해달라고 요구했다. 모든 종류의 금서와 의심스러운 문서를 갖고 있었기 때문에 체포된 카쟁은 그 말이 '업계에서 금지된 것을 표현하기 위한 관습상의 표현'이라고 규정했다.[9]

그 밖에도 경찰은 '은밀한 책' '마약' '고통' 따위의 말도 들었다. 앞서 말했듯이, 경찰은 경찰대로 가장 좋아하는 표현으로서 '나쁜 책'이라는 말을 갖고 있었다. 이에 비해 인쇄업계에서는 원래 '밤chestnut'을 뜻하는 말에서 나온 곁말—금서marron, 금서 제작marronner—을 사용했다.[10] 그러나 출판업자와 서적상은 한결 더 고상한 '철학서적livre philosophique'이라는 말을 더 좋아했다. 상업상의 기호체계 속에서 이 말은 서적상을 곤궁에 빠뜨릴 수 있는 책, 다시 말해 조심해서 다뤄야 할 책을 일컫기 위한 암호로 쓰였다.

우리는 상거래와 관련한 술어를 뇌샤텔출판사의 문서 속에서 가장 잘 연구할 수 있다. 뇌샤텔출판사는 뇌샤텔 공국에서 프랑스의 동쪽 국경에 자리잡은 주요 출판업자인 동시에 도매업자로서, 수십 개 다른 업소와 마찬가지로 공급과 수요를 조화시키는 일상의 문제를 겪었으며, 의사소통의 만만치 않은 문제에 대처해나가야 했다. 이 출판업자들은 쉽게 상할 위험이 있고, 아직 제본하지 않은 종이가 들어 있는 무거운 짐짝을 제때에 주문한 사람이 있는 곳까지 정확히 보내주기 위해 잘 닦이지도 않은 길을 이용할 수밖에 없는 어려움 외에도, 받은 편지를 제대로 해독해야 하는 어려움도 겪었다. 그리고 고객에게 주문에 대한 답신을 곧바로 보내야 했다.

뇌샤텔출판사의 중역들은 들어보지도 못한 곳에 있는 생면부지의 서적상들이 들어보지도 못한 제목을 요구하는 편지를 받았다. 제목은 부정확하거나, 철자법이 엉망이거나, 읽을 수 없는 경우가 많았다. 게다가 위험한 책을 주문하는 경우가 많았다. 그릇된 통로로 그릇된 작품을 보내면 불행을 자초할 수 있었다. 그러나 프랑스 문학의 자유로운 바다와 날마다 날아오는 우편물의 혼란 속에서 어떻게 옳고 그름을 가릴 수 있었겠는가?

출판업자들은 그들의 기호체계에 의존했다. '철학'은 위험을 나타냈다. 뇌샤텔출판사의 중역들은 처음 사업을 시작했을 때만 해도 금서를 많이 쌓아놓지 않았고 업계의 곁말도 좋아하지 않았다. 그들은 어떤 서적상에게 이런 편지를 보냈다. "가끔 아주 부적절하게 '철학책'이라고 불리는 새로운 작품이 나옵니다. 우리는 그런 책을 취급하지 않습니다만, 어디서 그것을 찾을 수 있는지 알기 때문에, 요청하신다면 공급해드릴 수 있습니다."[11]

하지만 그들은 자기네 고객 다수가 '철학적'이라는 낱말을 가지고 업계의 생사가 걸린 부분을 지칭하고 있다는 사실을 곧 깨닫게 되었다. 리옹의 뒤플랭은 그들에게 보낸 편지에서 자기는 "우리가 사는 시대 사람들이 좋아하는 철학 분야에 특히" 관심을 기울여 열심히 사업을 해보겠노라고 했다. 캉의 마누리는 편지 끝머리에서 주의(N.B.)할 사항을 이렇게 썼다. "귀사는 철학서적을 갖추지 않으시렵니까? 그것이 제 주요 분야입니다." 프랑스 왕국의 모든 구석에서 날아온 편지는 똑같은 주제를 '철학적 상품'(벨포르의 르 리에브르), '철학작품'(렌의 블루에), '철학서적'(뤼네빌의 오데아르), '모든 종류의 철학책'(투르의 비요)이라는 다양한 방식으로 표현했다.[12]

업계의 모든 사람이 기호체계를 공유했기 때문에, 바르쉬르오브의 서적상 파트라의 경우에서 볼 수 있듯이 서적상은 자기 말을 공급자가 당연히 알아들으리라고 여겼다. 그들은 공급자에게 제목도 적지 않고 다만 "당신들이 가장 최근에 발간한 철학적 작품 세 권"이라고만 주문했다. 그들이 새로운 정보를 요구할 때도 마찬가지였다. 랑그르의 루이예가 좋은 예다. "만일 좋은 것, 새로운 것, 진기한 것, 재미있는 것, 좋은 철학책이 있으면 알려주시기 바랍니다." 또 리옹의 레뇨 2세는 이렇게 썼다. "내 분야는 전적으로 철학책입니다. 그러니 그 밖의 것은 거의 모두 필요 없습니다."

공급인은 당연히 어떤 책이 그 범주에 속하는지 알고 있다고 여겨졌으며, 어떤 경우에는 주문에 그 점을 분명히 밝혔다. 레뇨는 18가지 책의 주문서에서 '철학'책마다 덧셈표를 해놓고, 그 책들은 짐 속에 잘 숨겨야 한다는 토를 달았다. 그가 주문한 '철학책'은 《대부 마티외Le Compère Matthieu》 《샤르트뢰 수도원의 문지기 동 부그르 이야기》 《창녀La Fille de joie》 《귀부인들의 아카데미L'Académie des dames》 《정신론De l'Esprit》 《2440년L'An 2440》의 여섯 가지였다. 이것은 오늘날 우리가 알고 있는 것처럼 외설서에서 철학책에 이르는 전형적인 선집이었다.[13]

교환

'철학책'은 합법 서적이나 심지어 온건한 불법 서적—말하자면 단순한 표절이나 검열을 받지는 않았지만 몰수될 위험에 처할 만큼 무례하지 않은 서적—과 똑같이 취급될 수는 없었다. 뇌샤텔출판사는 위험한 저작을 직접 인쇄하는 대신 주네브의 장 사뮈엘 카이예, 로잔의 가브리엘 데콩바, 뇌샤텔의 사뮈엘 포슈처럼 지하출판업 전문가나 업계 가장자리에서 기꺼이 위험을 감수하려 드는 청부업자들과 책을 바꾸는 방식을 더 좋아했다.

교환은 18세기 출판업계에서 두루 있는 일이었다. 출판업자는 구색을 맞추기 위해 자신이 인쇄한 책과 다른 집의 재고 중에 있는 책을 교환했고, 그렇게 하는 가운데 자기가 발행한 책을 빨리 유포시키는 동시에 자신의 도서목록을 더욱 다양하게 꾸미면서 해적행위의 위험을 줄일 수 있었다. 출판업자들은 서로 맞바꾸는 전지全紙의 수를 계산함으로써 교환의 수지균형을 맞추었다. 특별한 판형이나 삽화가 든 판본의 경우를 제외하고, 대체로 보통 책의 전지는 일대일로 맞바꾸었다.

그러나 **철학책**은 보통 책보다 더 가치가 있었다. 시장에서 더 잘 팔리거나, 제작비가 더 많이 들거나, 적어도 취급하기가 더 위험했기 때문이다. 비교적 자유로운 스위스 마을에서도 행정 당국은 칼뱅파 목사들이 들쑤신 결과 가끔 책을 압수하고 벌금을 매겼다. 따라서 금서를 포함한 교환은 특별한 비율을 필요로 했다. 이를테면 '철학책'의 전지 두 장을 보통 해적판의 석 장과 바꾸거나, 또는 한 장 대 두 장, 또는 석 장 대 넉 장의 비율로 바꾸었는데, 비율은 양측의 흥정 능력에 달려 있었다.

뇌샤텔출판사는 주네브에서 가장 좋은 조건으로 가장 대담한 책을 손에 넣었다. 주네브에는 군소 출판업자들이 크라메, 드 투른 같은 거물급 출판사의 그늘 밑에서 자라났다. 1777년 4월, 뇌샤텔출판사의 중역 두 명이 주네브로 출장을 갈 때 본사로부터 다음과 같은 주의사항을 들었다. "철학책은 금세기의 취향에 맞는 것으로서 우리 창고에 많이 있는데, 지금까지 우리는 그것을 주로 주네브에서 공급받았습니다. 카이예, G. 그라세, 갈레 같은 사람들은 우리 책 석 장에 두 장의 비율로 공급해줬습니다. 당신들은 그들과 어떤 비율로 거래해야 할지 아시겠지요."[14]

어떻게 거래가 진행되었는지 고문서에서 알아낼 길은 없지만, 흥정의 일반 성격은 뇌샤텔출판사가 주네브에 있는 가장 중요한 공급인인 자크 뱅자맹 테롱이나 가브리엘 그라세와 주고받은 편지를 통해서 분명히 알 수 있다.

테롱은 수학을 가르치고, 책을 팔고, 독서방^{cabinet littéraire}을 운영하고,
지적인 허드렛일 가운데 돈이 되는 일이라면 가리지 않으면서 근근히 살
아갔다. 1773년 파산한 뒤부터 1779년까지 그는 작은 출판사를 차렸다.
친구에게 자본금을 약간 빌려서 수요가 가장 많은 것처럼 보이는 금서 몇
가지를 골라 비밀리에 출판하기 위해 그 지방 인쇄업자를 고용했다. 그러
고는 현찰을 받고 이 책들을 몰래 팔았으며, 주네브의 그랑뤼에 있는 집의
2층 방 하나에 지나지 않았던 자기 책방에서 버젓이 팔 수 있는 합법 서적
과 바꾸기도 했다.

테롱이 앞으로 중요한 공급원이 될 수 있음을 알아차린 뇌샤텔출판사는
1774년 4월 편지를 보냈다. "우리도 역시 '철학책'이라는 종류를 부탁받는
경우가 가끔 있습니다. 귀하가 우리에게 그러한 책을 공급할 수 있는지 알
려주십시오. 우리는 기꺼이 귀하에게서 물건을 공급받겠으며, 우리의 거
래는 확실히 귀하에게 해볼 만한 가치가 있을 것입니다." 테롱은 다음과
같이 회신을 보냈다. "귀사의 상품 가운데 제가 원하는 책과 귀사가 제게
바라는 철학책을 넉 장 대 석 장의 비율로 바꾸고 싶습니다." 아주 너그러
운 조건이었다. 뇌샤텔출판사는 소중한 거래처였으며, 테롱은 그 거래에
앞서 투기를 해놓고 돈을 갚지 못한 상태에서 뇌샤텔출판사의 호의를 얻
을 필요가 있었기 때문이다.

3주일 뒤, 그는 뇌샤텔출판사의 첫 주문서에 대한 물품을 보냈다. 《예수
그리스도의 비판적 역사^{Histoire critique de Jésus-Christ}》 8, 《볼링브로크의 편지
^{Lettres de Bolingbroke}》 6, 《세 사기꾼에 관하여^{Traité des trois imposteurs}》 3, 《휴대
용 신학^{Théologie portative}》 6, 《영세 지망자^{Catéchumène}》 12, 《유익하고 유쾌
한 것^{Choses utiles et agréables}》 6, 《사울^{Saul}》 6, 모두 합해 533장 반이었다. 3
대 4의 비율로 정한 계약에 따라 테롱의 계정에는 711장이 들어가야 했다.
테롱은 볼테르의 저작을 어느 정도 전문으로 취급했다. 왜냐하면 그는 볼

테르가 '창피스러운 것'(l'infâme, 주로 가톨릭 교회)에 대한 싸움을 지휘하던 페르네에서 쏟아져나오던 문학을 훔쳐냈기 때문이다. 그러나 그는 또한 야릇한 외설서와 정치적 소책자, 특히 《프랑스 대법관 모푸가 프랑스 군주정의 헌법에 가져온 혁명의 역사적 일지》Journal historique de la révolution opérée dans la constitution de la monarchie française par M. de Maupeou, chancelier de France》도 취급했다. 뇌샤텔출판사는 자기네가 제작한 비교적 무해한 물건을 그에게 보내주었다. 그가 "저는 특히 소설·여행서·역사저작이 많이 필요합니다"라고 설명했기 때문이다. 기복이 있었지만 거래는 테롱의 사업이 망할 때까지 5년 동안 지속되었다.[15]

가브리엘 그라세는 직접 인쇄와 서적판매사업을 할 때까지 몇 년 동안 크라메의 인쇄소에서 작업을 감독했다. 그의 인쇄소는 볼테르가 은밀히 뒤를 봐주었지만 결코 큰 성공을 거두지 못했다. 그라세는 사업 수완이 뛰어나지 못한 인쇄업자였기 때문이다. 그는 인쇄기 두 대를 돌리면서 모든 청구서와 편지를 직접 다뤘지만, 계산을 뒤죽박죽으로 하고 계속 지불을 늦게 했다. 1770년 4월, 사태가 너무 나빠지자 그는 뇌샤텔출판사에 자신의 상품을 전부 팔고 그 출판사로 가서 직공장 노릇을 하겠다고 제안했다. 그러나 그는 금서를 찍어내어 은밀히 팔면서 경제적인 빈곤에서 벗어났다.

1772년 그라세는 2 대 1의 유리한 비율로 뇌샤텔출판사와 교환을 시작했다. 그는 그 이하의 조건은 받아들이지 않겠다고 고집하면서 이렇게 말했다. "다른 서적상은 모두 철학책 한 장당 두 장씩 주고 있습니다. 나는 귀사와 똑같은 비율의 교환을 제안합니다." 그는 뇌샤텔출판사의 목록에서 책을 골랐고, 뇌샤텔출판사는 그라세가 보낸 목록에서 원하는 것을 골랐다. 곧 뇌샤텔출판사는 자기네가 출판한 성경책을 보내고, 그 대신 《유신론자의 신앙고백La Profession de foi des théistes》과 《세 사기꾼에 관하여》를 받았다. 뇌샤텔 쪽은 이러한 방법으로 금서의 고전이라 할 수 있는 작품—《계몽사상가 테레즈^{Thérèse philosophe}》《대부 마티외》《2440년》 같은—도 손에 넣었다. 그리고 책을 주고받는 동안 뇌샤텔은 좀더 유리한 계약조건을 얻어내려고 노력했다.

1774년 4월, 뇌샤텔은 그라세로 하여금 2 대 1의 조건이 아니라 3 대 2의 조건을 받아들이도록 설득하려 했다. 하지만 그라세는 완강히 버텼다. "귀사는 저에게 3대 2의 교환 조건을 제시하면서 우리가 옛날에 맺었던 협정을 명백히 어기려 합니다. 철학 분야에 드는 비용과 위험을 감안한다면 귀사는 오히려 2 대 1보다 더 높은 비율로 교환해야 한다는 점에 확실히 공감하실 것입니다. 귀사와 사업을 계속하기 위해 저는 동봉한 목록에 있는 철학책을 모두 (2 대 1의 비율로) 교환하고자 합니다."

그라세는 교환 비율을 그대로 유지해나갔지만, 경계를 게을리하고 말았다. 1780년 1월, 주네브의 행정위원회^{Petit Conseil}*는 음란서적과 반종교서적을 인쇄했다는 이유로 그를 벌금형에 처하고 투옥했다. 감옥에서 나왔을 때 그는 인쇄소를 팔아야 했지만, 책을 은밀히 쌓아두는 일은 쉽사리 그만두지 않았다. 1780년 8월 그라세는 《예수 그리스도의 비판적 역사》 100권을 교환하겠다고 내놓았다. 그는 1782년 2월 죽을 때까지 은밀한 거래를 계속했던 것으로 보인다.[16]

'마케팅'과 값 매기기

그라세가 편지에 동봉한 목록에 관해 언급하는 것을 보면, 우리는 '철학

---

* 주네브는 1526년 이웃의 베른과 프리부르와 연합하여 주네브 공화국으로 태어났다. 주네브 시민들은 중요한 위원회를 조직했다. 25명의 관리를 선출해서 맡긴 행정위원회Petit Conseil와 200명의 입법위원을 선출해서 맡긴 총회Conseil général가 있었다. 행정위원회는 규모가 작기 때문에 '소위원회Petit Conseil'라는 이름이 붙었다.

책'을 특별히 취급하던 방식 한 가지를 더 알 수 있다. 따로 은밀히 만든 목록에 철학책을 수록했던 것이다. 그라세는 자기가 작성한 목록을 "철학책에 관한 짧은 설명Note de Livres Philosophiques"이라는 제목을 단 작은 종이에 인쇄했다. 거기에는 75개 제목이 알파벳 순으로 수록되어 있지만, 어디에서 그것들을 구할 수 있는지에 대해서는 아무런 언급이 없었다. 출판업자들은 합법적인 목록에는 언제나 자기 이름과 주소를 수록해 자유로이 유통시켰지만, 의심받을 만한 정보는 수록하지 않았다.

주네브의 출판업자 샤퀴와 디디에는 1780년에 사업을 합쳤는데, 그때이 두 사람은 합병을 널리 알리는 회람과 함께 두 가지 도서목록을 함께 인쇄해서 돌렸다. 첫 번째 목록에는 자기네 회사에서 '다량으로' 또 완전히 합법적으로 보유하고 있는 재고의 106가지 제목을 역사·여행·법률·종교·문학이라는 일반적인 주제에 따라 수록했다. '따로 붙인 설명'이라는 제목을 달고 있는 두 번째 목록에는 모두 25가지 책을 수록하고 있었다. 거기서 우리는 《귀부인들의 아카데미》에서 《수녀원의 비너스Vénus dans le cloître》에 이르기까지 지극히 비합법적인 작품과 함께 틈틈이 볼테르나 돌바흐의 작품은 물론 정치적인 비방문도 볼 수 있다.[17]

이러한 종류의 도서목록은 비록 현대 서지학자들의 관심을 끌지 못했지만, 지하의 서적 세계에서는 어디서나 유통되었던 것처럼 보인다. 뇌샤텔 출판사의 문서에도 주네브와 로잔의 공급자들이 그들에게 보내준 목록 다섯 가지, 그리고 자기네가 직접 작성한 목록 두 가지가 들어 있다. 1775년에 쓴 것으로 추정할 수 있는 110가지 작품목록에는 '철학책'이라는 제목이 붙어 있고, 16가지 제목을 담고 있는 '따로 붙인 설명'이라는 목록은 1781년에 인쇄한 것이다.

이 목록들의 목적은 두 가지였다. 첫째, 출판업자와 도매상에게 서로 교환할 책을 고를 수 있게 해주고, 둘째, 소매업자에게는 비밀통로를 통해서 얻을 수 있는 책이 무엇인지 보여주려 했던 것이다. 그러나 그 목록 자체도 위험한 것이었기 때문에, 역시 비밀리에 유통되었다.

1773년 3월, 경찰이 스트라스부르의 과부 서적상 슈토크도르프의 서점을 급습했을 때 그들은 "프랑스 책 목록/1772년 베른에서Catalogue de livres français/à Berne 1772"라고 인쇄된 서류를 압수했는데, 이야말로 소유자의 유죄를 가장 확실하게 밝혀준 증거였다. 이 목록에는 182가지 제목이 들어 있었기 때문에, 경찰은 스위스 공급자의 재고가 어떤 것이며 그들이 프랑스 고객과 어떻게 거래하는지 잘 알 수 있었다. 1781년, 스위스 출판업자인 제레미 비텔은 파리로 판촉 여행길에 올랐다가 단지 '나쁜 책의 목록 인쇄물'을 배포했다는 혐의로 체포되었다.

서적상들은 프랑스 안에서 이러한 목록을 교환하면서, 이름과 주소를 넣지 않고 거래상의 암호로 편지를 쓴다든지 "내 목록에 관해 입을 다물어 주세요" 같은 부탁의 말을 덧붙이면서 상당수의 비밀을 지켜나갔다. 경찰은 이러한 책략을 모두 알고 있었다. 뇌샤텔출판사는 서적출판행정청의 중요한 관리의 비위를 맞추려고 자기네의 최대 고객인 베르사유의 서적상 푸앵소를 보내서 자기네 출판사의 문제를 논의하게 했다. 푸앵소는 뇌샤텔출판사의 합법적인 목록을 가지고 들어갔다가 나온 뒤 이렇게 보고했다. "그는 만족했습니다. 하지만 내게 이렇게 말했습니다. '그들은 나쁜 책의 목록도 갖고 있지 않던가요?'"[18]

도서목록은 비록 위험한 것이었지만 마케팅에는 꼭 필요했고, 출판업자들은 정기적인 우편물로 목록을 보냈다. 1776년 8월, 뇌샤텔출판사는 유럽 전역에 있던 156명의 서적상에게 회람을 돌려 새로운 고객을 끌어들이려고 노력했다. 서신 발송대장에 서적상의 이름을 기록하던 사무원은 어떤 사람의 이름 뒤에는 "철학책 목록 보냄", 또 어떤 사람의 이름 뒤에는 "철학책 목록 보내지 않음"이라고 썼다. 앞의 경우에 해당하는 사람은 메

스의 부샤르, 낭시의 바뱅, 아비뇽의 샹보 같은 믿음직하고 노련한 서적상
으로, 불법 문학에 흥미를 느끼기 때문에 비밀목록을 받았을 것이다. 뒤의
경우는 발렌시아의 몰린, 바르셀로나의 부아르델과 시몬, 리스본의 보렐,
나폴리의 에르밀 같은 서적상으로, 가톨릭 국가에서 위험스럽게 살고 있
었기 때문에 불법 서적 같은 것을 편지에 올리지 않는 것이 상책이었다.[19]

프랑스 서적상들은 자신을 위태롭게 만들 수 있는 우편물을 별로 두려
워하지 않는 것 같았다. 가끔 암호를 사용하고 경찰이 비밀리에 봉인을 깨
뜨리는 일을 언급하면서도, 그들은 스스럼없이 철학책을 주문했기 때문
이다. 뇌샤텔출판사가 보베의 레네에게 표준에 맞는 합법적인 도서목록
을 보냈을 때, 레네는 항의했다. 그는 그러한 도서를 바라지 않았다. 그는
"귀사가 비록 목록에 넣지 않았지만, 분명히 창고에 쌓아두고 있을 철학책
몇 가지"를 원했다. 믈룅의 프레보도 똑같은 불평의 편지를 보냈다. "귀사
의 목록에는 보통 책밖에 없습니다." 그의 손님들은 '다른 종류, 말하자면
철학책'을 요구했다. 그래서 뇌샤텔출판사에서 비밀 목록을 보내주자, 그
들은 거기에 수록된 책들을 샀다. 낭트의 말라시도 똑같은 내용을 강력하
고 명확하게 적어보냈다. "될수록 빨리, 말하자면 이 편지를 받자마자, 귀
사가 갖고 있는 철학책이 전부 들어 있는 목록을 보내주십시오. 아주 많이
팔아드리겠습니다." 금서를 취급하는 서적상이라면 누구나 자기에게 물
건을 대주는 사람은 당연히 특별 상품을 마련해놓고 특별한 목록을 작성
해놓고 있다고 생각했다. 그들은 이러한 체계를 움직이기 위해 표준말, 즉
'철학책'이라는 말로 신호를 보냈다.[20]

공급자들도 똑같은 신호를 보냈다. 그들은 마케팅과 책값에 관한 내용
을 첨가해서 담아 보냈다. 이미 말했듯이 뇌샤텔출판사는 가끔 우편을 통
한 조직적인 판촉활동을 시도했다. 그러나 그들은 매일 고객에게 편지를
보냈다. 회사에 들어온 최신 제목에 관한 짧은 설명을 편지에 교묘하게 추

가했다. 보르도의 베르주레에게 보낸 편지에는 이런 식의 전형적인 귓속 말이 보인다. "철학책에 관해 말씀드리자면, 우리는 한 권도 찍지 않습니다. 다만 어디에서 살 수 있는지 알고 있습니다. 다음과 같이 철학책 목록에서 뽑은 간략한 목록을 보내드립니다." 베르주레는 《계몽사상가 테레즈》와 《휴대용 신학》 같은 제목이 가득한 주문서를 보냈다. 그러나 뇌샤텔출판 사는 이 중요하고 비밀스런 작업에 착수하기 전에 이 분야의 가격에 대해 주의를 주는 것이 현명하다고 생각했다.

> 귀하가 주문한 책 가운데는 철학 분야의 책이 많습니다. 현재 우리 회사에는 이런 책이 없지만, 다른 서점과 긴밀한 관계를 맺고 있는 덕택에 차질 없이 공 급해드릴 수는 있습니다. 그러나 우리가 쉽게 생각할 수 있는 여러 가지 이유 로 이러한 책이 다른 책보다 더 비싸다는 사실을 먼저 알려드리지 않을 수 없습 니다. 우리는 목록에 있는 다른 책과 똑같은 값에 철학책을 공급해드리지 못합 니다. 우리도 정상가보다 비싸게 사야 하기 때문입니다. 그래도 우리는 귀하를 위해서 될수록 가장 좋은 조건으로 물건을 구해드리려고 노력하겠습니다. 이 런 종류의 책이 우리 주변에서 지금 급격히 늘어나고 있기 때문입니다.[21]

철학책 값은 다른 책값과 다른 방식으로 오르내렸다. 그것은 보통 책보 다 높은 수준—대체로 그와 비슷한 해적판 값의 두 배—에서 시작했다가 엉뚱하게 곤두박질치거나 치솟았다. 유죄판결(언제나 사업을 유리하게 도 와줬다), 경찰의 불시단속(독자에게는 수요를 늘리는 자극을 주었지만, 서적상 에게는 고객을 확보하는 데 방해가 되었다), 공급상의 변칙성(시장에는 경쟁사 들이 은밀히, 경쟁적으로 찍어낸 똑같은 책이 넘쳐날 수도 있었다)에 따라 값이 변했다. 대체로 뇌샤텔출판사는 보통 책과 금서의 도매가를 각각 한 장에 1수^{sous}와 2수에 고정시켰다. 그들은 이렇게 해서 합법 서적 두 장에 철학책 한 장꼴로 맞바꾸는 일이 많았다. 그러나 테롱과 그라세 같은 사람들과 거래할 경우 그 비율은 주도권을 쥔 사람의 뜻에 따라 달라졌다. 새 상품이 시장에 나왔을 때 그것이 아주 참신하고 물의를 일으키기 충분하다면, 누구나 값이 치솟을 것으로 기대했기 때문이다.[22]

변덕스러운 책값은 비밀문학의 도서목록에 그 자취를 남겼다. 공급자들은 목록에 현시세를 종종 손으로 추가해넣었다. 가브리엘 그라세는 '철학책에 대한 짧은 설명'을 인쇄하면서 값을 넣지 않았다. 그는 뇌샤텔출판사와 책을 2 대 1로 바꾸기로 합의한 뒤, 자기 도서목록에 책마다 몇 장이 들어갔는지에 따라서 값을 적어넣었다. 뇌샤텔출판사는 한 장에 1수로 값을 매겼기 때문에 그는 2수를 매겼다. 이렇게 해서 그는 《휴대용 신학》이 스무 장짜리 책이기 때문에 2리브르(40수)라고 값을 적었다.

그러나 그는 자기 목록에 있는 75권 가운데 33권만을 그 비율로 교환하고자 했다. 왜냐하면 그는 《창녀》와 《중국인 첩자 L'Espion chinois》 같은 고전을 포함한 나머지를 더 비싸게 팔고 싶어했기 때문이다. 그래서 이러한 고전적인 작품들에 대해서는 값도 매겨놓지 않았다. 그라세는 또한 자기가 최근에 제작한 《흰 소 Le Taureau blanc》와 《페가수스와 늙은이의 대화 Dialogue de Pégase et du vieillard》를 특별한 값에 넘기겠다고 고집했다. 이 두 작품은 방금 페르네에 있는 볼테르의 악마 같은 글 공장에서 생산해낸 것이었다. "《흰 소》와 6장이 든 《페가수스》의 경우, 저는 주네브에 있는 모든 서적상에게 현찰로 1리브르(20수)씩 받고 팔고 있습니다. 두 작품 모두 푸른빛이 도는 종이에 인쇄했기 때문입니다. 그러나 제가 귀사와 거래를 하고 싶기 때문에, 귀사에 대해서는 18수라는 특별한 값을 제시하고자 합니다."[23]

새로움, 명성, 특별한 종이, 삽화, 개정증보판, 이렇듯 많은 요인에 따라서 금서의 값은 널뛰듯 오르내렸다. 같은 작품이라 해도 다른 형태로 발간되거나, 다른 목록에서 제각각 다른 값으로 제시되는 일이 흔했다.

1680년에 처음 시장에 나온 뒤 여러 번 모습을 바꾸면서 줄곧 베스트셀러 자리를 지키던 음란서적 《귀부인들의 아카데미》는 세 가지 비밀 목록에 나타났다. 1772년, 베른출판사는 그 책에 별다른 서지학적 토를 달지 않은 채 24리브르로 값을 매겨놓았다. 1776년, 로잔의 가브리엘 데콩바는 "바로잡고, 더 좋게 하고, 지면을 늘리고, 삽화를 실어 8절판짜리 두 권으로 1775년에 제작함, 12리브르"라고 그 책을 설명했다. 1780년, 주네브의 샤퓌와 디디에는 완전히 다른 판을 두 가지 내놓았다. 하나는 "37장의 삽화를 곁들여 네덜란드에서 멋지게 제작한 넓은 8절판, 13리브르"였고, 또 하나는 "삽화를 곁들인 12절판, 두 권, 3리브르"였다.[24]

수많은 프랑스 독자는 권당 2, 3리브르짜리 금서를 사볼 수 있는 능력이 있었다. 숙련노동자는 하루에 그 정도, 아니면 그 이상도 벌었기 때문이다. 그러나 도서목록에는 도매가가 제시되었고, 책들은 독자의 손에 도달할 때까지 밀수꾼·운송업자·마차꾼·소매업자의 수많은 손을 거쳐야 했다. 이처럼 책이 어렵게 유포되었기 때문에 값을 매기는 데 여러 가지 변수가 수없이 작용하게 되었고, 따라서 소비자는 생산원가의 두 배에서 심지어 열 배까지 내고 책을 사야 했다.

경쟁이 있었기 때문에 소매업자 사이에서 어느 정도 가격이 평준화되었지만, 행상인이 다니는 먼 곳의 사정은 달랐다. 행상인은 싸구려 책과 함께 철학책을 팔았으며, 되는 대로 값을 받았다. 루됭에 비밀창고를 두고 행상인 무리에게 물건을 공급하던 폴 말레르브는 이렇게 적었다. "모든 행상인은 이러한 종류의 책을 얻으려고 아주 열심이다. 다른 책을 팔 때보다 돈을 더 벌기 때문이다. 말하자면 그들은 사람들이 책을 얼마나 찾느냐에 따라 터무니없는 값을 매겨도 그 값을 받아낼 수 있었다."[25]

이처럼 예측하기 어려운 시장 조건에서 볼 때 금서의 판매에는 특히 위험이 뒤따랐다. 급한 변화에 관한 정보를 얻고 수요를 계속 파악하기 위해

출판업자는 대체로 상업통신원에게 의존했다. 그러나 그들은 특별외판원을 파견해 판촉활동을 하도록 하는 한편 지하거래의 상황을 자세히 보고하도록 지시하는 경우도 있었다.

1776년, 뇌샤텔출판사는 믿음직한 사원 장 프랑수아 파바르제에게 임무를 주어 스위스·사부아·리요네·부르고뉴·프랑슈콩테를 한 바퀴 돌도록 했다. 그는 맛보기 상품의 표지와 도서목록을 말에 싣고 길을 떠났다. 마을마다 들러 서적상을 하나하나 찾아보고 나서 사무 처리한 내용을 보고했다. 그는 그르노블에 있는 브레트의 가게에 들른 뒤에 이렇게 보고했다. "브레트는 언제나 저보다 한 발 앞서 다니던 로잔출판사와 관계를 맺었지만, 저를 만난 뒤 스위스에서 출판된 책 가운데 자기가 필요로 하는 것은 무엇이건 우리에게 주문하고 싶다고 합니다. 저는 그에게 철학서적의 목록을 주었습니다. 그는 목록에 있는 책을 벌써 거의 다 갖고 있다고 했습니다."

그리고 디종에서 카펠과 흥정을 벌인 뒤에는 이렇게 보고했다. "카펠 씨는 일류입니다. 말하자면, 적어도 그의 가게에는 물건이 고루 갖춰져 있습니다. 그는 철학책을 많이 취급합니다. 그에게 (철학책) 목록과 내용 소개 목록을 줬습니다. 우리에게 책을 주문하겠다고 합니다. 그는 도서거래 감독관입니다. 우리가 (밀수꾼에게 맡겨) 주뉴를 거쳐서 보낸 모든 짐은 그의 손을 거쳐 통과되었습니다. 그는 그러한 종류의 일에는 꼼꼼하지 못합니다." 철학책을 생산하고, 창고에 쌓아놓고, 값을 매기고, 시장에 푸는 과정에 있는 모든 지점에서와 마찬가지로, 여행의 각 단계에서도 철학책은 특별취급을 받아야 했고 또 실제로 그런 취급을 받았음이 분명하다.[26]

주문과 발송

책을 유통시키는 과정의 다른 쪽 끝에서도, 말하자면 불법 서적을 주문하고 발송하는 방식에서도 똑같은 경향을 볼 수 있었다. 간혹 서적상은 주문서를 작성하면서 모든 종류의 합법, 불법, 거의 불법에 가까운 서적을 뒤섞어서 기입했다. 그러나 그들이 위험을 느낄 때는 철학책을 따로 주문하는 예방조치를 취했다. 때때로 그들은 주문서에는 해롭지 않은 제목들을 올리고, 금서의 제목은 쪽지papier volant에 따로 적어서 슬쩍 끼워넣어 보냈다. 물론 쪽지에는 서명을 하지 않았고, 주문서가 도착한 뒤에는 버리게 되어 있었다. 그러나 뇌샤텔출판사의 문서 속에는 아직도 몇 가지 쪽지가 남아 있다.[27]

주문서에서 가장 위험한 책을 돋보이게 만들기 위해서 여러 가지 교묘한 방법을 사용하는 서적상이 많았다. 캉의 마누리는 주문서의 한 부분에 따로 적었다. 라 로셸의 데보르드는 맨 끝에 적었다. 낭트의 말라시는 난을 따로 마련하여 나열했다. 리옹의 바리텔은 덧셈표를 했다. 투르의 비요, 브장송의 샤르메, 샬롱쉬르마른의 송베르는 합법 서적을 먼저 적고 금을 그은 뒤 금서를 적었다.[28]

이 모든 기술을 이용하는 목적은 하나였다. 짐을 검사받더라도 발각될 염려가 없도록 특별한 조치를 취해달라고 공급자의 주의를 일깨우는 것이었다. 보르도의 베르주레는 자기가 원하는 책 60권을 적고, 극도로 노골적인 철학책 11권에 가새표를 한 뒤 이렇게 설명했다. "가새표를 한 책을 다른 책들과 결혼시켜주십시오." 책을 '결혼시킨다marry'는 말은 아주 간단한 절차를 뜻했다. 책은 대개 제본하지 않은 상태에서 발송했기 때문에, 어떤 책의 종이와 다른 책의 종이를 서로 섞는 것을 뜻했다. 서적상들은 이러한 관행을 '돼지 비계 끼워넣기larding'*라고 부르기도 했다.

브장송의 샤르메는 외설적이고 반종교적인 《아라스의 초La Chandelle d'Ar-

---

* 고기 맛을 좋게 하기 위해 살코기에 돼지 비계를 끼워넣는 일에 빗댄 서적상의 관행을 뜻한다.

ras》여섯 권을 마담 리코보니의 악의 없는 작품의 해적판 세 권과 함께 주
문하면서 이렇게 썼다. "화물송장에는 다른 제목을 적고, 이 작품(《아라스
의 초》)은 리코보니의 작품 속에 슬쩍 끼워넣어lard주십시오. 나는 송장을
감독관 사무실에 제출해 그들이 짐을 풀어보지 않도록 하겠습니다. 철학
책을 다른 제목으로 적어보내는 일이 중대한 까닭을 아시겠지요." 뇌샤텔
출판사의 사무원들은 주문장에 이러한 지시사항을 옮겨적었다. 그들이 다
음과 같은 책들을 기록하면서 조금도 웃지 않았다고 믿기는 어렵지만, 아
마 정색을 하고 기록했을 것이다.

《아가씨들의 학교Ecole des filles》 ⎤
《종교의 잔인성Cruauté religieuses》 ⎬ 《프랑스의 신교도 의식Liturgie des
《방탕한 시인들Parnasse libertin》 ⎦ Protestants en France》 속에

《창녀》는《신약성서Nouveau Testament》속에[29]

뇌샤텔출판사 직원들은 《패니 힐Fanny Hill》*을 복음서와 결혼시키도록
지시받아왔다.

어쨌건 책을 주문하는 방식은 책을 포장해서 발송하는 방식에 직접 영
향을 미쳤다. 레뇨 2세는 자신이 가새표한 것은 모두 짐의 바닥에 감춰달
라고 요구했다. 그래야만 리옹의 검사관들 앞을 통과시키도록 그가 수를
쓸 수 있었기 때문이다. 디종의 뉘블라는 모든 불법 서적을 하나로 꾸려서
짐의 맨 위에 넣어주기를 바랐다. 그래야만 조합 사무실에서 짐을 검사하
기 전에 몰래 빼돌릴 수 있었기 때문이다. 리옹의 자크노는 철학책을 가짜
송장과 함께 짐의 밑바닥에 넣어주는 편을 좋아했다. 그리고 파리의 바루

---

* 존 클렐런드John Cleland의 소설 《패니 힐》은 프랑스 말로 《창녀》라고 번역되었다.

아는 자기 책을 포장지^{maculature} 속에 감춰주기를 바랐다. 이처럼 아주 다양한 기술이 이용되었지만, 모든 기술은 비교적 안전한 책과 압수당할 수 있는 책 사이에 명확한 선을 긋는 데 달려 있었다.[30]

만일 어떤 서적상이 모든 위험을 피하고자 한다면, 그는 유통망의 합법적인 통로를 통해서 불법 서적을 몰래 들여오려는 시도를 하지는 않았다. 그는 밀수꾼 또는 업계에서 '보증인^{assureurs}'이라고 부르는 사람을 고용했다. 운송업자는 종종 이런 사람들의 활동에 기댔지만, 고객은 대개 물건을 받은 뒤에 값을 지불했다. 보증인은 국경의 세관을 비켜가고, 왕국에 들어가서는 검사소를 비켜가는 비밀통로를 따라 책을 지고 갈 짐꾼들을 고용했다. 짐꾼이 잡히면 갤리선의 노 젓는 형벌을 받을지 모르고, 책은 몰수당할 위험이 있었으며, 보증인은 손해배상을 하게 되었다. 그 체제는 성가시고 비용이 많이 들었지만(1773년, 주네브 근처에서 국경을 통과하는 데 상품 가치의 16퍼센트가 들 정도로), 일부 서적상이 가장 원하는 성과를 안겨주었다. 그들은 뭐니뭐니해도 안전을 바랐다.

렌의 서적 거래에서 기둥 구실을 하던 블루에는 금서를 안전하게 팔 수 있고 자기가 들인 경비를 뽑을 수 있는 값에 팔 수 있는 길이 있을 때만 금서를 주문했다. 그는 뇌샤텔출판사에 편지를 보냈다. "귀사는 제게 보낸 편지에 왕국 안에서 조합 사무실을 통과하거나 아무런 검사도 받지 않고 화물을 보낼 수 있도록 보증인들을 마련해두었다고 했습니다. 제 생각에, 제가 주문한 철학책을 그 통로를 이용해서 보내주시는 것이 최선이라고 봅니다. 리옹을 통과할 경우 반드시 몰수당하고 말 것이라고 믿습니다. 다른 책은 리옹을 통과하는 정상적인 길로 보내셔도 무방하겠습니다…. 저는 모든 비용을 기꺼이 댈 의사가 있지만, 몰수당할 위험을 감수하고 싶지는 않습니다."[31]

블루에 같은 서적상은 비용·위험·운송로에 대한 사항들을 계산해서 법을 가볍게 어긴 책과 철저한 '철학'책을 구별했다. 그러나 밀수꾼들에게 그 구별은 생사에 관한 문제였다. 1773년 4월, 프랑슈콩테에서 보증인 노릇을 하던 기용은 메르시에Mercier의 《2440년》과 볼테르의 《백과사전에 관한 질문Questions sur l'Encyclopédie》을 싣고 가던 짐꾼 두 명이 붙잡힌 사건을 기록했다. 그들은 필시 갤리선에 실려 노 젓는 형벌을 받았음이 분명하다. 왜냐하면 생 클로드의 주교가 그 사건에 관심을 가졌기 때문이다. 결국 그들이 풀려나기는 했지만, 다른 짐꾼들은 일을 그만두었다.

기용은 그들을 되돌아오게 하기 위해서 뇌샤텔출판사를 설득하려고 노력했다. 요컨대 가장 위험한 책은 따로 꾸려서, 짐꾼들이 세관의 불시 순찰에 걸릴 때 버리고 도망칠 수 있도록 해달라고 주문했다. 그러나 뇌샤텔출판사는 이렇게 대답했다. 회사가 기용을 통해서 발송하는 것은 모두 법을 피하는 데 목적이 있으며, 그렇기 때문에 정상적인 통로를 통해서 좀 덜 해로운 불법 서적을 유통시키기 위해 거짓 포장술을 동원하고 손재주를 발휘하는 대신 보증인 제도를 이용하는 것이 아니겠느냐는 대답이었다.[32]

모든 것이 진정되면 짐꾼은 일을 다시 시작했다. 그러나 그들은 고용주와 이해관계가 달랐기 때문에 계속 대립했다. 갈등은 서적의 거래에서 진짜 '나쁜' 요소와 단지 비난받을 정도의 요소를 구분하는 선을 따라 일어났다. 비비 꼬인 산길을 따라 80파운드짜리 등짐을 지고 가는 사람들이 문학을 구별하는 세련된 눈을 가졌다고 기대하기란 어렵다. 프랑스와 스위스 국경을 넘나드는 그들은 대부분 프랑스 비단을 보호하기 위해 설치한 세관의 장벽을 지나 옥양목을 지고 나르는 일을 가끔 하던 사람들이었다. 따라서 그들은 어떠한 종류의 가짜도 등에 지고 나를 준비가 되어 있었다. 그러나 그들은 너무 불법적인 상품을 운반하다 걸리면 갤리선의 노예로 죽을 고통을 당할 위험을 예측하고는 망설였다. 이런 까닭에 뇌샤텔출판사 대리인으로서 뇌샤텔과 퐁타를리에를 잇는 통로를 따라 '보험'을 조직한 사람은 이렇게 충고했다.

귀사의 사업은 각별히 까다롭습니다. 짐꾼들은 만일 잡히면 종교를 공격하거나 특정 공인을 비방하는 작품에 대한 책임을 져야 한다는 사실을 두려워합니다. 그것은 그들이 단지 관세를 물지 않으려고 밀수를 할 때 닥치는 위험과는 상대도 안 되는 위험입니다. 만일 귀사가 내용상 비난받지 않을 책(말하자면 합법 서적의 해적판)을 밀수하고자 한다면, 짐꾼들은 짐의 내용이 확실히 그러한지 귀사에서 보증해줄 수 있는지 물을 것이며, 그리고 나면 귀사는 100파운드당 12리브르를 받고 퐁타를리에까지 짐을 져다줄 사람들을 우리 지역에서 고용할 수 있을 것입니다.[33]

밀수는 비축, 교환, 값 매기기, 광고, 판매, 주문, 포장, 그리고 발송에 관한 모든 관행은 물론이고, 심지어 금서에 관한 언급까지도 확인시켜준다. 생산과 유통 과정의 모든 단계에서 합법 문학과 불법 문학을 가르는 불투명한 영역에서 일하던 사람들은 어떤 등급의 책을 어떤 방식으로 취급해야 좋은지 알고 있었다. 만약 그것을 어기면 큰 실패를 불러올 수 있었다.

1789년, 프랑스 정부의 모든 체계는 대참사를 맞이했다. 출판업의 '철학' 분야에서 시작된 이념적 침식작용이 이처럼 전반적인 붕괴를 가져오기 위한 필요조건이었던가? 이 문제에 덤벼들기 전에 우리는 금서의 전체를 파악하고, 그 내용을 검토하고, 그것을 독자가 어떻게 수용했는지 연구할 필요가 있다. 그러나 지금까지 연구한 결과만 가지고 보더라도, 지하유통망을 통해 돌아다니던 '철학'은 보통 계몽주의와 연관된 사상체계와 아주 다르다는 사실은 분명한 것 같다. 사실 1769년부터 1789년까지 20년 동안 전문직업인들이 날마다 자기 업무에 종사하는 모습을 지켜보면서, 우리는 18세기에 대한 표준 역사에서 쌓아놓은 평범한 관념들을 의심하기 시작한다.

계몽주의는 프랑스혁명과 어떤 관계가 있는가? 이러한 고전적인 질문은 이제 **그릇된 질문**question mal posée처럼 보이기 시작한다. 왜냐하면 만일 그런 식으로 질문을 던진다면, 우리는 첫째, 계몽주의를 마치 18세기 문화 속에서 다른 요소와 구별할 수 있는 요소처럼 구체화하고, 둘째, 그것을 마치 피의 흐름 속에서 감지할 수 있는 물질과 마찬가지로 1789~1800년의 모든 사건을 통해서 추적할 수 있는 것처럼 혁명을 분석하는 데 집어넣음으로써 그 문제를 왜곡시키기 쉽기 때문이다.

18세기 프랑스 인쇄물의 세계는 너무 복잡하기 때문에 '계몽주의'라든가 '혁명'이라든가 하는 범주로 분류하기 어렵다. 그러나 1789년 이전에 독서 대중에게 문학을 전달하던 개인들은 자신들이 취급하던 책에서 진짜 위험한 요소를 구별하기 위해 아주 쓸 만한 범주를 고안해냈다. 만일 우리가 그들의 경험을 진지하게 살펴본다면, 우리는 문학사의 몇 가지 기본적인 구분에 대해 다시 생각해야 할 것이다. 거기에는 위험하다는 관념과 문학이라는 것 자체에 대한 관념도 포함되어 있다.

우리는《사회계약론》을 정치이론으로, 그리고 어딘가 너무 거칠어서 문학으로 취급하기 어려울지 몰라도《동 부그르 이야기》를 음란서적으로 생각한다. 그러나 18세기의 책세상 사람들은 두 가지 책을 한데 묶어 '철학책'으로 생각했다. 만일 우리가 그들의 자료를 그들 방식대로 본다면, 음란서적과 철학 사이에 자명한 것으로 보이는 구분은 사라지기 시작할 것이다. 우리는《계몽사상가 테레즈》로부터《규방의 철학Philosophie dans le boudoir》에 이르는 외설서에서 철학적인 요소를 찾아내고, 계몽사상가들의 색정적인 작품, 이를테면 몽테스키외의《페르시아인의 편지Lettres persanes》,

볼테르의 《오를레앙의 처녀Pucelle d'Orléans》, 디드로의 《경솔한 보배Bijoux indiscrets》를 재검토할 용의가 있다.

1789년의 정신을 구현한 미라보가 10년 전에는 가장 저급한 외설서와 가장 대담한 정치논문을 썼다는 사실은 더이상 그다지 어리둥절한 일이라고 할 수 없다. 자유와 난봉은 함께 연관된 것으로 보이고, 그래서 우리는 은밀한 도서목록에서 가장 많이 팔리는 책들이 모두 닮았음을 볼 수 있다. 일단 우리가 외투 밑에서 철학을 찾는 방법을 배운다면, 그 어떤 것도 찾아낼 수 있을 것이다. 심지어 프랑스혁명까지도 말이다.

2장

베스트셀러

18세기 출판 관행을 잠시 좇아가면서 우리는 다음과 같이 잠정적인 결론을 내릴 수 있었다. 불법 문학은 그 자체의 세계를 갖고 있었다. 그것은 서적 판매의 특별한 부분을 차지했는데, '철학적'이라는 실용적인 관념을 중심으로 잘 구축되고 조직된 관행을 특징으로 삼고 있었다. 이 같은 결론을 바탕으로 우리는 이제 야심찬 조사를 시작할 수 있다. 어떤 책이 비밀 유통경로로 흘러다녔는지 정확히 알아내려고 노력할 수 있으며, 출판업자와 서적상의 발길을 따라다니면서 그들의 거래 품목에서 '철학적'인 상품이 무엇인지 가려낼 수 있다. 그들의 사업은 그 상품의 공급과 수요를 조정하는 일이었다. 따라서 그들의 사업을 분석해보면 금기사항을 찾는 취향이 어떤 식으로 책 속에 반영되고, 그러한 책들이 실제로 어떤 경로를 통해 독자의 손에 들어가는지 알 수 있다. 결국 우리는 프랑스혁명이 일어나기 전 20년 동안 프랑스에서 가장 많이 읽고 싶어하던 금서의 베스트셀러 목록을 작성할 수 있기를 바란다.

이것은 원대한 포부이기 때문에, 독자는 벌써 의구심이 들지 모른다. 도 대체 200여 년 전 서적 판매의 감춰진 부분에서 어떻게 문학적인 수요를 측정할 수 있단 말인가? 그때는 죽음과 세금을 포함해 거의 모든 것에 대한 믿음직한 자료가 존재하지 않았던 시대 아닌가?[1]

나는 불신을 잠시 접어두고, 은밀한 서적사업의 기본 성격을 밝혀줄 몇 가지 사례 연구에 대해서 먼저 논의하고자 한다. 사례 연구는 뇌샤텔출판 사의 문서고에서 나왔다. 이 문서고에는 18세기부터 출판업자—도매업자 가 관리한 서류가 완벽하게 보존되어 있다.

뇌샤텔출판사는 아주 이상적인 위치에 있었다. 프랑스의 불법적인 책을 생산하고, 론 강이나 라인 강을 따라서 또는 쥐라 산맥을 넘어서 발송하기 좋게 프랑스 국경 가까이 자리잡았다. 이 회사는 직접 출판한 서적만이 아 니라 당시에 나온 모든 종류의 문학작품을 광범위하게 갖춰놓고 있었으 며, 주요 고객은 대부분 프랑스의 주요 도시만이 아니라 웬만큼 큰 마을의 소매상인, 그리고 상트페테르부르크에서 나폴리까지, 또 부다페스트에서 더블린에 이르는 유럽 전역에서 프랑스 책을 파는 서적상이었다.

날마다 서적상의 주문서가 뇌샤텔출판사 사무실로 날아들었다. 대부분 의 주문서는 시장의 상황과 금서를 밀반입시키는 데 필요한 주의사항도 함께 담고 있었다. 프랑스의 소매상이 보낸 전형적인 주문서에는 여남은 가지 제목이 실리는데, 특히 그가 '철학' 분야의 상품을 취급하는 경우 금 서의 제목도 함께 적어넣었다.

그러나 그는 통상적으로 한 품목마다 겨우 몇 권씩만 주문하곤 했다. 서 적판매업에서는 팔리지 않은 책의 반품을 허용하지 않는 관행이 있었기 때문이다. 그래서 그는 고객이 이미 요청한 책이나 자신 있게 팔 수 있는 책만 주문하는 경향이 있었다. 때로는 덤을 한 권 얻기 위해 뇌샤텔출판사가 '빵장수의 1다스'*격으로 제공하는 책을 사는 경우도 있었다. 물론 남보다 큰 위험을 감수하려는 서적상도 있었다. 그들은 주문도 많이 하고, 불법적인 분야에 과감히 뛰어들 태세를 갖추었다. 그러나 오늘날 출판업자가 꿈꾸듯이 반품제도가 없었기 때문에, 모든 주문은 상인이 수요를 파악하는 능력과 밀접하게 관련되어 있었다.

일단 뇌샤텔출판사가 주문을 접수하면 서기가 '주문장부livre de commissions'의 왼쪽 난에 주문 내용을 베껴넣었다. 그리고 물건을 발송한 뒤 서기는 이 등록부의 오른쪽 난에 제목당 발송한 부수를 기입했다. 그러므로 수요와 공급이 장부에 생생하게 드러났다. 수요와 공급은 대체로 일치했다. 왜냐하면 뇌샤텔출판사는 재고가 없는 경우에도 동업을 하는 출판업자—도매상과 상품을 교환하여 주문량을 맞췄기 때문이다.

따라서 뇌샤텔출판사의 서류—서적상의 편지만이 아니라 '주문장부'와 그 밖의 회계장부('일계장' brouillons, journaux)—는 문학적 수요의 흐름을 제목별로 추적하고 프랑스 전국의 지방 시장에 책이 공급되는 과정을 따라가볼 수 있는 예외적인 기회를 제공해준다. 또한 그 서류를 가지고 어떤 책이 금서였는지 알아낼 수도 있다. 왜냐하면 위에서 설명했듯이 '철학'서적은 유통체계의 각 단계마다 특별 취급하기 위해 따로 골라냈기 때문이다.

우리는 '철학'서적의 모든 표시를 추적하는 가운데 1769년부터 1789년까지 프랑스에서 유통되었던 금지된 문학의 전체 목록을 구축할 수 있다. 여기서 금지된 문학이란 비록 특허나 그 밖의 출판 허가를 받지 않았다 할지라도 안전하게 팔 수 있는 책과 달리 진정 위험스러운 상품으로 여겨지는 책을 뜻했다. 그리고 주문서 가운데 적절한 사례를 뽑아 자료를 만든다면 어떤 책이 가장 많이 팔렸는지 알 수 있다.[2]

---

* 빵장수가 무게를 속인 데 대한 벌이 두려워 열두 개에 하나씩 덤을 준 데서 나온 말.

그러나 숫자가 모든 것을 말해주지는 않는다. 숫자를 의미 있게 만들려면 서적상들이 어떻게 사업을 운영했고, 그들의 사업이 사회와 어떻게 맞았는지 이해해야 한다. 사례 연구는 양적 분석과 질적 분석을 혼합하는 가장 훌륭한 방법을 제공해준다. 뇌샤텔과 파리에는 이루 다 취급할 수 없을 만큼 자료가 풍부하기 때문에, 우리는 사례 연구를 줄을 세울 수 있을 정도로 많이 해낼 수 있다. 그러나 나는 네 명의 사례에 한정하고자 한다. 먼저 뇌샤텔출판사에 가끔 주문장을 보내는 고객의 전형인 서적상 두 명을 살핀 뒤에 정기적인 고객 두 명을 살피려 한다. 첫째 짝은 이따금, 그리고 곳에 따라 일어나는 즉흥적이고 작은 규모의 거래가 어떤 형태를 취하는지 살펴볼 수 있도록 해줄 것이다. 둘째 짝은 뇌샤텔에서 상품의 대부분을 구매하는 큰 사업에 관한 완전한 모습을 보여줄 것이다.

힐끗 본 시장의 모습

낭시의 마티외는 로렌의 서적사업을 대충 요약해서 보여주었다. 그는 로렌이 1766년 프랑스로 편입되기 전인 1754년 행상인으로 출발했다. 그때는 스타니수아프 레시치니스키가 태평스러운 정치를 할 때였기 때문에 사실상 아무나 금서에 손을 댈 수 있었다. 그리고 경찰의 보고서에 따르면 서적사업은 1767년에도 여전히 흥청대고 있었다.

낭시에서는 모든 사람이 자유로이 책을 팔고 수입합니다. 중고 가구상이 개인 장서를 사들이고, 자기 집이나 광장에서 되팔아버립니다. 그들은 어린이에게서도 책을 삽니다. 행상인들이 그 지방을 떼지어서 제멋대로 아무거나 가지고 다닙니다. 그들은 작은 마을의 시장, 플롱비에르와 뱅레뱅 같은 온천장의 모임에 나타납니다. 그들은 완전한 자유를 누리고, 인쇄업자에게서 유리한 조건을 인정받았기 때문에 가장 위험한 부류입니다.[3]

1764년경, 마티외는 넝마주이 같은 규모나마 낭시에 가게를 낼 만큼의 돈을 모았다. 그러나 경찰 보고서에 따르면 그의 가게는 보잘것없는 규모였다. 가게에는 200권도 갖추지 못했고, 계속해서 상품을 들고 알자스와 로렌을 누비며 다녀야 했다. 그의 진열대는 스트라스부르의 정기시장에서 한 해에 두 번 볼 수 있었고, 콜마르에서, 플롱비에르의 온천장을 찾은 상류사회의 인사들 사이에서, 그리고 '뤼네빌의 궁전 홀에서' 볼 수 있었다.[4]

마티외가 뇌샤텔출판사에 보낸 편지는 적어도 69통으로 프랑스어 철자법이 틀렸지만, 로렌의 다른 서적상들이 출판사에 보낸 편지와 함께 비교해보면 그가 억센 고객임을 엿볼 수 있게 해준다.[5] 그는 거래를 까다롭게 끌어갔고, 경쟁자들을 밀쳐냈으며, 좀처럼 위험을 부담하려 들지 않았다. 하지만 그는 언제나 지불을 잘 했다는 점에서 로렌의 수많은 군소 서적상과 달랐다. 이들은 지나치게 사업을 확장하고 마침내 파산하는 경우가 많았기 때문이다. 마티외의 사업은 1770년대 내내 번성한 듯하다. 1779년 그는 낭시의 서적상 17명 가운데 남보다 견실한 바뱅에게서 상품을 구했고, 자신이 모든 종류의 책과 잡지를 공급할 수 있다는 광고를 담은 인상적인 도서목록을 발행했다.[6]

도서목록에는 나무랄 데 없을 정도로 대부분 종교적인 성격의 합법적인 책만 실려 있었다. 그러나 마티외는 뇌샤텔출판사에 보낸 편지에서 '철학' 서적에 대한 건강한 입맛을 보여주었다. 그때까지 그는 그 같은 책을 스트라스부르를 통해서 수입했지만, 그 길이 몹시 위험해지자 안전한 상품을 다시 취급하고 있었다. 거의 처음부터 그는 '볼테르 선생이 쓴' 것이나 '흔치 않은 품목'을 요청하면서, "당신은 내가 무엇을 말하는지 아실 겁니다"라고 썼다.[7]

그가 주문을 거듭함에 따라 그의 뜻은 더 분명해졌다. 처음에 그는 볼테르의 《백과사전에 관한 질문》, 돌바흐의 《자연의 체계Système de la nature》를 주문했다. 그러다가 메르시에의 《2440년》에 관한 소식을 듣자마자 서둘러 50권을 주문하는 동시에 《갑옷 입은 신문장이Le Gazetier cuirassé》 같은 정치적 **중상비방문**(libelles: 말하자면 공인에 관한 비방을 담은 소책자), 그리고 소량의 **포르노그래피**도 주문했다. 그의 주문 유형은 표 2.1에서 분명하게 드러난다. 표는 마티외가 주문한 금서를 모두 담고 있다. 거의 모든 서적상과 마찬가지로 그도 대개는 합법 서적과 불법 서적을 섞어서 주문했지만, 표에서는 엄밀히 불법적인 작품만 제시했다. 또한 표에서 우리는 1770년부터 1778년까지 마티외가 불법적인 작품을 얼마나 자주 주문했는지도 알 수 있다.

표를 보면 마티외의 사업에서 《자연의 체계》와 《2440년》 같은 두 가지 작품이 두드러지게 나타난다는 사실을 알 수 있다. 각각의 경우 그는 다른 것들과 달리 첫 주문에서 많은 분량을 요청했으며, 그의 고객들이 계속해서 더 많이 요청했기 때문에 수년 동안 계속 주문서를 냈다. 주문 횟수는 주문량과 비례하며, 계속해서 수요가 많았다는 사실을 보여주고 있다. 그러므로 이 같은 사실에서 우리는 이 두 가지 책이 마티외의 사업에서 베스트셀러였으며, 아마도 낭시나 더 나아가 로렌 전체에서도 베스트셀러였다는 결론을 내릴 수 있지 않을까?

절대로 그렇지 않다. 첫째, 강력한 결론을 뒷받침할 수 없을 정도로 통계의 근거가 너무 빈약하기 때문이다. 둘째, 마티외는 자기가 취급하는 상품의 작은 부분만을 뇌샤텔출판사에서 구입했기 때문이다. 그의 편지에서 우리는 그가 더 싸게 구입할 수 있다면 언제라도 다른 공급자를 찾아나섰음을 알 수 있다. 예를 들어 1773년 그는 뇌샤텔출판사가 발행한 《아메리카인들에 관한 철학적 연구Recherches philosophiques sur les Américains》를 한 권도 주문하지 않겠다고 썼다. 이 책은 1768년부터 1777년까지 적어도 14판이나 나올 정도로 의심할 나위 없는 베스트셀러였지만, 다른 출판업자에게서 더 싸게 구입할 수 있었기 때문이다. 또한 1779년 그는 볼테르 전집을 로잔에서 구입하겠다고 말했는데, 똑같은 이유 때문임이 분명했다. 이 두 가지 상품 가운데 어느 것도 마티외가 뇌샤텔출판사에 낸 주문서에는 나타나지 않지만, 그는 두 상품을 모두 많이 팔았을 것 같다.

그럼에도 표 2.1은 마티외가 했던 사업의 전반적인 모습을 보여줄 만큼 근거가 확실하다. 비록 거기에 볼테르의 전집에 관한 정보가 담겨 있지는 않아도, 볼테르의 작품 가운데 《편지, 풍자시, 우화Epîtres, satires, contes》와 함께 《백과사전에 관한 질문》《철학사전Dictionnaire philosophique》같은 두 가지 중요한 작품이 포함되어 있기 때문이다. 그리고 표에 나타나듯이 볼테르를 즐겨 찾는 성격은 마티외의 편지에 거듭 '볼테르의 새 작품 가운데 좋은 것'을 요청하는 내용이 들어 있음을 보면서 재확인할 수 있다.[8]

그는 여러 편지에서 루이 세바스티앵 메르시에 같은 인기 작가의 작품은 말할 것도 없고, 《루이 15세의 회고록Mémoires de Louis XV》처럼 출처가 의심스럽고 정치적 험담을 담은 책에 강한 관심을 쏟고 있다. 질적 증거와 양적 증거는 서로 보완한다. 비록 정보가 완전하지 못해 개별 작품에 대한 수요를 정확히 평가할 수 없다 할지라도, 두 종류의 증거는 모두 똑같은 일반 모형을 나타내고 있기 때문이다.

랭스의 알퐁스 프티의 주문서에도 비슷한 유형이 나타난다. 이 사람도 뇌샤텔출판사에 이따금 주문서를 내는 고객이었다. 프티는 마티외와 달리 어느 정도 학식을 갖춘 사람이었다. 편지에서 말투를 바꾸어 쓸 줄도 알았고, 어떤 책을 다시 박아낼 만한지 스위스 업자에게 서슴지 않고 충고도 했다. "귀사에서 출판하려고 생각하고 있는 뷔퐁의 작품은 언제나 훌륭한 상품이 될 수 있습니다 …. 그러나 거기에 동물들의 습관과 특성을 반드시 포함시켜야 할 것입니다. 왜냐하면 귀사가 그 책을 아주 단순화해서 출판한다면 그것은 발췌록에 지나지 않아, 애서가를 만족시키지 못할 것이기

표 2.1 낭시에서 마티외의 사업

(년)	1770	1771	1771	1771	1771	1772	1772	1772	1772	1773	1774	1775	1775	1775	1777	1777	1778	합계†
(월)	11	6	7	9	2	4	9	9	10	12	8	5	11	12	3	6	2	
(일)	15	24	19	27	24	7	6	25	28	31	7	29	18	6	4	2	20	
《백과사전에 관한 질문》, 볼테르	7						6											13(2)
《자연의 체계》, 돌바흐		12	24			6				2	3	3	4	4		2		60(9)
《2440년》, 메르시에				50		6				2	4				2	2		66(6)
《철학적 신뢰[Confidence Philosophique]》, 베른					4													4(1)
《갑옷 입은 신문장이》, 모랑드					6													6(1)
《전집》, 루소							1	2	1									3(3)*
《편지, 풍자시, 우화》, 볼테르								4		1								4(1)
《우화[Contes]》, 라 퐁텐										1								1(1)
《사회체계론[Système social]》, 돌바흐										6			4	4				14(3)
《전집》, 디드로										3								3(1)
《양식[Le Bon Sens]》, 돌바흐													4					4(1)
《붉은 달걀[Œufs rouges]》, 메로베르?													2	2				4(2)

제목		
《루이 15세의 회고록Memoirs de Louis XV》, 작자 미상	4	4(1)
《전집Œvres》, 라 메트리	1	1(1)
《철학사전》, 볼테르	2	2(1)
《창녀》, 클뢰란드	2	2(1)
《부인들의 프리메이슨 입문 L'Adoption, ou la maçonnerie des femmes》, 생 빅토르?	2	2(1)
《프리메이슨의 고위직에 관한 가장 신비스러운 비밀을 폭로함 Les Plus Secrets Mystères des hauts grades de la maçonnerie dévoilés》, 쾨펜	2	2(1)
《F. M.의 의무, 정관, 일반 규칙 Les Devoirs, Statuts ou Règlements généraux des F.M.》, 각자 미상	2	2(1)
《기독교의 심상》, 돔바츠	1	1(1)
《귀부인들의 이야기미》, 나클라	2	2(1)
《슈발리에 데옹의 여가활동Les Loisirs du chevalier d'Eon》, 데옹	1	1(1)

† 오른쪽 난의 처음 숫자는 주문량을 나타낸다. 그 옆의 괄호 안 숫자는 주문한 횟수를 나타낸다. 마티외가 주문한 합법적 작품은 표에 포함시키지 않았다.

* 3(3)이 아니라 4(3)이 맞는 듯하다.

때문입니다."

로렌처럼 샹파뉴도 훌륭한 책시장이었으며, 프티는 특히 1776년 이후 샹파뉴 지방의 중심지에서 굳건히 자리잡고 있었다. 그것은 경찰이 그의 주요 경쟁자 마르탱 위베르 카쟁의 가게를 급습하여 금지된 작품 6,000파운드를 압수하고 카쟁을 바스티유로 보낸 이후의 일이었다.[9] 이 습격은 샹파뉴 지방 전체의 서적판매업에 정신이 번쩍 들게 하는 효과를 가져왔다. 프티는 어떤 경우에도 늘 조심스러웠던 것 같다. 그는 편지에서 지속적으로 뇌샤텔출판사에 위험을 피하도록 권유했고, 언제나 확실히 팔 수 있다고 생각하는—그보다 더 많은 경우, 이미 팔아버린—만큼만 주문량을 제한했다.

1781년 2월 3일의 전형적인 주문를 보면, 그는 뇌샤텔출판사의 최신 목록에서 구색을 맞춰가며 16가지 제목을 고르고, 목록에 없는 몇 가지 작품을 다른 출판업자에게서 구해달라고 추가로 부탁하고 나서 한 줄을 그은 뒤, 그 밑에 특별 취급해줄 필요가 있는 '철학'서적 여덟 가지 목록을 적었다. 이 여덟 가지는 루소의 저작부터 《뒤바리 백작부인에 관한 일화Anecdotes sur Mme la comtesse du Barry》에 이르기까지 전형적인 선집이었다.

표 2.2에서 보듯 프티의 주문(그중 14번은 1779년부터 1784년 사이)은 마티외의 주문(1770년부터 1778년 사이 17번)과 달랐다. 프티는 1780년대에 나온 책들을 주문서에 포함시켰다. 그의 주문서에는 1771년부터 1774년까지 루이 15세 치세의 마지막에 있었던 정치적 위기에 관한 작품도 다량 포함되었다. 또한 그것은 무신론, 프리메이슨, 그리고 훔쳐보기식의 포르노그래피에 열광하는 점에서 마티외의 주문서와 공통점을 보였다. 프티의 편지는 통계로 얻은 인상을 확인해준다.

그의 고객들은 메르시에의 《파리의 모습Tableau de Paris》 증보판을 구해달라고 그를 '고문하고' 있었다. 이것은 앙시앵 레짐의 수많은 측면을 비판하는 작품이었다. 1783년 프티는 자신이 주문한 책이 도착하기 오래 전에 벌써 모두 팔아버렸다고 썼다. 그와 동시에 고객들은 루소의 전집에 새로 추가된 책을 구해달라고 '귀찮게' 굴고 있었다.

프티는 랭게의 《바스티유 회고록Mémoires sur la Bastille》에 관한 소식을 듣자마자 베스트셀러가 될 것으로 점찍고 부랴부랴 흔치 않을 정도로 25권이나 주문했으며, 두 달 뒤에는 다시 24권을 더 주문했다. 네케르 내각에 관한 논쟁을 모은 선집도 역시 많이 주문했다. 사실 프티는 이 선집을 다시 주문하면서 새로 나온 '비판적 작품', 다시 말해서 정치적 **중상비방문**을 모두 두 권씩 보내달라고 포괄적으로 요청했다. 이렇게 볼 때 정치 분야의 서적은 랭스에서 잘 팔렸음이 분명하다.[10]

그렇다고 해서 정치문학이 샹파뉴 지방의 불법적인 서적판매업을 지배했다고 볼 수 있을까? 그렇지 않다. 뇌샤텔출판사를 가끔 찾는 마티외나 그 밖의 고객처럼 프티도 대부분의 상품을 다른 곳에서 구했다. 그는 마스트리히트·루앙·리옹에서 오는 상품에 대해 언급했다. 그리고 그는 저지대 지방Low Countries*과 라인란트 지방의 몇몇 공급자와 거래했을 것 같다. 만일 그들이 공급하는 책이 뇌샤텔출판사의 상품과 큰 차이가 있었다면, 그가 뇌샤텔 업자와 했던 거래는 별로 많은 사실을 증명해주지 못할 것이다.

하지만 그렇지 않은 듯하다. 프티는 같은 책을 마구 찍어내기 때문에 아무 곳에서나 구할 수 있고, 따라서 경쟁자들이 자기보다 더 헐값에 책을 파는 경우가 종종 있다고 불평을 했기 때문이다. 사실 출판업자와 도매상 사이에 서로 물건을 교환하는 일이 자주 있었기 때문에, 뇌샤텔출판사가 발행한 책과 같은 책을 뇌샤텔보다 리옹에서 더 싸게 구할 수 있을 지경이었다.[11]

---

* 오늘날 벨기에와 네덜란드.

표 2. 2 랭스에서 프로티의 서업

	1779	1780	1781	1781	1782	1782	1782	1783	1783	1783	1783	1783	1784	1784	합계
(월)	10	5	2	8	2	4	12	1	3	5	6	8	3	8	
(일)	31	3	27	16	24	16	20	10	10	29	31	31	30	31	
《사생아La Fille naturelle》, 레티 드 라 브르톤	2	3													5(2)
《철학적 역사》,* 레날	2		13											4	19(3)
《2440년》, 메르시에		2			2			4		4					12(4)
루소 전집		12													12(1)
《처녀》,** 볼테르				2											2(1)
《양식》, 돌바흐				1											1(1)
《자연의 체계》, 돌바흐				1											1(1)
라 메트리 전집				1											1(1)
프레레 전집				1											1(1)
《계몽사상가 테레즈》, 아르장스?				2											2(1)
《동 부그르 이야기》, 제르베즈 드 라투슈?				2											2(2)
《뒤바리 백작부인에 관한 일화》, 메로베르?				1									2		3(2)

제목								계
장 자크 루소의 사후 작품집	13	13	2					28(3)
《파리의 모습》, 메르시에	13	13					6	32(3)
《영국인 첩자L'Espion anglois》, 메로베르?		6			4	2		12(3)
《갑옷 입은 신문장이》, 모랑드		1						1(1)
《종교적 노예제도의 기원에 관한 연구Recherches sur l'origine de l'esclavage religieux》, 포므뢸			6					6(1)
《바스티유 회고록》, 랭게				25	24		3	52(3)
《네케르에 관한 찬반 작품 전집Collection complète de tous les ouvrags pour et contre M. Necker》					13	6		19(2)
《형법 이론Théorie des lois criminelles》, 브리소					2			2(1)
《F.M.의 의무, 정관, 일반규칙》, 작자 미상						2		2(1)
《루이 15세의 사생활Vie privée de Louis XV》, 무플 당제르빌						4		4(1)
《에로티카 비블리온Errotika biblion》, 미라보							2	2(1)

* 원제목은 《두 개의 인도에서 유럽인의 식민활동과 무역에 관한 철학적이고 정치적인 역사》다. 레날 신부가 디드로의 도움을 받아 쓴 이 작품은 10년 동안 20판 이상 찍어낸 베스트셀러였다.

** 원제 《오를레앙의 처녀》라는 시작품이다.

이러저러한 이유로—특히 그 지방의 엄격한 서적감독관 때문에 위험을 감수할 마음을 먹지 못하기 때문에—[12] 프티는 뇌샤텔출판사와 결코 많은 양을 거래하지 않았다. 그의 주문 유형을 보면 마치 초점이 흔들린 사진을 보는 것 같다. 비록 일반적인 인상을 심어주기에 충분하다 할지라도 결정적이고 자세한 그림을 보여주지는 못했다.

어떤 서적사업의 윤곽

서적사업의 깊은 속을 보기 위해서 우리는 뇌샤텔출판사와 꾸준히 거래하는 고객들을 살펴볼 필요가 있다. 이들은 일정한 간격으로 주문했으며, 상품의 대부분을 뇌샤텔에서 구매했다. 이들 가운데 브장송에서 가장 중요한 서적상 장 펠릭스 샤르메Jean-Félix Charmet의 경우를 살펴보기로 한다. 1780년대 인구 3만 2000의 지방중심지에 자리잡은 그는 중앙정부의 관리, 군장교, 지방의 명사, 법조계 인사들을 주요 고객으로 상대했다. 브장송에는 제조업이 없었지만, 대성당 하나에 여남은 개 남녀 수도원 외에도 고등법원, 지사청, 군부대, 유별나게 많은 징세와 사법 관청, 대학교, 아카데미, 극장, 그리고 프리메이슨 집회소 세 군데가 있었기 때문에 서적상을 찾는 고객이 많았다.[13]

《서적출판업 연감》(Almanach de la librairie, 왕국의 모든 서적상과 인쇄업자를 포함하는 연감)에는 1781년 서적상 12명, 인쇄업자—서적상 4명이 올라 있다. 그러나 샤르메는 이들 가운데 네 명만이 큰 사업을 한다고 뇌샤텔출판사에 말했다. 또한 네 명 가운데 자기야말로 가장 활발한 사업가라고 말했다. 그러나 그는 《백과사전》의 시장에서 가장 알짜 손님을 싹쓸이하던 박력 있는 젊은 사업가 도미니크 레파녜를 걱정했다.[14]

샤르메, 그리고 그가 1782년에 죽은 뒤에 사업을 물려받은 그의 아내[15]는 1771년 12월부터 1785년 3월까지 뇌샤텔출판사로 3개월이나 4개월마다 주문서를 보냈다. 그들의 주문서는 모두 55건이 있으며, 거기에는 다양한 종류의 합법 서적과 함께 97종의 금서가 들어 있다. 주문장을 바탕으로 뽑은 통계는 마티외나 프티의 경우와 달리 단 한 장의 표로 압축할 수 없을 만큼 규모가 크다. 따라서 나는 그것을 뇌샤텔출판사의 고객들이 낸 주문서의 전반적인 통계에 포함시켜 나중에 설명하기로 한다. 그리고 샤르메의 베스트셀러 19종을 골라 표 2.3에 제시했다.

이 표에서 우리는 각각의 금서에 대해서 샤르메가 주문한 횟수와 주문한 양을 알 수 있다. 오른쪽 난에서 괄호 안의 숫자는 바로 옆의 숫자를 보충하거나 바로잡는 구실을 한다. 왜냐하면 그것은 계속해서 수요가 있었음을 뜻하기 때문이다. 샤르메는 처음 주문을 한 뒤, 고객들이 계속 요구할 때 추가로 주문을 했다.

베스트셀러 목록은 전체적인 해석을 뒷받침하기에 충분할 정도로 확고한 통계에 바탕을 두고 있다. 그러나 우리는 이 목록을 곧이곧대로 받아들여서는 안 된다. 예를 들어, 목록 맨 처음에 나오는 작품 《V…의 철학적 편지》는 불경하고 음란한 이야기를 모아놓은 작자 미상의 작품이며, 따라서 볼테르의 《철학서간Lettres philosophiques》과 혼동해서는 안 될 작품이다. 그런데도 샤르메가 이례적으로 세 번씩이나 많은 양을 주문한 것을 보면서 우리는 그가 모험을 했다고 해석할 수 있다. 그리고 목록의 밑바닥에 있는 책 《루이 15세의 회고록》은 실제로 더 인기를 끌었을 수 있다. 왜냐하면 샤르메는 뇌샤텔출판사 이외의 공급자에게서 추가로 책을 사들였을 가능성이 있기 때문이다.

더욱이 모든 책이 다 비교 가능한 단위가 되지도 못한다. 《V…의 철학적 편지》는 출판업자가 말하듯 마구 잘라서 모으고 '호화롭게 인쇄하지 않은' 상품이었으며, 그 값도 17수에서 1리브르 5수까지 차이가 났다.* 이 책은 레날 신부의 《철학적 역사》 곁에 놓으면 초라하기 그지없었다. 레날의 작품은 6권에서 10권으로 편집하고 여러 장의 삽화와 함께 정교하게 인쇄한 차례를 접어넣은 품위 있고 아름다운 8절판의 상품이었다. 《철학적 역사》는 지도편을 빼고서도 10리브르 10수에서 20리브르까지 팔렸다. 샤르메는 이 책이 비싸기 때문에 한꺼번에 많은 양을 주문할 엄두를 내지 못했다. 그러나 그는 목록의 다른 책보다 더 자주 주문했다. 그래서 《철학적 역사》는 베스트셀러 목록에서는 9위에 불과하지만 실제로는 더 인기를 누렸을 것으로 짐작할 수 있다.

이러한 사항을 고려하면서 우리는 몇 가지 주의할 필요가 있음을 알 수 있다.[16] 다름 아니라 베스트셀러 목록은 주의해서 다뤄야 한다는 것이다. 목록에는 수요에 대한 대략의 정보만 나타나기 때문에 거기에 오른 제목이 저마다 얼마나 팔렸는지 정확하게 계산하는 근거로 이용할 수 없다. 그러나 만일 다른 자료와 비교하면서 연구한다면 서적판매업에 관한 의미 있는 유형을 읽을 수 있다.

샤르메의 사업은 특히 중요하다. 왜냐하면 그는 뇌샤텔출판사에서 다량 구입했고, 편지에서 자기 사업에 대해 아주 솔직하게 말했기 때문이다. 그의 편지는 모두 179통의 훌륭한 문서를 이룬다. 그는 자기 가게에서 고객의 수요를 바라본 대로 편지에 잇달아 논평했다. 샤르메의 가게는 뇌샤텔에서 쥐라 산맥을 넘어 80킬로미터밖에 떨어지지 않았기 때문에, 그는 가끔 뇌샤텔출판사의 본사를 방문했다. 그는 단순한 고객이 아니라 중역들의 친구처럼 지내게 되었다. 그래서 그가 그들에게 편지를 쓸 때면 개인적인 관찰과 직업적인 관찰을 섞어 솔직하게 써내려갔다. 이러한 관계는 흔치 않았다.

---

* 화폐 단위 1리브르=20수. 1리브르를 오늘날의 가치로 환산하면 50배 정도 된다. 한화로 환산하려면 다시 170~180을 곱해야 한다.

표 2.3 브장송에서 샤르메의 사업 †

1. 《V…의 철학적 편지》, 작자 미상 — 150 (3)
2. 《아레티노L'Arréttin》, 뒤 로랑스 — 137 (4)
3. 《뒤바리 백작부인에 관한 일화》, 메로베르? — 107 (5)
4. 《음란한 리라La Lyre gaillarde》, 작자 미상 — 105 (3)
5. 《루이 15세의 사생활》, 무플 당제르빌? 또는 라프레? — 104 (4)
6. 《수도원제도에 관한 철학적 논고
   Essai philosophique sur le monachisme》, 랭게 — 93 (5)
7. 《오를레앙의 처녀》, 볼테르 — 75 (3)
8. 《서류가방을 잃어버린 첩자L'Espion dévalisé》, 보두앵 드 게마되크 — 60 (1)
9. 《철학적 역사》, 레날 — 59 (7)
10. 《2440년》, 메르시에 — 57 (6)
11. 《고백》, 루소 — 54 (2)
12. 《보카치오가 들려주는 이야기Contes de Boccace》, 보카치오 작품의 번역 — 49 (3)
13. 《프랑스에서 다행히 빠져나온 작품들
    Pièces heureusement échappées de la France》, 작자 미상 — 45 (2)
14. 《봉인장에 대하여Des Lettres de cachet》, 미라보 백작 — 44 (3)
15. 《파리의 모습》, 메르시에 — 42 (3)
16. 《나의 개종Ma Conversion》, 미라보 백작 — 32 (2)
17. 《방황하는 창녀La Putain errante》, 아레티노 또는 프랑코 니콜로 — 31 (2)
18. 《역사적 일지》,* 피당사 드 메로베르와 무플 당제르빌 공저 — 31 (2)
19. 《루이 15세의 회고록》, 작자 미상 — 28 (1)

---

† 샤르메는 1771년 12월부터 1785년 3월까지 모두 55차례 주문했다. 거기에는 모두 97종의 불법 작품이 포함되어 있으며, 그중에서 가장 많이 주문한 작품을 순서대로 뽑아 19종의 목록을 얻었다. (오른쪽 난의 첫 번째 숫자는 주문한 부수며, 괄호 안의 숫자는 주문한 횟수다.)

* 《프랑스 대법관 모푸가 프랑스 군주정의 헌법에 가져온 혁명의 역사적 일지》.

1774년 10월 샤르메는 뇌샤텔출판사를 방문하여 밀수에 대한 의견을 조정하고 돌아간 뒤 각별히 마음을 터놓는 편지를 쓰기 시작했다. 그는 세 관원에게 뇌물을 주고 지사와 사귀면서 국경을 넘는 길을 깨끗하게 치워 놓았다. 당시의 지사는 부르주아 드 부안이었으며, 훌륭한 문학 취미를 가 진 계몽한 행정가였다. 지사는 샤르메의 물건을 위해 특별통행증을 발행 해주었고, 샤르메는 그 대가로 지사에게 '확실하고 예절바른 인사'를 했다. 그것은 돈이 아니라 '철학' 서적을 제공하는 인사였다.[17]

1775년 프랑부르의 국경 세관에서 실수가 있어서 뇌샤텔출판사에서 발 송한 짐 세 상자를 압수당하게 되자 샤르메는 지사의 서재에 레날의《철학 적 역사》두 권을 보냈다. 이 책은 금으로 돋을새김을 한 가죽 장정의 호화 로운 상품이었다. 그리고 샤르메는 편지를 썼다. "얼간이들을 진정시키기 위해 지사청 앞마당에서 책을 불에 태울 것입니다." 그러나 그는 그들이 짐과 함께 몰수당한《계몽사상가 테레즈》같은 베스트셀러 대신 샤를 크 리스탱의《생 클로드에 관한 논고Dissertation sur Saint-Claude》처럼 별로 팔리 지 않을 작품을 태우는지 확인하러 현장에 갈 것이었다.[18]

뇌샤텔출판사도 그 나름대로 뇌샤텔에서만 호의를 베푸는 데 그치지 않 았다. 그들은 새로 발간한 책을 시장에 내놓을 때 샤르메가 레파네보다 경 쟁력을 갖추도록 배려해주었다. 브장송에서 샤르메와 경쟁하던 이 서적 상은 물건을 뇌샤텔출판사의 경쟁자들-뇌샤텔의 사뮈엘 포슈 같은 업자 들-에게서 구입했다. 세월이 흘러가면서 상호 이익으로 맺은 관계는 상호 존경으로 발전하고, 마침내 우정어린 밀접한 관계가 되었다. 1777년 3월 샤르메는 뇌샤텔에 다녀온 뒤 당시 사업차 파리에 가 있던 출판사의 중역 들에게 편지를 썼다. 사르메는 그들의 아내와 자녀들이 모두 잘 있다고 말 한 다음, "나는 그들이 친절하고 정중하며 호의를 보여주어 몹시 감동했습 니다"라고 말했다.[19] 1779년 출판사 사업이 기울기 시작하자 샤르메는 뇌샤텔 사람들을 이렇게 안심시켰다. "귀사는… 내가 존중하는 회사입니다. 나는 내가 사업상 관계를 맺은 그 어느 회사보다 귀사를 존중합니다."[20]

이 시점에 그는 브장송에 새로 생긴 서적상 조합의 대표가 되었다. 그 직책으로 그는 모든 불법 상품을 검사하는 책임자가 되었다. 그리고 그 자리는 불법 문학을 위한 지하통로를 통해 뇌샤텔출판사의 짐이 빨리 유통될 수 있도록 만들어줄 수 있는 이상적인 자리이기도 했다.[21] 그는 스위스의 공급자들을 수많은 방법으로 도와주었지만, 그가 짐검사를 하는 동안 서적감독관이 그의 어깨 너머로 감시의 눈길을 보내고 있었다. 그래서 샤르메는 지극히 조심해야 했다. 그 지방에서 이미 자리잡은 서적상들처럼 그도 결코 큰 모험을 하려 들지 않았고, 뇌샤텔출판사는 브장송을 거쳐 파리로 짐을 보낼 수 있는 북서쪽 통로를 결코 열지 못했다.

샤르메의 사업은 성장했지만 그의 몸은 쇠약해졌다. 그의 건강이 약해진 징후는 1781년 9월 그의 아내가 쓴 편지에서 처음 겉으로 드러났다. 그가 침대에서 일어날 수 없을 정도로 몹시 아프다고 그의 아내가 설명했다. 그렇다면 무슨 증세였을까? 암이나 폐결핵? 샤르메 부인은 남편의 증세를 설명할 지식도 없는데다가 묘사할 단어도 알지 못했다. 그러므로 역사가는 오로지 문서에 죽음이 스며드는 모습만을 속절없이 바라볼 수 있을 뿐이다.

샤르메는 1782년 여름의 여행에서 다시 병에 걸렸다. 그가 없을 때 가게를 지키던 그의 아내는 9월에 "남편은 악마를 무찌르고 싶어했습니다. 그러나 악마가 남편을 이겼습니다. 남편은 자신을 돌보지 않고 별 효험도 없는 치료를 받았기 때문에 병은 악화되고 고질이 되었습니다. 하지만 나는 남편이 병을 이기기를 바랍니다"라고 보고했다.[22] 한 달 뒤, 샤르메 부인은 더욱 낙관했다. 그러나 11월 초 샤르메는 침대에서 일어날 수 없었고, 11월 15일에는 이름조차 쓸 수 없게 되었다고 부인은 썼다. 뇌샤텔출판사 중역들은 단순히 위로의 말을 전하는 데 그치지 않았다. 그들은 지사에 지침을 내려 샤르메의 어음 가운데 하나를 좀더 천천히 돌리게 했다. 그리고 샤르메 부인의 표현에 따르면, 평상시와 다른 태도를 보여줌으로써 "남편은 귀사의 모든 것에 감사의 눈물을 흘렸습니다".[23] 그리고 6주일 뒤에 샤르메는 죽었다.

샤르메 부인이 사업을 계승했다. 그의 편지는 단순히 의사를 전달하는 차원에 그치지 않았다. 수많은 과부 서적상은 문법을 제대로 익히지도 못했지만, 그와는 달리 샤르메 부인은 주눅들지 않고 과거 가정법을 사용했을 뿐만 아니라 서적판매업에 대해서도 실제 지식을 많이 갖고 있음을 보여주었다.

샤르메 부인은 뇌샤텔출판사가 로잔의 경쟁자처럼 재빨리 미라보의 《봉인장에 대하여》를 공급하지 못한다고 불평했다. 그리고 자기는 미라보의 포르노그래피 작품 《지체 높은 난봉꾼Le Libertin de qualité》을 얼른 받기를 기대한다고 주의를 주기도 했다.[24] 그는 랭게의 《바스티유 회고록》이 나왔다는 소식을 듣자마자 베스트셀러가 될 수 있는 낌새를 챘다. "랭게가 썼다는 바스티유 이야기에 대해서 이곳 사람들은 많이 얘기합니다. 나는 이 책을 로잔에서 구할 수 있다는 사실을 주네브로부터 들었습니다. 귀사는 내게 몇 권을 빨리 보내주실 수 있겠습니까? 확실히 잘 팔릴 것입니다. 만일 시간을 지켜서 보내주신다면 대단히 고맙겠습니다."[25] 그리고 그는 튀르고의 《사후 저작집Oeuvres posthumes》에 투기를 했다. 왜냐하면 그 작품을 검토한 뒤, 고객들이 마음에 들어할 것이라고 확신했기 때문이다. "이 책은 힘과 정열로 쓴 책입니다."[26]

책을 주문할 때 샤르메 부인은 남편이 쓰던 술책을 고집했다. "우리 남편은 많은 종류를 각각 조금씩 사는 원칙을 지켰습니다."[27] 샤르메도 역시 책을 다량 쌓아놓기 전에 내용을 읽으려고 노력했다. 무엇보다도 그는 고객들과 예약판매를 실천하고, 각권을 최소로 주문하려고 노력했다. 그는 설사 고객들의 반응이 좋다 할지라도, 한꺼번에 많이 주문해서 팔리지 않은 책을 쌓아놓는 위험을 감수하느니보다 차라리 똑같은 작품을 여러 번에 나눠서 주문하는 편을 좋아했다. 그는 요행수를 바라기는커녕 될 수 있는 대로 수요에 맞춰 주문했다. "나는 약하며, 따라서 떨고 있습니다. 판매성적이 나를 인도하는 나침반 노릇을 하며, 내가 그것을 벗어난다면 반드시 위험을 맞이할 것입니다. 그 때문에 나는 어떠한 위험도 감수하고 싶지 않습니다."[28]

샤르메의 편지에서 우리는 그가 상품의 대부분을 뇌샤텔출판사에서 구매하고 있다는 사실도 분명히 알 수 있다. 편지에는 특히 로잔과 주네브의 다른 공급자 이름도 보인다. 그러나 샤르메와 그의 부인은 주문서를 낼 때마다 되도록이면 뇌샤텔출판사를 선택했다는 사실을 읽을 수 있다. "우리는 귀사와 모든 사업을 하고자 합니다. 우리는 감사와 존중의 마음으로 귀사를 대하고 있습니다."[29]

예를 들어, 1781년 그들은 통상 도매가 10리브르의 4권짜리 《루이 15세의 사생활》을 스위스의 다른 출판사에서 구입할 기회를 엎어버리고, 뇌샤텔출판사에 평상시와 달리 26부라는 큰 주문서를 냈다. 하지만 그것은 스위스 출판업자들 사이의 교환제도를 긴장시킬 정도로 큰 수요였다. 뇌샤텔출판사는 주네브의 서적 출판업자 장 아브람 누페Jean-Abram Nouffer와 교환을 통해서 200부까지 재고를 확보하기를 바랐다. 그러나 누페는 무거운 빚에 시달리고 있었다. 그래서 그는 빚쟁이들을 진정시킬 기회를 잡기 위해 뇌샤텔출판사의 몫을 취소하고, 자기 상품을 다른 도매업자들에게 현금으로 팔아넘겼다. 그 결과, 샤르메는 자기가 물건을 기다리는 사이 자기 고객들은 거의 두 달 전부터 경쟁자의 가게에서 그 책을 봤다고 불평했다. 그런데도 그는 세 번이나 더 주문했으며, 모두 104부를 팔았다. 이것은 스스로 평가하듯 '소매상'에게는 대단한 성공이었다.[30] 《루이 15세의 사생활》은 그의 베스트셀러 목록 5위에 올라 있지만, 실제로 그가 판매한 내력을 알고 보면 그 수요가 목록만 가지고 판단하는 것보다 더 많았음을 암시받을 수 있다.[31]

사실 샤르메의 통신문을 자세히 읽어보면, 목록의 지배적인 경향, 다시 말해 목록에서 험담투성이 정치문학을 강조하는 경향을 그 반대로 줄여서 말하고 있는 것 같다. 분명히, 베스트셀러에는 모든 불법적인 장르—유명 **계몽사상가**들이 지은 두꺼운 책들과 함께 포르노그래피와 무신앙의 작품들—가 겉핥기식으로 포함되어 있었다. 그러나 샤르메는 대중이 1781년경에는 추상적인 논문에 흥미를 잃었다고 썼다.[32] 그 대신 그의 고객들은 미라보의 《봉인장과 국립 감옥에 대하여Des Lettres de cachet et des prisons d'Etat》[33] 《루이 15세의 사생활》 같은 **중상비방문**, 《프랑스 대법관 모푸가 프랑스 군주정의 헌법에 가져온 혁명의 역사적 일지》 같은 **파렴치한 추문**(chroniques scandaleuses, 당시에 일어나는 사건에 대한 험담)을 원했다. 샤르메는 《역사적 일지》에 대한 소식을 듣자마자 25부를 슬쩍 빼돌리고, 만일 그것이 '잘 되었다'고 생각하면 짐 검사 때 100부를 빼돌리겠다고 말했다.[34] 그는 《루이 15세의 회고록》도 100부를 팔기를 기대했지만, 다른 책을 많이 주문한 경우와 마찬가지로 먼저 그 내용을 읽고 결정하고자 했다. "만일 그 작품이 훌륭하고 잘 팔릴 것처럼 보이면 100권을 사겠습니다. 그러나 만일 그것이 《마담 뒤바리에 관한 개요Précis de Mme du Barry》와 같은 문체로 쓴 작품이면 단 열두 권만 사겠습니다."[35]

참말로 샤르메의 편지를 보면 시장에는 이러한 종류의 문학이 넘쳐났다고 암시받을 수 있다. 1781년에 뇌샤텔출판사가 네케르 내각에 관한 논쟁을 담은 작품집을 재발간하려는 계획을 어떻게 생각하는지 그에게 물었을 때, 그는 지방 시장은 이 책을 더이상 소화시키지 못한다고 말했다. 하지만 그는 이렇게 덧붙였다.

4권짜리 《영국인 첩자》의 신판은 아직도 팔릴 것 같습니다. 그것도 역시 낡아 빠지기 시작했지만 훌륭한 작품입니다. 벌써 100부를 이곳에서 소화했으니 이제 25부면 충분할 것입니다. 《영국인 관찰자L'Observateur anglais》《비밀 회고록Mémoires secrets》《프랑스인 첩자Espion français》 그리고 같은 주제로 대단히 많은 책을 만들어낸 이 책(《영국인 첩자》)을 대중은 벌써 충분히 공급받았습니다.[36]

그러나 시장 현황 때문에 그가 주저하는 일은 없었다. 열 달 뒤 그는 방금 인쇄기가 또다른 **파렴치한 추문**을 담은 《서류가방을 잃어버린 첩자》를 쏟아냈다는 소식을 듣자마자 50부를 주문했다.[37]

샤르메의 편지에서 우리는 통계 뒤에 숨어 있는 인간적인 요소가 드러나고 있음을 본다. 그가 뇌샤텔에 가까이 있고 뇌샤텔출판사 중역들과 우정을 쌓았으며 조심스럽게 수요를 측정하고 주문서를 보내는 것을 보면, 그의 서류에 관한 모든 것이 베스트셀러 목록만을 읽을 때 생길지 모르는 그릇된 인상을 수정할 수 있는 이상적인 근거가 될 수 있음을 알 수 있다. 사실 그의 서류를 조사해보면 비록 목록의 19종 가운데 5종만이 정치 분야의 **중상비방문**이나 **파렴치한 추문**으로 분류될 수 있지만, 정치 저작의 시장은 목록에서 나타난 것보다 더 튼튼했음을 알 수 있다. 두 종류의 증거를 함께 고려해볼 때, 대중은 음란하고 중상비방을 일삼으며 반항적인 문학에 굶주렸다는 사실을 알 수 있다.

한 도시의 서적판매업

그러나 왕국의 북동부에 있고 고등법원 소재지인 동시에 문자해독률이 높은 도시 브장송의 대중은 아마도 프랑스의 다른 지역 대중과 매우 달랐을 것이다.[38] 지금부터는 마지막 사례 연구로서, 몽펠리에서 뇌샤텔출판사의 사업이 어떠했는지 살펴보고자 한다. 이 도시는 프랑스의 남부 깊숙이 떨어진 곳이며, 뇌샤텔출판사 사람들과 우정의 방문이나 개인적인 연대감을 쌓기 어려운 곳이었다.

몽펠리에는 약 3만 1000명의 인구와 함께 문화적 기관들이 풍부하게 진열된 도시였다. 어떤 자부심 강한 시민은 1768년《몽펠리에의 현황 묘사 Etat et description de la ville de Montpellier》라는 아주 놀라울 정도로 자세하고 자기 주장이 강한 책에 문화적 기관들의 목록을 담았다. 그곳에는 주교좌 성당 하나, 성당 넷, 수도원 공동체 열여섯, 기독교 학교 수도회Frères des Ecoles Chrétiennes*가 운영하는 초등학교 둘, 개인지도를 하는 선생들이 운영하는 작은 규모의 학교 대여섯, 왕립중등학교royal collège 하나, 대학교 하나(유명한 의학부에만 교수 일곱 명이 있었다. 이들은 연금 2,000리브르를 받고, '흰 족제비털로 선을 넣은 모자와 붉은 다마스커스직 비단옷을 입을' 권리를 누렸다), 명성이 자자한 왕립과학아카데미, 음악아카데미, 시립극장 각 하나씩, 그리고 프리메이슨 집회소 열두 개가 있었다.

몽펠리에는 고등법원이 없었지만 사법과 행정의 중심지였다. 그곳은 랑그도크 지방신분회 소재지인 동시에 지사청, 두 가지 중요한 조세재판소(회계검사원 Chambres des Comptes과 소비세 재판소 Cour des Aides), 그보다 하위법원présidial court이 하나, 그리고 그보다 작은 규모의 행정과 사법 단체들이 즐비했다.

도심지에는 중요한 직조산업(담요·사라사·양말·손수건·모자)과 호화로

---

* 장 바티스트 드 라 살Jean-Baptiste de La Salle이 가난한 집 소년들에게 초등교육을 시킬 목적으로 1691년 이 수도회를 파리에 세웠다. 18세기 말, 수도회 소속 학교는 121개였다. 수사 1,000명이 학생 3만 6500명을 가르쳤는데, 이 가운데 3만 5000명이 가난한 민중의 자식이었다.

울 정도로 다양한 상점과 장인의 작업장―단순히 가구 목수나 구두장이가 아니라, 지금은 사전에서 사라진 **깃털세공인**plumassier, pangustier 같은 업종에 종사하면서도, 그들보다 사회적으로 우월한 지위에 있는 사람들에게서 자식들을 너무 많이 학교에 보낸다는 말을 듣는 진정한 장인들이 있었다. "내가 말했듯이, 이러한 학교마다 평민 가운데서도 쓰레기 같은 계층의 자식들이 꽉 차 있다. 이들은 읽기와 쓰기를 배우는 대신 땅을 파거나 힘든 노동을 하는 법이나 배워야 마땅하다."[39]

신교도 수가 많고 군이 주둔하고 있다는 사실은 이곳이 루이 14세 시대부터 종교적인 소요가 많은 곳이었음을 상기시켜준다. 그러나 《몽펠리에의 현황 묘사》에 따르면 열렬한 종파심은 사라지고 없었다. "이제는 아무도 칼뱅주의·몰리나주의·얀센주의를 놓고 말다툼을 벌이지 않는다. 이 모든 것은 계몽주의 서적을 읽으면서 사라졌다. 오늘날에는 특히 젊은이를 중심으로 계몽주의 서적을 읽는 것이 유행이 되었다. 그리하여 그 어느 때보다 더 이신론자가 많아졌다."*

구식의 부르주아 계층이 도시를 지배했고 몽펠리에는 책이 많이 팔리는 지역이라는 점을 고려할 때, 이들이 서적상의 단골 고객을 대부분 배출했을 것이다. 《몽펠리에의 현황 묘사》에서는 이렇게 설명하고 있다. "서적판매업은 이 정도 도시에 비해 아주 규모가 크다. 서적상들은 주민들 사이에 장서를 소유하려는 취향이 널리 퍼진 이래 상품의 구색을 잘 맞춰 공급해왔다."[40]

《저자와 서적상 지침서》(Manuel de l'auteur et du libraire, 프랑스 서적상과 인쇄업자를 모두 수록한 연감)에 따르면, 1777년 몽펠리에에는 서적상이

---

* 몰리나주의는 신의 은총과 인간의 자유의지를 조화시킨 교리였기 때문에, 예정설을 주장하는 칼뱅주의와 차이를 보였다. 얀센주의도 예정설을 옹호했기 때문에 예수회와 마찰을 빚었다. 이신론이란 신은 변덕스러운 존재가 아니라 질서 있는 우주를 창조한 합리적인 존재라는 믿음이다.

아홉 명 있었다.[41]

인쇄업자와 서적상	오귀스트 프랑수아 로샤르
	장 마르텔
서적상	이자크 피에르 리고
	장 바티스트 포르
	알베르 퐁스
	투르넬
	바스콩
	세자리
	퐁타넬

그러나 자세히 관찰해보면 서적판매업의 영역은 생각보다 덜 조밀하게 보였다. 뇌샤텔출판사 소속의 순회판매원은 1778년 몽펠리에에서 본사로 다음과 같은 보고서를 보냈다.

저는 이 도시에서 가장 잘 나가는 리고와 퐁스 서점M. Rigaud, Pons & Co.을 방문했습니다. 그들은 계속해서 마담 리코보니의 작품을 주문했습니다. 그들의 주문서를 함께 동봉합니다. 저는 세자리도 만났습니다. 그는 위의 서점만큼 부유하지는 않지만 고결한 신사로 여겨집니다. 그의 주문도 동봉합니다. 장 마르텔과 피코는 인쇄만 하고 서적을 팔지는 않습니다. 장 바티스트 포르는 현재 과부 공티에입니다. 이 과부는 아주 좋은 사람이긴 합니다만, 사업을 하고 싶어하지 않습니다. 바스콩과 투르넬은 더이상 고려할 가치가 없습니다. 저는 그들을 만나지 않았습니다. 아브람 퐁타넬은 별로 많이 팔지 못합니다. 제가 그를 처음 만났을 때 그는 우리 회사 물건 중에서 대여섯 가지가 필요하다고 말했

습니다.[42]

한마디로 리고와 퐁스의 합병회사가 그 지방의 서적판매업을 지배했다. 그보다 작은 규모의 회사인 세자리와 포르는 각각 상업적 위계질서에서 중간을 차지했고, 다른 세 회사는 아주 바닥에 놓여 있었다. 이러한 합법적인 서적상 외에도 수많은 행상인이 해마다 가을걷이가 끝난 뒤 도피네 지방의 산악지대에서 몽펠리에로 내려왔다. 그들은 그 지방의 일부 범법자들과 마찬가지로 모든 종류의 불법 문학을 감추어 가지고 다니면서 팔았다.

합법적인 업자들은 이렇게 불평했다. "몽펠리에에는 대여섯 명의 무허가 서적상이 모든 종류의 책을 상당히 많이 팔고 있다. 이들은 합법적인 서적상에게 막대한 손해를 끼치고 있다.… 그들 중에는 카푸치노 수도회의 대리인 마르슬랭 신부, 투르넬이라는 사나이(제본가), '대학생들의 어머니'로 알려진 과부 아르노가 포함되었다고 알려졌다."[43] 대학생들은 실제로 '어머니'를 두 명 갖고 있었다. 왜냐하면 브랭강 양도 일명 '대학생들의 어머니'로서 학생들에게 금서를 공급하고 있었기 때문이다. 합법적인 서적상의 고발로 경찰이 그의 가게를 급습한 뒤에 올린 보고서에 따르면, 그는 "2층 오른쪽에 있는 방… 침대 밑에" 금서를 감춰두고 있었다.[44]

거의 모든 곳에서 이 같은 유형을 볼 수 있었다. 대부분의 지방 도시에서 서적판매업은 일련의 동심원들을 닮았다. 중심에서는 하나나 둘의 중요한 상인들이 가게를 잘 차려놓고 대부분의 손님을 불러들이고 있었다. 주변에서는 다수의 작은 가게 주인들이 대규모 서점의 흡수력에 저항하려고 안간힘을 쓰고 있었다. 그리고 정식허가를 받은 서적상들의 세계 너머에는 제본업자, 행상인, 학교 선생, 몰락한 성직자, 지적 모험가들이 한데 엉켜서 법이 미치는 범위 밖으로 돌아다니면서 상품을 팔고 있었다.

중심에서 멀리 떨어질수록 금서에 모험을 거는 경향이 더 많았다. 위험이 커질수록 이익이 늘어났기 때문이다. 그리고 잃을 것이 별로 없는 사람이나 파산지경에 이른 사람일수록 위험을 아랑곳하지 않았다. 그러나 불법 문학은 핵심을 포함하여 서적판매업 체계의 모든 원에 침투해 있었다. 이야말로 우리가 그 체계의 중심에 있는 이자크 피에르 리고의 문서를 출발점으로 삼아 몽펠리에의 서적판매업의 횡단면을 연구하면서 얻을 수 있는 중요한 교훈이다.

리고는 서적상의 최고 덕성이라 할 '견실성'을 구현한 사람이었다. 말하자면 그는 청구서에 한 번도 지불을 미루지 않을 정도로 경제적인 기반이 탄탄했다. 그는 주로 대학교에서 쓸 의학논문이나 그 밖의 논문을 직접 출판했고, 대규모 책방을 경영했다. 1770년 퐁스와 합병하기 전에도 그는 최소한 4만 5000리브르나 되는 상품을 쌓아놓고 있었다. 이것은 몽펠리에의 그 어떤 서적상보다 훨씬 더 큰 규모였다.[45]

1777년 그가 보유한 서적의 목록을 보면, 그가 비록 의학서적을 전문으로 취급하고 그보다는 작은 규모로 그 지방 위그노 교도를 위한 종교서적을 취급했지만, 모든 종류의 책을 갖추고 있었다는 사실을 알 수 있다.[46] 그는 파리, 루앙, 리옹, 아비뇽, 그리고 스위스에 있는 가장 중요한 출판업자들에게서 물건을 공급받았다. 그는 될수록 같은 책을 대여섯 도매업자에게 각각 여섯 권 정도씩 주문했다. 그들을 서로 경쟁시켜서 누가 제일 먼저 상품을 발송하는지 확인하기 위해서였다. 그는 가장 낮은 값에 사지 못할 경우, 경쟁자의 물건이 자기 물건보다 먼저 도착할 경우, 인쇄업자가 질 나쁜 종이를 사용할 경우, 그리고 발송인이 가장 싼 길을 찾아내지 못할 경우 격렬하게 항의했다.

예를 들어 1771년 정부가 서적 수입에 무거운 세금을 부과했을 때, 리고는 밀수입으로 자본을 잃기보다는 차라리 외국에 보낸 모든 주문을 취소하기로 결정했다. 짐 상자 하나를 몰수당하면 30개 상자에서 얻을 이익을 날려버릴 것이기 때문이다. 그는 이렇게 설명했다. "우리는 상황과 역경에 굽혀야 할 때가 언제인지 알아야 합니다."[47] 그 뒤 정부가 관세를 낮췄을 때 그는 뇌샤텔출판사에 관세의 3분의 2를 지불해달라고 강력히 주장했다. 끝으로, 관세가 폐지되자 그는 뇌샤텔출판사에 리옹까지의 운송요금을 모두 지불하고 도매가의 10퍼센트를 깎아달라고 요구했다. "우리는 지금 구빈원에 가지 않으려고 노력하고 있지만, 만일 귀사가 그러한 조건을 수락하지 않으신다면 우리는 구빈원의 문을 두드려야 할지 모릅니다. 그렇게 되면 우리는 귀사에서 물건을 주문할 수 없습니다."[48] 리고는 마지막 순간까지 흥정했으며, 만일 가장 빠르고, 싸고, 안전한 봉사를 얻지 못할 경우에는 불평을 늘어놓았다.[49]

그러나 뇌샤텔출판사는 리고의 잔소리와 **허풍**gasconnades에 조금도 움찔하지 않았다(그는 수다를 떨면서 흥정을 했지만, 북쪽 거래처 사람들은 꿈쩍도 하지 않았다.) 왜냐하면 대부분의 서적상과 달리 그는 결코 속임수를 쓰지 않았고, 환어음의 기약을 한 번도 어긴 적이 없기 때문이다. 그는 드센 사람이었지만, 환어음이 돌아오는 만큼 견실한 사람이었다.

몽펠리에의 다른 서적상들은 그가 가차없는 성격 때문에 버틸 수 있다고 보았다. 뇌샤텔출판사의 순회판매원이 '반듯한 신사'로 평가하고 몽펠리에의 서적판매업에서 중간 위치를 차지한 세자리가 보기에, 리고는 공격적인 기업가형 인물이었다. "나는 이 도시의 어떤 신사가 탐욕에 불타 몽펠리에의 서적상 수를 줄이기 위해 나를 망치고 내 책을 공짜로 먹으려는 결심에서 내 채권자들에게 편지를 써서 이 일을 성사시키지 못하게 설득했다는 사실을 알고 몹시 고통스러웠습니다."[50]

세자리는 프랑스 도처에서, 그리고 특히 남부에서 서적상들이 먹고 먹히는 치열한 자본주의를 실천하고 있음을 보여주는 일화에 주목하게 만들고 있었다. 1781년경 그는 아주 큰 규모로 사업을 구축했다. 그의 재고는

3만 리브르에서 4만 리브르의 가치가 나갔다. 또한 그는 집 두 채를 소유했으며 그 가치는 모두 3만 리브르였다. 그러나 그는 6만 4,410리브르를 빚지고 있었고, 연초에 지불 정지를 피하기 위해 현금을 닥닥 긁어모았지만 충분히 마련하지 못했다.[51] 그는 파산을 면하기 위해 모든 채권자들에게 편지를 써서 제발 사업을 계속하게 해달라고 빌었다. 버는 족족 갚아나가고 재산도 팔겠다고 약속했다. 이처럼 재산을 파는 것은 수지균형이 맞지 않는 상인들이 흔히 쓰는 방법이었다. 뇌샤텔출판사는 너그럽게 대하고 싶어졌다(세자리는 대부분 의학 분야의 합법 서적을 한 번 주문한 결과로 단 285리브르만 빚지고 있었다).

그러나 리고는 세자리의 주요 채권자들—아비뇽의 해적판 출판업자들—로 하여금 얼른 환어음을 갚도록 압력을 넣으라고 설득했다. 세자리가 환어음을 막지 못한 뒤, 아비뇽의 업자 가운데 장 조제프 니엘은 집달리를 동원해 그의 창고를 부수고 들어가 가장 잘 팔리는 책 3,000리브르어치를 몰수하게 했다. 채무자의 감옥에 들어갈까 두려워진 세자리는 도피했고, 그의 어머니는 가게문을 걸어 잠그고 법원 관리들로 하여금 딱지를 붙여 남들이 재고에 더이상 손대지 못하게 했다. 세자리는 몸을 숨긴 채 빚쟁이들과 임시로나마 문제를 해결해 지방 권력의 추적을 받지 않고 안전하게 행동하기 위해 미친 듯이 협상했다. 그러나 그가 몽펠리에로 되돌아올 수 있을 정도로 안전하다고 느꼈을 때, 그는 감옥에 갇혔다.

빚쟁이들이 그의 재산을 경매에 부칠지 아니면 일을 해서 갚게 할지 결정하기 위해 모임 일정을 잡은 뒤에 세자리는 풀려났다. 그때 리고는 멀리 있는 빚쟁이들에게서 대리권을 위임받아 모임에서 영향력을 행사하고, 세자리를 업계에서 쫓아내기 위해 투표를 하는 한편, 경매에서 그의 책을 싸게 사려고 애썼다. 세자리는 필사적으로 여기저기 편지를 쓰면서 대응했다. '몽펠리에에 있는 주요 서적상들의 비난할 만한 책동'을 고발한 뒤,[52]

그는 선처를 바라고 자기 나름대로 역습을 시도했다. 세자리는 뤼크 비롱이라는 투기꾼이 자기를 석방시키기 위해 보석금을 제공했으며, 만일 빚쟁이들이 빚의 절반을 탕감해준다면 절반을 갚을 수 있다고 주장했다.

뇌샤텔출판사는 그 지방의 어떤 상인에게 사건을 조사해달라고 부탁했다. 그는 세자리가 빚을 절반만 갚으려고 비롱이라는 가공 인물을 내세웠을 가능성이 있지만, 만일 경매에 들어간다면 뇌샤텔출판사는 절반 이상 잃을 각오를 해야 하며, 리고가 진짜로 바라는 일은 세자리를 업계에서 몰아내는 데 있다고 보고했다. 뇌샤텔출판사와 대다수 빚쟁이들은 좀더 작은 속임수를 택했다. '비롱'은 142리브르를 지불했지만 세자리를 구해내지는 못했다. 세자리는 3년을 더 버둥거리면서 살아남으려고 애썼으나 결국 1784년에 가라앉고 말았다.

그동안 리고는 다른 서적상 아브람 퐁타넬을 망칠 수 있는 일이라면 뭐든지 하고 있었다. 퐁타넬은 업계의 언저리에서 활동하는 사람이었다. 장인이며 판각사로 훈련받은 퐁타넬은 망드에 작은 인쇄소를 차리고 서적판매업을 시작했다. 1772년 그는 서적상 면허brevet de libraire를 사들이면서 몽펠리에의 공식 서적상 대열에 끼어들려고 노력했다. 그러나 그가 처음 주문한 상품이 도착했을 때, 그는 책을 제본할 수 없다는 사실을 알았다. 왜냐하면 제본업자들은 리고를 위해서만 일하거나, 그들이 직접 은밀히 책장사를 하면서 자기 사업을 유지하고자 했기 때문이다. 따라서 퐁타넬은 자기 책을 낱장으로 발송하는 대신 조립하거나 바느질한 상태로 발송하도록 조정했다. 그러나 일단 자기 가게에 물건을 쌓아놓은 뒤에도 손님을 가게로 쉽게 끌어들이지 못해 걱정이었다. 그래서 그는 보케르와 보르도의 시장에서 판로를 찾았고, 아마 그곳으로 가는 길에 조금씩 판매도 했음이 분명하다. 그동안 그의 아내는 여느 서적상의 아내처럼 뒤에 남아 가게를 지켰다. 그러고 나서 그는 몽펠리에의 사업을 버텨낼 마지막 노력으로 독서실(cabinet littéraire, 상업적 도서관)을 열었다.

업계의 가장자리에 있는 서적상은 종종 이 같은 단체를 세웠다. 독서실을 세우기 위하여 그들은 재고를 두 배로 늘리고, 구색을 맞추기 위해 신문 잡지를 주문하고, 가게 뒤에 독서실을 갖추었다. 회원은 정기구독료를 냈다. 구독료는 한 달에 겨우 3리브르인 경우가 있었다(이것은 숙련된 장인의 하루치 임금에 해당했다). 그 대신 그들은 읽고 싶은 것을 모두 읽을 수 있었다. 만일 서적상이 충분한 회원을 확보하면, 정기구독료 수입으로 파산을 면하고 생존할 수 있었다. 독자들이 가게로 들어와 독서실로 이동하는 흐름 덕분에 판매량이 늘어나는 경우도 있었다.[53]

우리는 퐁타넬이 정기구독 회원에게 제공한 문학이 어떤 종류였는지 추측할 수 있었다. 그가 뇌샤텔출판사에 보낸 주문서에서 독서실의 장서에 핵심을 이룰 상품이라고 말했기 때문이다. 그는 그 시대에 인기를 누린 도라Dorat, 메르시에Mercier, 제스네Gessner, 그리고 영Young 같은 작가의 감상적인 소설, 시, 평론을 주문했다. 그는 계몽주의 작가 가운데 철학적 소설contes을 쓴 볼테르와 《페르시아인의 편지》를 쓴 몽테스키외를 좋아했다. 그의 논픽션도 가볍고 재미있는—주로 여행 모험담과 인기 있는 역사 이야기 같은—경향의 작품이었다. 그럼에도 그는 벨Bayle의 《역사와 비평 사전》(축약판)과 롤랭Rollin의 《로마사Histoire romaine》를 위한 자리는 준비해두고 있었다. 퐁타넬이 몽펠리에에 도착한 지 반년이 되었을 때, 그는 그 도시를 '새로운 작품, 특히 (철학적) 작품이 아주 잘 팔릴 곳'으로 진단했다. 그는 엘베시위스Helvétius의 글과 《알파벳 순의 인간, 하느님과 인간》 같은 종류의 작품이면 무엇이든 두세 권씩' 주문했다.[54]

그가 설명했던 것처럼 '가장 잘 팔릴 만한… 철학'서적으로 진열장을 채우기 위해 그는 뇌샤텔출판사의 은밀한 상품목록을 한 부 요청해 지침서로 이용하고자 했다.[55] 그러나 값을 요리조리 따진 뒤에 로잔의 프랑수아 그라세에게 주문하기로 결정했다. 대체로 퐁타넬은 리고와 비슷한 상품을 주문했다. 그들이 비록 사업상 차지한 지위에서는 차이가 컸지만, 파는 서적에서는 별 차이가 없었다. 두 사람 모두 똑같은 동기에서 움직였다. 퐁타넬은 이렇게 말했다. "나는 돈을 잃기 위해서가 아니라 벌기 위해서 일한다."[56]

그는 1770년대만 해도 제때에 청구서를 지불할 만큼 성공했다. 분명히 그는 몽펠리에의 지식인층의 변두리에 발판을 얻었다. 왜냐하면 그는 유려한 프랑스어를 구사해 쓴 편지에서 교수와 예술 애호가들을 접촉하고 있음을 언급하고 있기 때문이다. 그러나 그는 세자리의 사업이 무너지는 것을 보면서 리고의 다음 표적이 자기일지 모른다고 겁먹을 정도로 확고한 기반을 마련하지 못했다고 느꼈다. 특히 세자리의 짐이 몰수당하면서 뇌샤텔출판사가 그 짐 속에 함께 부쳐준 퐁타넬의 주문 상품을 리고의 방해로 찾기 어려웠을 때 그렇게 느꼈다. 리고의 방해는 결국 실패로 돌아갔다(리고는 퐁타넬이 다음 주문을 할 수 없게 하기 위해 짐 상자에서 뇌샤텔출판사의 도서목록도 빼냈다). 하지만 그 같은 책동으로 말미암아 리고가 '지나칠 정도로 질투심'에 불타고 자기를 망치기 위해 무슨 일이라도 할 위인이라는 사실을 퐁타넬은 확인할 수 있었다.[57]

그는 '그림과 조각 아카데미'를 설립한 데 대한 보상으로 작은 은급을 얻어 재정적인 뒷받침을 받았다.[58] 그러나 한편 서적상들은 계속해서 판매업의 중간 서열 밖으로 밀려났다. 투르넬은 제본업으로 물러났다. 포르는 사위가 계승할 만큼 번창하지 못한 사업을 남긴 채 죽었다. 리고는 나머지 부분을 통째로 들이마셨다. 퐁타넬은 1781년에 이렇게 보고했다. "이곳에서 다른 사람들은 포기하고 나와 리고 씨만 남아 있기 때문에 겉으로 보기에 내 사업은 성장할 것입니다. 그러나 이 상황에서 리고 씨는 더욱 질투심에 불타고 있습니다. 그는 모든 영역을 혼자 가지려 하면서, 날마다 내게 증오심을 드러냅니다."[59]

사업이 양극화됐다고 해서 퐁타넬의 사업이 번성하지는 못했다. 그는 1781년 1월 처음으로, 뇌샤텔이 그에게 보낸 어음을 막지 못했다. 그는 3월에 "참으로 어려운 시절입니다"라고 불평했다.[60] 그리고 곧이어 《백과사전》의 4절판에 대한 예약구독비 6계좌를 지불할 수 없다고 고백했다(리고는 아무런 문제 없이 143계좌의 돈을 지불했다). 그는 보르도 시장에서 심한 병에 걸렸고, 그 때문에 그해 말 자기가 가져간 책에 대해 결산하지 못했다. 1782년 8월, 그는 300리브르의 환어음을 지불하지 못했다. 비록 그가 12월에 666리브르짜리 어음을 갚기는 했지만, 계속해서 2년 동안이나 뇌샤텔출판사와 다른 공급자들에 대한 지불 기일을 제때에 맞추지 못했다. 그의 빚이 1,000리브르를 넘어선 뒤 여러 차례의 독촉장을 받고도 답변하지 못했고, 뇌샤텔출판사는 그를 법정에 세우겠다고 으름장을 놓았다.

마침내 '온갖 수단을 동원하여 어르고 달랜 결과' 1784년 11월 그 지방의 수금원은 그에게서 574리브르를 짜냈다.[61] 더 협박한 끝에 1785년 5월 300리브르, 1786년 9월 150리브르를 새로 받아냈다. 그러나 퐁타넬은 1787년 뇌샤텔출판사에 여전히 218리브르를 빚지고 있었다. 이때 출판사는 그와 접촉할 수 없게 되었다. 그가 군에 입대했는지, 식민지 행 배를 탔는지, 아니면 단순히 여느 서적상이 파산했을 때 하듯 대로로 도주했는지는 말하기 어렵다. 그러나 그 지방의 사업가는 "퐁타넬은 자신이 감당할 수 있는 것보다 훨씬 더 많이 떠맡았다"고 결론을 내리면서 그의 빚을 오래 전에 탕감해주었다.[62]

이처럼 열심히 일하고 기업가 정신을 발휘한다고 해서 반드시 성공하지는 못했다. 그러나 리고는 그렇게 해서 성공했다. 그는 지방 경제에서 강력하고 핵심적인 위치를 차지하고, 그 위치를 전략적으로 이용하여 경쟁자를 업계에서 솎아냈다. 퐁타넬과 같은 종류의 책을 팔았지만, 그는 결코 위험한 길을 가거나 빚을 지나치게 많이 쓰지 않았다. 가장자리의 상인과 달리 그는 위험한 냄새를 맡을 때면 언제나 합법적인 분야의 책으로 물러설 줄 알았다. 그래서 표 2.4에서 드러나듯 그의 베스트셀러는 은밀한 거래를 가장 보수적인 형태로 보여준다.

이 목록은 1771년부터 1784년까지 리고가 뇌샤텔출판사에 모두 64회에 걸쳐 주문한 53가지 불법 작품 가운데 베스트셀러 18가지를 추려서 작성한 것이다. 이 목록은 샤르메의 목록과 정확히 일치하지 않는다. 물론 우리는 두 사람이 제목까지 똑같은 책을 팔 정도로 동일한 구조를 갖추고 있으리라고 기대하기 어렵다. 그러나 아주 비슷하기는 하다. 각 목록마다 똑같은 작품 −메르시에의 《2440년》, 《뒤바리 백작부인에 관한 일화》, 레날의 《철학적 역사》−이 앞에 올라 있다. 똑같은 저자−메르시에, 랭게, 볼테르, 피당사 드 메로베르−가 두 목록을 지배한다. 그리고 두 목록 다 정치 논문이 다수 포함되었고, 특히 '모푸아나'* 변종−《모푸의 은밀하고 친밀한 편지Correspondance secrète et familière de M. de Maupeou》와 《프랑스 대법관 모푸가… 혁명의 역사적 일지》−이 눈에 띈다. 차이가 있다면, 리고의 목록에는 계몽주의의 표준이 될 만한 저작−《백과사전에 관한 질문》《자연의 체계》−이 올라 있는 반면 샤르메는 포르노그래피−《음란한 리라》《방황하는 창녀》−를 더 많이 주문했다.

리고도 샤르메처럼 자기 가게에서 가장 잘 팔리는 책에 대해 잇달아 논

---

* '모푸아나'란 1770년 대법관직에 오른 모푸가 절대주의 체제를 구하기 위해 정변을 일으키자, 그에 반발하는 고등법원 인사들이 뿌린 정치색 짙은 비방문을 일컫는다. 전통적으로 고등법원 인사들은 상주권과 등기권을 특권삼아 왕권에 저항했다. 군주는 친림법정을 열어 그들에게 강제로 법령을 등록시키거나, 말 안 듣는 그들을 귀양보내는 정도로 제재를 가하는 수밖에 달리 길을 찾지 못했다. 그들은 관직을 재산처럼 보유했기 때문이다. 그러나 모푸는 정변을 일으켜 왕이 임명할 수 있는 고등법원을 새로 만들어 절대군주제를 보호하려 했다. 이 정변의 결과 말을 잘 듣는 법원이 탄생했지만, 1774년 루이 15세가 죽고 새로 왕위에 오른 루이 16세는 과거의 전통을 부활시켰다.

표 2.4 몽펠리에에서 리고와 퐁스 회사의 판매업 †

1. 《2440년》, 메르시에   346 (16)
2. 《랭게 선생이 베르젠 백작에게 보낸 편지》, 랭게   200 (2)
3. 《모푸의 은밀하고 친밀한 편지Correspondance secrète
   et familière de M. de Maupeou》, 피당사 드 메로베르   100 (1)
4. 《백과사전에 관한 질문》, 볼테르   70 (4)
5. 《어떤 신학자의 편지Lettre d'un théologien》, 콩도르세   70 (3)
6. 《뒤바리 백작부인에 관한 일화》, 피당사 드 메로베르?   68 (2)
7. 《하느님. 자연의 체계에 대한 대답Dieu. Réponse au Système
   de la nature》, 볼테르   50 (1)
8. 《국무회의에 드리는 청원서Requête au conseil du roi》, 랭게   48 (3)
9. 《자연의 체계》, 돌바흐   43 (3)
10. 《철학적 역사》, 레날   35 (4)
11. 《역사적 일지》, 피당사 드 메로베르와 무플 당제르빌   25 (1)
12. 《덧없는 작품들의 모음Recueil de pièces fugitives》, 볼테르   24 (2)
13. 루소 전집   23 (5)
14. 《파리의 모습》, 메르시에   22 (3)
15. 《철학적 편지》, 작자 미상   20 (1)
16. 《볼테르 선생의 지갑에서 빼돌린 작품Pièces échappées du portefeuille
    de M. de Voltaire》, 작자 미상   20 (1)
17. 《자연의 철학》, 데리슬 드 살   17 (3)
18. 《프리메이슨의 고위직에 관한 가장 신비스러운 비밀을 폭로함》,
    베라주 작, 쾨펜 번역   16 (4)

---

† 리고와 퐁스 회사는 1771년 4월부터 1784년 7월까지 64회 주문서를 보냈다. 거기에는 모두 53가지 불법 작품이 포함되었고, 그중에서 가장 많이 찾은 것을 순서대로 18가지 추릴 수 있었다.

평했다. 그리고 뇌샤텔출판사가 어떤 책의 해적판을 만들면 좋을지 서슴지 않고 충고했다. 1774년 3월, 그는 레날의 《철학적 역사》가 수많은 출판사에서 발행되어 신물날 정도로 시장에 깔렸기 때문에 "그것을 팔아먹기는 글렀다고 생각할 수 있다"고 경고했다.[63] 그러나 그 책은 1781년 파리고등법원의 앞마당에서 사형집행인이 태운 뒤 다시 팔리기 시작했다. 리고 또한 그 책을 세 번이나 더 주문했다. 그는 고전-고대 작가들의 작품보다는 몰리에르의 작품—이란 언제나 찾는 사람이 있게 마련이라고 선언했다.[64]

하지만 그는 특별히 한 분야를 더 좋아하지는 않았다. 그는 성경과 무신론의 《자연의 체계》를 함께 주문했다. 비록 그가 후자를 더 좋아한다고 지목했지만, 내용보다는 팔리는 힘을 칭찬했다. 그는 《자연의 체계》를 열두권 대신 100권이라도 주문할 용의가 있다고 잔소리투성이의 편지에서 말했지만, 뇌샤텔출판사는 수요가 빗발치듯하는데도 그 책을 다시 찍어내지 못했다. "귀사는 대박을 터뜨릴 기회를 놓쳤습니다."[65] 그는 똑같은 계산에 따라 뇌샤텔출판사에 편지를 써서 데리슬 드 살의 무신론적 작품 《자연의 철학》을 다시 인쇄하도록 부추겼다. "8절판 6권짜리 《자연의 철학》을 새로 발간해도 팔리리라고 믿을 만한 이유가 있습니다. 우리는 25부나 30부를 구입하고 싶습니다."[66]

리고는 루소의 《고백Confessions》이 나왔다는 소식을 처음 듣자마자 그것이 베스트셀러가 될 것임을 알아차렸다.[67] 그러나 그는 《루소는 장 자크를 심판한다Rousseau juge de Jean-Jacques》가 실패하리라고 단언했다. 그는 1778년 이 계몽사상가가 죽은 뒤 너도나도 루소를 찾게 되고, 결과적으로 시장에 홍수가 날까봐 걱정했다. "그 저자의 작품들은 마구 발간되어 시장에 넘쳐나고 있습니다. 우리는 사방에서 그것을 사라는 제안을 받고 있습니다."[68]

리고는 모든 계몽사상가의 저작에 대한 수요를 계속 주목했지만, 그 저작들이 내세우는 내용에 대해 어떻게 생각하는지 드러내지 않았다. 그는 단지 팔리는 책을 좋아했을 뿐이다. 그가 보기에 볼테르는 무엇보다도 서적상의 생활을 어렵게 만드는 작가였다. 볼테르에게는 자기 저작을 재발간할 때 계속 땜질을 하는 버릇이 있었기 때문이다.

말년에 접어든 볼테르 선생이 서적상들을 놀리지 않을 수 없음은 놀라운 일입니다. 모든 잔꾀, 자잘한 속임수 따위가 그의 것인지 아닌지 별로 문제가 되지 않을 것입니다. 그러나 그런 것들 때문에 인쇄업자와 특히 소규모 서적상이 비난받는다는 사실이 불행할 뿐입니다.[69]

레날도 역시 지켜보아야 할 대상이었다. 왜냐하면 그가 책을 쓰고 있다는 소문이 도는데, 누구라도 그 책을 먼저 시장에 내놓는 사람은 한밑천 톡톡히 잡을 것이기 때문이다. 그 책은 '낭트 칙령 철회Revocation of the Edict of Nantes'에 관해 기획한 역사였지만, 사실상 레날은 완성하지 못했다.[70] 메르시에, 랭게, 마담 리코보니도 리고의 손님들의 마음을 가장 끈 작가들이었다. 따라서 리고도 이 작가들을 좋아했다. 왜냐하면 그는 손님들과 자기의 취향을 뒤섞어 왜곡시키지 않고 직접 공급자에게 그들의 요구를 전달하는 것처럼 보였기 때문이다. 리고의 문학적 취향과 철학적 견해가 어떠하건 그의 상업 통신문에는 나타나지 않았다. 그는 문화적 전달자로서 절대 중립을 지키면서 행동했다. 그는 최대한의 이익, 최소한의 위험이라는 기본원칙을 충실히 따랐다.

리고는 정치적인 작품을 주문할 때도 똑같은 정신으로 계산하고 주의를 기울였다. 그는 1777년 뇌샤텔출판사에 이렇게 썼다. "만일 귀사가 랭게의 《편지》를 리옹을 거쳐 아무런 위험 없이 내게 도착하도록 보내주신다면, 나는 100부를 주문하겠습니다. 그러나 아무런 위험이 없도록 해주셔야 합니다, 제발.".[71] 그는 특히 시사 문제를 매섭게 다룬 작품nouveautés piquantes[72]—현실 문제에 대한 중상비방성 논평(《영국인 첩자》《비밀 회고록》), 대신들을 공격하는 중상비방문(《사르틴의 녹색 상자》), 궁정과 왕에 대한 지저분한 공격(《뒤바리 백작부인에 관한 일화》《벼락출세한 창녀》《루이 15세의 사생활》)—을 원했다.

그러나 이러한 책들은 그의 사업에서 겨우 작은 부분만을 차지했으며, 별로 위험하지 않다고 여길 때만 주문했다. 정부가 비밀 판매업에 간헐적으로 제재를 강화할 때마다 리고는 안전지대로 몸을 뺐다. 그는 마침내 1784년 정부가 금서 수입을 분쇄하려고 마지막으로 가장 효과적인 조치를 취한 뒤에는 불법 서적을 더이상 주문하지 않았다.[73] 리고가 1770년과 1787년 사이에 뇌샤텔에 보낸 편지 99통 가운데 경찰이나 재정 문제로 어려움을 겪는다는 말을 한 적은 한 번도 없다. 그가 '철학책'을 주문한 것은 규모가 큰 합법적인 사업을 크게 벌이면서 부수적으로 건 판돈에 지나지 않았다. 그에게는 도박정신이 없었다.

그가 중상비방문을 외투 밑에 감춘 채 사악한 표정을 짓고 몽펠리에의 변호사와 상인들 곁으로 다가서는 모습을 상상한다면 잘못이다. 그 대신 우리는 훌륭한 설비를 갖춘 넓은 가게에 있는 그를 눈앞에 그려야 한다. 그는 가게 안에서 의학논문집, 여행 책자, 역사책, 감상적인 소설로 가득 찬 책장에 둘러싸여 있었을 것이다. 물론 계산대 밑에는 대신들의 전제정을 고발하는 책 몇 권을 감춰놓았을 것이다.

모든 사람의 서적사업마다 뒷얘기가 있다. 이야기는 저마다 다르고, 아주 인간적인 냄새를 물씬 풍긴다. 아직도 여남은 사례 연구가 전반적인 인간 희극에 관해 많은 내용을 밝혀줄지 모르겠지만, 우리의 목적을 향해 더 나아가는 데 도움을 주지는 못할 것이다. 우리의 목적은 금서의 수요와 그

수요를 전달하고 만족시키는 수단을 이해하는 데 있기 때문이다.[74]

서적상들의 성격은 다양했지만 팔린 책들은 근본적으로 같았다. 차이가 있다면, 위험을 감수하는 경향의 차이가 있을 뿐이었다. 각 도시의 판매업의 핵심에 자리잡은 성공한 서적상들도 종종 계산대 밑에서 불법 서적을 꺼내 팔았다. 이들은 외투 밑에 감추고 다니던 행상인, 침대 밑에 감춰두고 팔던 '대학생들의 어머니'와 다를 바 없었다. 그러나 경찰과 세관원들이 눈에 불을 켤 때면 '확고히 자리잡은' 서적상들은 대체로 안전지대로 몸을 뺐다.

가장자리에 있는 사람들은 이 같은 술책을 이용할 여유가 없었다. 그들은 손님이 있는 곳이면 어디든, 그리고 어떤 상황에서든 물건을 팔러 다녔다.[75] 그렇다면, 대체로 보아 가장자리 사람은 불법성을 끼고 다녔다. 그러나 불법 상품은 모든 곳에 돌아다녔다. 비록 판매업 체계의 다른 부분에 있는 상인이 철천지원수라 할지라도 그들은 같은 공급자에게 같은 책을 주문했고, 모두 돈을 벌어야 한다는 필요성에 따라 행동했다. 베르사유의 앙드레는 이렇게 말했다. "나는 내가 읽지 않을 책이라도 파는 일을 소홀히 하지 않습니다. 사람은 평범한 무리에 섞여 살아야 하며, 서적상에게 가장 좋은 책은 팔리는 책이기 때문입니다."[76]

견실하건 초라하건, 금서를 취급하는 상인은 될수록 정확하게 수요를 전달했다. 그들은 문화적 중개자로서의 역할을 수행하면서 이상적으로 중립을 지켜나갔다. 그들에게 개인적인 확신이 없어서가 아니라 그들은 이익을 추구했기 때문이다. 그들의 사업상의 행위를 어떻게 생각하든 관계없이, 그들이 생활하기 위한 투쟁에서 공급과 수요가 어떻게 맞아떨어지는지 볼 수 있다.

그들은 독자가 원하는 책을 독자에게 전해주었다. 그러므로 만약 그들의 주문이 전반적인 서적판매업을 대표한다면, 그 주문에서 체계적으로 추출한 견본은 혁명 직전 프랑스에서 사고 판 불법 문학의 성격을 드러내 보여줄 것이다. 그러나 '만약'은 아주 큰 가정이다. 그것은 분명히 독자를 잠시 망설이게 만들고, 2세기 전의 문학시장을 이해하는 문제에 대해 잠시 살펴볼 필요를 느끼게 만들기에 충분할 정도로 큰 '만약'이다.

대표성의 문제

모든 통계가 한 가지 자료, 뇌샤텔출판사의 문서고에서 나왔다는 사실을 회피할 재간은 없다. 이만한 자료가 다른 곳에는 존재하지 않는다. 나는 앙시앵 레짐 시대 프랑스 서적상에 관해 알려진 문서가 있다면 모두 살펴보았지만, 뇌샤텔 자료의 대표성을 시험하기 위해 이용할 수 있는 내용이 들어 있는 것을 하나도 찾지 못했다.

주네브에 있던 크라메의 일반회계부Grand livre에는 개별적인 작품의 판매에 관해서는 아무런 내용이 없다. 부이용 출판사의 서류에는 단지 통신문의 자투리만 남아 있다. 또한 암스테르담의 슈트루이크만의 판매등록부는 몹시 빈약하여 뇌샤텔출판사의 기록과 비교할 만한 대상이 못 된다. 앞으로 어느 다락방이나 지하실에 숨어 있던 보물이 나타나지 않는 한, 뇌샤텔출판사의 다락방에서 150년 동안 쉬고 있던 5만 통의 편지와 여남은 권의 회계장부는 프랑스 금서판매업에 관한 적당한 통계자료로 유일하게 남을 것이다.[77]

그것은 역사가의 꿈이라고 할 만한 훌륭한 자료다. 프랑스의 모든 부분과 모든 도시에서 벌어진 서적판매업에 관한 1차 자료이기 때문이다. 그러나 단 하나의 다락방에서 나온 내용이 아무리 풍부하다 할지라도 그것을 바탕으로 금서의 전반적인 세계를 재구축할 수 있을까? 스위스의 도시에서 활동한 출판사 한 군데의 관점에서 프랑스 왕국 전체의 지하판매업을 연구한다는 것이 결국 사실을 왜곡하여 그릇된 관점을 전할 위험은 없는 것일까? 이 같은 반대는 상당히 일리가 있으며, 나 자신도 이 문제 때문에 많이 고심했음을 인정한다.

그러나 이렇게 대답할 수 있다. 나는 두 가지 측면에서 18세기의 서적판매업이 오늘날의 서적판매업과 근본적인 차이를 보여준다고 생각하면서 그것을 강조하고자 한다. 첫째 측면은 출판업자들이 책을 판매하는 방식이며, 둘째는 서적상이 책을 주문하는 방식이다.

뇌샤텔출판사가 1769년 사업을 시작할 때만 하더라도 출판업은 아직 자율적인 활동으로서 서적판매업이나 인쇄업과 구별되지 않았다. 프랑스에서 출판업자를 가리키는 말éditeur은 《아카데미 프랑세즈 사전Dictionnaire de l'Académie française》 1762년판에 수록되었다. 그러나 '다른 사람의 작품을 돌보고 인쇄하는 사람'이라는 모호한 설명을 달고 있다. 출판업자의 역할은 라이프치히의 필립 에라스무스 라이히, 파리의 샤를 조제프 팡쿠크, 런던의 윌리엄 스트러핸, 그리고 그보다 조금 늦게 에든버러의 로버트 커델에 의해 새로운 판매술이 개발되면서 정확하게 규정되기 시작했다.

그러나 새로운 책의 생산과 판매는 여전히 낡은 관행, 특히 교환의 옛 체계에 묶여 있었다.[78] 앞에서 설명했듯, 서적상-인쇄업자(만일 시대착오를 무릅쓰고 말한다면 '출판업자')는 다른 업자들의 재고에서 마음에 드는 책들을 구색 맞춰 골라서 자기가 새로 출판한 책과 맞바꾸는 경우가 많았다. 대개는 인쇄한 종이 상태로 교환하면서, 종이의 크기, 조판의 어려움, 종이의 질을 고려하는 것이 관행이었다. 이러한 방법으로 출판업자는 자기 출판물을 재빨리 시장에 뿌릴 수 있었다. 이러한 방법은 해적판으로 입을 손해를 막고 자신의 재고 상품을 다양하게 갖추는 동시에 자본을 분산시키지 않는 장점이 있었다.

출판업자는 교환에 시간과 정력을 많이 쏟아 부었기 때문에, 교환을 성사시키는 일은 예술이라 할 수 있었다. 교환의 상대방은 아주 낡은 12포인트 활자*를 사용해 여백을 많이 주고 찍어낸 얼룩투성이의 조잡한 종이를 내놓고 우아한 9포인트 로만체 활자**로 촘촘히 조판하여 찍어낸 훌륭한 카레판***종이와 바꾸어가는 수도 있었다. 상대방은 사실 볼테르의 신랄한 풍자시를 인쇄기에 올려놓고 있을 때 자기는 바퀼라르 다르노가 쓴 재미없는 소설을 생산하고 있다고 말하는 경우도 있었다. 그는 재고 상품 가운데 가장 많이 팔리는 책에 관한 정보를 감추고 재고로 남는 것(출판업계의 속어로 '쓸모없는 물건drogues' 또는 '창고지킴이, 파치gardes−magasin'라고 불렀다)만 내놓기도 했다. 또는 바람직한 작품끼리 교환하기로 해놓고도, 상대방이 원한 상품을 제하고 남은 것과 자기가 상대방에게서 받을 상품을 먼저 시장에 깔려는 속셈으로 자기가 보내야 할 교환 상품의 발송을 늦추기도 했다.[79]

이 같은 흥정에는 천 가지 속임수가 동원되었고, 모든 사람이 거기에 참가해야 하거나 아니면 전적으로 냉대받아 사업에서 쫓겨날 것을 감수해야 했다. 출판업자들은 때때로 다른 업자(손잡은 업자와 경쟁자 모두, 또는 어느 한편)의 사무실에 염탐꾼을 슬쩍 집어넣기도 했다. 그들은 방금 인쇄한 종이를 손에 넣기 위해 첩자를 시켜 인쇄소의 일꾼들을 매수했다. 1778년에는 스위스의 3대 출판사—뇌샤텔·베른·로잔—가 자신들의 사업을 보호하기 위해 동맹을 맺고 협동하여 다른 회사의 저작권을 침해할 정도로 음모가 극에 달했다. 그들은 해적판을 만들 것을 함께 결정한 뒤 생산비를 분담하고 공동 생산품을 따로 팔았다. 그리하여 출판사마다 자기가 확보한 소매상의 연계조직을 끌어들일 수 있었다. 그리고 나서 그들은 연말에 그들이

---

* cicéro 활자는 1458년 키케로의 작품을 처음 인쇄할 때 쓴 활자의 크기에서 유래한 이름이다.

** petit romain은 9포인트 로만체 활자. 참고로, gros romain은 16포인트 로만체 활자.

*** carré는 0.56m×0.45m의 인쇄용지.

판 종이가 몇 장인지 계산하고 현금의 잔고를 정산하여 이익을 나눴다.[80]

제본하기 전의 인쇄종이는 서적 판매와 인쇄만이 아니라 부기에서도 기본적인 단위였다. 세 분야에서 전문가가 될 필요가 있는 출판업자들은 표준통화로 환산한 계정에 따라 인쇄종이로 계산한 '교환계정'을 기록했다. 뇌샤텔의 부기장을 연구해보면, 그들이 '교환계정comptes de changes'을 '통화계정comptes d'argent'과 거의 똑같이 중요시했다는 인상을 받는다. 사실 두 계정은 나누어 생각할 수 없다. 책을 교환하는 일은 책을 파는 과정의 일부였기 때문이다. 앞에서 설명했듯이 '철학책'은 특별한 교환 비율을 적용했기 때문에, 대개 합법적인 책 또는 그것의 해적판의 두 장을 받고 한 장을 주었다. 높은 비율을 적용하는 것은 위험부담이 컸기 때문이다. 왜냐하면 출판업자들은 파리에서뿐만 아니라 주네브나 로잔에서도 똑같이 감옥에 갈 수 있었기 때문이다.

뇌샤텔출판사처럼 크고 명성 있는 회사는 좀처럼 본격적인 '철학'서적을 발간하지 않았다. 뇌샤텔출판사는 초창기에 돌바흐의 무신론이 반영된 《자연의 체계》를 발행했다. 이 책의 생산가와 판매 기록을 보면 243퍼센트의 이익을 냈음을 알 수 있다. 그러나 마지막에 가서 밀반입과 수금에 온갖 어려움을 겪은 뒤 그 책은 겨우 50퍼센트 정도 벌었다. 또한 이 사업으로 말미암아 결국 뇌샤텔출판사의 중역 두 사람이 그 지방 지도층 인사들의 단체에서 자격을 정지당할 만큼 물의를 빚었다. 프레데리크 사뮈엘 오스테르발드는 민병대 지휘관 자리, 그리고 장 엘리 베르트랑은 '목사들의 존경할 만한 계급'에서 각각 자격을 정지당했다.[81]

이 일화가 있은 뒤 뇌샤텔출판사는 거의 모든 금서를 그 분야의 전문가들과 교환을 통해서 구했다. 이 전문가들이란 감옥 갈 시한과 파산 사이에 가게를 차려놓고 팔릴 만한 것은 무엇이건 될수록 빨리, 될수록 많이 생산해내는 청부업자로서 잘 알려지지 않은 사람들이었다. 주네브에서는 장

사뮈엘 카이예, 장 아브람 누페, 가브리엘 그라세, 피에르 갈레, 자크 뱅자맹 테롱, 로잔에서는 가브리엘 데콩바, 뇌샤텔에서는 사뮈엘 포슈, 노이비트에서는 루이 프랑수아 메트라, 리에주에서는 클레망 플롱퇴, 브뤼셀에서는 장 루이 부베가 활동했다. 비록 이름은 잊혀진 지 오래지만, 과거에는 프랑스의 금서를 대량으로 찍어낸 사람들이다. 그들은 금서를 직접 파는 대신 튼튼한 기반을 갖춘 업자들이 인쇄할 덜 위험한 작품과 바꿨다. 이렇게 해서 그들은 자기 고장에서 어렵지 않게 팔 수 있는 합법적인 상품을 쌓아놓을 수 있었다. 한편 큰 회사들은 프랑스와 유럽 전역에 퍼져 있는 소매상의 조직을 통해 고객들을 만족시켜줄 필요가 있는 불법 서적을 얻을 수 있었다.

교환체계에 광범위하게 의존한 결과 출판은 두 가지 방향에서 근본적인 영향을 받았다. 첫째, 중요한 출판사는 도매업자 노릇을 해야 했다. 그들이 교환으로 마련한 책들을 쌓아놓으면서 점점 더 규모가 크고 다양한 규모의 서적을 판매하는 데 끌려들어갔다. 둘째, 교환은 모든 출판사의 도서목록이 더욱 비슷해진다는 것을 뜻했다. 왜냐하면 그들은 같은 공급자들에게서 책들을 구색 맞춰 공급받았기 때문이다.

물론 주요 출판업자들 사이에 동맹과 적의가 복잡하게 얽혀 있기 때문에, 정확히 똑같은 책들로 창고를 채우지는 않았다. 그러나 동맹관계가 중첩되었기 때문에 그들은 교환을 통해 시중에 도는 것이라면 거의 모든 책을 구할 수 있었다. 프랑스와 국경을 맞대고 있는 저지대 지방에서 스위스까지 모든 지역에 걸쳐 일종의 보이지 않는 유동적인 상품이 존재하게 되었다. 모든 주요 출판업자–도매업자는 그것을 손에 넣을 수 있었다. 그들 가운데 하나나 둘에게 주문을 내는 프랑스의 소매상은 자신이 원하는 것이면 실제로 무엇이건 얻을 수 있었다.

프랑스 밖의 출판사들이 프랑스 안의 서적상에게 앞다투어 서적을 공급하면서 동맹관계의 출판사들은 때때로 똑같은 사업을 놓고 경쟁하는 일이 생겨났다. 그러나 출판업자는 저마다 자신의 고객망을 갖고 있었기 때문에, 그 체계 안에 모순이 구축되었다 해도 우리가 상상하는 것만큼 심하지는 않았다. 뇌샤텔출판사는 마르세유의 주요 고객에게 편지를 보내면서 이렇게 썼다. "우리가 이웃 업자 몇몇과 경쟁을 벌이고 있기는 해도, 우리는 그들과 협력하고 있습니다. 우리는 지금까지 매우 광범위하게 사업을 해왔기 때문에, 그들의 책을 우리가 만든 책과 함께 파는 데 성공했습니다.[82] 1785년 뇌샤텔출판사의 도서목록에는 700가지 제목이 올라 있었다. 1787년의 재고목록에는 1,500가지 제목으로 늘어나 있었다. 1773년에 이미 그들은 이렇게 자랑했다. "프랑스에서 나온 책 가운데 어느 정도 중요한 책이라면 우리가 공급하지 못할 책은 없습니다."[83]

소매상의 관점에서 볼 때 서적 주문방식은 한 가지 결정적인 면에서 오늘날과 달랐다. 반품을 허용하지 않았기 때문이다. 그러므로 서적상들은 세심하게 신경을 쓰는 경향을 보였다. 마르세유의 모시가 뇌샤텔출판사에 보낸 편지에 그러한 현실이 잘 나타나 있다.

귀사는 새 상품 몇 가지를 언급하고 계십니다. 나는 주문하기 전에 살펴봐야겠습니다. 만일 우리 사업을 신중하게 하지 않는다면 금방 쓸려나갈 것입니다. 우리가 책의 가치를 좋게 평가하고 그것이 확실히 성공하리라고 예측할 수 있을 때, 그것에 행운을 걸 수 있을 것입니다. 그러니 내가 모든 종류의 제안에 망설인다고 해서 놀라지 마시기 바랍니다. 나는 (먼저 몇 부만 주문해보고 나서) 더 많이 주문하는 편을 좋아하니까요.[84]

일반 관행에 따르면 소매상은 자기가 확보한 손님에게 팔 수 있으리라 확신할 수 있는 수량만 주문했다. 사실 그들은 종종 판매량을 미리 조정하고 그에 따라 주문량을 맞췄다. (비록 서적상이 덤으로 한 권을 더 얻기 위해 열두 권을 주문하는 경우도 가끔 있었지만) 전형적인 주문량은 한 제목에 네댓 권이 고작이었다. 그러나 한꺼번에 많은 종류의 책을 주문하기도 했다. 그것은 한 종류를 다량 확보하기보다는 전체적인 구색을 맞춰 확보하려는 뜻이었다.

소매상은 이러한 관행으로 상품을 최대한 다양하게 갖추는 동시에 위험을 최소화할 수 있었다. 그리고 거기에는 관습에 물든 문학사에서는 다루지 않은 평범한 속셈이 작용하고 있었다. 운임을 절약할 필요가 있었던 것이다. 다량의 상품을 짐마차voiture에 실어 보낼 때 운임이 가장 쌌지만, 마차꾼은 50파운드 미만의 물건은 실어주려고 하지 않았다. 그래서 가벼운 짐은 운임이 엄청나게 비싼 역마차carrosse에 실어 보내야 했다. 이리하여 마티외는 볼테르의 《백과사전에 관한 질문》을 낭시에서 파리로 발송하지 않기로 결정한 예가 있었다. "왜냐하면 《백과사전에 관한 질문》 19권의 무게가 50파운드도 나가지 않아서 짐마차에 실어주지 않으므로, 남은 길이라고는 파리 역마차에 맡기는 길뿐이었기 때문입니다."[85]

짐마차와 역마차의 차이는 서적상의 주문방식에서 가장 중요한 요인 가운데 하나가 되었다. 비록 서적상이 어떤 책을 다른 곳에서 더 싸게 구할 수도 있지만, 한꺼번에 많은 종류의 제목을 모아서 주문할 때 돈을 절약할 수 있었음을 알 수 있다. 따라서 소매상은 대체로 다수의 공급자에게 소량의 주문을 분산시키는 대신, 소수의 공급자에게 구색을 갖춘 목록을 한꺼번에 주문하는 방식을 택했다.

물론 서적상이 이례적인 교환이나 대성공을 거둘 가능성의 냄새를 맡을 경우, 상품을 공급해줄 수 있는 사람이면 누구나 접촉하여 주문을 낼 수 있었다. 그러나 그들은 한정된 수의 도매업자들과 안정된 관계를 유지하려는 경향을 보였다. 그러므로 그들이 여러 해 동안 주요 공급자 한 곳에 주문한 내역서를 모아놓은 데에서 그들 사업의 일반적인 모형을 볼 수 있다. 반대로 큰 공급회사가 아주 다양한 소매상을 상대하는 사업은 비록 불완전하나마 전반적인 불법 판매업의 모습을 엿볼 수 있는 창문 구실을 한다.

간단히 말해서, 서적판매업의 관행—출판업자들이 도매업자로 발전하고, 도매업자들이 상품목록을 구축하고, 소매업자들이 주문을 하는 모든 방법—을 보면서 우리는 어째서 뇌샤텔출판사의 문서를 프랑스의 모든 곳의 공급과 수요의 움직임을 아주 정확히 보여줄 수 있는 자료로 이용할 수 있는지 이해할 수 있다. 더욱이 서적상들의 통신문에는 시장의 현황에 대한 잇달은 의견이 풍부하게 들어 있다. 편지 내용의 증거는 주문에 관한 통계를 뒷받침해준다. 그들의 편지 수천 통을 읽고 나면 어떤 책이 가장 잘 팔렸는지 알 수 있다. 아마 주관적인 판단은 피해야 마땅하겠지만, 지난 25년 동안(내 생의 절반) 여름이나 안식년에 시간을 내서 뇌샤텔 문서만이 아니라 프랑스에 있는 관련 문서에 코를 박고 지내온 나로서는 내 후각(프랑스인들이 눈치pifomètre라고 말하는 것)을 믿게 되었다. 나는 뇌샤텔출판사의 문서가 진실로 금서판매업의 일반적인 성격을 보여준다고 결론을 내렸다.

나는 그 문서가 대표성을 인정받기를 원한다. 25년 동안 5만 통의 편지와 씨름하고 나서 의미 있는 결론에 대한 굶주림에 짓눌릴 정도였지만, 그것은 위험한 일이었다. 역사가가 어떤 결과를 바라는 순간 곧 그것을 발견하는 경향이 있기 때문이다. 그래서 나는 뇌샤텔에서 작업하는 가운데 생겼을지 모를 편견을 통제하기 위해 다른 고문서를 연구하려는 계획을 세워 세 가지 연구를 수행했다. 그러나 이러한 연구를 '대조' 연구'control' studies*로 생각하면 잘못이다. 200년 전의 문학 수요를 과학적으로 정확하게 측

---

* 실험 결과와 대조할 만한 표준을 얻기 위해 수행하는 연구.

정할 수 있는 방법을 찾을 수는 없기 때문이다.

모든 자료는 불완전하다. 그러한 자료를 연구하는 방법 가운데 바보라도 다룰 수 있는 것은 없다. 또한 뇌샤텔출판사의 고문서와 비교할 만한 서류를 남긴 출판업자도 없다. 그러나 다음 세 가지 종류의 자료에서 선택한 통계로써 몇 가지 비교점을 발견할 수는 있다고 생각한다. 파리 세관에서 몰수한 서적등록부, 경찰이 서적상을 덮칠 때 작성한 도서목록, 끝으로 스위스의 다른 출판업자들에게서 나온 '철학책' 목록.

이 추가 연구를 더 자세히 알기 위해서는 이 책의 자매편을 보면 될 것이다. 여기에서는 뇌샤텔출판사의 서류 가운데 서적상의 주문서를 체계적으로 조사하여 견본을 뽑아본 결과 불법 서적의 제목 457개의 목록을 얻을 수 있었으며, 이것을 다른 세 자료에서 얻은 목록들과 비교할 수 있었다는 사실만 지적해둔다.

세 자료 가운데 처음 것이 가장 풍부하다. 프랑스 당국이 파리 세관에서 책을 압수할 때마다 그들은 압수 이유─해적판인지, 비교적 해롭지는 않아도 '허가가 없는 것'인지, 또는 명백히 불법적인 것인지─를 등록부에 기록했다. 오늘날 프랑스 국립도서관에 있는 이 훌륭한 등록부들은 1771년부터 1789년까지 모든 압수 현황을 수록하고 있다. 나는 불법 서적의 모든 항목을 분류하여 280개 제목의 목록을 만들었고, 가장 자주 압수당한 것이 어떤 작품인지 계산했다.

둘째 목록은 경찰이 책방을 급습하고 난 보고서에서 얻은 것이다. 경찰이 불법 상품을 다량 보유하고 있는 서적상을 붙잡았을 때 그들은 책을 몰수하고 그 목록을 작성했다. 바스티유 문서에는 파리·스트라스부르·캉·리옹·베르사유에서 1773년과 1783년 사이에 있었던 압수수색에서 작성한 이러한 목록이 9가지 있다. 거기에는 바스티유의 서적 분쇄작업^{pilon}을 위해 보낸 책의 기록도 포함되어 있다. 이 자료에서 300여 개 목록을 얻을 수 있었는데, 그것은 모두 두 군데 이상의 압수수색에서 몰수당한 작품에 관한 것이다.

셋째 목록은 주네브·로잔·베른의 출판업자들이 1772년과 1780년 사이에 뽑은 '철학책'의 목록 6개에서 얻었다. 이들의 도서목록은 불법 상품을 판매하기 위해 이용한 것으로, 서적상들 사이에 은밀히 나돌아다녔다. 비록 그 크기는 다양하지만, 뇌샤텔출판사 같은 업자 여섯 명이 보관했던 금서가 어떤 것이었는지 잘 보여준다. 이들은 모두 261가지 제목을 제공하고 있으며, 한 군데 이상의 도서목록에서 나오는 작품을 대여섯 가지 포함하고 있다.

불법 서적의 목록을 통해 얻을 수 있는 정보를 다음과 같이 정리할 수 있다.

뇌샤텔출판사 목록: 457개 제목

세관 압수: 280개 제목, 그중 166개(59%)가 뇌샤텔출판사 목록에 수록

경찰 급습: 300개 제목, 그중 179개(60%)가 뇌샤텔출판사 목록에 수록

은밀한 도서목록: 261개 제목, 그중 174개(67%)가 뇌샤텔출판사 목록에 수록

이처럼 모으고 비교한 결과, 뇌샤텔출판사 목록은 비록 법의 테두리 밖에서 돌아다니던 책을 모두 포함하지는 못한다 하더라도 전반적인 불법 서적 판매업을 사실상 대표하고 있다는 결론을 확인할 수 있었다. 뇌샤텔의 자료가 갖는 대표성을 판단하기 위해서는 네 가지 목록에서 앞자리를 차지한 제목들을 검토해보는 방법이 최선이다. 그것들은 많이 겹치기 때문이다. 이러한 방법으로 빈도수를 비교해보면, 뇌샤텔출판사에 가장 많이 그리고 가장 자주 주문한 책들은 파리 세관에서 가장 자주 몰수당하고, 경찰이 책방을 뒤질 때도 가장 많이 빼앗기고, 다른 출판업자들의 은밀한

목록에도 가장 자주 오르던 책이라는 사실이 분명해질 것이다.

끝으로, 네 가지 자료를 합치면 프랑스혁명 전에 사고 팔던 불법 문학의 완전한 서지학적 정보를 얻을 수 있으며, 그것은 모두 720개 제목에 관한 것이다. 또한 뇌샤텔출판사가 받은 주문서를 자세히 분석해보면, 개별 작품·저자·분야의 상대적인 중요성을 측정할 수 있을 것이다.

일반적인 유형

목록마다 얼마나 차이가 나는지 알아보고 통계의 토대를 되도록 가장 크게 구축하기 위해 분석 방향을 여러 갈래로 확장할 수 있다. 기본적인 정보는 뇌샤텔출판사의 단골손님 열두 명이 매번 주문한 데 나타난 불법 서적을 일일이 집계하여 얻었다. 이 '주요 서적상들'의 위치는 지도 2.1에 표시해놓았다. 첫 차례의 표본 추출작업에서 얻은 통계를 바탕으로 우리는 샤르메와 리고 같은 서적상 12명의 사업 윤곽을 그릴 수 있다(자세한 내용은 이 책의 자매편을 보라). 나는 이 사례 연구를 보완하기 위해 불법 서적 판매업이 특히 활발한 지역 세 곳—파리·리옹·로렌—을 조사하고, 수많은 업자에 관한 통계를 얻어 함께 이용했다.

그런 다음, 두 번째 표본추출 작업에서 다른 지역(지도 2.2)의 '군소 서적상' 17명과 서적행상인colporteur 4명의 주문을 집계했다. 마티외와 프티의 경우에서도 볼 수 있듯이 그들이 뇌샤텔출판사에 주문한 내용은 충분하지 못하기 때문에, 그것을 바탕으로 그들의 개별적인 사업에 관해 확실한 결론을 내릴 수는 없었다. 그러나 전체로 보아 그들의 주문은 의미 있는 유형을 보여준다. 사실 그것은 주요 서적상들의 주문에서 얻을 수 있는 유형과 실질적으로 같기 때문이다. 그래서 모든 통계를 조합하여, 18세기 표준에 따라 모두 3,266개 주문에 2만 8212권을 포함하는 아주 방대한 조사를 시행할 수 있었다. 나는 그것이 오늘날의 대부분 베스트셀러 목록만큼이

지도 2.1 불법 서적을 취급한 주요 서적상

로렌(낭시)·리옹·파리 세 지역에 관한 통계를 포함한 주요 서적상 현황

	로렌	셰누, 뤼네빌	자크노
로베르와 고티에, 부르캉브레스	게, 뤼네빌	쇼팽, 바르르뒤크	플랑댕
르루르미, 오를레앙	게를라슈, 메스	앙리, 낭시	
리고·퐁스, 몽펠리에	달랑쿠르, 낭시	오데아르, 뤼네빌	**파리**
마누리, 캉	랑트르티앵, 뤼네빌	오르블랑, 티옹빌	데조주
말레르브, 루됭	마르티외, 낭시	오제, 뤼네빌	르케 모랭
모블랭, 트루아	바뱅, 낭시	카레즈, 툴	바루아
모시, 마르세유	베르그, 티옹빌		바레
베르주레, 보르도	베르나르, 뤼네빌	**리옹**	베드렌
뷔셰, 님	베르트랑, 티옹빌	바레	퀴네
블루에, 렌	봉투, 낭시	바리텔	프레보
샤르메, 브장송	상드레, 뤼네빌	셀리에	
파비, 라 로셸			

지도 2.2 불법 서적을 취급하는 군소 서적상

군소 서적상	송베르, 샬롱쉬르마른	떠돌이 장사꾼
레네, 보베	슈브리에, 푸아티에	블레조
레르, 블루아	아베르, 바르쉬르오브	질
레스플랑디, 툴루즈	자르포, 믈룅	'트루아지엠'
말라시, 낭트	카쟁, 랭스	플랑케
바로키에, 수아송	칼드제그, 마르세유	
보나르, 오세르	퐁텐, 콜마르	
부아스랑, 로안	프티, 랭스	
비요, 투르		
상스, 툴루즈		

출처: 지도 2.1과 2.2는 모두 뇌샤텔출판사 문서를 기초로 작성.

나 유효하다고 믿는다.

표 2.5는 1769년부터 1789년까지 프랑스의 불법 판매업에서 베스트셀러였던 35가지 책이 무엇인지 보여준다. 그것을 곧이곧대로 읽어서는 안 된다. 왜냐하면 개별 책들의 위치를 완벽하게 결정할 수는 없기 때문이다. 또한 그것은 뇌샤텔출판사가 발간한 책들을 과중하게 많이 담고 있다. 그래서 그러한 책에는 십자표를 달아두었다. 그 목록은 뇌샤텔출판사가 프랑스에서 사업을 삭감한 시기의 마지막에 발간된 몇 작품에 대한 가치를 제대로 반영하지 못한다.[86] 그러나 표에는 여러 가지 종류의 증거 가운데 변칙성을 허용하고 비슷한 면모를 찾을 수 있는 충분한 정보가 담겨 있다.

이 표에서 놀랄 만한 점이 있을까? 사람들은 목록의 꼭대기에서 유명한 저자가 쓴 악명 높은 작품을 볼 수 있기를 기대할지 모른다. 그러므로 레날의 《철학적 역사》와 볼테르의 《오를레앙의 처녀》 또는 《방황하는 창녀》 같은 포르노그래피의 고전이 거둔 성공에 놀랄 이유가 없다. 그러나 《2440년》《뒤바리 백작부인에 관한 일화》《아레티노》《계몽사상가 테레즈》《기독교의 실상》《루이 15세의 사생활》《샤르트뢰 수도원의 문지기 동 부그르 이야기》 같은 작품들도 세관의 관리들과 경찰에 의해 가장 자주 몰수당한 서적의 목록 앞머리에 나타나고 있다.[87] 모든 증거가 같은 결론을 향하고 있다. 18세기 프랑스의 문학시장에는 오늘날 거의 완전히 잊혀진 베스트셀러가 넘쳐나고 있었다는 것이다.

표 2.6은 가장 많이 팔린 작품의 작가들 목록이다. 거의 모든 불법 서적이 익명으로 나왔지만, 우리는 저자들이 누구인지 밝힐 수 있다. 볼테르와 메르시에 같은 사람들은 여러 작품을 베스트셀러로 내놓은 반면, 레날 같은 저자들은 단 한 가지 작품으로 시장을 정복했다. 참으로 볼테르의 생산력은 놀라울 정도다. 그는 거의 모든 분야의 불법 문학으로 뇌샤텔출판사 목록에 68개 제목을 올렸다. 뇌샤텔출판사는 이 위대한 작가의 비서들

표 2.5 베스트셀러: 전체 주문(주요 서적상과 군소 서적상)

제목·저자	수량	주문 횟수	판본 종류	출전††
1. 《2440년》, 메르시에	1,394	(124)	25	ABCD
2. 《뒤바리 백작부인》, 피당사 드 메로베르?	1,071	(52)		ACD
3. 《자연의 체계》, † 돌바흐	768	(96)	13	ABCD
4. 《파리의 모습》, † 메르시에	689	(40)		AD
5. 《철학적 역사》, † 레날	620	(89)		ABCD
6. 《모푸의··· 역사적 일지》, 피당사 드 메로베르와 무플 당제르빌	561	(46)		ACD
7. 《아레티노》, 뒤 로랑스	512	(29)	14	ABCD
8. 《철학적 편지》, 작자 미상	496	(38)	9	ABCD
9. 《테레 신부의 회고록》, 코크로	477	(24)		AC
10. 《오를레앙의 처녀》, 볼테르	436	(39)	36	ABCD
11. 《백과사전에 관한 질문》, † 볼테르	426	(63)	5	ABCD
12. 《루이 15세의 회고록》, 작자 미상	419	(14)		AD
13. 《영국인 관찰자》, † 피당사 드 메로베르	404	(41)		ABCD
14. 《창녀》, 랑베르 또는 푸주레 드 몽브룅의 번역?	372	(30)	16	ABCD
15. 《계몽사상가 테레즈》, 다를 드 몽티니? 또는 아르장스?	365	(28)	16	ABCD
16. 《희극과 음란한 노래··· 모음집》, 작자 미상	347	(27)		ABCD
17. 《수도원제도에 관한 철학적 논고》, † 랭게	335	(19)		A
18. 《예수 그리스도의 비판적 역사》, 돌바흐	327	(36)	3	ABCD
19. 《프리메이슨의 고위직에 관한 가장 신비스러운 비밀을 폭로함》, 베라주 번역?, 쾨펜 편찬	321	(36)		A
20. 《국무회의에 드리는 청원서》, † 랭게	318	(17)		AD
21. 《방황하는 창녀》, 아레티노? 또는 니콜로 프랑코?	261	(27)	10	ABCD

제목·저자	수량	주문 횟수	판본 종류	출전††
22. 《기독교의 실상》, 돌바흐	259	(31)	12	ABCD
23. 루소 전집	240	(58)	21	ABCD
24. 《타락한 농부》, 레티 드 라 브르톤	239	(19)	10	AD
25. 《아가씨들의 학교》, 밀로	223	(16)	3	ABCD
26. 《양식》, 돌바흐	220	(16)	11	ABCD
27. 《랭게 선생이 프랑스 외무대신 베르젠 백작에게 보낸 편지》, 랭게	216	(4)		A
28. 《인간에 관하여》, 엘베시위스	215	(21)		ABCD
29. 《사회체계론》, 돌바흐	212	(32)	4	ABCD
30. 《더할 나위 없는 군주》, 랑쥐네	210	(18)		ACD
31. 《휴대용 철학사전》, 볼테르	204	(27)	11	ABCD
32. 《루이 15세의 사생활》, 무플 당제르빌? 또는 라프레?	198	(17)		AD
33. 《음란한 리라》, 작자 미상	197	(14)		ABCD
34. 《교회의 영광》, 로셰트 드 라 모를리에르	191	(22)	13	ABC
35. 《동 부그르 이야기》, 제르베즈 드 라투슈? 또는 누리?	190	(20)	20	ABCD

---

† 뇌샤텔출판사 간행물
†† A=뇌샤텔출판사 B=출판사 도서목록 C=경찰 압수 목록 D=세관 압수 목록

과 작가 자신에게 다가가 친분을 쌓음으로써, 그가 페르네에 차려놓은 극
악무도한 공장에 접근할 수 있었다. 그 때문에 뇌샤텔출판사가 볼테르 작
품에 편향되어 있다는 낌새를 차릴지 모른다. 그러나 볼테르의 작품은 파
리 세관과 경찰에 가장 많이 몰수당한 서적 가운데서도 역시 우뚝 서 있었

표 2.6 저자별로 본 책의 주문량

1. 볼테르, 프랑수아 마리 아루에 드	3,545
2. 돌바흐 남작, 폴 앙리 디트리히 티리(그리고 협력자들)	2,903
3. 피당사 드 메로베르, 마티외 프랑수아(그리고 협력자들)	2,425
4. 메르시에, 루이 세바스티앵	2,199
5. 테브노 드 모랑드, 샤를	1,360
6. 랭게, 시몽 니콜라 앙리	1,038
7. 뒤 로랑스, 앙리 조제프	866
8. 레날, 기욤 토마 프랑수아[A]	620
9. 루소, 장 자크	505
10. 엘베시위스, 클로드 아드리앵	486
11. 코크로, 장 바티스트 루이[B]	477
12. 아르장스 후작, 장 바티스트 드 부아예[C]	457
13. 푸주레 드 몽브롱, 샤를 루이[D]	409
14. 레티 드 라 브르톤, 니콜라 에드메	371
15. 베라주/쾨펜, 카를 프리드리히[E]	321
16. 미라보 백작, 오노레 가브리엘 리크티	312
17. 아레티노, 피에트로 바치[F]	261
18. 포, 코르넬리위스 드	235
19. 밀로(또는 밀릴로)[G]	223
20. 구다르, 앙주	214
21. 랑쥐네, 조제프[H]	210
22. 무플 당제르빌, 바르텔르미 프랑수아 조제프[I]	198
23. 로셰트 드 라 모를리에르, 샤를 자크 루이 오귀스트	197

A 한 작품: 《두 개의 인도에서 유럽인의 식민활동과 무역에 관한 철학적이고 정치적인 역사》
B 한 작품: 《테레 신부의 회고록》
C 《계몽사상가 테레즈》 포함(28회 주문에 365권). 이 책은 다를 드 몽티니의 작품으로도 알려지고 있다. 그러나 아르장스의 책으로 알려진 것이 여섯 가지나 포함되어 있기 때문에, 그는 목록에서 비교적 높은 순위에 올라 있다.
D 《창녀》 포함. 이것은 존 클렐런드의 《패니 힐》을 번역한 작품이다. 이 번역을 랑베르라는 사람의 작품으로 추정하기도 한다.
E 한 작품: 《프리메이슨의 고위직에 관한 가장 신비스러운 비밀을 폭로함》. 관행상 역자를 베라주라고 한다(예를 들면 바르비에와 카이예 저서 참조). 페슈Fesch는 영어나 독일어 원작이 무엇인지 말하지 않은 채 쾨펜을 편집인으로 소개한다.
F 한 작품: 《방황하는 창녀》
G 한 작품: 《아가씨들의 학교》
H 한 작품: 《더할 나위 없는 군주》
I 한 작품: 《루이 15세의 사생활》. 이 책은 무플 당제르빌과 아르누 라프레의 작품으로 알려지고 있다(17회 주문에 198권).

다. 모든 증거 서류에서 그의 작품이 왕국에 홍수처럼 넘쳐나고 있다는 사실을 엿볼 수 있다.

그보다 더 놀라운 일은 돌바흐 남작과 그의 협력자들이 강력하게 떠오른다는 점이다. 그들의 체계적인 유물론은 오늘날 핏기가 없어 보이지만, 18세기 독자들은 공공연하게 인쇄물에서 무신론을 옹호하고 있는 것을 볼 기회에 열광했던 것 같다. 볼테르의 계몽주의 물결은 스위스의 인쇄기에서 흘러나왔지만, 그의 저작은 대부분 네덜란드에서 인쇄되었다.[88] 그러나 뇌샤텔출판사가 판매한 상품에 돌바흐가 강력하게 등장하는 것을 보면 뇌샤텔에 등록된 수요에 지리적 편향성이 별로 없음을 엿볼 수 있다. 1760년대와 1770년대에 처음으로 무신론 작품을 전부 수록한 목록이 비교적 값싸게 구입할 수 있게 보급되었으며, 프랑스 대중은 그것을 보고 무신론 작품을 낚아챘다.

레날과 엘베시위스의 중간에 끼여 있는 루소는 비록 10위 안에 포함되기는 해도, 서적상들의 통신문에서도 인기를 누리던 메르시에와 랭게 같은 작가들의 대열에 끼지는 못했다.[89] 확실히, 루소의 최고 베스트셀러 《신 엘로이즈La Nouvelle Hélöise》는 목록에 올라 있지 않다. 왜냐하면 그것은 불법 서적이 아니었기 때문이다. 그러나 뇌샤텔출판사는 1760년대에 금서가 되고 대단히 인기를 끈 《에밀》을 단 여섯 부 팔았을 뿐이다. 그럼에도 뇌샤텔출판사가 철학책을 대량 판매하기 시작한 1770년경에는 이 작품이 시장에 널리 퍼져들었음이 분명하다.[90]

그러나 우리는 이 책이 시장을 얼마나 물들였는지 알아내기 어렵다. 때때로 서적상들은 어떤 작품이 아주 잘 팔리기 때문에 시장에서 없어서 못 팔 지경이라는 기록을 남겼다. 예를 들어 리옹의 가장 기민한 출판업자─서적상 가운데 하나인 바레는 자기가 보유하고 있는 벨의 《역사와 비평 사전》은 '프랑스에서 죽었고, 나라 밖에서나 팔 수 있는 상품이 되었기' 때문에 값을 뭉텅 깎았노라고 말했다.[91] 계몽주의 시대의 중요한 작가들은 1750년대와 1760년대 사람들이 그들의 작품을 찾기 시작할 때만 해도 베스트셀러 목록에서 높은 순위를 차지했을 것이다.

하지만 1770년대와 1780년대에 그들이 비교적 저조한 실적을 보여준다고 해서 반드시 프랑스인들이 그들의 작품을 더이상 읽지 않게 되었다고 해석해서는 안 된다. 왜냐하면 그들의 책은 서적상의 상품보다는 개인 장서 속에서 쉽게 빌려볼 수 있게 되었기 때문이다. 1776년경, 파리의 서적상들은 디드로의 전집류가 계속 팔리는데도 그의 개별 저작은 거의 팔지 않게 되었다.[92] 그러나 누군가 시장에 더 많은 상품을 깔려는 목적에서 가격을 삭감하는 경우가 있다 할지라도, 어떤 작품은 18세기 중엽부터 혁명이 일어날 때까지 계속 잘 팔렸다. 1758년에 처음 발간된 작품인 엘베시위스의《정신론》처럼 가장 유명한 작품을 찾는 사람은 1780년대까지 줄곧 많았다. 그때까지 그것은《에밀》의 수요를 앞질렀다.

이같이 복잡한 요소를 마음속에 새긴 채, 마지막으로 루소의《사회계약론》의 확산에 관한 문제를 해결할 수 있을까? 뇌샤텔출판사는 단 한 번 이 책의 주문을 받았을 뿐이다. 플랑케라는 행상인이 4부를 주문했다. 그래서《사회계약론》은 뇌샤텔출판사에 가장 많이 접수된 주문 400가지 가운데 들어 있지 않았다. 뇌샤텔출판사는 철학책의 목록에 수록해 돌렸지만, 다른 출판업자들의 은밀한 도서 상품목록 어디에도 실려 있지 않았다. 비록 파리 세관에서 4번 압수된 적은 있지만 경찰이 서적상을 급습했을 때는 한 번도 적발되지 않았다. 한마디로 모르네가 루소의 이 정치론이 프랑스 혁명이 일어나기 전에 널리 유통되지 않았다고 주장한 것은 아마 옳은 말인지 모른다. 그러나 그는 자기 주장을 과장해서 펼쳤다. 왜냐하면《사회계약론》은 루소 전집의 여러 판본에 포함되어 있었고, 그러한 판본은 심지어 38권짜리로 종종 24리브르 이상 비싸게 팔렸지만 베스트셀러 목록에서 거의 첫머리에 나타나기 때문이다. (주네브출판사가 12절판 31권짜리의 비교적 싸고 흔한 보급판으로 발행한 것도 1785년 25리브르에 팔렸다.)

전집류의 판매는 판본의 크기와 값이 아주 큰 차이를 보인다 할지라도 독자들에게 계몽사상가들의 글을 골고루 읽을 수 있게 도와준다.

루소 전집: 240질, 58회 주문[93]

엘베시위스 전집: 110질, 24회 주문

라 메트리 전집: 90질, 20회 주문

볼테르 전집: 59질, 29회 주문

그레쿠르 전집: 56질, 12회 주문

피롱 전집: 50질, 10회 주문

크레비용 2세 전집: 40질, 12회 주문

프레레 전집: 37질, 11회 주문

디드로 전집: 33질, 9회 주문

몇몇 유명 작가들의 작품이 호소력을 지녔다는 사실을 부인하기는 어렵지만 그들이 금서 시장을 지배하지는 않았다. 가장 잘 팔리는 저자 목록의 첫머리에 몇몇 위대한 이름이 나온 뒤, 오늘날에는 잘 알려지지 않은 사람들이 줄줄이 늘어서 있다. 18세기 문학 전문가 몇 명에게만 낯익은 이들은 피당사 드 메로베르, 테브노 드 모랑드, 뒤 로랑스, 코크로, 아르장스, 푸주레 드 몽브롱, 뒤푸르, 구다, 무플 당제르빌, 로셰트 드 라 모를리에르 등이다. 이들은 혁명 전의 프랑스에서 나돌던 거의 모든 베스트셀러를 쓴 사람들이지만 문학사에서 사라졌다.

우리가 문학사를 인위적인 구성물로서 세대간에 대물림하면서 새로 작성하는 것이라고 생각한다면, 그들이 사라진 것은 별로 놀라운 일처럼 보이지 않을 것이다. '사소한' 저자와 '주요' 베스트셀러는 불가피하게 뒤섞여 사라진다. 우리는 오늘날의 베스트셀러가 앞으로 200년 동안 읽힐 것으로 기대하지 않는다. 그러나 문학사는 대부분의 사람에게 닿은 문학을 고려해야 한다고 생각하지 않는가? 문학사가는 모르네가 연구한 대로 당시 사람들이 실제로 **체험한 문학**의 평범한 다양성을 연구해야 하지 않을까? 다시 말해서, 우리가 '일반 대중'의 '취향'과 '수요'라는 표현으로 느슨하게 지칭하는 것이야말로 문학사가가 관심을 기울여야 하는 대상이 아닌가?[94]

표 2.7은 어떤 분야의 불법 문학이 가장 인기를 끌었는지 나타내는 가운데 그러한 질문에 대한 몇 가지 답을 미리 제시하고 있다. 어떤 분류 체계의 범주와 마찬가지로 불법 문학의 범주도 자의적이라는 사실을 확실히 해두자. 그것은 자료를 추출하는 수단으로 부적당할지 모르며, 추출 과정에도 매우 주관적인 판단이 개입된다. 어떤 작품이 주로 무신앙적인가, 반란을 부추기는가, 포르노그래피인가, 아니면 세 가지 요소를 동시에 포함하고 있는가? 그럼에도 표의 항목들은 합리적으로 작동한다. 작업을 처리하기 쉽게 분류했음이 입증되었고, 그 결과는 비록 어림잡은 것이기는 해도 전반적인 금서 문학의 총체 안에서 차지한 비중을 전체적으로 보여주기 때문이다.[95]

철학은 '철학'서적 속에서 어떤 자리를 차지하고 있었을까? 모든 곳에 있는 동시에 아무데도 없다. 말하자면 비판정신으로 어디에서나 볼 수 있으며, 논문 형식에 실린 체계적인 사상으로 나타나는 경우란 거의 없다. 소수의 논문들은 철학과 거리가 먼 신비학이라는 분야에 속한 불법 문학까지 퍼져 있는 경우도 있다. 신비학에서 우리는 대✳알베르투스의 '자연적이고' 불가사의한 마술에 체계적인 철학처럼 보이는 옷을 입혀 발간한 책을 볼 수 있다. 그러나 프랑스의 독자들은 엄밀하게 합리적인 책들을 많이 주문하지는 않았다.

표 2.7 수요의 일반 유형

범주와 하위범주		제목		주문량	
		수	%	수	%
종교					
A. 논문		45	9.8	2,810	10.0
B. 풍자시·논쟁		81	17.7	3,212	11.4
C. '무신앙적 상스러움, 포르노그래피'		18	3.9	2,260	8.0
	소계	144	31.5※	8,282	29.4
철학					
A. 논문		31	6.8	723	2.6
B. 전집·편집물		28	6.1	1,583	5.6
C. 풍자시·논쟁		9	2.0	242	0.9
D. 일반 사회·문화 비판		33	7.2	4,515	16.0
	소계	101	22.1	7,063	25.1※
정치학, 중요 사건					
A. 논문		20	4.4	986	3.5
B. 시사 문제		50	10.9	2,213	7.8
C. 중상비방문, 궁정 풍자시		45	9.8	4,085	14.5
D. 파렴치한 소문		17	3.7	1,051	3.7
	소계	132	28.9※	8,335	29.5
성		64	14.0	3,654	12.9
기타					
A. 신비학		2	0.4	111	0.4
B. 프리메이슨		6	1.3	639	2.3
	소계	8	1.7	750	2.7
미분류		8	1.8	128	0.5
	총계	457	100.0	28,212	100.0

※ 반올림한 결과 백분율의 소계에서 차이가 발생했다.

가볍고 형식을 지키지 않은 문학을 조장하는 경향을 거스르는 흐름이 있었다. 그것은 반反기독교적인 논문을 강력하고 지속적인 형태로 요구하는 경향이었다. 돌바흐의《예수 그리스도의 비판적 역사》와《기독교의 실상》같은 책들은 가톨릭 교리에서 가장 많이 드러난 옆구리에 포화를 집중시켰다. 엘베시위스의《인간론》또는 데리슬 드 살의《자연의 철학》같은 책은 대안이 될 만한 철학을 발전시켰다. (각 범주, 하위범주에 속한 베스트셀러 제목을 자세히 보려면 이 책의 자매편을 보라.) 이러한 작품은 모두 급진적 계몽주의의 육중한 포대를 이루었고, 식자층 독자의 믿음체계를 상당히 뒤흔들어놓았을 것이다.

비록 우리가 독자 반응에 대해서는 이야깃거리에 지나지 않는 증거만 가지고 있지만, 돌바흐의 대형 폭탄은 의사소통의 매체로서 책의 힘을 폭발시킴으로써 정통파 의견을 뒤흔들어놓았음직하다. 여기 이단이 마치 일련의 합리적인 논증처럼 체계적으로 나열되었다. 여기 기독교가 마치 뒤죽박죽의 모순처럼 숨김없이 드러나 있었다. 이 모든 내용이―남몰래 만나 부끄러운 비밀을 나누듯 낮은 목소리sotto voce로 속삭이는 것이 아니라, 숨김없이, 굵은 활자로 선명하게 인쇄되어 두툼한 책으로 발간되었다. 이 책의 내용은 그것을 전달하는 그릇이라 할 외형 때문에 그 의미를 더 강력히 전달하지만, 현대의 독자들은 그것을 쉽게 알아차리지 못한다. 왜냐하면 오늘날에는 시장에서 이단적인 것을 포장해놓고 파는 모습을 아무렇지도 않게 보고 지나치기 때문이다.

그러나 앙시앵 레짐의 마지막 30년 동안 평범한 독자들은 처음으로 무신론을 책의 형태로 접할 수 있었다. 이러한 책들은 권두화frontispiece · 표제지title page · 머리말 · 부록 · 주 같은 인습적 예절의 표시를 모두 갖추고 있었다. 정통 신학은 대체로 들고 읽기 어려운 2절판의 큰 책으로 여전히 외풍이 센 독서실의 선반에 쇠사슬로 묶어놓는 경우가 있었지만, 무신론은 주머니 속에 넣고 다닐 수 있도록 작은 판본에 실려 사사로이 읽을 수 있게 되었다. 그것은 정통 교리의 냄새를 풍기도록 편집했지만('철학'으로 알려진 형태를 즐겨 채택했지만), 판본의 크기 때문에 마치 이성의 영역에 호소할 목적을 띤 것처럼 보였다. 독자는 이성의 영역에서 고요한 양심에 비추어 찬반의 태도를 심사숙고할 수 있었다.

계몽사상가들의 전집이나 인기 있는 작품을 편찬한 책들도 같은 특징을 지니고 있었다. 어떤 것은 격조 높은 판본으로 나타났다. 그중에는 보마르셰가 발간한 볼테르 전집 켈 판the Kehl Voltaire이 있었다. 그러나 대부분은 '호화로운 인쇄'를 피했다. 수수한 모습으로 발간되었다. 평범한 종이에 값싸게 인쇄하여 판지로 장정하거나 장정하기 전의 인쇄지 상태로 권당 20수에서 30수에 팔렸다. 1770년대 출판업자−도매상의 상품목록에서 몇 가지 전집류의 값을 뽑아 다음과 같은 결과를 얻을 수 있었다.[96]

마스트리히트의 J. −E. 뒤푸르

라 메트리 전집, 2권	4리브르
슈브리에 전집, 3권	4리브르 10수

로잔의 가브리엘 데콩바

라 메트리 전집, 4권	4리브르 10수
디드로 전집, 5권	2리브르

주네브의 J. −L. 사뀌와 J. −E. 디디에

뒤 로랑스 전집, 8권	8리브르
엘베시위스 전집, 5권	5리브르

뇌샤텔출판사

엘베시위스 전집, 5권	4리브르 7수
볼테르 전집, 48권	72리브르
(낱권은 30수)	

유물론·무신론·이신론의 축소형 도서관들은 그 자체로 합리성을 구현하는 것처럼 보이는 형태로 합리적인 값에 마련할 수 있는 것이었다. 자유사상은 공짜가 아니었지만, 1770년경 중류계급은 물론 장인과 소매상의 상위층 사람들이 구매할 수 있는 범위 속에 들어왔다.

논문들이 정통 교리에 전면적인 공격을 일선에서 퍼붓고 있는 동안, 그보다 규모가 작고 덜 진지한 작품들은 교회와 국가가 존중하던 것이면 무엇이건 저격했다. 그것은 마치 반기독교 세력 속에 분업이 발생한 것 같았다. 돌바흐 패는 '창피한 것l'infâme'의 이론적인 근거를 파괴하려고 노력했고, 볼테르 패는 그것을 우스꽝스럽게 만들려고 노력했다. 확실히 볼테르는 《백과사전에 관한 질문》에서 재치의 화살 끝을 돌바흐의 《자연의 체계》를 향해 날리고 있었다. 베스트셀러는 정책 강령이나 공동의 전선을 표현하는 대신 때때로 서로 아래를 때리는 일이 있었고, 볼테르주의Voltaireanism의 색채는 오늘날 포르노그래피로 생각할 수 있는 것으로 바뀌어갔다.

볼테르는 한구석에서 웃음을 참고 있을 수만은 없었다. 웃음의 일부분은 배꼽잡는 웃음의 종류the belly variety에 속한 것으로서, 중세부터 선술집에서 울려퍼졌다.*거의 모든 불법 문학에는 음탕한 수도사, 암내를 풍기는 수녀, 성병으로 죽어가는 성불구의 주교, '색욕'에 무너지고 마는 동성애 수

---

* 볼테르의 작품을 읽으면서 냉소를 띠기도 하지만, 때로는 뱃속부터 나오는 큰 웃음소리를 내기도 한다는 뜻. 바흐친은 홍소를 라블레식 웃음이라고 했다.

녀원장이 단골로 등장하여 웃음거리가 되었다. 샤르트뢰 수도원의 문지기 동 부그르(비역쟁이 수사, 《샤르트뢰 수도원의 문지기 동 부그르 이야기》), 그리고 카르멜 수녀원의 문을 지키는 음탕한 수녀(《카르멜 수녀원 접수계 수녀의 연애 이야기》)는 모두 보카치오와 라블레의 작품에 나오는 인물들의 후손이다. 《오를레앙의 처녀》에 나오는 잔 다르크, 《아라스의 초》에 나오는 정숙지 못한 수녀들까지 모두 외설스러운 반성직주의의 전통에 속해 있었다.

이러한 작품을 무신앙이나 포르노그래피 가운데 어느 곳에 분류해도 상관없다. 그러나 나는 이러한 작품이 성직자를 집요하게 비방하고 있음에 유의하여, 비록 두 가지 성격을 함께 보여주기는 해도 대부분(전체의 8퍼센트)을 종교를 공격하는 책으로 분류했다. 만일 이들을 성과 관련된 책들과 나란히 분류한다면, 포르노그래피가 전체에서 차지하는 몫은 12.9퍼센트에서 20.9퍼세트로 높아질 것이다. 이것은 아주 인상적인 기록이기는 해도, 레티 드 라 브르통Restif de la Bretonne*과 사드Sade 후작의 시대로부터 기대했던 기록에는 미치지 못한다.

'순수 포르노그래피'는 시대착오인 동시에 모순 어법으로 보일지 모른다. 그러나 수많은 책에 나오는 수도사와 수녀는 성적 호기심을 불러일으키려는 주요 목적에 따라다니는 인물처럼 보인다. 성적 즐거움을 위한 글쓰기와 읽기는 오비디우스와 고전 시대의 모든 선배 작가들의 시대까지 언급할 필요도 없이 아레티노의 시대부터 줄곧 존재했다. 혁명 전 프랑스에서 성을 다룬 책 가운데 가장 인기 있는 것은 피할 도리가 없는 《패니 힐》(프랑스어 번역은 《창녀》)은 물론 몇몇 고전적인 작품—《방황하는 창녀》《귀부인들의 아카데미》《수녀원의 비너스》—을 포함했다. 프랑스 독자들은 음란한 노래에 강한 취향을 보였기 때문에 《음란한 리라》 같은 전집류

---

* 일반적으로 레스티프 드 라 브르통으로 알려져 있으나, 레티라고 발음해야 한다.

가 잘 팔렸다. 그래서 구식의 **쾌활한 음담**gauloiserie에 젖은 정신이 성욕을 자극하는 문학에 많이 스며 있었다.

이러한 범주의 전체적인 특징을 보여주는 경향이 있다면, 그것은 엿보기 취미voyeurism였다. 난봉꾼의 이야기에 나오는 인물들은 하나같이 열쇠구멍을 통해서, 또는 장막이나 나무 뒤에서 서로 관찰했다. 그리고 독자는 그들의 어깨 너머로 그 인물들의 행위를 지켜보았다. 삽화를 곁들여 효과를 더 높였다. 사실 삽화는 종종 화자話者가 은밀히 지켜보는 앞에서 결합하는 짝들을 보여주었다. 화자는 (여자인 경우도 자주 있었는데) 그들의 행위를 훔쳐보면서 자위행위를 하고 독자도 똑같이 하라고 권유했다. 삽화 속에 나오는 그림들에는 음탕한 푸토들putti*이나 정숙한 아가씨들이 충격받은 표정으로 그 장면을 내려다보고 있는 모습을 그려넣는 경우도 자주 있었다. 삽화와 본문은 상승작용을 하여, 모든 몸짓에 연극적인 기운을 불어넣으면서 거울 속의 거울 같은 효과를 증대시켰다. '철학책'에 나오는 성은 로코코 양식이었다.** 다음 장에서 보듯이, 그것은 철학적인 성격을 띠는 경우도 종종 있었다.

하나의 독립된 철학 범주에는 이론적인 논문과 개론서들이 모두 포함되었다. 이들은 종교·정치·포르노그래피의 어느 성격도 지니지 않은 채 모든 종류의 폐단을 비판했다. 우리가 계몽사상가들의 전집류를 함께 고려한다면 그 수는 늘어나겠지만, 논문은 전체의 2.6퍼센트에 지나지 않았다. 우리가 이미 살폈듯이 독서 시장에서는 루소, 엘베시위스, 라 메트리, 볼테르의 전집을 활발히 찾고 있었다. 그러나 철학 개론서는 전체 '철학책'에서 가장 큰 하위범주(16퍼센트)를 차지했다.

---

* 그림에 나오는 잘생기고 미끈한 몸을 벗은 청년들. 큐피드를 나타낸다
** 바로크 시대에 프랑스 궁중에서 발달한 로코코 양식은 주로 남녀간의 사랑을 주제로 다루면서 여성을 중심에 놓는 경향이 있었다

《샤르트르 수도원의 문지기 동 부그르 이야기》의 엿보기 장면
프린스턴대학교 도서관 희귀본과 특별장서 보관실 소장

이러한 면에서 볼 때 '철학'은 단일한 목표를 겨냥하지 않고 오히려 넓은 범위의 주제를 난사했다. 메르시에의《2440년》, 레날의《철학적 역사》, 볼테르의《백과사전에 관한 질문》같은 상위 베스트셀러는 실제로 앙시앵 레짐 시대 권력을 가진 모든 사람을 거스르는 내용을 담고 있었다. 그와 동시에 가장 넓은 범위의 독자의 마음을 사로잡았다. 계몽주의가 일반 독자 대중에게 전달되는 것은 이런 종류의 철학을 통해서였다.

이러한 철학 개론서들은 추상적인 주제를 다루는 대신 이 주제에서 저 주제로 빨리빨리 옮겨다니면서 구체적인 폐단을 폭로하고 특별한 기관을 비난했다. 그들은 모든 것을 기준이 될 만한 이성의 수준까지 들어올렸다. 하지만 그들이 사회악을 자연의 합리적인 질서와 대비시킬 때, 그들은 합리적이라기보다는 흥분한 어조로 이야기했다. 볼테르의 '작은 파이'(petit pâté, 반성직자적인 논문) 가운데에는 풍자시와 논쟁의 하위범주에 속하는 작품이 많은데, 이처럼 신랄한 작품을 쓴 볼테르조차 이성과 열정에 최소한 같은 수준으로 호소했다. 베스트셀러 목록을 지배하던 볼테르는 후기 볼테르, 칼라 사건*의 볼테르, 잔인함을 공격하는 개혁운동가이자 인류애를 명분으로 삼는 볼테르, 한마디로 말해서《철학사전》을 지은 불경하고 사악하고 불멸의 명성을 누리는 볼테르였다. 이 볼테르에 레날·루소·메르시에·랭게가 개혁운동의 열정으로 가세했다. 이로써 우리는 앙시앵 레짐 말기 '철학'의 폭발력을 이해할 수 있다.

마지막 범주인 정치학은 가장 큰 범주로 나타났다. 그 경계와 하위 분류도 다른 분야처럼 명확하지 않다. 앙시앵 레짐 시대 정치학 자체가 모호한

---

* 장 칼라는 신교도였으며, 1761년 아들이 가톨릭으로 개종하려는 것을 못마땅하게 여겨 살해했다는 혐의로 재판받고 1762년 사형당했다. 볼테르는 이 사건의 판결이 근본적으로 잘못되었다고 생각하면서 장 칼라 복권운동을 했다. 이 과정에서 볼테르는《관용론》(1763)을 써서 많은 지지를 받았다. 1764년 최고행정재판소는 원심을 깼다. 1765년 장 칼라와 그 가족은 복권되었다.

분야였던 만큼 그랬다. 정치학은 정치이론, 당대에 일어난 사건, 외교문제, 왕의 비밀기관 또는 일반 대중의 집단적인 관심을 가리키는 것이었다. 그러므로 문학의 주제로 볼 때, 정치학은 오늘날 정치적인 성격의 글을 규정하는 자명한 성격을 하나도 갖고 있지 못하다.

몇 가지 논문-돌바흐의 《사회체계론》, 마블리의 《입법에 대하여De la législation》-은 잘 팔렸다. 확실히 《사회계약론》보다 훨씬 더 잘 팔렸다. 미라보의 《전제주의에 관한 논고Essai sur le despotisme》는 당시 사건과 이론을 접근시켰고, 클로드 메이의 《프랑스 공법의 좌우명Maximes du droit public français》은 부르봉 왕가의 절대주의에 대한 얀센주의자의 도전에는 아직 생명이 있다는 사실을 보여주었다. 그러나 전체 금서의 26퍼센트를 차지하는 대다수의 정치적인 작품은 당시의 사건을 다뤘다.

그들을 한데 묶어 시사평론의 주제들을 다루는 문학으로 취급할 수 있을 만큼 세분화하기는 어렵지만, 여기에서는 굳이 세 개 하위범주로 나눠보았다. 첫 번째 부류는 유명한 사건과 인물에 관한 주제를 다뤘다. 인도에 파견된 프랑스 지휘관이 받은 유죄판결에 대해 볼테르가 쓴 《인도와 랄리 장군에 관한 단상Fragments sur l'Inde et sur le général Lalli》, 카롤린 마틸드 여왕의 고난과 1772~1773년의 덴마크 위기를 다룬 《불행한 여왕에 대한 회고록Mémoires d'une reine infortunée》, 그리고 전직 육군대신의 경력을 다룬 《생제르맹 백작의 회고록Mémoires de M. le comte de Saint-Germain》 따위의 작품이 여기 속한다.

이러한 작품 가운데 가장 성공한 것은 두 사람의 펜 끝에서 나왔다. 이들은 그 누구보다도 더 1780년대 여론을 정부에 반대하도록 이끈 시몽 니콜라 앙리 랭게, 그리고 미라보 백작 오노레 가브리엘 리케티였다. 랭게의 《바스티유 회고록》과 미라보의 《봉인장과 국립감옥에 대하여》는 모두 막강한 권력을 휘두르는 국가가 재판 절차도 없이 감옥에 처넣은 저자가 직접 쓴 논평으로서 쌍벽을 이뤘다. 두 저자는 한결같이 결백한 사람이 분노하여 대신들의 전제정과 질서 있게 싸우는 이야기를 써내려갔다. 그들은 모두 독자를 무시무시한 지하감옥으로 데려가 모든 것을 보여주면서 개인적인 이야기를 중세풍의 공포로 바꿔놓았다.

독자는 역겨운 음식, 가학적인 옥사장, 벌레가 우글거리는 깔개, 지하감방을 둘러보면서, 거기 아무 죄도 없이 갇힌 희생자가 모든 인간세상과 단절되고 합법적인 재판을 받을 권리마저 빼앗긴 채 절망에 빠져 신음하는 모습을 보았다. 사람들은 그 작품을 읽으면서 《오트란토의 성The Castle of Otranto》*같은 장소에 대해 말하고 있는 것처럼 이해했지만, 실제로 그 같은 일이 일어났기 때문에 과장된 말투가 진실처럼 마음에 와닿았다.

랭게와 미라보는 그러한 일이 실제로 일어났다고 보증을 섰다. 그들은 독자에게 전율과 감동을 두 배로 느끼게 만들 수 있을 만큼 진실한 어조로 자신들이 겪은 고통을 재현했다. 그들은 제 손으로 가면을 뜯어버리고, 장막을 젖히고, 허울을 찢어버리고, **왕의 비밀조직**secret du roi**을 폭로했다. 그래서 그들도 또한 엿보기 취미를 다뤘지만, 정치적 수단으로 이용했다. 그들은 경찰국가의 국내 공작을 까발렸고, 그렇게 하는 가운데 프랑스는 지하감옥, 쇠사슬, **봉인장**lettres de cachet***으로 다스리는 나라라는 신화를 널리 퍼뜨렸다.[97]

---

*   영국의 소설가, 서한문 작가이며 정치가였던 호레이스 월폴(1717~1797)이 1764년에 발표한 작품이다. 영국에서 18세기 후반에 유행한 고딕 양식의 소설로, 초자연적인 요소를 많이 담고 있다.

**   루이 15세가 운영하던 비밀조직을 뜻한다. 콩티 공, 샤를 드 브로이 백작이 차례로 책임을 맡아 32명의 조직을 이끌었다. 이들은 부르봉 가문에서 폴란드 왕을 배출하고 동유럽에 프랑스의 영향력을 발휘하기 위해 은밀한 외교공작을 벌이면서 20년 이상 활동했다.

*** 영국에서는 17세기부터 인신보호법에 따라 피의자의 인권을 보호하려고 노력했지만, 프랑스에서는 구속명령서라 할 봉인장이 제멋대로 발행되고 있었다. 다시 말해서 체포 또는 구금 전에 발행하는 원칙을 지키지 않고, 일단 구속한 뒤에 구색을 맞추기 위해 발행하는 사례가 많았다. 그래서 봉인장은 전제주의의 상징이 되었다.

똑같은 주제가 정치적 비방문(libelles, 이 프랑스 말은 사사로운 중상비방보다는 정치적인 비방의 뜻을 지니고 있다)이라는 하위범주에 나타났다. 그러나 중상비방문 작가들은 다른 영역에서 영향력을 발휘했다. 그들은 전제주의의 희생자들에 대해 통속극 같은 논평을 하는 대신, 전제주의의 고위직 봉사자, 그리고 권력자에 대해 공작을 하는 사람들의 생활에서 비밀을 파헤쳤다. 그들은 정서보다 비방에 관계했다. 또한 그들은 이름이 새 소식을 만든다는 아주 새로운 원칙에 따라서 그들의 이야기를 풀어나갔다. 그래서 그들은 왕에서 시작해 대신들과 왕의 애첩들을 거쳐 정신廷臣들의 일반적인 부류와 **오페라 아가씨들**filles d'Opéra*에 이르기까지 왕국의 가장 유명한 인사들을 집중 사격했다.

중상비방문의 재료는 추문이었지만 저자들은 마치 역사처럼 보이게 꾸몄다. 그들은 권력의 뒷면에서 실제로 일어난 것에 대해 믿을 만한 논평을 했다. 그리고 그들이 제시한 사례를 증명하기 위해 대신들의 통신문이나 시종들의 비밀 보고서를 발췌해서 함께 실었다. 그들은 자신들이 적시적소에 나타날 수 있는 정확한 능력을 가졌거나, 단지 보이지 않는 제3의 화자로서 전지전능함을 지녔기 때문에 장막 뒤나 창문 너머로 들여다보면서 엿들을 수 있는 대화도 실었다. 그러므로 중상비방문도 엿보기 취미를 이용했다. 그들 나름대로 그것을 활용하여 독자를 베르사유의 비밀 통로로 안내해 왕의 침대 속이나 심지어 그의 마음속까지 들여다볼 수 있게 만들었다.

중상비방문 작가들은 그러한 환상을 부추기기 위해 차분하게 머리말을 썼다. 그들은 남들이 진실성을 의심할 여지가 없는 '역사가'나 회고록

---

* 오페라의 무용수들은 난봉꾼이 쉽게 유혹할 수 있는 대상이었다. 이들에 대해서는 주명철, 《파리의 치마 밑》(소나무, 1998)을 참조하라.

의 '편집인' 행세를 했다. 그들은 때때로 남이 잃어버리거나 도둑맞은 서류 가방을 습득하여 거기에 들어 있는 편지의 내용을 출판한다고 공표하기도 했다. 물론 그들이 보증하듯 그 편지는 모두 진짜라고 주장했다. 그들이 어떠한 태도를 취했건, 그들은 증거의 규칙을 가장 엄격하게 지키고 있다고 약속했다. 그들은 독자가 지겹게 느끼지 않을 것이라는 사실을 몇 가지 믿을 만한 신호로 암시해주기도 했다.

그 결과는 당대의 역사와 전기로 위장한 저널리즘의 일종으로 나타났다. 서적상의 편지에 나타나듯 그것을 찾는 수요는 수그러질 줄 몰랐던 것 같다. 또한 그것은 금서 베스트셀러 전집의 상위권에 드는 작품 몇 가지를 포함했다. 《뒤바리 백작부인에 관한 일화》《프랑스 대법관 모푸가 프랑스 군주정의 헌법에 가져온 혁명의 역사적 일지》《테레 신부의 회고록》《루이 15세의 회고록》《루이 15세의 사생활》, 이 작품들은 정책의 추상적인 원칙이나 복잡한 문제를 논하지 않았다. 이들은 정치를 '사생활', 특히 왕의 사생활로 축소시켰다. 그렇게 하면서 무한한 자의적 권력의 상상세계를 창조했으며, 그곳을 사악한 대신, 음모를 꾸미는 정신, 남색을 밝히는 고위 성직자, 타락한 애첩, 지루하고 무익한 부르봉 가문 사람들 같은 웃음거리들의 나라로 만들어놓았다.

중상비방문 작가들의 역사관에 비추어볼 때 이 같은 유형의 인물들은 루이 15세의 궁정에 가장 많이 몰려 있었다. 그들은 특히 모푸·테레·에기용의 이른바 삼두정 내각 시대의 전형이었다. 1770년부터 1774년 사이에 이 대신들은 고등법원의 정치적 권력을 파괴하고, 정부가 자유롭게 세금을 걷을 수 있게 만드는 방향으로 사법제도를 재구축하는 가운데 18세기(말하자면 1715년부터 1787년까지 짧은 18세기)에 가장 큰 위기를 불러왔다. 이 정변의 주도자 모푸는 중상비방문 작가들에게서 수없이 공격받은 나머지, 그의 이름은 '모푸아나'라는 문학 장르와 결부될 정도였다. 이것은 가지각색의 추잡한 비방문으로서, 1771년부터 가장 잘 팔린 《모푸의 은밀하고 친밀한 편지》에 의해 대중에게 널리 퍼진 범주였다.[98]

삼두정이 몰락하고 1774년 루이 16세가 즉위해도 중상비방은 끝나지 않았다. 오히려 '사생활', 가짜 회고록, 모푸아나는 1780년대에 가장 잘 팔렸다. 그 당시 독자는 선왕 치세에 밀실에서 실제로 일어났던 일의 역사는 물론 앞으로 일어날지도 모르는 일에 대한 경고로 이러한 책을 읽을 수 있었다. 우리는 최근의 과거를 다루는 책이 책방에 즐비하게 깔려 있는 시대에 살고 있기 때문에 이 작품들의 역사적 차원이 실제로 얼마나 컸는지 제대로 파악하지 못하는 경향이 있다.

'현대사'는 18세기에 한 분야로서 거의 존재하지 않았다. 왜냐하면 검열관의 허가를 받아내기 힘들 정도로 민감했기 때문이다. 그래서 그것은 비방성 전기와 비방성 정치 해설의 형태로 포장되어 지하로 유통되었다. 세련된 독자들은 그것을 중상비방문으로 인식할 가능성이 있겠지만, 순진한 사람들은 거기서 현재가 과거로부터 어떻게 떠오르는지에 대한 완전하고 권위 있어 보이는 설명을 보았다. 《루이 15세의 사생활》은 3권으로 불어났고, 1715년부터 1774년까지 정치사를 그 어떤 작품보다 더 자세하게—그리고 더 흥미롭게—논평하고 있었다.

프랑스인들은 루이 15세의 사생활에 대한 이야기를 읽는 동안, 예외적으로 공개된 루이 16세의 가정생활로 안내를 받았다. 세간에 잘 알려졌듯, 새로 즉위한 왕은 비정상적인 생식기(포경)에 가벼운 수술을 받을 때까지 왕위를 이을 후계자를 생산하지 못했다. 뚱뚱하고 수줍으며 무력한 왕은 완전히 오쟁이진 남편의 전형처럼 보였다.

1785년, 로앙 추기경은 기묘한 극에 휩쓸리게 되었다. 그것은 파리 고등법원 앞에서 무대에 오른 극으로, 믿기지 않을 만큼 호화로운 다이아몬드 목걸이 사건이었다. 그는 목걸이를 이용하여 베르사유정원의 어느 숲

속에서 왕비를 유혹하려 한 것으로 여겨졌다. 그 이야기는 마침내 일부 모험가들이 주도한 몹시 서투른 뻔뻔스러운 놀이로 밝혀지기는 했지만, 그것은 궁정의 타락과 낭비를 축소한 사건처럼 보였다. 추기경에게 아내를 빼앗긴 왕! 중상비방문 작가들은 여태껏 이처럼 갈퀴로 긁어들일 만큼 많은 오물을 제공받아본 적이 없었다.

앙시앵 레짐의 마지막 몇 년 동안 인쇄기로부터 비방문이 쏟아져나왔다. 그러나 대부분의 비방문은 프랑스 안에서 빨리 제작할 수 있는 은밀한 **수기신문**nouvelle à la main이나 소논문 형태로 나왔다. 왕국의 밖에 자리잡은 출판업자들은 대체로 책만 들여보냈다. 그러나 앙시앵 레짐 말기에 프랑스 정부는 합법 서적이건 불법 서적이건 수입을 아주 효과적으로 다스렸기 때문에, 뇌샤텔출판사를 포함한 출판업자들은 1785년경 프랑스에서 사업을 삭감했다. 그래서 다이아몬드 목걸이 사건은 뇌샤텔출판사의 통계에 나타나지 않는다. 프랑스인들은 그 사건을 다른 매체를 통해 알게 되었다. 또한 그들이 그렇게 하는 동안에도 계속해서 루이 15세 시대의 추문에 관한 책을 읽고 있었다.

그러나 루이 15세를 공격하는 비방문은 루이 16세의 치세와 전혀 관계가 없기는커녕 새로운 의미를 띠게 되었다. 그것은 독서 대중에게 다이아몬드 목걸이 사건을 조망할 수 있는 길을 마련해주었다. 왜냐하면 그것은 군주정이 루이 14세 시대부터 어떻게 타락했는지 보여주었기 때문이다. 그것은 당대의 역사를 이야기하는 모범적인 화술을 제공했고, 앙시앵 레짐의 마지막 내각이 파산에 직면한 군주정을 구하기 위해 마지막으로 대중에게 호소하여 후원받으려고 노력하기 직전 그러한 화술을 다량으로 이용할 수 있게 만들었다.

샤를 알렉상드르 드 칼론과 로메니 드 브리엔이 마련한 1787~1788년의 '개혁안'은 모푸·테레·에기용이 이용해서 신용을 잃었던 수단에서 자료를 훔쳐온 것처럼 보였다. 그래서 1787~1788년의 소책자 작가들도 1771~1774년의 내각을 반대하는 선전에서 자료를 훔쳤으며, 심지어 몇몇 구절은 똑같이 베껴서 인쇄하기도 했다. 새로운 문학 '칼로니아나'*는 16년 전 '모푸아나'에서 나온 주제들을 꾸준히 반복했다. 이리하여 책·소책자·수기신문은 서로 주장을 강화시켜주었다. 그리고 프랑스에는 정치적 비방문의 물결이 넘실댔다. 그것은 초기 위기의 파편을 시대를 가로질러 실어다가 1787~1788년 부르봉 왕가의 절대주의를 붕괴한 최고의 위기, 또는 '예비혁명'과 충돌시켰다. 루이 15세는 다음과 같은 예언을 하지 않았을지 모른다. 그러나 그 예언은 적중했다. "우리 다음에는 홍수가 날 것이다Après nous le déluge."[99]

중상비방문은 정치문학의 세 번째 하위범주인 **파렴치한 추문**과 겹쳤다. 왜냐하면 둘 다 새 소식에 굶주린 독서 대중에게 부응하고 있었기 때문이다. 그러나 새 소식은 앙시앵 레짐 시대에 정치만큼 문제를 불러일으키는 주제였다. 그것은 공식적으로 존재하지 않았다. 적어도 대중의 관심사로서는 존재하지 않았다. 대중은 국사에 참여하기는커녕 알 권리도 없었다. 또한 오늘날 볼 수 있는 것 같은 '신문'은 영국, 네덜란드, 일부 독일 지방에는 이미 있었지만, 프랑스에서는 엄격히 금지되고 있었다.

《가제트 드 프랑스Gazette de France》처럼 특허를 받은 몇몇 정기간행물은 궁중 예식과 외교적 교류에 대한 공식 논평을 제공했다. 《가제트 드 라이덴Gazette de Leyde》 같은 수많은 외국 신문들은 프랑스 왕과 고등법원의 싸움 같은 미묘한 문제에 대해 거스르는 이야기를 하지 않는 조건으로 허가를 받아 유통되었다. 그러나 만일 프랑스인이 베르사유에서 대신들의 자리를 놓고 공작을 벌이는 사람이나 코메디 프랑세즈의 여배우 뒤를 졸졸

---

* 모푸아나가 모푸의 이름에서 나왔듯, 칼로니아나는 칼론에서 나왔다.

쫓아다니는 사람이 누구인지 알고 싶다면, 그는 **소식을 퍼뜨리는 사람**nouvel-
liste, newsmonger을 찾아나서야 했다.[100]

　이들은 두 종류로 나눌 수 있다. **입으로 소식을 퍼뜨리는 사람**nouvelliste de
bouche은 파리의 팔레 루아얄과 튈르리 궁의 정원 같은 공공 장소에서 입
으로 소문을 퍼뜨리고 교환했다. 말하는 대신 손으로 소식지(수기신문)를 쓰
는 **수기신문장이**nouvelliste de main는 소식지를 외투 밑에 감춰 유통시켰다. 외
국의 출판업자가 이러한 소식지를 모아서 책으로 발간할 때 **파렴치한 추문**
이 탄생했다. 새 소식은 입에서 낱말로 나와 글씨로 고정되고 마침내 인쇄
로 넘어갔다. 변신의 단계는 모두 법의 테두리 밖에서 일어났다. 그래서
비방에 대한 가책은 보이지 않았다. 그리고 그것이 책의 형태로 나올 때,
'철학' 작품의 반열에 올랐다.

　그러나 금서 전집의 다른 책들과 달리 **파렴치한 추문**에는 일관적인 목소
리나 어조를 지키는 화술이 없다. 중상비방문과 마찬가지로 그것은 거물
급 인사의 사생활을 집중해서 다뤘다. 하지만 신문처럼 그것은 모든 것을
조금씩이나마 다뤘다. 그리하여 아주 걸쭉한 추문, 재담, 뻔뻔스러운 시와
함께 연극 비평, 전장 보고서도 싣고 있었다. 그것은 이 모든 자료를 단 한
권에 포장해서 실을 수 있었다. 이 같은 성격은 기욤 앵베르 드 부도가 쓴
《현 세대의 풍기에 관한 역사를 기록하는 데 이용할 파렴치한 추문이나 보
고서La Chronique scandaleuse, ou mémoires pour servir à l'histoire des moeurs de la généra-
tion présente》같이 제목에 분야를 담고 있는 작품만 보아도 알 수 있다.

　더욱이 그것은 추문을 실처럼 끊임없이 풀어나갔다. 우리는 그 대표
적인 예를 《프랑스 문학 공화국의 역사를 기록하는 데 이용할 비밀 회고
록Mémoires secrets pour servir à l'histoire de la République des Lettres en France》에서 찾
을 수 있다. 이 작품은 한 권 한 권 나와 마침내 모두 36권까지 나왔고,
1762년부터 1787년까지 파리 대중—그리고 특히 마담 두블레 드 페르상

의 살롱에 자주 드나들던 수기신문장이 집단−의 마음을 사로잡은 모든 것에 대한 논평을 잇달아 내놓았다. 그 크기와 형태는 상관 없이, 내용은 공통점이 없었다. 그러한 작품을 쓴 저자들은 자료를 한데 섞어 단일한 이야기를 만들려고 노력하지 않았기 때문이다.

참으로, **파렴치한 추문**을 실제로 쓴 저자는 없었다. 그들은 공적인 것에 대한 대중의 토론으로 생긴 모든 것을 이름 모를 사람(들)이 한데 혼합해놓은 것처럼 나타났다. 그것은 대중이 토론하는 행위였다. 그것은 '사람들이 말하기를'이나 '마을의 이야기'라고 표현해서 마치 중립적인 제3자(on)가 전달하는 내용처럼 보이게 만들었다. 그것은 "어떤 사람이 말한다…" "누군가 방금 들었다…" "우리는 좀처럼 믿을 수 없다…"고 말했다. 프랑스어에서 비인칭 대명사는 화자만이 아니라 독자도 포함할 수 있었다. 사실 그것은 일반 대중을 대표할 정도로 넓은 범위를 가리킬 수 있었다. 그래서 추문은 여론에 목소리를 실어주고, 여론을 전달하는 행위에서 새 소식에 대한 반응을 등록하는 것처럼 보였다.

종종 짜릿한 맛을 더 많이 지닌 새 소식은 '첩자'−터키인, 영국인, 런던에 있는 프랑스인, 어떤 경우 서류가방을 잃어버린 첩보원−의 입을 통해서 흘러나오는 경우가 있었다. 중상비방문의 경우처럼 보고 내용은 회고록이나 편지처럼 꾸며 나올 수도 있었다. 익명의 '편집인'은 그것을 가로채서 진실성을 절대적으로 보증하면서 발간한다고 자처했다. 제목은 독자에게 내용의 방향을 알려주면서 유인하는 역할을 많이 했다. 《영국인 관찰자, 또는 얼아이 각하와 얼이어 각하 사이의 은밀한 통신》 같은 책은 1777년에 4권으로 나왔으며, 1784년에는 10권짜리 《영국인 첩자》라는 제목으로 나왔다.

수많은 첩자는 '사람들on'로 말하고, 자기가 대신의 통신문에서 훔친 편지, 장롱이나 침대 밑에서 들은 비밀을 '사람들이 말하기를'이라고 하면서 보고했다. 그 결과는 무대 뒤에서 실제로 일어난 일을 훤히 알고 있는 내부자의 관점-그러나 엿보기 취미가 더 강한 관점-에서 본 것으로 나타났다. 그래서 **파렴치한 추문**은 중상비방문이 시작한 작업을 완성시켰다. 그러나 그것도 미라보와 랭게가 발전시킨 실제 사건에 대한 상상의 관점으로 보충되었다. 이 모든 문학을 함께 읽는 독자는 그 체제에 대해 대대적인 비난거리를 얻을 수 있었다. 그것은 역사, 전기, 저널리즘 그리고 추문을 퍼뜨리는 문학으로서 모두 같은 목표를 겨냥하고 있었다. 그들이 겨냥한 대상은 부르봉의 군주정과 그것을 뒷받침하는 모든 것이었다.

그러나 우리는 '철학책'에 담긴 선동적이고 정치적인 전갈message을 앙시앵 레짐을 뒤집어엎으려는 의도의 증거로 받아들여서는 안 될 것이다. 그것은 그러한 음모는 더더욱 아니었다. 금서는 그 체제의 뿌리를 흔들어 정통성을 허물어갔을지 몰라도, 그것을 쓰러뜨릴 목적에서 그렇게 하지는 않았다. 대부분의 금서는 단지 문학시장의 불법적 부분에 대한 수요에 맞추기 위한 것이었다. 그것은 흥밋거리였을 뿐만 아니라 정보에 대한 수요, 사생활만이 아니라 당대의 역사에 대한 호기심, 추상적인 사상의 금지된 열매만이 아니라 새 소식에 대한 굶주림이었다. 그 체제는 이러한 주제를 모두 법률의 바깥에 놓으면서 그것을 취급하는 방식에서 기대할 수 있는 자제력마저 몰아냈다. 철학을 포르노그래피와 같은 구석으로 몰아내면서, 자유로운 공격을 불러오고 공격을 받았다. 그래서 그 체제는 형이상학에서 정치학까지 모든 전선에서 두루 공격을 받았다.

그러나 1789년을 되돌아보면서 혁명적인 감정을 되살려내고, 군주정은 인쇄된 말의 힘에 의해 마구 두드려 맞아 불구가 되었다고 쉽게 상상해버리지 말아야 할 것이다. 바스티유를 휩쓸어버린 그 누구도 금서를 읽었기 때문에 그렇게 했다고 볼 수 없기 때문이다. 문학적 경험과 혁명적 행동에 연관성이 있다고 주장하는 대신, 두 가지가 일치하지 않는 점이 무엇인지 조사해야 한다. 지금까지 우리는 전반적인 '철학' 문학의 영역을 조사했으므로, 이제부터는 결정적으로 중요한 작품의 본문을 면밀히 살펴볼 수 있을 것이다.

2부

주요 작품

• 단턴이 2부에서 다루는 작품들의 구체적인 내용과 줄거리는 4부 "'철학책' 모음"을 참고하라.

3장
철학적
포르노그래피

우리는 지금까지 책을 감정하고, 분류하고, 그 수를 셌다. 이제 읽을 차례다. 그러나 어떻게 읽을 것인가? 유감스럽지만 신을 벗고 의자에 푹 파묻혀 본문에 빠져드는 방식은 아니다. 문제는 금서 베스트셀러를 구할 수 있느냐 없느냐와는 관계없다. 연구자들이 이용할 만한 도서관은 거의 모두 그것을 소장하고 있기 때문이다. 그것에 접근할 수 있느냐 없느냐도 문제가 되지 못한다. 그것은 오늘날 베스트셀러 목록에 올라 있는 대부분의 책보다 더 음란하거나 웃기거나 대담하거나 이상하다. 어려운 점이 있다면 읽기 자체에 있다. 우리는 바로 눈앞에서 일어나는 일조차도 좀처럼 알기 어려운데, 하물며 독자들이 전혀 다른 정신세계에서 살던 200년 전에 일어난 일을 어찌 알 수 있으랴.

당시 독자가 오늘날 우리와 똑같은 방식으로 인쇄물의 의미를 파악했으리라고 가정한다면 잘못이다. 그러나 그들은 어떻게 그 의미를 산뜻하게 파악했는지 기록을 별로 남겨놓지 않았다. 우리는 비록 18세기 독서의 외부 환경에 대해서는 조금 알고 있지만, 독서가 독자의 마음과 정신에 끼친 영향에 대해서는 추측만 할 수 있을 뿐이다. 내적인 전유—저자와 출판업자를 서적상과 독자와 연결시켜주는 의사소통 순환체계의 마지막 단계—는 연구의 범위를 넘어서 있을지 모른다.*

그럼에도 우리는 당시 독자가 자신이 읽은 내용(텍스트)을 어떻게 받아들였는지 연구하는 가운데 시대착오를 피할 수 있어야 할 것이다. 다른 문헌과 마찬가지로 '철학책'도 그 시대에 발달한 일반적인 수사법상의 규약 안에서 읽혔으며, 그것은 독자의 반응을 불러일으킬 만한 방법을 나름대로 발달시켰다. 그래서 우리가 당시 독자의 반응을 직접 만나지 못한다 하더라도, 우리는 본문과 맥락을 검토함으로써 앙시앵 레짐 시대의 책이 당시 독자에게 주는 의미에 대해 몇 가지 전문적인 지식에 바탕을 둔 추론을 할 수 있는 방법을 충분히 배울 수 있다.

나는 베스트셀러 목록에 있는 모든 책을 가지고 작업하는 대신 단 세 작품을 집중적으로 다루고자 한다. 세 작품은 베스트셀러 목록의 첫머리에 올라 있는 동시에 모든 금서에서 볼 수 있는 다양성을 집약해서 보여주기 때문이다.

첫 번째 책 《계몽사상가 테레즈》는 아마 아르장스 후작의 작품으로 추정할 수 있으며, 1748년에 발간되었다. 이것은 '순수' 포르노그래피에 아주 근접한 것처럼 보인다. 그러나 포르노그래피는 무엇인가? 아니, 차라리 이렇게 물어야 옳겠다. 18세기 프랑스에서 포르노그래피는 무엇이었

---

* 독자는 자기가 읽는 책의 내용을 자기 나름의 방식대로 전유한다. 다시 말해서 독서는 독자가 텍스트를 전유하는 과정이기 때문에, 똑같은 책을 수많은 독자가 읽어도 그 결과는 다르게 나타나는 것이다. 그래서 과거 독자가 좋아하던 책을 밝혀낼 수는 있지만, 독자가 저마다 그 책을 어떻게 파악했는지 밝혀내기란 어렵다. 자신이 전유하는 방식에 대한 자료를 남겨놓은 독자가 그리 많지 않기 때문이다.

는가? 레티 드 라 브르통이 1769년에 발표한 작품에서 **포르노그라프**pornog-raphe라는 말을 만들어냈지만, 포르노그래피라는 말은 거의 존재하지 않았다. 그 작품은 추잡하기는커녕 국가가 경영하는 합법적인 매춘제도를 논하는 작품이었다.[1]

물론 성욕을 자극하는 작품은 고대부터 존재했다. 그리고 16세기 초기의 아레티노*는 성교를 찬미하고 육욕의 언어를 인쇄함으로써 오비디우스를 능가했다. 그의 《화려한 소네트Sonetti lussuriosi》와 《논리적 사고Ragiona-menti》는 표준을 세우고 주제를 확립했다. 16가지 고전적인 '체위', 외설적인 말을 자극적으로 사용하기, 본문과 그림의 상호작용, 여성이 이야기하게 하고 대화체 사용하기, 논다니집과 수녀원을 돌면서 엿보기, 이야기 선을 구성하기 위해 질탕한 난교 파티를 줄줄이 엮어내는 방식으로 아레티노는 포르노그래피의 아버지라는 명성을 얻었다.

18세기는 그 나름의 아레티노를 만들어냈다. 18세기의 베스트셀러 가운데 하나인 《현대의 아레티노L'Arrétin moderne》나 그 밖의 작품에서는 아레티노를 기리고 있다. 18세기의 아레티노는 2세기 전에 살다 간 선배처럼 비방과 외설스러움을 조화시켰다. 그리고 그 역시 '현대적'인 관점을 지녔다. 그는 무엇보다도 교회의 가르침을 거부했다.[2]

그사이, 성욕을 자극하는 문학은 17세기에 대단히 발전했다. 초기 소설에서는 사랑을 찬미했다. 그 사랑은 《클레브의 공주La Princesse de Clèves》에서 볼 수 있는 세련된 것인 동시에 《사랑의 프랑스La France galante》에서 볼 수 있는 조잡한 사랑이었다. 돌이켜보아 포르노그래피 역사에 핵심적인 것으로 보이는 작품은 하나의 범주로서 발달하기 시작한 소설에 속하

---

* 피에트로 아레티노(1492~1556)는 포르노그래피를 이용하여 당시 사회를 비판했다. 그는 16가지 성교 체위를 묘사하는 14행시(소네트)를 지어 궁정 생활, 휴머니스트 교육, 성직자의 그릇된 경건성을 공격했다.

기도 했다. 그것은 《아가씨들의 학교》(1655), 《귀부인들의 아카데미》(원래 1660년에 라틴어로 나왔다가 1680년에 프랑스어로 나왔음), 《수녀원의 비너스》(1682년경)였다. 그러므로 성욕을 자극하는 소설의 서술적 속성은 《계몽사상가 테레즈》가 발간되기 오래 전에 벌써 구축되었으며, 이 책은 '포르노그래피성' 글의 제2의 물결이 한창 일어날 때 발간되었다.

이 새로운 주기는 1741년 푸주레 드 몽브롱L.-C. Fougeret de Monbron의 《불빛의 긴 의자Le Canapé couleur de feu》, 프랑수아 드 바퀼라르 다르노François de Baculard d'Arnaud의 《성교의 기교L'Art de foutre》, 그리고 특히 제르베즈 드 라투슈J.-C. Gervaise de Latouche의 《샤르트뢰 수도원의 문지기 동 부그르 이야기》가 나오면서 시작되었다. 이 세 작품 가운데 마지막 작품은 음란하고 반교권주의적인 성격의 다루기 힘든 주제를 다루면서, 《계몽사상가 테레즈》와 나란히 앙시앵 레짐 말기까지 베스트셀러 목록을 지배했다.

외설스러운 소설은 18세기 중엽 계속해서 인쇄기에서 쏟아져나왔다. 거기에는 잘 알려진 작가들의 작품—디드로의 《경솔한 보배》(1748), 크레비용 2세Crébillon fils의 《긴 의자Le Sopha》(1742), 볼테르의 《오를레앙의 처녀》(1755년 초판이 나온 뒤 다른 사람들이 손질하고 음란한 장면을 더 많이 집어넣어 발간함)—뿐만 아니라 이들보다 더 음탕하고 더 생생한 베스트셀러—로셰트 드 라 모를리에르C.J.L.A. Rochette de la Morlière의 《교회의 영광Les Lauriers ecclésiastiques》(1748), 푸주레 드 몽브롱의 《양말 깁는 여인 마르고Margot la ravaudeuse》(1750), 뒤 로랑스H.-J. Du Laurens의 《아라스의 초》(1765), 뫼니에 드 케를롱A.-G. Meusnier de Querlon의 《카르멜 수녀원 접수계 수녀의 연애 이야기Histoire galante de la tourière des Carmélites》(1743)—가 포함되어 있었다. 이 책들은 모두 1760년대와 1770년대에 거듭 인쇄되었는데, 이때는 초판의 생산이 수그러들 때였다.

이 범주의 문학은 1780년대 미라보의 포르노그래피성 작품—《에로티카 비블리온》(1782), 《나의 개종 또는 지체 높은 난봉꾼Ma Convesion, ou le libertin de qualité》(1783), 《들춰진 장막 또는 로르의 교육Le Rideau levé ou l'éducation de Laure》(1785)—이 나오면서 다시 한 번 기운을 회복했다. 그리고 18세기는 사드 후작과 함께 끝났다. 사드의 작품을 연구하는 전문가들의 눈에 이러한 글은 모두 거룩한 사드의 걸작이 나올 때까지 울렸던 전주곡처럼 보일지 모른다. 그러나 우리는 그것을 그 자체로만 보아야 한다. 그리하여 프랑스의 앙시앵 레짐 시대에 독특한, 특히 18세기 중엽에 독특한 문학이 방대하게 꽃피는 모습을 거기서 찾아야 할 것이다.

이러한 글을 포르노그래피로 여길 수 있을까? 만일 우리가 오늘날 사전적인 의미와 법적인 판단에 비춰본다면 그렇다고 대답할 수 있다. 왜냐하면 이러한 문학은 호색적인 성격을 띠고 성행위를 분명히 묘사하는 가운데 독자에게 성욕을 불러일으키려는 은근한 목적을 갖고 있다고 볼 수 있기 때문이다. 그러나 18세기 프랑스인들은 보통 이러한 방식으로 생각하지도 않았고, 성욕을 자극하는 이야기, 반교권적인 논문, 그 밖의 '철학책'의 변종들과 '순수한' 포르노그래피의 범주를 굳이 구별하지 않았다.

포르노그래피라는 말과 마찬가지로 그 개념도 19세기 도서관의 사서들이 더럽다고 생각한 책들을 골라내서 금기시하는 분야로 관리할 때 생겨났다. 이렇게 해서 프랑스 국립도서관의 '지옥Enfer'과 대영박물관의 '비공개 서가Private Case' 같은 분야가 생겨난 것이다. 엄밀히 말해서 포르노그래피는 빅토리아시대 초기에 시작된 삭제의 세계에 속했다. 그것은 18세기에는 존재하지 않았다.[3]

그러나 우리는 그 개념을 존재 밖에서 상대화해서는 안 된다. 앙시앵 레짐 시대 서적판매업에 관한 법률은 금서를 언제나 교회·국가·도덕을 거스르는 책의 세 범주로 나눴다. 물론 마지막 범주는 포르노그래피 이외에도 많은 종류를 포함할 수 있었지만, 실제로 경찰은 자기 눈에 명백히 음란하게 보이는 작품만 압수했다. 또한 그들은 이러한 문학의 특징을 설명할 만한 어휘를 발전시켰다. 그것은 단순히 노골적인grivois, 자유분방한libre, 남녀 애정에 관한galant 같은 말이 아니라, 외설적인obscène, 음탕한lascive, 음란한lubrique 같은 말이었다.[4]

1750년부터 1763년까지 서적출판행정총감을 지낸 라무아뇽 드 말제르브C.-G. de Lamoignon de Malesherbes는 《서적 출판에 관한 보고서Mémoires sur la librairie》(1759)에서 경찰이 언제나 압수해야 할 '외설적인obscène' 책과 눈감아줄 수 있는 '단순히 부도덕한merely licentious' 책을 분명히 구별했다. 만일 이러한 지침이 없다면 경찰은 라블레의 모든 작품, 라 퐁텐의 《우화》, 그리고 교양인이라면 읽어야 하고 표준이 될 만한 읽을거리가 된 책까지 마구잡이로 빼앗을지 모른다고 말제르브는 경고했다.[5] 이러한 구별은 단순히 당국자의 마음속에 존재하는 데 그치지 않고 일상생활에 속했다. 그리하여 디드로는 젊은 시절 자신이 서점의 여점원과 시시덕거리던 짧은 순간을 묘사하는 가운데 이렇게 말했다.

그때 그 아가씨는 케 데 조귀스탱에 있는 작은 서점에서 일했다. 인형 같은 얼굴, 흰나리처럼 하얗고 쭉 뻗은, 그리고 장미처럼 뺨이 붉은 아가씨를 보러 나는 열렬히, 미친 듯이 가게 안으로 밀고 들어갔다. 나는 아가씨에게 말했다. "아가씨, 《라 퐁텐의 우화》《페트론》(말하자면 성욕을 일으킬 만하면서도 눈감아줄 만한 문학)을 주십시오." "여기 있습니다, 손님. 더 원하시는 것이 있나요?" "저, 미안하지만, 아가씨, 음…." "네, 말씀하세요." "속옷바람의 수녀(《수녀원의 비너스》, 외설적이라고 여길 수 있는 작품)." "체, 선생님! 그따위 고약한 책을 팔고, 읽기도 하나요?" "오, 오, 고약한 책이라, 아가씨, 그게 그런 책인가요? 몰랐어요…." 그리고 얼마 뒤 내가 그 책방에 들렀을 때 아가씨는 나를 보고 빙긋 웃었고 나도 웃었다.[6]

성욕을 불러일으키는 책과 외설적인 책 사이의 경계는 책에서도 발견할 수 있다. '고약한' 책들은 독서를 성적 쾌락을 자극하기 위한 수단으로 찬양했고, 때로는 그러한 자극을 줄 만한 작품을 천거했다. 《마담 구르당의 지갑Le Portefeuille de Madame Gourdan》(1783)*은 파리에서 가장 훌륭한, 별 셋 짜리 논다니집의 서재를 묘사했다. 그곳에는 《아가씨들의 학교》부터 《동 부그르 이야기》까지 초기의 고전작품이 모두 꽂혀 있었다. 후자는 나중에 포르노그래피의 전범으로 규정된 작품이었다.

'남녀 애정에 관한 총서'도 《계몽사상가 테레즈》의 절정에 도달하는 대목에서 나타난다. 거기에서 독서는 테레즈를 탕녀로 만들기 위한 교육의 마지막 단계로 들어가는 길을 열어주고 있다. 또한 그보다 앞부분에서 테레즈와 비슷한 역할을 하는 어떤 철학적 과부는 《동 부그르 이야기》를 성애의 보조물로 이용한다. 이 작품은 대단히 효과가 있어서, 과부는 임신을 두려워하면서도 자기 동료인 원장신부 T.에게 몸을 맡긴다. "당신의 지독한 《샤르트뢰 수도원의 문지기》를 읽으면서 몸이 후끈 달아올랐어요. 거기에 나오는 인물을 어찌나 잘 묘사했던지. 그들에게서 부정할 수 없는 진실감을 느낄 수 있다니까요. 만약 그 작품이 좀 덜 추잡했다면 어디에도 비길 데 없는 작품이라 할 수 있을 텐데요."[7]

사드가 《쥘리에트의 이야기Histoire de Juliette》(1797)에서 이러한 종류의 문학을 뒤돌아볼 때, 그는 다른 종류의 '남녀 애정에 관한 총서'의 내용을 들먹였다. 거기에는 《귀부인들의 아카데미》《동 부그르 이야기》《로르의 교육》을 포함한 모든 것이 있었다. 그러나 그의 기준에 맞는 작품은 단 한 가지 《계몽사상가 테레즈》를 제외하고는 없었다. "아르장스 후작의 매력 있는 작품. 목표에 도달하지는 못했지만, 목표가 무엇인지 보여준 유일한 작

---

* 이 책을 바탕으로 당시의 풍속을 살핀 책으로는 주명철, 《파리의 치마 밑》(소나무, 1988)을 참고하라.

품. 쾌락과 불경함을 기분 좋게 연결한 유일한 작품, 그리고 애당초 저자가 마음먹었던 대로 대중에게 볼 수 있게 했다면 결국 부도덕한 책이라는 생각이 들게 만들 유일한 작품."⁸ 18세기 말 《계몽사상가 테레즈》는 아직까지 포르노그래피라는 딱지가 붙지는 않았지만, 앙시앵 레짐 시대 사람들이 일반적으로 생각하던 품위의 경계 밖으로 성애를 멀리 가져간 문학 가운데 최고의 작품으로 우뚝 섰다.

당시 사람들은 테레즈가 성애와는 다른 것을 상징한다고 보았다. 테레즈는 계몽주의를 상징했던 것이다. 테레즈는 계몽사상가philosophe였다. 그의 칭호는 계몽주의 시대 초기에 나온 주요 작품에서도 메아리치고 있었다. 1743년에 나온 익명의 논문 《계몽사상가Le Philosophe》는 《백과사전》의 본문에 흡수되었고, 나중에 볼테르의 손에서 재발간되었다. 거기서 세속적이고 재치 있는 자유사상가의 이상형이란 모든 것을 비판적 이성의 빛으로 비춰보고, 특히 가톨릭 교회의 교리를 꾸짖는 인간으로 규정했다. 1748년 《계몽사상가 테레즈》가 발간된 것은 정확히 계몽주의 작품이 최초로 인쇄기에서 쏟아져나올 무렵이었다.

1748년: 몽테스키외, 《법의 정신De l'Esprit des lois》

디드로, 《경솔한 보배》

라 메트리, 《인간-기계L'Homme-machine》

투생, 《풍속론Les Moeurs》

1749년: 뷔퐁, 《자연의 역사Histoire naturelle, vols. I~III》

디드로, 《장님에 관한 편지Lettre sur les aveugles》

1750년: 《백과사전》, 발간 취지문

루소, 《학문과 예술에 관한 논고Discours sur les sciences et les arts》

1751년: 《백과사전 Vol. I》

볼테르, 《루이 14세 시대Le Siècle de Louis XIV》

뒤클로, 《풍속에 관한 고찰Considérations sur les moeurs》

이것은 특별한 시점이었다. 18세기 중엽의 단 몇 년 동안 프랑스의 지적
지형도가 변했던 것이다. 《계몽사상가 테레즈》는 성욕을 자극하는 문학이
한꺼번에 분출하는 시대에 속하는 동시에 지적 지형도가 바뀌는 시대에
속하기도 했다. 사실 두 방향의 폭발을 일으킨 원동력은 하나였다. 그것은
자유로운 사고와 자유로운 삶을 결합한 자유사상libertinism이었다. 이 사상
은 성적 규범만이 아니라 종교적 교리에도 도전했다.

디드로 같은 자유로운 사상가들은 양쪽 전선에서 싸웠다. 그리하여 앙
시앵 레짐 시대의 경찰이 1749년 디드로를 '위험한 친구'라고 관찰 서류
에 기록하고 무신앙적인 《장님에 관한 편지》만이 아니라 성욕을 자극하는
《경솔한 보배》의 저자로 뱅센감옥에 집어넣었을 때 자신들이 무슨 일을
하고 있는지 분명히 알고 있었다.[9] 그 시대 사람들은 심지어 디드로가 《계
몽사상가 테레즈》의 저자라고 생각했다.[10] 현대의 학자 중에도 그렇게 믿
는 사람이 있다.[11] 디드로를 저자로 생각할 만한 증거는 별로 없다. 그러나
디드로와 테레즈는 모든 것에 질문을 던지고 아무것도 신성하게 여기지
않는 계몽주의 시대 초기의 외설스럽고, 음란하고, 뻔뻔스러운 세계에 함
께 속해 있었다.

《계몽사상가 테레즈》가 그 시대의 맥락에 잘 들어맞는 것이라 할지라
도, 거기에서 성애와 철학을 결합시킨 것을 보는 현대의 독자들은 반드시
놀란다. 포르노그래피 전통의 수많은 고전에서 볼 수 있듯이, 이야기는 일
련의 난교 행위로 구성되고 있다. 그러나 그 행위는 모두 형이상학적인 대
화로 엮여 있다. 성교를 하는 당사자들은 숨을 고르고 다음 차례의 쾌락을

위해 힘을 되찾는 동안 대화를 나눈다. 육체의 결합과 형이상학—현대인의 정신세계에서 이보다 더 먼 것이나, 18세기 자유사상의 견해에 이보다 더 가까운 것은 없다.

이 두 주제가 어떻게 서로 보완하는지 이해하기 위해서는 책이 시작되는 곳부터 들여다보는 것이 최선이다. 그 부분은 작품의 부제 '디라그 신부와 에라디스 양 사이에 일어난 연애사건에 관한 보고서Memoirs About the Affair Between Father Dirrag and Mademoiselle Eradice'로써 예고한 실제 일화에 대한 논평과 테레즈의 소녀시절에 대해 꾸며낸 이야기를 결합하고 있다.

디라그 사건은 18세기 내내, 혁명기까지 여론을 조성하고 급진화시키면서 계속된 유명한 소송사건의 대연쇄 또는 법정극에 속한 사건이었다. 18세기 독자들은 '에라디스Eradice'와 '디라그Dirrag'라는 문자 수수께끼(애너그램)의 뒤에서 툴롱 출신의 믿음 깊고 아름다운 아가씨 카트린 카디에르Catherine Cadière와 그의 고해신부인 동시에 툴롱의 해군성 왕립신학교장장 바티스트 지라르Jean-Baptiste Girard 예수회 신부의 이름을 알아차렸다. 카디에르는 지라르 신부가 영적 지도자의 역할을 이용해 자기를 유혹했다고 고발했다. 엑스 고등법원은 몹시 망설였고 비밀투표를 실시한 끝에 1731년 10월 신부에게 무죄를 선고했다.

그러나 이 사건은 선정적인 소책자의 파도를 몇 차례 탔다. 거기에는 반교권적인 상상에 호소할 요소가 모두 들어 있었다. 성교와 광신, 고해실 안에서 벌어지는 부정행위, 가면 벗은 예수회의 참모습, 얀센주의자 가운데 많은 예수회의 적들이 즐겨 동원하는 주제가 모두 포함되어 있었다. 《계몽사상가 테레즈》는 이 모든 주제를 이용하면서 진짜 이야기를 들려주는 것처럼 보였다. 그것은 독자가 알아차릴 만한 장소에서 이야기를 펼쳤고, 뻔히 알 수 있는 문자 수수께끼를 사용해 주인공들의 행위를 순전히 **파렴치한 추문**의 일부분처럼 보이도록 만들어 독자를 감질나게 만들었다.

'에라디스'와 '디라그'에 덧붙여 장소를 나타내는 문자 수수께끼가 있었다. '볼노Volnot'는 툴롱Toulon, '방스로프Vencerop'는 프로방스Provence였다. 또한 가공 인물의 경우 머리글자만 표시해서─'마담 C.' '원장신부 T.'─마치 실제 인물을 보호하려는 의도처럼 꾸몄다. 그래서 이 책은 '모델 소설'(실존 인물을 소재로 한 소설), 말하자면 허구로 위장한 사실처럼 보였다. 그러나 실은 그 반대로 위장한 '가짜 모델 소설'이었다. 이는 실제 사건에서 얻은 추문의 매혹적인 허울을 공상의 이야기에 뒤집어씌운 것이었다.

테레즈가 디라그 사건에 대해 논평하는 동안 사실은 허구로 바뀌고 있었다. 테레즈는 이 사건을 자신이 받은 형이상학과 성애의 교육과정에서 핵심인 것처럼 설명하고 있다. 그리고 그 교육이야말로 이 책의 주제다. 테레즈는 일인칭 소설체로 글을 쓰고 있다. 그래서 여느 성애 소설과 마찬가지로 이 책도 여성이 자기 목소리로 들려주는 일인칭 이야기체 소설이다. 테레즈는 '내 사랑스런 백작'이라고만 밝히고 있는 연인에게 이야기를 들려준다. 머리말에서 그는 자신이 연인의 요청을 받고 인류의 행복을 위해 글을 쓰고 있다고 설명한다. 그는 에라디스 양과 아주 친하고 역시 디라그 신부를 열렬히 따르는 제자였기 때문에 이 사건의 숨은 이야기를 밝혀낼 수 있었다. 정말 그는 에라디스의 방 안에 숨어 제 눈으로 똑똑히 그 사건을 관찰했다.

테레즈는 디라그가 종교적으로 동료들보다 뛰어나고 싶어하는 에라디스의 욕망을 이용해서 그를 유혹했다고 밝힌다. 디라그는 육욕을 억제함으로써 정신을 자유롭게 한다는 원리에 바탕을 둔 영적 훈련을 시켰다. 그가 좋아하는 기술은 채찍질이었다. 그는 채찍질로 몸의 불순한 기운을 몰아내고 영혼을 무아지경으로 끌어올려 주었다. 이 상태는 심지어 성자의 경지까지 이끌어줄 수 있었다. 에라디스는 테레즈를 끌어들여 자기의 용기 있는 행위를 은밀히 보게 하는 한편, 자기가 받는 교육을 테레즈에게 모두 설명했다. 곧 테레즈는 장 속에 숨어 그 광경을 보면서 매료되었다.

에라디스는 무릎을 꿇고 기도용 책상에 엎드렸다. 이때 치마는 허리까지 걷어올렸다. 디라그는 에라디스의 엉덩이를 채찍으로 갈겼다. 에라디스는 신부의 마지막 무기, 성스러운 물건, 디라그 자신의 설명에 따르면 성 프란체스코가 옷 주위에 걸쳤던 바로 그 끈의 딱딱한 부분을 받아들일 만큼 흥분 상태로 들어갔다. 이미 조숙한 아이들과 성적인 놀이를 해보았던 테레즈는 그것이 실제로 무엇인지—아니면 다른 신부가 그것에 대해 가르쳐준 대로—알아차린다. 그 뱀은 바로 남자라면 모두 다리 사이에 달고 다니는 것이며, 아담이 에덴동산에서 이브에게 사용한 물건이었다. 디라그의 뱀은 뻣뻣해져서 에라디스의 윗구멍을 향해 움직였지만—항문성교는 모든 자유분방한 문학에서 예수회와 동등하게 취급되고 있었다—훌륭한 신부님은 영웅적인 의지로 '정식 통로'를 선택한다. 그가 제자의 움직임에 박자를 맞춰 밀고 당기는 사이, 제자는 천당에 들어간 기분이다. 마침내 에라디스는 황홀경의 정점에 다가가면서 외친다.

나는 천상의 행복을 느끼고 있어요. 나는 내 마음이 물질로부터 완전히 떠났음을 느낍니다. 더 깊이, 신부님, 더 깊이! 제 몸 속에 있는 불순한 것을 모두 뿌리 뽑아주세요. 천…사…들…이 보여요. 앞으로 미세요…. 지금 미세요…. 아!… 아!… 좋아요…. 성 프란체스코님! 저를 버리지 마옵소서! 끈… 끈… 끈…을 느낄 수 있습니다. 그만… 나 죽겠어요![12]

독자 가운데 신성모독과 성애가 혼합되고 있음을 눈치채지 못한 사람은 없으리라. 그러나 18세기 독자들은 그러한 묘사에서 다른 것을 보았을 것이다. 묘사가 생생한 만큼—그리고 원문에 해부학적인 세부 묘사가 다량으로 포함되어 있는 만큼—그것은 형이상학적인 의미를 전달했다. 정신과 물질의 구분은 기독교 전통에 따른 영혼과 육체의 이분법, 형상과 질료에 대한 신新아리스토텔레스적 관념들을 넘어섰다. 그것은 한편에는 사고와 영혼이 있는 세계와 다른 편에는 움직이는 물체가 있는 세계를 근본적으로 구별하는 데카르트의 이분법을 표현했다.

디라그 신부는 한편을 깨닫기 위해서 다른 편을 선택하도록 에라디스를 설득하면서 유혹했다. 다시 말해서 그는 성적 쾌락의 극치를 맛보면 영적인 통찰을 경험할 수 있다고 설득했던 것이다. 그는 성직자의 마지막 수완을 발휘했다. 그것은 18세기 훈련을 받은 독자의 반교권적인 눈으로 볼 때 더욱더 달콤한 수완이었다. 왜냐하면 그것은 기독교 정신으로 치장한 유물론적 철학을 담고 있었기 때문이다. 에라디스에게 성자의 길로 들어설―말하자면 처녀성을 잃도록―준비시키기 위해 디라그는 급진적인 데카르트 이론을 강의했다. 첫째, 그는 이분법을 알려준다. "하느님은 인간에게서 오직 마음과 정신만을 원하십니다. 몸에 대해서는 잊어야만 우리는 하느님과 하나가 될 수 있고, 성인이 될 수 있으며, 기적을 행할 수 있습니다." 그러고 나서 그는 물질의 운동이 마치 영혼을 고상하게 만들 수 있는 것처럼 묘사한다.

사랑하는 에라디스여, 우리 몸의 얼개는 절대 확실합니다. 우리는 오직 감각을 통해서 느끼고, 도덕적 선악만이 아니라 육체적 선악에 대한 관념도 받아들입니다. 우리가 어떤 것을 만지거나 듣거나 볼 때 생각의 작은 조각들이 우리 신경의 구멍들로 흘러들고, 계속해서 영혼에게 경계태세를 취하도록 만듭니다. 만일 그대가 그대의 하느님 사랑에 대한 명상의 힘에 따라 그대 안에 있는 생각의 작은 조각들을 모두 끌어모아 이 목적에 적용할 만큼 충분한 힘을 갖고 있다면, 그대의 몸이 받아들일 충격에 대해 그대의 영혼에게 경고할 생각의 조각은 하나도 남지 않을 것입니다. 그러면 그대는 아무것도 느끼지 못할 것입니다.[13]

식자층 독자는 디라그의 철학이 라 메트리의 철학과 구별할 수 없는 것이라는 사실을 알아차렸을 것이다. 그 예수회 신부는 개인적으로 유물론자였다. 그는 책 전체를 통해 차츰 밝혀질 비밀을 갖고 있었다. 저 유명한 이분법의 영적인 반쪽은 존재하지 않고, 모든 것은 움직이고 있는 물질이라는 비밀. 그래서 디라그는 철학의 최신 원리에 따라 제자들의 몸을 조종했다. 그는 심지어 자기 나름의 기술을 개발하기까지 했다. 그것은 유물론적 방식으로 영적 훈련을 하는 기술이었다. 거기에는 가짜 성흔을 낳는 화학적 용액, 성자의 유물로 위장된 각좆, 성적 흥분을 육체적 고행으로 보이게 만드는 채찍질, 그리고 육체 결합이 모두 포함되어 있었다. 특히 디라그 신부는 육체 결합을 종교적 황홀경이라고 속였는데, 이 같은 황홀경은 아빌라의 성 테레사가 영적으로 경험했고 계몽사상가 테레즈가 물질적인 것이라고 이해하게 될 것이었다. 한마디로 디라그 사건은 유혹이란 기독교를 뒤집은 형태였다는 사실을 보여주었고, 독자에게 기독교는 유혹의 한 형태라는 반대 명제를 생각하도록 준비시켜준 사건이었다.

그러므로 성애와 형이상학은 같은 곳에 속해 있었다. 테레즈는 이름 모를 연인인 백작에게 보내는 머리말에서 분명히 말했다. "당신은 내가 묘사해드린 장면이나 우리가 함께했던 장면에 나타난 음탕한 모습을 고스란히 설명해주기를 바라시고, 형이상학적인 논점까지 하나도 빠뜨리지 말기를 바라고 계십니다."

서로 뒤얽힌 주제들이 소설 전체를 누비고 있다. 소설은 테레즈가 들려주는 자기 삶의 이야기가 네 부분으로 나뉘어 있다. ①그의 젊은 시절과 디라그 사건, ②마담 C.와 원장신부 T.를 사귀면서 처음 철학을 접하는 과정, ③한때 파리에서 창녀 노릇을 한 마담 부아 로리에와 대화하면서 수많은 변태행위를 교육받는 테레즈, ④백작의 애인으로서 테레즈의 성과 철학 모두 완전히 꽃을 피우는 부분.

디라그 신부는 성 프란체스코의 끈을 에라디스 양에게 갖다 댄다.
《계몽사상가 테레즈》

1부에서 테레즈는 디라그 신부의 눈에 띄면서 성과 은밀한 유물론을 발견한다. 하지만 그의 관념은 여전히 혼란스럽다. 그리고 그의 몸은 야위어 간다. 왜냐하면 그의 어머니가 그를 수녀원에 넣었고, 거기에서 성적 억압을 받기 때문에 그의 '신성한 액체'[14]가 순환하지 못하고 쇠퇴한다. 그의 몸은 2부에서 회복된다. 가족의 친구인 훌륭한 마담 C.와 현명한 원장신부 T.의 충고 덕택이다. 이들은 그를 수녀원에서 데리고 나와 보살펴준다. 그들은 이 액체가 '쾌락의 원리'라고 설명해준다.[15] 액체는 순환하도록 해주어야 한다. 그렇지 않으면 그의 '기계'(곧 몸)는 고장날 것이다.

그러나 신부는 테레즈에게 질에 손가락을 넣어서 그 액체를 흘려서는 안 된다고 경고한다. 왜냐하면 그가 처녀성을 잃게 되어 결혼할 기회를 잃을지 모르기 때문이다. 사회적 관습은 자의적이기는 해도, 우리는 다른 사람을 배려하는 동시에 자기 이익 때문에라도 그것을 존중해야 한다. 그와 똑같은 이유로 테레즈는 그 어떤 남자도 그의 몸 속에 받아들여서는 안 된다. 왜냐하면 임신할지 모르기 때문이다. '결혼이라는 성사'를 치르지 않고서는 절대로 임신해서는 안 된다.[16] 그래서 오직 한 가지 해결책만 남아 있다. 자위행위.

2부는 자위행위에 대한 변명으로 바뀐다. 테레즈는 자신만의 기술을 완성하고, 숲·장막·열쇠구멍 뒤에서 마담 C.와 원장신부 T.의 행위를 엿보면서 다른 사람들의 기술을 배운다. 그는 이들의 대화를 주의해서 듣기도 한다. 왜냐하면 책의 가장 본질적인 4분의 1이나 되는 부분에서 이들은 함께 철학적인 대화를 나누고 자위행위를 하기 때문이다. 이들은 쾌락이란 가장 훌륭한 선이라는 데 동의한다.

그렇다면 이들은 어째서 성교를 하지 않는 것일까? 원장신부 T.는 이렇게 설명한다. "여성은 악마에 대한 두려움, 평판, 그리고 임신이라는 단 세 가지 걱정거리를 갖고 있습니다."[17] 마담 C.는 특히 임신의 위험에 사로잡혀 있다. 왜냐하면 그는 아기를 낳다가 거의 죽을 뻔했기 때문이다. 아기는 훗날 죽었고, 남편도 세상을 떴다. 그 뒤 그는 자유롭게 쾌락을 추구하고 원장신부 T.와 공유하는 원칙에 따라 고통을 피하게 되었다. 그가 원장신부 T.와 견해를 달리하는 부분은 단 한 가지였다. 그는 이미 경험으로 아기를 낳는 일이 얼마나 위험한지 배웠기 때문에, 신부가 아주 합리적으로 그럴듯하게 **중단성교**coitus interruptus의 장점을 증명해도 그 제안을 받아들이지 않을 것이다.

한편 신부는 테레즈와 이야기하면서 다른 종류의 주장을 개발한다. 디라그 신부를 밀어내고 자기가 테레즈의 고해신부 자리를 차지하고서도, 디라그의 추론 노선을 따른다. 하지만 그는 그것을 긍정적인 방향으로 바꿔놓는다. 믿음을 불러일으키기보다는 행복을 증진시키는 방향을 택했던 것이다.

그렇게 하는 가운데 그는 관습상의 가치와 사상을 옹호하는 것처럼 보인다. 그것은 단순히 처녀성과 결혼만이 아니라, 거의 기독교로 통할 수 있는 합리적인 종교관이었다. "우리가 그 자연법을 하느님의 뜻에 따라 알게 된 것임을 확신하는 이상, 하느님께서 당신이 창조하신 우리에게 내려주신 수단으로 우리의 생리적인 욕구를 해결하는 것이 어떻게 해서 그분을 거역하는 일이라고 두려워할 수 있단 말인가요? 특히 그 수단을 사용한다고 해서 사회 질서를 문란케 하는 것도 아닌데 말입니다."[18] 이러한 감정은 계몽주의 사상에서 온건한 특성과 부합한다. 그 감정은 사회의 서열화된 구조에 도전하지 않은 채 최고 존재와 자연법의 규범적인 질서를 고려했다.

그러나 원장신부가 철학적인 애인과 자위행위 하는 것을 그만두었을 때, 그는 그 감정의 밑동을 완전히 잘라냈다. 그리고 나서 그는 어린 사람이 들어서는 안 될 생각을 털어놓았다. 하지만 테레즈는 두 연인의 행위를 훔쳐볼 때 그 이야기를 들었다. 자연은 종교의 창시자들이 하느님을 고통의 근원으로부터 분리하려고 발명한 개념에 지나지 않는다. 아니, 하느님은 자연 뒤에 숨지 않았다. 그는 모든 곳에 있었다—그러나 모든 곳이라면, 아무 데도 아니다. 왜냐하면 '하느님'은 속이 빈 낱말이며, 도덕성은 쾌락과 고통에 바탕을 둔 공리주의적 계산에 지나지 않으며, 모든 것은 운동하고 있는 물질로 환원될 수 있기 때문이다.

테레즈는 이러한 진리를 완전히 흡수할 수 없다. 왜냐하면 "아마 내 일생 처음으로 나는 생각하기 시작했습니다"라고 말할 수 있는 것은 바로 이 지점이었지만 그러한 사실을 나중에야 깨달았기 때문이다.[19] 그 사이에 그의 성교육은 빠른 속도로 3부로 나아간다. 거기에서 그는 마담 부아 로리에의 영향을 받는다. 실제로 이 부분은 책의 다른 부분과 제대로 조화를 이루지 못한다. 왜냐하면 그것은 단순히 부아 로리에가 창녀 생활을 하면서 경험한 색다른 성체험을 나열하는 목록에 지나지 않기 때문이다. 이 부분은 성애의 문제를 철학적으로 다루는 대신 《귀부인들의 아카데미》《아가씨들의 학교》, 그리고 아레티노의 《논리적 사고》처럼 표준이 될 작품에서 발전한 여성의 성적 대화 형식으로 되돌아가고 있다.

테레즈는 어머니가 죽은 뒤 아주 적은 유산을 가지고 혼자서 파리에 남는다. 그는 하숙집에서 어떤 여성과 우연히 만난다. 그런데 이 여성은 외설 문학에 단골로 등장하는 인물로 밝혀진다. 바로 마음씨 따뜻한 창녀. 부아 로리에의 이야기 속 이야기를 듣는 독자는 파리에 있는 모든 논다니 집을 한 바퀴 돌게 된다. 그러나 이 이야기는 백작이라는 새 인물이 등장할 때까지 소설의 전개에 별로 보태는 것이 없다. 그러다가 백작이 등장하면서 이야기는 4부로 바뀐다.

테레즈는 마담 부아 로리에를 따라 오페라에 가는 동안 마음속 깊이 공감할 수 있는 남자를 만난다. 그 백작도 테레즈와 같은 감정을 느낀다. 그러나 두 사람은 결혼할 수 없음을 잘 안다. 두 사람의 신분이 차이가 나기 때문에 결혼할 수 없을 뿐만 아니라—테레즈는 평민bon bourgeois의 딸로 한 푼도 없었지만[20] 백작은 성城과 함께 한 해 1만 2000리브르라는 큰 수입을 가진 귀족이다—백작은 개인적으로 결혼을 싫어했다. 따라서 그는 테레즈와 함께 시골 영지로 가자고 제안한다. 그러면 테레즈는 연금 2,000리브르를 받으면서 그의 애첩이 될 것이다. 하지만 그는 백작이 성교를 바란다고 해서 반드시 응할 필요는 없다. 왜냐하면 백작은 테레즈의 어머니가 마담 C.처럼 아기를 낳다가 죽을 뻔했기 때문에 테레즈가 임신을 두려워하고 있음을 이해하기 때문이다.

그러나 테레즈가 마담 C.의 자세를 본받듯이 백작은 원장신부 T.를 본받는다. 그래서 백작은 충분히 자제력을 발휘해 테레즈의 몸 밖에서 사정할 수 있도록 뒤로 물러날 수 있다고 자신한다. 하지만 그는 고집을 부리지 않는다. 왜냐하면 그는 **신사**honnête homme[21]의 행동지침, 원장신부 T.가 설교한 향락주의 계산법의 귀족주의적 변형을 지키기 때문이다. 그는 테레즈를 행복하게 만드는 가운데 자신도 행복해질 수 있다. 그래서 그는 서로 손을 사용하는 데 그칠 것이다.

테레즈는 그 계약을 받아들인다. 두 사람은 마담 C.와 원장신부 T.처럼 서로 손으로 쾌감을 주고 철학적으로 성찰하면서 몇 달을 행복하게 지낸다. 그러나 마침내 백작은 더 높은 형태의 행복을 맛보고 싶은 욕망에 지고 만다. 그는 내기를 제안한다. 테레즈가 2주 동안 백작의 '음란한 책들'[22]을 통독하고 백작이 성적 욕구를 자극하기 위해 그린 그림을 공부한다는 조건이었다. 만일 테레즈가 2주를 그렇게 보내면서 끝까지 자위행위를 하지 않는다면, 그의 책과 그림을 가질 수 있다. 그렇지 않으면, 백작이 테레즈를 가진다. 물론 테레즈는 백작이 자기 자궁에 씨를 뿌리지 않고 꽃만 딴다고 믿어도 좋다.

곧 테레즈는 성애를 다룬 고전작품에 몰두하면서 성적 몽상에 빠져들었다. 그가 읽은 작품 가운데는 《동 부그르 이야기》《카르멜 수녀원 접수계 수녀의 연애 이야기》《교회의 영광》《귀부인들의 아카데미》 같은 프랑스 혁명 전 뇌샤텔출판사의 베스트셀러도 포함되어 있었다. 〈프리아푸스의 축제Fêtes de Priape〉〈마르스와 비너스의 사랑Amours de Mars et de Vénus〉 같은 음란한 그림 두 점 아래에서 닷새 동안 책을 읽어야 한다는 조건은 그 목적을 달성하게 된다.

테레즈는 손가락을 슬그머니 넓적다리 사이에 집어넣고 백작을 곁으로 부른다. 물론 그는 테레즈의 거동을 은밀히 지켜보고 있었다. 그림 속의 마르스처럼 그는 방으로 성큼성큼 걸어들어가 테레즈를 품에 확 끌어안고, 결정적인 순간에 최고의 의지를 발휘하여 몸을 뒤로 빼서 씨를 그의 몸 밖에 안전하게 뿌린다. 중단성교는 손장난에 이긴다. 두 사람은 그후 계속 결합하면서도 "아무런 문제도, 걱정도, 아이도 없이" 행복하게 산다.[23]

테레즈는 절정을 맛본 지 10년이 지나 자기 이야기를 들려줄 때, 완숙한 철학자가 되어 있었다. 그의 견습기는 백작에게서 교육을 받으면서 끝났다. 백작은 원장신부 T.의 가르침을 완성시켜주었고, 원장신부는 추악한 디라그가 가르쳤던 절반의 진리를 수정해주었다. 테레즈는 자기 이야기를 하면서 자신의 목소리로 말하고, 자신의 것으로 만든 진리를 공표한다. 마지막 장에서는 그 진리를 향락주의와 유물론을 결합한 신조의 형태로 요약하며, 권두화frontispiece의 설명은 그것을 경구로 고정시킨다.

민감한 인간은 관능과 철학으로 행복을 얻는다.
그는 취향에 따라 관능을 포용한다. 그는 이성에 따라 철학을 사랑한다.

테레즈의 성 이야기는 교양소설Bildungsroman, 다시 말해서 교육에 관한

권두화로 들어간 《계몽사상가 테레즈》의 전언

《계몽사상가 테레즈》의 행복한 결말

이야기가 된다. 그리고 그것이 쾌락의 교육인 만큼, 철학 하기와 쾌락 찾기는 결국 철학적 향락주의로 집중될 때까지 이야기 속을 함께 달린다. 이 철학을 면밀히 연구하면 수많은 원전─데카르트, 말브랑슈, 스피노자, 홉스, 그리고 18세기 초반에 원고 상태로 나돌던 자유주의 문학 전반─에서 나온 요소가 뒤섞여 있음을 알 수 있다.[24] 가장 강력한 영향은 아마 루크레티우스까지 거슬러 올라가야 할 것이다. 왜냐하면 테레즈와 그의 선생들은 계속해서 현실을 물질의 작은 조각으로 축소하고 있기 때문이다. 그들은 그것이 감각에 작용하여 의지를 결정한다고 보았다. 그렇다면 궁극적으로 그들은 인간이란 자기 힘으로 통제할 수 없는 쾌락의 원리에 따라 움직이는 기계라고 묘사한다.

> 이성의 유일한 역할은 우리가 어떤 일을 하고 나면 즐거움이나 불쾌감이 따르기 때문에 그 일을 해야 하거나 하지 않으려는 욕망이 강하다는 사실을 느낄 수 있도록 만들어주는 것이다…. 우리 기관의 배열, 우리 성격의 기본 성향, 우리 체액의 움직임, 이 모든 요소가 우리의 이성과 의지를 이끌어 크고 작은 일을 하도록 작용하는 열정의 형태를 결정한다.[25]

그러나 《계몽사상가 테레즈》는 모든 자료를 추려내서 일관성 있는 체계로 정돈하는 작은 목적을 충족시켰다. 왜냐하면 그것은 체계적인 철학작품이라고 자처하지 않기 때문이다. 그것은 소설이다. 일련의 논리적인 단계를 밟아 정교한 주장을 발전시킨다기보다는, 모든 제안을 마치 자명한 진리처럼 주장하고 이야기와 잘 조화시킨다. 몸 속을 흐르는 '생각의 작은 조각들'은 무엇입니까?[26] '신성한 액체'는 어떻게 성을 결정짓나요?[27] 테레즈는 설명하지 않는다. 그는 기술적인 어려움이나 논리적인 결합에 구애받지 않는다. 그 대신 그는 자기 논지를 고착시키기 위해 수사학과 이야기에 의존한다. 그러나 그러한 기술을 사용한다는 사실에서 우리는 규약, 기대, 언어학적 관례를 공유한 대중이 존재했음을 추측할 수 있다.

성을 다룬 책으로서 《계몽사상가 테레즈》의 언어는 예외적으로 깨끗하다. 그것은 거리의 요정이자 창녀인 마담 부아 로리에가 들려주는 이야기를 빼고는, 한 번도 성적 기관과 행위를 속되게 표현하는 법이 없다. 확실히 부르주아 계층에서 태어난 테레즈는 '기관member' '구멍orifice'이라는 낱말을 지킨다. 그렇지만 자기가 하고 싶은 말은 분명히 전달한다. 예를 들어 디라그 신부가 에라디스와 결합하는 모습을 테레즈가 묘사하는 구절을 보자.

신부의 엉덩이가 뒤로 빠질 때마다 끈이 따라나와 그 머리가 보이고, 에라디스의 벌어진 입술도 보였습니다. 특히 그 입술은 보기에 놀라울 정도로 진홍색을 띠고 있었답니다. 검고 짧은 털만이 덮고 있는 그 입술을 신부가 앞으로 찔러대면서 기관을 꽉 쥐고 있었기 때문에 입술은 그것을 모두 삼켜버린 것처럼 보인다는 사실도 알아차렸습니다.[28]

독자는 이 장면을 순진한 열여덟 살의 눈으로 보도록 이끌린다. '나는 보았다' '나는 알아차렸다' 같은 동사는 예문에 거듭 나타나면서, 책 전체를 가로지르는 엿보기 취미를 강화해주고 있다. 의도적으로 순박한 언어를 골라 쓰면서 짜릿한 느낌을 주는 한편, 세부사항을 구체적으로 묘사함으로써 한 걸음 더 나아가고 있다. 모든 성적인 장면에서 볼 수 있듯이 사람들의 몸이 기계로 나타나고 있는 것이다. 체액, 신경조직, 펌프, 수압-이것이 바로 성의 재료다. 그러므로 테레즈는 다음 휴식시간에 이렇게 말한다. "얼마나 놀라운 역학이었는지!What mechanics!" 그리고 그는 수녀원에서 있었던 성적 억압의 영향을 묘사하는 가운데 자신의 체액이 엉뚱한 관

을 타고 거꾸로 흘러서 '내 기계 전체의 질서를 무너뜨렸다'는 사실에 주목했다.[29]

기계의 은유는 17세기의 기계론적 철학의 유산으로서 후대의 자유사상가들에게 알맞은 세계관을 구축하는 방법을 제공했다.[30] 테레즈는 디드로, 돌바흐, 라 메트리와 같은 언어로 얘기했다. 그의 이야기는 라 메트리의 《인간-기계》와 같은 해에 발간되었고, 똑같은 논점을 주장했다. 모든 것은 중력뿐 아니라 짝짓기에서도 운동하고 있는 물질이라는 똑같은 원리로 환원될 수 있다.

물론 《계몽사상가 테레즈》의 설득 기술은 《인간-기계》의 차갑고 밋밋한 산문과 완전히 다르다. 그것은 백작이 테레즈를 유혹하는 방식으로 독자를 유혹한다. 그 방식이란 다름 아닌 독서가 우리의 정신에 작용하는 힘을 이용하는 것이다. 테레즈는 백작의 서재에 있는 성애 소설을 전부 읽고 나서야 비로소 성교를 할 준비를 갖춘다. 마담 C.는 《동 부그르 이야기》를 읽으면서 대단히 흥분했기 때문에 임신을 두려워하는 마음을 떨치고 원장신부 T.에게 몸을 맡겼다. 18세기 독자는 이러한 책들이 루소처럼 '한 손으로' 읽는―다시 말해서 자위행위를 위한―책이라는 점을 이해했다.[31] 미라보는 《나의 개종 또는 지체 높은 난봉꾼》의 머리말에서 일반적인 태도를 가장 숨김없이 표현했다. "(이 책을) 읽으면서 온 세상을 잊어버리시기를!"[32]

원장신부 T.가 마담 C.에게 늘어놓은 자위행위 옹호론은 이미 개종한 애인보다는 아직도 망설이고 있을지 모를 독자를 겨냥하고 있다. 18세기 사람들은 대개 자위행위, '자기-모독'이 몸을 쇠약하게 하는 데서 시작해 눈을 멀게 할 수도 있다고 믿었다.[33] 《계몽사상가 테레즈》는 영혼만이 아니라 몸에 대한 치명적 위협으로 보일 수 있었다. 따라서 그 책의 수사법은 (남자건 여자건, 그러나 남자일 가능성이 큰) 독자에게 안심해도 좋다는 것을 전제로 이야기를 풀어나간다. 독자는 테레즈와 같은 방식으로 방어자세를 무너뜨려야 한다. 그도 함께 그 일에 가담해야 한다.

이러한 접근법의 기본 책략은 일인칭 화법에 있다. 기본 술책은 엿보기 취미다. 테레즈는 백작에게 이야기를 들려주는데—이것은 아주 어색한 장치다. 왜냐하면 백작은 함께 살고 있으므로 그에게 이야기를 들려주기 위해 자서전을 쓸 필요까지는 없기 때문이다—아무튼 이 이야기는 독자를 향한 것이다. 독자는 이야기에 끼어들었다고 느낄 필요가 없다. 왜냐하면 그는 바깥에서 안을 들여다보듯 이야기를 읽어나갈 수 있기 때문이다. 그는 주인공들에게 들키지 않고 그들의 가장 친밀한 행위를 엿볼 수 있다. 그리고 그들을 뚫어지게 충분히 바라본 뒤, 그는 테레즈의 눈으로 보는 방법을 배운다. 테레즈는 언제나 몸을 숨긴 채 짝들이 결합하거나 수음하는 장면을 엿본다. 그래서 독자는 그의 어깨 너머로 그 장면을 본다.

나는 이 광경을 하나도 놓치지 않고 지켜볼 수 있는 곳에 숨어 있었어요. 내가 관찰하고 있던 방의 창문은 내가 숨어 있는 장롱 문과 정반대 편에 있었답니다. 에라디스는 마룻바닥에 무릎을 꿇고 기도용 걸상의 발판에 걸쳐놓은 팔로 머리를 떠받치고 있었습니다. 그는 속옷을 조심스럽게 허리까지 걷어올리고 있었기 때문에, 나는 감탄사가 절로 나올 만큼 훌륭한 그의 허리와 엉덩이를 옆에서 볼 수 있었답니다.[34]

이 같은 종류의 광경은 도처에서 나타난다. 그리고 마치 거울 속의 거울처럼 한 장면은 다른 장면을 반영하면서 이야기 속의 이야기를 낳기도 한다. 예를 들어 마담 부아 로리에는 테레즈에게 자신이 겪은 일을 들려주며, 그렇게 하는 가운데 여러 이야기를 한 줄로 꿴다. 그 속에는 다른 인물들도 가담시키는 대화가 종종 포함된다. 그러므로 독자는 장면 속의 장면

《계몽사상가 테레즈》에서 이야기꾼의 관점
프린스턴대학교 도서관 희귀본과 특별장서 보관실 소장

속의 장면을 목격하는 듯한 착각에 빠진다. 이 모든 것 뒤에는 보이지 않는 익명의 저자가 모든 부분을 굴절작용을 최대화할 수 있도록 배치한다. 그리하여 독자가 어느 쪽을 펼쳐보아도 성적 행위가 진동하고 있음을 보게 된다. 게다가 그림은 이 증대 효과를 두 배, 세 배로 늘려준다. 그것은 정교한 그림부터 유치한 그림까지 판본마다 다양하게 나타나지만, 종종 벽에 걸린 그림 속의 인물이나 마당의 조각상이 주의 깊게 지켜보는 가운데 일어나는 일을 어떤 사람이 훔쳐보는 모습을 보여준다.[35]

훔쳐보는 사람은 자위행위를 하면서 은근히 독자에게 똑같은 일을 하라고 권하는 일이 자주 있다. 마침내 훔쳐보는 사람들을 엮는 사슬의 끝은 독자에게 닿아 있다. 독자만이 남의 눈에 띄지 않고 지켜보는 유일한 사람이다. 그만이 남의 눈에 띄지 않기 때문에, 그는 눈길을 피할 필요가 없다. 모든 광경이 테레즈의 눈으로 걸러지기 때문에, 그도 오염을 걱정할 필요는 없다. 테레즈는 비록 성욕을 느끼기는 해도 그가 쓰는 언어만큼 순수한 상태로 남아 있다.

더럽고 속된 것을 피하려는 의도는 원문의 책략에 속해 있다. 왜냐하면 그 책은 '신사들'(honnêtes gens, 영어로 '고상한 독자들')을 대상으로 삼고 있기 때문이다. 그러므로 이러한 의도 속에는 계급의 요소가 있다. '고상함honnêteté, gentility'은 저속한 대중까지 확대되는 개념이 아니기 때문이다. 그러나 그렇다고 해서 이 말은 17세기처럼 전적으로 귀족적인 여운을 풍기지도 않는다. 백작은 전통 귀족이기는 해도 일반적인 속성을 지닌 인물이다. "그는 그와 관련된 모든 것으로 인해 생각하는 인간임이 분명합니다. 그는 이성·취미 덕택에, 그리고 편견은 없기 때문에 신사입니다."[36] 그는 '자기 자신의 주인인 인간' '양식 있는 사람, 계몽사상가'의—한마디로 계몽주의의—이상을 구현하고 있다.[37] 그래서 테레즈 역시 부르주아 계층 출신의 여성 계몽사상가이다. 이것은 어떤 종류의 계몽주의였던가? 이것은 사

《계몽사상가 테레즈》의 삽화에 나타난 엿보기 취미의 다양한 종류
프린스턴대학교 도서관 희귀본과 특별장서 보관실 소장

회의 어느 계층에게까지 호소하고 있는가?

테레즈는 자기 나름의 결정론적 유물론을 설파하면서 독자도 공유할 수 있으리라고 가정하는 경험의 의미심장한 예를 제시한다. 그는 수사적으로 이렇게 묻는다. "나는 저녁 먹을 때 부르고뉴 포도주나 샹파뉴 포도주 가운데 어떤 것을 마실 것인지 자유롭게 결정할 수 없는가?" 그의 대답은 그의 진실을 자명한 것으로 받아들일 독자를 전제로 한다. 만일 내가 굴을 주문하면, 부르고뉴 포도주는 불가능하다. "굴은 샹파뉴 포도주와 함께 먹어야 제 맛이다."[38] 이 얼마나 의지의 자유를 거역하는 놀랄 만한 주장인가!

《계몽사상가 테레즈》는 계몽시대 초기에 나온 대부분의 작품처럼 샹파뉴 포도주와 굴의 관계를 이해하는 독자층을 대상으로 삼고 있다. 몽테스키외는《법의 정신》을 아주 짧은 장으로 잘라서 경구로 장식했다. 살롱의 사회에 적합하도록 만들려는 속셈이었다. 볼테르는 '작은 파이'를 똑같은 방식으로 먹기 좋게 잘랐다. 1748년 이전의 철학은 대부분 공식적인 논문보다는 짧은 소책자 형태를 띠고 있었다. 그것은 대부분 살롱, 군주나 제후의 궁정에서만 유통되었고, 종종 원고 상태로 돌아다녔다.

그 가운데 가장 중요한 것이라 할《계몽사상가》(1743)는 철학이란 사교계le monde, 학자와 문학적 일꾼들의 사회와 반대편에 있는 상류사회에 속한다고 주장했다. 그것은 재치 있고, 글로 잘 표현되고, 편견에서 벗어나고, 훌륭한 취향을 가져야 했다.[39]《계몽사상가 테레즈》는 이러한 형식을 완전히 따랐다.《페르시아인의 편지》《캉디드》《수녀》와 마찬가지로 그것도 철학을 한 입에 베어 물기 좋은 조각으로 잘라, 사교계의 섬세한 뱃속에 편안하게 들어갈 수 있도록 양념장을 얹어서 재미있는 이야기로 내놓았다.

이 같은 점을 강조해둘 필요가 있다. 왜냐하면《계몽사상가 테레즈》에 나오는 철학의 사회적 의미와 관계 있기 때문이다. 원장신부 T.가 분명히 말하듯, 진리는 공개적으로 떠벌려야 할 일은 아니다. 그것은 특별한 저녁 식사 때 하인들을 물러가게 한 뒤 매우 신중하게 입에 올려야 하는 것이었다.

바보들에게는 그들이 진가를 알아보지도 못하거나 잘못 이용할지 모를 진실을 보여주지 않도록 주의해야 합니다…. 10만 명 가운데 생각하는 일에 익숙한 사람은 스무 명도 안 되며, 이 스무 명 가운데 스스로 생각하는 사람은 … 실제로 네 명도 꼽기 힘듭니다.[40]

그렇다면 생각할 줄도 모르는 99.996퍼센트의 인구에게까지 제공해야 할 것은 무엇인가? 종교다. 역사가 시작됐을 때부터 종교는 대중을 제자리에 붙잡아두는 노릇을 했고, 종교만이 그들을 오늘날 사회질서를 존중하게 만들 것이다.[41]

이 작품에서 가장 내용이 풍부한 장이라 할 "자연의 빛으로 검토해본 종교"에서 원장신부 T.는 마담 C.의 규방에서 사사로이 만나 속된 설교를 늘어놓는다. 테레즈는 그 이야기를 몰래 엿듣는다. 그는 학생의 마음을 수음으로 맑게 해주고 나서 모든 것을 밝혀준다. 종교는 성직자의 술책에 지나지 않는다. 그도 성직자로서 모든 속임수를 알고 있으며, 가톨릭 교리에 들어 있는 독특한 모순들을 식별할 수 있다. 일련의 짧은 구절 속에서 그는 그 모순을 하나하나 짚어나간다. 그것은 자유주의 사상을 담은 논문의 수서본으로 반세기 동안 유통되고 있던 무신앙의 주장들을 모아놓은 책처럼 보인다.

사실 거기에 담긴 주장의 대부분은 1745년에 처음 발간된 〈훌륭한 믿음의 설명을 담고 있는 종교의 검토〉라는 가장 중요한 논문에서 직접 나온 것이다. 그러나 〈종교의 검토〉는 유물론을 충분히 주장하지 않으면서 기독교를 공격하다가 멈췄다. 그것은 볼테르와 영국의 자유사상가들이 좋아하던 이신론적 관념을 옹호했다(그것은 '길버트 버넷의 작품을 번역'한 것인 척했다). 그러나 《계몽사상가 테레즈》의 작가는 이처럼 절제할 필요가 없었다. 그래서 〈종교의 검토〉를 표절하면서 비非기독교적인 최고 존재를 위해 지나칠 정도로 많은 여지를 남겨놓은 구절을 잘라냈다. 예를 들면 다음과 같다.

〈종교의 검토〉

한마디로 하느님은 어디에나 계시다는 사실을 나는 알고 있다. 그리고 성경은 (하느님을 제대로 이해하지 못하는) 내 약점을 보완해주기 위해, 내게 하느님은 낙원에서 아담을 찾았고, "아담, 아담, 그대는 어디 있느냐(ubi es)?"라고 불렀다고 얘기해준다. 그리고 하느님은 그곳을 걸어다니셨고, 하느님은 악마와 함께 욥 문제에 대해서 대화하셨다고 얘기해준다. 하느님은 순수한 정신이라고 내 이성은 내게 말해준다.

《계몽사상가 테레즈》

하느님은 어디에나 계십니다. 게다가 성경은 하느님이 지상의 낙원에서 아담을 찾으셨다고 말합니다. "아담, 그대는 어디 있느냐Adam, ubi es?" 하느님은 그곳을 걸어다니셨고, 악마와 함께 욥 문제에 대해서 대화하셨다고 얘기해줍니다.[42]

그러나 종교의 사회적인 기능을 언급한 구절은 손대지 않거나 심지어는 더욱 강화했다.

〈종교의 검토〉

사람은 게으르게 살도록 창조되지 않았다. 그는 언제나 어떤 것에 마음을 쓰고 언제나 사회를 목적으로 삼아야 한다. 하느님은 소수 개인에게만 행복을 주시지 않았다. 모든 사람에게도 두루 덕과 행복을 주셨다. 그래서 사람들 사이에 비록 차이가 존재하고 있지만 서로 봉사해야 하는 것이 자연스럽다.

《계몽사상가 테레즈》

인간은 활동을 하도록 창조되었습니다. 그는 전체의 행복과 조화를 이루는 개인의 이익을 목표로 부지런히 행동해야 합니다. 하느님은 몇몇 개인들만 행복하기를 바라시지 않았습니다. 모든 인류의 행복을 바라셨습니다. 따라서 우리는 모든 사람이 서로 봉사하도록 노력해야 하겠습니다. 하지만 서로 봉사한다는 이유로 기존 사회의 어떤 분야도 파괴해서는 안 되겠습니다.[43]

한마디로 말해 《계몽사상가 테레즈》는 철학으로서 기독교를 공격하고 사회정책으로서 그것을 옹호하기 위해 자유주의 사상가들이 공유하는 논점을 끌어들였다. 볼테르와 마찬가지로 원장신부 T.도 반기독교적 진리가 소수정예집단에만 한정되어야 한다고 주장한다. 왜냐하면 속된 사람들이 그것에 대해 듣기라도 한다면 그들은 한꺼번에 도망칠 것이기 때문이다. 모든 사람이 자기 욕망을 채우려고 달려든다면 그 누구의 재산이나 신체도 안전하지 못할 것이다. 이렇게 볼 때 모든 종교는 거짓인 동시에, 모든 종교가 필요하다.[44]

그러나 이러한 명제들은 역설로 포장되어 나온다. 원장신부 T.는 비밀로 봉인해 마담 C.에게 전해주지만, 누구나 돈 주고 살 수 있는 책을 통해 독자에게 전달된다. 독자는 이에 대해 어떤 반응을 보였을까? 만일 그가 원장신부의 주장을 받아들인다면, 그는 자신이 스스로 생각할 용기를 가진 소수정예집단에 속해 있다고 우쭐할지 모른다. 그는 비밀이 드러나는 것을 보면서 몸이 오싹하는 기분을 즐길지 모른다. 그래서 그의 자아는 그의 충동(리비도)과 함께 부풀어오른다. 성직자의 능력을 설명하는 일은 성을 노출시키는 것과 똑같은 책략에 속한 문제다. 그것은 지적 엿보기 취미를 충동질하기 때문이다. 그러나 노출은 규방이 아니라 책 속에서 일어난다. 그리고 책들은 엉뚱한 사람의 손에 들어가는 경로를 갖고 있다.

《계몽사상가 테레즈》의 저자는 살롱을 드나드는 소수의 세련된 대중을 대상으로 삼았을 것이다. 확실히 그는 자기 책이 발간된 지 25년 뒤에 베스트셀러가 되리라는 점, 테레즈의 철학을 계몽시대 초기의 궤도 너머 먼 곳까지 전파하리라는 점을 알지 못했음이 분명하다. 그러나 그 작품이 오랫동안 통제받지 않고 버틸 수 있는 가능성은 무엇보다도 수사법에 들어 있었다. 최근의 문학비평이 밝힌 바에 따르면, 모든 작품에는 스스로 자기 주장의 밑동을 허물고 스스로 부과한 속박을 통해서 붕괴하는 경향이 있다.

《계몽사상가 테레즈》의 경우도 이에 정확히 들어맞는다. 그것은 기존의 모든 제도를 존중한다고 소리 높여 알리지만, 너무 많이 저항한다. 원장신부 T.는 테레즈에게 '가족들의 평화' '결혼의 신성한 의무', 그리고 '우리에게 이웃을 내 몸처럼 사랑하도록 가르치는 자연법'을 보호할 필요에 대해 강의한다.[45] 그는 마담 C.에게 그것들을 '기존 사회 안의 질서를 혼란시켜서는 안 될 쾌락'에 한정시킬 필요성에 대해 길게 설명한다.[46] 백작도 똑같은 주제에 대해 말한다.[47] 그리고 테레즈는 작품의 마지막에서 그 주제를 공표한다. "끝으로 왕, 제후, 법관 그리고 모든 고위 관리는 국가의 필요성에 봉사하는 등급에 따라 사랑과 존경을 받아야 합니다. 왜냐하면 그들 각자는 행동으로써 전체의 행복에 이바지하기 때문입니다."[48] 그가 전하려는 내용은 더할 나위 없이 분명하지만, 이 주장을 위험한 파도에 휩쓸리게 만들 역류를 포함하고 있다.

간단히 말해서 향락주의적 미분학은 사회 바닥에서 쾌락과 고통의 비중을 아주 다르게 가늠하도록 작용할 수 있었다. 기존 질서란 행복을 최대화 해주는 것이라는 데서 정당성을 찾을 수 있지만, 실상 농부, 노동자, 심지어 장인이나 소매상이 가난하다고 할 때, 그들은 어째서 기존 질서를 존중해야 하는가?《계몽사상가 테레즈》는 향락주의를 고상한 독자에게 돌리고 종교를 나머지에게 돌리면서 이 같은 어려움을 처리하고 있다.

그러나 고상한 독자를 뺀 나머지는 1770년경 더욱 늘어났다. 그들 중 다수가 책을 읽을 수 있었다.[49] 그리고 귀가 있는 사람은 1776년 미국의 독립선언서가 세계에 던진 전언의 후렴을 주워들을 수 있었다. 그것은 '행복을 추구할 수 있는 권리'였다. 테레즈와 토머스 제퍼슨—이들은 서로 맞지 않는 짝이었지만, 모두 자기 나름의 방식으로 혁명에 참여한 동지였다.

테레즈는 침실로 안내하는 방식으로 혁명에 참여했다. 그 방식은 뭐니 뭐니해도 남녀 사이의 전쟁과 더 많이 관련을 맺었다. 그리고 그 작품에 나타난 성차이 영역은 앙시앵 레짐의 독자에게 가장 불안정한 측면이었을지 모른다. '남성 독자', 나는 지금까지 계속해서 이렇게 말해왔다. 그것은 단지 글쓰기가 편리하다는 문제를 넘어서, 근대 초 유럽의 모든 곳에서 성에 관한 책은 남성이 남성을 위해 쓴 것처럼 보이기 때문이다.[50]

《계몽사상가 테레즈》는 실제로 아르장스 후작의 작품인지 아닌지 관계 없이 남성 동물을 대상으로 삼았음이 거의 확실하다. 테레즈에게 이야기꾼의 역할을 주고 여성의 관점이라고 상상할 수 있는 관점으로 성을 제시하면서, 단순히 성욕을 불러일으킬 만한 장치—아레티노만큼 오래된 장치—만 추가했다. 그러므로 테레즈가 평가한 성은 수많은 여권주의 비평가들이 주장하듯 여성을 이용하는 남성의 문학이라는 범위를 벗어나지 않는다고 일축해야 할 것인가?[51] 내 생각에는 그렇지 않다.

물론 여권주의가 존재하기 전에 쓴 소설에서 여권주의를 읽으려는 것은 시대착오일 것이다. 그리고《계몽사상가 테레즈》가 여성의 권리를 주장하려는 목적을 가진 작품이라 할지라도 대체로 남성이 그렇게 주장하는 주체라는 사실을 덧붙여야 하겠다. 테레즈는 책의 끝부분에서 자신의 목소리를 찾지만, 책의 대부분에서는 듣는 역할만 하고 있다. 그는 수동적으로 뒤로 물러나 앉아서 원장신부 T.와 마담 C.의 가르침을 받는다. 오늘날의 독자가 듣기에는 따분하지만. 그들은 모든 것을 깨달은 학교 선생들이 길게 설명을 늘어놓듯, 체액과 신경섬유에 대해 거듭 이야기를 늘어놓는다. 그러나 18세기의 귀에는 그들의 이야기가 달리 들렸을 것이다.

사랑의 문제에 대해서 생각해보자. 《계몽사상가 테레즈》에서는 '이기심 amour-propre, egotism'처럼 두 낱말이 결합하여 아주 다른 뜻을 지니고 나타나는 경우를 제외하고는 사랑이라는 말이 거의 나타나지 않는다. 이야기를 통해 등장인물들을 충동하는 유일한 정열은 이기심이다. 그것은 심지어 그들이 결합한 상태에서도―그리고 특히 그때―발동한다. 남녀는 기계처럼 결합한다. 그들에게 사랑이란 표피 아래서 욱신거리고, 체액이 끓어오르며, 신경섬유로 입자들이 몰려드는 현상일 뿐이다. 테레즈가 백작의 눈을 빤히 쳐다볼 때에도 오직 '신체 기관'의 유사성만 느낀다.[52] 남녀 관계를 냉정하게 기계론적으로 묘사할 때 그것은 운동 중인 물질로 환원된다. 그리고 이러한 세상에서 귀족이건 평민이건, 남자건 여자건 모든 몸은 궁극적으로 평등하다.

로맨틱한 사랑은 그 세상에서는 생각할 수 없는 것이었다. 루소는 아직 그것을 발명해내지 않았다. 물론 남자와 여자는 《신 엘로이즈》(1762)가 발간되기 전에도 서로 강한 애정을 느꼈다. 그러나 그들의 애정생활에서 중요한 문제는 문학이 아니라 인구와 관련된 것이어야 했다. 모든 아기의 4분의 1이 첫돌을 맞지 못하고 죽었다. 수많은 여인이 아기를 낳다가 죽었기 때문에, 이혼이 불가능한 시대였지만 결혼생활은 평균 15년에 지나지 않았다.[53]

18세기 여성에게 임신이란 죽음에 이를 정도로 위험한 일이었다. 마담 C.와 테레즈는 모두 성교를 포기할 만큼 임신을 두려워하고 있다. 그들은 성교란 간단히 말해서 위험을 무릅쓸 만큼 가치 있는 일이 아니라고 결정한다. 이것은 인구가 남아돌아가는 현실로 볼 때 합리적인 계산이다. 마담 부아 로리에는 창녀생활을 오래 했지만, 질 속에 막이 자라고 있어서 임신을 막아주기 때문에 그 생활을 견뎌낼 수 있었다(그 막 덕택에 그는 계속 처녀로 팔릴 수 있는 이점을 추가로 누렸다). 이 작품에서 손장난을 강조하고 손장난에서 중단성교로 나아가는 줄거리를 채택한 바탕에는 임신은 위험하다는 생각이 깔려 있다. 백작이 이야기의 절정에서 테레즈에게서 몸을 빼는 데 성공할 때, 그는 원장신부 T.가 마담 C.에게 가르쳐주었듯이 중단성교로 안내하는 방법에 따라서 행동했기 때문이다. 《계몽사상가 테레즈》는 단순히 성에 관한 책이나 철학 논문이 아니다. 그것은 피임에 관한 논문이기도 하다. 그것은 프랑스 인구의 독특한 유형에 어느 정도 영향을 끼쳤으리라고 볼 수 있다.[54]

확실히, 중단성교는 여성을 남성의 호의와 자기통제에 종속시킨다. 《계몽사상가 테레즈》에서 백작이 중단성교에 성공할 때 그는 정복의 영웅처럼 묘사된다. 그러나 테레즈는 기꺼이 자신을 해방시키고 유혹을 받는다. 그는 이 작품에서 넘치고 있는 엿보기 취미의 궁극적인 목표—다시 말해서 성적 대상으로 간주될지 모른다. 하지만 그는 마지막에 가서는 진정한 영웅으로 떠오른다. 디라그가 자신에게 밀어넣는 것을 수동적으로 받아들이는 에라디스와 달리—"그대 자신을 잊고, 그저 되는 대로 맡기세요"[55]—테레즈는 자기 삶을 떠맡고 스스로 결정을 내리면서 저 나름대로 살아나간다.

그 조건을 내놓은 사람이 백작이라는 사실을 부인할 수 없다. 줄거리의 결정적 전환점에서 그는 테레즈한테 자기 성에서 함께 살자고 제안한다—물론 자기 애첩으로 돈을 받으면서. 그럼에도 그가 제안하는 방법을 보면 그가 테레즈를 사고 있다기보다는 이 작품의 주요 논점을 설명해주는 향락주의적 계산의 장단점을 설명하고 있다는 인상을 받을 수 있다. 문학의 역사에서 연인이 이보다 열정을 보이지 않고 속내를 털어놓는 예를 찾기는 어렵다. 여성의 발치에 장미나 시를 바치기는커녕 자신을 던지지도 않는다. 백작은 입을 맞추려고 시도하지도 않는다. 그 대신 '아주 짧은 말로' 계약의 조건을 내놓고는 발걸음을 돌린다. 그러나 공리주의적인 설교를 늘어놓은 뒤에.

사람이 행복해지려면, 자신에게 맞는 쾌락을 잡아야 합니다. 그것은 그가 타고난 열정에 걸맞은 쾌락입니다. 그렇게 하면서 그는 이 쾌락을 즐긴 뒤에 따라올 선악을 계산해야 합니다. 그리고 이 선악을 자신만이 아니라 공익과 관련해서 생각하도록 주의해야 합니다.[56]

이 로미오는 애타주의자가 아니다. 그는 테레즈를 행복하게 만들어줄 때 자기도 행복해질 것이라고 설명하고, 결혼하지 않은 채 2,000리브르에 선을 긋는다. 테레즈가 이 문제를 자기 편에서 계산할 때, 그도 역시 사회적 현실에 대한 빈틈없는 감각을 보여준다.

나는 백작님처럼 생각하는 남자를 즐겁게 해줄 수 있다고 상상하면서 이루 말할 수 없는 즐거움을 느꼈답니다…. 그러나 우리의 편견은 얼마나 강하고, 얼마나 깨뜨리기 어려운 것인지! 남의 첩 노릇을 하는 여성의 사회적인 지위를 생각만 해도 나는 두렵습니다. 나는 언제나 그런 여성을 부끄러운 존재로 생각하고 있었기 때문입니다. 나는 아기를 갖는 일도 두려워했답니다. 우리 어머니나 마담 C.는 아기를 낳다가 거의 목숨을 잃을 뻔했거든요.[57]

테레즈는 성과 2,000리브르를 받아들이면서 나름의 추가조항을 단다. 서로 수음은 되지만 성교는 안 된다는 것이다. 그가 백작의 서재에서 성에 대한 신선한 강의를 받은 뒤에 마음을 고쳐먹기는 하지만, 여전히 그가 결정을 내리는 주체로 남아 있다. 그는 끝까지 독립된 지위를 유지한다. 비록 테레즈가 남성의 공상이 만들어낸 존재라 할지라도, 여성이 자기 쾌락을 추구하고 자기 몸의 주인이 될 수 있는 권리를 옹호하고 있다.

그러므로 《계몽사상가 테레즈》를 어떤 사람이 지었건, 이 작품은 앙시 앵 레짐 시대의 기존 가치에 대한 도전—어떤 면에서, 여성의 투표권을 얻어내지도 못하거나(여성은 1944년까지 얻지 못했다) 재산과 신체에 대해 남편의 권위에서 벗어나지도 못한 19세기 프랑스 여권주의보다 더 급진적인 도전으로 읽을 수 있었다.[58] 테레즈가 여성문제에 대해 내린 결론에는 분명히 비현실적인 면이 있다. 보호자가 없는 아가씨 가운데 성을 선택할 수 있는 위치에 있는 아가씨가 극소수나마 존재했을 것이다. 그러나 그의 선택에는 불안정한 요소도 들어 있다. 왜냐하면 그는 아내와 어머니의 역할을 단호히 거절하기 때문이다. 그 책에서 마담 C.와 마담 부아 로리에처럼 긍정적으로 묘사한 여성들의 경우도 마찬가지다. 그들은 만만치 않은 삼인조를 구성한다. 세 사람은 모두 자유롭고 자유사상에 물든 바람둥이였던 것이다.

그런데 독립적이고 색을 밝히는 여성은 18세기 프랑스의 사회질서에 강력한 위협이 되었다. 실제로 이 같은 여성이 존재했다. 그들은 마담 탕생, 마드무아젤 드 레스피나스처럼 살롱을 열어 자기 주변에 성적인 기를 불어넣고 디드로의 《달랑베르의 꿈Rêve de d'Alembert》 같은 대담한 사고실험thought experiment을 부추긴 맹렬 여성이었다. 《계몽사상가 테레즈》도 역시 사고실험이었다. 그것은 결혼제도와 어머니의 지위를 상상의 차원에서 가늠하고, 향락주의적 계산에 종속시켰으며, 부족한 제도임을 알았다.

역사가들이 과거의 제도가 얼마나 중요한 것인지 가늠할 때, 그들은 좀처럼 공상의 여지를 허용하지 않는다. 그러나 18세기 프랑스인은 종종 수수께끼 놀이를 했다. 그들은 물었다. 무신론자의 사회는 존재할 수 있었을까? 그리고 바람기 있는 여성의 사회는?《계몽사상가 테레즈》는 그들에게 자유로이 사랑하고 자유롭게 생각하는 여성 계몽사상가라는 단일한 공상 속에 두 가지 위험을 한데 묶어서 생각할 수 있는 기회를 제공했다. 그것은 문학적 상상력이 이룩한 빼어난 공훈이었다. 그것은 독자를 법의 밖으로 끌어가 유동적인 지대에 놓아주었다. 그리하여 독자는 거기에서 다른 사회질서를 생각하면서 놀 수 있었다.

몽테스키외와 루소는 각각《페르시아인의 편지》와《사회계약론》에서 같은 일을 했다. 참으로 모든 '철학책'은 이처럼 놀이 실험을 무제한 할 수 있는 공간에 살고 있었다. 특히 우리가 이제부터 눈길을 돌려야 할 《2440년》이 그러한 작품이다. 그러나《계몽사상가 테레즈》만큼 그 주제에 제약을 받지 않은 작품은 없다. 이것은 앙시앵 레짐의 자유사상에서 가장 자유로운 공상을 보여준 작품이었다.

4장

이상향의
공상

　루이 세바스티앵 메르시에가 쓴 《2440년》의 중요한 성격은 정신적인 실험이지만, 이 책만큼 《계몽사상가 테레즈》와 다르게 쓰인 책도 없다. 《계몽사상가 테레즈》가 버릇없고 대담하다면, 《2440년》은 무겁고 과장되다. 전자는 충격을 주지만, 후자는 교화한다. 메르시에는 독자의 공상을 계속 자극하는 대신 언제나 감정적인 효과를 내기 위해 노력하고, 결코 가장 가벼운 해학의 감각도 실망시키지 않는 수사학의 큰 파도로 독자의 공상을 압도한다. 근대적인 취향에서 이 작품보다 더 멀리 나아간 것은 없다. 그럼에도 혁명 전 프랑스 독자들은 이 작품을 사랑했다. 《2440년》은 뇌샤텔출판사 도서목록에서 최고의 베스트셀러로 돋보인다. 이 책은 적어도 25판이나 발간되었다. 그것은 오늘날과 아주 다른 독자의 마음을 사로잡은 것이 무엇인지 이해할 수 있게 만들어주는 결정적인 작품이다.

　《2440년》의 초판은 1771년, 그러니까 《계몽사상가 테레즈》의 초판이 나온 지 23년 뒤에 나왔다. 이 사이 중요한 국제분쟁으로서 1763년 프랑스에 불명예스럽게 끝난 7년전쟁, 중요한 정치적 위기로서 결국 1771년 고등법원의 파괴까지 몰고 온 슈아죌 내각의 붕괴를 포함해 수많은 사건이 일어났다. 계몽주의의 가장 중요한 작품이 나타나고, 루소가 18세기 초반에 한정됐던 세련된 동아리들의 울타리 밖으로 계몽주의를 가져간 것도 바로 이 시기의 일이었다.

메르시에는 루소주의에 물든 대중을 위해 작품을 썼다. 물론 1771년 이후 프랑스 문학에는 다른 흐름도 여전히 있었다. 많은 흐름이 메르시에의 작품에서 표면으로 떠올랐다. 그의 작품은 종종 디드로의 극작법과 사법적 불의에 반대하는 볼테르의 계몽운동과 관련이 있다. 그러나 메르시에는 중요한 관점을 루소에게서 얻었다.

루소는 단순히 '전기 로맨티시즘'으로 딱지를 붙일 수 있는 단속적인 파도를 일으키는 데 그치지 않았다. 그는 작가와 독자 사이에 새로운 관계를 만들어내고, 독자를 텍스트로 새로이 안내했다. 그는 《계몽사상가 테레즈》 같은 작품들이 독자의 관심을 끌기 위해 이용한 장치를 거부했다. 그는 교활한 암시, 숨은 뜻, 익살스러운 개작, 말장난, 이를테면 볼테르가 완벽하게 발전시킨 속임수 전체를 거부했던 것이다. 재치와 말놀이 대신 루소는 자기 목소리로 말했고, 독자에게 직접 말을 걸었다. 마치 인쇄된 말이 이심전심으로 직접 속내를 전할 수 있는 것처럼. 루소 이전의 다른 작가들도 머리에서 가슴으로 호소했다. 하지만 아무도 직접 접촉하는 듯한 느낌을 만들어내고, 분출하는 영혼을 만나고 있다는 환영을 유지시켜주는 데 그만큼 두드러지게 성공하지는 못했다.

루소는 문학을 폐기하고 삶을 창조하는 것처럼 보였다. 수많은 독자는 《신 엘로이즈》의 인물들을 살아 있는 사람으로 여겼으며, 그 작품의 가르침에 따라서 생활하거나 그렇게 하려고 노력했다. 물론 루소는 독자들이

루이 세바스티앵 메르시에 《2440년》의 1799년판 권두화에서
출처: 헨리 E. 헌팅턴 도서·미술관

종교적 부흥을 위해 성숙했을 때 종교적 관용어를 끌어들이면서 한 종류의 수사학을 다른 종류로 대체했다. 그러나 그렇게 하는 가운데 그는 문학을 민주적 힘으로 만들었으며, 민주적 정치문화로 향한 길을 열었다.[1]

우리는 루소의 감상적인 측면보다 독창성을 강조하는 편이 더 중요하다. 그 감정의 대부분은 오늘날 제대로 전달되지 않기 때문이다. 달콤한 눈물과 넋이 어린 측면은 18세기 후기와 19세기 소설의 단골이 되었지만, 오늘날의 독자들은 종종 그것들을 소화할 수 없다. 그러나 그것들은 1771년 메르시에가 루소의 수사학적 견해를 본받을 때만 하더라도 여전히 신선했다.

메르시에는 점점 늘어나고 있는 '시궁창의 루소Rousseaus du ruisseau', 지나치게 감상적인 엉터리 작가 또는 '천한 루소gutter Rousseaus'에 속한 사람이었다. 확실히 그는 '시궁창의 루소'라는 말을 처음 들은 친구 니콜라 에드메 레티 드 라 브르톤처럼 궁색하게 살지는 않았다. 칼을 갈고 금속 무기의 광을 내는 숙련공의 아들인 메르시에는 비록 비천한 가문 출신이기는 해도 예절바른 교육을 받았으며, 연극대본, 책, 정치색 짙은 논문을 만들어내면서 점잖게 살았다. 그는 이 책에서 써먹은 말을 다른 책에서 써먹고, 시론을 여러 권짜리 논문으로 늘리는 방식으로 수많은 작품을 발간했다.

따라서 그의 주요 작품―《2440년》《파리의 모습》《밤에 쓰는 모자》―의 성격은 이렇다 할 형식이 없다는 데 있다. 이 작품들은 다양한 종류의 주제를 짧게 다룬 글로 이루어졌다. 메르시에는 이러한 주제를 일관성에 아랑곳하지 않고 죽 늘어놓았다. 책이 인기몰이를 하면 그는 자르고 붙이면서 더 큰 책으로 만들어내는 한편, 판을 거듭할수록 나오는 해적판과 맞서 싸웠다. 그 결과는 결코 우아하지 않았지만 매력 있는 작품으로 탄생하는 일이 종종 있었다. 왜냐하면 메르시에는 자기 주위의 세상을 관찰한 다음 그것을 일화와 시론에서 생생하게 만들 줄 알았기 때문이다. 우리가 혁명 전야의 파리의 모습, 파리의 소리와 냄새와 느낌이 어땠는지 알려고 할 때, 그의 작품보다 더 좋은 것은 없다.[2]

《2440년》은 겉으로 보기에 완전히 다른 세계를 묘사한다. 그것은 메르시에가 먼 미래에 자리매김한 공상이다. 줄거리는 단순하다. 1771년 파리의 불의에 대해 심하게 비난하는 철학적 친구와 열띤 논쟁을 마친 화자(이름을 밝히지 않았지만 분명히 메르시에의 분신인 그)는 잠이 들고, 미래의 파리에서 깨어난다. 수염이 길고 몸이 쇠약해진 것을 보고 자신이 늙었음을 알게 된 그는 거리에서 실수를 하고 2440년이라는 날짜가 박힌 벽보를 보고 나서야 자기가 얼마나 늙었는지 깨닫는다. 700살이나 되었던 것이다. 호기심 많은, 그러나 친절한 대중이 그 주변에 모여들어 그의 이상한 생김새를 신기하게 구경한다. 그때 철학적 호고주의자가 앞으로 나서서 그 상황을 정리해준 뒤, 낯선이를 위해 도시를 안내해주겠다고 말한다. 작품의 나머지는 화자가 도시를 구경하면서 느낀 점을 적고 있다. 특별한 여정도 없이 여기저기 다니면서, 메르시에는 판을 거듭할수록 새로운 구절을 집어넣어 작품을 한없이 부풀려나갈 수 있었다. 파리를 한 바퀴 둘러보는 일을 마쳤을 때 화자는 다시 깨어난다. 이번에는 현재다. 그리고 작품은 갑자기 끝난다.[3]

미래 공상과 립 밴 윙클Rip Van Winkle 효과에 익숙한 오늘날의 독자는 이 작품을 날렵하지 못하다고 여길지 모른다. 그러나 18세기 독자는 몹시 매혹적인 작품으로 보았다. 그들은 결코 공상과학소설을 본 적이 없기 때문이다. 그들은 미래의 이상향도 꿈꾸지 못했다. 플라톤, 토머스 모어, 프랜시스 베이컨, 그리고 그 밖의 모든 이상향 건설가들은 공간적으로 아주 멀리 떨어져 있고 현실적으로 도저히 불가능한 여행이나 엉뚱한 조난사고로 현실 세계와 동떨어진 사회를 상상했다.[4] 그러한 세계는 도달할 수 없는 곳처럼 보였다.

그러나 메르시에는 자신이 창조한 세계를 필연적인 것처럼 보이게 만들었다. 왜냐하면 그는 그것을 이미 시작된 역사적 과정의 결과로 제시하고, 파리에 자리매김하고 있기 때문이다. 이렇게 해서 《2440년》은─"한 번쯤 꾸어봄직한 꿈A Dream If Ever There Was One"이라는 부제에서 보듯이─공상적인 성격을 자처하고 있다 하더라도, 독자가 미래의 진지한 안내서로 읽어주기를 요구했다. 이 작품은 놀라울 만큼 새로운 관점을 제시했다. 미래를 기정사실화하고 현재를 아주 먼 과거로 설정했던 것이다. 이 같은 사고 실험에 참여하고픈 유혹을 누가 떨칠 수 있었겠는가? 그리고 일단 거기에 끼어들면, 그것이 눈앞에 펼쳐 보여주는 사회의 부패상, 다시 말해 18세기 파리의 모습을 누가 보지 못하겠는가?

메르시에는 이 효과를 세 가지 기본 기술로써 더 크게 만들었다. 첫째, 구체적인 묘사로써 그의 미래관을 사실 보도처럼 보이게 만들어준다. 둘째, 정교한 각주를 달아 두 사람이 대화하도록 한다. 다시 말해 미래의 시점에서 말하고 있는 본문의 화자와 현재의 시점에서 통렬히 비난하는 각주의 비평자로 하여금 대화하도록 만들고 있는 것이다. 끝으로, 루소풍의 수사법을 이용하여 앙시앵 레짐의 제도에 저자와 독자가 함께 맞서도록 하는 역할을 주고 있다.

세 가지 중에서 첫째 기술이 가장 효과적이다. 왜냐하면 메르시에의 신문기자 같은 재능을 완전히 지배하고 있기 때문이다. 그는 700살의 화자 눈에 두드러지게 보이고, 철학적 안내자가 현실적으로 비평을 달아주는 모든 것을 기록하고 있다. 첫째, 그들은 화자를 2440년의 유행을 따르도록 하기 위해 남자옷 가게에 들렀다. 거기서 나올 때 그는 남의 눈에 덜 띄고 더 안락한 기분을 느끼게 될 것이었다. 미래의 파리인은 몸의 움직임을 구속하지 않는 느슨하고 기능적인 옷을 입는다. 정강이받이 위에 가벼운 내의를 흘려내리고, 고대 로마인이 입던 토가처럼 헐거운 겉옷을 입고 허

자신이 700살이라는 사실을 깨달은 《2440년》의 화자
프린스턴대학교 도서관 희귀본과 특별장서 보관실 소장

리띠를 맨다. 느낌이 좋은 신발은 걷기에 쾌적하고, 접을 수 있는 챙이 달린 모자로 햇볕과 비를 모두 막을 수 있다. 물론 그들은 '고딕풍 기사도의 낡은 편견'[5]을 상징하는 칼을 차지 않는다. 그들의 머리는 18세기 사교계 한량의 부자연스러운 모습에서 볼 수 있듯이 높이 올리거나 회반죽을 처바르는 대신 뒤로 모아 소박한 리본으로 묶는다. 화자는 자기 시대에는 몸에 꽉 끼는 옷을 입었다고 고백한다. 옷깃은 숨을 막히게 했고, 조끼는 가슴을 '가두어버렸으며', 대님은 다리의 피돌기를 막았다.

앙시앵 레짐 시대 사람의 일상생활에 대한 묘사는 이런 식으로 시시콜콜한 내용까지 계속 밝혀나가면서 삶을 전반적으로 재판에 회부한다. 화자는 파리를 거의 알아보지 못한다. 파리는 아주 깨끗하고 잘 정돈되어 있기 때문이다. 마차는 길 오른쪽으로 천천히 다니고, 언제나 보행자의 권리를 먼저 생각하면서 그들 앞에서는 공손히 멈춘다. 그리고 거의 모든 사람은 걸어다닌다. 왕도 마찬가지다. 마차가 있긴 하지만, 18세기에 평민들을 쓰러뜨리면서 달리던 금빛 찬란한 호화 마차와 조금도 닮지 않았다. 인류를 위해 특별히 봉사한 늙은 시민들만 마차를 이용할 수 있다. 이러한 영웅들, 그리고 동료들의 지명을 받고 왕의 인정을 받은 뛰어난 장인들만이 이 나라의 진정한 귀족층을 이뤘다. 왕은 그들에게 능라* 모자를 수여한다. 이 모자를 쓴 사람은 아무 데나 거저 들어가고, 왕실 자문회의에도 곧장 들어갈 수 있다. 능라 모자야말로 유일한 특권의 표시다. 일반인은 똑같은 종류의 헐거운 겉옷을 입고 똑같은 종류의 집에서 산다. 소박한 구조의 집은 높이가 일정하고, 모두 소박한 가구를 들여놓으며, 옥상정원을 갖추었다. 정원은 푸른 초목이 우거져, 위에서 보면 파리는 마치 숲처럼 보인다. 도시 생활을 완전하게 만들 수 있기 때문에 파리인은 자연으로

---

* 무늬를 두드러지게 짠 비단.

돌아갔다.

　무엇보다도 그들은 공공의 공간을 재편성했다. 그들은 큰 광장에서 시민축제를 봉축한다. 광장 둘레에는 다음과 같이 압도적인 기념건축물이 늘어섰다. 튈르리와 루브르에는 새 궁전을 덧붙여 지어 예술가들만의 공간으로 이용하게 했다. 새로운 법원으로 옛 고등법원을 대체하고, 시청도 새로운 모습을 갖추게 했다. 센 강을 따라 좀더 먼 곳에 바스티유가 있던 자리에는 자비의 전당Temple of Clemency이 서 있고, 역병의 온상인 오텔 디외 병원 대신 종두의 전당Temple of Inoculation*이 들어섰다. 예방약 덕분에 병에 걸리는 사람은 줄었다. 만일 병에 걸리더라도, 헌신적인 의사들이 배치된 20개 공공병원에 입원하여 개인침대에서 훌륭한 치료를 받을 수 있다. 극심한 가난도 퇴치되었다. 그래서 구빈원은 더이상 존재하지 않는다. 모든 감옥도 사라졌다. 범죄는 더이상 심각한 문젯거리가 되지 못했기 때문이다. 만일 어떤 시민이 어쩌다 다른 시민의 생명을 앗아간다면, 그에게 자기 죄를 인정하고 동료 시민들 앞에서 고백하게 만든다. 그가 원로원 의장의 신호에 따라 소총분대에 의해 총살형을 받는 동안 동료 시민들은 사회계약을 위반한 데 대해 애도한다.

　소르본대학은 여전히 카르티에 라탱에 서 있다. 그러나 그것은 예방의학 연구를 위한 해부학 강의실로 바뀌었다. 형이상학과 신학 대신 응용과학과 시정 연구가 교육체계에 도입되었다. 루소의 《에밀》에 나오는 원칙

---

*　18세기에는 천연두로 목숨을 잃은 사람이 많았다. 루이 15세도 1774년에 그렇게 죽었다. 메르시에가 《2440년》을 쓸 때만 해도 프랑스에서는 종두법을 배웠지만, 사람들은 이 방법을 별로 믿지 않았다. 터키의 이스탄불에 갔던 영국대사 부인이 영국으로 도입한 뒤 프랑스에도 종두법이 들어왔지만, 사람들이 외면하는 바람에 루이 15세는 가난한 귀족 자제를 교육시켜 장교로 배출하는 육군사관학교Ecole militaire 생도들에게 강제로 접종하기도 했다. 루이 15세가 죽은 뒤 즉위한 루이 16세와 마리 앙투아네트는 용기를 내서 곧 접종했다. 1796년 영국에서 제너가 백신을 발명하기 전의 일이기 때문에 접종받기 위해서는 실로 용기가 필요했다.

에 따라 어린 나이에 훈련받은 어린이는 무척 빠르게 배우기 때문에《백과사전》을 초등학교 입문서로 이용한다. 그들은 루소가 천거한 방식대로 최고 존재의 숭배를 배운다.

교회와 수도원은 도시의 풍경을 더이상 어지럽히지 않는다. 가톨릭교가 붕괴했기 때문이다. 그래서 파리는 이제 신앙심이 두텁다. 화자는 새로 생긴 전당 한 곳을 둘러보면서 전체적인 소박함에 놀란다. 벽에는 아무런 장식도 없이 그저 '하느님'이라는 낱말만 여러 언어로 새겨놓았고, 유리로 덮인 돔은 넓은 저세상에서 창조주 앞의 모임을 생각나게 한다. 로마 시 주교직으로 시위가 낮아진 교황은 최근 '인간 이성의 교리문답'을 발간했다. 성직자들은 철학적 사제와 세속적 '성인'에게 자리를 물려주었다. 이들은 구정물 구덩이를 청소하고 불난 건물에서 사람들을 구해내는 것 같은 시민적 덕성의 영웅적인 위업으로 조국을 위한 사랑을 일깨운다.

극장도 '도덕의 학교'가 되었다. 화자가 파리의 주요 광장에 정부가 세운 네 개 극장 가운데 한 곳에서 저녁시간을 보낼 때, 그는 재잘거리는 아이들을 데리고 들어오는 사제와 만난다. 그들은 두 가지 연극으로 시민의식을 고취시키기 위해 그곳에 왔다. 하나는 칼라 사건에 관한 비극이며, 또 하나는 앙리 4세를 기리는 희극이다. 전자는 신교도를 그릇된 판결로 죽인 사법살인사건으로서, 볼테르는 이 소식을 듣고 몸서리를 쳤다. 후자는 인민의 지지를 받은 앙리 4세가 가톨릭 동맹에 승리한 뒤 잔치를 벌이고 스스로 밥상을 치우는 내용이다.[6]

오늘날의 독자는 이 같은 내용을 보고 적잖이 놀랄지 모른다. 우리가 미래를 상상할 때 우리는 과학기술의 경이로운 것들로 채울 것이기 때문이다. 그러나 메르시에의 미래에는 광선총도, 우주 기계도, 시간을 왜곡하는 텔레비전도, 어떤 형태로든 이 은하계에서 저 은하계로 가고 오는 장치도 전혀 등장하지 않는다. 그의 이상향은 도덕적 차원으로 이루어졌다. 그의 수사법은 도덕적 분노를 불러일으키려는 의도를 갖고 있다.

이처럼 그는 다른 소설가들이 독자에게 강한 정서를 불러일으키려는 목적으로 즐겨 쓰던 장치를 대부분 이용하지 않았다. 《2440년》은 단지 독자를 미래의 파리로 데려가기 때문에, 그의 정서가 개입할 수 있는 줄거리나 그가 신분을 확인해줄 수 있는 인물들이 없었다. 그러므로 이 작품은 오늘날에는 생각할 수 없을 책략을 사용하고 있다. 이국적인 묘사로써 독자의 눈길을 끈 다음 각주를 활용하여 교화하는 방법이다.

《2440년》에는 종종 텍스트 자체를 압도할 정도로 방대한 주를 달아놓았다. 그리하여 텍스트는 어떤 경우 한 쪽에 단 한 줄이나 두 줄로 제한되는 경우가 있다. 독자는 각 쪽의 위에 있는 본문과 아래의 주를 오가면서 읽어야 한다. 그렇게 하면서 독자는 미래와 현재라는 시간의 틀을 옮겨다닌다. 텍스트는 2440년에, 그리고 주는 18세기에 각각 맞춰져 있기 때문이다.

똑같은 화자의 목소리가 각 시간의 틀을 주도한다. 본모습을 알 수 없는 '나'는 분명히 익명의 저자를 대표하는 목소리다. (이 책은 아주 위험하다고 여겨졌기 때문에 메르시에는 1791년판에 부친 머리말에서 이름을 밝힐 때까지 자기 작품임을 공공연히 인정하지 않았다.) 그러나 재판장소가 바뀔 때마다 그 목소리의 음역도 바뀐다. 본문에서 화자는 미래의 경이로운 모습에 놀라고 기가 죽어 있다. 그는 2440년의 프랑스 사회가 우월하다는 안내자의 설명을 황홀하게 듣는다. 그러나 주에서 '나'는 독자에게 곧바로 하소연을 늘어놓는다. 그는 독자가 사는 세계의 온갖 병폐를 고발하고, 앙시앵 레짐의 모든 권위에 공공연히 도전한다.

예를 들어 8장에서 안내자는 화자에게 파리에는 더이상 감옥이나 구빈원이 없다는 사실을 알려주고, 18세기 그것들의 폐단을 돌이켜보면서 루소 식으로 설명한다. "사치는 마치 불이 붙은 산성 물질처럼 당신 나라의 가장 건강한 부분까지 썩는 병을 퍼뜨리고, 정치체를 궤양으로 뒤덮어놓습니다." 그런 다음 이 구절에 달아놓은 각주에서 저자는 족히 두 쪽이나 되는 연설을 독자에게 늘어놓는다. 한 곳에서 그는 프랑스 법원에 앉아 있는 판사들에게 곧바로 비난의 화살을 날린다. "오, 잔인한 법관들이여! 철 같은 인간, 사람의 이름을 붙여줄 가치도 없는 인간, 당신들은 그들(감옥에 갇힌 범죄자들)보다 더 인류를 해쳤다! 흉포한 도적 떼도 당신들과 비교할 수 없을 정도다."[7]

각주는 메르시에가 꿈꾸는 미래의 주요 경향을 분명히 말하고 있다. 그 미래는 보든 것을 부정했다. 그는 수도사, 성직자, 창녀, 거지, 춤선생, 과자 제조인, 상비군(모든 나라는 항구적인 평화를 위한 조정안을 받아들였다), 노예제, 자의적인 구금, 세금, 신용(모든 사람은 언제나 현금으로 물건을 산다), 조합, 해외무역(모든 나라는 근본적으로 농업국이며 자급자족하는 경제체제다), 커피, 차, 담배(화자에 따르면 코담배는 기억력을 감퇴시킨다) 따위가 없는 사회를 묘사한다. 앙시앵 레짐을 대대적으로 고발하는 데 그치지 않고 위와 같은 부정적인 요소들을 추가한 것이다.

그러나 새로운 종류의 사회를 건설하기 위한 청사진을 제시하지는 못한다. 사실 메르시에는 단지 자기가 사는 시대 프랑스에서 모든 폐단을 몰아낸 상태만을 상상했던 것이다. 《2440년》은 근본적으로 1781년 초판이 나온 메르시에의 또 하나의 베스트셀러 《파리의 모습》과 다르지 않다. 전자는 미래의 파리를 걸어다니는 작품이고, 후자는 현재의 파리를 산책하는 작품이다. 같은 주제에 대한 긍정적인 그림과 부정적인 그림을 보여주면서 두 작품은 서로를 보완한다. 그러나 부정적인 요소가 더 많이 나타나기 때문에, 두 작품은 실제로 같은 동전의 같은 면을 보여주고 있다.

예를 들어 《2440년》의 "고귀한 여관 주인"이라는 장은 언뜻 보기에 완전히 새로운 평등주의 사회를 묘사하고 있는 것처럼 보인다. 군주는 지나친 사치를 누리는 대신 여행자와 가난한 사람을 위해 개방적인 시설을 운영한다. 그러나 그는 여전히 출입문 위쪽에 문장을 새겨넣은 궁전에 살고-가난한 사람은 여전히 존재한다. 메르시에는 극도의 부와 가난을 모두 없애고 있지만, 사회 밑바닥의 가난한 사람과 꼭대기의 귀족이 없는 사회를 상상할 수는 없나 보다.

게다가 그는 경제와 인구의 증가도 생각하지 못한다. 700년 동안 프랑스의 인구는 단 50퍼센트 늘어났을 뿐이다. 그것은 단지 파리와 지방 사이의 비율 조정을 단순히 반영한다. 수도는 예전과 똑같지만 농촌이 성장했다. 메르시에가 보는 농촌의 번영은 농업을 모든 부의 원천으로 보는 당시의 일반적인 견해와 일치한다. 그러나 거기에 맞는 이론은 갖추지 못하고 있다. 그는 자유무역주의를 주장하는 중농주의자들의 농업 경영을 포용하는 대신, 경제학에서는 머리보다는 마음이 더 믿음직스럽다고 경고한다. "지금은 행복을 이성에 복종시키는 불행한 시대다."[8]

그는 흉년에 가난한 사람들을 보호하기 위해 국가가 곡식을 저장할 필요가 있다고 허용하지만, 통제받지 않은 거래, 더욱 폭넓은 수공업 공장, 심지어 어떠한 은행이나 신용제도도 받아들이지 않으려 한다. 그가 모든 사회 관계를 재편하고 있는 한, 가장 중요한 개혁은 오늘날의 관점에서 조금도 진보적으로 보이지 않는다. 루소처럼 그도 여성을 일터에서 제외하고, 집안일만 맡기고 있다. 여성은 어머니와 가사를 돌보는 역할만 하도록 엄격히 제한하고 있는 것이다. 여성은 정치나 어떤 형태의 공공생활에 참여할 수 없다. 그들은 최고 존재를 모시는 행사에서 남성과 함께 앉지도 못한다.

메르시에의 이상향에 루소주의가 반영되고 있기는 해도 여전히 앙시앵레짐 사회에 뿌리를 두고 있다. 그래서 그의 꿈은 계속 모순 속을 헤맨다. 그는 가난과 귀족을 없애는가 하면 가난한 사람들을 돌보는 부유한 귀족을 묘사하기도 한다. 궁정이 사라졌다가, 다른 곳에서는 왕 주위에 아첨꾼들이 몰려 있는 모습이 나타나기도 한다. 작품의 첫머리에서 왕은 오직 상징적인 권력만 행사한다. 그러나 끝부분에서 왕은 사회 전체를 위해 법률을 제정하는 것처럼 보인다. 메르시에는 일관성 없는 내용에는 아랑곳하지 않은 채 공상에 이끌려다닌다.

이로 말미암아 그의 이상향은 재미있는 곳이 된다. 거기에 있는 모순을 보면서 우리는 1789년 이전에 사는 사람이 어디까지 공상의 나래를 펼칠 수 있는지 볼 수 있다. 물론 루소를 비롯해 모렐리·마블리·돌바흐처럼 좀 더 진지한 사상가들은 아주 대담한 생각을 했다. 그들의 사상에 나타난 이상향의 경향은 사회주의로—그러나 오직 관념적으로—조금씩 변질되어 사라졌다. 메르시에의 경향은 마치 꿈이 실현된 것처럼 읽힌다. 그는 독자의 손을 이끌고 미래 사회를 걸어다닌다. 옷을 입고 거주하고 거리에서 옮겨다니는 일상생활의 세계에서 일단 움직이기 시작한 이야기는, 생각할 수 있는 사람들의 바깥 경계를 계속 치받고 있다. 또한 그렇게 하면서 앙시앵레짐의 사회적 상상력의 한계가 어디까지인지 보여준다.

그러나 메르시에는 나중에 프랑스혁명을 예언했다고 주장했다. "내 감히 말하노니, 사건을 이렇게 거의 예언한 적도 없었고, 놀라운 변화에 대해서 이처럼 자세히 언급한 사람도 없었다. 그러므로 나는 프랑스혁명의 진정한 예언자다."[9] 《2440년》에 나오는 극적인 구절을 보면 메르시에가 실로 혁명에 대한 생각을 품고 있는 것처럼 보인다. 안내자는 18세기의 정치사를 뒤돌아보면서 화자에게 군주정이란 반드시 전제정으로 타락하게 마련이라고 설명한다. 하지만,

단 한 사람이라도 크게 외쳤다면 수많은 사람을 선잠에서 깨울 수 있었을 겁니다. 만일 당신이 압제의 우레 소리를 견뎌야 했다면, 당신이 약했기 때문이

라는 사실만 비난받아 마땅합니다. 자유와 행복은 그것을 잡을 수 있는 사람의 것입니다. 이 세상의 모든 것이 혁명을 겪고 있습니다. 가장 위대한 혁명이 무르익었으며, 우리는 그 열매를 따고 있습니다.

이 구절에 단 각주에서 메르시에는 자신이 격렬한 대변동에 대해서 말하고 있음을 분명히 한다.

…몇몇 국가에는 피할 수 없는 단계가 있다. 그것이 비록 자유를 가져오는 것일지라도 그 단계는 피비린내 나고 무시무시하다. 나는 내란을 말하고 있다…. 이것은 끔찍한 치료책이다! 만약 국가와 국민이 오랫동안 잠들어 있다면, 그러한 치료책이 필요해진다.[10]

그러나 두 쪽 뒤에서 피와 벼락은 사라졌고, 화자는 혁명이란 실제로 달콤함과 빛으로 구성되었다고 설명한다. "당신은 그것을 믿을 수 있습니까? 혁명은 어떤 위대한 사람의 영웅적 행동에 의하여 아주 쉽게 일어났답니다."[11] '철학자—왕'은 왕국의 옛 신분들에게 자기 권력을 기꺼이 양도했으며, 이제부터 명목상의 우두머리로 다스리는 데 동의했다. 그는 바스티유감옥을 파괴하고, 봉인장을 발행해 멋대로 체포하던 제도도 폐지했다.[12] 가톨릭 교회에 대해서 말하기를, "그 권력은 여론으로부터 나왔다. 여론은 바뀌었고, 모든 것은 담배 연기 속으로 사라졌다."[13] 앙시앵 레짐의 전반적인 권력 구조는 왕위와 여론의 압력을 받고 제 무게에 못 이겨 무너졌다. 왕위와 여론의 압력은 모두 역사의 궁극적인 추진력에 의해 가동되었다. 그런데 그 추진력은 인쇄물을 통해 작업하는 문인들이었다.

메르시에의 작품은 급진적인 수사법을 사용하고 있기는 하지만 실제로는 군주제를 옹호하는 감정으로 고동치고 있다. 그것은 물론 루이 14세풍의 변종이 아니라, 대부분 앙리 4세의 신화에서 영감을 받은 인기 있고 평등주의를 지향하는 군주제를 옹호한다. 앙리 4세는 2440년의 파리의 모든 곳에서 민중의 편인 동시에 민중의 아버지로서 찬양받는다. 퐁뇌프는 앙리 4세 다리로 이름을 바꾸었다. 앙리 4세는 무대 위에서 환영받는다. 그리고 현재의 왕은 '두 번째 앙리 4세'로 존경받는다.

> 그는 앙리 4세처럼 위대한 영혼, 용기, 장엄한 소박함을 갖추었지만, 앙리 4세보다 더 행운을 타고났습니다. 그가 도로 위에 남긴 신성한 발자취는 모든 사람이 존경합니다…. 아주 사소한 잘못을 저질러도 부끄러워 얼굴을 붉힐 지경입니다. 그들은 "만일 왕이 지나가신다면"이라고 말합니다. 나는 이러한 경고만이 내란을 멈출 수 있다고 생각합니다.[14]

메르시에는 이러한 긍정적인 모습에 반대의 모습을 대립시킨다. 그것은 전제군주나 루이 14세의 모습이다. 아첨꾼에 둘러싸이고 사치에 파묻힌 루이 14세는 군주정의 가장 나쁜 폐단과 프랑스 역사에서 가장 형편없는 모습을 구현한다. 그는 자기 백성과 접촉을 끊고 그들을 파멸시키면서 살아갔다.[15] 2440년의 관점에서 본 베르사유는 군주정이 전제정으로 타락하는 과정을 가장 상징적으로 보여주는 곳이다.

마지막 장에서 화자는 파리에서 베르사유까지 소풍을 간다. 그러나 그는 역사적인 기념건축물 대신 폐허가 된 황량한 풍경을 발견한다. 궁전의 잔해는 잡초가 우거지고 뱀이 우글대는 곳으로서, 쓰러진 기둥에 앉아 옛날의 영화를 그리며 우는 늙은이를 제외하고 모든 사람의 기억에서 사라졌다. 그 늙은이는 루이 14세가 다시 태어난 사람으로 밝혀진다. 그는 자기가 죄를 지은 곳에서 속죄하라는 운명으로 다시 태어났던 것이다. 그러나 화자가 모든 것이 어떻게 무너지게 되었는지 듣기 전에, 그는 뱀에게 물리고 꿈에서 깨어난다.

이 장면은 아서 영의 《밤의 생각Night Thoughts》을 모방한 것처럼 보이지만,[16] 이 장면에서 메르시에는 이 작품을 극적인 어조로 끝내고 앙시앵 레짐의 정치에서 자기가 가장 싫어하는 부분에 마지막 타격을 가하는 길을 찾는다. 그러나 그는 결코 이렇게 해서 군주정의 정통성에 이의를 제기하지는 않는다. 그와는 반대로, 그는 몽테스키외를 좇아 입헌군주정이야말로 민주주의와 비교해서 가장 훌륭한 형태의 정부라고 칭찬하고 있다. 왜냐하면 민주주의는 무정부주의로, 전제주의는 노예제로 쇠퇴하게 마련이기 때문이다.[17] 그러나 군주정은 '강물이 바다로 흘러들듯' 전제정으로 타락한다.[18] 또한 전제주의는 몽테스키외도 보여주었듯이 폭정으로 지나가는 단계가 아니라 시대가 바뀌면서 구축된 권력체제였다. 그러므로 메르시에는 궁극적으로 루이 14세나 그 밖의 개인보다는 제도 그 자체를 겨냥하고 있다.

본문의 내용에 따르면, 2440년의 시민들은 세금을 내기보다는 자발적으로 기부금을 내고, 왕의 관리들의 작은 집단은 봉급을 받지 않거나 어떤 종류의 재산도 소유하지 않은 채 애국적인 수도사처럼 살아간다. 그와 대조적으로 18세기 프랑스 대신들은 타락한 사치의 취미에 몰두하기 위해 백성의 피를 짰다고 각주에서 분명히 말하고 있다.[19] 이처럼 1771년에 군주정을 파괴할 정도로 위협했던 진정한 질병은 당시 프랑스인들이 이름붙였던 것처럼 '대신들의 전제정'―말하자면 왕의 이름으로 백성을 착취하는 고위 관리들의 권력 남용이다. 메르시에는 가장 격렬한 내용의 각주 가운데 하나에서 이러한 형태의 전제주의를 맹렬히 비난하고, 곧 그것을 고칠 수 있는 방안을 상상한다. 어떤 겁 없는 계몽사상가가 왕의 자문회의가 열리는 곳으로 성큼성큼 걸어들어가 군주에게 격앙된 어조로 이렇게 말한다.

이 그릇된 방향으로 가는 자문위원들의 말을 믿지 마시오. 당신은 당신 가족의 적들에게 둘러싸여 있습니다. 당신의 안전과 위대함은 당신의 절대권보다는 당신 백성의 사랑에 더 많이 바탕을 두고 있습니다. 만일 백성이 비참하다면 그들은 열렬히 혁명을 바랄 것이며, 당신의 옥좌나 당신 후계자의 옥좌를 뒤집어엎을 것입니다. 백성은 영구히 존속하지만 당신의 지위는 덧없습니다. 옥좌의 위엄은 무제한의 권력보다는 아버지의 사랑에 더 깃들어 있습니다.[20]

메르시에는 누구의 이름도 부르지 않았지만, 그가 쏟아놓는 월터 미티* 풍의 공상으로 미루어볼 때 그는 조국의 구원자 역할을 맡았다고 상상했고, 그가 심하게 비난하는 정부는 그 자신이 직접 보았던 정부─모푸의 내각이었음을 짐작할 수 있다. 모푸의 적들은 그의 내각이 사법권의 독립을 파괴하면서 군주정을 전제정으로 변화시키고 있다고 보았다. 분명히 말해서, 메르시에는 고등법원(왕국의 여러 가지 사법 관할구역에서 가장 높은 법원)에 대해 좀 귀에 거슬리는 말을 했다.[21] 그러나 그의 이상향의 꿈을 마치 모푸 내각에 반대하는 선전쯤으로 생각한다면 잘못이다.

그는 이 책의 대부분을 1768년부터 1770년 사이에, 그러니까 모푸가 고등법원을 때려눕히기 전에 썼다. 그러나 메르시에는 1770년 말이나 1771년 초 모푸의 '혁명'이 이미 진행되고 있을 때 가장 분노에 찬 각주를 추가했을 수 있다. 그는 나중에 자신이 초판을 '대법관 모푸의 치세에' 발간했다고 썼다.[22] 그 치세는 1774년 5월 10일 루이 15세가 세상을 뜰 때 함께 끝났다. 1775년, 《2440년》이 베스트셀러 목록의 윗자리로 떠올랐을 때 독자들은 프랑스혁명의 예고편이 아니라 루이 15세의 프랑스 모습을

---

* 월터 미티Walter Mitty는 제임스 서버James Thurber의 단편 〈월터 미티의 비밀생활〉(1939)에 나오는 주인공이다.

회고하는 내용을 보았다. 거기에서 그들은 25세기에 대해서는 아무것도 말하고 있지 않다는 사실 또한 알게 된다.

그러므로 우리는 메르시에가 나중에 주장했음에도 불구하고 혁명적인 내용을 조금도 담지 못했다고 결론을 내려야 옳을까? 1789년부터 2세기가 지난 뒤 프랑스인들은 실제로 혁명이 일어나기 20년 전에 혁명이 다가오는 것을 보았다고 믿는 것은 쉽다. 그러나 사실 아무도 1789년의 폭발에 비할 만한 것을 상상하지는 못했다. 아무도. 왜냐하면 오늘날과 같은 혁명 개념은 사람들이 직접 경험할 때까지 존재하지 않았기 때문이다. 그래서 메르시에의 상상은 앙시앵 레짐 시대의 정신자세의 범위를 넘어서지는 못했다. 당시의 정신자세에 따르면 고등법원의 반란과 내란이라는 관념은 수용할 수 있어도 체제 자체의 변화를 생각할 수는 없었다. 그런데도 메르시에는 특히 종교와 정부라는 두 가지 민감한 영역에서 사회정치적 질서의 근본원리에 도전했다.

그는 단순히 가톨릭 교회의 가장 눈에 띄는 제도—수도원, 십일조, 고위 성직, 교황제—를 공격하는 데 그치지 않았다. 그는 교회의 정신적 정통성에도 이의를 제기했다. 2440년의 이신론적 사제는 이신론 자체나 적어도 볼테르의 형식적인 이신론을 넘어서는 종교적 감정에 호소한다. 그들이 유리로 덮인 성전으로부터 최고 존재의 이름을 부를 때, 그들은 루소의 사부아 보좌신부와 같은 방식으로 신성한 존재에 대한 황홀감을 자극한다.

그들의 신은 뉴턴의 법칙에 따라 우주의 태엽을 감아서 움직이게 만드는 대신 가장 검은 영혼을 들여다보고, 도덕적인 질서를 유지하기 위해 개입한다. 안내자는 사악한 사람들이 '모든 곳을 꿰뚫어 보는 절대적인 눈의 추적을 받을 것'이라는 사실을 화자에게 확신시켜준다.[23] 그리고 착한 사람들의 영혼이 창조주와 통합될 때까지 떠돌이별과 태양 사이를 옮겨다니는 동안, 사악한 사람들의 영혼은 뱀과 두꺼비로 환생할 것임을 확신시켜준다.

소년(분명 소녀들은 깊은 종교적 감정에 민감한 것으로 여기지 않는다)은 '두 가지 무한성이 하나가 되는 것'으로 알려진 입문 의식에서 이러한 관점의 비밀을 알게 된다. 젊은이가 한숨을 쉬고 하늘을 향해 눈을 치켜뜨면, 그 것을 본 부모가 그를 천문대로 데려간다. 거기서 망원경으로 하느님의 장 엄함을 본다. 그리고 현미경으로 다른 무한성을 보는 시간이 끝나면, 무아 지경의 설교로 입문 의식을 마무리한다. 젊은이는 평생 창조주를 경배하 고 동료들을 사랑하겠다고 결심하면서 울음을 터뜨린다. 아무도 이 초보 적인 형이상학의 실연에 저항할 수 없다. 만일 어떤 정신이상의 무신론자 가 파리인들 사이에 나타난다면 그들은 '실험물리학의 헌신적인 과정'을 통해 그를 제정신으로 돌려놓을 것이다.[24] 그리고 만일 제정신으로 돌려놓 지 못한다면 그를 쫓아낼 것이다.

루소와 마찬가지로 메르시에도 정치와 종교를 뗄 수 없는 것으로 본다. 그래서 시민의 축제는 하느님과 조국에게 시민이 더욱 헌신하도록 만들어 준다. 가정을 가까이에서 지키고, 갓난아기에게 젖을 물리며, 루소풍의 교 육법을 적용하는 어머니들은 확실히 자기 아들을 에밀처럼 꽃피울 수 있 다. 학교와 성전은 젊은 남성의 교육을 완성해준다. 따라서 그들이 어른이 될 때, 개인적인 욕망이 일반의지와 조화를 이룬다. 메르시에는 루소의 생 각을 정확히 따르고 있다. 법이란 '일반의지의 표현'[25]이며, 주권은 인민의 손에 남아 있다.

그러나 일반의지는 근본적으로 전체 사회의 복지에 관한 도덕적 합의 이기 때문에, 실제 정부의 형태는 비교적 중요하지 않다. 안내자는 정부의 형태란 '군주정도 민주정도 귀족정도 아니며, 그것은 인간에게 적합한 합 리적인 형태'라고 설명해준다.[26] 마치 그것이 하나도 모호하지 않은 것처 럼, 그는 정치체제를 계속 묘사해나간다. 그 체제는 앙시앵 레짐에서 내려온 제도들을 결합해놓은 것처럼 비현실적이다. (전국신분회와 비슷해 보이는) '의회'는 2년마다 모여 법률을 통과시킨다. (파리 고등법원을 개선한 것이 분명한) '상원'이 법률을 시행한다. 왕(그러나 오직 '이름뿐인 왕')은 법률의 시행을 감독한다.[27]

메르시에는 이러한 생각들을 정돈하기 위해 멈추지 않는다. 왜냐하면 그는 그러한 생각을 뒷받침해주는 감정-평등과 시민적 덕성의 일반정신-에 더 관심이 있기 때문이다. 따라서 그는 정부에 관한 장들의 대부분을 옥좌를 둘러싼 공화적 분위기와 군주의 스파르타식 양육을 설명하는 데 바친다.

왕세자는 농부처럼 옷을 입고 평민 양부모 밑에서 자라면서 왕위를 물려받을 준비를 갖추었다고 보일 때까지 자기가 왕실 혈통을 타고났다는 사실을 알지 못한다. 그는 평등에 관한 마지막 수업으로 노동자와 씨름하고 땅바닥에 쓰러져 꼼짝하지 못한다. 그리고 나서 그는 자신의 치세 동안 해마다 3일씩 마음속에 맨 먼저 가난한 사람의 운명을 새기기 위해 금식을 하고 누더기를 덮고 자야 한다. 군주-극빈자에 대한 공상은 메르시에가 생각들을 다루는 방식을 전형적으로 보여준다. 그는 여러 생각을 결합하여 논리적인 주장을 펴는 대신 여러 일화로 보여주고, 자기 논점을 밝히기 위해 강력한 이야기 줄거리에 의존한다.

그러나 무엇이 그 논점을 잘 인식시켰던가? 독자들이 증언하는 내용을 직접 얻기란 어렵지만, 우리는 메르시에의 수사법이 그들의 대답을 기대하고 유도하는 방법을 연구할 수 있다. 사실 그는 작가와 독자 모두에게 역할을 맡겼다. 그리고 나서 글쓰기와 읽기를 이상향에 대한 자신의 전망을 계속 유지하는 결정적인 요소로 만들어나갔다.

메르시에는 처음부터 특별한 헌사와 머리말로써 독자에게 방향을 제시했다. 그는 관습적인 방식으로 후원자에게 경의를 표시하는 대신 '2440년

옥좌가 있는 방: 〈2440년〉
프린스턴대학교 도서관 희귀본과 특별장서 보관실 소장

에' 그 책을 바쳤다.

존엄하고 존경할 만한 해여…. 그대는 죽은 군주들과 그들의 권력에 복종하던 작가들을 모두 심판할지니. 인류의 친구와 옹호자들의 이름을 명예롭게 할지니. 그들의 영광은 순수한 빛을 사방으로 뿌릴지니. 그러나 인류에게 고통을 준 왕들의 비천한 떼거리는 영원히 잊힐지니….

한편에는 전제군주, 다른 한편에는 작가. 광대한 역사 드라마에서 이들이야말로 경쟁자들이었다. 메르시에는 본문에서 이름을 감춘 채 단지 '나'라는 사람으로 말하고 있지만, 그는 이러한 대립으로 말미암아 영웅적인 역할을 맡았다. 무슨 상관이랴, 위대한 사람들의 영광을 기억하지 못할 700년 뒤에도 그의 목소리는 들릴 텐데.

전제주의의 벼락이 치고 사라지는 가운데, 작가의 펜은 시간을 가로질러 살아남으면서 우주의 승리자들을 사면하고 벌한다. 나는 태어날 때부터 받은 힘을 사용해왔다. 나는 내 이성의 법정에 내가 이름 없이 살아온 나라의 법률과 관습과 폐단을 소환했다.[28]

독자가 머리말을 읽었을 때, '나'란 마치 구약의 영웅들처럼 황야에서 울부짖는 예언자였음을 그는 알았다. 물론 경찰은 그를 바스티유에 잡아넣으려고 노력했다.[29] 그러나 당대의 예레미아는 '계몽사상가'였다.[30] 그리고 그는 당시의 대중에게 호소했다.

나로 말하자면, 나는 플라톤과 같은 꿈을 꾼다. 사랑하는 동료 시민들이여! 나는 당신들이 수많은 폐단에 오랫동안 고통받고 있음을 지금까지 보았다. 우리는 언제 우리의 위대한 계획, 우리의 꿈이 실현되는 날을 볼 수 있을까? 그때를 꿈꾸도록 하자. 그것만이 유일한 위안이니까.[31]

역할 분담에 따라 작가와 함께 독자들은 같은 꿈으로 함께 엮이고 공동의 적에 대항하기 위해 단결한 시민공동체 속에 편입된다. 책 읽기는 꿈을 나누게 해주었으며, 작가와 독자의 단결이 어떻게 전제주의를 극복하고 미래 사회를 건설할 수 있는가를 상상할 수 있게 해주었다.

전제군주에 대항하는 독자와 작가들—그것은 미래를 위한 단순한 각본이지만 사람들의 마음을 사로잡았다. 왜냐하면 사람들은 이 작품을 읽으면서 이러한 각본으로 말미암아 자신들이 결과를 알 수 있는 역사 과정의 일부가 된 것처럼 느낄 수 있었기 때문이다. 인쇄물은 인쇄된 말이 역사에서 최고의 힘을 발휘한다고 선언했다. 메르시에는 당대의 진보 이론이 공통으로 포함하고 있던 이러한 진실만을 예고하는 데 그치지 않았다.[32] 그는 그 진리가 어떻게 실현될 수 있을지도 보여주었다. 아니, 차라리 그는 그 진리가 2440년에는 하나의 기정사실로 존재하고 있다고 주장했다. 그래서 독자는 미래를 상상하는 가운데 현재가 과거로 변했을 때 어떻게 보일 것인지도 알 수 있었다.

이렇게 이야기하는 책략은 왕실도서관에 관한 장에서 가장 분명히 나타난다. 산더미처럼 쌓인 책에 압도되리라는 기대를 안고 들어선 화자는 단지 작은 붙박이장 네 개를 보고 놀란다. 각각의 장은 세계의 주요 문학 부문을 위한 것이었다. 18세기 왕실도서관에 이미 어수선하게 쌓여 있던 인쇄물은 어떻게 되었느냐고 그는 묻는다. 사서는 우리가 태워버렸다고 대답한다. 법학 80만 권, 사전류 5만 권, 시 10만 작품, 여행서 160만 권, 소설 10억 권, 이 모든 것은 거대한 허영의 불 속으로 사라졌다.

이렇게 볼 때 2440년의 체제는 인쇄된 말에 적대적인 것인가? 절대 그렇지 않다. 인쇄술은 역사에서 가장 중요한 힘으로 판명되었다. 프랑스인은 인쇄술을 완전히 자유롭게 유지함으로써 자유를 보호한다. 그들은 책을 경멸하기보다 차라리 책의 힘을 두려워하기 때문에 책을 태웠다. 과거로부터 온 대부분의 문학은 위대한 사람들에게 아첨하고 부패한 취향에 맞는 것을 바치면서 정치체에 독을 퍼뜨린다. 따라서 덕을 갖춘 학자들의 임무는 수백 년에 걸쳐서 나온 모든 인쇄물에서 건전한 요소를 체로 쳐내고 그 본질을 증류해내는 데 있었다. 그것은 작은 12절판 책에 멋지게 들어맞았다. 그들은 신학책 가운데 일부를 남겨놓고, 프랑스를 세균으로 침략하는 적들에게 사용할 비밀병기처럼 자물쇠로 채워 보관했다.

프랑스인은 그와 똑같은 이유에서 역사책을 아이들의 손이 닿지 않는 곳에 둔다. 왜냐하면 역사는 대부분 부자와 권력자가 가난한 사람을 착취하는 나쁜 사례를 담고 있기 때문이다. 물론, 2440년경 계몽주의는 이미 승리했다. 이렇게 해서 네 가지 문학·철학 작품의 작은 소장품은 이성이 진보적으로 행진하고 있음을 증명해준다.

넷 중에서 가장 작은 책꽂이는 프랑스인들이 자기네 문학에서 보존할 가치가 있다고 여기는 것을 남겨두는 곳이다. 화자는 18세기부터 자신이 곁에 두고 보던 고전의 표준서를 찾아보지만 세상이 뒤집혔음을 발견한다. 16세기 이전의 고전은 하나도 없고, 데카르트와 몽테뉴 작품은 조금, 파스칼이나 보쉬에는 전혀 없다. 그리고 계몽사상가들의 작품, 특히 루소의 작품을 잘 모아놓았다. 볼테르의 작품은 절반이나 불길 속에 사라졌지만 루소의 말은 모두 살아남아 존경받고 있다. 사서는 화자가 살던 시대의 사람들이 그 시대의 가장 위대한 천재를 이해하지 못했다고 야단을 친다.

따라서 메르시에의 미래관은 과거를 향한 진보론으로 작용하고 있다. 그것은 인류에게 가장 많이 이바지하고 전제주의의 하수인들에게서 가장 많은 고통을 받은 작가들의 정당성을 입증한다. 자신들을 박해하던 사람들의 머리를 밟고 있는 그들의 동상이 광장에 서 있다. 코르네유는 리슐리외를 밟고 있으며, 볼테르와 루소는 고위 성직자와 대신들의 머리를 밟고 행진하지만, 화자는 그들의 이름을 밝히려 들지 않는다.[33] 참으로, 동상·그림·명문은 2440년의 파리 어디에서나 볼 수 있다. 지금은 앙리 4세 다리가 된 퐁뇌프에는 국민에게 봉사한 정치가들의 동상이 늘어서 있다. 이 다리는 '도덕책'이 되어[34] 다리를 건너는 사람들에게 교훈을 준다. 사실상 도시 전체는 책 노릇을 하고, 시민들은 그곳을 오가면서 발걸음을 옮길 때마다 그 도시의 가르침으로 온몸을 적시며 자기가 갈 길을 읽는다.

메르시에는 독서와 글쓰기의 시민적 기능을 무척 강조하기 때문에 자신을 궁지에 몰아넣을 정도다. 작가들의 힘이 그렇게 세다면 어떻게 그 힘의 남용을 금지할 수 있단 말인가? 출판은 자유롭다. 참으로, 그 자유에 대한 위협은 '인류를 모독하는 범죄'로 취급된다.[35] 그래서 파리인들은 부도덕하거나 반시민적인 책을 발간하는 사람을 검열하는 대신, 복면을 씌우고 하루에 두 번씩 공정한 시민 두 명의 심문을 받게 한다. 이들의 추론능력이 그보다 뛰어나기 때문에 그가 잘못을 깨닫지 않을 수 없을 때 그는 복면을 벗고 다시 시민생활에 합류할 수 있다.

공화국의 생명은 이러한 종류의 도덕적 치안 유지에 의존한다. 왜냐하면 문학은 정치의 한 가지 형태이며 모든 작가는 시민정신을 빚는 '공인'이기 때문이다.[36] 위대한 작가들은 실제로 역사의 과정을 결정한다. "마치 태양이 모든 사상을 움직이게 만들고 그 순환을 이끄는 것처럼. 태양은 첫 번째 움직임을 주는 존재다. 그리고 인류애가 태양의 너그러운 마음속에 타오르고 있기 때문에 그 밖의 다른 마음들은 태양에 감응하고, 태양이 전제주의와 미신에 거두는 승리에 감응한다."[37]

모든 시민은 저 나름의 저자이기도 하다. (여성은 모든 공직에서 여전히 제외되기 때문에) 남성은 일정한 나이가 되면 자신이 배운 것을 잘 추려서 책으로 만든다. 사람들은 그의 장례식에서 그 책을 읽는다. 사실 그 책은 그의 '영혼'이며,[38] 그의 조상들이 남긴 책과 함께 그 책을 그의 후손들은 공부해야 했다. 그러므로 프랑스인들은 모든 국민이 독자이듯 '모든 국민이 저자'가 되었다.[39] 독서와 글쓰기는 책에 대한 여러 관념—영혼과 도시는 모두 책이며, 자연이라는 책은 망원경과 현미경으로 읽는다는 관념—을 중심으로 조직된 시민생활을 유지한다.

메르시에는 '모든 사람의 마음속에 지울 수 없는 글자로 새겨진' 자연법을 상상하며,[40] 별들을 신이 하늘에 쓴 '신성한 글자'라고 묘사한다.[41] 사람이 구텐베르크 은하계에서 하느님을 읽듯이, 하느님은 사람의 마음을 읽는다. 왜냐하면 하느님은 '모든 것을 꿰뚫어 보는 절대적인 눈' '우리 마음의 가장 깊은 구석까지 별로 힘들이지 않고 읽는… 눈'이기 때문이다.[42]

작가들은 이 하느님의 속성을 일부 가지고 있다. 그것은 그들이 전제주의에 대항해 싸울 때 사용하는 주요 무기 노릇을 한다. 이리하여 18세기 궁정의 장면을 메르시에는 다음과 같이 상상한다.

야비한 정신인 법무대신이 글을 쓰는 계몽사상가들에 대해 얘기하다가 시종에게 말한다. "친구여, 그들은 해로운 존재라네. 만일 그대가 아주 사소한 잘못을 저지른다 해도 그들은 그냥 넘어가지 않는다네. 가장 잘 꿰뚫어 보는 시선 앞에서는 아무리 정교하게 만든 가면을 쓴다 해도 우리의 참된 얼굴을 가릴 수 없지. 이들은 우리 곁을 지나면서 이렇게 말하는 것처럼 보일 걸세. '난 당신을 알아요'라고. 계몽사상가 선생들, 나는 당신들에게 나 같은 사람을 알면 위험하다는 사실을 가르치고 싶다. 나는 남에게 알려지는 것을 원치 않는다."[43]

인쇄술의 발명에 힘입어 계몽사상가들의 통찰력은 사회 전체로 퍼졌다. '아무것도 숨길 수 없으며,' 전제주의는 시들었다.[44] 25세기가 되면서 전제주의는 불가능해졌다. 모든 것은 숨길 수 없게 되었기 때문이다. "우리 눈은 사물의 표면에 멈추지 않습니다"라고 안내자는 화자에게 설명한다.[45] 보기, 가면 벗기기, 표면 뚫기는 시민이 먼저 이행할 의무가 되었다. 그들은 계속해서 서로의 마음을 읽는다. 그리고 하느님, 최고의 독자는 시민들의 어깨 너머로 내려다보고 그들의 영혼을 들여다본다. 그들이 망설이는 경우에 대비해 비밀 '첩자들'이 모든 곳에 침투하고, 도덕적 '검열관들'이 전체를 계속 감시한다.[46] 한마디로 말해서 이상향은 완전히 투명한 상태다.

오늘날의 독자가 보기에 이 말은 전체주의처럼 의심스럽게 들린다. 그러나 메르시에는 25세기를 상상했을 때 20세기의 소름끼치는 모습을 예견하지 못했고, 이상향의 고찰이 2440년으로부터 1984년으로 이끌어주리라는 사실도 알지 못했다. 그 시대의 독자가 보기에 그의 이상향은 해방을 약속했다. 그들은 거기에서 작가와 독자들이 루소의 꿈을 실현시키고 삶이 마침내 다 알려지는 세계를 볼 수 있었다.

5장

정치적
욕설

《뒤바리 백작부인에 관한 일화》(1775)는 베스트셀러 목록에서 《2440년》의 뒤를 따르는 작품으로서, 독자를 전혀 다른 세계로 빠뜨렸다. 그것은 논다니집과 규방의 은밀한 세계로, 독자는 왕국에서 가장 유명한 인물들을 지켜보면서 다른 사람의 삶과 프랑스의 운명을 비웃을 수 있었다. 그것은 한마디로 고전적인 분야라 할 **중상비방문**에 속한 작품이었다. 그러나 이 분야는 오늘날 사라졌기 때문에 오랫동안 주목받지 못한 채 묻혀 있었다.

표준 서지학에서는 이 작품을 파리의 이름 없는 소책자 작가 마티외 프랑수아 피당사 드 메로베르가 썼다고 추정하는 이유를 의심할 근거는 없지만, 우리는 그 저자가 실제로 누구인지 모른다. 확실히 이 작품은 메로베르와 그가 드나들던 동아리 구성원들, 마담 두블레 드 페르상과 루이 프티 드 바쇼몽[1]의 살롱에 모여 새 소식을 퍼뜨리던 수기신문 기자들(**가납사니들**, newsmongers)의 작품으로 알려진 것들과 닮았다.

이 집단은 새 소식을 얻기 위해 파리를 빗질하듯 뒤졌기 때문에, 현대의 타블로이드 신문의 지방판 편집실의 먼 조상쯤으로 생각할 수 있다. 그들은 무허가 수기신문을 발행했다. 그것은 나중에《프랑스 문학 공화국의 역사를 기록하는 데 이용할 비밀 회고록》이라는 36권짜리 책으로 발간되었는데, 거기에《뒤바리 백작부인에 관한 일화》와 똑같은 구절이 여러 군데 나온다.

그 구절들은 다른 **중상비방문**과 **파렴치한 추문**에도 나타난다. 중상비방문 작가들은 거리낌없이 아무 책에서나 자료를 가져다 이용하기 때문에 그 내용이 어디서 처음 나왔는지, 누가 처음 썼는지 출처를 밝히기 어려울 정도다. 표절이라는 오늘날의 개념은 손으로 쓴 새 소식이 담긴 쪽지를 소매 안에 넣고 다니다가 카페에서 서로 교환하고, 신문에 옮겨넣고, 다시 책에 끼워넣던 사람들에게는 통하지 않는 것이다.

고정된 내용이나 심지어 저자에 대해 말하는 것도 시대착오라 할 수 있다. 왜냐하면 중상비방은 집단행위였으며, **중상비방문**은 소문·추문·농담·노래·만화·포스터처럼 근대의 파리 시내를 휩쓸고 다니던 것들 사이에 끼어서 떠다니는 인쇄물에 속했기 때문이다. 오직 아주 작은 부분에 지나지 않는 말과 그림만이 책 속에 낄 수 있었고, 오직 소수의 책만이 도서관에 보존되었다. 그러나 그것들은 서적의 지하판매망에서 가장 널리 유통되던 수많은 작품을 포함한다. 뇌샤텔출판사의 베스트셀러 목록에 오른 100개 작품 가운데 15개가 **중상비방문**이나 **파렴치한 추문**이었다.

《뒤바리 백작부인에 관한 일화》(목록 2위)

《프랑스 대법관 모푸가 프랑스 군주정의 헌법에 가져온 혁명의 역사적 일지》(6위)

《테레 신부의 회고록》(9위)

《루이 15세의 회고록》(12위)

《영국인 관찰자, 또는 얼아이 각하와 얼이어 각하 사이의 은밀한 통신》(13위)

《루이 15세의 사생활》(32위)

《모푸의 은밀하고 친밀한 편지》(37위)

《루이 15세의 연중행사》(39위)

《프랑스 문학 공화국의 역사를 기록하는 데 이용할 비밀 회고록》(49위)

《갑옷 입은 신문장이》(53위)

《서류가방을 잃어버린 첩자》(68위)

《뒤바리 백작부인의 진본 회고록》(70위)

《시테라의 신문……뒤바리 백작부인의 생애에 관한 역사적 개요를 덧붙였음》(77위)

《퐁파두르 후작부인의 회고록》(98위)

《파렴치한 추문》(100위)[2]

《뒤바리 백작부인에 관한 일화》는 혁명 직전에 가장 잘 팔리던 베스트 셀러로서 이러한 문학의 모든 작품을 앞질렀다. 독서 대중은 무엇 때문에 이 작품을 좋아했을까?

첫째, 그것은 예나 지금이나 재미있다. 재치 있고 심술궂으며, 즐겁고 정보를 풍부하게 제공하는 한편, 여주인공이 비천한 집에서 태어나 왕의 궁전까지 도달하는 과정을 길게 해설하는 구조이기 때문이다. 그것은 음탕한 신데렐라 이야기나 성적 성공담 같다. 뒤바리는 논다니집에서 왕좌까지 아무 데서나 잠을 잔다. 성에 관한 이야기는 줄거리의 주요 맥락에 양념을 치는 정도일 뿐이다. 정보가 부족한 독자는 이 작품을 읽으면서 베르사유 안의 생활을 만나는 기회를 얻는다. 시종장의 눈으로 보는 정치, 이러한 형식은 여전히 신선했고 맛있는 금기였던 정치적 전기와 당대 역사라는 새로운 문학 장르를 추구하는 수요를 만족시켰다.[3]

머리말에서는 가장 사소한 독자부터 철학적 사고에 익숙한 사람까지 '모든 종류의 독자'를 위해 즐거움을 제공하겠다는 계획을 밝히면서 작품 전체의 말투를 조절하고 있다. 시시콜콜한 내용을 신랄하고 자세히 설명하는 동시에 진지한 성찰이 필요한 문제도 다루겠다는 것이다. 베르사유에 가까이 가보지 못한 독자는 궁정 안에서 일어난 일을 알 수 있다. 그러나 그들은 모든 것을 기대해서는 안 된다. 오직 엄격한 진실만을 기대해야 한다. 왜냐하면 지은이—비록 이름을 밝히고 있지 않지만, 그는 거물급 인사들의 행동을 모두 확실히 안다—는 **중상비방문**을 쓰고자 하지 않았기 때문이다.

그렇다, 그는 역사를 썼다. 그는 자기가 제시한 내용의 출처를 밝히고, 증명할 수 없는 것은 모두 뽑아버리고, 악의에 찬 험담에 대해 여주인공을 옹호한다. 참으로 독자는 매서운 일화를 기대할 수 있지만, 그것들도 모두 사실을 근거로 한다. 화자는 '역사가'로서 사회의 꼭대기 사람들의 생활을 정확히 평가하고 소설처럼 읽을 수 있는 이야기라는 두 가지 방향을 설정하고 있다.

그는 뒤바리의 출생을 완벽하게 조사하면서 이야기를 시작하고 있다. 저자는 뒤바리의 출생에 대해서 잘 알 수 없다고 인정한다. 하지만 그는 뒤바리가 떠돌이 수도자와 요리사의 사생아라는 이야기에는 분연히 반대한다. 재무부의 고위 관리로서 그의 대부가 된 비야르 뒤몽소의 발길을 따라가는 가운데, 그는 뒤바리가 사회의 밑바닥 출생이 아니라는 사실을 밝혔다.

단독 대담—훗날 정부가 이러한 자료에 접근하는 길을 차단했으므로, 역사가에게는 일종의 대성공을 가져온 것—을 통해 뒤몽소는 자신이 샹파뉴를 여행할 때 일시적인 기분에 따라 일종의 **도의상 의무**noblesse oblige를 보여주기로 동의했다고 설명한다. 보쿨뢰르 마을에서 **지하실의 쥐**(rat de cave: 농부들이 거침없이 미워한 징세관)의 아내가 아기를 낳았고, 아기에게는 대부^{代父}가 필요했다. 뒤몽소는 세례반에서 아기를 안아주고 농촌 마을의 축제를 위한 돈을 내주기로 했다. 그는 견과류와 사탕 값도 댔다. 그러고 나서 그는 다른 곳으로 임무를 수행하러 그 마을을 떠나면서, 이야기의 중요한 고비에 대녀^{代女}가 다시 등장할 때까지 자신이 대부였다는 사실을 까맣게 잊고 있었다.

독자는 이 과정을 곧 알게 될 것이다. 독자는 아이의 어머니가 양주라는 수도사의 무리 속에서 종종 모습을 드러냈고, 이 수도사를 시숙 대하듯 행세했다는 사실도 알게 될 것이다. 더욱이 아기가 태어난 직후 아비는 죽고 어미는 요리사 자리를 찾았다. 그러나 무슨 문제가 있으랴. 훗날 왕의 애첩은 말단 세리(**지하실의 쥐**)의 딸로 교구 등록부에 이름을 올렸고, 계보 문제에 흥미를 느낀 대중은 그가 당당히 합법적인 자식이었음을 확신할 수 있는데 말이다.

이처럼 화자의 목소리는 자기 주인공이 어떻게 태어났는지 따지는 방식에서 모양을 갖추고 있다. 그것은 권위 있고 온건하며 객관적이다. 또한 그것은 고상한 말투로 깊은 인상을 심어주고 있다. 그것은 아마 주제의 저속함에 비해 다소 고상한 말투로서, 오직 매운 맛을 더해주고 있다. 그리고 그보다 중요한 것이 있다. 우리는 거기에서 자기 주제를 정당하게 다루려고 결심한 저자의 태도를 볼 수 있다. 저자는 전설과 헛소문이 없이도 글을 쓸 수 있다. 사실 그는 그것들을 더할 나위 없이 자세히 다루고 있지만, 그 목적은 그것들을 반박하는 데 있다. 만일 반박이 가끔 약하게 보인다 해도 올바르게 기록하려는 그의 열성을 비난할 근거가 될 수는 없다.

그는 모든 증거를 읽고 모든 증인과 이야기를 나누었다. 그는 가끔 가장 추잡한 비방을 반박하기 위해 그보다 덜 추잡한 비방을 사실로 보이게 만드는 정보를 생산해야 한다. 다른 것보다 작은 악은 더 좋은 악이 아닌가? 그가 때때로 주인공을 나쁘게 보이도록 만드는 것에서 우리는 그가 주인공을 옹호하려고 노력하고, 무엇보다도 진실을 말하려고 헌신하고 있다는 사실을 확실히 볼 수 없는가? 아니다, 독자는 화자를 절대적으로 믿으면서 이야기를 읽을 수 있으며, 다음과 같은 질문에 대한 교양 있는 토론을 위해 한 걸음 물러나 앉을 수 있다. 누가 주인공의 처녀성을 처음 가졌는가?

화자는 말하려 들지 않는다. 그는 책임 있는 판단을 내릴 수 없을 정도로 대단히 모호하고 대단히 충돌하는 증거를 발견한다. 그가 뒤바리의 대부와 나눈 대담을 보면, 뒤바리가 어릴 때 집어넣은 수녀원 학교에서 어떤 반칙행위가 있었다는 암시를 받을 수 있다. 그러나 화자가 당시 군사령관이던 마르시에 원수와도 나눈 단독 대담에서, 우리는 그 어미가 요리사로 일하던 시골집에서 뒤바리가 병사와 남의 집 종복들을 올되게 만난 것을 볼 수 있다. 한 가지 확실하게 말할 수 있는 것은 뒤바리가 마담 구르당의 논다니집에서 여섯 번 정도 처녀로 팔렸다는 사실이다.

우리의 역사가는 완벽한 자료를 가지고 그 말을 뒷받침한다. 그 자료는 바로 그 훌륭한 여성이다. 마담 구르당은 저자와 이야기할 때, 자기가 파리의 옷가게에서 뒤바리를 발견했다고 설명했다. 젊은 미녀는 수녀원에서 대단한 '기질'(즉 야성과 육욕)을 보여준 뒤로 판매원이 되었고, 화류계에서 왕좌에 이르기까지 그를 추적할 수 있는 이름들—마농, 마드무아젤 랑송, 마드무아젤 보베르니에, 마드무아젤 랑주, 마담 뒤바리—가운데 첫 번째 이름을 가졌다. 옷가게에서 소매와 치마의 온갖 주름장식을 취급하던 미래의 뒤바리는 생애를 지배할 열정이 될 만한 것—돈, 권력, 심지어 성이 아니라 옷치장—을 발견했다. 그는 단순한 사람이었다. 결코 잔머리를 굴리지도 않았고, 왕국을 지배하려는 관심도 없었다. 따라서 마담 구르당은 그를 자기 사업에 꾀어들이기가 아주 쉽다고 생각했다.

싸구려 장신구 몇 가지, 이렇게 '랑송 양'은 단골이 되었다. 수렴성 화장수 약간, 이렇게 그는 처녀로 태어났다. 전문직업인의 자존심에 황홀해진 마담 구르당은 자기 사업의 비밀을 몇 가지 털어놓는다. 마드무아젤 랑송의 완벽하지 못한 처녀막을 복원시켜준 뒤, 그것을 성직자회의와 함께 즐거움을 추구하러 파리에 온 주교에게 팔았다. 그것으로 2,400리브르를 벌어들였다(이것은 반숙련공 노동자의 7년치 임금이다). 그리고 다시 처녀로 만들어 팔았다. 이렇게 해서 사회의 가장 상층부에 속한 난봉꾼들이 그를 샀다. "성직자 다음에는 귀족, 법조계 사람, 고위 재정직이 차례로 그 처녀를 다독거렸다. 나는 1,000루이(2만 4,000리브르) 이상을 벌었다."[4]

그러나 그가 상층 부르주아지의 손에 들어가기 전, 마담 구르당은 가장 좋은 단골 가운데 한 사람인 비야르 뒤몽소에게 이 보물을 제공했다. 뒤몽소는 16년 전 뒤바리의 대부가 되어준 사람이었다. 그 뒤 그는 대녀의 처녀성을 공격하거 전에도 그를 알아볼 수 있을 만큼 자주 보았으며, 대녀가 순진하게도 "하지만 대부님이 자주 오시는 곳에 제가 왔다고 해서 뭐가 그리 나쁜가요?"라고 자신을 방어했을 때 화가 머리끝까지 날 정도로 충분히 자주 만났다.

끔찍한 장면이다. 화가 난 대부, 상대 앞에서 기절해버린 창녀, 그들 사이에 있는 포주. 포주는 이 비밀을 풀어주면서 자기 직업의 명성을 보호하려고 열심히 노력했다. 마담 구르당은 이 이야기를 마치 프랑스판 미스트레스 퀵클리*나 보마르셰가 짠 음모에 갇힌 하층민이 하는 말처럼 보기 드문 독백 형식으로 들려준다. 우리의 저자는 이제 질문을 던지는 보고자가 되어, 자신이 우리 귀에 거슬릴지 모를 말을 지운 뒤에 정확히 옮겨 적었다고 설명한다.

이 일화는 뒤바리가 창녀로 생활하던 데서 끝난다. 화자는 그 일화를 뒤

---

* 미스트레스 퀵클리Mistress Quickly는 셰익스피어의 연극(예를 들면 〈헨리 5세〉)에 나오는 인물이다.

돌아보면서 그것이 주인공의 (비교적) 순진함을 보여준다고 생각한다. 그가 (정확히 말해서) 사생아가 아니었고, (아주) 밑바닥에서 태어나지도 않았던 만큼, 그는 (엄밀히 말해서) 창녀가 아니었다(적어도 창녀와 노름꾼 소굴의 여주인으로 행세하던 나중의 일화를 포함시키지 않는다면). 그가 그 직업을 가졌던 한도 안에서 그것은 돈벌이보다 그 자체를 사랑했기 때문이었다. 그는 '기질상' 쾌락을 추구하는 여인이지 재물을 추구하는 사람은 아니었다. 사실 그는 마담 구르당의 집을 떠날 때 한푼도 없었다. 더욱이 마담 구르당의 집은 파리에서 가장 고급스럽고 가장 훌륭한 집이었다. 결국 거기에서 몇몇 신사를 만날 기회가 있었다. 이들은 그가 나중에 베르사유에 들어갔을 때 동료가 되어주었다.

또한 무엇보다도, 거기에서 그는 교육을 받았다. 마담 구르당 밑에서 보고 배운 덕분에 그는 나이든 루이 15세의 약한 욕정을 불러일으키는 데 도움을 줄 기술을 배웠다. 그것은 궁정에서 그의 경쟁자를 물리칠 수 있으며, 마침내 왕의 공식 애첩 자리를 확보해줄 기술이었다. 한마디로, 매춘은 그가 성공하는 비결이었다. 왕이 새로 생긴 애첩 덕택에 난생 처음으로 이루 말할 수 없는 쾌락을 맛보았다고 얘기하자, 노아유 공작은 왕에게 이렇게 말했다고 한다. "전하, 그건 전하께옵서 논다니집에 한 번도 가보지 못하셨기 때문이지요."[5]

논다니집에서 왕좌로 가는 길은 무척이나 꼬이고 전환점이 많기 때문에, 뒤바리의 전기 앞부분은 마치 악한 소설을 읽는 것 같다. 마담 구르당과 헤어진 뒤 그는 옷가게로 되돌아가서 해군성의 서기와 사귀기 시작했다. 그러나 이 남자는 늙은 백작부인을 만나기 위해 그를 버렸다. 그래서 그는 미용사에게 갔다. 거기서 몇 달 동안 최고의 기쁨을 맛본다. 계속 머리를 손질하고 옷가지를 늘려나갔다. 하지만 그는 이 불쌍한 남자를 파산시켰다. 이 남자는 영국으로 도망쳤고, 그는 어미에게 갔다. 어미는 낮에는 세탁부, 밤에는 창녀 노릇을 하고 있었다.

이제 보베르니에라는 성을 되찾은 마드무아젤 랑송도 어미와 함께 튈르리 정원에서 목적을 이루었다. 불행하게도, 경찰 첩자가 어미-딸의 짝을 현행범으로 잡았다. 그는 이들을 감옥에 처넣으려고 했다. 그때 어미의 옛 애인 고마르 신부, 일명 앙주가 마치 신의 섭리처럼 나타나 뇌물을 주고 그들을 구해주었다. 그러고 나서 그는 딸을 부유한 징세청부업자의 과부 집안에 보냈다. 그는 이 과부에게 미사를 드려주고 침대를 함께 쓰는 사이였다.

과부는 곧 젊은 보베르니에와 함께 자는 편을 좋아했다. 그러나 보베르니에는 과부의 두 아들, 그리고 아마도 종복 몇몇과 놀아났다. 하지만 화자는 이처럼 헐뜯는 말을 거부하는 척한다. 어쨌든 보베르니에의 행위는 하녀들의 질투를 불러일으켰다. 그들의 저항으로 연인의 삼각관계(어머니-아들-형제)가 깨졌다. 마드무아젤 보베르니에는 제 어미에게 돌아갔다. 어미는 이제 파리 세관의 서기와 살고 있었다.

딸은 노름꾼 소굴에서 일자리를 찾았다. 거기서 그는 뒤바리 백작을 만났다. 그는 백작이 아니라 뚜쟁이였다. 그는 고위층의 힘센 사람들을 위해 여자를 대주는 일을 전문으로 했다. 그는 음모를 꾸미고 여성을 다루는 비상한 재주 덕택에 놀라울 정도로 성공했다. 그는 뛰어난 미남은 아니었지만, 여성을 유혹하고 그들을 통해 욕심을 채우고 혹사시킨 뒤 남에게 빌려주었다. 새로운 옷으로 곱게 단장하고 마드무아젤 랑주라는 새 이름을 가진 마드무아젤 보베르니에는 그를 사랑하지 않았다. 사실 그를 두려워했다. 그러나 그는 백작의 주술에 걸려 도망칠 수 없었다. 백작은 그에게 사랑의 기술을 완벽하게 가르쳤다. 그리고 그가 완전히 무르익었을 때-놀라운 아름다움, 멋진 옷, 비록 근본은 천했지만 거물급과 어울리기에 충분할 정도의 광택을 얻었을 때-, 백작은 그를 르 벨에게 소개했다.

르 벨은 루이 15세의 시종장이었다. 그의 주요 임무는 루이의 쾌락을 위해 프랑스 여성 속에 숨어 있는 '사냥감'을 찾아내 베르사유에 설치한 파르코세르(사슴공원)에서 자기 주인에게 '가장 훌륭한 한 조각'을 진상하는 일이었다.[6] 르 벨은 그들을 '깨끗이 씻기고', 옷을 입히고, 각자 왕과 하룻밤만 보내게 한 뒤 20만 리브르씩 지참금을 주어 결혼시켰다. 한 주일에 한 명꼴로 내보냈으므로 1년에 1,000만 리브르가 들었다. 이러한 행사는 1768년경부터 루이의 욕정을 사그러들게 만들기 시작했으며, 우리의 저자가 계산한 결과에 따르면 국고를 파산시킬 정도였다. 바로 그때 뒤바리 '백작'이 생애 가장 큰 도박을 걸 수 있는 기회를 찾았다. 그는 마드무아젤 랑주에게 모든 것을 걸 정도였다. 만일 그가 랑주를 왕의 애첩으로 만들 수 있다면, 랑주는 자신을 왕국의 주인으로 만들어줄 것이었다.

이처럼 르 벨이 '왕의 입맛에 딱 맞는 여성'을 찾으러 다닐 때[7] 뒤바리는 마드무아젤 랑주를 제안했지만, 중대한 단서를 달았다. 그를 파르코세르가 아니라 베르사유로 데려가야 한다는 것이었다. 그를 왕에게 '뒤바리 백작부인', 말하자면 뒤바리 동생의 아내로 소개해야 한다. 그리고 그들은 랑주가 나머지 일을 해결해나갈 수 있는 기질을 갖고 있으며 충분히 훈련받았음을 믿었다.

랑주는 곧 그들이 기대하던 것 이상으로 루이의 노쇠한 관능을 되살리는 데 성공했다. 그를 거쳐간 여성들은 음탕한 기술을 별로 발휘하지 못하는 귀부인이거나, 기술을 알아도 너무 겁을 먹어 제대로 쓰지 못하는 평민이었다. 마담 뒤바리는 늙어가는 난봉꾼에게 새로운 쾌락의 세계를 열어주었고, 그때부터 왕은 그가 없이는 살 수 없었다.

1768년 중엽의 어느 시점에서 마담 뒤바리의 이야기는 프랑스의 역사와 뒤섞이고, 《일화》는 베르사유에서 일어나는 정치생활에 대한 무대 뒤의 평가로 바뀐다. 이 글의 성격은 거의 알 수 없는 사이에 한 사람의 전기

《뒤바리 백작부인에 관한 일화》의 권두화 제사는 다음과 같다.

재치도 없고, 재능도 없이, 불명예의 한가운데 있는 그를 왕좌로 데려갔다. 그는 결코 음모를 꾸미지 않았다, 적의 도당을 제거할. 야망의 위협을 알아차리지 못하는, 음모의 꼭두각시, 그는 매력만 가지고 통치했다

프린스턴대학교 도서관 희귀본과 특별장서 보관실 소장

에서 당대의 역사로, **중상비방문**에서 **파렴치한 추문**으로 바뀌고 있다. 그것은 뒤바리에게 초점을 맞춘 덕택이다. 저자는 뒤바리를 둘러싼 정치체제의 본질을 보여주기 위한 거울처럼 그를 이용하고 있다. 그래서 《일화》를 일종의 정치사로 이해하려면, 거기에서 그리고 있는 뒤바리에서 출발하는 방법이 최선인 것처럼 보인다.

화자는 대부분의 중상비방문의 방식에 따라 뒤바리의 성격을 부정적으로 그리는 대신 수많은 중간색을 이용해 묘사한다. 화자는 뒤바리를 변호하기 위해 분명히 그릇된 주장을 믿고 있으면서도, 심지어 뒤바리를 동정하기까지 한다. 뒤바리에게는 윤리의식이 없으며, 그것은 사실이다. 하지만 그는 적들에 대해서조차 어떠한 야망, 질투심, 나쁜 의도가 없었다. 그는 단지 자기 '기질'을 따라서, 그동안 될수록 많은 옷을 집어들면서, 삶의 진로를 즉흥적으로 고르고 있다. 그가 얼마나 자주 몸을 팔았는지와 상관없이 그는 근본적으로 순진한 상태로 남아 있었고, 죄를 짓기보다는 죄에 빠지는 사람이었다.

그러나 그는 표준 이야기의 그다운 변형—사악한 도시에 온 순진한 시골 처녀—을 각별히 신랄하게 만드는 또 하나의 성격, 즉 세속성을 간직하고 있다. 그가 얼마나 분과 향수를 잘 뿌리는지와 상관없이, 언제나 상스러운 말을 던지거나 가게 점원 같은 행위로 다시 미끄러지고 있다. 저자는 그의 성적 비행보다는 그의 통속성을 강조한다. 그리고 그것은 독자에게 더 충격을 주는 가치를 갖고 있을 것이다. 왜냐하면 다른 왕들에게는 애첩이 있었기 때문이다. 그런데 그들은 귀부인이었고, 궁중에 빛을 더해주었다. 하지만 뒤바리는 색정 말고는 제공한 것이 없으며, 왕은 그를 정중한 행동으로 정복하기보다는 그를 사버렸다.

상류사회가 전반적으로 유약하게 보이는 데 비하면, 속된 관능은 생명력이 넘치는 것처럼 보일 수 있다. 뒤바리가 일단 서기와 미용사의 수준

위로 올라간 뒤에는 연인들 사이에 반대의 상관관계가 두드러지게 나타나고 있음을 발견했다. 다시 말해서 신분이 높을수록 성적 능력은 형편 없었던 것이다. 잠자리에 들었을 때(모든 일을 다 알고 있는 저자는 우리를 모든 곳에 데리고 간다) 부자와 훌륭한 태생은 무능력하거나 변태임을 보여준다. 공작은 발기할 수 없고, 고위 성직자는 매질을 요구한다. 백작부인은 여성 상대를 좋아한다. 뒤바리가 만족감에 젖고 싶을 때 그는 하인들 구역으로 내려갔다.

종복은 변강쇠라는 하위 주제는 성애 문학에서 흔히 나타나게 되었다. 그러나 《일화》에서는 마치 평민이 성적으로 우월한 능력을 타고났다고 주장하는 것처럼 거의 민주주의적인 말투로 이야기한다. 이 작품에서는 뒤바리가 그 나름의 철학을 자신이 가진 만큼 표현했다. 뒤바리는 출세의 경력을 쌓는 초기 단계에서, 자신의 길과 나란히 달리는 길을 따라 신분상승을 하지 않고 다른 길로 들어가려고 노력하는 서기를 점점 더 좋아하게 되었다. 서기는 늙은 백작부인의 눈길을 사로잡았다. 그러나 뒤바리(당시에는 마드무아젤 랑송)는 자기 같은 여성이 더 많은 쾌락을 줄 수 있다고 그에게 경고했다. 서기는 한 달에 100리브르와 방과 식사를 제공하면 자신을 가질 수 있었다고 뒤바리는 자신이 남긴 기록에서 설명했다. 우리의 저자는 뒤바리의 초보적인 프랑스말을 맞춤법에 맞게 고쳐서 길게 인용하고 있다(저자는 주인공이 실제로 글쓰기를 배운 적이 없었다고 고백한다). 뒤바리는 백작부인이나 40세 이상의 어떤 여성, 심지어 왕실 혈통의 공주라 할지라도, 이들의 '늙은 배boat'보다 훨씬 더 훌륭한 가치를 지니고 있었다. 사랑의 문제에서 사회적인 지위는 별로 중요하지 않았다. 서기는 수많은 상류층 귀부인들이 남편보다 종복을 더 좋아한다는 사실을 몰랐던가? 서기는 여성이란 미인과 추녀라는 두 부류뿐이라고 생각해야 했다. 만일 그가 그릇된 선택을 한다면, 참으로 안된 일이다. 뒤바리는 이제 자기 미용사와 살림을

차릴 것이다. 어쨌든 미용사는 성적 능력에 비해 얼굴이 더 잘생겼다.[8]

성적 평등주의가 이처럼 모습을 다양하게 드러내고 있다고 해서 남성의 권리를 옹호하고 있다고 섣불리 생각해서는 안 될 것이다. 하물며 여성의 권리는 말해 무엇하겠는가. 마담 뒤바리는 결코 테레즈처럼 철학적인 생각을 하지 않는다. 그러나 결코 순박함을 잃지 않고, 남을 무장해제시킬 정도로 상스럽고, 단지 옷치장과 성을 열렬히 추구함으로써 자기 주위의 모든 것을 반사하는 거울 같은 역할을 한다. 그가 신데렐라 역할을 하는 방식은 궁정의 다른 배우들의 위선과 퇴폐성을 노출시킨다.

그는 하나의 이야기를 행동에 옮기고, 그와 동시에 그 이야기에 도덕성을 공급한다. 말하자면 그의 이야기는 민담의 방식으로 작용하기 때문에, 단순한 독자에게 베르사유의 바로크풍 정치를 의미 있게 만들어주는 방식을 제공해준다. 그러나 그 이야기를 이해하려고 노력하기 전에 우리는 루이 15세 치세의 마지막 기간을 역사가들이 이해한 방식에 따라 빨리 살펴볼 필요가 있다. 왜냐하면 《뒤바리 백작부인에 관한 일화》가 사건을 평가하는 것과 역사로서 기록된 내용이 얼마나 차이가 있는지 살펴보지 않고서는 이 작품의 의미를 파악하는 것이 불가능하기 때문이다.

18세기 프랑스의 정치사를 뒤돌아보는 역사가들은 대개 1769~1774년의 기간을 1787년 혁명이 시작되기 전의 가장 큰 정치적 위기로 본다. 그들은 이 위기를 다양하게 해석하지만, 위기의 구성요소에 대해서는 의견이 일치한다. 처음에는, 슈아죌 공작이 지배하던 정부는 삼중고에 시달리고 있었다. 먼저 외교 문제를 보면, 프랑스는 7년전쟁(1756~1763년)으로 모욕을 받은 결과 세력균형체제에서 차지하던 지위에 심한 타격을 받았다. 영국이 제국을 해외로 널리 확장하는 데 비해 프랑스는 오스트리아와 에스파냐와 아무런 효과도 없는 동맹관계를 맺은 채 거기에 구속받고 있었다. 슈아죌의 외교적 업적으로 간주되는 부르봉 왕가협정The Family Compact 때문에 프랑스는 에스파냐가 영국에 대항해 포클랜드제도의 영유권을 주장하는 데 말려들었지만, 세계적인 규모의 전쟁을 다시 한 번 치를 능력은 없었다. 더욱이 동맹국인 폴란드를 다른 동유럽 열강들이 분할하려 드는 것을 보면서도 그 나라를 지켜주기 위한 조치를 취할 능력도 없었다. 마침내 폴란드는 1차로 분할되었다(1772년).*

외교 문제에서 프랑스가 보여준 약점은 국내의 재정 문제를 정돈하지 못했기 때문에 생긴 것이다. 이것이 정부가 안고 있는 두 번째 큰 문제였다. 취약한 징세 기반―모든 종류의 면세특권과 불평등 때문이다―과 낮은 징세제도 때문에 국가를 무력하게 만드는 적자를 떨쳐버리지 못했다. 국가는 수입을 늘릴 수 없었다. 왜냐하면 고등법원(영국의 의회처럼 선출되는 단체가 아닌 법원)은 세금을 신설하려는 왕령을 등기부에 등록하지 않으면서 필사적으로 저항했기 때문이다.**이처럼 고등법원의 소요사태가 불안정을 낳는 세 번째 원인이었다.

브르타뉴 지방의 고등법원은 왕의 신망을 등에 업고 있던 군관구 사령관 에기용 공작과 법적 투쟁에 말려들었다. 법정 사건으로 시작한 일이 굉

---

* 폴란드는 러시아·오스트리아·프러시아에 의해 1차 분할된 뒤에도 1793년과 1795년에 두 번 더 분할되었다. 제1차 세계대전을 겪은 뒤에 주권국가가 되었지만, 1939년 독일과 소련에 의해 네 번째로 분할되었다.

** 프랑스가 절대주의 국가라 할지라도 전통에 따라 왕령을 고등법원 등록부에 올려야 효력이 발생했다. 고등법원은 새로운 왕령을 거부하는 방법으로 상주권을 이용했다. 이것은 왕령이 부당하다는 이유를 들어 왕에게 상주하는 권한이다. 그리고 최후의 수단으로 왕령의 등기를 거부하면서 저항했다. 왕은 고등법원의 상주권과 등기권의 저항에 맞서기 위해 고등법원에 직접 출석해 자기 의지를 관철시켰으며, 이 같은 행위를 친림법정lit de justice이라고 했다. 만일 고등법원이 계속 말을 듣지 않을 경우, 왕은 고등법원 판사들을 귀양 보냈다. 이들의 관직은 개인의 재산이었고 따라서 왕은 관직을 박탈할 수 없었기 때문에, 귀양이라는 수단만이 왕의 권위를 널리 인정하게 만드는 최후의 방법이었다. 그러나 혁명기에 다다를수록 여론이 왕권에 저항하는 고등법원의 편을 드는 경우가 많아졌기 때문에 왕에게도 큰 부담이었다. 1770~1771년에 전통적인 고등법원을 폐지하고 왕이 임명하는 법관으로 구성된 새 고등법원을 세운 모푸의 정변은 왕의 절대권을 회복하기 위한 시도였다. 그러나 루이 16세가 즉위하면서 이 정변의 성과는 무효화되었다.

장한 '사건'으로 바뀌었다. 그것은 파리 고등법원의 손으로 넘어갔으며, 국가의 중앙집권에 맞서 지방의 자유를 지키려는 운동으로 성격이 바뀌었다. 베르사유에서는 대법관 모푸R.-N.-C.-A. de Maupeou, 그리고 궁정의 권력 줄서기에서 '슈아죌파'에 맞서고 있던 이른바 '경건파'가 에기용을 지지했다.* 슈아죌과 그 지지자들은 대체로 고등법원에 우호적이었기 때문에, 고등법원이 예수회를 추방하기 위해 싸울 때 이들을 지지해주었다 (1764년). 결국 모푸와 그의 지지자들은 루이 15세를 설득하여 에기용을 기소한 재판을 파기하고, 세금 신설에 반대하는 고등법원을 탄압하며, 포클랜드 문제에 대해서는 영국에 양보하도록 했다. 정책의 재조정은 슈아죌이나 정부가 지난 12년 동안 지지했던 정책을 거의 모두 거부한다는 뜻이었다.

1770년 12월 24일, 슈아죌을 권좌에서 밀어내고 귀양을 보낸 사건을 본 유럽의 나라들은 1720년대 이래 프랑스 정치에서 가장 극적인 정변이 일어났다고 평가하면서 술렁거렸다. 그러나 그것은 1770~1771년에 모푸가 일으킨 '혁명'에 비하면 유순한 사건이었다. (모푸의 정책을 묘사하기 위해 프랑스인이 사용한 '혁명'은 체제의 격렬한 전복이라는 현대의 개념이 아니라, 정책의 갑작스럽고 근본적인 변화라는 뜻을 담고 있었다.)

대법관은 전반적인 법제도를 때려부수고 재건했다. 이제 고등법원은 왕령에 저항할 능력을 잃었다. 파리 고등법원의 법관들은 귀양을 갔다. 변호

---

* '경건파parti dévôt'는 얀센주의자와 예수회가 싸울 때 궁정에서 예수회를 지지하던 사람들로, 루이 15세의 비와 왕세자가 여기에 속했다. 1770년의 정치적 상황에서 '경건파'는 예수회를 몰아낸 슈아죌을 절대 용서할 수 없는 사람들로 구성되어 있었다. 특히 루이 15세의 딸들Mesdames이 슈아죌과 오스트리아를 미워했다. 따라서 이 무렵 궁정에서는 슈아죌파가 한편에, 그리고 루이 15세의 공주들과 마담 뒤바리가 다른 편에서 서로 대립했다. 여기서 마리 앙투아네트의 비극적인 운명이 시작되었다. 1770년에 시집온 마리 앙투아네트는 친親오스트리아 정책을 펴서 자신과 왕세자를 결혼하도록 주선한 슈아죌을 보호자로 여겼지만, 슈아죌은 그해 12월 권력을 잃고 궁정에서 밀려났기 때문이다.

사들은 파업을 시작했다. 그러나 새 정부는 1774년 5월 10일 루이 15세가 죽을 때까지 꿈쩍도 하지 않았다. 정부는 활기찬 개혁을 통해 왕국의 사법 제도만이 아니라 징세제도도 재구축하는 한편, 외교 문제에서는 한 발 뒤로 물러섰다.

고등법원에 보복하려는 외무대신 에기용 공작, 재무대신으로서 적자재정의 개혁을 외치는 강경론자 테레 신부가 모푸에게 힘을 보태주었다. 그들은 비록 경쟁관계에 있기는 했지만, 함께 삼두정을 이끌어나갔다. 그들은 전통적인 자유와 개인들에게 귀속된 이익을 희생하는 대신 국가의 중앙권력을 강화하면서 나라를 확실히 다스렸다. 따라서 당시 다수의 프랑스인들은 모푸의 정부를 순수하고 단순한 형태의 전제정에 가깝다고 생각했지만, 일부 역사가들은 일종의 프랑스식 계몽전제주의라고 해석했다.[9]

물론 우리는 당시 프랑스인이 1769~1774년의 대위기를 얼마나 느끼고 있었는지 제대로 알지 못한다. 그 때문에 《뒤바리 백작부인에 관한 일화》를 재미있게 읽을 수 있다. 이 작품은 당시 사건들에 대해 연속적으로 논평하면서 당대인이 어떻게 평가하고 있는지 보여주기 때문이다. 화자가 '진실하고, 공평하고, 통찰력 있는 역사가의 임무에 따라서' 뒤바리의 초기 생애에 관한 모든 증거를 샅샅이 뒤진 것처럼,[10] 그는 궁정에서 그가 어떻게 생활했는지 보여줄 수 있는 자료를 모두 훑다시피 했다. 그는 편지를 손에 넣고, 대화를 엿듣고, 베르사유와 파리 사이를 흘러다니던 정치적 험담거리를 많이 모았다. 이 자료를 체로 치고 온갖 '일화'를 한데 짜맞추면서 루이 15세 치세 말년의 전체 역사를 구축했다.

이야기는 다음과 같다. 뒤바리가 처음 베르사유에 나타났을 때, 그는 한때 자기 뚜쟁이 노릇을 하다가 지금은 시숙이 되어 모든 행동을 지시하는 '장 (뒤바리) 백작'이 파리에서 내리는 가르침에 따라 슈아죌파와 사귀려고 노력했다. (그가 기욤 뒤바리 '백작'과 일종의 **정략결혼**mariage de convenance

을 한 직후 남편은 서둘러 지방으로 떠나, 술을 마시면서 기억에서 잊혀져갔다.)
그러나 슈아죌의 누이, 정신적으로 타락한 그라몽 공작부인은 마담 뒤바
리가 접근하지 못하게 했다. 그 자신이 마담 드 퐁파두르가 죽은 뒤 비어
있던 왕의 공식 애첩 자리를 이어받고 싶었기 때문이다. 공작부인은 슬며
시 왕의 침대로 들어가 그럭저럭 왕을 강간하는 데 성공했다. 하지만 그는
너무 늙었고 못생겼기 때문에, 마담 뒤바리가 무대에 등장하자 그 영역을
제대로 지켜내지 못했다.

이리하여 엄청난 싸움이 시작되었다. 한편에서는 슈아죌과 누이가 뒤바
리의 과거 행적에 관한 정보를 치인총감에게서 공급받아 닐리 퍼뜨림으로
써 그 이름에 먹칠을 하고 있었다. 다른 한편에서는 뒤바리가 왕의 내실에
서 언제나 장 백작의 신호를 받으면서 왕을 더욱 단단히 쥐고 있었다.

정신延日들은 권력체계에서 자리 이동의 표시를 파악하기 위해 궁정의
일상생활에서 일어나는 모든 움직임을 하나도 빠뜨리지 않고 연구했다.
이리하여 슈아죌의 동생이 스트라스부르 군관구 사령관에 임명된 1769년
초만 하더라도 슈아죌은 아직 주도권을 쥐고 있었다. 그러나 그는 부활절
휴가 기간 동안 자기 영지로 평소보다 일찍 출발했다. 그는 출발하기 전
왕의 만찬에 참석했지만, 왕은 그를 곁에 앉히지 않았다. 그보다 더 나쁜
일이 일어났다. 만찬이 끝난 뒤 왕의 은덕을 보여주는 풍향계라 할 수 있
는 리슐리외 원수는 슈아죌 대신 마담 뒤바리와 카드놀이를 했다.

1769년 4월경 마담 뒤바리가 궁정에 발을 들여놓을 때 그의 앞을 가로
막는 것은 하나도 없는 것처럼 보였다. 그는 결국 왕의 공식 애첩으로 인
정받고 각국 대사들이나 대신들과 협상에서 강력한 역할을 할 수 있게 될
것이었다. 사실 여태껏 비천한 신분으로 베르사유에 들어간 사람으로서
뒤바리만큼 높은 지위에 오른 사람은 없었다. 그리고 슈아죌 일파는 자기
네 지위를 지키려고 안간힘을 쓰고 있었다. 그들은 왕의 편협한 딸들이자

'경건파'를 이끌던 공주들의 지지를 얻어 궁중의 가장 고상한 귀부인들 속에서 가짜 백작부인을 거부하는 통일전선을 구축하려는 운동을 벌였다. 그러나 장 백작은 영국에서 문서를 입수하여 한 방을 날렸다. 그 문서를 가지고 뒤바리 가문이 배리모어 귀족 가문의 후예임을 증명한 것으로 추정할 수 있다. 그는 공주의 초라한 시녀 베아른 백작부인을 설득해 뒤바리 백작부인이 궁중에 첫선을 뵈는 행사에서 그의 '대모'로 행세하면서 서열을 파괴하게 만들었다.

언제나 그랬듯이 우유부단한 왕은 예전의 창녀들에게 아랑곳하지 않던 '경건파'의 압력을 받아 아직도 망설이고 있었다. 그러나 마침내 뒤바리는 장 백작과 미리 연습을 하고는 루이의 발치에 쓰러지면서 눈물겨운 장면을 연출했다. 왕은 퍼뜩 정신을 차렸다. 이처럼 중요한 사건은 1769년 4월 22일 일어났다. 소식은 왕국 전체에 퍼졌다. 베르사유에서 마차들이 떼지어 나왔다. 각국 대사들은 유럽의 모든 나라 궁전에 급히 파발마를 보냈다. 그런 다음 모두가 차분한 상태에서 그다음에 일어날 세계적인 사건, 슈아죌의 몰락을 지켜보고 있었다.

여성의 열정과 그들을 지배하는 사람들이 있는 한 이러한 사건은 궁중에서 불가피하게 보였다. 그라몽 공작부인은 왕의 은총을 잃고 시골 영지로 내려갔으며, 사람들은 뒤바리가 공중에 귤 두 개를 던지면서 "뛰어올라라 슈아죌, 뛰어올라라 프랄랭!"이라고 노래 부르는 모습을 볼 수 있었다. 그것은 슈아죌 공작과 그의 사촌인 프랄랭 공작을 모두 관직에서 쫓아내겠다는 뜻이었다. 프랄랭 공작은 당시 재무대신이었다.

그러나 왕은 얼버무리고 있었다. 궁정의 귀부인들은 아직도 왕의 애첩 편에 가담하려 들지 않았다. 그들은 잘못해서 은총을 잃어버릴까봐 두려웠다. 뒤바리는 아직도 속된 때를 벗지 못했기 때문에 공격받기 쉬운 상태에 있었다. 그는 어느 날 저녁 식사 후 노름판에서 돈을 조금 잃은 뒤 이렇게 외쳤다. "이들이 나를 기름에 튀겼어!"* 어떤 독설가가 그의 돈을 챙기면서 이렇게 대답했다. "마담, 지금 하신 말씀이 무슨 뜻인 줄 알고 하시는 겁니까?" 이 말은 뒤바리에 대한 모욕이었다. 뒤바리가 요리사의 딸이라는 사실을 빗대는 이 말의 뜻을 거기에 있던 모든 사람이 알아차렸기 때문이다.[11] 그러나 왕은 뒤바리의 솔직한 태도를 신선하다고 생각했다.

뒤바리가 예전에 마담 드 퐁파두르가 쓰던 방으로 옮겼을 때, 그의 지위는 확고부동해 보이기 시작했다. 슈아죌은 절망감에 사로잡혀 정면공격을 시도했다. 그는 해외 식민지에서 태어난 매혹적인 후작부인을 왕 앞에 직접 밀어넣었다. 그러나 루이는 거의 거들떠보지도 않았다. 그때부터 정신들은 뒤바리의 진영으로 다투어 몰려들었고, 슈아죌의 적들은 자기들끼리 대신의 자리와 한직을 은밀히 나눠먹기 시작했다.

권력 이동은 거의 2년에 걸쳐 최고조에 달했다. 그래서 군주는 국사에 전념하기 어려웠다. 뒤바리 일파는 모푸와 함께 공작했다. 그 대신 모푸는 에기용 공작과 동맹관계를 다졌다. 그들 모두 고등법원을 미워했기 때문에 동맹을 맺을 수 있었다. 대법관과 공작이 원칙적으로 법원 그 자체에 반대했던 것은 아니다. 그와는 달리 원칙의 문제는 고등법원을 포함한 모든 진영의 그 어떤 사람과도 관련이 없었다. 그러나 모푸는 파리 고등법원이 에기용 사건을 맡자 슈아죌이 왕으로부터 받는 호의를 갈기갈기 찢어놓는 기회를 만났다. 대법관은 왕에게 슈아죌이 고등법원과 몰래 짜고 에기용을 파멸시키려 한다고 말하면서, 그들은 왕의 권위를 무너뜨릴지 모른다는 점에 대해서는 아랑곳하지 않는다고 아뢰었다. 에기용에 대한 송사를 파기하고, 슈아죌을 해임하고, 고등법원을 분쇄하는 일만이 유일한 해결책이었다.

---

* 이 말 "I've been fried!"에는 "난 돈을 빼앗겼어!"라는 뜻이 들어 있다.

이처럼 정책은 왕의 의지가 수용할 수 있는 범위를 훨씬 지나칠 정도로 크게 변했다. 바로 거기에 뒤바리가 끼어들었다. 뒤바리가 왕과 함께 내실로 사라졌을 때, 그는 왕에게 술을 진탕 권하고, 침대로 끌고 가서, 자기가 원하는 것은 무엇이건 승인하도록 만들었다. 장 백작이 각본을 준비하고 모푸가 원본을 마련했다. 이불 속에서 왕은 슈아죌을 귀양 보내는 숙명의 봉인장에 이름을 적어넣었다. 그러나 이튿날 아침 왕이 술에서 깨어나면 간밤에 한 일을 뒤집었다. 이 같은 일이 거듭되었다. 그러나 결국 그는 더 이상 버틸 수 없었다. 1770년 12월 24일, 왕은 슈아죌을 궁정에서 추방했다.

슈아죌이 쫓겨나자 그의 적들은 정부를 장악하고 오얏을 나눠먹기 시작했다. 에기용은 외무대신직을 단숨에 장악하지 않았다. 왕이 그의 재판을 뭉개버려 큰 물의를 빚자, 그는 대중의 불만을 무시할 만큼 뒤바리의 뒷받침을 받는다고 확신할 수 있을 때까지 대기상태에 있어야만 했다. 아주 멋진 황금마차 선물—화자의 계산에 따르면, 한 지방의 가난한 사람들을 몇 달 동안 먹여 살릴 수 있는 값—은 계략이었다. 테레가 재무대신직을 맡아 납세자들의 털을 깎아내고* 모푸가 대법관청에 앉아 고등법원을 완전히 파괴하고 있는 동안 뒤바리는 그를 외무대신으로 임명했다.

이 모든 음모를 성공시키기 위해서는 왕의 침대에서 상당히 훌륭한 솜씨를 발휘해야 했다. 뒤바리는 왕의 취향을 회복시키는 데 주목할 만큼 성공했지만, 왕의 주치의들은 그가 왕을 죽이고 있다고 경고했다. 따라서 장 백작은 시간이 다 가기 전에 국고를 쥐어짜려고 온갖 짓을 다했다. 그는 재무대신이 마치 개인 금고라도 되는 듯이 원장신부 테레에게 계산서를 써서 보냈다. 노름판에서 한 번에 16만 8,000리브르를 잃었으니 갚아달라는 것

---

*   원장신부 테레는 1769년 12월 23일 대법관 모푸의 추천을 받아 재무총감으로 임명된 후 세제개혁을 철저히 추진해 텅 비었던 국고를 채우고 재정상의 균형을 맞춰놓았다. 그러나 적을 많이 만들었기 때문에 루이 16세가 즉위하자마자 밀려났다.

이었다. 그리고 창녀와 하룻밤을 지내는 데 30만 리브르를 썼다고 했다.

1773년 중엽, 그가 국고에서 500만 리브르나 적자를 보게 만들었기 때문에 테레는 에기용에게 도움을 청하면서 출혈을 막으려고 노력했다. 한 순간 두 사람이 함께 반대해 장 백작을 복종시키는 것처럼 보였다. 하지만 그는 두 사람을 권좌로 마구 밀어넣었듯이 이번에는 권좌에서 마구 밀어내겠다고 위협했다. 그는 결코 권력을 놓치지 않았다. 그리하여 그는 노름꾼 소굴과 논다니집에 앉아 베르사유로 심부름꾼을 보내면서 왕국을 지배했다. 베르사유에서는 뒤바리가 언제나 그의 그릇된 의지에 복종하면서 명령을 기다리고 있었기 때문이다.

전리품을 더 많이 차지하겠다고 다투는 가운데 삼두정에 금이 갔다. 에기용이 자기를 밀어내고 뒤바리의 호의를 차지했다고 느낀 모푸는 '경건파' 안에 있는 에기용의 적들과 은밀히 사귀었다. 이들은 왕세자(장래 루이 16세)를 중심으로 다시 모여 있었다. 왕세자는 뒤바리가 자신의 성적 무능과 자기 아내의 용모를 놀린다는 사실을 알고 그를 싫어했다.

에기용은 모푸의 적인 오를레앙 공작을 끌어들여 고등법원을 복원하려는 음모를 꾸미면서 반격했다. 그보다 더 중요한 일이 있다면, 그가 뒤바리를 직접 유혹하고, 이렇게 해서 사실상 왕을 오쟁이 지게 만들면서 권력의 궁극적인 원천에 다가섰다는 것이다.

그동안 테레는 그의 동료들한테서 위협을 느꼈다. 그래서 그는 왕립건축물 총감직을 손에 넣고 뒤바리 일가에게 성을 나눠주면서 이들의 환심을 사려고 했다.* 마담 뒤바리는 그 나름대로 뤼시엔의 검소한 성에 정

---

* 왕립건축물Bâtiments du Roi은 원래 왕의 저택을 뜻하지만, 점점 건물·정원·예술품·아카데미·수공업공장도 포함했다. 1776년 9월 1일의 왕령에 따르면, 왕립건축물 총감은 왕립 성관城館, 베르사유 궁전과 마을의 도로, 정원과 공원, 고블랭(양탄자공장), 라 사보느리(비누공장), 세브르의 수공업공장들, 예술가(특히 루브르 소속 예술가)의 숙소, 건축, 미술, 조각 아카데미들, 로마 소재 프랑스 아카데미를 관장했다.

착했다. 그러나 그는 대단히 많은 보석(특히 8만 리브르 상당의 귀걸이 한 쌍, 30만 리브르짜리 다이아몬드 머리 장식)을 손에 넣었기 때문에 프랑스 역사상 가장 비싼 애첩으로 통했다. 1773년 말 그는 1,800만 리브르에 달하는 돈을 국고에서 흘려버렸으며, 왕국은 왕만큼 지쳐버렸다.

이 모든 음모가 절정에 다다르고 국고는 파산 직전의 벼랑 끝에서 흔들거리고 있을 때, 루이는 죽음으로써 그 상황에서 벗어났다. 그는 무엇 때문에 그렇게 되었던가? 화자는 무서운 비밀을 폭로했다. 말년에 접어든 왕을 자극하기가 점점 더 어려워지자, 마담 뒤바리는 포주로 변해 왕의 침대에 신선한 아가씨들을 밀어넣어주면서 왕의 총애를 잃지 않았다. 그러던 중 어떤 아가씨가 걸렸다. 그는 목수의 딸로서 각별히 왕의 침대에 들어가기 싫어했으며, 겉으로는 드러나지 않았지만 마마에 걸려 있었다. 그 아가씨가 왕에게 병을 옮겼고, 왕은 죽었다. 그리고 프랑스 전체가 안도의 한숨을 내쉬었다.

이 이야기의 가르침은 분명했다. 일단의 악당들이 국가를 손아귀에 쥐고, 피를 말리고, 군주정을 전제정으로 바꿔놓았다. 역사가들이 아무리 의견의 일치를 보지 않고 있다 할지라도, 그들이 훗날 구축한 정치사는 이보다 더 멀리 나아갈 수 없었다. 《일화》는 외교 문제를 거의 말하지 않는다. 그것은 황금마차와 도박으로 국고에서 수백만 리브르가 흘러나갔다고 한탄하는 것을 제외하고는 적자에 대해서도 아무 말을 하지 않는다. 그것은 종종 고등법원의 폐지에 대해 말하지만, 모푸의 개혁이나 고등법원을 둘러싼 이념적 토론에 대해서는 자세히 다루지 않는다. 정치를 다루면서 정책을 제시하지 않는다. 게다가 원칙의 문제도 다루지 않는다.

정치는 단순히 권력투쟁이며, 누가 더 사악한지 쉽게 비교할 수 없는 개인들의 각축장일 뿐이다. 슈아죌파가 삼두정보다 더 낫다고 할 수 없다. 고등법원도 마찬가지다. 그들은 단지 대신들의 전제주의를 막을 수 있는 유일한 장치로 행동했을 뿐, 그들의 죽음에 장렬함은 없다. 어떤 때인가, 본문에서는 이름 모를 작가를 좋게 다룬다. 이 '애국자'는 대중의 명분을 옹호하고 있기 때문이다.[12] 그러나 본문에서는 애국파나 반대운동에 관한 정보를 하나도 내놓지 않는다. 대중이 비록 긍정적인 모습으로 나타나고 있지만, 여전히 뒤편으로 멀찌감치 물러나서 빵의 공급 부족과 과도한 세금 부담에 신음하고 있다. 그래서 이 이야기에는 남자 주인공이 없다. 이것은 매춘부를 신데렐라로, 추잡한 늙은이를 매력 있는 왕자님으로 제시하고 있다. 그러나 전하고자 하는 내용은 있다. 프랑스 왕정은 대신들의 선제주의 가운데 가상 비열한 형태로 타락했다는 것이다.

확실히 그것은 이야기를 잘못 전하고 있다. 오늘날 우리는 국가 재정의 파탄이 장 뒤바리 백작의 악성 부채에서 나왔다기보다는 부적절한 세금기반과 비효과적인 행정에서 나왔다는 사실을 알고 있다.[13] 그러나 우리는 당대인이 나라를 어떻게 보았는지 거의 모른다. 나는 그들의 정치관이 아무리 일그러져 있다 하더라도 정치적 현실에서 5퍼센트 세vingtième의 징수만큼 결정적인 요소였다고 믿는다. 따라서 정치를 민간전승folklore으로 이해하는 일이 중요하다.

물론 《뒤바리 백작부인에 관한 일화》는 당대 여론을 보여주는 사진이 아니라 그저 텍스트일 뿐이다. 우리는 사람들이 그것을 어떻게 읽었는지조차 모른다. 그러나 우리는 그것이 독자에게 어떻게 말을 걸었으며 거기에 담긴 수사학이 어떻게 작용했는지 안다. '역사가'로서 말하고 있는 저자는 머리말에서 자기가 '낮은 신분 때문에 궁정과 그곳의 영화에 접근하는 길을 빼앗긴 채 한숨을 내쉴 소박한 시민들을' 위해 글을 쓰고 있노라고 말했다. 도덕적으로 표준이 될 만한 자세—고위층의 삶이 사악하고 허영에 차 있음을 폭로하는 자세—를 보여준다고 해서 우리가 그보다 덜 익숙한 기능, 신문기자의 기능을 보지 못하라는 법은 없다.

오늘날 우리는 거물급 인사의 삶에서 거의 모든 순간이 거의 모든 시민의 거실로 빛을 타고 흘러들어가는 시대에 살고 있기 때문에, 보통사람들이 신문을 통해서도 접근할 수 없는 거물급 인사들이 자신들만의 세상에서 생활하는 세계가 있었다는 사실을 상상하기 어렵다. 18세기 궁정 신문이나 비공식 신문 가운데 어느 것도 베르사유 궁전 내부의 활동에 관한 정보를 거의 담지 않았다.[14] 그러나 베르사유―왕의 사생활, 궁정의 권력놀음―는 독자들의 마음을 사로잡았으며, 1770년경 독자들은 대중을 이루었다. 우리는 독서 대중이 어떻게 발달했는지는 제대로 알지 못하지만, 100년 전 궁전을 파리에서 베르사유로 옮겼을 때 존재하던 대중과 다른 종류의 현상이었다고 주장할 만큼은 알고 있다. 루이 15세 치세의 마지막에 왕국의 가장 먼 곳에서도 인쇄된 말을 찾는 수요가 있었다. 그리고 모든 곳에서 독자가 새 소식을 요구했다.

우리의 저자는 이 기능을 만족시키기 위해 글을 썼다. 그는 종종 '대중'과 '새 소식' 같은 낱말을 정확히 규정하지 않은 채 사용했다. 대중을 말할 때 그는 두 종류의 청중을 넌지시 구별했다. 왕국에 흩어져 있는 '소박한 시민들'의 일반 독서 대중과 그들보다 더 세련된 파리의 대중. 그는 자기 책을 일차적으로 사교계(파리의 상류사회)의 생활에 대해 잘 모르는 전자를 대상으로 썼다. 그래서 그는 도시의 이야기에 양념 노릇을 하는 요소―말장난, 농담, 숨은 뜻 따위―를 해석하고 설명해주면서 그들의 통역 노릇을 했다.[15] 그가 파리의 대중에 대해서 말할 때, 그는 공원과 카페에 옹기종기 모여 그날의 소식을 토론하는 사람들을 염두에 두었다. 이 사람들은 궁정과 대조되는 도시에 속했다. 궁정la cour과 도시la ville는 각자 나름대로 정보의 유통경로를 발달시켰다.[16] 그러나 두 체계는 서로 교차했으며, 둘은 함께 왕국에 유통되는 모든 소식을 실제로 생산해냈다.

전형적인 소식은 왕이 내실에서 스스로 커피를 끓여 마시는 습관을 즐긴다는 이야기를 전해준다. 어느 날, 그가 한눈을 파는 사이 커피가 끓어 넘치기 시작했다. 그러자 뒤바리가 외쳤다. "이봐, 프랑스! 조심해. 당신 커피가 탈영하고 있어." 이 이야기는 뒤바리의 속된 모습과 그가 왕을 사사로이 대하는 일상적인 방식을 보여준다. 그것은 베르사유에서 정신들 사이에 험담거리로 퍼지기 시작했다. 그리고 파리의 어떤 수기신문업자가 그 사실을 보도했다.

마침내 우리의 저자는 '뒤바리가 왕을 지배하는 데 대해 당시 대중의 여론은 어떠했는지 추론할 수 있는… 일화'로 그 이야기를 옮겼다.[17] 이 글은 더이상의 사회적 묘사나 개념을 나들어내지 못할 것이다. 그러나 똑같은 종류의 다른 글과 마찬가지로 이 글도, 대중이 실제로 존재하고, 비록 정치는 이른바 절대군주의 궁정에서 일어나고 있었지만 대중의 의견이 거기에 중요한 영향을 끼친다는 가설에서 나온다.

소식은 수많은 형태로 나왔다. 그러나 우리의 저자는 비행과 범죄의 당좌 계정을 만들어내기 위해 끝과 끝을 연결한 가장 신랄한 일화들이 **파렴치한 추문**의 형태로 전하는 소식을 좋아했다. 일화들은 여전히 대중적 저널리즘에 익숙한 원칙에 영향을 미쳤다. 이름이 새 소식을 만들기 때문에 일화는 왕국에서 가장 유명한 인물들을 집중적으로 다루었던 것이다. 일화를 적는 사람들(nouvellistes, gazetiers, gens à anecdotes로 알려진 사람들)은 오늘날의 캐묻기 좋아하는 기자들의 조상처럼 행동했다. 그들은 고위직에서 추문의 냄새를 맡고 다녔다.

그러나 이들과 현대 기자들의 유사성을 너무 멀리 밀고 나가서는 안 될 것이다. 왜냐하면 근대의 보도자들은 전문직업인에 속하지 않았기 때문이다. 수많은 사람이 재미로 일화를 수집했다. 그들은 일화를 모아서 종이쪽지에 끄적이고, 서로 교환하고, 지갑 속에 모아두었다가 카페와 살롱에서 친구들을 즐겁게 해주기 위해 꺼냈다. 수기신문 기자는 일화를 모아서 손으로 쓴 신문(**수기신문**)을 만들었고, 그것을 인쇄하는 발행인은 **파렴치한 추문**을 생산했다.

《뒤바리 백작부인에 관한 일화》는 그 제목이 가리키듯, 이 같은 지하신문에 많은 빚을 지고 있다. 이 작품은 계속해서 지하신문을 인용한다. 사실 처음 70여 쪽에서 뒤바리가 베르사유에 정착할 때까지를 다룬 뒤부터 이 작품은 지하신문과 좀처럼 구별하기 어렵다. 《계몽사상가 테레즈》와 《2440년》처럼 이야기를 짧은 장으로 나누는 작품과 달리 이 작품은 전혀 장을 나누지 않았다. 전체적으로 그것은 독자를 346쪽의 지속적인 흐름 속에 줄줄이 흘려보내는 일화들로 구성되었다.[18] 이러한 점에서 《일화》는 수기신문의 인쇄본 가운데 가장 유명한 《프랑스 문학 공화국의 역사를 기록하는 데 이용할 비밀 회고록》처럼 읽힌다. 그런데 이 작품도 피당사 드 메로베르의 작품으로 추정되어왔다.

메로베르나 그 협력자들은 그들이 만든 더 큰 신문이나 일화 모음집에서 뒤바리에 관한 재미있는 소식을 뽑아내고 신선한 산문 구절과 함께 붙여서 일부는 전기, 일부는 **파렴치한 추문**인 책으로 발간했다. 과정이야 어떻든 결과는 때때로 기사조각 모음집처럼 보인다. 거기에는 서로 공통점이 없는 자료가 무척이나 많기 때문에 독자는 가끔 이야기의 줄거리를 놓치기 쉽다. 그러나 그 '콜라주' 기법 때문에 이 작품은 특히 재미있다. 이 작품은 사건들의 그림이 당시에 돌아다니던 소식들의 조각들로부터 어떻게 구축되는지 보여주기 때문이다. 사실 《일화》는 이 과정을 묘사한다. 그것은 단지 정보만이 아니라 정보에 관한 정보까지 제공한다. 그리하여 독자를 그 정보가 움직이는 의사소통 체계의 중심으로 들어가게 만든다.

먼저 일화들의 성격을 생각해보자. 《비밀 회고록》에 나타난 것처럼 《뒤바리 백작부인에 관한 일화》에서도 일화들은 짧은 소식 또는 '속보'처럼 나타나고 있다. 왕은 스스로 커피를 끓이고 있고, 뒤바리는 커피가 끓어넘치자 속된 말을 내뱉는다. 로마 교황 대사와 로슈 아이몽 추기경이 왕의 침실에 볼일이 있어 들렀다가, 뒤바리가 발가벗은 채로 킥킥대면서 왕의 침대에서 빠져나올 때 그의 덧신을 집어주었다. 모푸는 뒤바리를 즐겁게 해주기 위해 흑인 몸종 자모르에게 파이를 선사한다. 자모르가 파이를 자를 때, 그 속에서 왕풍뎅이 떼가 나와 날아다닌다. 그 벌레들은 대법관의 가발 속에 앉는다. 자모르는 왕풍뎅이를 잡으러 쫓아다니다가 대법관의 가발을 잡아 벗기니, '왕국 사법부의 최고 우두머리'의 벗겨진 정수리가 나오고 시녀들은 하나같이 깔깔댄다.[19] 각각의 사례는 작은 이야기 형식을 띠며, 각 이야기에는 똑같은 가르침이 들어 있다. 고상한 것—교회·사법부·왕관—은 모두 궁정 전체가 썩었기 때문에 타락했다.

이야기는 그 어떤 추상적인 논평보다 논점을 더 분명하게 한다. 그러나 논평도 경구·농담·노래 형식으로 나타난다. 그것도 역시 소식을 구성한다. 따라서 왕세자는 뒤바리가 저녁 식사를 함께하자고 초대하자, "마담, 세자빈은 창녀와 함께 식사나 하는 사람이 아니라서요"라고 대답하면서 거절했다.[20] 그리고 샤브리양 후작은 뒤바리가 궁중에 선을 뵌다는 소식을 반기면서, 자신이 걸린 성병에 대해 기쁨에 넘친 소리를 질렀다. "오, 나의 행복한 성병이여…. 뒤바리는 내게 그 병을 옮겨주었지, 분명히 그는 내게 그 보상을 해줄 거야."[21] 대부분의 노래가 이와 같은 주제의 변주곡으로 나왔다.

Tous nos laquais l'avaient eue,	우리의 종복들이 모두 그를 품었지,
Lorsque traînant dans la rue,	그가 길거리를 걸어다닐 때,
Vingt sols offerts à sa vue	눈앞에 20수만 보여주면
La déterminaient d'abord.	그는 단번에 수락했다네.[22]

사건과 논평을 포함한 모든 보도는 뒤바리가 구현한 동기를 보여준다. 그것은 군주정을 타락시키는 데 있었다.

이처럼 일화에 바탕을 둔 소식지는 비록 작은 규모이기는 해도 대체로 책의 서술과 같은 기능을 한다. 그것은 앙시앵 레짐의 복잡한 정치를 그 것이 일어난 중심지에서 아무리 멀리 떨어져 있는 곳에 있는 어떤 독자라 도 파악할 수 있는 이야기로 바꾸어놓는다. 그리고 화자는 이야기하는 동 안 이 과정 자체를 고찰한다. 그는 정보가 수도의 다양한 매체를 타고 흘 러다니는 방식만이 아니라 신문기자—역사가가 정보를 체로 치는 방식도 보여준다. 신문기자—역사가의 임무는 실제로 무슨 일이 일어났는지 이해 하고, 또 당시 사람들이 그 일을 어떻게 이해하는지를 이해하려는 데 있기 때문이다.

그러므로 두 번째 이야기는 여론의 형성과정을 그리는 첫 번째 이야기 를 통해서 나타난다. 첫 번째 이야기가 단순한 독자를 위한 것이듯, 두 번 째 이야기는 세련된 독자를 대상으로 한다. 세련된 성격과 단순한 성격, 자기반성적이고 환원주의적인 성격을 모두 지닌《뒤바리 백작부인에 관한 일화》는 2세기 전에 돌아다니던 소식과 의사소통 과정에 대해 특별히 풍 부한 견해를 보여준다.

우리는 뒤바리가 루이 15세의 애첩이 된 뒤 몇 달 동안 슈아죌 일파의 공격을 받는 내용을 검토하면서 그 풍부함을 감상할 수 있다. 저자는 〈라 부르보네즈〉(부르보네 지방의 여인)라는 통속적인 노래를 인용하면서 말문 을 연다. 잘 알려진 곡조에 맞춰 부르도록 작사한 이 노랫말은 뒤바리가 궁정에 도착한 것을 대중에게 처음 암시하는 내용을 담고 있다.

De paysanne   농사꾼이던 그는

Elle est dame à présent   숙녀가 되었다네 지금은

...   ...

On dit qu'elle a, ma foi,   사람들은 말하네, 저런, 그가,

Plu même au Roi!   왕까지 꼬셨다 하네![23]

이렇게 소식을 전하는 작품을 어떻게 해석할 것인가? 우리의 저자는 그
것이 말하는 내용보다는 그것이 전달되고 수용되는 데 더 관심을 보인다.
노랫말이 세련되지 못해서 파리의 감식가들에게 높은 점수를 받지는 못하
지만 시골 구석까지 잘 퍼진다. 적어도 그가 모으고 다음과 같이 인용하는
수기신문에서 표현된 견해는 그렇다. "노랫말은 비록 아주 재미없고 곡조
도 최악이지만, 프랑스의 아주 구석진 곳까지 전파되어 조그만 마을에서도
즐겨 부르는 노래가 되었다. 어디를 가도 그 노래를 들을 수 있을 정도다."
    신문에는 그 노래가 파리에서 유통되는 방식에 관한 정보도 들어 있다.
"일화 수집꾼들gens à anecdotes은 재빨리 그 노래를 수집했으며, 그것을 의
미 있게 만들고 후세에 값진 자료로 만드는 데 필요한 논평을 잔뜩 달아놓
았다." 왜 사람들은 이처럼 형편없는 노래에 그토록 열광했을까? 내부자
들은 그것이 왕의 새 애첩이 도착했다는 주요 사건에 대해 말하고 있음을
알고 있다. 그러나 우리의 저자는 더 많이 알고 있다.
    그는 대중의 노래가 권력투쟁의 무기라는 가설에서 출발한다. 왜냐하면
권력은 명성을 포함하고, 노래는 '중상비방의 가장 확실하고, 가장 치명적
이며, 가장 잊을 수 없는 수단'이기 때문이다.[24] 그리고 나서 저자는 〈라 부
르보네즈〉가 1768년 6월 16일의 포스터에 당시 치안총감 앙투안 가브리
엘 드 사르틴의 승인을 받아 처음 나왔다고 적고 있다. 저자는 분명히 이
자료에서 인용하고 있음을 알 수 있다. 왜냐하면 뒤바리를 가장 분명하게
드러내는 제8연이 다른 인쇄물에는 나타나지 않기 때문이다. 분명히 그는
자기가 인용하는 원본이 나타나는 모든 방식—노래는 거리에서 불렸고, 포

스터에 인쇄되었으며, 카페에서 입에 오르내렸고, 지하신문에 보도되었다—을 주의 깊게 살펴보았다.

그렇게 하는 가운데 그는 그 지하 유통경로의 일부가 경찰 수뇌부를 지나고 있다는 사실을 고려한다. 경찰은 모든 수기신문을 뿌리 뽑으려는 불가능한 시도를 하는 대신 원고를 고쳐 발행하도록 허락하면서 통제하려고 노력했다. 그러므로 수기신문에서 〈라 부르보네즈〉를 보도할 수 있었다는 사실은 노래 자체의 원문처럼 우리에게 어떤 사실을 폭로하고 있다. "우리는 신문장이가 강력한 보호자에 의해 그 사실을 은밀히 알 수 있지 않았다면, 이 같은 신문이 파리에 유통되기 어려웠으리라고 상상할 수 있다." 우리는 다음과 같이 결론 내릴 수 있다. 노래와 그것에 관한 일화는 궁정 안에서 뒤바리의 가장 분명한 적이던 슈아죌 공작이 뒤바리의 명예를 깎아내리기 위해 조종한 운동에서 나온 것이었다.

슈아죌 일파가 소식을 한 바퀴 돌린다고 해서 그것을 그릇되게 만들기는커녕 오히려 더 재미있게 만든다. 그래서 우리의 저자는 '우리가 역사적 사실을 모을 때 지침으로 삼는 수기신문'의 보도를 주의 깊게 관찰한다.[25] 비록 그가 많은 자료를 제시하면서도 마치 자신의 이야기를 조각 맞추는 과정에서는 한 가지 주요 수기신문을 이용하듯이, 가장 일관되게 '수기신문' '우리의 원고' '값진 원고'를 전거로 인용한다.[26] 이러한 참고자료 가운데 전부는 아니라 해도 일부는 《비밀 회고록》의 내용과 일치한다.[27] 그래서 《일화》와 《비밀 회고록》은 신문잡지의 지하통로에서 같은 자료를 끌어냈다. 그러나 우리의 저자는 사실 그 자체보다 사실의 특수한 분위기를 전해주기 위해 이러한 자료를 이용한다.

이처럼 그는 1768년 10월과 11월의 수기신문에서 뒤바리를 노래로 욕보이려는 운동에 관한 내용을 인용한 뒤, 12월에 나온 수기신문에서 세 개의 기사를 옮겨온다. 그것은 뒤바리가 궁전에서 선보이는 장면에 관한 소문을 다룬 기사다. 저자는 첫 번째 기사를 슈아죌 일파가 부추긴 '영리하고 악의에 가득 찬' 정면공격으로 해석한다.[28] 두 번째 기사는 전략과 말투의 변화를 보여준다. 그것은 뒤바리를 칭찬하지만, 실제로는 슈아죌 진영에게 경계경보를 내리는 방식으로 칭찬한다. 새 정부가 몹시 아름답고 왕을 강력히 쥐고 있기 때문에, 슈아죌의 보호를 받는 사람들은 만일 지도자를 지키려고 힘을 합치지 않는다면 곧 추방당할지 모른다. 그리고 세 번째 기사는 순수한 의미로 뒤바리에게 호의적이다. 그 이유는 분명하다. 신문기자와 경찰은 권력이 아직 눈에 보일 정도로 이동하지는 않았지만 뒤집을 수 없게 되었다는 사실에 굴복하고 있기 때문이다.[29]

그동안 화자는 당연히 신문기자로 행동하면서, 뒤바리가 공적인 인물로 떠오르기 시작하자마자 그 명성을 더럽히는 모든 종류의 카페 험담을 계속 보도한다. 그는 첫 번째 노래보다 훨씬 더 욕지기가 나는 〈부르보네즈〉를 직접 옮겨 적는다. 그것은 똑같은 가락을 뒤바리의 성적 위업을 놀리는 예찬론으로 바꾸어놓는다. 아레티노의 고전적인 16개 체위와 함께 파리의 가장 좋은 논다니집에서 배운 모든 기술을 완전히 익힌 뒤, 뒤바리는 왕좌에 앉아 있는 '늙은 호색한'을 되살려주는 데 성공했다.[30] 비슷한 노래도 왕의 성적 능력이 시들해지고 있음을 비웃는다. 친(親)슈아죌파가 왕실 자문회의에 관해 내린 평가에서 루이는 모푸에게 다음과 같이 말하고 있다.

Choiseul fait briller ma couronne   슈아죌은 내 왕관을 빛나게 만들지
De la Baltique à l'Archipel ;   발틱 해부터 에게 해까지;
C'est là l'emploi que je lui donne: 바로 그 일이 내가 그에게 준 직책이지:
Vous, prenez soin de mon B⋯[Bordel]   당신, 내 ㄴ⋯[논다니집]을 돌봐주
시오.

그리고 모푸가 대답한다.

Que ne puis-je en votre ruelle,	만일 전하의 침대 곁에만 있을 수 있다면
Raffermir aussi votre V⋯[Vit]!	소신도 전하의 ㅈ⋯[자지]을 단단하게 만
	들 수 있으련만!³¹

'속삭임·분노·저항'의 홍수가 인쇄물도 포함된 '풍자시·노래·풍자문' 속에서 고개를 내밀었다.³² 우리의 저자는 그것들을 옮기지는 못하지만 그 성격은 묘사한다. 어떤 것은 파리 고등법원 법관들의 선언문과 관련되어 있다. 거기에서 그들은 오직 군주정의 행복을 위해 군주에게 반대하며, 그들은 재산, 자유, 심지어 목숨까지도 그 고상한 명분을 위해 바칠 용의가 있었다. 그 인쇄물은 고등법원의 수석 재판장이 왕과 대신들에게 희생의 제물을 바치는 모습을 보여준다. 테레를 위해서 지갑을, 모푸를 위해서 여러 사람의 머리를, 뒤바리를 위해서 남자 생식기 여러 개를 바치고 있는 모습이다.³³

불만은 특히 농담의 형태로 나온다. 우리의 저자는 파렴치한 추문을 쓰는 대부분의 작가처럼 '누군가 말하기를ᵒⁿ ᵈⁱᵗ'이라는 형식으로 이야기를 전한다. 여기서 '누구'란 이 세상 어느 곳에나 존재하는 사람으로서, 일반 대중을 위해 말했다. 우리는 이러한 보기를 수많은 상스러운 말장난 가운데서 찾을 수 있다. 그것은 뒤바리의 이름에 바탕을 둔 농담이었다. "누군가 말하기를, 왕은 이제 통(baril: 이것은 Barry와 똑같이 '바리'로 읽는다)을 채울 수 있단다."³⁴ 이러한 설명을 전제로, 우리는 선술집에서 취객들과 농담을 하는 누군가를 쉽게 상상할 수 있다.

질문 어째서 뒤바리는 파리에서 가장 유능한 창녀였나?

답   왜냐하면 그는 퐁뇌프에서 한걸음에 트론까지 갈 수 있었으니까.[35]

여기서 '누구'는 파리인이다. 지방의 독자가 이 농담을 이해하려면 설명을 들어야 한다. 그래서 저자는 설명을 곁들인다. "퐁뇌프는 파리의 한 부분이며, 그곳에는 창녀가 많이 있다. 트론은 거기에서 약간 떨어진 포부르 생탕투안의 입구에 있는 문이다."[36]

한마디로 화자는 소식과 논평을 한꺼번에 제공한다. 그러고 나서 그는 어떤 소식이 있는지는 물론, 그 소식은 어떻게 유통되었는지에 대해서도 말해주는 내용을 쌓아나가면서 논평에 대해 논평한다. 그것은 시각매체(인쇄물·포스터·낙서), 입말(농담·소문·노래), 글말(수기신문과 인쇄된 소책자) 같은 그 시대의 모든 매체를 통과했다. 그리고 그것이 《일화》에 실렸을 때, 단순히 여론에 영향을 끼치려는 시도만이 아니라 여론이 어떻게 존재하게 되는가에 관한 설명으로도 읽힐 수 있다.

물론 그것은 어떤 의도가 있는 설명이다. 저자는 《일화》를 쓰면서 자신이 묘사하는 과정에 참여했다. 그래서 그의 묘사를 객관적이고 정확한 것으로 간주할 수 없다. 사실 그는 자신이 평소 쓰던 수사학의 뒤에서 앞으로 나와 도덕적으로 난폭한 말투로 독자에게 말을 걸었을 때 자기 견해를 몇 가지 점에서 분명히 밝혔다. 그가 왕의 죽음을 자세히 말하기 시작할 때, 이렇게 외쳤다. "이제 이 타락의 시간은 끝나게 되었다."[37] 그는 궁정의 모든 당파, 그리고 대신들·애첩들·왕을 포함해 공공생활을 하는 모든 사람들을 몹시 깔보았다. 그가 제시한 근본 문제는 개인들의 영향을 넘어섰다. 그것은 군주정 자체가 안고 있는 구조적인 문제였으며, 군주정의 핵심에 있는 부패의 문제였다.

분명히 말해서, 부패를 고발하는 것을 다른 형태의 수사학으로 생각할 수 있다. 윤리주의자들은 구약의 예언자들 시대부터 군주들에게 한탄의 소리를 울부짖었고, 파리인들은 루이 15세 정부에 대한 풍자문을 지어 주고받기까지 수백 년 동안 욕들어먹을 대신들을 겪어야 했다. 제멋대로 지껄이고 교화하는 《뒤바리 백작부인에 관한 일화》가 체제를 고발했다고 말할 수 있는가? 이 같은 질문은 수많은 문제를 불러일으키는데, 우리는 다음 장에서 그 문제를 논의하기로 한다. 일단 대담한 의견이라 위험하기는 해도 나는 이렇게 말하고 싶다. 내 생각에 《일화》는 단순히 일화를 전하는 작품이 아니라 혁명적인 작품이었다.

그러나 '혁명적'이라고 해서 프랑스혁명 같은 것을 기대했거나 조장했다는 뜻은 아니다. 이 작품은 부르봉 군주정의 정통성을 바로 그 기초부터 공격했다는 뜻이다. 왕들의 성생활에 관해 이야기하는 것은 그 자체로 선동적이라 할 수 없다. 프랑수아 1세, 앙리 4세, 루이 14세의 애첩들(이 중에서 마담 드 맹트농의 경우는 제외)은 마치 전쟁의 승리처럼 정복이라는 관점에서 축하받을 수 있었다. 그들은 왕의 남성성을 보여주었으며, 또 트루바두르* 시대부터 찬양의 대상이었던 거물급 귀부인들이었기 때문에 고상한 기분전환거리를 제공해주었다.

그러나 뒤바리는 창녀였다. 중상비방문에서 주장하듯, 뒤바리가 베르사유에서 방탕한 생활을 할 수 있기 전에는 누구라도 단 몇 푼에 그를 안을 수 있었다. 실제로 가장 하층민인 종복을 포함해 수많은 사람이 그를 안아보았다. 그래서 그는 왕의 위업을 보여주는 대신 중상비방문에서 왕의 무능력의 상징으로 제시되었으며, 한층 더 나쁘게는 왕좌의 품위를 하락시키는 상징이 되었다. 그는 단순한 도구로서, 타락한 궁정에서 벌어지는 더러운 정치에서 더러운 늙은이의 꺼져가는 힘을 되살리는 데 쓰였기

---

* 중세 전성기(12~13세기) 남프랑스의 귀족 궁정을 옮겨다니면서 노래를 부르던 음유시인. 영주급의 귀족 신분부터 평민까지 다양한 출신의 사람들이 남긴 서정시는 2만 7,000편 정도다. 북프랑스의 음유시인은 '트루베르'라고 했다.

때문이다.

그 이야기의 상징적인 차원은 화자 자신이 쓴 '역사'에서 선택한 세부사항만이 아니라 그가 보도하는 거리 이야기에서 볼 수 있는 온갖 외설성에서도 분명히 나타나고 있다. 〈라 부르보네즈〉만 하더라도 뒤바리가 왕을 손아귀에 쥐려고 논다니집에서 배운 기술을 써먹는 이야기를 하면서 군주정의 상징을 강조하고 있다.

...	...
Elle a pris des leçons	가르침을 받았다네
En maison bonne,	훌륭한 집에서,
Chez Gourdan, chez Brisson;	구르당의 집에서, 브리송의 집에서,
Elle en sait long.	그는 그것을 모두 다 알고 있다네.
...	...
Le Roi s'écrie:	왕이 외친다,
L'Ange, le beau talent!	천사여, 놀라운 재능이여!
...	...
Viens sur mon trône,	내 왕좌로 오라,
Je veux te couronner,	왕관을 씌워주고 싶다,
Je veux te couronner,	왕관을 씌워주고 싶다,
Viens sur mon trône,	내 왕좌로 오라,
Comme sceptre prends mon V…[vit]	내 왕홀*처럼 알고 내 ㅈ…[자지]을 잡으라
Il vit, il vit!	그것이 살아 있다, 그것이 살아 있다![38]

---

* 왕홀sceptre은 왕권의 상징인 지휘봉을 뜻한다.

왕의 생식기가 힘이 없다는 사실에서 거리의 가수들은 즐겨 부를 만한
주제를 얻었다.

Vous verrez sur les fleurs de lys	당신은 흰나리꽃 위에서 보리라
Un vieil enfant débonnaire;	마음 약한 늙은이를;
Une élève de la Pâris	파리*에게서 배운 여학생이
Tient son v··· pour lisière	그의 ㅈ··· 끝을 쥐고 있다
Vous verrez le doyen des rois	당신은 왕들 가운데 왕고참을 보리라
Aux genoux d'une comtesse	어떤 백작부인 앞에 무릎 꿇고 있다
Dont jadis un écu tournois	옛날에는 한 에퀴**에
Eût fait votre maîtresse	당신의 첩으로 만들 수 있는 여인
Faire auprès d'elle cent efforts	그 곁에서 갖은 애를 쓰고 있네
Dans la route lubrique,	음탕한 길에 들어가려고,
Pour faire mouvoir les ressorts	움직이게 하려고 애를 쓰네
De sa machine antique.	예전처럼 잘 움직이지 않는 기계를.
Mais c'est en vain qu'il a recours	그러나 헛일이지
A la grande prêtresse:	위대한 여사제***에게 도움을 청해도:
Au beau milieu de son discours	한창 인사말을 꺼내는 도중
Il retombe en faiblesse.	그는 다시 졸도하네.
De cette lacune, dit-on,	누군가 말하지, 이처럼 불충분한 상태에서,
En son âme elle enrage;	백작부인은 속으로 화가 치민다고;

---

* 파리는 구르당보다 앞서 이름을 날린 포주였다.

** 1에퀴는 5리브르(프랑).

*** prêtresse에는 창부라는 뜻도 있다.

Mais un petit coup d'Aiguillon	그러나 에기용*의 작은 도움으로
Bientôt la dédommage.	곧 부족함을 잊어버린다.
Au premier bobo qu'il aura,	그 뒤 그가 첫 아픔[즉 성병]을 느낄 때,
Notre bon Sire, en prière,	그 착한 나으리는 기도드린다,
Pieusement la logera	경건한 마음으로, 여인을 넣어달라고
A la Salpêtrière.	살페트리에르 병원[창녀 수용시설]에.**

화자는 다음과 같이 추가 설명을 단다. "베르사유의 사람들은 대부분 왕이 총애하는 여인이 에기용 공작과 잠을 잤다고 믿었다. 루이 15세가 자기 대신들 때문에 오쟁이 진 것은 그의 운명이었다."[39]

왕좌·왕관·흰나리꽃은 모두 익살맞은 장치처럼 나타난다. 왕홀은 왕의 생식기처럼 힘이 없어 보이고, 왕은 더러운 농담에 단골로 등장하게 되었다. 왕은 발기도 안 되는 늙은 바람둥이이자 오쟁이 진 남편이다. 뒤바리는 왕의 몸을 더럽히면서, 그의 매력을 땅바닥에 쏟아버리게 만들고 군주정의 상징적인 장치에 들어 있는 권력을 빼앗아버렸다.

만일 우리가 왕의 몸이 18세기 다수의 프랑스인에게는 여전히 신성했다는 사실을 잊고 있다면, 이러한 해석은 엉뚱해 보일지 모른다. 그들은 왕의 몸에 접촉하면 연주창을 고칠 수 있다고 믿었다. 그래서 파리인들이 거리에서 루이 15세의 성불구에 대한 노래를 불렀을 때, 그들은 왕의 정통성을 보장하는 종교적 뿌리에 타격을 가했다. 그들은 신성한 군주의 모습 대신 '유약한 폭군'이라는 생각을 퍼뜨렸다.

---

* 에기용d'Aiguillon 공작의 이름은 '침, 가시'라는 뜻으로도 읽을 수 있다.

** 살페트리에르는 여성 감옥이자 병원이었다. 특히 창녀를 수용하고 병을 고쳐주는 곳이었다.

Tu n'es plus qu'un tyran débile,	그대는 한낱 유약한 폭군에 지나지 않지,
Qu'un vil automate imbécile,	바보같이 천한 자동인형일 뿐,
Esclave de la du Barry;	뒤바리의 노예;
Du Gange jusqu'à la Tamise	갠지스 강에서 템즈 강까지
On te bonnit, on te méprise.	모두가 그대를 부끄러워하지,
	모두가 그대를 경멸하지.[40]

왕의 탈신성화는 〈주기도문Pater Noster〉을 우스꽝스럽게 고친 작품에서 가장 강력하게 나타났다.

베르사유에 계신 우리 아버지,

당신 이름을 두렵게 하소서.

당신의 왕국이 흔들리고 있나이다.

당신의 의지는 더이상 지상에서나 하늘에서 이루어지지 않나이다.

당신이 우리에게서 **빼앗아간** 빵을 오늘 우리에게 돌려주사이다.

당신의 이익을 팔아먹은 대신들을 용서하듯,

당신의 이익을 지지해준 고등법원들도 용서하사이다.

뒤바리 부인의 유혹을 받지 마사이다.

우리를 저 악귀 같은 대법관의 손에서 구원하소서. 아멘![41]

프랑스인들은 왕을 더이상 신이나 아버지로 생각할 수 없었다. 프랑스혁명 이전에 가장 널리 퍼진 책 가운데 하나에 수집된 파리 대중의 소리는 적어도 이러한 내용을 실어날랐다. 이 말을 듣거나 이 내용을 읽는 독자는 단순히 웃고 어깨를 움츠렸을까? 우리는 모른다. 우리는 단지 다른 책, 《뒤바리 백작부인의 일화에 관한 의견》(1777)에서 증언을 얻을 수 있을 뿐이다. 이 책은 먼저 작품이 나온 뒤에 유통되었다. 여기에서도 역시 〈주기도문〉을 인용했으며, 그런 다음 논평 형식으로《일화》를 다음과 같이 묘사했다.

국가를 욕하는 중상비방문. 어설픈 풍자에 그치지 않고, 왕좌까지 올라가 곧바로 왕을 공격한다…. 왕이 공화국의 제1시민에 지나지 않는 영국에서는 이처럼 군주를 적대시하는 풍자가 왕에게 치명상을 입히지 못한다. 그러나 군주의 권위가 최고법인 절대군주정에서는 그것이 모든 것을 뒤집어엎는다. 왜냐하면 그것은 헌법 자체를 공격하기 때문이다.[42]

우리는 이《의견》을 곧이곧대로 받아들일 수 있는가? 분명 그렇지 않다. 그것은 해석을 해석한 것에 지나지 않으며, 게다가 다른 중상비방문에 실려 있다. 그래서 이제부터 우리는 이 문제를 좀더 큰 맥락에서 생각해보면서, 뒤바리의 이야기는 우리가 그것을 발견하고 그것을 사로잡았던 수많은 텍스트의 덤불 속에 내버려둬야 한다.

3부

책이 혁명을
일으키는가?

6장

전파 대 담론

독자는 이처럼 수많은 텍스트, 통계, 당대인의 증언의 숲에서 나온 뒤에는 한 걸음 뒤로 물러나 잠시 숨을 돌리면서, 무슨 문제가 그다지 중요해서 이처럼 자세하게 연구하는지 묻고 싶을 것이다. 우리가 처음에 실마리로 삼았던 모르네의 질문에는 현대 역사학에서 진실로 큰 문제라 할 수 있는 것들이 몇 가지 들어 있다. 2세기 전 사상은 어떻게 사회에 침투했는가? 계몽주의와 프랑스혁명은 어떻게 연결되는가? 프랑스혁명의 이념적 기원은 무엇인가?

확실히 이 같은 문제는 아주 복잡하고 수많은 학자들이 자주 다뤘기 때문에 결코 결정적인 대답을 내놓을 수 없을지 모른다. 단순히 금서의 전집이 존재한다는 사실을 지적하고 우리의 베스트셀러 목록에 금서를 추가하는 것만으로는 제대로 대답할 수 없음이 분명하다. 그와는 반대로, 나는 우리가 최종 결론을 내리고 싶은 욕망을 억눌러야 한다고 생각한다. 역사에서 의미 깊은 문제는 인간 경험을 아주 폭넓게 포함하고 있기 때문에 공통의 표준으로 환원시킬 수 없다. 그러한 문제들과 씨름하는 역사가는 딱딱한 자료를 확고한 결론으로 바꾸는 물리학자가 아니라, 징후를 가지고 양식을 찾아내려는 진단 전문의와 같은 일을 한다.

그러나 어떤 진단법은 다른 것보다 더 정확하다. 우리가 혁명 전 프랑스의 복잡한 문학세계를 그대로 복원할 수 없다 할지라도, 법의 바깥에서 실제로 유통되던 책을 구별해낼 수 있다. 그리고 금지된 문학을 완전히 조사해보면 앙시앵 레짐의 붕괴를 좀더 가까이에서 이해할 수 있을 것이다. 게다가 우리는 대제로 지성사에 대해서 지금까지 느끼던 혼란을 구별해낼 수 있을지 모른다. 나는 몇 가지 사전 선별작업을 한 다음 금서 연구가 프랑스혁명의 기원에 관한 고전적 질문과 연결되는 방식을 제시하고 싶다.

되돌아보면 그러한 방식은 1960년대 후반 지성사 분야에서 갈라져 나오기 시작했음이 분명해 보인다. 한편 사회사에 이끌린 학자들은 이념, 민중문화, 집단적인collective 정신자세mentalité*의 전파와 같은 주제를 추구하기 시작했다. 다른 한편 철학적 성향을 띤 학자들은 텍스트, 텍스트의 상호 관련성, 사상적 학파의 뼈대가 되는 언어학 체계를 분석하는 데 정신을

---

* 한국에서는 이 말을 '심성'으로 쓰는 학자들이 많다. 그들은 일본에서 '心性'으로 번역한 말을 단지 우리 음으로 읽으면서 번역어를 찾았다고 말한다. 일본에서 '浪漫'을 '낭만'이라고 읽지 않듯이, '心性'도 '심성'이라고 읽지 않는다. 말의 쓰임새가 다르기 때문이다. 우리가 스스로 번역어를 찾으려고 노력해야 할 이유가 이것만으로도 충분하지 않은가? 우리 서양사학계의 젊은 학자들 사이에도 어원을 따지기는커녕, 일본에서 번역하고 한자로 표기한 말을 단순히 우리 음으로 읽으면서(예를 들면 삼부회·공안위원회·청표지본) 서양사 저작을 번역하는 경향이 사라지지 않고 있다. 나는 '정신자세'라는 말이 왜 적절한지 여러 군데에서 이유를 밝혔다. 여기서 다시 한 번 말하겠다. 프랑스의 일상생활에서는 이 말에 해당하는 낱말을 부정적인 뜻으로 썼지만, 사회사가들은 학술적으로 쓰기 시작했다. 한국에서도 '정신자세'는 대체로 부정적인 뜻으로 쓰이는 낱말이었다. 나는 다니엘 로슈가 편찬하고 해설한 《메네트라의 일지》를 미국에서 번역한 사람도 이 말을 '정신자세'에 해당하는 '멘틀 애티튜드 mental attitude'라고 쓰고 있음을 보고 반가웠다. 한국에서 '심성'을 이런 뜻으로 쓴 적이 있었던가?

집중했다. 한 줄기가 둘로 나뉘고 잔가지가 생긴 결과 전문 분야가 풍성해졌지만, 그 중에서도 두 가지 중요한 경향이 두드러졌다.

첫째 경향의 특징은 '전파에 관한 연구'다. 그것은 특히 책과 인쇄된 말을 역사의 힘으로 연구하는 경향으로서, 앙리 장 마르탱, 로제 샤르티에, 다니엘 로슈, 프레데리크 바르비에 같은 학자들이 **책의 역사**histoire du livre를 두드러진 분야로 만든 파리를 지적 고향으로 삼았다. 둘째 경향은 '담론 분석'으로 알려지게 되었다. 그것은 정치사상의 역사에 관계되었으며, 영국의 케임브리지에서 번성했다. 거기서 존 포콕(원래 뉴질랜드 출신이지만 나중에 미국으로 이주했다), 퀘틴 스키너, 존 던, 리처드 턱이 영어권에서 정치문화를 이해하는 방식을 바꿔놓았다.

이 두 가지 경향에는 각기 장단점이 있었다. 전파론자들은 널리 보급된 위대한 책, 문학사의 위대한 인간관에 도전했다. 그들은 예전의 학자들이 규범적인 고전에 집중하던 데 비해 문학의 문화 전체를 재구축하려고 노력했다. 그들은 전반적인 서적 생산의 변화를 추적하고, 싸구려 책과 연감 같은 민중을 위한 장르를 연구하고, 저자뿐 아니라 출판인과 서적상의 역할도 검토하며, 수용과 독서의 조사에 착수했다. 그들이 자기네 주제를 나름대로 생각하는 가운데, 사회학자들, 각별히 피에르 부르디외, 노르베르트 엘리아스, 위르겐 하버마스의 저술을 끌어들였다. 그들은 아날 학파에서 발전시킨 계량적 분석과 사회사 방법론을 즐겨 사용하면서 작업했다.

그들의 목표는 아날 학파에 속한 동료 여행자들과 마찬가지로 책의 '전체사'를 발전시키려는 데 있었다. 한마디로 그들은 사회적·경제적·지적·정치적 역사를 한꺼번에 원했다. 그들은 실제로 그 목표를 다방면에서 달성했다. 만일 그들의 연구가 얼마나 영향을 끼쳤는가에 따라서 그들의 성공을 측정할 수 있다면, 그들은 1965년 프랑수아 퓌레가 편찬한 《책과 사회Livre et société》의 첫 권을 발간한 데서부터 1986년 앙리 장 마르탱과 로제 샤르티에가 편찬한 《프랑스 출판의 역사Histoire de l'édition française》 마지막 권이 나올 때까지 서양에서 너도나도 본보기를 삼으려고 하는 표준을 세웠다고 간주할 수 있을 것이다.

그러나 파리의 책 역사가들은 몇 가지 문제에 부딪혔다. 그들은 다니엘 모르네가 20세기 초에 발전시킨 전파 연구에서 그 문제의 일부를 물려받았다. 모르네의 모형은 프랑스식 커피 기계처럼 작동했다. 그것은 사상이 지적 엘리트로부터 일반 대중으로 뚝뚝 흘러내리고, 일단 사상이 정치체에 흡수되면 혁명정신을 자극한다―말하자면 프랑스혁명의 원인으로서 충분하지는 않지만 필요한 조건으로 작용했다―고 가정했다.

모르네의 손에서 지성사의 하향식 전파라는 관념은 앙시앵 레짐의 문화생활을 놀랍도록 풍부하게 그리는 결과를 낳았다. 그의 《프랑스혁명의 지적 기원Origines intellectuelles de la Révolution française》(1933)*은 제2차 세계대전 이후 아날 학파 역사가들이 내놓은 대부분의 연구―출판과 서적 판매는 물론 지방 아카데미, 교육, 프리메이슨, 지식인, 저널리즘, 도서관, 탈脫기독교 운동, 여론의 연구―를 위한 청사진 구실을 했다.

그러나 모르네는 이 자료를 좁은 틀 속에 넣고 짰다. 모든 것이 똑같은 유형 속에 들어가, 계몽주의에서 혁명으로 넘어가는 일직선 운동을 보여주었다. 따라서 결국 모르네의 주장은 같은 말을 반복하는 것으로 나타났다. 그것은 1789년에서 시작해 볼테르와 18세기 초 자유사상가들의 머릿속에 있는 출발점까지 거슬러 올라가면서 결과에서 원인을 추론해냈다. 모르네는 문화적 매개자와 사회적 기관들을 강조했지만, 모르네 식의 지성사는 궁극적으로 공격받을 형식으로 환원될 수 있었다. 결국 계몽주의는 위대한 사람의 위대한 책으로 추진되었고, 혁명은 계몽주의로부터 영

---

* 주명철이 번역한 책(민음사)과 곽광수와 몇 분이 함께 번역한 책(일월서각)이 있다.

감을 받았다. 그리하여 혁명은 '볼테르의 잘못, 루소의 잘못'으로 남아 있었다.

모르네의 모형을 따르다가 생긴 속박에서 벗어나기 위해, 현재 아날 학파와 관련을 맺고 있는 역사가들은 지성사에서 사회문화사로 옮겨갔다. 다니엘 로슈, 로제 샤르티에, 자크 르벨, 아를레트 파르주, 도미니크 쥘리아, 미셸 보벨(비록 그가 엄밀히 말해서 아날 학파에 속한다고 말할 수는 없다 해도 동조자이기는 하다) 같은 학자들은 문화적 활동을 계몽사상의 영향을 받은 것으로 축소시키는 대신 사회 현상으로 보고 연구했다. 그들은 아주 훌륭한 업적을 쌓았지만, 모르네가 던진 원래 질문에는 대응하지 않았다. 모르네의 질문은 사라지려 하지 않는다. 만일 프랑스혁명의 지적 기원을 계몽주의와 동일시할 수 없다면, 그 기원을 어디에서 찾아야 할 것인가?

로제 샤르티에는 최근 이 같은 문제에 대답하면서, 프랑스혁명은 지적이라기보다는 문화적 기원을 갖고 있다고 주장했다. 그는 첫째로, 그리고 무엇보다도 더 사생활 영역의 팽창을 인용하고 나서 일련의 다른 변화를 지적한다. 종교의 세속화, 하층계급에서 소송의 증가, 왕의 공식의전 참여 감소, 그리고 각별히 위르겐 하버마스가 '부르주아적 공적 영역'이라고 부르는 것의 발전에 문학이 끼친 영향을 지적했다. 그러나 그가 비록 그러한 주장을 씨줄날줄 삼아 앙시앵 레짐에 관한 연구를 아주 훌륭하고 풍부하게 종합했다고 하지만, 샤르티에는 결코 그러한 요소들을 혁명의 발생과 결부시키고 있지 않다.[1]

'부르주아적 공적 영역'은 연결부 구실을 하지 않을 것이다. 그 말을 독일어(bürgerliche Öffentlichkeit)에서 프랑스어로 번역할 때 그것은 '공적 영역espace public'이 되었다. 말하자면 그것은 마치 역사에서 결과를 낳는 실제 현상인 것처럼 구체화되었다. 하버마스가 원래 뜻하던 것과는 전혀 달라진 것이다. 하버마스는 'Öffentlichkeit'(영어로는 '대중' '공공성' 또는 '공개성')를 근대 사회에서 여론과 의사소통 양식이 상호작용하는 방식을 설명하기 위해 은유적으로 사용했다. 그는 '부르주아'라는 말로 마르크스주의적 사회사의 정복자 계급이라는 확고한 존재를 지칭했다. 그러나 1962년 하버마스가 논문을 최초로 발간한 이래, 역사가들은 떠오르는 부르주아 계층의 관념을 이용해서 프랑스혁명을 설명하는 경향에서 대부분 벗어났다. 그렇다면 왜 그 개념 대신 '부르주아적 공적 영역'의 출현을 채택해야 했던 것인가?[2]

사회문화사의 다른 요소들은 좀더 본질적이기는 해도, 역시 1787~1789년의 사건과 관련되지 않은 것처럼 보인다. 가족, 사생활, 내세, 문학, 동업자 조합의 전문직업인, 그리고 심지어 온갖 종류의 국가적 의식에 관한 프랑스인의 태도가 변화했다고 해서 앙시앵 레짐을 뒤집어엎는 일과 직결될 수 없다. 이러한 변화는 서유럽 모든 곳에서 일어났다. 특히 영국과 독일처럼 혁명이 일어나지 않은 나라에서도 이러한 변화를 겪었다. 이 변화는 아마도 서양의 모든 곳에서 오랫동안 일어난 세계관의 전반적인 변화—막스 베버가 '세계에 대한 각성'이라고 부른 것과 비슷한 것—에 속했을 것이다.

그렇다면 어째서 이 변화를 프랑스에서 일어난 혁명과 같은 것으로 보는가? 어째서 계몽주의, 얀센주의, 의회입헌주의 대신 그것을 프랑스혁명의 기원이라고 하는가? 결국 혁명가들은 자기네 원리가 몽테스키외, 볼테르, 루소까지 거슬러 올라간다고 보았다. 그들은 앙시앵 레짐의 몰락을 사생활 영역의 확장처럼 희미한 개념과 결부시키지 않았다. 그리고 일단 그들이 권력을 잡자, 모든 것에 침투하는 국가권력에 사생활 영역을 복종시킬 수 있는 일이라면 무엇이든 했다.

물론 '기원'은 언제나 사후에 추론하는 것이며, 당대 사람들은 대부분 그것을 의식하지 못하는 경우가 많다. 샤르티에가 주장하듯이, 혁명가들은 아마도 자신들이 장악한 권력에 존중할 만한 지적 계보를 부여함으로써 정통성을 마련해주기 위해 계몽주의를 들먹였을 것이다.[3] 그러나 그 말이 맞다 해도 계몽사상가들의 사상이 혁명의 기원에 조금도 관련을 맺지 못했다는 사실을 증명하지 못한다. 계몽주의는 1750년대 말 당대인의 의식 속에 굳건히 확립되고 있었다.

따라서 우리는 문화사의 설명 방식이 아무리 다른 방식보다 훌륭하다 할지라도 그 같은 사실을 단순히 지나쳐버려서는 안 될 것이다. 만일 문화사가 진실로 프랑스혁명의 기원을 설명할 수 있다면, 한편으로는 태도와 행위 양식, 다른 한편으로는 혁명의 행동이 어떤 관계를 맺는지 설명해야 한다. 그렇지 않으면 그것은 모르네가 사상의 전파에 대해 내린 평가에서 대단히 이의를 제기할 만한 요소라고 했던 그 어려움을 단순히 다른 차원-넓은 의미로 문화의 차원-으로 옮겨놓는 데 지나지 않을 것이다.

전파에 관한 연구처럼 담론 분석도 전통적인 사상사에 대한 불만에서 출발했다. 그것은 어떤 관념을 사상의 단위 또는 의미를 자율적으로 담는 그릇으로 생각하는 데 이의를 제기했다. 이러한 생각은 《사상사 잡지Journal of the History of Ideas》와 그 창시자로서 20세기 미국의 가장 영향력 있는 지성사가라 할 아서 러브조이Arthur Lovejoy가 발전시킨 역사의 핵심에 놓여 있는 개념이었다. 러브조이는 '관념 단위'를 연구 대상으로 분리하고, 수세기 동안 철학자들의 손을 거치는 과정에서 그것을 추적했다.

그러나 그를 비판하는 사람들은 의미를 이해하려면 과거를 향해야 한다고 생각했다. 비트겐슈타인에서 시작해 언어철학자들이 논증했듯이, 의미는 관념들 속에 들어 있지 않았다. 그것은 이야기하는 사람들이 입 밖으로 말하고 생각하는 가운데 전달되었다. 그것은 말하기의 관습적인 유형을 활성화했다. 또한 그것은 맥락 속에서 작용했기 때문에, 같은 낱말도 다른 시간과 텍스트 속에서는 다른 의미를 전할 수 있었다.

사실 러브조이는《존재의 대연쇄The Great Chain of Being》(1936)라는 걸작에서 2000년을 가로질러 서열화된 존재들에 대한 개념을 추적하면서 철학적 맥락을 매우 중시하는 태도를 보여주었다. 그러나 마치 모르네의 후계자들이《프랑스혁명의 지적 기원》을 부적절하게 보았듯이, 러브조이의 비평가들은 그의 책이 근본적으로 잘못된 생각에서 나왔다고 보았다. 새 세대 지성사가들은 주요 관념들을 분리하는 대신 담론을 재구성하려고 노력했다. 말하자면 그들은 정치이론의 위대한 업적을 정치에 관해 진행 중인 주장, 특정 시대와 특정 사회에 국한된 특별한 상투어나 의미체계에 들어 있는 전반적인 토론거리로 취급했다.

따라서 그들이 관습적인 정치사상사를 검토했을 때, 그것이 시대착오로 물들어 있음을 발견했던 것이다. 그들이 보기에 홉스·해링턴·로크는 일직선상에서 근대 정치적 신념을 가리키기보다는 뒤를 돌아보고 있었다. 다시 말해 그들은 르네상스 궁정의 정치, 고대로부터 나온 시민적 휴머니즘의 전통에 눈을 돌리고 있었다. 17세기의 위대한 사상가들은 17세기 언어로 17세기 문제에 대해 말했다. 언어는 그러한 문제를 이해하는 열쇠였다. 언어는 수많은 논문을 쏟아놓았고, 당시 사람들이 왕권의 가부장적 성격, 상비군의 정통성, 왕위에서 가톨릭교도를 배척하는 문제, 그리고 오늘날에는 정치에서 사라진 여러 문제를 놓고 토론하는 가운데 사용한 것이었기 때문이다.[4]

영불 해협 건너편에서 볼 때 언어철학은 헤아릴 수 없을 정도로 '앵글로·색슨'의 전유물로 남아 있었기 때문에, 프랑스에서는 정치사상사를 영국식으로 재검토하는 방식을 지지하지 않았다. 프랑스 학자들은 역사와 철학을 그들 방식으로 결합시켰다. 그것은 조르주 캉길렘이 과학사에서 시작하고, 담론에 관한 관행을 폭넓게 포괄한 미셸 푸코의 저작에서 범위가 넓어진 방식이었다. 그러나 '담론'의 뜻은 케임브리지와 파리에서 전혀 달랐다. 푸코와 그의 추종자들은 그것이 권력-인식 속에 뿌리박고 있고 제도 속에 구현된 사회적 억압-을 내포하고 있다고 보았다.[5]

그래서 사실상 담론에 관한 두 가지 담론이 발전했다. 하나는 1960년대 초부터 발전했다. 그러나 최근에는 파리의 레이몽 아롱 센터*라는 중요한 곳에서 하나로 합쳐지는 것처럼 보인다. 이곳에서는 아날 학파의 보호막 아래 수많은 범주와 전통을 훌륭하게 뒤섞는 작업을 하고 있다. 프랑스인·영국인·미국인 철학자와 역사가들은 힘을 합쳐 모르네 시대부터 학술적 이해에 저항해온 18세기의 분야를 공략하고 있다. 그 분야는 프랑스혁명과 계몽주의가 교차하는 지점이다. 달리 말해서 그들은 정치와 철학이 수렴되는 지점을 연구하고 있다.

프랑수아 퓌레는 이러한 문제를 주도적으로 다뤘다. 그는 모르네를 현대화하고자 시도하는 사회사가로 출발했으며, 나중에는 정치사를 철학적으로 다루게 되었다. 퓌레는 조금도 망설이지 않고 프랑스혁명의 지적 기원을 계몽주의에 두고 있다.[6] 그러나 그는 예전의 사상사로 돌아가지 않는다. 그와 그의 추종자들, 특히 마르셀 고셰와 키스 베이커는 프랑스혁명을 궁극적으로 루소의 철학적인 이론을 정치에서 실현한 것으로 이해한다. 그들은 혁명가들이 《사회계약론》의 가르침을 곧바로 적용했다고 주장하지 않는다. 대신 그들은 루소풍의 담론이 1789년부터 공포정Terror과 총재정부Directory에 이르는 사건들 속에서 나타나기 전에 이미 모든 것을 휩쓸었다고 보고 있다.

---

* 레이몽 아롱 센터Centre Raymond Aron는 프랑스 파리에 있는 사회과학고등연구원EHESS에 설치된 연구소다. 1984년 프랑수아 퓌레는 레이몽 아롱 인스티튜트Institut Raymond Aron를 설립했는데, 이 연구소에 정치학 분야를 추가해서 레이몽 아롱 센터로 만들었다. 이 연구소에서는 현대 민주주의의 역사철학적 기초, 프랑스혁명과 19세기의 정치사, 주체의 역사와 도덕철학, 모든 제도의 사회학과 철학을 주로 연구한다.

이러한 주장 가운데 가장 강력한 것, 케임브리지 철학자—역사가 집단의 영향을 가장 많이 받은 것이 키스 베이커의 《프랑스혁명 발명하기Inventing the French Revolution》(1990)이다. 베이커는 앙시앵 레짐의 정치사상을 세 가지 담론적 '언어'로 축소한다. 그가 루소의 것과 동일시하는 의지의 담론, 튀르고가 주장한 이성의 담론, 그리고 고등법원의 지지자 루이 아드리앵 르 페주가 가장 효과적으로 설파한 정의의 담론.

베이커가 이해하는 바에 따르면, 혁명의 초기 몇 달 동안 이러한 담론들이 서로 우위를 다투기 위해 대대적인 투쟁을 벌였다. 그리고 결정적인 순간이 왔다. 7월 14일이나 8월 4일 또는 10월 5일이 아니라, 9월 11일 국민의회가 왕의 절대적인 거부권보다 일시적인 거부권을 통과시켰을 때였다. 베이커는 그 순간 의회가 루소의 인민주권 개념에 충실할 것임을 맹세했다고 주장한다. 다시 말해서 의지의 담론이 우위를 차지했고, 그때부터 혁명이 공포정으로 미끄러지는 것을 막을 수 없었다.[7]

마르셀 고셰도 이와 비슷한 주장을 한다. 그는 〈인간과 시민의 권리선언〉에 대한 토론에서 '루소풍의 범주'가 지배적이라고 본다. 일반의지라는 루소의 개념에 따라, 그것은 '자유의 실현을 막았던 자유를 구상하는 방식'이었다. 일단 그것이 혁명 과정의 핵심에 자리잡고 난 뒤, 1789년부터 1795년까지 혁명에 공포정을 포함시켰던 '지성의 공간'을 규정했다.[8] 프랑수아 퓌레도 공포정을 1789년에 나온 담론의 움직임까지 거슬러 올라가며, 역시 권력의 언어학적 개념을 채택한다. 그는 그것을 공간의 은유를 통해서 전달한다. 그는 혁명가들이 인민의 의지를 표현하기 위해 루소의 방식을 따르면서, 절대군주정의 진공으로 생긴 '빈 공간'에 주권의 담론을 정착시켰다고 주장한다.

절대주의를 물리친 뒤, 말 그 자체la parole가 절대적인 성격을 띠게 되었다. 일반의지를 옹호하는 것은 그것을 실천하기 위해서였다. 이리하여 권력의 표상이 권력으로 바뀌었다. 정치는 언어로 바뀌었고, '기호의 순환'이 궁극적으로 지배했다. 퓌레의 기호학 개념은 모호한 것이기는 해도, 그의 주장은 분명한 점을 내포하고 있다. 혁명이 일어난 초기 몇 달부터 담론이 사건의 과정을 지배하고, 혁명가들이 철학적 생각을 다듬어나간 결과 공포정으로 곧바로 나아갔다.[9]

퓌레와 그의 추종자들은 마르크스주의자들과 수정주의자들이 벌인 몇십 년의 논쟁 끝에 꼼짝도 하지 않는 것처럼 보이는 시기에 혁명사 연구를 소생시킬 지적 원기를 방출했다. 그들의 업적은 수많은 논문과 토론을 지적으로 재검토하도록 만들었고, 더욱이 사상이 어떻게 사건과 뒤섞이는가 하는 문제를 정면에서 다룰 수 있다는 면에서 유리했다. 그러나 그것도 담론 분석의 약점을 일부 포함하고 있었다. 나는 세 가지 약점을 논의하고 싶다.

첫째, 사건의 흐름에 담론의 모형을 씌우면서 우연성·돌발사고·혁명 과정의 여지를 남겨두지 않았다. 기조와 티에르의 시대가 아니라 할지라도 올라르 시대부터 정치사는 혁명이 1789년 이후 일어난 사건─종교적 분열, 전쟁, 반혁명 봉기, 파리 구민들로부터의 압력, 경제적 참사─에 따라서 점점 더 급진화하는 방식을 보여주었다. 퓌레는 19세기 역사 서술에서 상당 부분을 부활시키고 있다 해도, 이 전통적인 종류의 서사를 올라르의 유명한 '상황이론'─말하자면 공포정은 혁명의 초기부터 잠재했다기보다는 우연한 사건들의 압력을 받으면서 한 조각씩 임시변통으로 형성되었다는 개념─과 결부시키면서 낮게 평가했다. 퓌레는 그 나름의 서사적 역사에서 실제로 올라르의 논지를 채택하는 데까지 거의 다가섰다. 그는 공포정을 우발적인 일화로 취급했다. 그것은 혁명이 1789년에 출발했고, 1794년 이후에 되돌아간 과정에서 미끄러져 벗어났을 때 생겼다는 것이다.[10]

나는 '상황이론'이 사실상 케케묵은 것이기는 해도, 많은 부분에서 그것을 옹호해줄 수 있다고 본다. 물론 그것이 모든 것을 설명해주지는 않는다. 또한 우리는 수많은 혁명가들이 특히 1794년 여름의 비극적인 '대공포정' 시기에 확신했던 것 속에 이념적이고 종교적인 성격에 가까운 요소가 있었음을 감안해야 한다. 로베스피에르를 전복시키기 한 달 전인 1794년 6월 26일 프랑스군이 플뢰뤼스에서 승리를 거두어 외국의 군사적 침략 위협을 제거했다고 할지라도, 단두대는 계속해서 목을 잘랐다. 그러나 공포정의 여세와 로베스피에르 당파의 권력은 하룻밤 사이에 뿌리 뽑을 수 없었다.

의원들은 공포에 젖어 있었으며, 그들은 어떤 철학적 원리를 갖고 있든 자기 목숨을 걸지 않게 되자 공포정을 때려부수기를 열렬히 바라고 있었다. 구국위원회* 위원들도 비상사태에 대처하려고 노력하는 아주 평범한 인간이었다. 올라르의 28권짜리 《구국위원회 의사록Recueil des Actes du Comité de salut public》을 읽거나, 만일 문서 증거에 대한 입맛이 떨어지면 로버트 파머의 《통치자 열두 명Twelve Who Rulesd》을 지름길 삼아 읽어도, 평범한 그들이 불완전하게나마 하루하루 비상사태에 대처하려고 얼마나 노력했는지 알 수 있을 것이다.[11] 올라르와 파머의 철지난 이야기식 역사는 1789년의 철학화에 대한 그 어떤 주석, 심지어 공간의 은유로 꾸민 언어학적 변종보다 훨씬 더 믿음직스럽게 공포정을 설명하고 있다. 나로서는 '지적 공간'이 무엇을 뜻하는지 이해할 수 없음을 고백하는 바이다.

---

* 앞에서 '심성'에 대해 말했듯이 'Comité de Salut public'(Committee of Public Safety)를 '공안위원회'라고 옮기는 관행도 문제가 있다. 종교적 용어인 Salut는 '안녕'을 뜻하기도 하지만 '구원'의 뜻이 더 강하다. 그리고 이 말을 혁명기에 적용한 것은 외국의 침략을 당하면서 조국이 위험에 처했다는 위기를 느꼈을 때였다. 따라서 이 개념에는 '공공의 안녕'이라는 뜻도 들어 있지만 '국가의 구원'이라는 뜻이 강하게 담겨 있다. 이 위원회는 국가가 위기에 처했을 때 만든 것이므로, '구국'의 뜻을 담아 번역하는 것이 더 논리적이라고 본다.

둘째, 혁명의 철학적 설명은 의미의 역사를 향해 충분히 다가서지 않는다. 그것은 소수의 논문과 의회 토론 기록에만 접근하기 때문이다. 그러나 혁명가들은 자신이 처한 상황을 토론의 장소 밖에서 일어나는 모든 종류의 현상에 의거해 이해할 수 있었다. 1789년 8월 4일 밤, 그들이 봉건제도를 폐지한다고 선언했을 때, 그들은 성이 불타고 창 끝에 사람 머리를 꿰뚫어 가지고 다닌다는 사실을 생생하게 알고 있었다.

그들이 의회에서 채택한 문제에 여러 태도를 취할 때조차 그들은 단순히 정치이론에서 자문을 구하는 데 그치지 않았다. 그들은 모든 당파의 활동을 지켜보면서 구체적인 방향을 정할 수 있었다. 예를 들면, 장관을 국민의회에서 선발하고 국민의회에 책임지도록 하는 의회정부의 개념에는 원래 급진적이거나 보수적인 것은 들어 있지 않았다. 그러나 1789년 11월 미라보가 그 개념을 지지했을 때, 그는 의원들에게 그것이 우파의 계획에 속한 것임을 일깨워주었다. 비록 1793년 로베스피에르가 의회주의에 바탕을 둔 강력한 행정부를 옹호했다 할지라도, 그가 그 개념에 반대했을 때 그는 좌파에게 그것의 가증스러움을 지적했다.

한마디로, 의미는 혁명 전 담론들 속에 미리 포장되어 있지 않았다. 그것은 혁명 과정 그 자체에 들어 있었다. 그것은 인물들의 성격, 당파, 정치적 책략의 인식, 좌파와 우파의 변하기 쉬운 범주, 그리고 주변 사회로부터 의원들에게 행사한 모든 종류의 압력과 관련되어 있었다.

담론 분석은 이러한 요인들은 물론 형식적인 사고에서 멀리 사라진 것—정서, 상상, 편견, 절대적인 가정, 집단 표상, 인식 범주, 그리고 한때 집단정신자세의 역사를 위한 연구지침에 속했던 사고와 느낌의 전체적인 범위까지 평가해야 한다. 담론 분석론자들은 이러한 종류의 역사에 등을 돌리면서 한물 간 사상사와 좀처럼 구별할 수 없는 견해를 보여주었다. 그들의 어려움은 정치적 갈등의 기호학적 견해를 수용하는 데서 나오지 않고, 기호학을 충분히 따르지 못한 데서 나온다. 그들은 보통사람들이 세계관을 새롭게 만드는 뒤뜰과 거리로 충분히 들어가지 못했던 것이다.[12]

셋째, 담론 분석은 사상에서 행동으로 넘어가는 과정을 연구할 필요성을 인정하지만, 그렇게 하는 데서 나타나는 어려움과 씨름하지 않는다. 그 문제는 케임브리지의 배경에 남아 있었다. 그곳의 철학자-역사가들은 정치이론에만 질문을 던졌다. 하지만 그것은 파리에서 무대 중심을 차지했다. 이곳의 학자들은 사건을 설명하기 시작했고, 무엇보다도 현대 역사의 초기에 일어난 최고의 사건이라 할 프랑스혁명을 설명하기 시작했다. 모르네와 마찬가지로 그들도 혁명이 일부분 계몽주의에서 발생했다고 가정했다. 그러나 프랑수아 퓌레는 혁명과 계몽주의의 관계에 대한 '오래되고 방대한 질문'을 던진 뒤 그것을 방치해두고 있으며, 마르셀 고셰처럼 1789년부터 1800년 사이의 일시적인 틀 속에 '지적 공간'이 존재했으며, 그것은 앙시앵 레짐을 철학화하는 데서 알 수 없는 방식으로 나왔다고 주장한다.[13]

키스 베이커는 이 문제에 대해 좀더 만족스러운 공식을 마련해주고 있다. 왜냐하면 그는 혁명기의 토론을 1789년 전에 이미 오랫동안 배치된 철학적 견해들과 결부시키고 있기 때문이다. 그러나 그는 담론을 자의적으로 식별하고 있는 것처럼 보인다. 앙시앵 레짐 시대에 나온 정치적 글을 모두 포함한 복잡한 전체를 어째서 세 가지 뚜렷하고 자율적인 '언어'로 분류하는가? 어째서 왕의 권위에 대해서 말하고 행동하는 방법을 가부장적 담론, 종교적 담론, 의식적儀式的 담론, 연극적 담론이라고 하지 않고 의지의 담론, 이성의 담론, 정의의 담론이라고 하는가?

이 측면에 대해서는 전파 연구에 주목하면 도움을 받을 수 있을 것이다. 왜냐하면 만일 우리가 가장 널리 퍼진 정치논문을 식별할 수 있다면, 우리는 20세기 교수보다 18세기 프랑스인에게 호소력을 지닌 것이 무엇인가

의 관점에서 텍스트의 상호 관련성을 찾을 수 있을 것이기 때문이다.[14]

그러나 그렇게 한다고 해도 문제는 남는다. 무엇보다도 책의 전파가 여론에 어떻게 영향을 끼치고, 여론은 정치적 행동을 어떻게 굴절시키는지 이해하는 문제가 남는다. 키스 베이커와 모나 오주프는 계몽사상가들의 작품에 표현된 여론에 대한 관념을 훌륭하게 다룬 논문을 썼지만, 그들은 사물 그 자체보다는 관념을 연구하는 것이 적절하다고 전제하는 것처럼 보인다.[15] 확실히 역사가들은 철학자들보다는 사물 그 자체에 잘 접근하지 못한다. 사건들은 의미에 싸여서 온다. 그래서 우리는 행동을 해석과 분류할 수 없고, 역사를 순수한 사건으로 발가벗길 수 없다.

하지만 그렇다고 해서 사건이 전적으로 철학적 담론을 통해서만 추론할 수 있다거나, 보통사람이 생활 속에서 의미를 찾기 위해 철학자에게 의존해야 된다는 말은 아니다. 의미를 만드는 일은 책뿐만 아니라 길거리 수준에서도 일어난다. 여론은 사상의 단체들만이 아니라 시장과 선술집에서도 형성된다. 대중이 사건의 의미를 어떻게 만들었는지 이해하기 위해서, 우리는 철학자들의 작품을 넘어서 질문을 확장시키고 일상생활의 의사소통 얼개까지 들어가야 한다.

그러나 아직은 여론이라는 주제를 다룰 단계가 아닌 듯하다. 그래서 잠깐 지성사의 두 경향의 장점을 최대한 살리고 단점을 최소한으로 만드는 방향에서 두 경향을 한데 묶을 수 있는 가능성은 없는지 살펴보는 편이 좋겠다.

7장

의사소통의
그물

　"책이 혁명을 일으키는가?"[1] 이처럼 문제를 아주 둔감하게 제기하는 일
은 프랑스의 교활한 덫, **그릇된 질문**에 발을 들여놓게 만들 것이다―다시 말
해서 문제를 지나칠 정도로 단순화시켜서 왜곡시킬 것이다. 이 질문에 그
렇다고 대답한다면, 인과관계의 직선적인 개념을 당연하게 생각하는 것처
럼 보인다. 마치 책을 사는 행위를 바탕으로 독서, 독자의 신념, 여론의 동
원은 물론 대중이 혁명의 행위에 참여하는 과정까지 논증할 수 있다고 하
는 것과 같다.

　분명히 말하지만, 우리는 그렇게 할 수 없다. 전파의 일직선적인 원인―
결과 모형으로는 단지 여론의 비문자적 원천만이 아니라, 텍스트를 수동
적으로 수용하는 것이 아닌 활발히 전유하는 행위라 할 수 있는 독서에 이
르기까지 독립적인 요인들을 제대로 고려할 수 없다. 따라서 책의 전파에
관한 연구는 혁명의 기원을 이해하는 데 관계가 없는 것인가? 나는 성급

히 결론을 내리기에 앞서 좀더 복잡한 모형을 제안하고 싶다.

책의 역사는 전파 연구diffusion study의 일종으로서, 무엇이 전파되고 있는지 정확히 보여준다는 장점이 있다. 전파되는 것은 담론도 아니고, 여론도 아니고, 책이다. 물론 책에는 여러 가지 측면이 있다—그것은 제품화한 물건, 예술작품, 상업적 교환 품목, 사상의 매개물이다. 따라서 책의 연구는 노동·예술·사업의 역사처럼 수많은 분야에 걸쳐 있다. 그것은 각별히 지성사에서 가치가 있다. 왜냐하면 그것은 시대착오를 최소한으로 줄일 수 있는 방법을 제공하기 때문이다.

역사가들은 '계몽주의는 얼마나 널리 전파되었는가?'라는 질문을 던지기 전에, 18세기에는 어떤 책이 실제로 가장 널리 유통되었는지 판단할 수 있다. 그런 다음 그는 문학시장의 특별한 부분을 측정하기 위해 나름대로 고안한 범주들을 가지고 작업을 시작할 수 있다. 그는 충분한 정보와 함께 일련의 유효한 기준들을 가지고 심지어 계몽주의의 수요까지 계산해낼 수 있을지 모른다. 다시 말해서 계몽사상가들의 저작이 문자문화의 일반 유형 속에서 차지하는 위치를 결정할 수 있다. 말하자면 계몽주의를 찾는 일로 시작하지 않고 그것의 위치를 결정할 수 있다.

이 과정은 바보라도 입증할 수 있는 결과를 내놓지 않을 것이다. 그것은 계몽주의와 혁명을 연결하는 문제에 직접 달려들지 않는다. 그러나 그것은 담론 분석가의 비판에 대처할 수 있도록 전파론자를 도와줄 것이다. 담론 분석가들은 관념들을 마치 혈액 속에서 감시할 수 있는 방사능 입자처럼 정치체 속에서 추적할 수 있는 '단위들'로 보는 데에 반대하고 있다.

그러나 그들의 반대가 아무리 옳다 해도 책에 적용되지는 않는다. 책은 상업의 통로를 거쳐 유통되는 물리적 대상이다. 책의 생산, 분배, 그리고 (어느 정도) 소비는 체계적으로 연구할 수 있다. 어떤 사람은 저자에서 독자로 가는—그리고 궁극적으로 저자에게 되돌아가는—의사소통의 순환으로 그 체계를 생각할 수 있다. 왜냐하면 저자는 독자, 비평가, 그리고 주위의 사회에서 정보와 영감을 주는 여러 원천에 반응하기 때문이다. 그 순환을 표 7.1처럼 체계적으로 보여줄 수 있다.[2]

이 모형은 전파의 직선적인 개념과 비교해서 두 가지 장점을 갖고 있다. 첫째, 그것은 유기론적 견해─동맥·정맥·모세관으로 구성된 의사소통의 그물에 의해 사회 침투가 이루어진다고 가정하며, 생산과 분배 과정의 각 단계를 고려하는 견해─에 찬성하여 하향식 침투를 상정하는 개념을 거부한다. 그것은 역사상 다른 시대, 다른 문화, 그리고 신문·소책자·포스터 같은 다른 인쇄매체에 적용될 때 약간 다른 목적을 가질 수 있다. 그러나 원칙은 언제나 같다. 그 원칙은 의사소통 과정의 체계적인 성격과 그 부분들의 상호연결을 공정하게 다루는 방법으로 그 과정을 재현하려는 것이다.

둘째, 그 모형은 자기충족적이고 기계처럼 움직이는 기능을 가지고 있다고 가정하는 대신, 모든 단계에서 외부의 영향을 받을 수 있다. 저자·출판업자·인쇄업자·서적상·사서·독자는 국가, 교회, 경제, 그 밖의 다양한 사회집단의 압력을 받으면서 행위를 끊임없이 수정했다.

최근까지 나온 대부분의 연구는 저자들을 집중적으로 다뤘다. 그들의 글에는 종종 후원제도, 검열제도, 양심, 경쟁심, 수입의 욕구를 보여주는 흔적이 들어 있었다. 그러나 인쇄되어 나타났을 때 그들의 글은 활자를 고르고, 형태를 잡고, 인쇄기의 막대를 밀고 당기는 수많은 장인들의 손에서 모양을 갖추었다. 출판업자도 시장의 공략, 판형, 삽화, 활자체, 책 도안을 결정하고 자본을 집중하면서 텍스트의 의미에 일정한 형태를 주었다. 또한 우리는 문화적 중개자로서 서적상의 중요한 역할을 제대로 평가해야 할 것이다. 바로 서적상의 가게─또는 길의 진열대, 마차, 등짐─에서 수요와 공급이 조절되고 책이 독자의 손에 들어갔던 것이다.

독서는 순환의 단계 가운데 가장 이해하기 어려운 단계로 남아 있다. 우

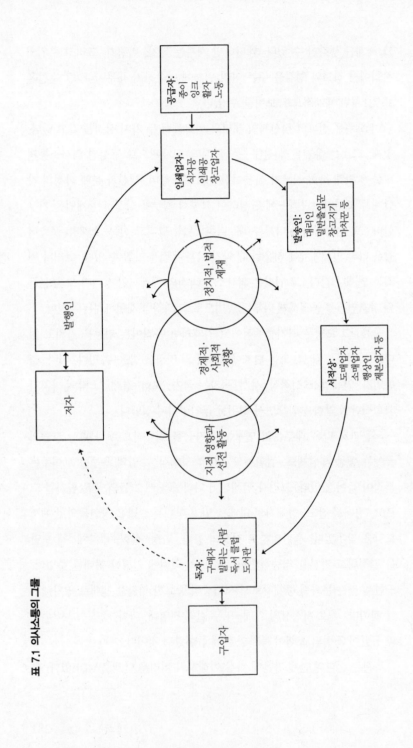

표 7.1 의사소통의 흐름

공급자:
종이
잉크
활자
노동

인쇄업자:
식자공
인쇄공
창고업자

발송인:
배리인
밑반출입군
창고지기
마차꾼 등

서적상:
도매업자
소매업자
행상인
제본업자 등

발행인

저자

독자:
구매자
빌리는 사람
독서클럽
도서관

구입자

정치적·법적
체계

경제적·
사회적
정황

지적 영향과
선전 활동

리는 독자가 혼자서건 집단이건, 소리내어 읽건 속으로 읽건, 도서관 안에서건 밤나무 아래서건, 텍스트의 뜻을 어떻게 파악하는지 아직도 정확히 알지 못한 채 기껏해야 막연히 느낄 수 있을 뿐이다. 그러나 수용에 관한 정보가 부족하다고 해서 우리가 당대인의 문학 경험을 파악하려는 생각마저 하지 말라는 법은 없다. 문학은 저자와 독자, 또는 독자와 텍스트에 한정된 것은 아니었기 때문이다. 문학은 전반적인 의사소통 체계를 통해서 형성되었다. 그리고 그 체계는 모든 지점에서 외부의 영향을 받을 수 있었기 때문에 우리는 문학을 공식화하는 모든 요소를 연구할 수 있다. 생산과 분배에 관한 우리의 지식은 수용에 대한 우리 지식의 한계를 어느 정도 보상해줄 수 있다.

그렇지만 수용은 여전히 문학 경험을 좀더 많이 이해하는 데에 결정적인 요소로 남아 있다. 우리는 독자 반응에 대한 부족한 지식을 메우기 위한 책략을 어떻게 마련할 수 있을까? 모형들을 가지고 노는 일도 만일 연구의 방향을 설정하는 데 도움을 주지 못한다면 별 성과를 내지 못할 것이다.

그러나 프랑스 금서에 관한 연구의 경우, 그것은 매우 유익한 것으로 판명된다. 왜냐하면 질적 증거가 양적 증거를 보완하기 때문이다. 제1장에서 지적했듯이, 출판업자와 서적상들이 철학책을 논의하고 취급하던 방법은 독자들 사이에 금기에 대한 취향이 얼마나 퍼져 있었는지를 많이 밝혀주고, 서적 판매의 통계는 문학적 수요에 대한 명확한 그림을 보여준다.[3] 그러나 이 단계를 넘어선 주장을 하려면 전파의 문제에서 의미의 문제로 넘어갈 필요가 있다. 다시 말해서 담론 분석의 영역으로 이동해야 한다.

우리는 베스트셀러 목록을 18세기 독자들이 좋아하는 품목을 알려주는 적절한 지표로 간주하고, 그것을 통해서 우리의 방식을 읽을 수 있다. 이러한 방법은 직선적으로 들려 미심쩍게 보일지 모른다. 그러나 이 방법의 장점에 대해 할 말이 많다. 그것은 문자문화의 시대착오적인 개념에 의

존하지 않은 채 텍스트의 상호 관련성 유형을 발견할 수 있는 길을 열어준다. 만일 우리가 법의 테두리 밖에서 나돌던 문학의 전체를 식별할 수 있다면, 당대인들이 체제에 위협적인 것으로 보았던 것에 관해 합리적으로 추론할 수 있을 것이다. 그러나 우리는 아직도 불편한 질문에 직면해야 한다. "우리가 그 문학을 읽는 방식이 200년 전 프랑스인의 방식과 거의 같다고 어떻게 확신할 수 있는가?" 이 지점에서 우리는 전유 행위로서 독서의 개념을 자세히 살펴볼 필요가 있다.

로제 샤르티에는 금서가 독자 반응의 일관성 있는 유형을 만들었고, 그렇게 해서 여론에 영향을 끼쳤다는 주장을 맞받아치기 위해 이 개념을 사용한다. 만일 독자들이 책 속에 인쇄된 내용을 수동적으로 받아들이는 대신 모든 종류의 개인적인 관념들을 제멋대로 책에 투영하면서 나름대로 텍스트를 전유한다면, 그들의 경험은 끊임없이 다양해질 수 있었을 것이고, 그들은 문학으로부터 자신이 원하는 것을 무엇이건 만들어낼 수 있었을 것이다. 그래서 그들이 읽은 것이 무엇인지 알아낸다 해도 우리는 별로 밝힐 것이 없다. 왜냐하면 그들이 그것을 어떻게 읽었는지는 알 수 없기 때문이다.[4]

샤르티에는 미셸 드 세르토와 리처드 호거트의 업적에서 전유의 이론적 평가에 관한 논지를 끌어낸다. 그리고 역사적 사례를 위해서는 카를로 긴즈부르그와 내 연구를 인용한다. 드 세르토는 확실히 독서 행위에 들어 있는 '무한히 많은 의미'를 강조했다.[5] 너그럽고 자유로운 정신을 가진 그는 보통사람들이 매체에 의해 밀랍처럼 틀에 박힐 수 있는 멍청이라는 생각에 저항했다. 하지만 그는 저항에서 그친 채, 사람들이 실제로 어떻게 읽었는지에 대해 실증적이고 구체적인 이론을 발전시키지는 않았다. 또한 그의 성찰은 호거트의 성찰에 의해 완전히 강화되지 않는다.[6]

호거트도 노동계급의 문화가 긍정적이고 독립적인 성격을 갖고 있다고 강조했지만, 보통의 독자들이 책으로부터 원하는 것을 모두 만들어낸다고 논증하는 데까지 나아가지 않았다. 반대로 그는 그들 경험의 문화적 결정 요소를 강조했다. 그들의 문화는 그들의 응접실처럼 아늑하고, 보호감을 주며, 과열되고, 모든 것을 감싸주는 분위기처럼 작용했다. 그것은 자기와 다른 요소들을 자기 유형에 흡수했다. 그것은 개인주의나 특이성을 증진 시키기는커녕 그 테두리 안에 들어온 모든 것에 나름의 성격을 도장 찍듯 찍어놓았다.[7]

카를로 긴즈부르그가 16세기 방앗간 주인 메노키오라는 하층계급의 독자에 대해서 얻은 연구 성과는 똑같은 논점을 더 멀리 밀고 나아간다. 긴즈부르그는 단순히 메노키오가 르네상스 텍스트를 자기 말로 바꾸면서 공격적으로 읽었다고 논증하는 데 그치지 않고, 메노키오는 고대부터 민중 문화 속에 숨겨져 전해오던 물질주의적 우주론으로부터 자신의 말을 끄집어냈다고 주장한다.

나는 18세기 라 로셸의 독자에 관한 연구에서 개인이 루소의 저작에 얼마나 열렬히 반응했는지, 그러나 그렇게 하는 가운데 삶의 의미를 발견하기 위한 문화적 틀로 루소주의 그 자체에 맞게 생활했는지를 보여주려고 노력했다. 독자 반응에 대한 다른 연구는 이러한 경향을 강화시켜주었다. 그것은 수동성이나 불확정성 가운데 어느 한쪽이 우세하다는 사실을 보여주지 않는다. 그 대신 독자들은 기존의 문화적 틀 속에 텍스트를 맞추면서 텍스트 속에 들어 있는 의미를 발견했다고 주장한다.[8]

우리는 일반적으로 어떻게 사물의 의미를 파악하는가? 내 생각에, 우리 영혼의 깊은 곳에서 통찰력을 끌어내 환경에 투영하는 방식은 아니다. 차라리 틀 속에 인식을 맞추는 방식이라고 생각한다. 우리는 그 틀을 문화에서 얻는다. 왜냐하면 우리가 경험하는 그대로의 현실은 사회적 구축물이기 때문이다. 우리의 세계는 조직된 채로 온다. 그것은 여러 범주로 나뉘고, 관습에 따라 형성되며, 사람들이 공유하는 정서로 물드는 것이다. 어떤 것이 의미를 지닌다는 사실을 발견할 때, 우리는 우리의 문화로부터 물려받은 인식체계 안에 그것을 맞춘다. 그리고 종종 그것을 말로 옮긴다. 그래서 우리가 개인적으로 얼마나 의미를 왜곡하는지에 상관없이, 의미도 언어처럼 사회적이다. 우리는 의미를 만들면서 사회적 활동에 깊이 개입한다. 특히 우리가 글을 읽을 때 그렇다.

책의 의미를 찾기 위해 우리는 두꺼운 상징 영역 속에서 우리의 길을 찾아야 한다. 왜냐하면 책과 관계된 모든 것은 문화적 규약―그것을 쓴 언어만이 아니라 활자, 편집, 판형 크기, 제본, 심지어 그것을 팔려고 이용한 광고―의 흔적을 포함하고 있기 때문이다. 이러한 요소는 각기 독자의 반응을 이끌어내면서 그의 방향을 지시한다. 독자도 텍스트에 많은 것―기대·태도·가치·의견―을 걸고, 이것들도 역시 문화적 결정요소를 갖고 있다. 그래서 독서는 두 가지 요소―의사소통의 매체인 책의 성격, 그리고 독자가 내면화하고 의사소통을 가능하게 만들어주는 일반적인 기호체계―에 따라 결정된다.[9]

나는 오해를 피하기 위해 두 가지 주의사항을 덧붙이고 싶다. 첫째, 나는 문화적 틀의 중요성을 주장하지만, 문화를 유기적 총체라고 보는 생각에는 동의하지 않는다. 나는 모든 종류의 틈과 단층선이 문화체계 속에 들어 있기 때문에, 의미를 만드는 일은 통일성만큼 갈등도 포함한다고 생각한다. 그러나 갈등은 경쟁하는 틀들을 동원한다―또는, 케임브리지 학파의 술어를 빌려 말한다면, 경쟁관계에 있는 담론의 실천 행위들을 동원한다. 독자들은 정치논문을 자신이 좋아하는 정치적 상투어의 관습적인 규약에 맞추면서 의미를 만든다. 그러므로 독서의 역사를 위해 담론의 분석보다 더 적절한 것은 없다.

둘째, 독서에 대한 문화적 제약을 강조한다고 해서 독자들이 똑같은 책에서 똑같은 내용을 발견해야 한다는 뜻은 아니다. 거의 모든 문화체계는 텍스트에 독창적이고 서로 모순되는 반응을 제공할 만큼 충분히 범위가 넓다. 나는 독서에 관한 다중의 결정인자론을 펼치기보다, 독서는 단순한 결정인자를 갖고 있다는 주장에 반론을 펴려고 노력하고 있다. 왜냐하면 이러한 주장은 독서를 문화사의 밖으로 내몰 것이기 때문이다. 나는 전유를 가치 있는 개념으로 주목하지만, 그것이 독서의 역사를 연구하는 데 가장 적합한 다른 학문 전통—태도·가치·세계관에 관한 연구로서, 프랑스에서는 집단 정신자세의 역사로 알려진 영역—에서 그 역사 연구를 제외한다는 조건이 아닐 때 그렇다.

말하자면 아무리 개념을 명확하게 한다 해도 경험적 연구의 부족을 메울 수 없으며, 독서의 역사 연구는 적절한 증거가 부족하여 난관에 부딪힌다. 우리가 18세기 프랑스인들이 책에 얼마나 반응을 보였는지에 대해서 어느 정도 알고 있다 해도, 독자 반응에 대한 일반적인 결론을 내릴 수 있을 만큼 충분히 알지는 못한다는 사실을 피할 수 없다. 아니면, 피할 수 있는 길이 있는가? 나는 그 문제를 정면으로 다루기 위한 방법을 제시하고, 프랑스의 금서 연구가 제기한 특별한 문제를 다루기 위해 방법론에 관한 문제를 잠시 비켜가고 싶다.

의사소통의 순환에서 수용의 측면에 관한 어려움을 비켜가기 위해 우리는 여론의 문제와 직접 부딪칠 수 있었다. 그것은 아직까지 제대로 이해하지 못하는 중요한 문제다. 우리는 18세기 프랑스에서 일반 대중을 구성하는 사람들이 누구이며, 그들의 의견은 어떻게 형성되었는지 막연하게 알고 있을 뿐이다. 원칙적으로 정치는 왕의 일이었다. 국사國事는 베르사유에 한정되어 있었다. 그 작은 세계 안에서 권력의 좁은 실내가 더 작은 공간으로 나뉘었다. 내실의 계략을 꾸미는 핵심 동아리들이 그들 마음속에 '왕의 비밀'*을 간직하고 있었다.

루이 14세 시대에 절대주의를 공고히 한 뒤, 일반 대중은 정치 과정에 참여할 수 있는 경계에서 멀리 떨어져 정치화하기 이전의 상태에 머무르고 있었다. 그러나 실제로는 수많은 권력 갈등이 궁정의 테두리 밖에서 일어났으며, 참여하는 관찰자로서 대중은 점점 정치화했다. 이러한 종류의 정치는 소송의 형태―청원·저항·낙서·노래·인쇄물·이야기―를 띠었고, 대부분의 재담bon mot, 악담mauvais propos, 공공연한 소문bruit public은 집단 폭력(민중소요, émotion populaire)으로 나타났다.[10]

이러한 이야기의 대부분은 공중으로 사라졌다. 그러나 일부는 경찰 첩자의 손으로 쓴 기록에 남았다. 왜냐하면 당국은 그것을 심각하게 받아들였고, 그것을 추적하기 위해 무척 애를 썼기 때문이다. 경찰 보고서는 수백 가지 문서를 채우고 있는데, 일부는 아주 풍부하여, 그것을 읽는 사람은 선술집·카페·공원에서 사람들의 대화를 곁에서 듣는 듯할 정도다. 물론 첩자의 보고서를 곧이곧대로 받아들여서는 안 된다. 왜냐하면 첩자들은 잘못 듣거나, 제대로 들었다 해도 치안 당국이 그들에게 정해준 방침에 들어맞도록 왜곡시켜 제시할 가능성이 있었기 때문이다.

하지만 그들의 보고서를 비밀신문·일기·편지 같은 유사한 자료와 비교할 수 있다. 또한 우리는 파리에서 나돌던 소책자·노래·인쇄물의 방대한 모음집 안에서 더 많은 문서를 찾아낼 수 있다. 나는 이러한 자료를 뒤지면서 몇 년을 보낸 뒤 18세기의 파리를 거대한 의사소통의 그물로 생각하기에 이르렀다. 그것은 모든 이웃을 한 울타리로 엮고, 당시 파리인이 '공공연한 소음'(선동적 소문)이라고 부르던 것, 또는 오늘날 우리가 정치적 담

---

* 이 말 'Secret du Roi'은 루이 15세의 개인적이고 은밀한 외교를 지칭하기 위한 것이다. 루이 15세의 대신들도 그의 외교정책의 방향을 모르고 있었기 때문이다

론이라고 알고 있는 것으로 언제나 윙윙거리는 그물이었다.

우리는 표 7.2처럼 두 번째 모형에 따라 그 과정을 체계적으로 그려볼 수 있다.

이 모형이 혁명 전 파리에서 정보의 흐름과 정확히 일치하건 말건, 나는 이것이 당시 전갈message이 다른 매체와 사회환경을 통해 전달되던 방식을 설명해준다고 생각한다. 이 같은 의사소통 체계를 상상함으로써 우리는 여론의 역사를 대강이라도 그릴 수 있을 것이다. 비록 어려움이 많다 해도ー사료가 고르게 남아 있지 않고, 대중의 구성을 확실히 알지 못하며, 여론이라는 개념 속에 모호한 성격이 많이 남아 있다 해도ー이 과업은 성취할 수 있을 것처럼 보인다.

우리는 이미 한편으로는 불법 문학의 유통과 다른 한편으로는 여론의 급진화 사이에 어떤 관계가 있다고 가정할 수 있을 만큼 충분히 자료를 볼 수 있다. 그렇다면 그것은 어떤 성격의 관계였던가? 단순히 원인과 결과의 관계는 아니었다. 첫 번째 전파 모형이 가리키듯, 금서의 생산과 전파는 모든 지점에서 인쇄된 말의 순환계통 바깥으로부터 오는 영향을 받았다. 정치적 이야기는 다락방에서 글을 쓰는 작가들에게까지 밀려가 닿았고, 출판업자들이 출판물을 기획하며 따지는 타산 속에 스며들었고, 서적상을 자극하여 공급물량을 주문하게 만들었다. 책, 특히 **파렴치한 추문** 같은 특별한 범주는 '**악담**'의 흔적을 담고 있었다. 또한 그것도 역시 말을 퍼뜨리는 데 한몫 했다. 그것은 말이 공중에서 사라지지 않도록 막았고, 말을 인쇄물에 고정시켜 왕국의 가장 먼 구석까지 실어날랐다. 그러므로 원인과 결과 대신 우리는 상호 강화, 반향feedback, 증폭을 상상해야 한다.

두 번째 모형에서 보듯이 이 반향 과정은 일반적인 정보체계 속에서 교차하는 다른 매체에도 여기저기 흩뿌려져 있었다. 똑같은 동기가 카페에서 벌어진 토론, 살롱에서 즉흥적으로 지은 시, 거리에서 노래한 민요, 벽

표 7.2 의사소통 순환계통–새 소식

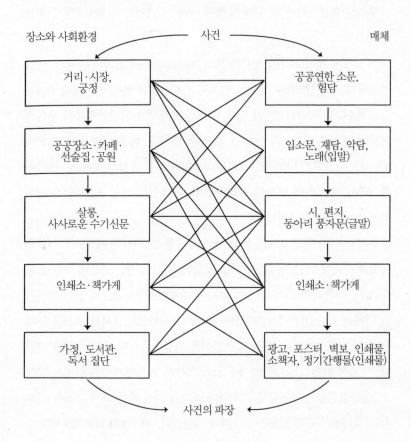

위에 풀로 붙인 인쇄물, 은밀히 유통되는 수기신문, 책가게 계산대 밑에서
팔리는 소책자에 나타나기 일쑤였고, 그러한 동기가 다른 동기와 함께 씨
줄과 날줄이 되어 복잡한 이야기를 짜내는 책에도 나타났다.

  어떤 특별 주제가 험담이나 인쇄물 가운데 어디에 먼저 나타났는지 묻
는 것은 별 소용이 없다. 왜냐하면 주제는 모두 다른 지점에서 생기고 다

른 방향으로 여행하면서 여러 매체와 사회환경을 통과했기 때문이다. 결정적인 질문은 전갈이 어디에서 나왔느냐 하는 것이 아니라, 그것의 증폭과 동화에 관한 것이었다. 다시 말해 그것이 사회에 반향을 일으키고 대중에게 의미 있는 것이 되었던 방법에 관한 질문이었다. 금서는 이 과정에 어떻게 이바지했던가?

재담과 민요는 사라지고 잊혀지기 쉬운 경향을 보여주었다. 그러나 책은 이러한 주제를 인쇄물로 고정시켰다. 그리하여 그것을 보존해서 널리 퍼뜨리고 그 효과를 늘려준다. 그보다 더 중요한 것은 책이 폭넓은 설득력을 가진 이야기 속에 그것을 담아냈다는 사실이다. 카페에서 주고받은 일화나 불손한 혼잣말이 인쇄된 책 속에 나타나면 그 성격은 달라졌다. 인쇄물로 탈바꿈하면 실제로 그 의미가 달라졌다. 왜냐하면 책은 사소하게 보이는 요소를 섞어서 규모가 큰 서사구조 속에 집어넣는 것처럼 보이기 때문이다. 그 구조는 종종 철학과 역사로 들어가는 길을 열어주었다.

물론 이야기 중에는 다른 이야기보다 더 효과적인 것이 있었다. 《갑옷 입은 신문장이》는 입이 더러운 험담을 모아놓은 책에 지나지 않았다. 그러나 《뒤바리 백작부인에 관한 일화》는 똑같은 자료를 결합하여 강력한 이야기 줄거리를 가진 전기로 탈바꿈시켜놓았고, 《루이 15세의 사생활》은 당대 프랑스의 완벽한 역사처럼 읽을 수 있다. 우리가 앞에서 보았듯이, 이러한 작품들의 수사학은 독자에게 눈짓을 보내고 그의 옆구리를 슬쩍슬쩍 찌르는 동안에도 **역사**histoire로서 설득력을 강화시켜주었다. 수많은 독자가 책에서 자료를 얻었고, 저녁 식사 때나 카페에서 한담을 나눌 때 써먹었다는 것은 의심의 여지가 없다. 그들은 아마 다른 사람의 이야기에서 새로운 이야깃거리를 주워듣고 자신의 독서 관점에 따라서 해석하는 일도 있었을 것이다. 그들은 금서를 읽으면서 여론을 급진화하는 데 한몫 했다.

여기서 우리는 명백히 과감한 추측을 하고 있다. 왜냐하면 우리는 사람들이 어떻게 책에서 전갈을 골라내고, 어떻게 책에 포함시킬 내용을 다른 자료에서 끌어내는지 정확히 모르기 때문이다. 그러나 그 과정은 쌍방향으로 일어났고, 인쇄매체가 거리의 이야기를 보존하고 증폭하면서 그 과정에서 중요한 역할을 맡았다고 가정해도 무방해 보인다.

사실 인쇄매체는 그보다 더 많은 일을 했다. 책은 온갖 주제를 인쇄로 고정시키면서 이야기에 맞게 만들고 많은 의미를 부여했다. 사물을 인쇄물로 바꿀 때 정보—일화, '공공연한 소문', '새 소식'—를 설득력 있는 그림으로 조직할 수 있었고, 이야기 줄거리를 따라서 사물을 배열하는 가운데 상황을 규정하고 방향을 실정할 수 있었다. 그 나름대로 하니의 독특한 종류의 문학이라 할 수 있는 은밀한 문학의 베스트셀러는 의미를 만드는 일반적인 방식을 강화했다. 그것은 현실을 선별하기 위한 틀을 제공했던 것이다.

그러한 틀이 어떤 기능을 하느냐는 경험론적인 질문이다. 우리는 그것에 바로 대답할 수 없다. 왜냐하면 독서의 심리적 경험에 관한 증거자료가 없기 때문이다. 그러나 우리는 간접적이고 불완전한 대답은 할 수 있을지 모른다. 왜냐하면 여론에 관한 정보가 불법 문학에 관한 증거와 일치한다면, 의미 있는 문화적 유형을 찾아낼 수 있을지 모르기 때문이다. 그렇다고 해서 책에 담긴 주제들이 '공공연한 소음'의 동기를 결정하거나 그 반대의 일이 일어난다는 뜻은 아니다. 차라리 두 가지 형태의 의사소통이 함께 작용하면서 체제의 정통성의 뿌리를 끊는 전갈을 규정하고 전달하고 증폭하고 있었다고 해야 할 것이다.

정통성을 부인하는 일이 실제로 어떻게 일어났는지 이해하기 위해서 우리는 1780년대에 나온 방대한 자료를 조사할 필요가 있다. 그러나 이 시점에서 잠시 일반적인 명제를 역설하는 것이 적절하다고 본다. 금서는 두 가지 방향에서 여론을 만들어냈다. 하나는 (말을 보존하고 퍼뜨리는) 인쇄물에 불만을 고정시키는 방향, 또 하나는 (느슨한 이야기를 일관성 있는 담론으로 변화시키는) 이야기에 불만을 맞추는 방향이었다.

반대 의견

위에서 우리는 두 가지 전파 모형을 그리려고 노력했지만, 다음과 같은 반대 의견을 예상할 수 있다. '전파'란 수동적인 대중에게 관념을 각인시키는 것, 또는 원인에서 결과로 곧장 이동하는 것, 또는 높은 수준의 문화가 낮은 수준의 문화에 영향을 끼치는 것, 또는 지나칠 정도로 문학적인 과정이기 때문에 정치와 여론과 별 상관 없는 것을 암시하고 있다고 주장하는 사람들이 있기 때문이다. 이 밖에도 아직 수많은 반대 의견이 남아 있다.

철학책이 전파되면서 앙시앵 레짐의 정통성의 기초를 갉아냈다는 나의 주요 논점에 대한 반론 가운데 가장 중요한 것 세 가지를 아래와 같이 분류할 수 있다. 첫째, 불법 문학은 앙시앵 레짐의 붕괴로 잃을 것이 가장 많은 사람들에게 가장 큰 호소력을 지닌 것이었다는 반론이 나올 수 있었는데, 어째서 그것을 급진화나 혁명의 원인으로 결부시키려 하는가? 둘째, 품위 없는 정치문학은 수백 년 동안 존재했을지 모른다. 어째서 그것을 루이 16세 치세에 그토록 중요하게 여기는가? 셋째, 중상비방문이 특히 1770년대와 1780년대에 거리낌없이 나왔다 할지라도, 어째서 그것이 독자에게 많은 영향을 끼쳤다고 가정하는가? 사람들은 중상비방문을 보고 험담이나 하찮은 것을 보듯 어깨를 으쓱했을지 모르고, 여론의 급진화는 완전히 다른 곳에서 발원했을지 모른다.

첫 번째 반대 의견은 분명히 힘을 갖고 있다. 루소의 가장 열렬한 독자들은 1789년 이전에는 대부분의 귀족, 1789년 이후에는 망명 귀족을 포함하고 있었다. 사실 그들은 《사회계약론》의 정치학보다 《신 엘로이즈》의 감정에 더 반응을 보였지만, 대체로 특권 계층은 계몽주의 작품의 수요에서 큰 몫을 차지하고 있었다. 심지어 루이 16세는 군주정이 전복된 뒤 감옥에서 재판을 기다리는 동안 볼테르 작품을 읽었던 것 같다. 그렇다고 해서 그를 볼테르 추종자라고 생각할 수는 없다. 그는 아마 볼테르의 전집에서 반종교적인 논문보다 연극작품을 읽었을 것이다. 루이는 그에게 밀반입된 《파리의 미사 경본》을 한 권 갖고 있었으며, 왕의 가족은 대체로 감옥에 갇혀 있는 동안 종교서적을 좋아했다.

그러나 그들이 문학작품에서 특히 종교적인 서적을 많이 섭렵한 것은 혁명기 다른 거물급 인물들의 독서 습관과 몹시 다른 차이를 보여준다. 공포징 시대, 여러 당파의 지도자들에게서 압수한 26개 장서목록은 두드러지게 비슷한 양상을 보인다. 브르퇴이 남작처럼 반혁명주의자, 라파예트처럼 입헌군주주의자, 롤랑처럼 지롱드파, 당통처럼 온건한 자코뱅파, 또는 로베스피에르처럼 급진적 자코뱅파 가운데 그 누구의 장서이든지 그것들은 비교적 종교서적을 별로 많이 소유하지 않았고, 역사와 당대의 사건을 다룬 서적을 많이, 그리고 볼테르·루소·마블리·레날 같은 계몽사상가들의 저작을 다수 소유하고 있었다.[11]

설사 중상비방문과 파렴치한 추문이 일부 귀족의 장서에서 특히 좋아하는 위치를 차지하고 있다고 해도 그 사실은 놀라운 일이 아니다. 왜냐하면 정신들은 궁정에 관한 무례한 험담을 먹고 번성하기 때문이다. 그들은 자신이 험담거리가 되는 때에도 험담을 열광적으로 생산하고 소비했다. 루이 15세와 루이 16세 치세 때 꾀바른 대신이었던 모르파 백작 펠리포는 자신을 겨냥한 재담을 즐겼고, 왕국에 나도는 풍자 노래와 시를 가장 많이 모았다.[12] 독자의 반응을 평가하는 데서, '정치계급'은 자신을 비웃거나 적어도 자기와 같은 등급 안에서 즐겨 제물로 삼는 사람들을 비웃는 방법을 알았기 때문에 이들이 세련된 독서를 했다고 감안하는 일은 중요하다.[13] 일부 중상비방문 작가를 포함하는 다른 내부인도 역시 그들이 읽는 것과 믿는 것 사이에 비판적인 거리를 유지하면서 이러한 방식으로 즐겼음은 의심의 여지가 없다.

그러나 귀족들이 미혹에서 벗어난 독서를 했다고 감안하고서, 우리는 좀더 중요한 현상을 고려해야 한다. 수많은 특권계급이 진짜 신자로서 볼테르, 루소, 피당사 드 메로베르를 읽었다는 것이다. 참으로 그들은 사회의 서열에서 그들보다 한참 아래에 있는 독자들보다 더 열렬히 금서에 반응했을지 모른다. 비록 증거로 입증하기는 어렵지만, 그들이 실제로 읽은 문학은 철학책이 체제에 아무런 위협도 가하지 않았다는 사실을 증명해주지 않는다. 전적으로 그 반대다. 정치체제는 그것이 가장 아끼는 엘리트가 그 정통성을 더이상 믿지 않게 될 때 가장 위험에 빠지게 될 것이기 때문이다.

특권 계층이 체제에서 얼마나 멀어졌는지는 정확히 가늠할 수 없지만, 정부의 폐단에 대한 저항은 제3신분의 진정서와 마찬가지로 귀족의 진정서(cahiers de doléances: 전국신분회가 열리기 전에 작성하는 진정서)에서도 강력하게 돋보인다. 그리고 계몽주의의 주제들은 그보다 더 강력하게 나타난다. 1787년과 1788년 귀족은 정부에 대한 반대를 이끌어나갔으며, 특권 계층의 자유주의자들은 1789년부터 1792년의 사건들에서 두드러지게 모습을 드러냈다. 혁명이건 심지어 예비혁명pre-Revolution이건 '부르주아' 혁명보다 '특권층' 혁명이라는 딱지를 붙여야 마땅하다고 말하기보다는, 차라리 특권층과 부르주아가 뒤섞인 엘리트 계층이 두 가지를 다 떠맡았다고 보는 편이 타당하다.

이 엘리트 계층은 19세기 옛 귀족 가문, 부유한 지주, 그리고 부르주아 계층의 전문직업인이 뒤섞여 '명사 계층'을 형성할 때 지배계급으로 틀을 굳혔다. 그들의 기원은 앙시앵 레짐까지, 특히 루이 15세 치세의 문화생활까지 거슬러 올라간다. 다니엘 로슈가 밝혔듯이 귀족과 전문직업인, 행정가, 부르주아 금리생활자들은 지방 아카데미, 프리메이슨 집회소, 문학단체들에 함께 참여했다. 그들은 똑같은 정기간행물을 구독하고, 똑같은 학술대회에 참여하기 위해 논문을 쓰고, 똑같은 책―특히《백과사전》처럼 그들과 똑같이 뒤섞인 사회집단들에 속한 저자와 독자를 둔 책―을 읽었다. 다수는 옛 엘리트의 혼합에서 새로운 명사 계층으로 옮겨갔으며, 그 과정은 시간이 걸리기는 했지만 핵심요소는 18세기의 공통 문화를 공들여 다듬는 데 있었다.[14]

토크빌은 이 현상을 간단히 언급하고 지나갔다.

> 부르주아 계층은 귀족 계층만큼 교양을 쌓고 있었고, 두 계층의 계몽주의는 똑같은 원천에서 나왔다. 이들은 모두 문학과 철학의 노선에 따라 교육받았다. 왜냐하면 이제 프랑스 전체를 위해 거의 유일한 지식의 샘 노릇을 하는 파리는 모든 사람의 정신에 똑같은 틀을 부어주었고, 똑같은 장비를 제공해주었기 때문이다…. 기본적으로 평민보다 서열이 위에 있는 사람들은 모두 엇비슷했다. 그들은 똑같은 사상, 똑같은 습관, 똑같은 취미, 똑같은 종류의 놀이를 가지고 있었다. 그들은 똑같은 책을 읽고, 똑같은 방식으로 말했다.[15]

종종 그랬듯이 토크빌은 이 현상에 대해 할 말을 다한 것처럼 보인다. 그러나 그는 한 가지를 빼먹었다. 그는 그들이 무슨 책을 읽었는지 의문을 품지 않았다.

그가 가정했던 것과 달리 그 책들은 단순히 계몽사상가들의 작품이 아니었다. 또한 정치적 현실에 대해 아무런 지식도 보여주지 않는 추상적인 논문만도 아니었다. 우리가 보았듯이, 가장 널리 전파된 불법 문학은 추문을 들추는 저널리즘, 사회 비평, 정치적 논쟁, 음탕한 반교권주의, 유토피아적 공상, 이론적 성찰, 그리고 노골적인 음란물을 포함하고 있었다―이 모든 것은 **철학책**이라는 똑같은 딱지가 붙은 채 혼숙하고 있었다.

불법 문학의 주제들은 모든 전선front에서 앙시앵 레짐의 정통성에 도전하는 방식으로 함께 나타나고 중첩되었다. 도전은 조금도 자제력을 발휘하지 않았다. 왜냐하면 그것은 모두 법의 테두리 밖에서 일어났기 때문이다. 그리고 그것은 넓은 범위의 반응―분노·화·멸시·비웃음·역겨움―을 불러일으키기 위해 온갖 수사학적 장치를 마음껏 이용하면서 이성뿐 아니라 정서에도 호소했다.

특권 계층도 금서를 읽는 독자로서 모든 범위의 주제에 노출되었으며, 그들의 반응도 역시 다양했던 것처럼 보인다. 누적 효과는 아마도 계몽주의에 대한 공감대를 넘어서 확장되었을 것이다. 수많은 사람의 경우 그것은 체제에 대한 환상에서 전체적으로 깨어나는 데까지 이르렀음이 확실했다. 그리하여 그들 자신이 누리는 특권의 정통성에 대한 믿음을 잃어버리기도 했다. 물론 지금까지 말한 것은 가정이기 때문에, '아마도'나 '의심의 여지 없이' 같은 낱말로 울타리를 쳐야 할지 모른다. 그러나 특권 계층이 특권을 포기한 1789년 8월 4일 밤의 일은 갑작스러운 대화를 나눈 결과라기보다는 긴 시간을 두고 차츰차츰 믿음의 근거를 침식당한 결과라고 가정하는 편이 합리적이다.[16] 그들은 앙시앵 레짐이 무너지기 전에 그 체제에 대한 믿음을 잃었고, 그 뒤 그들은 상당히 많은 것을 잃게 되리라는 사실을 알았다.

하지만 그들은 옛 질서를 중심으로 뭉치는 대신 대체로 그것을 파괴하는 데 힘을 모았다. 분명히 말해서 개중에는 반혁명에 가담한 사람도 있었지만, 우익에 동조하는 사람은 대부분 단순히 사생활에 전념하거나 라인강을 건너갔다. 1789년 특권층의 행위에서 가장 놀라운 측면은 그들이 한편으로는 혁명에 열광하면서 그와 동시에 비록 힘에 부쳤지만 혁명에 반대했다는 점이다. 어떤 경우에서도 앙시앵 레짐에 대한 그들의 애착은 깨졌으며, 앙시앵 레짐이 입은 손상의 일부를 최소한이나마 **철학책**의 탓으로 돌릴 수 있다.

신뢰 상실, 원기 부족 같은 복잡한 현상을 독서의 효과로 축소한다면 엉뚱하게 보이리라. 그러나 특히 책이 옛 사회의 의사소통 체계의 중심에서 차지했던 지위를 잃고 있는 오늘날, 인쇄물의 힘을 과소평가하기란 쉽다. 18세기 금서―어떤 한 분야가 아니라 불법 문학의 전체―의 힘을 올바르게 평가하려면 18세기의 관점에서 보거나, 아니면 그보다 더 나은 방법으로, 17세기에 발전한 절대주의의 관점에서 보아야 한다. 이러한 생각을 **철학책**의 중요성을 반내하는 모든 주장에 적용할 수 있다. 그래서 나는 다른 반대 의견에 대답하기 전에 이 점에 대해서 먼저 말해두려고 한다.

앙시앵 레짐의 가치를 강력한 문화체계로 굳힌 것은 루이 14세 시대의 일이었다. 호전적인 반反종교개혁 성향, 엄격한 서열의 사회구조, 단호히 절대주의적인 정부를 유지하는 루이 14세 치하의 프랑스는 한 세기 뒤에 발간되는 금서에서 가장 역겹게 여겼던 것을 모두 지지했다. 국가에 의해 후원받고, 훈육되고, 조종받던 17세기의 가장 저명한 작가들은 새로운 궁정문화의 중심에서 일했다. 그들은 문학을 절대주의의 도구로 바꾸었다.

18세기 저자들도 역시 후원자를 찾기 위해 서로 다투었지만, 종종 국가의 바깥에서 일하고 문학을 국가에 저항하는 것으로 바꾸었다. 그렇게 하는 가운데 그들 중 어떤 사람은 문화적 영웅이 되었다. '왕 볼테르'는 비록 그가 루이 14세에게 공감하고 왕립역사편찬자의 역할을 했지만 이단자―영웅의 축소판이었다. 볼테르는 새로운 믿음 체계 전반을 몸소 구현했다. 이 체계는 그의 젊은 시절 성직자를 괴롭히던 일과 자유주의 사상을 훨씬 넘어서는 것이었다. 칼라 사건이나 그 뒤의 다른 사건에서, 그는 자신의 주장―계몽주의―에 열정과 도덕적 의분을 더하여 인류 전체의 대의명분으로 만들었다.

다른 지역의 다른 작가들도 국가에 반대하는 감정을 동원했다. 왜냐하면 계몽주의는 18세기 프랑스만의 주장도 아니었고, 금서의 전집에 표현된 이념만도 아니었기 때문이다. **철학책**은 광범위한 주제를 다뤘다. 거기에는 권력자를 화나게 하고 루이 14세 시대부터 대물림한 가치 체계에 속한 모든 것에 도전하는 내용이 들어 있었다. 1770년경, 루이 14세풍의 문화는 시대에 뒤처지고 억압적인 것으로 보였다. 문학은 그 문화의 반대명제를 지지했다─그것은 다양한 종류의 문학으로서, 법의 테두리 밖에서 생산되고, 앙시앵 레짐의 마지막 20년 동안 시장에 넘쳐나던 종류의 문학이었다.

토크빌이 주장하듯 문학은 모든 식자층 안에서 여론을 움직이면서 사회적 구별을 엎어버렸다. 모든 사람은 똑같은 책을 읽었으며, 거기에는 똑같은 **철학책**이 포함되어 있었다. 그러한 책을 지은 사람들은 문학을 국가의 부속품이라는 지위에서 벗어나게 만들었다. 그들은 문화를 권력에서 분리했다. 아니, 차라리 그들은 옛 문화의 정통성에 대항하는 새로운 문화의 힘을 이끌었다. 그래서 절대적인 국가에 바탕을 둔 정통 가치 체계를 문학에 뿌리내린 논쟁적인 정신과 분리하려는 모순이 생겼다.

그 어떤 사회 신분에 속해 있건, 그리고 남자건 여자건, 독자의 처지는 이러한 모순에 따라 규정되었다. 모든 사람은 이 모순을 통해 시간은 궤도를 벗어나고, 문화생활은 더이상 정치권력과 일치하지 않는다는 사실을 보았다. 루이 14세 시대의 전체는 분리되기에 이르렀다. 또한 17세기 절대주의의 정통성을 세우는 데 많이 이바지한 문학은 이제 그것의 정통성을 무너뜨리는 주요 원동력이 되었다.

8장

정치적
중상비방문의 역사

합법성을 인정하지 않는 행위에 관한 문제는 두 번째 반대 의견을 낳는다. 그것은 중상비방문―집단적으로 '거물급les grands'이라 불리는 공인들의 명예를 공격하는 욕설―이라는 금서의 하위범주와 관련된 의견이다. 어째서 이러한 작품을 그다지 중요하게 여기는가? 파렴치한 문학은 르네상스 시대 아레티노가 음탕한 말을 퍼뜨리는 일을 전문직업으로 바꾸어놓았을 때부터 왕과 정신들의 주위에 쌓였다. 그러나 아무도 그것을 국가에 대한 위협이라고 생각하지 않았다. 아마 1770년대와 1780년대의 중상비방문은 옛날식 흙탕물 튀기기의 변종에 속하므로, 그것이 속한 곳―시궁창에 그대로 내버려두어야 할지 모른다.

우리는 이 같은 반론으로 한 가지 문제를 떠안게 된다. 남을 욕하는 행위는 몹시 역겹고 사소한 일로 여겨졌기 때문에 아무도 그 역사를 폭넓게 탐구한 적이 없다는 사실이다. 우리는 정치적 중상비방문의 역사를 쓸 필요가 있다. 그 역사를 쓸 때까지 우리는 임시로 결론 내리는 것 이상을 할 수 없으므로, 나는 단지 이처럼 더러운 글을 진지하게 생각해야 하는 이유에 대해 몇 가지 주장을 할 수 있을 뿐이다.

내 주장은 다음과 같이 요약할 수 있다. 첫째, 16세기와 17세기에 '거물급 인사들'에 대한 더러운 논평을 많이 발굴할 수 있지만, 그 중에서 18세기에 나온 책 분량의 중상비방문처럼 가장 잘 팔린 것과 비교할 만한 것을 찾을 수 없다. 둘째, 중상비방문이 혁명이 일어나기 전 200년 동안 프랑스에 널리 유통되고 있었다 할지라도, 앙리 3세와 루이 13세 치세에 그것들이 지닌 호소력이 이째시 루이 15세와 루이 16세 지세에는 사라졌는지 증명해주지 못한다. 그 반대로 중상비방문은 점점 늘어나던 독서 대중에게 더 많은 영향을 끼치는 효과를 통해 권력을 얻었을지 모른다. 셋째, 초기와 후기의 중상비방문을 비교해보면, 끊임없이 반복되는 유형보다는 개인들의 명예훼손에서 체제 전반의 신성성을 모독하는 데로 넘어가는 현상을 볼 수 있을 것이다.

이 문학을 구별하기 위해 사용한 용어는 넓은 영역을 포함했다. 중세 후기, 중상비방문libelle은 작은 책(라틴어로 책은 liber, 작은 책은 libellus)을 뜻했다. 그것은 계속해서 모든 종류의 소책자에 적용되었지만 주로 저명한 개인들을 중상하고 공격하는 짧은 글과 연결되었다. 1762년경, 아카데미 프랑세즈가 발간한 표준 사전에서는 중상비방문을 단순히 '모욕적인 작품écrit injurieux'으로 규정했다.

모욕은 오늘날의 중상비방처럼 사사로운 개인과 관련되었을지 모른다. 그러나 그보다는 국사에 관련된 경우가 더 많았다. 왜냐하면 중상비방문은 선동적일 수 있었기 때문이다. 그것은 1560년 사람들을 자극하고 선동하는 경향이 있는 벽보와 중상비방문을 생산하는 사람은 모두 '공공의 평화를 해치는 적이며 왕에 대한 불경죄'로 유죄판결을 받을 것이라는 왕령

을 선포하던 200년 전에 이미 분명해졌다.[1]

중상과 선동의 독특한 결합은 16세기부터 18세기까지 정치적 중상비방문의 역사적 특징이었던 것처럼 보인다. 국가에 위기가 닥칠 때마다, 중상비방문은 국가에 손상을 입혔다. 1589년, 파리에서 가톨릭 동맹의 봉기가 최고조에 달했을 때, 피에르 드 레투알은 중상비방에 찬 소책자가 무성한데 대해 놀랐다. "가장 하찮은 인쇄업자가 전하의 명예를 훼손하는 어리석은 중상비방문을 날마다 새로 인쇄해내기 위해 애를 쓴다."[2] 1615년, 마리 드 메디시스에게 반대하는 대군들의 반란이 일어났을 때, 논쟁적인 소논문 〈중상비방문에 대하여 프랑스에 고함〉은 '중상비방문'이야말로 대중을 소란스럽게 만들려고 노력하는 사람들이 주로 사용하는 무기라고 경고했다.[3] 1649년, 프롱드 난 때문에 왕국이 거의 무정부 상태에 빠졌을 때, 파리인들은 '놀라울 정도로 많은 중상비방문'이 쏟아져나오는 것을 보고 소름이 끼칠 정도였다.[4] 그때쯤에는 이미 중상비방문의 위험을 사방에서 개탄했다. 심지어 중상비방문 작가들마저 자기네 반대자들이 중상비방문으로 자신들을 비방한다고 하면서 그 위험을 한탄했다. 어떤 소논문은 "중상비방문보다 더 국가에 해로운 것은 없다"고 선언했다. 또 〈모든 중상비방문의 전반적인 검열〉이라는 소논문은 명예 손상을 제거하는 일을 제목에서 예고한 계획의 핵심적인 개념으로 내세웠다.[5]

이 같은 선언이 순수한 경고인지 수사학적 마음가짐인지 말하기는 어렵지만, 당국은 확실히 비방을 심각하게 받아들였다. 1649년 5월 28일, 파리 고등법원은 중상비방문을 내놓는 사람은 누구든 교수형에 처하겠다고 위협하면서 수도의 질서를 회복하려고 노력했다. 6월, 변호사 베르나르 드 보트뤼는 중상비방을 담은 소책자로써 치안을 문란케 했다는 혐의로 거의 교수형당할 뻔했다. 7월, 파리 고등법원은 인쇄업자 클로드 모를로에게 유죄판결을 내렸다. 그는 〈왕비의 침대 장막〉을 인쇄하다가 잡혔다. 이 작품은 마자랭과 왕의 어머니 안 도트리슈에 관한 이야기로 시작했는데, 그것은 1770년대에 나온 것만큼 지독했다. "도시민이여, 더이상 의심하지 마시라. 그는 진짜로 왕의 어머니와 성교했다." 모를로는 인쇄공들의 반란 덕택에 목숨을 건졌다. 이들은 교수형 집행인의 손에서 모를로를 낚아챘던 것이다. 그러나 그 뒤부터 핵심적인 문제점이 생겼다. 중상비방문은 선동으로 나아가고, 프롱드 난의 첫 단계는 인쇄기를 급습하면서 끝났다.[6]

프롱드 난의 나중 단계에서, 서로 싸우는 파벌들은 칼만이 아니라 중상비방문을 동원해 싸웠다. 그래서 1661년 루이 14세가 군주정을 새건하기 시작했을 때, 그는 인쇄물을 통제하고 문화생활의 모든 측면을 자기 권위에 복종시키기 위해 엄격한 수단을 사용했다. 서적 판매와 검열제도, 그리고 치안제도를 다시 조직함으로써 절대주의의 새로운 품종이 생기는 데 이바지했고, 그렇게 해서 중상비방문 작가들을 지하세계로 또는 왕국의 밖으로 몰아냈다.

이들 중 다수가 네덜란드로 도망쳤다. 그곳에서 그들은 1685년 낭트 칙령의 철회에 뒤이어 망명의 길을 떠난 신교도들과 하나가 되었다. 종교적 갈등과 대외 전쟁을 겪으면서 1690년대 국외로 망명한 사람들이 생산한 정치적 비방문은 더욱 강도가 높아졌다. 그러나 옛 품종은 계속해서 가끔 왕국 안에 모습을 드러냈다. 1694년 11월, 루이가 베르사유에서 왕권 숭배 의식 위에 군림했을 때, 인쇄업자-서적상 하나가 파리에서 왕의 성생활을 불경하게 다루는 글을 생산한 죄로 교수형을 당했다.[7] 이렇게 18세기 초까지는 한 가지 장르가 세워졌다. 국가는 그것을 선동적이라고 낙인찍었다. 그리고 혁명 이전 시기의 은밀한 베스트셀러를 위한 길은 말끔히 정돈되었다.

그러나 우리가 별로 많지도 않고 여기저기 흩어져 있는 전공 논문을 바탕으로 이러한 역사를 재구축할 수 있는 한도 안에서, 이 역사는 종교개혁부터 프랑스혁명까지 광범위하게 퍼져 있는 중상비방 문학이 본질적으로 같은 것이라는 사실을 보여주는가? 사실 이 범주 안에는 다양한 변종이 있었다. 중상비방문은 벽보, 광고, 노래, 인쇄물, 소논문, 또는 책으로 나올 수 있었다. 피에르 드 레투알은 1589년 그가 모아놓은 수집품 속에 모든 종류를 조금씩 포함시켰다. 300여 가지 이상이 2절판 책 네 권으로 묶여 있다.[8] 그러나 이 작품들은 형식상으로는 차이가 나도 한 가지 공통점을 갖고 있었다. 모두 고도로 개인적인 성격을 지닌 작품이었다.

이러한 면에서 그것들은 르네상스 양식의 정치에 많은 빚을 지고 있었다. 르네상스 궁정의 정치는 개인들, 후원자와 피보호자, 내부자와 외부자, 음모와 계략combinazione에 관한 문제였다. 사람들은 훌륭하게 처신하기 위해 자기 명성을 지키는 법을 알아야 했다. 왜냐하면 이름이란 권력의 한 가지 형태였기 때문이다. 특히 군주들의 차원에서는 그렇다고 마키아벨리는 설명했다.

앞에서 말했듯이 군주는 미움을 사거나 멸시당할 일을 피해야 한다. 그리고 이같은 일에 성공할 때마다 그는 자기 역할을 다할 것이며, 다른 악덕의 위험을 겪지 않을 것이다…. 그가 변덕스럽고, 경박하고, 여성화되었고, 수줍고, 결단력이 부족해 보이면 사람들은 그를 천박하게 여긴다. 군주는 위험한 바위 앞에 선 것처럼 자신을 지켜야 하며, 따라서 자기 행동이 위엄 있고, 재치 있고, 장중하고, 꿋꿋하게 보일 수 있는 방법을 궁리해야 한다…. 자신을 이렇게 생각하도록 만드는 군주는 대단히 명성을 드높이고, 드높은 명성을 누리는 사람에 대해 음모를 꾸미기는 몹시 어렵기 때문에, 그가 능력이 있고 백성들의 존경을 받는다고 알려지는 한 쉽게 공격받지 않을 것이다.[9]

명성을 지키는 일은 단지 마키아벨리의 토스카나 지방만이 아니라 루이 13세의 프랑스에 이르기까지 르네상스 시대의 기본적인 치국책이 되었다. 리슐리외는 그것을 권력 개념의 중심에 놓았다. "군주는 명성을 통해 권력을 유지해야 한다…. 명성은 몹시 필요하기 때문에, 아무런 존경도 받지 못한 채 군대를 갖고 있는 군주보다 좋은 평판을 누리는 군주는 이름만 가지고도 더 많은 일을 할 수 있다."[10]

근대 초 유럽의 권력은 대체로 총구에서 나오지 않았다. 군대는 대개 용병과 친위대의 몇 개 부대에 지나지 않았고, 치안 유지력은 한줌의 경찰대에 지나지 않았다. 군주는 백성에게 권위를 받아들이게 하기 위하여 그것을 행동—대관식, 장례식, 입성식, 행렬, 축제, 불꽃놀이, 공개처형, 환자 만져주기(연주창 또는 '왕의 불행'을 고치는 일)—으로 보여주었다.

그러나 권력의 연극적인 형식은 쉽게 모욕당할 수 있었다. 치밀한 목적을 가지고 대든다면 명성에 구멍을 내고 연극 전체를 망쳐놓을 수 있었다. 르네상스 궁정에서 살아남으려면 상대방의 말을 잘 받아치고 대꾸도 잘해야 했다. 이 같은 정치의 변종은 군주와 귀족에게 국한되었지만, 백성 앞에서 공연되었다. 그래서 연극이 산산이 부서질 때 배우들은 청중에게 호소할 수 있었다. 평민이 간섭할 수 있었으며, 거리에서 가장 유명한 사람이 우세해질 수 있었다.[11]

피렌체와 마찬가지로 파리에서도 정치는 종종 거리의 싸움 수준으로 타락하는 경우가 있었다. 그러나 대부분의 폭력은 입말의 수준이었다. 1588년 5월 12일과 1648년 8월 26~28일 '방책선을 구축한 날의 사건'은 중상비방문의 홍수를 불러왔다—실제로 정신들의 당파들만 목표로 삼지 않을 만큼 대단히 많이 나왔다. 그것들은 퐁뇌프, 팔레 드 쥐스티스, 팔레 루아얄, 케 데 조귀스탱, 말하자면 인쇄물과 입말의 의사소통 체계에서 신경계의 중심에 모인 온갖 계층의 대중에게 호소했다.

중상비방문의 속된 표적은 문체 속에서 분명히 드러나지 않았다. 그것들은 속되고, 외설스럽고, 거칠고, 단순했다. 그것들은 우스운 대화, 음탕한 농담, 광고에 인쇄한 가요, 심하게 나무라는 연설, 꿈과 유령과 잔인한 일상사faits divers에 관한 양식화된 이야기처럼 대중적인 범주를 끌어들였다. 어떤 중상비방문은 거리에서 오가는 선동적인 이야기(공공연한 소문, 악담)의 말투를 본받았다. 또 어떤 것은 의례적인 모욕과 대중적인 풍자문 (파스키나드 pasquinade: 이 말은 로마의 파스키노 상처럼 공공장소에 전시된 욕설에 가까운 시에서 나왔다)의 수사학을 사용했다.

다수는 청색 문고*(민중문학)에 속한 연감이나 싸구려 책처럼 푸른색 껍데기에 실로 꿰맨 인쇄물이었다. 다수는 한 면 인쇄물—'오카지오넬'(occasionnel: 비정기 신문), '카나르'(cannard: 저질 신문), '푀유 볼랑트'(feuille volante: 한 쪽짜리 신문)—처럼 읽혔다. 이러한 인쇄물은 프랑스 최초의 신문 《가제트 드 프랑스》가 발간되는 1631년까지 1세기 동안 독자들에게 모든 종류의 소식을 전해주었으며, 그 뒤로 2세기 동안 가장 비천한 사람들에게 옳건 그르건 계속 정보를 공급했다. 이처럼 인쇄물이 특이하게 폭발한 현상은 정치가 궁정에서만이 아니라 거리에서, 평민들 사이에서 일어나는 일이었음을 보여준다.[12]

그러나 우리는 귀족문화와 평민문화를 분명히 구별하지 못한다. 어떤 경우 분명히 구별되는 때가 있기는 해도 계속 경계가 모호했다. 가장 속된 소책자가 때로는 라틴어로 작성되었고, 생선가게 냄새가 나는 글 가운데 다수가 세련된 사람들을 즐겁게 해주려는 목적으로 일종의 문학적 빈민굴

---

* 일본에서는 'la Bibliothèque bleue'를 '靑表紙本'이라고 옮기는 예가 있는데, 한국어 번역자들 가운데 일부가 아무 생각 없이 '청표지본'이라고 옮겨놓고 있다. 나는 이 번역어가 일부만 옳다고 생각한다. '청표지본'을 한 번도 보지 못한 사람이 사전을 보고 옮긴 말이기 때문이다. '청표지본' 가운데에는 반드시 청색 표지의 책자만 들어 있는 게 아니다. 따라서 'Bibliothèque'의 뜻을 제대로 살리면서 올바른 번역어를 찾을 필요가 있다.

노릇을 했다. 학자들이 청색 문고 같은 '민중'의 문학을 연구하면 할수록, '민중문화'의 개념에 대해 점점 더 자신을 잃는다.

16세기 문학의 최고 천재 라블레보다 더 민중과 엘리트의 융합을 잘 보여줄 사람이 어디 있는가? 음탕하지만 심오하며, 널리 있지만 희귀하다. 라블레는 주인공 가르강튀아를 싸구려 책에서 낚아채고, 거리장터의 장사치 말로 소개했다. 중상비방 문학은 라블레풍의 힘으로 고동쳤지만 특별한 대중만을 위한 것은 아니었다. 그것은 권력투쟁이 궁정 밖으로 터져나와 거리로 쏟아지면서 길 위에 있는 모든 사람을 쓸어가는 세계에 속했다.[13]

폭발력은 마키아벨리가 미처 계산에 넣지 못했던 마지막 요소로부터 나왔다. 그것은 종교였다. 1559년 앙리 2세가 죽을 때부터 프롱드가 실패하고 1661년 루이 14세가 친정을 시작할 때까지 1세기 동안, 프랑스에서는 주로 신교도와 가톨릭교도 사이의 투쟁 때문에 간헐적으로 내전을 겪었다. 신교도는 프롱드 난에 가담하지 않았지만, 1680년대에 루이는 그들을 왕국 밖으로 몰아냈다. 그래서 그의 치세 말 그에 대한 가장 격렬한 중상비방문은 네덜란드에서 나왔다. 그곳에서 피난자들은 영국의 절대주의 반대자들—존 로크 같은 사람—과 뒤섞였다. 얀센주의자와 예수회의 투쟁은 이념적 갈등에 또다른 차원을 덧붙여주었다. 그리고 모든 갈등은 왕조와 국가들 사이의 경쟁에 의해 국제적인 규모로 합성되었다—발루아, 부르봉, 합스부르크, 튜더, 스튜어트, 오랑주, 호엔촐레른, 하노버 가문들이 지휘하는 군대는 석궁과 갑옷을 사용하던 때에도 큰 해를 입힐 수 있었다.

이처럼 다중적인 차원의 갈등을 겪은 긴 세월 속에서 언어 폭력은 어떤 자리를 차지했던가? 우리는 악담과 공공연한 소문이 얼마만큼 영향을 끼쳤는지 가늠할 수 없지만, 16세기 후반부터 18세기 초까지 중상비방문이 그 어느 때보다 폭발적으로 나왔음을 알 수 있다. 이것을 1588~1594년,

1614~1617년, 1648~1652년, 1688~1697년의 두드러진 4개 시기로 나누어 살필 수 있다.[14]

첫 번째 폭발은 종교전쟁의 혼란스러운 시기에 있었다. 그때 모든 사건은 매우 줄기차게 일어났기 때문에 인쇄기가 좀처럼 사건을 뒤따라갈 수 없었다. '오카지오넬'은 1589년 한 해 동안 파리에서 하루 하나꼴로 쏟아졌다. 이것은 1585년과 1594년에 모두 합쳐 여남은 번씩 나온 데 비하면 굉장한 생산량이다. 위기로 말미암아 암살·습격·영웅·악당 같은 훌륭한 기삿거리가 많이 생겼다. 파리 당국은 소책자 작가들이 앙리 드 발루아(앙리 3세)와 가끔 그와 동맹관계를 유지하는 앙리 드 나바르(미래의 앙리 4세) 같은 적에게 포화를 집중시키는 한 그들의 고삐를 완전히 풀어주었다.

분명히 왕은 좋은 과녁이었다. '변덕스럽고, 경박하고, 여성화되었고, 수줍고, 결단력이 부족'해서는 안 된다는 마키아벨리의 법칙과 반대되는 모든 것이 그의 명성에 따라다녔다. 중상비방문 작가들은 그를 겁쟁이, 위선자, 거짓말쟁이, 폭군, 그리고 가장 나쁜 욕으로 신교도라고 부르면서, 자기네 무기고에서 온갖 모욕적인 언사를 가져다가 그를 때렸다. 그들은 왕의 전기 작가들을 매혹시켰던 행위, 왕이 '귀염둥이'*와 벌이는 이른바 질탕한 연회를 중시하지 않았다. 왜냐하면 그들은 주로 종교에 관심을 기울였기 때문이다.[15]

종교는 1580년대 정치의 기본이 되는 상용어를 제공했다. 그래서 중상비방문 작가들은 앙리 3세를 욕할 때 그가 비밀 위그노**, 마법사, 악마의 동반자인 것처럼 말했다. 방책선의 다른 쪽에서는 신교도들이 같은 방식으로 대답했다. 신성동맹이 반종교개혁, 에스파냐, 교황의 악마 군단에게

---

*　고대부터 남성의 동성애 상대를 일컫는 말이다.

**　프랑스의 칼뱅파 신교도. 이것은 왕의 자격을 곧바로 공격하는 말이었다. 왜냐하면 프랑스의 왕은 반드시 가톨릭교도여야 했기 때문이다.

프랑스를 팔아먹었다고 비난했다. 양편은 하늘의 여러 표시와 땅의 기적을 떠들썩하게 자세히 다루면서 자기네 주장을 미화했다. 그들도 역시 '카나르'가 거의 100년 동안 보여주었던 선정주의 정신으로 사건을 보도했다. 사실 중상비방문은 종종 '카나르'를 닮았다. 그것은 보통 조잡한 한 면 인쇄물, 반 장짜리나 한 장짜리 소책자(가장 흔한 판본으로서 8쪽이나 16쪽 분량)였다. 모양·문체·내용상 그것은 18세기의 베스트셀러보다 옛날식 '오카지오넬'과 공통점이 많았다.

1614~1617년 대군들이 반란을 일으킨 기간에 왕국을 휩쓴 중상비방문의 두 번째 큰 물결도 이와 비슷했다. 이빈에도 대귀족과 왕의 보호를 받는 사람들, 한마디로 '거물급' 사이의 권력투쟁은 궁정 안에 한정될 수 없었고, 당사자들은 양쪽 모두 무기를 들고 서로 인쇄물로 비방하면서 대중의 지지를 호소했다. 그러나 이번에는 종교적인 주제가 비교적 조용해졌고, 아무도 왕의 권위에 도전하지 않았다. 왕이 별로 가진 것이 없었다는 데서 한 가지 이유를 찾을 수 있다.

위기가 발생했을 때 루이 13세는 겨우 열두 살이었다. 그래서 서로 싸우는 당파는 왕을 공격하기보다는 국무회의를 통제하고 그의 이름으로 통치하면서 권력을 잡으려고 노력했다. 대비 마리 드 메디시스는 섭정의 자격으로서, 그리고 자신이 좋아하는 당크르 원수 콩시노 콩시니 같은 총신을 통해서 국무회의를 지배했다. 대비에게 가장 큰 반대자인 콩데 공은 먼저 1614년의 전국신분회를 조정해서, 그다음으로는 비밀음모로써, 끝으로는 공공연한 반란을 일으켜서 대비의 자리를 빼앗으려고 노력했다. 1617년 콩시니가 살해되고 마리 드 메디시스가 유폐되면서 위기는 최고조에 달했으며, 소책자도 가장 많이 생산되었다(1589년의 생산량보다 100여 편이 많은 450편이 새로 나왔다).

가끔씩 반란이 일어나고 바로크풍의 음모가 20년 이상 계속되었지만,

1630년경 리슐리외가 질서를 회복했다. 그와 그의 후계자 마자랭 추기경은 권력을 확실히 잡아 루이 14세의 절대주의에 기초를 놓는 방향으로 강화했다. 그러나 루이는 1643년 겨우 네 살짜리 어린아이로 왕위에 올랐다. 그래서 프랑스에는 또다른 섭정과 또다른 반란, 프롱드 난이 일어났다. 그것은 절대주의가 마침내 100년 이상 왕국을 갈기갈기 찢었던 힘을 장악하려는 목적을 가진 정부 형태로 떠오를 때까지 계속되었다.

1614~1617년의 위기는 주로 '외부자'에 대한 '내부자'의 투쟁이었기 때문에 그때 나온 소책자는 귀족, 왕이 임명한 관리, 지방 정부와 동업자 조합의 지도자를 포함한 '정치적으로 중요한 대중'[16]의 지지를 받으려는 목적을 갖고 있었다. 그것들은 1580년대의 소책자보다 덜 과격했다. 아마 그것들은 보통사람들에게 별로 반향을 불러일으키지 못했을 것이다.

그러나 그것들도 사건에 맞추어 나온 것이었고, 행동의 수사법을 마련해주면서 사건을 형성하는 데 도움을 주었다. 그것들은 전략적인 공격과 받아치기를 하는 가운데 정보를 제공하고 해석하고 권유하고 비난했다. 그들의 공방은 행동의 흐름을 중간에서 자르고 들어갔으며, 지지자를 모으고 결정적인 지점에서 적들을 노출시켰다. 비록 그것들이 때때로 종교와 헌법에 관한 문제를 다루었다고 해도 여전히 절대왕정의 통치권에 관한 원칙은 현저히 존중해주고 있었다. 또한 그것들은 개인들을 집중 공격했다. 콩데는 매국노, 성급한 사람, 철저한 모사꾼이었다. 콩시니는 탕아, 악마, 방탕한 찬탈자였다. 마리 드 메디시스는 폭군, 오지랖 넓은 인간, 부패하고 따돌림을 받는 모험가들의 보호자였다. 언제나 그렇듯이 중상비방은 이렇게 인신공격의 형태로 나타났지만, 원한을 청산règlement de compte하는 범위를 크게 넘어서지 않았다.

프롱드 난이 일어난 1648년부터 1653년 사이에 발간된 5,000개나 되는 소책자의 큰 덩어리는 같은 종류의 개인적인 비난을 반복했다. 그 상황도 비슷했다. 왕은 어렸고, 대비 안 도트리슈는 자기 총신 마자랭을 통해 통치하려고 노력했다. 또다른 콩데(루이 2세, 부르봉 가문의 앙리 2세의 아들로서 마리 드 메디시스의 적대자)가 이끄는 거물급 귀족들은 권력을 나눠 가지려고 경쟁하는 상황이었다.

그러나 이번 경우 위기는 더 깊어졌다. 1649년 1월 반란자들은 마자랭, 대비, 어린 루이 14세를 파리에서 쫓아낸 뒤 도시를 장악했다. 그들은 3월 말까지 봉쇄를 견뎌냈다. 그동안 출판의 자유를 실질적으로 허용했다—여기서 자유란 마자랭, 그리고 그와 연결된 사람 모두를 욕하는 자유였다. 소책자는 1649년 처음 석 달 동안 하루 10개씩 쏟아졌다. 신성동맹의 한면 인쇄물처럼 그것들은 대중적인 공감을 불러일으켰으며, 논평과 희화화를 절제하지 않은 채 사건과 가까이 머물러 있었다.

소책자에서 쓰는 말투는 8월 왕이 파리로 돌아온 뒤에 변하기 시작했다. 이것은 1차 프롱드 난 또는 고등법원의 프롱드 난이 끝났다는 신호라고 할 수 있다. 음모와 공격은 1653년까지 다량의 논쟁 자료를 제공했다. 그러나 소책자는 더 길고 더 생각이 깊어졌다. 그것들은 거리의 반응보다는 '거물급'의 회의에서 고안된 행동강령을 표현했다. 그렇지만 그것들 가운데 다수는 계속해서 개인들을 힘차고 격렬하게 욕했다. 프롱드 난 시기에 나온 소책자들은 폴 스카롱이 1651년의 '라 마자리나드La Mazarinade'*라고 부른 범주로 축소화한 중상비방문으로 알려졌다.

똑같은 이름으로 불렸어도 주제와 형식은 아주 다양했다. 1580년대와 1590년대의 논쟁적인 문학처럼, '마자리나드'는 노래와 벽보부터 장황한 정치논문까지 모든 것을 포함했다. 어떤 것은 아무런 정치적 제안 없이 단

---

* 이것은 스카롱의 저작이다(원주 17 참조). 주로 마자랭을 공격한 것이기 때문에 이 같은 이름을 붙였다.

지 즐거움을 주려는 목적만 갖고 있었다. 몇 가지는 심지어 프롱드파와 함께 마자랭을 지지하기도 했다. 그것들이 그 앞에 나온 '오카지오넬'과 달리 새로운 점이 있다면, 그것은 주로 스카롱이 대중적으로 만든 익살스러운 시의 하위범주였다. 그것은 의례적인 모욕의 전통과 풍자문을 끌어들였고, 그것은 분명히 아랫배를 때렸다. '라 마자리나드'에 따르면 마자랭은 다음과 같이 규정되었다.

Bougre bougrant, bougre bougré,	비역질하는 남색가,
	비역질당하는 남색가,
Et bougre au suprême degré,	최고의 남색가,
Bougre au poil, et bougre à la plume,	아주 훌륭한 남색가,
Bougre en grand et petit volume,	다량이건 소량이건
	모두 하는 남색가,
Bougre sodomisant l'Etat,	국가를 비역질하는 남색가,
Et bougre du plus haut carat…	가장 순수한 남색가…[17]

프롱드 난의 모든 배우들은 각자 자기 몫의 욕을 얻어들었지만 대부분의 비방은 마자랭에게 떨어졌다. 그것은 마치 한 번도 겪지 못한 눈사태처럼 쏟아졌다. 중상비방문 작가들은 추기경이 비천한 출신이라는 상상에 근거를 두고 놀렸다. (사실 그는 이탈리아의 소귀족 가문 출신이며, 로마의 콜론나 가문의 궤도 안에서 자랐다. 그러나 어떤 사람들은 그가 성직자와 하녀의 사생아라고 말했다. 마치 120년 뒤 마담 뒤바리에게 똑같은 혈통을 부여했던 것과 같다.) 그들은 마자랭이 프랑스 재산을 아탈리아의 주머니, 에스파냐의 금고, 교황을 최고 권력자로 모시는 교회에 쏟아부었다고 비난했다. 그들은 그가 사치, 훌륭한 음식, 오페라, 그리고 여조카들을 사랑한다고 조롱했

다. 마자랭의 여조카들의 사생활도 낱낱이 밝혀졌다. 그들은 그의 성생활, 특히 대비 안 도트리슈와 관계를 맺었다고 자세히 설명했다. 또한 그들은 마자랭을 관직에서 몰아내고, 동물처럼 사냥하고, 총으로 쏴서 쓰러뜨린 뒤 갈기갈기 찢거나 수레바퀴에 눕혀놓고 때려죽여야 한다고 결론을 냈다. 이러한 공격은 그에 앞서 나온 글의 여기저기에 널리 뿌려놓았던 모욕보다 더 멀리 나아갔다. 그것은 중상비방문을 작은 전기의 범주로 만들었다. 그러나 그것들은 루이 14세에 대한 공격, 그리고 루이 15세 치세에 성행하던 정교한 '사생활'에 비해서 제대로 발전하지 못한 것처럼 보인다('라마자리나드'는 단지 14쪽짜리 소책자였다).

이 같은 크기의 욕설로 앙시앵 레짐에 혁명적인 위협을 끼칠 수 있었던가? 전문가들은 그렇게 생각하지 않는다. '마자리나드'를 최근에 가장 깊이 있게 연구한 위베르 카리에는 거기에는 모든 종류의 급진적인 내용이 들어 있음을 밝힌다—단지 징세제도와 폭정에 대한 저항만이 아니라 군주정에 대한 공격도 들어 있었다는 것이다. 후기의 소책자 몇 편에서 그는 전체적인 봉기로 체제의 변화, 심지어 '민중민주주의'로 변화를 바라는 '진정한 혁명적' 요구를 찾아낸다.[18]

그러나 이 분야에서 또 한 사람의 권위 있는 연구자 크리스티앙 주오는 격렬한 수사법을 문자 그대로 받아들여서는 안 된다고 말한다. '마자리나드'를 쓰는 사람과 그것을 읽는 사람에게 그것의 의미는 내란의 마지막 단계에서 입지를 강화하기 위해 쓰는 복잡한 술수 속에 들어 있었다. 소책자는 왕에 대항해 들고 일어나게 하기 위해 민중을 뒤흔들려고 노력하지 않았다. 그것은 단순히 대안 전략, 가스통 도를레앙이 지휘하는 잠정내각을 더 좋아한다는 사실을 보여주기 위해 그 망령을 불러일으켰던 것이다. 오를레앙 공의 추종자들은 '제3자'로서 대군들과 궁정 사이에 끼어들고, '옛' 고등법원의 프롱드 투사들의 지지를 얻기를 바랐다.

소책자의 형식적인 수사법-교양 있는 라틴어 인용, 자연법에 대한 호소, 헌정사에 대한 강조-은 그러한 호소를 더 잘하기 위한 목적을 띠고 있었다. 소책자는 군주정을 뒤집어엎으려고 노력하기는커녕 그것을 손아귀에 넣을 방도를 찾았다. 가장 급진적으로 들리는 논문 〈자유로 향한 길잡이Le guide au chemin de la liberté〉는 이렇게 불충분한 결론을 내렸다. "우리는 왕정을 사랑하고 폭정을 미워한다"-이 같은 진술은 적어도 법원의 법관과 변호사 가운데 아무도 거스를 수 없는 말이었다.[19]

이처럼 똑같은 텍스트에 대해 해석이 분분할 때 담론 분석에서 많은 것을 얻을 수 있다. 카리에는 정밀하게 연구했지만, '마자리나드'를 읽으면서 1652년으로부터 시대착오적인 요소를 암암리에 받아들였다. 그가 보기에 언어는 자명한 것이다. 왕에 대한 공격은 혁명의 맛과 심지어 민주주의의 맛을 풍긴다. 주오는 텍스트를 전략적 경쟁을 위한 수단으로 취급한다. 그 것은 체스판과 같은 '대군들의 프롱드 난'에서 공격과 반격에 뒤따르는 지속적인 수사학적 일제 사격에 속한다.

1652년경 반란은 자발성을 잃어버렸다. 전문가들-오를레앙, 콩데, 레스 추기경, 마자랭 같은 '거물급'-이 이어받았다. 그들은 똑같은 주장을 공유했고 똑같은 제도 안에서 경쟁했다. 그들은 그 제도를 파괴하지 않고 지배하려고 다투었던 것이다. 결정적인 순간 그들은 '대중'의 지지에 호소하고, 심지어 '방책선을 구축한 날의 사건'처럼 민중의 개입을 의도하기도 했다. 하지만 그것은 내부자들의 시합에서 전략적으로 수를 두는 것이었다-진실로 고전적 공화주의가 아니라 마키아벨리풍의 계략의 순간이었다.[20]

1685년, 소책자 발간의 다음 시기에 경기 양상은 아주 다르게 보였다. 루이 14세는 귀족을 길들였고, 고등법원을 위협했으며, 출판물을 통제했다. 출판물은 근대적인 형태로서 신문의 양상을 띠기 시작했다. 사실 그 체제를 나쁘게 보이게 만들었던 것은 절대로 검열을 통과할 수 없었고, 우리가 오늘날 알고 있는 것 같은 정치적 새 소식에 비교할 만한 것은 결코 가장 중요한 정기간행물—《가제트 드 프랑스》《메르퀴르》《주르날 데 사방》(학계 소식)—에 나타나지 못했다. 그러나 생생한 프랑스어 신문이 저지대 지방과 라인란트 지방에서 성장했고, 수기신문업자들은 입말과 수기신문을 통해 파리에 험담을 공급했다.

유행이 지난 '오카지오넬'과 '카나르'가 계속해서 모든 종류의 독자에게 흥을 돋워주는 동안, 라 레니*가 확실히 장악하고 재조직한 파리 경찰의 엄격한 태도에도 불구하고 비밀 간행물은 소책자 문학으로 바뀌었다. 독서 대중도, 특히 노시에서 늘었다. 궁정은 베르사유로 물러나 앉았지만, 파리에는 비록 정치가 왕의 업무라는 사실을 알면서도 그것에 관한 정보를 얻고 싶어하는 확실한 부르주아만이 아니라 보통사람, 장인, 소매상인이 잔뜩 있었다.

왕은 사실상 그의 업무를 스스로 지켜나갔지만, 그는 대중을 만족시키고 조종할 필요가 있음을 이해했다. 왕의 입성식, 축제, 연극, 미술, 건축, 그리고 왕립 아카데미에서 추구하던 과학조차도 대중의 눈앞에서 계속 왕을 예찬하는 일을 맡고 있었다. 리슐리외는 국가가 문화를 통제하는 첫걸음을 내디뎠을 뿐이다. 루이는 그것을 궁극적인 형태의 절대주의를 지지하는 것으로 바꿔놓았다.[21]

이것은 좀처럼 중상비방문이 번성할 수 있는 분위기가 아니었다. 1661년부터 1715년까지 루이의 개인적인 치세에 나온 소책자는 모두 1,500가지 정도—1649년 단 한 해에 나온 '마자리나드'의 수보다 적다—였다. 그것이 얼마나 나왔는지 범위를 측정하기란 어렵다. 그러나 네덜란드와 스위스의 수집품을 바탕으로 판단해볼 때, 한 해에 20~40가지꼴로 나

---

* 라 레니G.-N. de La Reynie는 초대 파리 치안총감(1667년 창설된 직책)이었다.

왔으며, 특히 1688년부터 1697년까지 17세기의 마지막 몇 년의 중요한 시기에 번성했다.[22]

소책자 문학에서 중상비방문이 차지하는 비중을 측정할 수는 없다. 통계는 몹시 불확실하고, 소책자와 중상비방문의 개념은 아주 모호하기 때문이다. 그러나 루이 14세와 대신들을 비방하는 일은 마자랭, 안 도트리슈, 마리 드 메디시스, 콩시니, 앙리 3세 같은 사람들에게 진흙을 던지던 것에 비하면 하찮아 보인다. 1678년부터 1701년까지 파리 세관에 적발된 불법 서적 가운데 단 2퍼센트만이 왕의 사생활과 관련되어 있었다.[23]

루이 14세를 비방하는 글이 비교적 적었다는 사실은 국가가 프랑스의 인쇄물을 통제했다는 데서 비롯했다. 그보다 앞서 비방이 터져나올 수 있었던 것은 출판물이 실질적인 자유를 누리던 내란기였기 때문에 가능했다. 17세기 후반 그 대부분은 왕국의 바깥, 특히 네덜란드에서 왔다. 그곳은 1672년부터 프랑스에 대한 삶과 죽음의 투쟁에서 봉쇄되고 있었고, 1685년 낭트 칙령을 철회하기 전부터 위그노 난민이 피난처를 구한 곳이었다.

중상비방문은 자연스럽게 외교 문제와 종교적인 주제를 강조했다. 그것은 또한 영국에서 봉기가 있을 때 생산된 정치문학에서, 그리고 또 그보다 오래된 칼뱅파 문학, 예를 들어 프랑수아 오트만의 《프랑코−갈리아》(1573)와 《폭군에 대한 승리》(1579) 같은 것에서 끌어온 이론적 주장들을 혼합해서 담고 있었다. 하지만 그것은 대부분 파스켕과 모르포리오 같은 단골 인물과 나누는 대화 속에 들어 있는 풍자문을 포함하여, 파렴치한 소식지(lardon: 가시 돋친 말) 형식과 짧은 소책자에서 넘겨받은 구닥다리 모욕에 의존했다.

이 문학을 '마자리나드'와 초기 소책자와 구별할 수 있게 만드는 새로운 요소는 예상치 못한 곳에서 나왔다. 그것은 베르사유, 그리고 자유주의 사상의 정신 가운데 한 사람, 뷔시 백작인 로제 드 라뷔탱Roger de Rabutin, Comte de Bussy*의 날카로운 기지에서 나왔다. 뷔시 라뷔탱은 궁정의 험담을 단편소설novella로 바꿔놓았다. 이 같은 문학은 수서본 형태로 나돌았으며, 왕국에서 가장 거물급 귀부인들의 성적 모험을 이야기했다. 그러나 언제나 순수한 프랑스어를 사용해 어떠한 외설성이나 정치적 논평 또는 궁정 밖의 세계를 조금도 담지 않은 이야기를 들려주었다.

뷔시 라뷔탱에게는 불행하게도, 그의 비허구적 공상소설의 성공에서 영감을 얻은 모방자들이 생겨났다. 이들은 왕의 성생활에서 소재를 얻었다. 뷔시 라뷔탱의 적들은 그 결과를 그의 작품으로 추정했다. 그리고 후속물이 꼬리를 물고 네덜란드에서 발간되었으며, 성적 모험담을 루이 14세풍의 절대주의의 도덕적 성격만이 아니라 정치적 성격을 고발하는 수단으로 바꿨다. 험담에서 수서본으로, 수서본에서 인쇄물로, 성에서 정치로, 남을 욕하기는 전혀 새로운 문학 분야로 발전했다.

마침내 뷔시 라뷔탱은 바스티유에 갇혔고, 그 뒤 추방당했다. 그가 지은 얇고 작은 《골족의 사랑 이야기Histoire amoureuse des Gaules》는 다섯 권짜리 정치적—성적 서사시 《음란한 프랑스, 또는 루이 14세 궁정의 사랑 이야기 La France galante, ou histoires amoureuses de la cour de Louis XIV》로 확장되었다. 거기에서 가장 추잡한 단편소설 〈마담 드 맹트농의 사랑Les Amours de Mme de Maintenon〉은 왕의 애첩의 전기를 마치 악당소설풍의 모험담처럼 풀어놓았다. 마담 드 맹트농은 왕좌까지 도달하는 동안 시골의 얼간이 귀족들, 곱사등이 중상비방문 작가 스카롱, 그리고 마침내 왕의 고해신부 라 셰즈와 잠을 잤다. 라 셰즈 신부는 마담의 침대로 접근하기 위해 하인으로 위장했고,

---

* 뷔시 라뷔탱(Bussy-Rabutin, 1618~93)은 프랑스의 장군이자 작가였으며, 마담 드 세비네의 조카다. 그는 얼굴, 신체, 목소리, 성격을 차례로 묘사하면서 인물을 형상화해갔다

그 뒤 마담을 예수회의 하수인으로 삼아 왕국을 말아먹을 음모를 꾸몄다.

그러나 오늘날의 독자가 기대하는 것과는 달리 이야기는 궁중의 성생활을 훔쳐보기로 폭로하는 데 비해 정치에는 거의 관심을 보여주지 않는다. 루이 14세에 대한 공격 가운데 가장 급진적인 '마자리나드'가 권력 남용에 저항하는 수준까지 가는 것은 거의 없다. 그 의미는 시사 문제에 대한 논평보다는 새로운 범주를 만들었다는 데서 더 많이 찾을 수 있다. 그것은 중상비방문을 구식 소책자와 한 면 인쇄물의 저격 범위 밖으로 끌고 가, 완전히 정치적 전기라는 좀더 파괴적인 무기의 사정권 안으로 가져다놓았다. 18세기 초, 루이 15세와 군주정 그 자체의 정통성에 해를 입힐 정도로 많은 일을 하게 될 베스트셀러를 위해 이미 길은 깨끗이 정돈되어 있었다.[24]

이 연구는 품위 없고, 익숙지 않으며, 대단히 많은 영향을 끼친 문학의 역사를 좀처럼 충분히 다루지 못했다. 그러나 근본적인 질문에 대한 답변을 도와줄 만한 정보는 제공할 수 있다. 1770년대와 1780년대의 중상비방문은 그 전에 나온 종류와 어떻게 다른가?

첫 번째 떠오르는 특성은 그것의 크기다. 18세기 중상비방문은 앞서 나온 것보다 길고 복잡한 서술로서, 책 한 권 분량(《뒤바리 백작부인에 관한 일화》)에서 네 권 분량(《루이 15세의 사생활》), 또는 열 권 분량(《영국인 첩자》), 그리고 만일 **파렴치한 추문**도 범주에 포함시킨다면, 심지어 서른여섯 권 분량(《프랑스 문학 공화국의 역사를 기록하는 데 이용할 비밀 회고록》)까지 있다. 앞서 나온 것은 심지어 루이 14세에 관한 단편소설조차 1730년대에 여러 권으로 수집될 때까지는 거의 모두 소책자 형태로 돌아다녔다. 소책자는 적어도 프롱드 난 같은 위기 중에는 아마 여론에 강력한 영향을 미쳤을 것이다. 그러나 그것은 잠시 존재하다가 사라지는 경향을 보였다. 책 형태의 중상비방문은 소책자의 소재를 문학 범주에 합쳐놓아 몇 년을 두고 계속 구해볼 수 있게고 됐고, 가까운 옛날에 대해 세련된 논평을 할 수 있게 했다.

둘째, 책 형태의 중상비방문은 예전의 소책자 문학보다 더 널리 배포되었다. '마자리나드' 가운데에는 그르노블처럼 먼 도시의 책가게에서 구할 수 있는 것도 있었지만, 예전에 나온 것은 대부분 비밀 인쇄소에서 하룻밤이나 단 며칠이면 작은 판으로 발간되어 지역적인 규모 안에서만 유통된 것 같다.[25] 후기의 중상비방문은 왕국 전체의 광범위한 배포망을 통해 물건을 공급하는 방대한 산업에 속했다. 그것은 베스트셀러였으며, 출판업자 대여섯이 한꺼번에 달려들어, 매우 광범위한 수요를 충족시키기 위해 각자 1,000부 이상씩 찍어내는 상품이었다.

셋째, 루이 15세에 대한 공격은 루이 14세에 대한 공격보다 훨씬 멀리 나아갔다. 그것은 당대의 역사라는 전반적인 이야기 속에 왕의 성생활을 자리매겼기 때문이다. 《음란한 프랑스》는 루이 14세의 치세를 일련의 치정사건으로 축소시킨다. 《루이 15세의 사생활》은 60년의 정치를 다룬다. 《뒤바리 백작부인에 관한 일화》는 정부에서 일어나는 권력투쟁, 고등법원의 반대, 평민의 고통스러운 운명을 계속 언급한다. 이러한 면에서 '마자리나드'의 적극적인 정치논평을 유지했지만, 그것을 루이 14세 치하에서 발전한 소설풍의 이야기체 속에 합쳐서 규모를 확대해놓았다.

넷째, 후기의 중상비방문은 성에 관한 이야기일 때조차도 앞 시대의 것과 무척이나 달랐다. 《음란한 프랑스》에서, 왕은 음란하다. 그는 프랑수아 1세와 앙리 4세의 방식으로 궁전의 귀부인들을 통해 잘난 체하면서 음란한 행동과 권력을 뒤섞는다. 대부분 치세 말기에 나온 몇 가지 소책자를 제외하고는 그는 당당한 인물이며 강력한 왕국을 이끄는 남성다운 주인이다. 일반적으로 사람들은 예의바르게도 그를 '위대한 알캉드르'*와 결부시킨다. 그리하여 추문은 종종 불경한 내용이었지만, 종종 루이 14세에게 유리한 빛을 비추기도 한다. 어떤 경우 그것은 실제로 태양왕을 더욱 힘차게 예찬했을지 모른다.

루이 15세에 대한 중상비방문은 몹시 다른 모습으로 군주를 보여준다. 1770년경 그는 두 번에 걸쳐 세계전쟁에서 졌으며, 국사에 관한 모든 관심을 잃었다. 그는 오직 여자 생각만 했다. 하지만 그는 좀처럼 발기시킬 수 없기 때문에 평범한 창녀의 주술에 걸린다. 이 창녀는 논다니집에서 배운 속임수를 동원해 그와 왕국 전체를 지배한다. 뒤바리는 평범함, 낮은 출신성분과 저속함 때문에 루이 14세의 귀족 애첩과는 몹시 다른 주인공이 된다. 그는 왕을 자기 수준으로 끌어내려, 왕의 매력을 벗겨버리고, 군주정의 상징적인 힘을 흘려보낸다. 중상비방문 작가들이 주장하듯 뒤바리의 손에 잡힌 왕홀은 왕의 성기처럼 유약하게 보인다.

다섯째, 초기 중상비방문은 종종 폭정에 저항했다. 폭정은 고대부터 존재하는 개념이며 르네상스 시대에 부활했다. 그러나 후대의 중상비방문은 군주정이 전제정으로 타락했다고 비난했다. 이 개념은 17세기 말 새로운 범위의 강력한 의미를 얻기 시작했다.[26] 두 가지 술어는 모두 권력 남용의 관념을 담고 있지만, 폭정은 개인이 제멋대로 통치하는 정치를 뜻했다. 그러므로 그를 제거하면 문젯거리가 사라질 것이었다. 그와는 달리 전제주의는 정부의 전반적인 체제 속에 고루 퍼진 것이었다.

개인적 권력 남용에서 체제적 권력 남용으로 이동하는 것은 루이 14세 치세 말에 시작된 일이다. 폴 아자르가 '유럽의 의식의 위기'라고 특징을 설명했듯이, 이 시기는 1685년부터 1715년까지 국내외에서 여러 가지로 참사가 일어나던 때였다.[27] 루이 14세는 국내의 모든 반대를 제거하고 세금으로 백성의 피를 흘리게 만드는 동안 단순히 국외에서 비참한 전쟁을 치르는 데 그치지 않았다. 그는 리슐리외와 마자랭이 그만둔 행정의 중앙

---

* 　코르네유의 극에 나오는 마술사 이름.

집권화 작업을 지속하면서 왕국에 억압적인 관료제를 부여하기도 했다. 비극적인 결말을 지켜보았던 특권층 지성인들이 볼 때, 문제는 왕 자신은 물론이고 국가의 기구에도 있었다. 그리고 루이 15세 치세 초로 생각에 생각을 거듭 추구하던 몽테스키외가 볼 때, 문제는 독특한 종류의 국가로 향하고 있었다. 그것은 전제정으로서, 군주정이나 공화국과 구별되는 국가였다.

예전의 분류는 대체로 권력이 있는 장소에 따라 국가를 구별하던 아리스토텔레스의 방식을 따랐다. 한 사람의 정부(군주정), 다수의 정부(귀족정) 또는 모든 사람의 정부(민수정). 그러나 몽테스키외는 정치제도의 역사적 발전에 집중했고, 루이 14세풍의 프랑스는 《페르시아인의 편지》와 《법의 정신》에 나타난 것처럼 전제주의로 타락하는 과정의 군주정으로 보였다. 얀센주의자 논쟁, 고등법원과 왕 사이의 투쟁으로 이러한 견해가 강화되었다.

그래서 1771~1774년의 대위기—대법관 모푸가 왕의 권력에 저항하는 고등법원을 폐지하려는 시도—로 왕국이 흔들렸을 때 중상비방문 작가들은 사건을 이론적·역사적으로 설명하려 했다. 물론 그들은 정치이론을 쓰지 않았으며, 단순히 고등법원을 위한 선전물을 생산하지도 않았다. 오히려 그들은 17세기 선배들이 이용할 수 있던 것보다 더 큰 견해를 가지고 있었다. 루이 14세풍의 절대주의적 경험과 계몽주의의 정치사상에서 그들은 모푸 위기를 이해하는 데 필요한 요소를 뽑아냈다. 그들은 그 위기를 전제주의가 발전하는 마지막 단계로 보았던 것이다. 1771년부터 1789년까지 전제주의는 중상비방 문학의 주요 주제가 될 것이었다. 그것은 왕의 질탕한 연회와 봉인장에 관한 표준적이고 꺼칠꺼칠한 세부사항에 완벽히 들어맞는 주제였다.

이러한 종류의 문학은 혁명적이었던가? 한마디로, 아니다. 중상비방문

'갑옷 입은 신문장이'로 표현된 중상비방문 작가가 앙시앵 레짐의 모든 폐단을 향해 모든 방향으로 포탄을 쏘고 있다. 이 그림은 샤를 테브노 드 모랑의 작품 《갑옷 입은 신문장이, 또는 프랑스 궁정의 파렴치한 일화》의 권두화다. 이 작품은 1771년에 나온 전형적인 중상비방문이며, '바스티유의 100리 밖, 자유의 간판 아래서 인쇄'되었다. 프린스턴대학교 도서관 희귀본과 특별장서 보관실 소장

가운데 그 어떤 것도 프랑스인에게 군주정에 대항해 봉기하라거나 사회질서를 전복하라고 강요하지 않았다. 다수는 16세기에 나온 작은 주제를 되뇌었다. 그러한 주제는 19세기—예를 들어 빅토르 위고의 〈왕은 놀고 있다 Le Roi s'amuse〉, 그리고 리골레토의 아리아("Cortigiani, vil razza dannata": 타락하고, 지옥에나 갈 정신들이여)—까지 지속될 것이었다.

이 같은 주제들은 정치적인 민담을 구성했다. 그것은 생명이 매우 길었고, 아마도 일반인의 태도에 장기적으로 영향을 끼쳤을 것이다. 그것은 마치 물방울이 바위에 구멍을 뚫듯, 무절제한 왕과 사악한 대신들을 고발함으로써 백성의 눈에 군주정의 정통성을 보장해주던 신성함을 한 꺼풀 벗겨냈다. 비록 개인적인 일화는 집단기억에서 사라졌지만 일반적인 유형은 남았다.

그것은 서사의 틀을 형성했다. 그것은 상황이 발전함에 따라 그 상황에 덧씌울 수 있는 것이었다. 개별 텍스트의 의미는 시사 문제와 조율되는 반면 3세기 이상 다듬어놓은 텍스트 의미론metatext으로부터 나오기도 했다. 이리하여 루이 15세에 대한 중상비방문은 모푸와 고등법원 사이의 싸움에 속했고, 그와 동시에 가톨릭 동맹과 프롱드 난까지 거슬러 올라가 왕권에 도전하는 자세를 표현했다. 그것은 앙리 3세와 마자랭의 모습을 상기시켰고, 그렇게 하면서 루이 15세를 루이 카페처럼 보이게 만들었다.

중상비방문의 역사가 이처럼 오랫동안 지속했다고 해서, 똑같은 일이 한없이 거듭 일어났다고 이해해야 한다고 말해서는 안 된다. 중상비방문은 새로운 주제와 형식을 얻으면서 발전했다. 르네상스의 능숙한 욕에서 프롱드 난의 소책자, 성애에 관한 정치적 전기, 전제주의에 대한 추문을 들춰내는 저항에 이르기까지, 중상비방의 문학은 비록 혁명을 일으키라고 호소하지는 않았다 해도 체제를 구석구석 고발하는 데까지 나아갈 정도로 힘을 얻고 변화했다.

사실 아무도 프랑스혁명을 내다보지 못했고 아무도 1787년 이전 프랑스인에게 그것을 강요하지 못했다. 프랑스혁명의 이념적 기원은 새로운 체제를 예언하는 과정보다는 앙시앵 레짐의 정통성을 무너뜨리는 과정으로 이해해야 한다. 또한 중상비방의 문학보다 더 효과적으로 정통성을 무너뜨린 것은 없었다.

이것이 우리가 문학에 대한 사전 고찰을 통해 내릴 수 있는 최소한의 결론이다. 하지만 우리는 이러한 결론을 내놓을 때 망설이게 된다. 왜냐하면 그 주제를 더 깊이 연구해야 할 필요가 있을 뿐 아니라, 그것은 다른 차원의 문제를 안겨주기 때문이다. 독자는 불법 문학에 어떻게 반응했는가, 그리고 금서는 여론을 형성하는 데 어떻게 이바지했는가?

9장

독자의
반응

우리는 지금까지 독서의 역사를 간단히 살펴보았지만, 아직도 앙시 앵 레짐 시대의 독자가 책에 어떻게 반응했는지 별로 알지 못한다.[1] 우리 는 우리의 직감을 믿지 말아야 할 정도까지만 교훈을 얻었다. 왜냐하면 200년 전 프랑스 독자는 우리와 전혀 다른 정신세계에서 살고 있었기 때 문에, 그들이 텍스트에 어떻게 반응했든지 간에 그들의 경험에 우리의 경 험을 투영할 수 없기 때문이다.

그렇지만 나는 최소한의 주장을 할 수 있다고 생각한다. 독자가 아무리 다양하게 반응한다 해도 그것은 대체로 힘찬 반응이었을 것이다. 텔레비 전과 라디오가 인쇄된 말의 패권에 도전하지 못하던 시절, 책은 오늘날 우 리가 상상하기 힘들 만큼 강하게 정서를 불러일으키고 사상을 흔들어놓았 다. 리처드슨·루소·괴테는 단순히 독자의 눈물을 짜내는 데 그치지 않았 다. 그들은 생활을 바꿔놓았다. 《파멜라》와 《신 엘로이즈》는 연인·부부·

부모에게 영감을 주었고, 그들의 가장 친밀한 관계를 다시 생각하게 만들었으며, 훌륭한 자료가 남아 있는 몇 가지 경우에서 보듯이 행동양식을 바꿔놓았다. 《젊은 베르테르의 슬픔》을 읽은 괴테의 독자 가운데는 자살한 사람도 있었다. 비록 '베르테르 열병'이 당시의 일부 독일인이 생각하듯 자살의 물결을 일으키지는 않았지만.

초기 로맨틱 소설은 오늘날 참을 수 없을 정도로 감상적으로 보일지 모른다. 그러나 18세기 독자에게 그것은 저항할 수 없을 만큼의 진실성으로 그들의 가슴을 울렸으며 저자와 독자, 독자와 텍스트 사이에 새로운 관계를 만들어놓았다. 물론 앙시앵 레짐 시대에는 수많은 장르의 문학과 수많은 종류의 독자가 있었다. 그보다 앞선 시대의 부족한 식단과 비교해볼 때 18세기에 소비한 읽을거리는 무척이나 방대하게 보이기 때문에 '독서혁명'과 결부시키는 사람이 있을 정도였다. 이 주장에 따르면 독서의 경험은 18세기 중엽까지 기본적으로 '강도 높은' 것이었고 그 뒤로는 '광범위한' 것이었다. '강도 높은 독서'는 소수의 작품, 특히 성경 같은 책을 거듭해서, 통상적으로 무리를 지어 큰 소리로 읽는 관행에서 나왔다. 독자가 '광범위한' 독서를 시작했을 때, 특히 정기간행물과 가벼운 소설 같은 인쇄물을 광범위하게 두루 읽었으며, 한 번 읽은 것은 다시 읽지 않았다.

이러한 공식은 독일 학자들이 독일사의 독특한 과정을 설명하기 위해 발전시킨 것이다. 프랑스에서는 정치적 혁명이, 영국에서는 산업혁명이 일어났을 때 독일이 근대성을 향하는 길은 '시인과 철학자Dichter und Denker'의 나라에 독특한 문화영역을 열어주는 '독서혁명'의 길로 나아갔다. 이 명제는 우리를 헷갈리게 만들 정도로 단순하다. 그것은 라이프치히·함부르크·브레멘 같은 도시를 중심으로 개신교도들이 모여 사는 상업 지역의 경우를 제외하고는 입증하기 어려운 명제다. 그것을 독일과 유럽의 다른 지역에 적용할 수 있는 한, 사람들이 단 한두 권만 소유하고 거듭해서 읽던 옛 문화 유형과 좀더 풍족하고 식자층이 늘어나 이 책 저 책 잇달아 읽는 단계의 차이를 쓸모 있게 구별할 수 있었다.

그러나 이러한 구별은 '강도 높은' 독서와 '광범위한 독서' 사이에 차이보다는 대립이 더 많다는 사실을 보여주지 않았다. 그것은 옛 방식의 반복적인 독서가 강도 높은 것이라기보다는 종종 기계적이거나 의례적인 수준이었으며, 그에 비해 소설의 유행이 그보다 더하면 더하지 결코 그에 못지않게 강도 높은 경험을 낳았다는 사실을 무시했다. 수많은 독일인은 《젊은 베르테르의 슬픔》을 거듭거듭 읽었고(나폴레옹은 일곱 번 읽었다), 어떤 사람은 외우기까지 했다.[2]

사실 독자들은 정기간행물, 그리고 17세기에는 비교적 드물었던 그 밖의 여러 종류의 문학으로 점점 더 많이 눈길을 돌렸다. 독서 습관은 이제 더이상 성경을 가족에게 낭독해주는 가부장의 그림과 맞지 않게 되었다. 그러나 1779년 레티 드 라 브르통이 자기의 옛 감정을 환기시켰음에도 불구하고 그 그림은 결코 프랑스의 관행과 밀접하게 일치한 적이 없었다.[3] 사실 파리인은 1649년 프롱드파의 인쇄기가 하루 대여섯 가지 소책자를 찍어낼 때만 해도 1세기 뒤보다 '하루살이 문학ephemera'을 더 많이 읽었다. 새로운 독서 습관의 첫 증거는 1750년경의 개인 장서목록과 서적 특허등기부에서 찾을 수 있다. 여기서 우리는 종교서적이 쇠퇴하고, 그 대신 소설·역사·과학·여행기가 발달하고 있음을 볼 수 있다.[4]

그러나 대중의 차원에서 진실로 '강도 높은' 독서는 19세기 후반이 되어서야 비로소 지배적인 경향이 되었다. 이제 싼 종이와 증기의 힘을 이용한 인쇄기가 나오고 식자층이 늘어나 일반 대중 안에서도 새로운 대중문학의 종류가 다양하게 나타났던 것이다. 18세기까지만 해도 이와 비슷한 일은 일어나지 않았다. 인쇄기술, 서적판매업의 조직, 아동 교육은 100년 전에 비해 근본적으로 달라진 것이 없었다. 비록 취향이 바뀌고 독서 대중이 확장되었다 해도 독서의 경험은 바뀌지 않았다. 그것은 더욱 세속적이고 다양해졌지만 전에 못지않게 강도 높았다. 그리하여 독서혁명은 일어나지 않았다.[5]

역사가들은 지금까지 과거의 수많은 숨겨진 혁명을 발견하고 잊어버렸기 때문에, 프랑스 앙시앵 레짐의 금지된 문학에 대해 독자가 보여주었음 직한 반응을 설명하기 위해 '독서혁명'을 언급하는 경우를 제외하고는 그 것을 틀림없이 무시해버렸을지 모른다. 만일 독서가 혁명을 겪었고 독자가 텍스트를 별로 소중히 생각하지 않거나 의심하는 새로운 태도를 근본 적으로 채택했다년 아마노 그들은 **철학책**을 사소한 형태의 재미 정도로 가볍게 여겼을 것이다.[6]

이 논점은 가설적 결과를 평가하기 위해 가설적 원인을 동원하고 있다. 그러나 그것은 진지하게 받아들일 만한 가치가 있다. 왜냐하면 금서의 영향력에 대해 이의를 제기하기 위해 제기한 주장일 뿐이기 때문이다. 우리는 그것을 많이 검토할 수 없다. 왜냐하면 독자들의 반응, 특히 서적판매업의 은밀한 분야에서 그들의 반응에 관한 자료가 별로 없기 때문이다. 그러므로 앞으로 더 조사한다는 조건으로 단지 저자, 출판업자, 서적상, 서적 경찰들의 통신문에서 긁어모은 증거만을 조금 제시할 수 있을 뿐이다.

불행히도 서평은 별로 도움을 주지 못한다. 금서는 프랑스에서 유통된 정기간행물에서 논의할 수 없는 품목이었으며, 어떤 경우에도 일반적으로 서평은 발췌문을 발간하거나 같은 편의 작품을 끈질기게 천거하고 반대편의 작품을 공격하는 수준을 거의 넘지 못했기 때문이다. 그러나 파리의 지식인들은 외국의 군주들을 위해 써보내는 수기신문에서 물의를 빚는 작품에 대해 보고하는 경우가 가끔 있었다. 비록 이러한 사사로운 신문이 공식 간행물보다 더 편견에 차 있었다 할지라도—신문업자들이 자기 책과 친구의 책을 평하는 경우는 잦았다—, 파리의 문학 동아리 안에서 불법 문학을 수용하는 모습을 보여줄 만한 단서를 포함하기에 충분할 정도로 자유를 누리고 있었다.

가장 영향을 많이 끼치던 시사 회보라 할 수 있는 그림의 《문학통신》 (Correspondance littéraire: 그림이 1753년부터 디드로·레날 같은 사람들의 도움을 받으면서 쓰기 시작했고, 1770년대와 1780년대에는 마이스터가 뒤를 이었다)은 수많은 **철학책**을 논평했다. 하지만 《기독교의 실상》 같은 무신론 작품을 우호적으로 논평한 것을 어떤 증거로 삼아서는 안 된다. 그것은 돌바흐 일파가 같은 등급의 사람들 속에서 쓴 서평이었기 때문이다.[7] 그러나 루이 15세를 비방하는 작품을 논평하는 경우, 그것은 세련된 독자들이 비록 비방문의 무례함을 인정하지 않는다손 치더라도 그것을 진지하게 받아들인다고 지적하고 있다.

마이스터는 비록 《루이 15세의 사생활》이나 《뒤바리 백작부인에 관한 일화》의 저자를 밝혀내지는 못했지만 그 작품에 공감하지는 않았다. 전자는 마치 제복을 입은 종복이 쓴 작품 같고, 후자는 마치 시종의 작품 같다고 그는 말했다. 그럼에도 그들의 글은 본질적으로 진지하게 주목해야 마땅하다. 《사생활》은 사실과 허구를 분리하려고 노력함으로써 루이 15세 치세에 대해 공정하게 균형잡힌 평가를 내렸기 때문이다.[8] 그리고 《일화》는 비록 문체가 마음에 들지 않지만 공평성과 사실을 추구하는 측면에서 높은 점수를 받을 만했다. "(이 익명의 저자가 쓴) 역사는 절대로 그르지도 절대로 진실하지도 않다. 비록 그것은 진실을 부족하게 담고 있지만, 언제나 진실에 가까이 다가선다."[9] 마이스터는 《뒤바리 백작부인의 편지 진본》에 대해서는 더 고상한 의견을 제시했다. 이 작품은 분명히 전거가 의심스러운 편지를 모아놓은 것이다. '만들어낸 것이기 때문에 그만큼 더 진실한' 편지를 모은 이 작품은 루이 15세 치세의 정신을 파악했다.

이 편지를 지은 익명의 저자는 루이 15세 치세의 마지막에 일어난 음모를 시시콜콜하게 모두 알고 있는 것처럼 보일 뿐 아니라, 그가 보여주는 모든 인물의 성격과 마음의 변화를 훌륭하게 알고 있는 것처럼 보이기도 한다…. 그러나 이 특별한 작품을 읽은 독자가 맨 처음 생각할 수 있는 것은 마담 뒤바리가 총애를 받는 동안 그를 둘러싼 아찔한 사회적 소용돌이 속에서 그보다 더 존경할 만한 가치가 있는 사람은 아무도 없었다는 사실이다. 독자는 왕국의 가장 거물급 고관, 가장 강력한 인물들이 마담 뒤바리의 발치에 몸을 낮추고, 신임을 얻으려 애쓰고, 그에 비교할 수 없을 만큼 더 탐욕스럽게 구는 것을 본다. 그들은 사회 선제에 부질서를 부추기면서 거기에서 이익을 얻기를 바라며, 마담 뒤바리의 신임을 구하는 동시에 배반하며, 마땅히 받을 만한 모욕을 가장 잘 견디며, 뭇사람의 미움과 시샘이 불러일으키는 모든 멸시를 그를 대신하여 기꺼이 받아들인다.[10]

한마디로 뒤바리에 대한 민담적 견해와 루이 15세 궁정의 정치는 파리 지식인 계층에서 세련된 당대인들에게 설득력이 있었던 것처럼 보인다.

출판인들의 통신문 가운데 살아남은 편지는 대중이 볼테르·루소·레날·랭게·메르시에 같은 대여섯 명의 불법 서적 작가들에게 얼마나 빠졌는지 보여준다. 그러나 거기서는 독자의 반응에 관한 토론을 거의 찾을 수 없다. 뇌샤텔출판사의 문서 가운데 지극히 예외적인 편지가 남아 있다. 그것은 부업으로 몇 가지 책을 팔던 낭트의 상인 바르의 편지다. 바르는 자기가 사는 도시의 서적판매업에 대해 별로 좋은 애깃거리를 갖지 못했다. "상인들은 문학에 대해 거의 생각하지 못합니다."[11] 그러나 레날의 《두 개의 인도에서 유럽인의 식민활동과 무역에 관한 철학적이고 정치적인 역사》는 예외였다.

대중은 이 작품을 열광적으로 받아들였습니다. 작가는 천재, 진정한 지식, 성실한 마음을 가진 사람입니다. 그는 사물을 생생하게 묘사하고 있기 때문에, 그의 작품을 읽으면 마음이 활활 불타오르는 느낌이 들 것입니다. 그는 진실을 보지 못하도록 인류의 눈을 막던 치명적인 눈가리개를 상당히 많이 찢어버렸습니다.[12]

뇌샤텔출판사는 피에르 고드프루아에게서 비슷한 보고서를 받았다. 루앙의 장사꾼인 이 사람도 서적판매업에 손대고 있었다. 그도 역시 광신도였지만, 계몽주의의 합리적인 측면을 더 많이 믿는 사람이었다. 그는 뇌샤텔출판사에 《자연의 체계》를 여섯 권 보내달라고 요청했다. 그는 금지된 열매에 맛을 들인 친구들에게 책을 공급하려고 했던 것이다. 그의 동아리에 속한 사람은 모두 볼테르를 '존경'했다고 그는 썼다. 또한 그 자신은 특히 스위스 시골의 자유를 칭찬했다. 그는 그것을 프랑스의 노예정신과 비교했다. 그는 스위스 산악지방의 여행기를 읽는 동안 "그러한 자유가 주는 이익에 감동받았다"고 말하면서 이렇게 덧붙였다. "우리는 자유가 무엇인지에 대해 아무런 관념조차 없는 이 나라 국민에게 보여줄 수 있는 만큼 많은 보기를 보여줄 필요가 있다."[13]

전문 서적상들은 이러한 종류의 개인적인 논평을 쓰지 않았지만, 제1장에서 설명했듯이, 그들의 편지에서 **철학책**—리옹의 피에르 조제프 뒤플랭의 말대로 '우리 시대 사람들이 가장 좋아하는 철학 범주'—의 수요에 관한 증거를 많이 찾을 수 있다.[14] 그들은 가게에서 오가는 얘기 속에서 고객들이 특히 어떤 저자와 범주에 흥미를 보이는지 관찰했다. 예를 들어 벨포르의 밖에서 일하던 르 리에브르라는 서적행상인은 그 지방에 주둔한 군 장교들이 음탕하고 비종교적인 작품에 독특한 '호기심'을 보였다고 기록했다.[15] 말레르브는 루됭 사람들이 반교권주의에 강한 흥미를 느끼고 있음을 알았다. "볼테르 선생의 신작을 찾는 사람이 대단히 많을 것임이 분명합니다…. 설교집은 별로 많이 팔리지 않습니다. 종교서적은 흔하며, 종교적 열기는 식었습니다."[16]

어느 곳에서건 서적상들은 정치적 중상비방문—랭스의 프티가 '비판적 작품'이라고 부른 것—, 또는 '매운 물건'(수아송의 바로키에), 또는 '시사 문제를 다룬 작품'(툴의 카레즈)을 강력히 원한다는 사실을 감지했다.[17] 그들은 언제나 똑같은 작품, 무엇보다도 《뒤바리 백작부인에 관한 일화》《뒤바리 백작부인의 진본 회고록》《프랑스 대법관 모푸가 프랑스 군주정의 헌법에 가져온 혁명의 역사적 일시》《모푸의 은밀하고 친밀한 편지》《루이 15세의 사생활》《루이 15세의 회고록》《루이 15세의 연중행사》《테레 신부의 회고록》《비밀 회고록》《영국인 첩자》를 언급했다. 그들의 편지는 이러한 책들에 확실한 흥미를 보여주지만, 애석하게도 그들의 고객들이 책을 어떻게 읽었는지에 대해서는 전혀 아무 말도 하지 않는다.[18]

물론 텍스트에는 그 저자와 출판인들이 기대한 독자의 반응에 관한 단서가 많이 포함되어 있다. 예를 들어 독자는 성적 흥분을 자극하기 위해 포르노그래피 책을 읽었다고 추정할 수 있다. 루소는 '한 손으로 읽는 책'에 대해 유명한 말을 남기지 않았던가?[19] 또한 《계몽사상가 테레즈》의 이야기에서 절정이라 할 부분의 제목은 '그림과 독서의 효과'가 아니던가? 이 부분에서 백작은 테레즈에게 《샤르트뢰 수도원의 문지기 동 부그르 이야기》《카르멜 수녀원 접수계 수녀의 연애 이야기》《귀부인들의 아카데미》와 그 밖의 포르노그래피 베스트셀러를 읽도록 권유함으로써 자위행위를 하도록 유도한다. 그러나 우리는 이러한 가정을 독자의 실제 경험에 비춰 어떻게 검증할 수 있겠는가?

정부의 서적출판행정청에서 주고받은 편지와 연락통신문 속에는 특히 정치 저술의 영향에 관해 알 수 있는 지표가 흩어져 있다. 1771년 6월, 캉

지사의 대리인은 노르망디에 금서가 넘쳐나고 있으며 독자가 그것을 진지하게 받아들인다고 당국에 경고했다. "이 나쁜 책을 읽으면 마침내 시민의 정신은 교란되어, 그들은 끊임없이 종속·복종·존경의 굴레를 벗어버리려고 노력하게 될 것입니다."[20]

발랑시엔에서 은퇴한 서적상 라바디는 경찰이 비록 여론의 물결을 되돌릴 수 있다고 기대할 수 없을지라도 강력한 조처를 취해야 한다고 충고했다. "오늘날 모든 사람은 철학적으로 생각하고 정부에 관한 일을 토론하고 싶어 한다. 모든 사람은 이러한 문제에 대해 이야기하고 가장 위험한 작품이라도 손에 넣으려고 몰려든다."[21] 그렇다고 해서 경찰 끄나풀들은 이러한 위험을 금세 일어날 것 같은 혁명과 결부시키지는 않았다. 그들은 '나쁜' 책에 열광하는 데서 불만만이 아니라 유행도 감지했다. 1766년 이름 모를 사람이 쓴 회고록은 이러한 경향을 보여주었다. 거기에서 그는 **철학책**의 확산을 막을 수 없을 것 같다고 경찰에게 경고했다.

여태껏 이처럼 금서를 많이 본 적은 없었다…. 아무도 나쁜 책에 몰두한다고 부끄러워하지 않는다. 그 대신 사람들은 그걸 읽으면서 자부심을 느낀다. 이 세상에 나온 책이 아주 많이 찾을 정도로 알려진다면 어찌 충분하지 않다 하겠는가? 건전한 독서에 하루 한 시간을 쪼갤 수 없는 사람은 나쁜 이야기나 하면서 온밤을 지새울 것이다.[22]

법률의 양편에 나뉘어 있던 전문직업인들은 금서가 다른 방식으로 읽는 다른 종류의 독자의 흥미를 끌었다는 사실을 깨달았다. 파리의 과부 뒤셴을 위해 일하면서 **철학책**을 팔러 다니던 기는 바스티유에서 쓴 쪽지에서 다양한 독자와 독서를 다음과 같이 묘사했다.

사람들은 금서가 아무리 비싸도 손에 넣으려고 관심을 쏟고 있다. 그렇다면 그들은 어떤 사람들인가? 정확히 말해서 그들은 혈통, 지위, 지식, 종교적 성향에 따라서 금서를 가장 먼저 고발해야 마땅한 사람들이다. 그러나 그와는 반대로 그들은 이러한 종류의 새 작품에 대해 귓속말로 속삭이는 소리를 듣기만 해도 그것을 구하러 뛰어다닌다. 정신廷臣은 즐기기 위해, 법관은 정보에서 멀어지지 않기 위해, 성직자는 반박하기 위해, 그리고 제3신분은 자신들이 희귀하고 얻기 어려운 것을 가졌노라고 말하기 위해 그것을 구하려고 한다. 한마디로 그것은 두각을 나타내고 유행을 따르는 일이다. 구두장이에게는 6리브르짜리 에퀴 한 닢 줄 여유도 없는 사람이라도 그 물결을 타면서 헤엄치기 위해서는 4루이(96리브르)도 아까워하지 않을 것이다.[23]

유행을 따르기 위해, 정보를 얻기 위해, 자극받거나 감동받기 위해—독자들은 이처럼 수많은 이유에서 불법 문학에 눈을 돌렸으며, 수많은 방식으로 반응을 보였다. 서적사업에서 똑같은 반응을 기대한 사람은 아무도 없었다. 그러나 모든 사람은 금서문학을 왕국의 최고위 관리들이 주목하고 경찰이 총력을 기울여야 할 정도로, 중요하고 심각한 문제로 취급했다.

물론 경찰의 문서에는 그들 나름의 경향이 나타나 있다. 서적판매업의 감독관들은 교회와 국가에 대한 위협을 발견함으로써 치안총감의 비위를 맞추고, 치안총감은 '거물급 인사들'에 대한 중상비방문을 적발하고 제거함으로써 베르사유에 있는 상관들에게 알랑거렸다. 우리가 혁명 전 가장 중요한 파리 치안총감 장 샤를 피에르 르누아르가 남긴 문서를 읽을 때에는 특별히 주의해야 한다. 그 문서는 1790년부터 1807년 사이, 그가 프랑스혁명을 피해서 도망쳤을 때 여러 번에 걸쳐 작성한 것이기 때문이다.

그는 혁명가들 앞에서 자기의 행정을 옹호하고자 했다. 혁명가들은 그가 권력을 남용했다는 죄를 물으려 했고 나라 밖으로 몰아냈기 때문이다.

그러나 르누아르는 앙시앵 레짐을 붕괴시킨 것이 무엇인지 이해하고 싶은 마음도 있었다. 그는 앙시앵 레짐의 내부 작업에 관해 많이 알았기 때문에, 그가 비록 완성하지는 못했지만 회고록의 초고로 마구 휘갈겨쓴 비평문에서 우리는 프랑스 정부의 최고위층이 금서를 대하는 태도와 정책에 관한 가치 있는 정보를 얻을 수 있다.[24]

르누아르에 따르면 루이 16세 치세 초기 베르사유에서는 중상비방문에 별로 관심을 보이지 않았다. 정부를 이끈 대신이자 노련한 궁정 음모가인 모르파 백작은 중상비방의 노래와 풍자시를 모았다. "모르파 선생은 자신을 공격하는 시를 개인적으로 모아 즐겁게 낭송했다. 그는 이런 것은 언제나 그랬듯이 앞으로도 항상 재미있을 것이라고 말했다. 별로 할 일이 없고, 상류사회의 사람들에게 깊은 인상을 심어주고 싶어하는 파리인들의 마음을 사로잡았기 때문이다."[25] 그러나 네케르·칼론·브리엔의 내각은 정책을 바꾸었다. 1780년경, 대신들은 작가들을 매수해 서로 물어뜯게 만들었다.

루이 15세의 치세 마지막 폭풍우가 몰아치던 시절, 원고 형태로 나돌던 중상비방문은 이제 인쇄물로 나타났다. 그것은 군주를 공격하고 있었다. 그리고 중상비방문은 루이 16세와 마리 앙투아네트에게 눈길을 돌려, 루이 16세를 고자로 추정하면서 놀리고 마리 앙투아네트가 성적으로 질탕한 판을 벌리고 논다고 한탄했다. 모르파 같은 사람도 이러한 종류의 비방을 웃어넘길 수 없었다. 그래서 그는 정책을 바꾸었고, 외국에서 중상비방문을 생산하는 관행을 뿌리 뽑기 위해 비밀 임무를 띤 조직을 운영했다. 외무대신 베르젠 백작은 런던에 있는 중상비방문 작가들을 납치하도록 비밀 요원을 파견했다. 경찰은 빈과 브뤼셀로 요원들을 보냈으며 파리의 서적상을 계속 급습했지만, 중상비방문은 억압하는 속도보다 빨리 나왔다. 그래서 "혁녕 식선, 법률은 반정부 중상비방문을 제대로 근절시키지 못했다."[26]

르누아르는 흙탕물 튀기는 행위 때문에 "국내 안정, 대중의 정신, 고분고분한 사람들의 정신을 크게 해쳤다"고 과거를 회상했다.[27] 정부가 나름의 선전수단을 통해 사태를 정확히 보도함으로써 차단하려고 노력했지만, 대중은 가장 거친 이야기를 믿었다. "파리인들은 정부의 명령이나 허가를 받아 인쇄되고 발간된 사실보다는 은밀히 떠돌아다니는 사악한 소문과 중상비방문을 더 많이 믿었다."[28] 1785년경, 르누아르는 파리에 마리 앙투아네트가 나타났을 때 군중을 매수하여 "왕비 만세!"를 외치도록 했다. 하지만 그가 무진장 노력했는데도 "모든 사람이 매수당했다는 사실을 알 수 있을 만큼 산발적인 박수만 터져나왔다."[29] 중상비방의 세월은 군주정에 대한 백성의 애정을 근본적으로 훼손시켰다.

우리는 외무부 문서와 바스티유 문서에서 르누아르의 말을 확인할 수 있다. 1783년 외무대신은 미국 독립전쟁을 끝마치는 파리조약의 협상을 진행시키면서, 그와 비슷한 시간을 런던의 중상비방문 작가들을 근절시키기 위해 노력하는 데 썼다. 비방은 비열하지만, 그것이 왕과 왕비를 공격하는 것이라서 무시할 수 없다고 외무대신은 런던에 있는 프랑스 외교관에게 썼다. "당신은 우리 시대가 얼마나 사악하며, 가장 터무니없는 이야기를 사람들이 얼마나 쉽게 수용하는지 잘 알고 계실 줄 압니다."[30] 대단히 비밀을 유지한 뒤 경찰은 중상비방문 작가 몇 명을 매수하고 일부는 프랑스로 유인하여 급히 바스티유 감옥에 집어넣었다.[31] 그러나 그 뒤 곧 다이아몬드 목걸이 사건—왕비와 로앙 추기경이 연루된 추문—이 앞서보다 더 파괴적인 소책자의 물결을 일으켰고, 수많은 프랑스인은 왕이 추기경 때문에 오쟁이졌다고 믿은 채 혁명을 맞이했다.

이 모든 자료의 어떤 곳에서도 우리는 책이 단순히 '영향력을 생산하도록 고안된 기계'이며, 독자는 단순히 어떤 종류의 내용도 받아들일 준비를 갖춘 '부드러운 밀초'와 같은 정신을 소유한 수용자에 지나지 않는다는 암시를 찾을 수 없다.[32] 18세기 프랑스인은 독자와 독서가 다양하리라고 기대할 수 있을 만큼 의사소통에 대해서 잘 이해하고 있었다. 그러나 그들은 철학책이 강력한 반응을 낳을 수 있고, 중상비방문이 국가의 안정을 뒤엎을 수 있다는 사실을 믿었다.

우리는 200년 전 남녀가 텍스트를 어떻게 이용했는지 알 수 있도록 그들의 정신에 다가서지 못한다. 우리는 단지 저자, 출판인, 서적상, 정부 관리, 가끔 자신의 반응을 기록한 독자들의 증언을 통해서 간접적으로 연구할 수 있을 뿐이다. 그러나 모든 증거는 한결같이 똑같은 결론을 향하고 있다. 독자는 금지된 문학을 심각하게 받아들였다. 실은 모든 증거가 그렇지 않다. 한 가지 예외가 있기 때문이다.

루이 세바스티앵 메르시에는 《파리의 모습》에서 중상비방문의 영향력을 최소화하는 것처럼 보인다.

중상비방문을 금지하면 할수록 사람들은 더 많이 갈망한다. 그러나 당신이 그것을 읽고 당신의 대담함을 별로 만족시켜주지 못한다는 사실을 깨달을 때, 그것을 구하려고 뛰어다녔다는 사실을 부끄러워할 것이다. 당신은 감히 이렇게 말하기 어렵다. "나는 그것을 읽었습니다." 그것은 문학의 하층민이 만들어낸 시시한 생각이다…. 나온 뒤 2주일이 지나도 여론의 비난을 받지 않고 파렴치한 상태로 남아 있는 중상비방문이 어디 있는가? … 지나친 중상비방문은 역겹고, 구역질나고, 자체적인 폭력성 때문에 망하게 마련이다. 그러나 만일 그것이 좀더 온건하다면 그것은 때때로 권력의 과도한 집중화를 막는 균형추 역할을 하기도 한다. 그것은 당국이 권력을 남용하는 만큼 예의범절의 한계를 넘어선다. 그러한 작품을 나오게 만든 사람은 종종 거만한 소인배 전제군주들이며, 대중은 양극 사이에 있는 진실을 알아차린다.[33]

이 구절은 실제로 대중이 중상비방문 작가들이 말하는 내용을 모두 믿지 않았음을 시사한다. 하지만 그렇다고 해서 독자들이 중상비방문을 진지하게 받아들이려 들지 않았다는 사실을 증명하지는 않는다. 오히려 그것은 반작용을 불러일으킬 수 있는 과장된 중상비방문, 그리고 대중을 정부 안에 있는 전제주의자들에게 대항할 수 있도록 만드는 권력 남용에 대한 좀더 온건한 공격을 구분하고 있다.

이 경우 메르시에가 묘사한 '대중'은 주로 자기와 같은 사람들—말하자면 식자층, 그리고 출판업계와 공적인 일이 벌어지는 세계에 속한 사람들—에게 적용하기 위한 개념처럼 보인다. 그는 풍자적인 벽보와 소책자를 논의하는 곳에서 이렇게 썼다. "상류사회 사람들도 그것들을 즐기지만, 거기에 소금을 조금 친다."[34] 그리하여 메르시에는 서적상과 경찰과 마찬가지로 세련된 독자와 보통 독자를 구별했다. 비록 그는 '대중'이란 제대로 구색을 갖추지도 못하고 서로 모순되는 사회적 특성을 가졌기 때문에 '정의할 수 없는 혼성물'이라는 시사적인 글을 썼지만, 그는 결코 일반 독자를 정의하지는 않았다.[35]

그럼에도 그는 대중이 존재했다고 주장했다. 그들은 유행의 밀물과 썰물을 타는 재판소의 형태로 존재하면서, 서로 충돌하는 의견들을 체로 치고 마침내 진실을 공표하는 사람들이다.[36] 메르시에는 진리는 드러나게 마련이라는 믿음에 따라 중상비방에 대한 견해를 갖추었다. 왜냐하면 그는 저급한 중상비방문에 담긴 '소수의 훌륭한 진리'라도 대신을 뒤흔들어놓을 수 있다고 주장했으며, 심지어 악명 높은 모푸의 내각은 베스트셀러 목록에서 가장 인기 있는 중상비방문 가운데 하나인 《모푸의 은밀하고 친밀한 편지》 때문에 몰락했다고 주장했다.[37]

그러나 메르시에의 《파리의 모습》이 시사적이기는 해도 마치 18세기 파리인의 정신을 들여다보는 창문처럼 문자 그대로 받아들일 수는 없다. 모든 텍스트와 마찬가지로 그것 또한 수사학적인 역류를 갖고 있기 때문에 반대 방향으로 흘러가기도 한다. 메르시에가 독서에 대해 언급하는 데서 온갖 모순이 가장 강하게 두드러지고 있다. 왜냐하면 그는 한편으로는 인쇄된 말을 역사의 최고 권력자로 기리는 동시에 다른 한편으로는 저널리즘, 엉터리 작가, 중상비방문의 잘못을 역설하고 있기 때문이다.

그는 어째서 문학 활동의 저급한 형태를 이처럼 싫어했을까? 근본적으로, 메르시에가 그들과 같아 보이기 싫었기 때문이라고 나는 믿는다. 그는 레티 드 라 브르톤과 몹시 비슷할 정도로 '시궁창의 루소'라는 명성을 얻었다. 이러한 이름은 레티 드 라 브르톤을 일컫기 위해 만들어낸 말이었다. 장 프랑수아 드 라 아르프의 문학통신문을 보면 메르시에는 실패한 극작가, 속된 편찬자, 레티의 막역한 친구로 나타난다.[38] 바쇼몽의 《비밀 회고록》을 보면 그는 《파리의 모습》의 분량을 늘리고 시장에서 그 대가를 최대한 뽑아내기 위해 그 책 속을 온갖 쓰레기로 채우는 엉터리 작가로 나타난다.[39] 또한 경찰의 서류에서 그는 다음과 같이 나타난다.

변호사, 그리고 맹렬하고 이상한 사람. 그는 법정에서 변론을 맡지도 않을뿐더러 법률 자문도 하지 않는다. 그는 변호사협회에 가입하지 못했지만 변호사 자격을 갖고 있다. 그는 네 권짜리 《파리의 모습》을 비롯해서 여러 작품을 썼다. 바스티유를 두려워하는 그는 이 나라를 떠났다가 돌아온 뒤, 경찰을 위해서 일하기를 바라고 있다.[40]

모든 비평은 한결같이 메르시에가 대담하게 정부와 사회질서를 비판하고 있다는 데 의견의 일치를 보인다. 《2440년》처럼 《파리의 모습》도 베스트셀러 철학책이 되었다. 하지만 그것도 중상비방문이었던가? 두 권짜리 초판에 대해 《쿠리에 드 뢰로프Cpurier de l'Europe》의 서평은 이렇게 단언했다. "이것은 중상비방문이 아니다. 그것은 용기 있고 민감한 시민의 작품이다." 이것은 칭찬처럼 들린다. 그러나 그것은 메르시에의 아픈 곳을 찔렀다.

다음 판의 제4권에서 메르시에는 《쿠리에 드 뢰로프》의 논평에 대해 길고 격렬한 내용을 바쳤다. 이것은 그가 언급한 유일한 서평이었다. "이 비평은 좀처럼 사면받을 만한 수준에 이르지 못한 글이다. 내 글을 읽은 당신은, 이 작품이 필시 그 추잡한 중상비방이라는 낱말과 연결되는 어떤 관념을 불러낼 수 있다고 생각하는가? 말해보라. 어째서 그런 낱말을 쓰는가? 그것은 나를 압박한다."[41] 메르시에는 중상비방문을 두렵게 생각했기 때문에 자기 작품이 중상비방문으로 분류될 수 있을지 모른다는 걱정을 표출했던 것이다. 그는 자신을 엉터리로 생각하는 사람이 있을지도 모른다고 두려워했으며, 그가 엉터리 작가의 글을 비난했던 것은 바로 이 같은 두려움의 표현처럼 보인다.[42]

실로 메르시에가 작가와 독자에 대해 발간했던 것은 모두 당대 문학의 실질적인 관행을 보여주기보다는 문학에 관한 담론을 지배하는 주제를 보여주고 있다. 계몽주의는 모든 곳에 퍼져 있고, 작가들은 비록 인정받지는 못했지만 실제로 이 세상의 입법가들이며, 인쇄기는 진보의 가장 강력한 기관이며, 여론은 전제주의를 쓸어버릴 힘이라는 주제, 그는 거의 모든 작품에서 집요하게 이 주제로 되돌아갔다. 다음과 같이 한 가지 보기만 가지고도 그의 말투를 충분히 보여줄 수 있다.

지난 30년 동안 우리의 사상은 위대하고 중대한 혁명을 겪었다. 여론은 이제 유럽의 지배적인 힘이 되었고, 그러한 사실을 부인할 수 없다. 지금까지의 발전과 앞으로 일어날 진보의 관점에서 우리는 계몽사상이 지상에 가장 위대한 선을 가져올 것이며, 모든 종류의 폭군은 침체된 유럽을 흔들어 깨우면서 도처에서 메아리치는 보편적인 외침 앞에 두려워할 날이 오기를 바랄 수 있다….
이처럼 작가들은 지금 공공연히 자기 힘을 선언하는 가운데 그들이 사람들의
정신에 행사하는 합법적인 권위를 더이상 감추려 들지 않을 정도로 영향을 끼
치고 있다.[43]

독서는 이 같은 동기의 덩어리 속에서 중심을 차지했다. 메르시에는 그
것의 작용을 묘사하기 위해 초기 로맨티시즘의 고정된 상투적 심상들을
이용한다. 그것은 중력이나 전기처럼 저항할 수 없고 눈으로 볼 수도 없는
도덕적 힘으로서, 천재가 낳고, 천재의 펜 끝에서 방출되며, 활자로 전달
되고, 독자의 정신에 찍혔다.[44] 메르시에가 《문학과 문학인에 관하여De la
Littérature et des littéraires》의 인쇄물에 관한 장을 《밤에 쓰는 모자Mon Bonnet de
nuit》에서 재탕하고 있는 내용은 다음과 같다.

그것[인쇄술]은 하늘이 내린 가장 아름다운 선물이다…. 그것은 곧 우주의 얼
굴을 바꿀 것이다. 인쇄소의 식자공 앞에 있는 작은 상자들에서 위대하고 너그
러운 사상이 나온다. 인간은 거기에 저항할 수 없다. 인간은 본의가 아니더라
도 그 사상을 받아들일 것이다. 그것의 효과를 이미 볼 수 있다. 인쇄술의 역사
는 비록 짧지만, 이미 모든 것이 완전한 상태로 나아가고 있다…. 칼을 뽑아든
2,000명이 수비하는 요새에서 호위병에 둘러싸여 있는 전제군주는 양심의 목
소리를 듣지 못할지 모른다. 그러나 그는 펜의 공격에 저항할 수 없다. 그는 권
위의 절정기에 펜의 공격을 받고 쓰러질 것이다…. 그러므로 이 세상의 폭군들
이여, 두려워할진저! 덕망 높은 작가들 앞에서 두려움에 떨어라![45]

메르시에는 이 그림을 망칠 정도로 품위 없는 것은 모두 허용하지 않았
다. 《2440년》의 이상향적 공상에서 그는 가치 없는 책을 모두 제거하고,

공공장소에는 작가들의 인물상으로 채우고, 읽기와 쓰기를 엄숙한 영적 훈련으로 만들었다. 그의 시론을 보면, 그는 종종 지나치게 세련되거나 사소한 문학에는 저항했다. 그것은 독서의 도덕적 목적을 뿌리 뽑는 것이었기 때문이다.[46]

그는 극작과 소설에 독서 장면을 집어넣어 줄거리를 이끌어나가는 데 중요한 전환점으로 활용했다. 예를 들어 종교적인 편협함을 누르고 사랑이 승리하는 감상적인 이야기를 다룬《제젠무르Jezennemours》는 예수회 신부가 스트라스부르 기숙학교에서 주인공의 영혼을 통제하고, 신학과 종교 서적을 상제로 읽히면서 주인공을 신부로 만들려고 노력하는 줄거리를 다룬다. 어느 날, 서적행상인은 거리에서 그에게 말을 건 뒤, 외투 밑의 철학 책을 보여준다. 호기심이 생긴 주인공은 볼테르 논문집 네 권을 산다. 책을 한 번 훑어보는 것만으로도 그의 회가 동할 만하다. 그는 제 방에서 책을 집어삼키느라 밤을 꼬박 새운다. 눈에서 콩깍지가 떨어진다. 그는 사제의 길을 포기하고 진정한 사랑, '아름다운 루터파 교도'인 쉬잔을 찾아 도망친다.

메르시에는 이야기를 하면서 모든 종류의 구체적인 사항을 활용해 금서를 소비하는 느낌을 불러일으킨다. 행상인의 외투가 금서를 감출 수 있을 만큼 품이 넓다는 점, 지하출판물의 종이가 싸구려고 인쇄도 조잡하다는 점, 악마 같은 볼테르라는 이름의 매력, 이런 작품은 피자처럼 잘 팔린다고 보증하는 행상인, 주머니칼로 첫 쪽을 잘라낼 때의 감흥*, 부피가 적은 책을 속옷이나 주머니에 넣고 다니는 짜릿함, 늦은 밤 희미한 호롱불이 탁탁 소리를 내다가 마침내 심지까지 타버릴 때가 되도록 글에 끝까지 몰입한 모습—이들을 묘사하는 일인칭 이야기는 두 개 장이나 계속되는 가

---

* 옛날 책은 가제본 상태라서, 독자가 겹친 부분을 칼로 잘라가면서 읽어야 했다.

운데, 금서의 저자가 나름대로 상상한 독서의 모습을 가장 풍부하게 보여준다.

책을 읽는 내 모습을 본 사람이 있다면, 목말라 죽어가는 사람이 신선하고 맑은 물을 벌컥벌컥 들이키는 모습을 떠올렸으리라…. 나는 대단히 주의해서 호롱불을 켜고, 굶주린 사람처럼 책을 읽기 시작했다. 쉽고 활발해서 술술 읽을 수 있는 유려한 문장에 빠져, 나는 어느새 한장 한장 넘기고 있었다. 어둠의 침묵 속에서 시계가 시간을 알리는 종을 쳤지만, 나는 아무 소리도 듣지 못했다. 내 호롱불의 기름이 다 타서 희미한 빛만 뿜고 있었다. 하지만 나는 계속 읽었다. 나는 즐거움을 끊기 싫어서 심지를 돋울 시간조차 낼 수 없었다. 내 머릿속으로 새로운 사상이 얼마나 빠르게 밀려 들어왔던지! 내 지력은 얼마나 그들을 수용했던지![47]

이 묘사는 극단적으로 보이기는 해도 실제로 수많은 18세기 독자의 경험과 일치한다.[48] 물론 그것은 일반 관행보다는 이상형을 나타낸다. 그러나 그것이 바로 중요한 점이다. 메르시에는 인쇄된 말과 불특정한 독자들의 축소된 힘에 관한 증거를 분명히 제시하기는커녕, 독서는 산을 움직일 수 있다—그리고 특히 책이 '철학적'일 때 전제군주도 제거할 수 있다—는 일반적인 신념을 분명히 보여주었던 것이다.

철학책은 어떻게 이처럼 예외적인 결과를 만들었을까? 메르시에조차 그 인과관계를 간단하게나마 설명하지 못한다. 그도 그 시대 사람들처럼 책이 여론의 형성 과정을 결정하고 여론이 사건의 모양을 결정짓는 간접적인 과정을 이리저리 생각했다. 그러나 그 개념도 이념적인 구축이다. 그것은 콩도르세의《인간 정신의 진보에 대한 역사적 묘사Esquisse d'un tableau historique des progrès de l'esprit humain》에서 가장 고상한 형태로 표현되었다. 우리는 지금까지 사람들이 자신들에게 일어났다고 생각한 것, 그리고 금서를 읽을 때 그들에게 일어나야 했던 것을 검토했다. 이제 우리는 마지막 문제를 남겨놓고 있다. **철학책**은 여론을 급진화하는 데 어떻게 이바지했는가?

10장
여론

여론은 독자의 반응보다 더 쉽게 단 몇 쪽 안에서 다룰 수 없는 주제다. 그러나 그것을 간단하게나마 논의한다면, 앞으로 해야 할 연구는 물론 최종 목표에 대한 답을 찾는 길을 깨끗이 정리하는 데 도움을 줄 수 있을지 모른다. 어쩌면 금서는 여론에 전혀 영향을 미치지 못했을지 모른다. 어쩌면 금서는 단순히 여론을 반영했을지 모른다.

이 명제는 파리의 평민들이 군주정을 대했던 태도의 자율적인 성격에 대한 두 종류의 주장에 바탕을 두고 있다. 첫 번째 주장을 보면, 왕의 '신성성'을 인정하지 않는 견해는 파리인의 일상생활에서 자발적으로 일어난 여러 가지 작은 변화 속에서 읽을 수 있다.[1] 두 번째 주장을 보면, 파리인은 1750년대, 아니, 아마 그전부터 왕에 대해 공공연히 적대감을 표시하기 시작했다.[2]

첫 번째 주장은 《파리의 모습》에서 일상생활에 관한 몇 가지 관찰로부터 나온다. 메르시에는 고물장수들이 왕과 왕비의 그림이 들어 있는 낡은 철제 간판을 팔았고, 파리인들은 루이 16세나 카테리나 2세의 그림이 들어 있는 간판을 아무렇지도 않게 사서 선술집과 담배가게 바깥에 걸었다. 그들은 음식가게에서 '가장 좋은 케이크' '가장 좋은 쇠고기'*를 망설이지 않고 샀다.[3] 당시 사람들은 이처럼 그림과 말을 되는 대로 쓰면서, 군주정에 신성한 성격을 부여하던 '상징과 정서를 회수'하여 '초월적인 의미'를 빼앗아버렸다고 로제 샤르티에는 주장한다.

참으로 그것은 **철학책**의 승리를 설명해준다. 왜냐하면 그러한 책들이 발간된 뒤보다는 그 전에 벌써 사람들의 태도가 탈신성화했기 때문이다.[4] 사실 연대기만 가지고는 이 해석을 제대로 뒷받침할 수 없다. 왜냐하면《파리의 모습》초판은 루이 15세에 대한 중상비방문이 처음 나온 훨씬 뒤인 1781년에 나왔기 때문이다. 그리고 메르시에가 파리의 가게들이 왕과 관련된 장비와 친숙하다는 사실에 주목하기 전 200년 동안이나 중상비방문 작가들은 군주들에게 흙탕물을 튀기고 있었다.

그보다 더 중요한 사실을 지적할 수 있다. 신성한 물건을 되는 대로, 그리고 심지어 불경하게 취급했다고 해서 탈신성화의 증거로 생각할 수 없다. 중세 사람들은 거의 신성시하는 물건을 가지고 친숙하게 이야기를 나누고, 의지하고, 자신을 정화했다. 그들이 그것을 대하던 친숙한 태도는 우리 눈에 신성모독처럼 보여도 실제로는 모든 것에 고루 넘치고 있는 그들의 믿음의 힘을 표현해주었다. 그리고 오늘날에도 영국의 선술집 밖에 걸린 왕의 표지나 '여왕 전하의 특별한 약정에 따라'라고 명시한 화장실 물

---

* 이 말은 'cakes à la royale, beef à la royale'을 옮긴 것이다. 'à la royale'은 '왕의 방식으로' '왕과 같이'로 새길 수 있는 말인데, 평민들은 이 말을 거리낌없이 쓰고 있었다. 한국에서 박정희·전두환 정권을 겪은 세대는 '대통령'을 입에 올릴 때 자신도 모르게 목소리가 작아지거나 주위를 경계한 경험이 있을 것이다. 그런데 200여 년 전 프랑스 절대왕정시대에 왕과 관련된 말이 일상생활의 영역에서 거리낌없이 나돌았음에 주목할 필요가 있다.

건의 상표는 군주정에 대한 불만을 나타내지 않는다. 오히려 그 반대다.[5]

두 번째 주장은 더욱 진지하다. 그것은 여론을 도식화하는 문제와 직결되기 때문에 조심스럽게 검토해야 한다. 프랑스 당국도 '대중'이 누구인지 정확하게 정의하지 못했다. 그러나 그들은 대중이 의견을 갖고 있음을 알았으며 그 의견을 진지하게 받아들였다. 파리 치안 당국은 카페, 선술집, 그 밖의 공공장소에서 일어나는 토론을 계속 추적하기 위해 정보망을 정교하게 발달시켰다. 이러한 **화제**propos—시사 문제에 대한 느슨한 이야기—에 관한 보고서를 보면 18세기 파리의 여론이 어떤 상태에 있었는지 대충 목록을 추릴 수 있다.

여기서, 1720년대 후반 카페에서 떠도는 이야기를 예로 살펴볼 수 있다. 이 이야기는 경찰 첩자의 보고서에 나온다. 1728년의 어느 시점에, 카페 드 푸아의 단골손님들은 당제르빌리에N.-P.-B. d'Angervilliers를 국방대신에 임명했다는 사실을 좀처럼 믿을 수 없었다. 왜냐하면 그의 맞수인 브르퇴이F.-V.-L. de Breteuil가 왕비의 보호를 받고 있었기 때문이다. 카페 루소에 있던 손님들은 이것이 새로운 파리 지사와 아마도 새로운 치안총감을 임명하는 일까지 나아가는 변화의 조짐이리라고 생각했다.

한편, 카페 드 랑클륌에서는 당제르빌리에의 거칠고 독재적인 태도를 비난하는 사람들과 그의 성격을 흠모하는 사람들 사이에 열띤 논쟁이 벌어졌다. 재무총감 필리베르 오리는 카페 드 라 레장스에서 단골손님들의 갈채를 받았다. 왜냐하면 그는 자코뱅 수도사들이 부르는 〈테 데움Te Deum〉 성가를 두고 벌인 말다툼에서 총괄징세 청부업자들(왕과 계약을 맺어 간접세를 징수하는 권리를 얻은 부유한 재정가들)에게 방금 창피를 주었기 때문이다. 카페 코통에서는 증권거래소에 대한 조작, 카페 드 라 뵈브 로랑에서는 빵값, 카페 드 푸앵슬레에서는 곡물 투기, 카페 드 바스테스트에서는 금 투기, 카페 뒤 퓌에서는 왕비의 임신, 카페 드 콩티에서는 스페인 왕에 대한 프랑스인들의 공감, 카페 그라도에서는 연극의 금지, 카페 프로코프에서는 플뢰리 추기경의 건강 악화, 카페 드 무아지에서는 얀센주의자의 소요에 대해서 이야기하고 있었다. 그 밖에도 비정치적인 사건─노상강도, 탈옥, 트루아의 화재, 달걀만 한 우박으로 포도원을 망친 샹파뉴의 폭풍─에 대한 이야기도 놀라울 정도로 자세하고 풍성했다. 보고서는 파리에 흩어져 있는 카페 50여 군데를 다뤘다.

다른 앞잡이들은 노동계급이 드나드는 선술집의 대화, 살롱의 **재담**, 공원의 일반적인 험담을 경찰 당국에 알려주었다. 치안총감은 이 넓은 정보 체계의 중심에 전략적으로 자리 잡고 있었기 때문에 도시에서 나도는 이야기를 아주 잘 알고 있었다. 그는 왕과 궁부maison du roi대신(사실상 내무대신)에게 매주 보고서를 올렸기 때문에 정부는 대중의 움직임을 확실히 꿰고 있었다. 정부에는 여론조사원이 없었지만, 여론의 움직임은 따라갈 수 있었다.[6]

일부 보고서는 대화 형식으로 썼기 때문에, 그것을 읽으면 260여 년 전의 정치 논의를 엿듣는 모습을 상상할 수 있다. 하지만 그러한 공상은 하지 말아야 한다. 왜냐하면 경찰의 첩자들은 속기술을 배운 비서가 아니었으며, 그들이 올린 보고서는 모든 역사 사료와 마찬가지로 텍스트일 뿐 과거를 투명하게 들여다볼 수 있는 창문이 아니었기 때문이다. 그럼에도 보고서는 대체로 파리인들이 루이 15세 치세 초에 왕에 대해서 어떻게 얘기했는지 충분히 파악할 수 있게 해준다. 여기서 한 가지 예를 살펴보기로 하자.

카페 드 푸아에서 어떤 사람이 이렇게 말했습니다. 왕은 애첩을 맞이했는데, 그 이름은 마담 공토이며, 아주 예쁜 이 여성은 노아유 공작과 툴루즈 백작부인의 조카딸입니다. 다른 사람이 말했습니다. "만일 그렇다면, 앞으로 큰 변화가 뒤따를 수 있겠는데요." 또 한 사람이 대답했습니다. "사실 소문이 퍼지고 있습니다. 하지만 나는 그 소문을 믿기 어렵다고 봅니다. 왜냐하면 플뢰리 추기경이 혐의를 받고 있으니까요. 나는 왕이 그 방면에 아무런 흥미도 느끼지 않는다고 봅니다. 왜냐하면 그는 언제나 여성을 멀리해왔으니까요." 다른 사람이 말했습니다. "그렇지만 왕이 애첩을 맞는다 해도 대단한 잘못은 아니겠지요." 또 누군가 덧붙였습니다. "자, 여러분, 그것은 일시적인 기분은 아닐지 모릅니다. 첫사랑은 성적 측면에 어떤 위험을 불러올 수 있으며, 좋은 일보다는 궂은 일을 더 많이 불러올 수 있습니다. 만일 왕이 그런 종류의 일보다는 사냥을 더 좋아한다면 훨씬 바람직할 텐데요."[7]

언제나 그렇듯 왕의 성생활은 풍부한 험담거리였지만 이야기는 우호적인 경향을 보여주었다. 1729년 왕비가 아기를 낳으려 할 때, 카페마다 기쁨의 소리가 울려퍼졌다.

사실 모든 사람이 기뻐합니다. 왜냐하면 그들은 모두 왕세자가 태어나기를 몹시 기다리고 있기 때문입니다…. 어떤 사람이 이렇게 말했습니다. "아무렴, 여러분, 만일 하느님이 우리에게 왕세자를 내려주신다면 파리와 센 강이 (축하의 불꽃놀이로) 불길에 휩싸이게 되겠지요." 모든 사람이 그 모습을 보려고 기도하고 있습니다.[8]

20년 뒤, 말투가 완전히 바뀌었다. 다음은 바스티유 문서에서 뽑은 전형적인 보고서로서 1749년의 일을 담고 있다.

쥘 알렉시스 베르나르, 슈발리에 드 벨리브, 에스콰이어, 용기병 대위 출신. 이 사람은 가발업자 고주의 가게에서 왕을 공격하는 내용을… 큰 소리로 읽었습니다. 국왕 전하는 무식하고 무능한 대신들의 지배를 받고 계시며, 치욕적이고 불명예스러운 평화조약[엑스라샤펠조약]을 체결하여 프랑스가 손에 넣었던 요새를 모두 포기했다고 했습니다…. 그리고 왕은 세 자매[넬 후작의 세 딸. 루이 15세가 이들과 차례로 벌인 정사는 보통 근친상간과 간통으로 여겨졌다]와 연애하면서 백성을 화나게 만들었고, 만일 왕이 행동을 바꾸지 않는다면 그 자신에게 모든 종류의 불행이 닥칠 것이라고 했습니다. 또한 왕 전하는 왕비를 경멸했고 그는 간부였으며 부활절에 고해성사도 하지 않았고 왕국에 하느님의 저주를 불러올 것이며 프랑스는 재난으로 뒤덮일 것이라고 했습니다.[9]

플뢰르 드 몽타뉴, 예수회에서 쫓겨남…. 그가 한 말 가운데, 특히 왕은 막대한 지출에서 볼 수 있듯이 백성을 조금도 생각하지 않았고, 그[루이 15세]는 백성이 극도로 궁핍하다는 사실을 알았으며, 더욱이 백성에게 새로운 세[마쇼 다르누빌이 제안한 '뱅티엠'(5퍼센트 세)]를 부과하여 더욱 비참하게 만들 것이라고 말했습니다. 왕은 자기를 위해 백성이 한 모든 일에 감사하는 것처럼 행동한다고 말하면서 이렇게 덧붙였습니다. "이것을 견디려면 프랑스인은 미쳐야 한다." 그는 이렇게 말한 뒤 나머지 말을 옆사람의 귀에 대고 속삭였습니다.[10]

장 루이 르클레르, 고등법원 변호사. 그는 카페 프로코프에서 다음과 같이 말했습니다. 이 세상에 궁정보다 더 썩은 곳은 없다, 모든 대신과 창녀 같은 퐁파두르는 왕에게 쓸데없는 일만 하도록 만들고 있다, 백성은 완전히 넌더리를 친다고 했습니다.[11]

자료가 불완전하고 여론이라는 관념이 모호한 분위기에 둘러싸여 있기는 하지만, 군주정에 대한 대중의 존경심이 18세기 중엽에는 뚝 떨어졌다는 점이 분명하게 보인다. 이 같은 변화를 일으킨 이유로서 우리는 오스트리아 황위계승전쟁 이후의 굴욕적인 외교, 재정상의 위기와 5퍼센트 세를 둘러싼 논쟁, 왕과 고등법원 사이의 격렬한 갈등을 새로 불러일으킨 얀센주의자의 소요 같은 사례를 풍부히 찾을 수 있다.

대부분의 불만은 왕의 사생활과 관련되었다. 그것은 왕이 대중과 접촉을 끊고 왕권의 핵심 의례 가운데 몇 가지를 포기했던 순간 '대중을 소란스럽게' 만드는 원인을 제공했던 것이다. 1738년 이후 루이 15세가 애첩들이 궁정에서 누비고 다니도록 만들기 시작했을 때 그는 간통자라는 사실이 널리 알려져 있었기 때문에, 전통 방식의 화려한 고해성사와 부활절 영성체가 불가능하다는 사실을 알았다. 고해성사와 영성체 의식을 유지하는 데 실패한 뒤 그는 연주창에 걸린 백성을 손으로 만져주는 의식을 중단했다. 그는 1744년 메스에서 병에 걸려 거의 죽을 지경에 이르렀을 때 악명 높은 연애사건을 속죄하고 잠시나마 다시 인기를 회복했다. 그러나 루이는 곧 넬 자매들을 거쳐 차례로 마담 드 퐁파두르, 마담 뒤바리와 관계를 맺었다. 파리인들은 이들 모두를 미워했기 때문에 결국 왕은 다시는 파리로 가지 않게 되었다. 1750년경부터 더이상 파리 입성 행사, 왕이 참석한 가운데 올리는 미사, 루브르 궁의 홀에서 환자를 만져주는 의식, 부활절에 하느님으로부터 '교회의 장남'을 보호한다는 재확인 행사도 없었다. 왕은 환자를 어루만지는 행사를 그만둔 뒤, 파리의 평민과 접촉을 끊게 되었다.[12]

태도의 변화가 언제 일어났는지 정확히 밝힐 수도 없고, 게다가 무엇이 정확한 원인인지도 말할 수 없다. 그러나 수많은 프랑스인—살롱을 드나드는 세련된 사람들이 아니라 소매상과 장인들—은 왕이 죄를 지었기 때문에 하느님의 분노가 그의 백성에게 미쳤다고 느꼈던 것처럼 보인다. 사람들은 곡식의 작황도 나쁘고 군사적으로 패배한 것을 하느님의 사랑을 잃은 표시로 해석했을 수 있다. 그리고 천년지복설에 젖은 민중적인 얀센주의의 물결이 파리의 하층계급과 주요 지방 도시를 휩쓸고 지나갔을 때 이 같은 일이 일어났다.

루이 15세는 얀센주의자를 박해하는 가운데 악마의 사업을 하고 있는 것처럼 보였다. 아니, 그는 마치 적그리스도처럼 행동하는 것처럼 보였다. 이미 루이 14세는 위그노교도들이 쓴 정치적 소책자에 의해 이러한 역할을 한다는 비난을 받은 적이 있다. 정부는 얀센주의자의 소요에 일사불란하게 대처하지 못했지만, 대체로 파리 대주교를 지원해주었다. 대주교는 얀센주의자를 비밀 신교도 정도로 생각하면서, 이들에게 병자성사를 받지 못하도록 하는 운동을 벌이고 있었다. 1750년 대부분의 프랑스인은 여전히 고도로 의식에 치중하는 '바로크풍의' 가톨릭을 충실히 따르고 있었다. 그들은 병자성사가 여전히 구원을 추구하는 과정에서 가장 중요한 순간이라고 보았다. 그들은 '올바른 죽음'을 맞이하면 죄 많은 일생을 고칠 수 있다고 생각했다. 그러나 루이는 그 자신이 죄인이기 때문에, 가장 성스러운 백성들, 말하자면 평민의 존경을 받는 얀센주의자 지도자들로부터 구원의 가능성을 앗아간 것처럼 보였다. 그는 마치 이들이 성사를 받을 기회를 막고 있으며, 그래서 이들의 영혼을 연옥에 빠지도록 유죄판결을 한 것처럼 보였다.[13]

한마디로 루이 15세는 왕과 개인의 두 가지 의식에서 성스러운 것을 함부로 다루었기 때문에, 백성과 왕을 묶어주는 정통성의 노선을 끊어버린 것 같았다. 군주 자신도 그 어느 중상비방문 작가보다 더 군주정의 신성성을 앗아갔을지 모른다. 그리고 그 피해는 18세기 중엽, 적어도 그를 공격하는 가장 중요한 책들이 발간되기 20년 전에 나타났다. 그렇다면 중상비방문이 여론에 별로 영향을 끼치지 못했다는 것, 그리고 중상비방문 때문에 대중이 군주정을 싫어했다기보다는 군주정을 싫어했기 때문에 중상비방문이 나왔다고 이해해야 하는 것일까?

여기서 우리는 역사가들이 죽은 사람들을 가지고 노는 온갖 계교에 대한 경고를 해두는 것이 적절해 보인다. 나는 지금까지 몇 가지 경찰 보고서와 대중적인 얀센주의에 관한 이야기를 접목시켜서, 1750년의 앞뒤 몇 년을 프랑스 군주정의 역사에서 결정적인 단절로 보이도록 연대기를 정리하고 거기에 민족지학적인 논평을 덧붙였다. 나는 좋은 뜻으로 그렇게 했다.

그러나 나는 한 가지 주장을 했을 뿐 그 이상은 아니며, 실제로 가치 체계를 단절시킨 것이 무엇인지 안다고 자처할 수 없다. 확실히 프랑스인이 왕의 사생활에 대한 더러운 이야기를 읽을 수 있었고, 그리하여 그 독서의 결과로 갑자기 왕에 대한 믿음을 잃어버렸다고 생각하는 것은 엉뚱해 보인다. 믿음이 산산이 깨지는 일은 그보다 더 근본적인 차원에서 일어나기 십상이다. 그것은 한편으로는 신성한 의식을 포함하고, 다른 한편으로는 일상의 행위 양식을 포함하는 차원에서 일어날 것이다.

그러나 마음속 깊은 곳에 있는 믿음 차원에서 어떤 것이 1750년경 잽싸게 나타나 백성을 군주로부터 영원히 갈라놓는 일이 생겼다고 주장하는 것도 엉뚱해 보인다. 다친 사람들의 소리, 고통은 사료에 나타나지 않는다. 나는 카페에서 떠도는 뒷공론에서 말투가 변화하고 있는 지점을 알 수 있고, 얼마 남아 있지 않은 그 시대의 일기에서 그 메아리를 끄집어낼 수 있다. 그러나 그로써 옛날의 정치체계의 정통성이 무너졌다는 주요한 주장을 뒷받침하기에 충분하다고 말할 수 있는가?

우리는 1750년 이전에 왕과 왕비에 대한 성난 이야기를 풍부하게 찾을 수 있다. 아를레트 파르주 같은 치안 당국의 고문서와 파리 빈민에 관한 역사의 전문가는, 군주들에 대한 악담이 18세기보다 훨씬 앞선 시대로 거슬러 올라간다고 밝히고 있다.[14] 나는 그것이 근대 초 파리의 정치적 폭발—특히 1648~1652년, 1614~1617년, 그리고 1588~1594년의 중대한 위기를 불러오는 데 이바지했다고 주장하고 싶다. 이러한 위기에 비하면

18세기 중엽의 모든 말썽은 약하게 보인다.

1750년 백성과 왕의 관계가 끊기는 일이 일어났다고 가정하는 대신, 나는 일련의 충격과 장기적인 침식 과정을 생각하는 편이 더 합리적이라고 생각한다. 18세기 중엽의 위기는 중대했지만, 그보다 일찍 있었던 상처와 1770~1774년, 그리고 1787~1788년에 극에 달한 위기도 중대했다. 중대한 고비마다 중상비방문과 악담이 함께 나타나, 앙시앵 레짐의 정치체계의 한 가지 요소로 여론이 등장하는 과정에서 몇 가지 단계를 나누는 이정표 구실을 했다.

그것은 원인인가, 아니면 결과인가? 입말의 비방인가, 인쇄물의 비방인가? 이러한 질문은 우리를 그릇된 방향으로 인도할지 모른다. **중상비방문**과 **악담**은 동시에 존재하면서, 오랜 시간 속에서 발전하는 가운데 서로 반영하고 강화해주었다. 두 가지 다 여론을 형성하고 표현했다. 물론 여론도 역시 수백 년 동안 형태를 바꾸고 힘을 얻어온 것이었다. 그러므로 둘 중 어떤 요소가 먼저냐 하는 문제에 매달린다면 닭이 먼저냐 달걀이 먼저냐 하는 논쟁 속에서 길을 잃을지 모른다. 내 생각에 요점은 무엇이 먼저고 무엇이 무엇의 원인인가를 따지는 데 있지 않고, 여론을 형성하는 과정에서 모든 매체가 어떻게 함께 작용했는지 이해하는 데 있다.

'매체' 하면 우리는 텔레비전·라디오·일간신문을 떠올린다. 프랑스에는 이 가운데 한 가지도 없었다(최초의 프랑스 일간지 〈주르날 드 파리〉는 1777년에 창간되었지만, 우리가 '새 소식'으로 인정할 만한 것은 별로 보도하지 않았다). 그러나 프랑스인은 앙시앵 레짐의 독특한 의사소통 체계 속에서 상당히 많은 정보를 받았다. 말은 험담, 노래, 편지, 인쇄물, 벽보, 책, 소책자, 수기신문, 온갖 종류의 신문—외국의 정기간행물과 공식적으로 심한 검열을 받고 나오는 프랑스 간행물에 실려서 퍼졌다.

이러한 의사소통 양식—입말·시각자료·글말·인쇄물—은 '여론'이라 일

컬어지는 신비한 힘을 분명히 표현하고 이끌어주면서 당대인의 의식 속에 어떻게 끼어들었는가? 아무도 모른다. 사실 그 누구도 그런 질문을 해본 적이 없다. 왜냐하면 여론은 앙시앵 레짐의 정치를 구성하는 요소라고 진지하게 생각해본 적이 거의 없기 때문이다. 역사가들은 여론을 연구한 뒤로, 대체로 그것이 사건을 형성하는 힘이라기보다는 철학자들이 토론했던 관념처럼 취급해왔다. 나는 얼마 남지 않은 이 글에서 이 주제를 배제할 수 없지만, 1780년대 중상비방 문학의 중요성을 논하는 가운데 여론을 둘러싼 혼란을 없애버리고 싶다.[15]

얼핏 보기에 책은 사건에 별로 영향을 미치지 않는 것 같다. 모르네의 《프랑스혁명의 지적 기원》 같은 '전파 연구'는 책이 사건의 배경에 놓여 있는 의견의 풍토―전체적인 겉모습이나 모든 태도―를 조성하는 데 이바지한다고 주장한다. 책은 여론을 결정하지 않는다. 여론은 앞면에 나타나 있으며, 소책자·신문·험담을 살펴볼 때 가장 잘 연구할 수 있는 것이다. 그러나 이러한 현상들이 어떤 관계를 맺고 있는지 아직도 분명하지 않다.

의견의 풍토는 어떻게 해서 여론으로 바뀌는가, 또는 뒷면은 어떻게 앞면과 관련을 맺는가? 그것은 단순히 책 속에서 발전된 사상이 정기간행물 속에서 대중화했기 때문이 아니다. 정기간행물은 소식을 실어나른다. 카페의 가납사니들과 비밀 신문 발행자들도 그렇게 했다. 이들은 입말과 글말의 의사소통 순환체계를 통해 소식을 퍼뜨리던 수기신문업자들의 두 가지 변종이다. 여론의 흐름을 따라가려면 반드시 이처럼 전근대적인 소식통의 작품을 읽어야 한다.

그러나 다가오는 혁명의 표시를 찾기 위해 이러한 자료를 체로 치는 역사가는 실망하게 마련이다. 그가 악담에 대한 경찰 보고서(1780년대의 보고서는 유감스럽게도 얄팍하다), 〈주르날 드 파리〉(엄격하게 검열받은 파리 일간지), 《쿠리에 드 뢰로프》(런던과 불로뉴쉬르메르에서 일주일에 두 번 발간되고, 프랑스 정부가 관용을 베풀어준 프랑스 정기간행물), 그리고 《프랑스 문학 공화국의 역사를 기록하는 데 이용할 비밀 회고록》(수기신문의 인쇄물로, 매우 불법적인 간행물)의 모든 항목을 샅샅이 읽었다고 치자. 그는 프랑스인이 열기구 비행, 메스머 선생의 기적적인 치료, 아메리카 반란 정도에 관심을 보였다는 인상을 받을 것이다.

1770년대 후반과 1780년대의 여론은 국내 정치에는 부주의했던 것처럼 보인다. 사실 여론은 튀르고와 네케르의 내각의 소란스러운 시기에는 후끈 달아올랐다. 그러나 네케르 실각(1781)과 이른바 예비혁명(1787~1788)의 사이, 정치적인 소식은 실제로 모든 자료에서 사라진다. 프랑스인은 폭풍 전 이상하리만큼 조용한 상태로 들어간 것처럼 보인다. 그리고 마침내 폭풍이 불어닥쳤을 때, 폭풍의 진원지는 아무 데도 없는 것 같았다. 다시 말해서 책이 만들어낸 '의견의 풍토', 또는 정기간행물과 선동적인 이야기로 치대어 만들어낸 여론에서 폭풍이 생긴 것은 아니었다.

만일 우리가 소식의 성격을 생각해본다면 이 같은 역설은 별로 곤혹스러워 보이지 않는다. 내 생각에 그것은 문화적으로 구축된 것이다. 실제로 일어난 것이 아니라 일어난 것에 대한 이야기, 이야기란 무엇이고 어떤 식으로 전달해야 하는가 하는 규약을 공유하는 전문가들이 만들어내는 이야기인 것이다. 그러한 규약은 시대마다 다르다. 그래서 어떤 시대의 새 소식은 다른 시대의 독자에게는 갈피를 잡지 못할 것으로 보일 수 있다. 또한 그것은 역사가가 회고적인 관점에서 구축한 이야기와 상당히 다를 수 있다. 우리는 18세기 독자로 하여금 이야기를 받아들이도록 만든 요소가 무엇인지 제대로 알지 못한다. 그러나 그 요소가 무엇이건, 우리는 책의 서술과 새 소식의 서술이 몹시 다르다고 간주한다면 그것을 잘못 파악할지 모른다. 어쩌면 중상비방문은 결국 새 소식의 가치를 지니고 있었을지도 모른다.

확실히 중상비방문은 1774년 루이 15세가 죽은 뒤 곧바로 새 소식을 만들어냈다. 그 시절 독서 대중은 루이 15세 치세의 '왕의 비밀'에 관한 내부 이야기에 굶주려 있었다. 그러나 '왕의 비밀'은 프랑스인을 다음 15년 동안 열광시켰던 훌륭한 이야기를 만들어냈다. 사람들은 때로는 서신 교환의 형태로, 때로는 영국 첩자의 보고서로, 또 때로는 집사의 관점으로, 아니면 회고록, 전기, **파렴치한 추문**이나 당대의 역사 형태로 그것을 거듭해서 만날 수 있었다. 중상비방 문학은 계속 형태를 바꾸면서 증가하여, 마침내 방대한 전집을 구성하고 1780년대 베스트셀러 목록을 지배하기에 이르렀다. 이렇게 해서 루이 15세에 대한 비방은 그가 죽고 나서 훨씬 뒤에 가장 큰 손상을 입혔다고 르누아르는 관찰했다. 실제로 그것은 루이 16세를 파멸시키는 데 이바지했다.

어쩌면 왕의 성생활에 대한 관심은 오늘날 우리가 이 문학의 호소력을 측정하기에 충분할 정도로 강력하게 남아 있다. 그러나 우리는 그것이 어떻게 호소력을 발휘했는지 이해할 필요가 있다. 그것은 현대의 저널리즘과 비슷한 성격을 지닌, 세 가지 기본적인 수사학적 책략을 포함했다.

첫째, '이름이 새 소식을 만든다'는 개념에서 볼 수 있듯이 독자는 거기에서 '거물급 인사들'과 친숙하다는 허울 좋은 느낌을 받는다. 중상비방문 작가들은 뷔시 라뷔탱이 완성한 장치─정확한 신체 묘사, 대화, 편지의 발췌문─를 사용하여 몸을 숨기고 훔쳐보는 사람의 관점에서 궁정의 생활을 바라본다는 환영을 불러일으켰다.

둘째, 중상비방문 작가들은 여러 일화를 이용해 일반적인 주제를 구체화했다. 그리하여 사회 정상에 있는 사람들의 생활의 멋을 전해주는 것처럼 보이게 만들었다. 그들은 이러한 자료를 카페의 뒷공론, 지하신문의 작은 기사에서 빌려왔다. 사실 우리가 보았듯이 《뒤바리 백작부인에 관한 일화》는 신문에서 인용한 내용과 수기신문장이들한테서 얻은 토막기사로 이야기의 흐름을 자주 끊었기 때문에, 마치 곳곳에서 신문지를 읽는 듯한 느낌을 준다. 그러나 거기에 실린 모든 일화는 언제나 일반적인 사항을 밝혀주었다. 그것은 베르사유의 퇴폐성과 전제주의였다.

셋째, 중상비방문은 뒷공론과 수기신문처럼 인쇄되지 않은 매체와 달리 이러한 이야기를 영원히 책 속에 집어넣어주었기 때문에 수많은 독자가 거듭해서 읽을 수 있도록 만들어주었다. 그리고 짧은 소책자와 파렴치한 추문 같은 인쇄매체와 달리, 그것은 단순히 짧은 일화를 이야기해주거나 일화를 끝없고 형태 없는 연속물로 줄줄이 꿰는 데 그치지 않았다. 그대신 그것은 일화를 모아 복잡한 이야기를 구성하면서 그 의미를 증폭시키고 다양하게 만들었다.

《뒤바리 백작부인에 관한 일화》에 실린 이야기는 음탕한 신데렐라 이야기에 잘 들어맞았다. 사람들은 이 이야기를 당시 프랑스의 정치적 전기와 역사로 읽을 수도 있었다. 더욱이 그 이야기는 비슷한 이야기의 전체에 속했다. 이들은 모두 단골로 등장하는 인물(사악한 대신, 음모에 가담하는 정신, 왕의 음탕한 애첩), 상투적인 줄거리(성적 성공 이야기, 부자들에게 부치는 농담, 사랑놀이와 노름)를 사용하면서 관련된 이야기의 창고 노릇을 했다. 수백 년에 걸쳐 발전했던 그대로 이 문학을 한꺼번에 살펴보면, 그것은 내가 정치적 민담이라고 불렀던 것을 표현했다. 하지만 그것의 부분들, 특히 알맞은 때에 발간된 중상비방문도 역시 새 소식이 될 수 있었다. 그것은 베르사유의 은밀한 구석에서 여태껏 알려지지 않은 추문을 폭로했기 때문이다.

이러한 종류의 소식은 좀처럼 새롭지 못했다. 그 뼈대는 작은 골방에서 나왔기 때문에 주요 주제와 상당히 닮았고, 그러한 주제를 분명히 설명해주었다. 루이 14세식의 절대주의가 남용된 결과 퇴행이 시작되었고, 군주정은 전제정으로 타락했다는 주제였다. 그러나 루이 16세 치세의 조용한 시절 비록 정치적 문제를 직설적으로 논하는 것은 예전에 비해 별로 사람들의 마음을 사로잡지 못했다 할지라도, 그러한 읽을거리는 독서 대중의 주의를 끌기에 충분할 정도로 섬뜩했다.

1780년대의 정치적 발언은 외교 문제, 눈부신 법정 사건, 증권거래소에 대한 추문처럼 분명히 비정치적인 주제에 매달리는 경우가 종종 있었다. 왕이 재정상의 파탄을 맞아 1787년 어쩔 수 없이 명사회를 소집하지 않으면 안 되고 앙시앵 레짐이 최후의 가장 큰 정치 위기를 맞이할 때까지 루이 15세의 사생활은 정치적 발언을 가장 잘 전달하기 위한 소재였다. 그 지점에서 중상비방 문학의 방대한 전집은 새로운 의미를 얻었다. 그것은 사건 속에 포함되기 시작한 의미였다.

나는 사건들을 서로 관련시키려고 노력하는 대신 사건들을 보는 두 가지 견해를 비교하는 편이 공정하다고 생각한다. 하나는 대부분의 역사가들이 좋아하는 것이고, 다른 하나는 일어난 그대로 쫓아다니던 대부분의 프랑스인이 지지하던 것이었다. 알베르 마티에즈가 1922년 처음 주장했듯이, 대다수 역사가들은 1787년에 일어난 '특권층의 반란'을 프랑스혁명사 서술의 출발점으로 삼았다. 이 개념은 18세기 정치사의 일반적인 견해에 들어맞는다. 그것은 무대 전면에 등장하는 부르주아지와 연합한 개혁 군주정을 고등법원의 보호를 받는 반동적인 귀족과 대립시키는 견해다.

이처럼 1787년 2월 재무총감 샤를 알렉상드르 드 칼론이 왕정의 재정 문제를 해결해줄 진보적인 세제개혁안을 명사회에 제출하는 절정의 순간 귀족적인 명사들은 반발했고, 칼론을 재무총감직에서 몰아냈으며, 혁명을 촉진했다. '예비혁명' 또는 전면적인 혁명의 첫 단계는 1788년 8월, 왕이 칼론의 후계자 로메니 드 브리엔을 해임하고 전국신분회를 소집할 때까지 지속되었다. 브리엔은 칼론의 개혁안에서 중요한 요소를 채택했다. 그러나 그 안에 대한 반발은 명사회에서 고등법원으로 확산되었다. 브리엔은 고등법원을 진압하려고 무진 애를 쓰면서, 1771년 모푸가 일으킨 '정변'의 본질적인 측면을 반복해 사법제도 전반을 재조직했다. 그러나 대중은 그를 지지하려 들지 않았고 왕은 여전히 재정적인 압력에 짓눌렸기 때문에, 결국 특권층에게 굴복하여 옛날부터 있었던 기관으로서 특권 신분이 지배하게 마련인 전국신분회를 소집했다.

일부 역사가가 이러한 견해에 도전했지만,[16] 마티에즈, 조르주 르페브르, 알베르 소불, 미셸 보벨 같은 좌파나, 앨프레드 코번, 로버트 파머, 크레인 브린턴, 프랑수아 퓌레 같은 온건좌파와 중도우파에 속한 대부분의 역사가는 그것을 받아들였다. 그들은 '특권층의 반란'에서 프랑스 근대사의 선반적인 과정에 의미를 주는 해석을 찾는 한편, 혁명의 직접 원인과 첫 단계를 설명할 수 있었다. 그 개념은 개인들의 역할을 정돈할 수 있도록 도와주기도 했다. 그것은 명사회의 지도자들과 고등법원을 이기심 많은 반동처럼 보이게 만들고, 칼론과 브리엔을 진보적인 개혁가로 보이게 만들어주는 개념이었다. 어떤 이는 개혁안을 '칼론의 뉴딜 정책'에 비유함으로써 지극히 시대착오적인 평가를 내리기도 했다.[17]

당시 프랑스 사람들은 세상을 완전히 다르게 보고 있었다. 그들은 자기네 눈앞에서 벌어졌다는 '특권층의 반란'을 알아차리지 못했다. 그들 대부분은 칼론을 몹시 싫어했으며 그에게 저항하는 명사회를 응원했다. 브리엔이 고등법원을 통해 칼론의 세금을 강요하려고 노력했을 때 대중은 고등법원의 편을 들었다. 또한 그가 고등법원을 폐지하려고 했을 때 대중은 거리로 나섰다. 일반적인 프랑스인은 고등법원의 명분을 반드시 지지할 필요는 없었지만, 세금을 더 많이 내기를 원하지 않았다. 대신의 개혁안을 세제상의 특권에 대한 전쟁으로 보지 않고 대신들의 전제정으로 보았던 것이다. 칼론과 브리엔은 모푸의 독재적인 조치를 반복하는 것처럼 보였고, 1787~1788년은 1771~1774년의 재탕이나 심지어 프롱드 난처럼 보였다.

역사가들이 본 사건과 당시 사람들이 인식한 사건이 결코 이렇게 큰 차이를 보여준 적은 없었다. 이러한 차이는 여러 가지로 설명할 수 있겠지만, 궁극적으로는 한 가지 난관에 부딪치게 된다. 역사가들이 프랑스혁명의 원인을 몹시 잘못 해석했거나, 당시 사람들이 그릇된 의식의 어마어마한 증세에 시달렸거나 둘 중 하나다.

내 생각에는 역사가들이 틀렸다고 본다. 그들이 명사회와 고등법원의 처지에서 계급 이익을 보았다는 단순한 이유 때문만이 아니라, 그들은 당시 사람들이 본 것을 제대로 보지 못했다는 이유—말하자면 그들은 여론을 적절히 고려하지 않는다는 이유 때문이기도 하다. 당시 사람들이 사건을 본 관점은 사건 자체만큼 중요했다. 사실 두 가지를 떼어서 생각할 수 없다. 그들의 견해는 사건에 의미를 주었고, 그렇게 하는 가운데 사람들이 진짜 혁명 상황이 발생했을 때 어느 편을 들어야 할지 결정하게 만들었던 것이다.

우리는 여론을 결정하고, 담론을 분석하며, 의미의 역사를 발전시키는 문제와 함께 출발점으로 되돌아왔다.

물론 나는 내가 그릇된 난관을 만들어냈을지 모른다는 사실을 알고 있다. 어려움을 다른 곳—역사가들이 아니라 나 자신—에 옮겨놓는다면 그 난관에서 쉽게 벗어날 수 있을지도 모른다. 나 자신도 역사가로서, 200년 전에 죽은 프랑스인의 의식에 대해 어떻게 감히 말하겠는가? 나 자신의 주장을 하자면, 나는 '예비혁명'으로 되돌아가 사건을 하나하나 재검토하면서, 무슨 일이 일어났고 당시 사람들은 그 일을 어떻게 생각했는지 보여주려고 노력할 것이다. 하지만 그것은 책 한 권을 다시 써야 하는 문제다.

이 책에서 나는 다만 내 주장이 맞다고 확신할 수 있을 만큼 충분한 증거(프랑스 국립도서관과 대영제국 도서관에 있는 1787년 2월부터 1788년 8월까지의 모든 소책자)를 읽었지만, 그 주장은 아직도 증명되지 않았다고 고백할 수 있을 뿐이다. 내가 여기서 이 문제를 거론하는 이유는 그것이 금지된 문학의 영향을 평가하는 문제 전반에 걸쳐 관계가 있기 때문이다.

1787년경 독서 대중은 모든 종류의 불법 서적에 물들어 있었다. 이러한 서적은 앙시앵 레짐의 정통 가치를 모든 방면에서 공격했다. 그러나 정치적 중상비방문은 특별한 반향을 불러일으켰다. 왜냐하면 그것은 1787~1788년의 사건들을 특별한 방식에 맞춰놓았기 때문이다. 위기가 닥치자 사람들은 갈라서서 자기 편을 찾았다. 그들은 견문이 넓은 사람들, 말하자면 여론을 구성하던 '대중'의 편에 섰다.

1787년 4월, 사회의 대다수를 차지하고 있던 사람들은 저마다 칼론을 지지하거나 반대해야 한다고 느꼈다. 1788년 7월, 모든 사람은 고등법원 지지자와 반대파로 갈렸다. 역사문학에서 보면 그 상황은 무척 복잡해 보인다. 그리고 실제로 복잡했다—기대감이 부풀어오르는 가운데 빵값이 뛰고, 가난한 사람들은 물자 부족을 경험하는데 부자들도 파산하고, 관료들은 이해할 수 없는 방식으로 일하는데 반관반민半官半民의 징세인은 극악무도하게 사람들을 괴롭히는 상황이 갈피를 잡을 수 없을 지경으로 뒤섞여 있었다.

분명히 정부가 이 같은 상황을 주도하고 있었다. 정부는 수많은 이해관계와 특권으로 잠식되어 있었기 때문에, 책임자가 누구인지 권력이 누구 손에 있는지 좀처럼 말할 수 없는 상태였다. 우리가 앙시앵 레짐에 대해서 더 많이 배울수록 그것은 더욱 이해할 수 없어 보인다. 그러나 사물에 다른 차원을 부여하면서 더욱 복잡하게 만드는 여론을 생각하는 가운데, 나는 복잡한 데서 간단한 데로 방향을 바꾸어 논의를 진행시키고 싶다.

1787~1788년에 나온 소책자들은 문제를 수백 개 조각으로 쪼개는 대신 단순화시켰다. 모든 소책자는 그 상황을 정부에 대한 찬성이냐 반대냐, 고등법원에 대한 찬성이냐 반대냐 가운데 선택해야 할 근본적인 문제로

제시했다. 그것들은 편가르기를 선동했다. 그것들은 여론을 두 개 극으로 나누는 데 도움을 주었다. 그리고 여론을 표현하기도 했다. 왜냐하면 여론의 형성과 소책자 작가의 흥분은 원인과 결과로 동시에 작용하면서 서로를 강화시켜주었기 때문이다.

세제 개혁의 복잡한 성격은 좀처럼 소책자에 나타나지 않았다. 특권에 관하여 크게 논의된 문제는 적어도 전국신분회의 소집으로 누가 새로운 헌법질서를 지배할 것인가라는 질문을 던지면서 상황이 바뀌기 전까지만 해도 거의 제기되는 일이 없었다. 소책자는 당면 문제들을 분석하는 대신 정부에 대한 웃음거리를 풍부하게 제공했다. 물론 칼론과 브리엔을 옹호하는 사람들이 있었다. 그들은 정부측을 돕는 선전물을 만들어냈다. 그러나 절대다수의 소책자 문학—그리고 우리가 손으로 쓴 자료에서 추적할 수 있는 만큼의 화제와 '공공연한 소문'—은 당면 문제를 단일한 주제, 전제정으로 축소했다.

아니, 좀더 정확히 말해서 대신들의 전제정. 소책자 가운데 루이 16세를 공격하는 것은 거의 없었다. 왕은 다이아몬드 목걸이 사건 뒤로는 생명과 자유에 대한 위협보다는 웃음거리로 보였다. 그 대신 수많은 소책자는 칼론과 브리엔을 타락한 난봉꾼, 그리고 툭하면 선량한 시민을 바스티유에 집어넣는 괴물로 묘사하면서 비방했다. 칼론에게 비난이 쏟아졌기 때문에, 그러한 비난을 총칭하여 "칼로니아나"라고 불렀다. 이것은 1770년대의 '모푸아나'와 짝을 이뤘다. 소책자는 중상비방문보다 더 짧고, 더 날카롭고, 마지막 15년 동안 책 형태로 유통되던 이야기를 좀더 최신 형태로 다듬은 것이었지만 역시 중상비방문에 속했다.

이러한 방식으로, 루이 15세 치세 말부터 나온 비방문학은 루이 16세 치세 말에 지독할 정도로 딱 들어맞게 되었다. 그것은 신선한 일화와 화제를 공급하기 위한 전체의 틀을 제공하면서 1787~1788년의 사건들을 거기에 맞췄다. 당시 사람들은 그것으로부터 지배적인 서사구조를 제공받아 사물을 이해할 수 있었다. 그 서사구조는 루이 16세부터 루이 15세, 루이 14세, 마자랭, 마리 드 메디시스, 앙리 3세까지 거슬러 올라가는 것이었다.

이렇게 해서 하나의 문학 장르가 르네상스 궁정에서 주고받던 불분명한 입씨름에서 출발해 베스트셀러 책의 완전한 전집으로 성장했다. 그것은 자라면서 200년 이상의 정치사에 대해 그때그때 논평을 했다. 그것은 새로운 재료와 새로운 수사학적 기술을 이야기의 집합체, 정치적 민담에 동화시키고, 단일한 윤리를 가진 중심 주제를 조직해갔다. 그것은 군주정이 전제징으로 타락했다는 주제였다. 이 문학은 국사를 진지하게 논할 공간을 마련하는 대신 토론을 닫아버렸고, 견해를 양극화시켰으며, 정부를 고립시켰다.

그것은 급진적인 단순화의 원리 위에서 작동했다. 이것은 사람들이 어쩔 수 없이 이것이냐 저것이냐, 흑이냐 백이냐, 그들이냐 우리냐 편가르기를 해야 하고, 당면 문제를 절대적인 것으로 봐야 하는 위기의 시대에는 효과적인 방책이었다. 바스티유가 거의 비어 있었고 루이 16세는 백성의 안녕 이외에는 바랄 것이 없었다는 사실은 1787년과 1788년에는 아무런 상관이 없었다. 그 체제는 계속 비난받고 있었다. 그것은 여론을 통제하기 위한 오랜 투쟁의 마지막 판에서 졌다. 그것은 정통성을 잃어버렸다.

계몽사상가 테레즈, 또는 디라그 신부와 에라디스 양의 사건에 관한 보고서

언제, 어디서 출판했는지 알 수 없음.
1748년에 처음 발간되고, 장 바티스트 드 부아예(Jean-Baptiste de Boyer,
아르장스 후작marquis d'Argens의 작품으로 추정

뭐라구요? 당신은 진정 내 삶의 이야기를 기록하라고 하시는 건가요? 당신은 에라디스 양과 디라그 신부님 사이에 벌어진 은밀한 장면을 묘사하고, 마담 C.와 원장신부 T.의 모험에 대해서도 알려달라는 건가요? 당신은 한 번도 글을 써보지 못한 아가씨에게 순서대로 자세히 이야기를 풀어보라고 요청하고 계십니까? 당신은 내가 묘사해드린 장면이나 우리가 함께했던 장면에 나타난 음탕한 모습을 고스란히 설명해주기를 바라시고, 형이상학적인 논점까지 하나도 빠뜨리지 말기를 바라고 계십니다만, 사실이지 백작님, 나는 능력이 없어서 그렇게 해드릴 수 없답니다. 게다가 에라디스는 내 친구였고 디라그 신부는 내 고해신부였습니다. 그리고 나는 마담 C.와 원장신부 T.에게 신세를 졌습니다. 내가 가장 빚을 진 사람들의 믿음을 저버려야 하겠습니까? 그들의 행위나 가끔 그들의 현명한 충고가 없었다년 내 젊은 시절의 편견에 찬 잘못을 어찌 깨달을 수 있었겠

습니까?

하지만 백작님 말씀대로, 그들의 본보기와 주장을 받아들여 내가 행복해졌다면 나도 그들과 똑같은 방법으로-본보기와 주장으로-다른 사람을 행복하게 만들려고 노력해야 하지 않겠습니까? 어째서 사회를 개선하기 위해 유익한 진리에 대한 글을 쓰는 걸 두려워해야 합니까? 존경하는 후원자님, 나는 더이상 저항하지 않겠습니다. 쓰겠습니다. 비록 세련된 문장을 쓸 재간은 없지만-적어도 생각하는 사람들을 위해서라도 글을 쓰겠습니다. 바보들에 대해서는 신경쓰지 않겠습니다. 아무렴요, 당신이 아껴주는 테레즈는 백작님을 조금도 부정하지 않겠습니다. 백작님은 테레즈가 어린 시절부터 가슴속 깊이 숨겨놓은 모든 것을 아시게 될 겁니다. 테레즈의 영혼은 본의 아니게 육체적 즐거움의 절정을 향해 한 걸음씩 올라간 사소한 모험들을 보여드리는 동안 완전히 모습을 드러낼 것입니다.

*　　*　　*

인간의 자유에 대하여 신학자들에게 고함

영리하거나 바보인 신학자들이여, 우리에게 멋대로 죄를 뒤집어씌우면서 책망해대지만 말고 내게 답해달라. 내 속에서 싸우고 있는 두 가지 열정, 즉 하느님에 대한 사랑과 육체적인 즐거움에 대한 사랑을 도대체 누가 내게 넣어주었는가? 자연인가, 악마인가? 선택해보라. 그러나 당신들은 둘 중 하나가 하느님보다 더 힘이 세다고 감히 주장할 수 있는가? 만일 두 가지 모두 하느님에게 속한 것이라면, 이 열정들이 내 속에, 그분이 창조해주신 내게 있어야 한다고 명령하신 분은 바로 하느님이어야 하지 않겠는가?

그러나 하느님은 당신들에게 이성을 주시어 자신을 계몽하게 만드셨다고 대답할 것이다. 그렇다. 하지만 내 의지까지 결정하도록 당신에게 이성을 주시지는 않았다. 이성은 확실히 내가 나를 감싼 두 열정을 인식하도록 도와주었다. 이러한 이유 때문에 궁극적으로 나는 모든 것이 하느님에게서 나왔으므로 이 두 열정도 모두 그 나름의 힘을 가졌다고 결론을 내릴 수 있다. 하지만 나를 이끌었던 이성이 내가 선택하는 일까지 도와주지는 않았다. 그러나 하느님은 당신들을 당신들 의지의 주인으로 창조하셨기 때문에 선이나 악을 자유롭게 선택할 수 있었다고 계속 항변할지 모른다.

　이는 순수한 말장난이다! 이 자유의지와 이른바 자유는 그 자체의 힘을 갖고 있지 않다. 이들은 우리를 부추기는 열정과 취향의 힘에 대응해서 작용할 뿐이다. 예를 들어 내게는 자살하거나 스스로 창문 밖으로 뛰어내릴 수 있는 자유가 있는 것처럼 보인다. 그러나 전혀 그렇지 않다. 살려는 욕망이 죽으려는 욕망보다 더 강할 때 나는 결코 자살할 수 없다. 어떤 사람은 가난한 사람들이나 자기에게 관대한 고해신부에게 주머니에 있던 100루이를 완전히 자유롭게 줄 수 있다고 당신들은 대답할 것이다. 천만에. 그가 돈을 간직하려는 욕망이 자기가 지은 죄를 쓸데없이 사면받으려는 욕망보다 더 크기 때문에, 그는 말할 필요도 없이 자기 돈에 집착할 것이다.

　이처럼 모든 사람은 이성의 역할이 무엇인지 스스로 깨달을 수 있다. 이성의 유일한 역할은 우리가 어떤 일을 하고 나면 즐거움이나 불쾌감이 따르기 때문에 그 일을 해야 하거나 하지 않으려는 욕망이 강하다는 사실을 느낄 수 있도록 만들어주는 것이다. 이렇게 이성을 가지고 얻은 인식으로부터 우리는 의지와 결단이라는 것을 얻는다. 그러나 의지와 결단은 우리를 지배하는 열정과 욕망의 힘에 미치지 못한다. 마치 저울 양 끝에 각각 2파운드짜리 추와 4파운드짜리 추를 놓고 비교할 때처럼 분명한 차이를 보여준다.

그러나 오직 겉만 보는 사람이 주장하듯이, 나는 저녁 먹을 때 부르고뉴 포도주나 샹파뉴 포도주 가운데 어떤 것을 마실 것인지 자유롭게 결정할 수 없는가? 나는 튈르리 정원이나 푀이양 수도원의 테라스 가운데 어느 쪽을 산책할 것인지 선택하지 못하는가?

영혼이 그 운명에 완전히 무관심할 때면 언제나, 그리고 특정인에게 이 것을 하거나 저것을 하려는 욕망이—완전한 평형으로—정확히 균형을 유지할 때 우리는 자유가 없다는 사실을 인식하지 못한다는 주장에 찬성한다. 자유는 우리가 사물을 구별할 수 없을 정도로 아득히 멀리 있는 아지랑이처럼 존재한다. 그러나 우리가 사물을 조금 더 가까이 다가서서 본다면, 우리 행동의 작동원리를 아주 확연히 관찰할 수 있다. 그리고 우리가 한 가지를 이해하면 곧이어 모든 것을 이해할 수 있다. 왜냐하면 모든 사물의 본성은 똑같은 원리의 지도를 받기 때문이다.

우리의 대화자는 밥상에 앉아 굴을 주문한다. 굴은 샹파뉴 포도주와 함께 먹어야 제 맛이다. 하지만 그에게는 부르고뉴를 주문할 수 있는 자유가 있다고 당신들은 말한다. 나는 반대한다. 다른 이유, 또는 첫 번째 욕망보다 더 강력한 욕망이 일어나 부르고뉴 포도주를 선택하는 경우가 생길지 모르지만, 여기서도 다시 한 번 이 변덕이 이른바 선택의 자유를 확실히 위태롭게 할 것임이 분명하다.

이 사람이 튈르리 정원에 들어서면서 푀이양 수도원의 테라스에 있는 매력적인 여인을 보고, 아는 사람이라서 곁으로 가려고 결정할 수 있다. 물론 그냥 큰길을 따라서 가고자 하는 강력한 동기가 있다면 모를까. 그러나 그가 어떤 길을 택하든 언제나 합당한 이유나 욕망이 있으며, 그것을 반영하는 결정에 어쩔 수 없이 따르게 될 것이다.

그가 자유로운 사람이라고 주장하려면 그가 스스로 결정할 수 있음을 전제로 해야 한다. 하지만 그가 오히려 본성과 감각에 의해 그의 마음속에 들어선 열정의 정도에 따라서 결정을 내린다면 그는 자유롭지 못하다. 왜냐하면 마치 4파운드가 3파운드보다 더 무겁듯이 욕망이 한 눈금만 더한다고 해도 균형을 깨뜨릴 것이기 때문이다. 더욱이 나는 내 대화 상대에게 무엇 때문에 지금 우리가 토론하는 주제에 대해 나처럼 생각하지 못하는지, 아니면 어째서 나는 그가 이 문제에 대해서 판단하는 것처럼 하지 못하는지 말해달라고 요청한다. 그는 틀림없이 자기 사상·관념·감각 때문에 그렇게 생각하지 않을 수 없다고 대답할 것이다. 그러나 그는 이렇게 말했으므로—이렇게 해서, 내가 그처럼 생각할 수 없듯이 그도 나처럼 생각하고 싶은 마음이 들지 않는다는 사실을 스스로 확인했으므로—, 우리는 어떤 방식으로건 자유롭게 생각하지 못한다는 사실을 그는 인정해야 한다. 더욱이 사상은 원인이며 행동은 오직 그 결과이기 때문에, 만일 우리에게 사상의 자유가 없다면 어찌 우리에게 행동의 자유가 있겠는가? **자유로운** 결과가 **자유롭지 않은** 원인에서 나올 수 있는가? 여기서 우리는 모순을 발견한다.

요컨대 이 진리를 우리 자신이 확인하기 위해, 경험의 빛으로 문제를 검토해보자. 그레구아르, 다몽, 필랭트는 스물다섯 살까지 똑같은 선생님 밑에서 교육받았다. 그들은 한 번도 따로 있어본 적이 없고, 종교와 도덕 교육도 똑같이 받았다. 그러나 그레구아르는 포도주를, 다몽은 여자를 좋아하지만 필랭트는 아주 믿음이 강하다. 이 삼형제에게 무슨 일이 있기에 다른 성향이 나타났는가? 그들의 배움이나 도덕적 선악을 구별하는 지식 때문이라고 볼 수 없다. 왜냐하면 그들은 똑같은 스승에게서 똑같은 가르침을 받았기 때문이다. 그렇다면 각자의 마음속에는 다른 원리와 다른 열정이 있었음이 분명하다. 그 때문에 그들이 똑같은 지식을 받았지만 다른 것을 좋아하게 되었다.

더욱이 그레구아르는 포도주를 좋아하기 때문에, 말짱한 정신으로는 위대한 신사이자 가장 사교적이며 친절한 친구이지만, 일단 정신을 홀리는 술맛을 보자마자 남의 트집이나 잡고 말다툼을 벌이고 남을 비난한다. 그는 가장 친한 친구의 목을 따려고 달려들 정도로 변한다. 하지만 그레구아르는 갑자기 마음속에 일어난 이 성격의 변화를 통제할 힘이 있었던가? 분명히 말해서 아니다. 왜냐하면 맨정신일 때 그는 술을 마시고 저지르고야 마는 행동을 싫어했기 때문이다. 그러나 어떤 바보는 여성에 취미가 없어서 성욕을 참아내는 그레구아르를 존경한다. 또 포도주를 싫어해서 정신이 말짱한 다농, 여성이나 포도주에는 조금도 관심이 없고 오직 믿음에서 다른 두 사람과 똑같은 즐거움을 이끌어내는 필랭트를 존경할 수도 있다. 이처럼 대부분의 인류는 덕과 악덕을 제대로 구별하지 못한다.

한마디로 정리하자면 우리 기관의 배열, 우리 성격의 기본 성향, 우리 체액의 움직임, 이 모든 요소가 우리의 이성과 의지를 이끌어 크고 작은 일을 하도록 작용하는 열정의 형태를 결정한다. 이리하여 광신자가 생기고 현자와 바보가 생긴다. 바보라고 해서 다른 두 부류보다 더 자유로운 것은 아니다. 왜냐하면 그도 똑같은 원칙에 따라 행동하기 때문이다. 자연은 어디서나 같다. 인간이 진정 자유롭고 자기 결정 능력을 갖추었다고 상상하는 것은 인간을 하느님과 동격으로 취급하는 일이다.

테레즈는 자기 기질에 맞서 싸우려고 노력하다가 죽을 때가 가까워져 스물세 살에 수녀원을 떠난다

나 자신의 이야기로 돌아가보겠습니다. 어머니가 나를 수녀원에 넣었고, 스물세 살에 죽음의 문턱에 다다른 내가 수녀원에서 떠나게 된 경위를 지금까지 자세히 얘기했습니다. 내 기계[곧 몸]는 나른했고, 내 얼굴에는 황달기가 있었으며, 내 입술은 부풀어 있었습니다. 나는 마치 산송장 같았어요. 나는 종교적 실천 때문에 거의 죽을 지경이 되어서야 어머니 집으로 되돌아갔지요. 어머니가 수녀원으로 보내서 나를 진찰하게 했던 능숙한 의사는 나를 보자마자 병의 원인을 콕 찍어냈습니다. 우리에게 육체적 쾌락─우리가 쓴맛을 느끼지 않고 맛볼 수 있는 유일한 쾌락─을 주는 성스러운 액체, 마치 음식에서 취한 영양분처럼 우리 체질을 위해 반드시 우리 몸 속에 흘러야 하는 그 액체가 내 몸 속에서는 늘 흐르던 경로를 벗어나 낯선 곳으로 흘러 들어갔고, 그리하여 내 기계의 질서를 깨뜨렸다는 것이었어요.

그는 어머니에게 충고했습니다. 이처럼 생명을 위협하는 상황을 이겨내려면 내게 남편을 찾아주어야 한다고 말입니다. 어머니는 내게 아주 온화한 태도로 이 같은 사실을 말해주었습니다. 그러나 나는 편견에 사로잡혀 있었기 때문에 화를 내면서 대답했어요. 나는 한없이 너그러운 하느님만이 용서해줄 이 천박한 조건을 받아들여 하느님을 실망시키느니 차라리 죽겠다고 했어요. 어머니는 계속해서 나를 설득하려 했지만 내 굳은 결심을 흔들어놓지는 못했습니다. 내 건강 상태는 더 나빠졌기 때문에 나는 이 세상에 대한 미련을 버릴 지경이었어요. 그리고 나는 오직 내생에서 약속받은 행복만을 갈망했습니다.

테레즈는 디라그 신부의 지도를 받으러 볼노로 가서 에라디스 양과 속내를 털어놓는 친구가 된다

나는 이렇게 해서 지극한 정성으로 내 신앙을 실천하게 되었어요. 나는 유명한 디라그 신부의 이야기를 많이 들었어요. 나는 그분을 뵙고 싶었지요. 그는 내 고해신부가 되었고, 그가 가장 아끼는 제자 에라디스 양은 곧 가장 친한 친구가 되었습니다.

사랑하는 백작님도 이 두 사람에 관한 유명한 이야기를 아시겠지요. 나는 세상에 널리 알려진 이야기나 그들에 대해서 사람들이 늘어놓은 이야기를 되풀이하지는 않으렵니다. 그러나 단 한 가지 일화는 들려드리지요. 나도 개인적으로 연루된 이 이야기를 들으시면 백작님도 재미있을 테지요. 그리고 설사 에라디스 양이 자기가 무슨 행동을 하고 있는지 완전히 알면서 이 위선자와 로맨틱한 관계를 맺게 되었다 할지라도, 그는 오랫동안 자신도 모르는 사이에 디라그 신부의 경건한 음탕함의 목표가 되고 있었음이 분명하다는 사실을 확신하실 수 있으리라고 생각합니다.

에라디스 양은 나와 가장 두터운 우정을 나누기 시작했어요. 그는 나를 믿고 가장 은밀한 생각도 털어놓았어요. 우리는 기질, 습관, 종교적 믿음, 심지어 성격까지 아주 비슷해서 헤어질 수 없는 사이가 되었지요. 우리는 모두 덕을 갖추었지만, 성자처럼 되어 이름을 날리려는 열정과 기적을 행하고 싶은 색다른 욕망에 사로잡혀 있었답니다. 그 열정이 얼마나 완벽했던지, 그는 순교자에게나 어울릴 온갖 고통을 견뎌내면 죽은 사람들 속에서 또 하나의 라자로를 살려낼 수 있는 경지에 다다를 수 있다고 확신하는 듯 꾸준히 고통을 이겨나갔습니다.

디라그 신부는 에라디스에게 자기가 원하는 것이면 무엇이든 믿게 만드는 재주를 가진 사람이었지요. 그는 그 방면에서는 최초이자 최고의 재주꾼이었습니다. 에라디스는 디라그 신부가 자기하고만 마음을 터놓고 얘기를 나누고, 자기 방에서 이처럼 흉허물없는 대화를 나눌 때 가끔 자신에게 조금만 더 노력하면 성인의 모습을 갖출 수 있다고 확신시켜줬다고 여러 번 자랑스럽게 속내 이야기를 털어놓았습니다. 게다가 신부는 꿈속에서 하느님을 봤는데, 에라디스가 덕을 더 많이 쌓고 더욱 금욕하면서 계속 정진할 때에만 가장 위대한 기적을 일으킬 수 있으며, 그때가 코앞에 닥쳤다고 하느님께서 말씀하셨다면서 에라디스에게 확신을 심어주었답니다.

사람이면 누구나 질투심과 부러움을 불러일으키게 마련이지만, 그 중에서도 믿음이 깊은 여성이 아마도 가장 많은 사람들에게서 시샘과 부러움을 받겠지요.

에라디스는 내가 자기 행복을 샘낸다고 생각했고, 더욱이 내가 자신의 말을 의심하고 있다고 생각했습니다. 사실 나는 그가 디라그 신부와 숨김 없이 나누었다는 대화를 들으면서 놀라운 기색을 감추지 않았습니다. 왜냐하면 내 친구 중에 디라그 신부를 추종하고 에라디스처럼 성흔을 받은 사람이 있는데, 디라그 신부는 그 친구의 집을 드나들고 있으면서도 나와 만나는 것을 언제나 고의로 피했기 때문입니다. 아마도 그 성스러운 신부는 내 슬픈 모습과 창백한 낯빛을 보고 영혼의 노동을 할 만한 욕구가 살아나지 않았나 봅니다. 나는 에라디스의 경쟁심을 부추겼습니다. 성흔이라니 말도 안 돼요! 설마 나한테만 이야기하는 것은 아니죠! 나는 화를 내면서 에라디스의 말을 하나도 믿지 않는 척했죠. 에라디스는 마음이 움직여 내게 제안했어요. 그다음 날 아침 내 눈으로 직접 자신의 행복을 지켜보면 알 것이라고요.

에라디스는 내게 열렬히 힘주어 말했어요. "내 영혼의 훈련이 얼마나 힘이 있는 것인지, 훌륭하신 신부님이 성자의 위치로 나를 이끌어주시는 회개의 단계들을 보면 알 겁니다. 그러면 이 훈련으로 내가 무아지경에 빠지고 큰 기쁨을 맛본다는 사실을 더이상 의심하지 못할 겁니다." 그리고는 좀더 차분하게 덧붙여 말했습니다. "사랑하는 테레즈, 내 첫 번째 기적처럼 당신도 나를 본받아 명상을 통해서, 그리고 정신을 하느님에게만 집중하여 물질로부터 해방시키는 내면의 힘을 일깨울 수 있기를 바랄게요."

에라디스 양은 자기 방의 장롱 속에 테레즈를 숨겨주어
자신이 디라그 신부와 함께하는 훈련을 직접 보게 한다

나는 이틀날 아침 다섯 시에 약속대로 에라디스의 방으로 갔어요. 에라디스는 책을 손에 든 채 기도드리고 있었지요.

에라디스는 내게 말했어요. "성스러운 분이 오고 계세요. 그리고 하느님이 그분과 함께 오십니다. 이 작은 장롱 속에 숨어요. 거기서 하느님의 자비심이 우리 고해신부님의 경건한 의식을 통해 사악한 영혼을 구원하는 모습을 보고 늘을 수 있을 겁니다." 잠시 후 문을 가볍게 두드리는 소리가 났습니다. 나는 장롱 속에 숨었어요. 에라디스는 열쇠를 주머니에 넣었지요. 내 손바닥만 한 열쇠 구멍은 베르가모 산 자수를 놓은 거의 투명하고 낡은 천으로 덮여 있었는데, 나는 그 구멍으로 나 자신을 들킬 염려 없이 방 전체를 쉽게 관찰할 수 있었어요.

디라그 신부는 에라디스의 왼쪽 젖가슴 아래에 있는
성흔을 검사한다

훌륭한 신부님이 방으로 들어왔어요.

그는 에라디스에게 인사했어요. "안녕, 하느님의 품속에서 사랑하는 누이여! 성령과 성 프란체스코가 그대와 함께하시기를!"

에라디스는 그의 발에 몸을 던지려고 했지만, 그가 몸을 일으켜주어 자기 곁에 앉도록 했습니다.

성스러운 남자가 말했어요. "그대가 살아가는 동안의 모든 행동을 이끌어줄 원칙들을 다시 한 번 짚어볼 필요가 있습니다. 그러나 먼저 그대의 성흔에 대해서 말해봐요. 그대가 가슴에 갖고 있는 흔적은—그것은 정확히 예전 그대로인가요? 한번 봅시다."

에라디스는 그가 보는 앞에서 왼쪽 가슴을 드러내기 위해 몸을 움직였어요.

신부가 외쳤습니다. "아, 누이여! 잠깐, 멈춰요! 이 손수건으로 가슴을 가리세요. (그는 손수건을 내밀었어요.) 이런 것들은 우리 공동체의 구성원이 보기에는 적합하지 않거든요. 나는 그저 성 프란체스코가 거기에 찍어놓으신 상처만 확인하면 됩니다. 아! 아직 거기 있네요. 좋아요. 나는 참 기쁘군요. 성 프란체스코는 그대를 여전히 사랑하십니다. 상처는 깨끗하고 붉은색이군요. 나는 성 프란체스코의 줄 가운데 남아 있는 성스러운 부분을 가져와야겠다고 생각했어요. 조금 뒤에 우리가 기도드릴 때 그걸 사용하도록 합시다."

디라그 신부는 에라디스로 하여금 채찍질을 아무 불평 없이 견디게 만들기 위해 육체적인 설명을 한다

신부는 계속해서 말했어요. "내가 이미 말했지요? 나를 따르는 사람들, 그대의 동료들 가운데 그대만을 골랐노라고. 왜냐하면 나는 하느님이 자신의 신성한 양 떼 속에서 그대를 선택했다는 사실을 알았으니까요. 마치 태양이 달이나 다른 떠돌이별들보다 돋보이듯이 말이죠. 그 때문에 나는 그대에게 하느님의 가장 은밀한 신비를 감히 드러낼 수 있답니다. 나는 그대에게 충고한 적이 있지요. 그대 자신을 잊어버리고, 그저 되는 대로 맡겨두라고 말입니다. 하느님은 인간에게서 오직 마음과 정신만을 원하십니다. 몸에 대해서는 잊어야만 우리는 하느님과 하나가 될 수 있고, 성인이 될 수 있으며, 기적을 행할 수 있습니다. 내 귀여운 천사여, 우리가 지난번에 훈련할 때 그대의 정신은 여전히 몸에 맞춰 조율되어 있음을 나는 알아차렸어요. 그 사실을 그대에게 일러두지 않을 수 없군요. 뭐라구요! 그대는 채찍질당하고, 고문당하고, 몸에 불이 붙으면서도 아무런 고통도 느끼지 않는 저 축복받은 순교자들을 조금이라도 흉내내지 못한다고요? 순교자들은 하느님의 영광만을 상상함으로써 다른 생각을 할 겨를이 없기 때문에 아무런 고통도 느끼지 않는 것입니다.

사랑하는 에라디스여, 우리 몸의 얼개는 절대 확실합니다. 우리는 오직 감각을 통해서 느끼고, 도덕적 선악만이 아니라 육체적 선악에 대한 관념도 받아들입니다. 우리가 어떤 것을 만지거나 듣거나 볼 때 생각의 작은 조각들이 우리 신경의 구멍들로 흘러들고, 계속해서 영혼에게 경계태세를 취하도록 만듭니다. 만일 그대가 그대의 하느님 사랑에 대한 명상의 힘에 따라 그대 안에 있는 생각의 작은 조각들을 모두 끌어모아 이 목적에 적용할 만큼 충분한 힘을 갖고 있다면, 그대의 몸이 받아들일 충격에 대해 그대의 영혼에게 경고할 생각의 조각은 하나도 남지 않을 것입니다. 그러면 그대는 아무것도 느끼지 못할 것입니다.

사냥꾼을 생각해보세요. 그가 전적으로 사냥감의 뒤를 쫓는 일만 상상한다면, 그는 숲속을 헤쳐나갈 때 가시에 찔리거나 가시덤불에 살이 찢어져도 아무런 아픔도 느끼지 못할 테지요. 그대는 사냥꾼보다 연약할 테지만, 그대는 그보다 천 배나 더 큰 목표를 갖고 있어요. 그대가 맛볼 행복에 대해서만 영혼을 쏟아붓는다면 그까짓 회초리쯤이야 뭐 그리 대단하겠어요? 이것은 우리로 하여금 기적을 일으키도록 만들어주는 시금석이랍니다. 이것은 우리를 하느님과 하나가 되도록 해주는 완벽한 상태가 되어야 합니다."

디라그 신부는 성 프란체스코의 끈(그는 그것의 한 부분을
갖고 있다)을 이용해서 에라디스에게 수많은 쾌락을
경험하도록 해주겠노라고 말한다

신부는 이어서 말했어요. "친애하는 아가씨, 이제 시작합시다. 그대의
의무를 잘 이행하세요. 그러면 그대는 성 프란체스코의 끈과 그대의 명상
의 도움을 받아 이 성스러운 훈련이 이루 말할 수 없는 즐거움을 듬뿍 안
겨줄 것임을 분명히 알게 됩니다. 무릎을 꿇고, 그대의 몸에서 하느님의
화를 불러일으키는 부분을 드러내세요. 그 부분은 고통을 받겠지만, 그로
써 그대의 정신은 곧 하느님과 하나가 될 것입니다. 나는 다시 한 번 그대
에게 일러둡니다. 그대 자신을 잊고, 그저 되는 대로 맡기세요."

에라디스는 디라그 신부의 훈련을 받기 위해 엉덩이를 드러낸다

에라디스 양은 아무런 대답도 없이 곧 복종했습니다. 책을 앞에 놓고 기
도용 의자에 무릎을 꿇었지요. 그러고는 치마를 올리고 속옷을 허리까지
걷어올려 눈처럼 하얀 엉덩이를 내놓았어요. 그의 엉덩이는 훌륭하게 균형
잡힌 넓적다리에서 두 개의 완전한 곡선을 그리면서 솟아올라 있었답니다.
신부는 말했습니다. "그대의 속옷을 더 올리세요. 아직 아닙니다…. 그
래요, 그렇게요. 이제 두 손을 모으고, 머릿속에는 그대가 약속받은 천국
의 영원한 기쁨만 생각하면서 영혼을 하느님께로 올려보내세요." 이렇게
말하면서 신부는 걸상을 가져와 에라디스의 뒤쪽, 그리고 조금 옆에 무릎
을 꿇었지요. 그는 법복을 걷어올려 허리띠에 밀어넣었습니다. 법복 밑에
는 자작나무 회초리의 굵은 다발이 있었지요. 그는 그것을 자기가 맡은 훈
련생 앞에 내보여 거기에 입을 맞추게 했답니다.

디라그 신부는 시편을 읊으면서 에라디스를 때린다

이 같은 장면이 진행되는 것을 보면서 나는 일종의 신성한 두려움에 가
득 휩싸였어요. 또한 좀처럼 형언할 수 없는 전율을 느꼈지요. 에라디스는
아무 말도 하지 않았습니다. 그동안 신부는 흥분한 눈으로 엉덩이를 뚫어
지게 바라보았습니다. 그는 한눈에 들어오는 엉덩이를 내려다보면서 싱글
벙글하더니, 낮은 목소리로 이렇게 말했어요.

"아, 참으로 아름다운 가슴이구나! 젖꼭지는 얼마나 매력 있는가!" 그는
몸을 앞으로 찌르고 뒤로 빼더니, 부드럽게 좌우로 흔들면서 성경의 시편
을 웅얼거렸습니다. 그는 마음껏 욕망을 채웠습니다. 몇 분 뒤, 그는 학생
에게 영혼이 명상의 상태에 들어갔는지 물었습니다.

에라디스는 대답했습니다. "네, 성스러운 신부님, 나는 내 영혼이 완전
히 내 몸을 떠난 것을 느낍니다. 이제 성스러운 일을 시작해주시기를 간청
합니다."

신부가 대답했습니다. "암, 그래야지요. 그대의 정신은 만족할 것입니
다." 그는 몇 가지 기도문을 거듭 외우더니, 에라디스의 엉덩이에 채찍질
을 세 번 가볍게 하면서 의식을 시작했답니다. 채찍질 다음에는 성경을 외
우고 다시 채찍질을 세 번 하는데, 이번에는 처음보다 더 세게 때렸습니다.

신부는 성 프란체스코의 끈이라고 여겨지는 물건을 꺼낸다

사이사이 채찍질과 함께 성경을 대여섯 번 암송한 뒤, 나는 디라그 신
부가 바지 단추를 끌르더니 붉어진 물건을 꺼내는 것을 보고 놀랐어요. 그
물건은 내가 옛 고해신부와 갈등을 일으키게 만들었던 그 무서운 뱀처럼
생겼기 때문이랍니다. 이 괴물은 그 카푸치노 수도회 신부가 징후를 보여

주었던 만큼 길고, 넓고, 단단한 물건이었답니다. 나는 그 물건을 보고 몸을 떨었습니다. 거기에 달린 붉은 대가리는 이제 아주 주홍빛으로 물든 에라디스의 엉덩이를 위협하는 것처럼 보였습니다. 신부의 얼굴은 불길에 휩싸인 듯했습니다.

그는 이렇게 말했습니다. "그대는 가장 완벽한 정신적 평온상태에 있어야 합니다. 그대의 영혼은 감각과 분리되어야 합니다. 나의 어린 양이 내 성스러운 기대를 저버리지 않는다면, 아무것도 보고, 듣고, 느끼지 못할 것입니다."

고문하는 사람은 이렇게 말하면서 에라디스의 몸에서 노출된 부분을 빗발치듯 때려댔습니다. 이렇게 매를 맞으면서도 에라디스는 한마디 말도 없이 꼼짝도 하지 않았습니다. 마치 이 무서운 매를 느끼지도 못하는 것처럼 말이죠. 단지 양쪽 엉덩이만 움찔하는 것을 볼 수 있었답니다. 엉덩이 근육이 끊임없이 굳어지다 풀어지기를 되풀이하는 것이었어요.

이토록 잔인한 벌을 15분 정도 내린 뒤 신부는 이렇게 말했지요. "나는 그대에게 만족합니다. 이제 그대는 그대의 성스러운 일이 거둔 열매를 맛볼 시간입니다. 귀여운 어린이여, 내 말을 듣지 말고 오직 그대 자신에게만 열중하시오. 몸을 앞으로 굽혀 머리를 바닥으로 더 낮추시오. 지금부터 성 프란체스코의 존경할 만한 끈으로 그대 몸에 있는 불순물을 모두 정화시켜주리니."

그 훌륭한 신부는 사실상 에라디스에게―솔직히 말해서 치욕적인, 하지만 그가 마음먹은 대로 하기에는 가장 유리한―자세를 취하도록 했답니다. 그는 한 번도 이처럼 마음을 끄는 광경을 눈앞에 두고 본 적이 없었지요. 에라디스는 엉덩이를 벌리고 있었기 때문에 신부는 욕망의 두 갈래 길을 방해받지 않고 접근할 수 있었답니다.

그 위선자는 잠시 물끄러미 바라보더니, 자신이 '끈'이라고 부르는 것에

침을 발랐습니다. 그러고 나서 그 성자는 악령에 사로잡힌 몸에서 악마를 쫓아내는 주술사와 똑같은 어조로 몇 마디를 하면서 끈을 밀어넣기 시작했습니다.

나는 이 광경을 하나도 놓치지 않고 지켜볼 수 있는 곳에 숨어 있었어요. 내가 관찰하고 있던 방의 창문은 내가 숨어 있는 장롱 문과 정반대편에 있었답니다. 에라디스는 마룻바닥에 무릎을 꿇고 기도용 걸상의 발판에 걸쳐놓은 팔로 머리를 떠받치고 있었습니다. 그는 속옷을 조심스럽게 허리까지 걷어올리고 있었기 때문에, 나는 감탄사가 절로 나올 만큼 훌륭한 그의 허리와 엉덩이를 옆에서 볼 수 있었답니다.

신부는 에라디스의 구멍 두 개 가운데 어느 쪽을 선택할지 몰라 쩔쩔맨다. 결국 분별심이 자연적 취향을 이긴다

이 즐거운 광경에 아주 존경할 만한 신부는 온 정신을 집중했지요. 그는 무릎을 꿇었습니다. 그의 젊은 제자의 두 다리를 자기 다리 사이에 놓고 속옷을 아래로 내린 뒤, 그 무서운 '끈'을 손에 쥐고 꿇어앉아 제대로 알아들을 수 없는 말을 중얼거렸어요. 그는 이렇게 교훈적인 자세로 얼마 동안 그대로 있으면서, 흥분된 눈길로 제단을 넋을 잃고 바라보았지요. 마치 그가 무슨 제물을 바칠까 아직도 결정하지 못한 것처럼 말입니다. 그의 앞에는 구멍 두 개가 놓여 있었지요. 그는 삼킬 듯이 바라보았고, 선택의 여지가 많아 압도당했답니다. 한 구멍은 법복을 입은 성직자가 좋아하는 맛있는 조각이었지만, 그는 자기 제자에게 쾌락과 심지어 무아지경까지 약속했습니다. 그는 무엇을 해야 할까요? 그는 자기 연장의 머리를 자신이 좋아하는 문을 향해 여러 번 돌진시켰습니다. 그는 그 문을 가볍게 두드렸습니다. 그러나 마침내 분별심이 그의 자연적 취향을 이겨냈습니다.

신부는 에라디스의 몸 속으로 파고든다.
그의 행동, 그의 자세에 대한 정확한 묘사

그를 정당하게 평가하기 위해서 나는 그 성하의 루비같이 붉은 생식기가 정식 길을 택했음을 분명히 보았다고 말해두어야겠습니다. 그는 그 길 입구의 자줏빛 입술을 양손의 엄지와 검지로 조심스럽게 열고 들어갔던 거지요. 이 작업은 세 번의 힘찬 찌르기로 시작했는데, 그 결과 그의 물건은 절반이나 들어갔답니다. 그런 다음 신부는 평온함을 잃고 갑자기 격정적으로 변했어요! 오, 하느님! 그때 그의 표정이란! 그는 사티로스 같았어요. 입술에는 거품이, 입은 열린 채, 이를 갈고, 황소처럼 콧소리를 냈지요. 콧구멍이 벌름댔어요. 하지만 그는 에라디스의 엉덩이 위에서 손을 허우적거렸습니다. 분명히 무엇을 꽉 붙잡기는 싫은 것처럼 말입니다. 그의 손가락은 뒤틀리고 펼쳐진 것이 마치 구워놓은 수탉의 발 같았답니다. 그는 머리를 숙이고 있었고, 반짝거리는 눈으로 자기의 충차*가 하는 일을 지켜보고 있었답니다. 그는 물건을 뒤로 물릴 때에도 칼집에서 완전히 빼지 않고, 앞으로 들이밀 때에도 자기 배가 학생의 넓적다리에 닿지 않도록 조심하여, 학생이 성찰을 통해서 이 상상의 끈이 어디 달려 있을까 추정할 수 있도록 찌르는 행위를 조절했습니다. 이 마음 씀씀이란!

나는 그 성스러운 연장이 축제에서 맡은 역할을 하려고 들어가 있는 동안에는 언제나 엄지손톱만큼만 밖에 남아 있는 것을 보았답니다. 그리고 신부의 엉덩이가 뒤로 빠질 때마다 끈이 따라나와 그 머리가 보이고, 에라디스의 벌어진 입술도 보였습니다. 특히 그 입술은 보기에 놀라울 정도로

---

* 충차battering ram는 옛날 전쟁에서 성문을 부수기 위해 밀고 가서 부딪히게 하는 공격용 무기를 말한다.

진홍색을 띠고 있었답니다. 검고 짧은 털만이 덮고 있는 그 입술을 신부가 앞으로 찔러대면서 기관을 꽉 쥐고 있었기 때문에 입술은 그것을 모두 삼켜버린 것처럼 보인다는 사실도 알아차렸습니다. 그것은 두 배우 가운데 어느 쪽의 연장인지 말하기 어려웠습니다. 두 사람 모두 그 물건에 붙어 있는 것처럼 보였기 때문입니다.

사랑하는 백작님, 이러한 종류의 신비에 대해서 전혀 모르는 내 또래의 아가씨에게는 그것이 얼마나 놀라운 역학이었는지, 또 얼마나 훌륭한 광경이었는지 모르겠습니다. 내 머릿속에는 이상한 생각이 잇달아 스쳐지나갔습니다. 나는 똑바로 생각할 수 없을 지경이었습니다. 나는 이 유명한 고해신부의 발치에 엎드려 제발이지 친구에게 해준 것처럼 내게도 해달라고 빌어볼까 스무 번이나 망설였던 일이 생각납니다. 그것은 믿음이 솟아나는 것이었을까요? 아니면 육욕이 샘솟는 것이었을까요? 아직도 나는 뭐가 뭔지 구별할 수 없습니다.

에라디스와 디라그 신부는 쾌락의 극치를 맛본다.
젊은 여성은 자기가 천상의 순수한 행복을 맛보고 있다고 믿는다

다시 우리의 교회 봉사자들 얘기로 돌아갑시다. 신부는 더 빨리 움직였습니다. 그는 이제 거의 균형을 잃을 정도가 되었지요. 그는 머리부터 무릎까지 S자 형태가 되는 자세를 취했어요. 그리고 이 S자의 볼록한 부분이 에라디스의 엉덩이와 수평을 이루면서 앞뒤로 움직였답니다. 에라디스의 은밀한 부분은 그의 충차가 전진할 수 있는 길처럼 움직여 그것의 방향을 잡아주고 있었답니다. 그동안 신부의 넓적다리 사이에 달려 있는 커다란 방울 두 개는 마치 증인처럼 서 있는 것 같았습니다.

신부는 마치 신음소리를 내듯이 물었습니다. "귀여운 성자여, 마음이 편안하세요? 나로 말하자면, 지금 하늘나라의 문이 열리는 것이 보이며, 나는 충분한 은총으로 말미암아 공중으로 들어올려지고 있어요. 나는⋯."

에라디스가 외쳤어요. "오, 신부님, 내 몸 속에 이러한 쾌락이 파고듭니다! 오, 그래요, 나는 천상의 행복을 느끼고 있어요. 나는 내 마음이 물질로부터 완전히 떠났음을 느낍니다. 더 깊이, 신부님, 더 깊이! 제 몸 속에 있는 불순한 것을 모두 뿌리 뽑아주세요. 천⋯사⋯들⋯이 보여요. 앞으로 미세요⋯. 지금 미세요⋯. 아!⋯ 아!⋯ 좋아요⋯. 성 프란체스코님! 저를 버리지 마옵소서! 끈⋯ 끈⋯ 끈⋯을 느낄 수 있습니다. 그만⋯ 나 죽겠어요!"

에라디스와 마찬가지로 압도적인 쾌락이 밀려드는 것을 느끼고 있던 신부는 몸을 앞으로 밀면서 숨을 헐떡거리고 말을 더듬었어요. 마침내 에라디스의 말이 후퇴의 신호처럼 들릴 때, 나는 한때 당당하던 뱀이 그것을 잡아두고 있던 곳으로부터 기어나오는 것을 보았지요. 그 뱀은 거품을 뒤집어쓴 채 초라한 모습을 하고 있었답니다. 모든 것은 곧 제자리로 돌아갔어요. 신부는 법복을 내리고, 비틀거리는 발걸음으로, 방금 에라디스가 떠난 기도용 의자로 다가섰답니다. 거기서 신부는 잠시 기도에 몰입한 척한 뒤, 에라디스에게 일어나 옷을 내리고 자기와 함께 하느님께 방금 받았던 은혜에 대해 감사하자고 지시했습니다.

사랑하는 백작님, 더이상 무슨 말을 해야 하겠습니까? 디라그는 방을 나갔고, 에라디스는 내가 숨어 있는 장롱의 문을 열어준 뒤 내 목을 감싸 안고 울음을 터뜨렸습니다.

"아, 사랑하는 테레즈, 내 행복을 나눠가져요! 그래요, 나는 낙원의 참모습을 봤어요. 나는 천국의 거룩한 기쁨을 경험했어요. 내 친구여, 한 순간의 고통으로 그렇게 많은 즐거움을 맛볼 수 있다니! 성스러운 끈 덕택에 내 영혼은 물질에서 거의 자유로워졌습니다. 지금까지 우리의 좋은 고해신부가 내게 그 끈을 어떻게 넣어주는지 보았죠? 그래요, 나는 실제로 그 끈이 내 심장으로 뚫고 들어오는 것을 느꼈다고 약속하지요. 잘못 생각하지 마세요. 내가 한 단계만 더 흥분했다면 나는 가장 높은 수준의 만족감을 맛볼 수 있는 나라로 영원히 들어갈 수 있었을 테지요. 암, 틀림없고말고요."

에라디스는 그 밖에도 수없이 많은 이야기를 내게 들려주었어요. 그가 하도 활발한 어조로 말해주었기 때문에 그가 최상의 행복을 현실로 경험했다는 사실을 전혀 의심할 수 없을 정도였답니다. 나는 몹시 감동하여 어떤 말로 그에게 축하해줘야 좋을지 모를 지경이었어요. 나는 마음의 동요를 느끼는 상태에서 그를 안아준 뒤 떠났습니다.

*　　　*　　　*

테레즈는 자기 방으로 돌아와 잠든다. 그리고 자신이 보았던 장면을 꿈속에서 본다. 자기의 성적 에너지를 주체할 수 없어 자기도 모르는 사이에 침대 기둥에 음부를 비비다가 몹시 아파서 깨어난다. 그 시점에 테레즈 가족의 옛 친구인 마담 C.가 원장신부 T.와 함께 저녁을 먹으러 온다. 나중에 테레즈는 마담 C.와 개인적인 대화를 나누는 가운데 자기가 앓고 있는 병과 디라그 신부의 영적 훈련에 대해서 말한다. 마담 C.는 테레즈를 보호해주겠다고 제안하고, 이야기는 다음과 같이 계속된다.

마담 C.와 원장신부 T.에 대한 소개

사랑하는 백작님, 이제 마담 C.와 원장신부 T.가 누구인지 아셔야 할 차례입니다. 이제 그분들에 대해 알려드릴 시간이 되었다고 믿습니다.

마담 C.는 훌륭한 가문에서 태어났어요. 그의 부모는 열다섯 살짜리 딸을 예순 살이나 먹은 해군 장교에게 강제로 시집보냈습니다. 그 남편은 결혼한 지 5년 만에 죽었답니다. 그때 부인의 뱃속에 아기가 자라고 있었는데, 이 아기를 낳다가 부인은 죽을 뻔했다지요. 아기는 석 달 만에 죽었고, 마담 C.는 상당한 재산을 가지고 혼자 남았습니다. 아내를 찾는 근처의 뭇 남성들은 이 스물밖에 안 된 예쁘고 오만한 과부를 따라다녔습니다. 하지만 그는 아기를 낳다가 죽을 뻔한 위험에서 기적적으로 벗어난 뒤로 그 같은 위험을 다시는 감수하지 않겠다고 굳게 다짐했기 때문에, 가장 열렬한 구혼자들도 차례차례 포기했습니다.

마담 C.는 매우 지적이었고, 한번 내린 결정은 바꾸지 않았습니다. 언제나 충분히 생각한 뒤에야 비로소 결정했기 때문이랍니다. 그는 책도 많이 읽었고, 가장 추상적인 주제를 놓고 다른 사람과 얘기하기를 즐겼습니다. 그의 개인적인 행실은 나무랄 데 없었지요. 남에게 꼭 필요한 친구였던 그는 언제라도 친구를 도와주려고 노력했습니다. 우리 어머니도 스물여섯 살 때 이 우정을 유익하게 경험한 적이 있었답니다. 나중에 기회가 생기면 당신에게 그의 초상화를 그려드리렵니다.

원장신부 T.는 마담 C.의 고해신부이자 각별한 친구였습니다. 게다가 그는 진짜로 훌륭한 사람이었습니다. 그는 마흔넷이나 마흔다섯 살에 사심 없어 보이는 얼굴, 그리고 작지만 매력적으로 생겼습니다. 그는 재치 있는 인물로서, 그 나이에 걸맞도록 사물을 정확하게 찬찬히 관찰했습니다. 사교계 사람들은 그를 존경하고, 그와 사귀고 싶어 했습니다. 그는 사람들 앞에서 즐거워했기 때문입니다. 그는 지적이고 학식이 풍부한 사람이기도 했습니다. 널리 인정받은 훌륭한 자질 덕택에 그는 내가 지금 밝힐 수 없는 직책을 맡을 수 있었답니다. 그는 남녀 가리지 않고 수많은 훌륭한 사람들의 고해신부이자 친구로 지냈습니다. 전문적으로 성직에 종사하

는 여성, 신들린 사람, 정적주의자(일종의 신비주의자),* 광신자만 주로
상대하는 디라그 신부와는 딴판이었습니다.

마담 C.는 테레즈를 원장신부 T.에게 보내 고해하도록 한다

나는 이튿날 아침 약속 시각에 맞춰 마담 C.를 찾아갔습니다. 마담은 방
으로 들어서면서 말했지요. "사랑하는 테레즈, 가엾게도 다친 그곳은 어떠
니? 잘 잤니?"

"모든 게 나이지고 있어요. 마담께서 말씀해주신 대로 했어요. 모든 것
을 잘 씻어냈어요. 그랬더니 아픔이 가셨어요. 그러나 최소한 제가 하느님
의 마음을 거스르는 짓만 하지 않았으면 해요." 내가 이렇게 대답하자, 마
담 C.는 빙그레 웃으면서 커피를 주더니 이렇게 말했어요.

"어제 네가 한 말은 네가 상상하는 것보다 훨씬 더 중요하단다. 나는 그
문제를 T. 신부님과 상의하는 게 현명하리라고 생각했어. 그분은 고해실
에서 너를 기다리고 계시단다. 나는 네가 그분을 찾아뵙고 어제 내게 한
말을 그대로 말씀드리길 바란다. 그분은 신사이며, 슬기로운 말씀을 해주
시지. 네게 꼭 필요한 말을 들려주실 거야. 내 생각에 그분은 네 건강과 구
원을 위해 필요한 방향으로 행동을 바꾸도록 해주실 거야. 만일 내가 들은
이야기를 네 어머니도 아신다면 걱정으로 돌아가실 지경일 테지. 네가 에
라디스 양의 방에서 본 것은 아주 끔찍한 일이기 때문이란다. 테레즈, 이
제 가봐. T. 신부님을 완전히 믿고 따라보렴. 후회하지 않을 테니까."

나는 울음을 터뜨렸어요. 그리고 T. 신부를 찾아가는 게 겁이 나면서도

---

* 에스파냐의 미겔 데 몰리노스가 《영혼의 지침서》(1675)에서 주창한 신비주의로, 영혼이 정적의
상태에 있을 때 비로소 하느님을 완전하게 받아들일 수 있다는 이론.

마담 C. 곁을 떠났어요. 신부는 나를 보자마자 고해실로 들어갔습니다.

고해신부가 테레즈에게 해준 유익한 충고

나는 T. 신부에게 아무것도 숨기지 않았어요. 신부는 내 이야기에 귀를 기울였지요. 자신이 이해하지 못할 부분을 분명히 하기 위해서 질문할 때만 내 이야기를 막았답니다.

"그대는 방금 내게 놀라운 일을 털어놓았습니다. 디라그 신부는 자기 열정에 도취해버린 악당이며 불쌍한 악마로군요. 그는 자신을 황폐하게 만드는군요. 그리고 에라디스 양도 함께. 하지만 아가씨, 그들을 비난하기보다는 불쌍하게 여겨야겠지요. 우리는 우리 운명을 마음대로 할 수 없으며, 언제나 유혹을 이겨낼 수도 없답니다. 우리 삶은 환경에 따라 결정될 때가 종종 있어요. 그렇다면 이런 사람들을 멀리하세요. 디라그 신부와 그가 돌보는 젊은 여성을 그만 만나세요. 그러나 그들에게 상처를 줄 만한 이야기는 하지 마세요. 지금 말한 대로 자비심을 보여주세요. 그 대신 마담 C.와 시간을 함께 보내도록 하세요. 그분은 그대에게 더욱 가까운 분이 되었지요. 그분은 그대에게 좋은 충고만 해주고 유익한 본보기를 보여줄 것입니다.

그대가 가끔 침대 기둥에 비비던 그 부분에서 느끼는 강력한 충동이 무엇인지 우리 한번 얘기해봅시다. 그것은 굶주림과 목마름 같은 본능입니다. 그대는 그 본능을 알아내거나 부추겨서는 안 됩니다. 그 대신 그렇게 하고 싶은 강한 압력을 느낀다면, 그 충동을 누그러뜨릴 만큼 그 부분을 손이나 손가락으로 비벼서 만족감을 얻어야 합니다. 그러나 분명히 말하지만, 벌어진 곳으로 손가락을 집어넣지는 마세요. 지금으로서는, 손가락을 집어넣으면 그대와 결혼할 남자의 마음속에 의심을 불러일으킬 일이 생길 수도 있다는 사실만이라도 알아두면 충분하겠지요.

더욱이-한 번 더 말해두건대-이러한 욕구가 변치 않는 자연법칙에 따라 우리에게서 일어나듯이, 이 욕구를 충족시키기 위해 내가 권장한 방법도 바로 자연의 손으로부터 얻을 수 있답니다. 게다가 우리가 그 자연법을 하느님의 뜻에 따라 알게 된 것임을 확신하는 이상, 하느님께서 당신이 창조하신 우리에게 내려주신 수단으로 우리의 생리적인 욕구를 해결하는 것이 어떻게 해서 그분을 거역하는 일이라고 두려워할 수 있단 말인가요? 특히 그 수단을 사용한다고 해서 사회의 질서를 문란케 하는 것도 아닌데 말입니다.

친애하는 아가씨, 하지만 디리그 신부와 에리디스 양 시이에서 일어난 일은 분명히 다릅니다. 신부가 자기 제자를 속였기 때문이지요. 그는 자기의 생식기를 성 프란체스코의 끈이라고 속여서 제자에게 임신을 시킬 위험한 짓을 했습니다. 그 물건은 생식을 위해 사용하는 것이랍니다. 그렇게 함으로써 그는 우리에게 이웃을 내 몸처럼 사랑하라고 가르치는 자연법을 거역했습니다. 그가 했던 것처럼 에라디스 양을 평생 불명예와 치욕의 위협에 빠뜨리는 행위가 과연 이웃사랑이란 말인가요?

친애하는 아가씨, 신부가 생식기를 자기 제자의 은밀한 곳에 밀어넣고 그대가 보았듯이 움직인 것은 인류를 생산하기 위한 과정의 일부이며, 오직 결혼한 상태에서만 허락받은 행위입니다. 만일 미혼 여성에게 이 같은 행위를 한다면 가족의 안정을 해칠 수 있고 우리가 언제나 존중해야 할 공공의 행복에 역행할 수도 있습니다. 그래서, 그대가 결혼이라는 성사에 얽매이지 않는 한, 그대는 그 어떤 남자와 그 어떤 체위로도 이러한 행위를 하지 않도록 조심해야만 합니다. 나는 그대의 바람이 지나칠 때 그것을 누그러뜨리고 그것을 부추기는 불을 끌 수 있는 처방을 이미 일러주었습니다. 이 처방이야말로 그대의 건강 상태를 개선해주고 몸무게도 늘려줄 것입니다. 그대의 보기 좋은 모습은 그대의 마음을 사로잡으려고 노력하는 청혼자들을 틀림없이 끌어모을 것입니다. 늘 조심하고, 내가 가르쳐준 것을 늘 마음속에 새기도록 하세요. 오늘은 이만 합시다."

그러고 나서 슬기로운 고해신부는 이렇게 덧붙였습니다. "그대는 앞으로 일주일에 한 번씩 같은 시각에 나를 만날 수 있습니다. 여기 고해실에서 오간 이야기는 죄인과 고해신부 두 사람에게 똑같이 신성하다는 사실을 잊지 마세요. 아주 작은 부분이라도 다른 사람에게 말하면 가증스러운 죄를 짓게 됩니다."

테레즈는 생식기를 씻는 동안 행복을 발견한다

새 고해신부가 내게 준 가르침에 나는 매료되었어요. 나는 그분의 진실성을 느꼈습니다. 그것은 일종의 신중한 논리적 사고, 내가 그 이후에 듣는 모든 것에 대해 의문을 품게 만드는 자비로운 철학이었답니다.

나는 그날 곰곰이 생각해보았습니다. 그리고 저녁 때 잠자리에 들려다가 아직 아픔이 가시지 않은 은밀한 부분을 물로 씻어야겠다고 생각했습니다. 다른 사람들의 손이나 눈의 간섭을 전혀 받지 않는 가운데 나는 치마를 올리고 침대 가장자리에 앉아 다리를 되도록 넓게 벌리고는 나를 여성으로 만들어주는 그 부분을 자세히 검사하기 시작했습니다. 나는 그 입술을 벌리고 디라그 신부가 아주 굵은 연장을 에라디스의 몸에 집어넣던 바로 그 구멍을 내 손가락으로 찾았습니다. 내가 발견한 것에 대해서 나는 아직도 의심하고 있습니다. 구멍이 작기 때문에 나는 당황했습니다. 나는 손가락을 집어넣으려다가 T. 신부의 명령을 생각하고는 곧 그만두었습니다. 나는 재빨리 손가락을 뒤로 거두었습니다. 내 손가락으로 구멍의 가장자리를 아래에서 위로 더듬다가 작은 돌기를 마주쳤을 때, 내 몸은 떨렸습니다. 나는 그것을 더듬었고, 더 세게 문지르자 곧 쾌감의 절정을 맛보았습니다. 젊은 아가씨가 자기 몸 속에 쾌락의 원리라고 할 수 있는 액체가 풍부하게 있음을 안다는 것은 얼마나 행복한 발견이란 말입니까?

그 뒤 6개월 동안 나는 계속 관능의 강물로 목욕했습니다. 이 기간 동안 여기서 우리와 관련된 욕구 이외의 것은 일어나지 않았습니다.

나는 건강을 완전히 회복했습니다. 내 의식은 새 고해신부의 도움을 받아 맑아졌습니다. 그는 내게 슬기로운 말로 충고해주었는데, 그 말씀은 인간의 열정에도 잘 들어맞았습니다. 나는 월요일마다 고해실에서 그를 만났습니다. 그리고 마담 C.의 집에서 매일 보았습니다. 나는 이제 이 훌륭한 부인의 곁을 결코 떠나지 않았습니다. 내 마음속에 거미줄처럼 얽혀 있던 번뇌는 조금씩 흩어졌고, 사물을 이성에 맞게 생각하고 조합하는 일에 점점 더 익숙해졌습니다. 이제 디라그 신부나 에라디스는 더이상 내게 필요하지 않았습니다.

가르침과 본보기야말로 정신과 마음을 단련하는 데 가장 위대한 선생입니다. 그들은 아무것도 주지 않고, 또 우리는 각자 우리 마음속에 장래 발전의 씨앗을 품고 있다는 사실을 받아들여야 하지만, 그들은 이러한 씨앗을 기르는 데 도움을 준다는 사실도 분명합니다. 그들은 우리에게 일어나기 쉬운 사상과 정서를 일깨워줍니다. 만일 가르침과 본보기가 없다면 사상과 정서는 우리 안에 파묻히거나 묶여 있을지 모릅니다.

한편, 어머니는 도매업을 계속했지만 별로 발전하지 못했습니다. 수많은 사람이 어머니에게 돈을 갚지 않았으며, 특히 어머니는 파리의 어떤 상인이 파산할 조짐이 보이자 함께 망할까봐 두려워했습니다. 그 문제에 대해 어찌하면 좋을지 남의 조언을 구하다가 마침내 이 자랑스러운 도시로 여행을 하기로 결심했습니다. 사랑하는 어머니는 나를 몹시 걱정한 나머지 자기가 얼마나 걸릴지 모르는 여행을 하는 동안 나를 그대로 둘 수 없을 정도였습니다. 그래서 나를 데리고 가기로 결정했습니다. 아뿔싸! 불쌍한 어머니는 그것이 인생의 마지막 길인 줄 꿈에도 생각지 못했으며, 거기에서 내가 나 자신의 행복의 샘인 사랑하는 백작님의 품을 발견할 줄도 예상하지 못했습니다.

우리는 한 달 뒤—내가 마을에서 10여 리 떨어진 곳에 있는 마담 C.의 별장에서 지내고 돌아온 뒤—에 떠나기로 결정했습니다. 원장신부는 날마다 규칙적으로 거기 들렀고, 임무에 차질이 없을 때면 하룻밤을 지내기도 하였습니다. 두 분은 나를 잘 보살펴주었습니다. 그들은 내 앞에서 부끄러워하지 않은 채 아무 얘기나 했습니다. 그들은 도덕철학, 종교, 그리고 형이상학적인 주제를 내게 가르쳐준 대로 아주 다양하게 얘기했습니다. 나는 마담 C.가 내 사고방식과 추론방식에 매우 만족하고, 내 논점을 적절한 결론으로 이끌어주면서 즐거움을 맛보고 있음을 느꼈습니다. 그러나 때로는 원장신부 T.가 어떤 주제에 대해 어떤 주장을 미리 만들어내지 말라고 눈짓 하는 것을 알고 괴로울 때도 있었습니다. 이 같은 사실을 알고 나니 창피했습니다. 나는 그들이 내게 숨기려고 노력하는 것을 어떻게든 내 힘으로 알아내겠다고 결심했습니다. 그 당시 나는 그들이 서로 애정을 느끼고 있음을 조금도 의심하지 않았습니다. 곧 내 호기심을 해결할 수 있었습니다. 그 얘기를 해드리겠습니다.

사랑하는 백작님, 백작님이 그다지도 잘 계발하신 도덕적·형이상학적 원리—내게 이 세상에서 우리가 어떤 존재인지 잘 보여주고, 그렇게 함으로써 백작님이 중심에서 누리고 있는 이 행복하고 조용한 삶에 대해 확신을 갖도록 만들어준 원리—를 내가 언제부터 얻었는지 알려드리겠습니다.

테레즈는 덤불 뒤에 숨어서
마담 C.와 원장신부 T.의 사랑을 확인한다

그때는 아주 기분 좋은 여름날이었답니다. 마담 C.는 아침 다섯 시쯤이면 어김없이 일어나 정원 끝에 있는 작은 숲으로 산책을 나갑니다. 나는 원장신부 T.가 그곳에서 하룻밤을 묵을 때면 그도 그 숲에 간다는 사실을 알아차렸지요. 그리고 한 시간쯤 뒤 두 사람은 나란히 마담 C.의 아파트로 돌아왔고, 그때부터 오전 여덟 시나 아홉 시까지 두 사람의 모습을 볼 수 없었어요.

나는 그들보다 먼저 숲에 가서 몸을 숨기고 그들의 이야기를 엿들어야겠다고 결심했습니다. 나는 그들의 사랑을 조금도 의심하지 않았기 때문에, 그들의 모습을 눈으로 볼 수 없는 경우 이해할 수 없는 부분이 있으리라는 점을 미처 깨닫지 못했습니다. 나는 장소를 둘러보러 가서 내 계획에 가장 적합한 장소를 발견했습니다.

그날 저녁 밥을 먹으면서 대화는 자연과 피조물의 활동으로 돌아갔습니다.

마담 C.는 이렇게 물었습니다. "그렇다면 결국 '자연'이라는 것은 무엇입니까? 그것은 어떤 종류의 존재입니까? 모든 것은 하느님이 창조하지 않으셨나요? 자연은 하느님보다 낮은 종류의 신이라고 할 수 있나요?"

원장신부 T.는 마담 C. 쪽으로 눈을 찡긋 하면서 재빨리 대꾸했어요. "사실 당신이 이런 식으로 말할 때면 합리적인 사람처럼 보이지 않는군요. 나는 내일 아침 산책 때 우리가 인류의 어머니에 대해 가져야 할 관념을 설명해드리기로 약속하지요. 지금은 밤이 너무 깊어서 이러한 주제를 토론할 수 없습니다. 당신은 벌써 꾸벅꾸벅 조는 테레즈 양에게 이 주제가 얼마나 지루한지 모르시는군요. 내 충고를 존중하신다면, 두 분 다 주무세요. 나는 내 일을 마저 끝내고 두 분을 따라가겠습니다."

우리는 원장신부의 충고를 들었습니다. 우리 두 사람은 각자 자기 방으로 갔답니다.

이튿날 새벽, 나는 몰래 숨을 곳으로 내려가 망을 보았지요. 나는 양쪽에 나무를 심어놓고 녹색 벤치와 여기저기 조각상을 세워놓은 길 끝에 있는 숲에 자리를 잡았습니다. 한 시간을 기다리는 동안 점점 더 조바심이 났지만, 마침내 우리 주인공들이 도착해 바로 내가 숨어 있는 곳의 앞에 있는 벤치에 앉았습니다.

원장신부는 벤치에 다가오는 동안 계속 이야기했습니다. "그래요, 정말, 테레즈는 날마다 더 예뻐집니다. 이제는 존경받을 만한 성직자의 손에 아주 잘 맞을 정도로 가슴이 자랐더라고요. 그 아이의 눈은 생기가 넘쳐 불 같은 성격을 그대로 보여줍니다. 분명히 그 멋진 테레즈는 강한 성격을 가졌어요. 내가 그 아이에게 손가락으로 열정을 누그러뜨리도록 허락했을 때, 그 아이는 적어도 하루에 한 번씩 그 일을 했으리라고 상상할 수 있겠어요? 마담은 내가 친절한 고해신부이자 훌륭한 의사라는 사실을 인정하셔야 합니다. 나는 그 아이의 몸과 마음을 모두 고쳤어요."

마담 C.가 대답했습니다. "하지만, 신부님, 우리는 테레즈에 대한 이야기를 귀가 닳도록 듣지 않았던가요? 우리가 고작 그 아이의 아름다운 눈과 성질에 대해서 얘기하려고 여기까지 왔나요? 이 음탕한 분, 당신은 그 아이가 자기 몸에 당신의 처방을 적용하는 수고를 끼치는 것이 미안해서 직접 해주고 싶어하지나 않는지 의심이 갑니다. 당신도 잘 아시다시피 그런 일이라면 내가 선수지요. 그리고 만일 당신에게 그것이 해롭지 않다면 내가 기꺼이 그 일에 찬성하리라는 것도 잘 아시잖아요. 테레즈는 재치가 많지만, 너무 어리고 세상 경험이 너무 적어서 믿지 못하겠어요. 그 아이는 더할 나위 없는 호기심덩어리라는 사실을 인정하겠어요. 결국 그 아이는 아주 훌륭한 제자로 발전할 수 있었고, 만일 방금 내가 말한 결점만 아니라면 우리가 함께 즐거움을 나누도록 그 아이를 끼워주자는 데 조금도 망설이지 않겠어요. 다른 친구들의 행복을 질투하거나 부러워하는 일은 어리석다는 사실을 인정해야 하기 때문입니다. 특히 그 친구들의 향락이 우리의 향락을 조금도 방해하지 않을 때."

어째서 질투는 우스꽝스러운가

원장신부는 이렇게 말했습니다. "마담의 말씀이 절대로 옳아요. 합리적으로 추론할 수 있는 능력을 타고나지 못한 사람들에게 기분풀이의 기회를 주는 두 가지 정열이 있지요. 그러나 우리는 부러움과 질투를 구별해야 합니다. 부러움이란 사람이 타고난 정열입니다. 그것은 인간의 본질적인 부분입니다. 요람에 누워 있는 아기들도 다른 아기가 받는 것을 자기도 받고 싶어 합니다. 오직 교육만이 우리가 자연에서 넘겨받은 이러한 정열을 조절할 수 있습니다. 질투는 사랑의 쾌락과 관련해서 부러움과는 사뭇 다릅니다. 이 정열은 우리가 자신에 대한 사랑을 느끼고 편견을 가질 때 생깁니다. 우리는 창고에서 가장 훌륭한 포도주를 가져다 손님에게 대접하지만, 어떤 민족은 자기 아내를 제공하는 경우가 있음을 지적할 수 있습니다. 이 외국인은 자기 동료들이 자신에게 손뼉을 치면서 축하해주는 동안 자기 아내의 품에 안긴 연인의 등을 토닥거려줍니다. 프랑스인이 이 같은 상황에 처한다면 얼굴을 찌푸리겠지요. 그는 놀림감이 되고 웃음거리가 될 것입니다. 페르시아인이라면 분명히 연인들을 칼로 찌를 테고, 그리고 모든 사람은 두 사람을 처단한 데 대해 손뼉 칠 것입니다.

따라서 질투는 자연이 우리에게 준 정열이 아니라는 사실이 분명합니다. 그것을 불러일으키는 것은 우리의 교육, 우리 고장의 편견입니다. 파리의 젊은 여성은 어릴 때부터 연인의 배신을 견디는 것은 치욕이라고 책에서 읽고 듣습니다. 젊은 남성은 불성실한 애인이나 아내가 자기 자존심을 해치고 연인이나 남편의 명예를 떨어뜨린다고 확신합니다. 우리는 이 같은 가르침에 젖었기 때문에 그 결과 젖먹이 시절부터 질투심이 생긴다고 말할지 모릅니다. 질투심이라는 초록색 눈의 괴물은 인간을 파멸로 이끌어갑니다. 왜냐하면 모든 것을 얕볼 수 있는 것으로 상상하게 만들기 때문이지요.

그러나 변덕스러움과 배신의 차이를 분명히 해둡시다. 나는 나를 사랑해주는 여성을 사랑합니다. 그의 성격은 내 성격과 일치합니다. 그의 얼굴을 보고 그의 신체를 즐기면 기쁨이 넘칩니다. 그가 나를 떠납니다. 이러한 상황에서 내 고통은 편견 때문에 생기지 않습니다. 그 점을 우리는 추론할 수 있지요. 나는 분명한 재산, 익숙한 즐거움을 잃어버리고 있습니다. 나는 그를 대신할 만한 사람을 찾을 수 있을지 확신할 수 없습니다. 그러나 일시적인 배신은 오직 변덕이거나 성적 충동에 대한 반응일지 모르며, 어쩌면 오직 감사의 표시일 수도 있으며, 다른 사람의 고통이나 쾌락에 민감하고 너그러운 마음의 증거일 수도 있는 것입니다. 그것으로부터 무슨 해를 입을 수 있겠습니까? 사실 사람들이 뭐라 하든, 합리적으로 말해서 '칼로 물 베기'라고 부르는 것—그 어떤 결과도 낳지 않는 것—에 충격을 받는다면 아주 바보 같은 일이지요."

마담 C.는 원장신부 T.의 말을 끊고 들어갔습니다. "오, 신부님이 말씀하시는 방향을 알겠군요. 당신은 선량한 마음에서건 테레즈에게 즐거움을 주려는 목적에서건, 그에게 성교육을 조금이라도 시켜주고, 당신 말씀대로, 내게는 이도 저도 아니라 할 정도로 조금 약을 올려줄 수 있는 친절한 인물이라는 생각을 아주 점잖게 내놓고 계시는군요. 존경하는 신부님, 나는 전적으로 동감입니다. 나는 당신 두 사람 모두 사랑합니다. 나는 그렇게 해서 아무것도 잃지 않겠지만, 당신 두 사람은 더 좋아지겠지요. 내가 반대할 이유가 어디 있겠습니까? 내가 그 일로 충격을 받았다면, 내가 오직 나 자신과 내 이기적인 쾌락, 당신에게도 쾌락을 추구할 권리가 있음을 부정하면서 더 많이 즐길 수 있는 쾌락만을 사랑한다고 합리적으로 결론을 내려야겠지요. 하지만 전혀 그렇지 않습니다. 나는 당신이 당신의 쾌락을 더 많이 가지려고 도움받는 것에 의존하지 않고서도 즐거움을 얻는 방법을 알고 있습니다. 그러니 신부님은 나를 성가시게 하지나 않을까 두려워하지 마시고 당신 마음대로 테레즈의 그곳을 문질러주세요. 그 가련한 아가씨에게 좋은 일이겠지요. 그러나 다시 한 번 말하지만, 조심해요, 경솔한 짓은….”

원장신부가 대답했어요. “터무니없는 말! 나는 테레즈에 대해서 전혀 생각하고 있지 않다는 사실을 맹세할 수 있어요. 나는 단순히 자연의 작동원리를 마담에게 설명하고 싶었답니다.”

마담 C.가 이 말을 받았습니다. “그러면 이 정도만 얘기하기로 하지요. 그러나 자연에 대해 말씀하시지만, 이 훌륭한 어머니에 대해 내게 정의해주기로 약속하셨다는 사실을 잊으신 것 같군요. 신부님이 이 숙제를 어떻게 풀 수 있는지 두고 보지요. 왜냐하면 신부님은 그 어떤 것도 모두 설명할 수 있다고 주장하시니까요.”

원장신부 T.의 훈련, 그는 모든 합리적인 인간이 이용하도록 그것을 권장한다

원장신부는 말했습니다. “나야 그렇게 하면 좋지요. 그러나 첫째, 친애하는 어머니, 당신은 내가 해야 할 일이 무엇인지 알고 계십니다. 나는 내 상상력을 가장 자극하는 작은 일을 하지 않으면 아무 짝에도 쓸모가 없습니다. 나는 내 생각을 분명하게 정돈할 수 없거든요. 바로 이 한 가지 급선

무에 온 정신이 집중된단 말입니다. 벌써 말했죠, 내가 파리에서 독서와 순수 이론과학을 연구하는 데만 거의 매달리던 시절, 육체의 자극 때문에 공부를 방해받을 때마다 나는 특별히 젊은 아가씨를 마치 요강처럼 이용했다고. 그리고 나는 그것을 그 아가씨에게 한두 번 찔러넣기도 했답니다. 그러면 곧 그 아가씨가 필요없어졌답니다. 그러고 나면 내 마음은 진정되고 생각은 맑아져 다시 공부를 할 수 있었습니다. 그리고 그 어떤 문인이나 별로 격렬하지 않은 성미의 학구적인 사람은 이 같은 처방을 이용해야 한다고 생각합니다. 이러한 방법은 마음만이 아니라 몸의 건강을 위해서도 좋습니다. 자신의 사회적 의무를 잘 알고 있는 신사라면 이러한 방법을 이용해야 한다고 나는 확신합니다. 그것은 그가 지나칠 정도로 자극받은 나머지 자신의 의무를 잊어버린 채 친구 또는 이웃의 아내나 딸을 타락시키지 않도록 하기 위해서입니다."

성적 쾌락의 덫을 안전하게 여행하고자 하는 부인, 아가씨는 물론 남성을 위한 가르침

원장신부는 말을 이었습니다. "마담, 이제 이렇게 묻고 싶을지 모르겠군요. 부인과 아가씨는 무엇을 해야 하는가? 그들도 남자와 똑같은 욕구를 갖고 있다고 말씀하시겠지요. 그들도 똑같은 물질로 이루어졌다고 말입니다. 하지만 그들은 똑같은 수단을 사용하지 않습니다. 여자들은 자기이름을 훌륭하게 지키려 노력하며, 무분별하거나 눈치 없는 상대를 만날까봐 두려워하고 임신할까봐 두려워하기 때문에 남자들과 똑같은 처방에 의존하지 못합니다.

그렇다면 당신은 이렇게 묻겠지요. 당신이 특별 용도로 아가씨를 이용하는 것처럼, 그들은 자신들이 특별히 이용할 수 있는 남자를 어디서 발견할 수 있단 말입니까? 마담, 그들은 당신과 테레즈가 하는 것처럼 해야 합니다. 만일 그러한 놀이가 그들에게 적합하지 않다면(왜냐하면 사실 그것이 모든 사람에게 적합하지는 않으니까요), 그들은 '각좆'이라는 교묘한 도구를 이용해야 할 것입니다. 각좆은 진짜 물건을 잘 흉내내서 만든 것이랍니다. 그것에 상상력을 동원해 유용한 역할을 맡기면 됩니다.

그런데 이렇게 한다 할지라도, 다시 한 번 말하지만 남자와 여자는 기존 사회의 내적 질서를 혼란스럽게 만들지 않도록 노력하면서 오직 쾌락만을 얻어야 합니다. 그러니까 여성은 자신에게 적합한 사람들, 사회가 맡긴 의무를 지고 있는 사람들하고만 짝을 맺어야 합니다. 미담은 이것이 부당하다고 반대하시겠지만 그렇지 않습니다. 당신이 개인에게 부당하다고 생각할 수 있는 것은 아무도 위반하려고 노력해서는 안 될 대다수의 이익을 확보해주니까요."

마담 C.가 대답했습니다. "아, 이제야 원장신부님 말씀을 알아듣겠군요. 신부님께서는 지금 내게 어떤 부인이나 아가씨도 남자와 그 짓을 해서는 안 된다, 그리고 어떤 신사도 여성을 유혹해 공공질서를 위협해서는 안 된다고 말씀하시는 거지요? 이 더러운 늙은이 같으니, 지금까지 당신이 나를 수백 번 괴롭힌 것도 바로 이 같은 목적 때문이었다는 얘기군요. 사실 내가 임신이나 하지 않을까 이겨낼 수 없을 정도로 두려워하지만 않았더라도 당신은 재빨리 처리했을 테지요. 그래서 당신은 개인적인 욕구만 충족하는 일에 대해서는 당신이 언제나 설교를 늘어놓는 공공의 행복을 눈 하나 깜짝하지 않고 거스를 수 있었던 것이군요."

원장신부는 "옳지! 또 시작이군!"이라고 말하더니 이렇게 덧붙였다. "귀여운 어머니, 똑같은 노래를 1절부터 다시 시작하자는 거요? 당신이 주의를 기울이면 그런 위험을 겪지 않을 거라고 당신에게 이미 말하지 않았나요? 여성은 악마에 대한 두려움, 평판, 그리고 임신이라는 단 세 가지 걱정거리를 갖고 있다는 데 의견의 일치를 보지 않았던가요? 내 생각에 당신의 마음은 첫 번째 걱정거리에 대해서는 느긋합니다. 당신은 당신의 평판을 손상시킬 수 있는 유일한 것이라 할 내 무분별이나 경솔함에 대해서도 걱정하는 것처럼 보이지 않습니다. 끝으로, 여성은 오직 연인들의 부주의 때문에 아기를 가지게 됩니다. 더욱이 나는 이미 임신의 얼개를 설명하는 가운데 임신을 피하는 것이 가장 간단하다는 사실을 여러 차례 설명했습니다.

그렇다면 다시 한 번 얘기해볼까요? 연인은 심사숙고한 결과로든 연인을 봤기 때문이든, 생식 행위를 위한 준비 상태에 들어갑니다. 그의 피, 정신, 그리고 발기 신경이 함께 작용해 생식기를 커지고 단단하게 만듭니다. 연인들이 합의해서 적절한 체위를 취하면 남성의 화살이 연인의 화살통으로 밀고 들어갑니다. 두 사람의 성기를 서로 비비면 씨앗이 준비됩니다. 두 사람은 쾌락의 파도에 휩싸입니다. 이미 성스러운 즙이 흐르기 시작합니다. 그러나 이제 슬기로운 남성은 자기 감정을 지배할 수 있으므로 새를 새집에서 꺼내고, 자기 손이나 여성 상대의 손으로 몇 번 교묘히 어루만져서 안전하게 사정하도록 합니다. 이렇게 하면 아기가 생길 위험이 없습니다. 하지만 부주의하고 난폭한 남성은 연인의 질 속으로 깊이 밀고 들어가 거기에 씨를 뿌립니다. 그의 씨앗은 자궁을 파고들어가, 거기에서 다시 아기가 생기는 관으로 들어갑니다."

T. 신부는 계속해서 말했어요. "마담, 당신이 다시 한 번—성적 쾌락의 얼개에 관한—얘기를 해주기를 바랐기 때문에 한 번 더 해드렸습니다. 당신이 나를 잘 아니까 하는 말인데, 당신은 내가 경솔한 인간이라고 상상할 수 있습니까? 사랑하는 친구여, 그렇지 않습니다. 나는 그것을 다른 방식으로 수백 번이나 했습니다. 제발 부탁인데, 오늘 당신과 다시 한 번 하도록 허락해주세요. 내 우스꽝스러운 물건이 지금 얼마나 위풍당당한 상태

에 있는지 보세요…. 그래요, 잡아보세요. 손으로 강하게 쥐세요. 보세요, 그것이 당신의 호의를 구걸하고 있잖아요. 그리고 나는….”

마담 C.는 원장신부 T.에게 냉담한 쾌락을 조금 허용한다

마담 C.는 재빨리 대답했습니다. “아니오, 제발, 친애하는 원장신부님, 난 죽을 때까지 결코 그것을 받아들이지 않겠습니다. 당신이 무슨 말씀을 하신다 해도 내 두려움을 잠재울 수 없습니다. 그리고 나는 내가 경험할 수 없는 쾌락을 당신에게 제공하기만 하겠지요. 그것은 전혀 공평하시 못합니다. 나도 내 방식대로 하고 싶어요. 이 오만 방자한 꼬마 녀석에게 한 가지 가르쳐주겠습니다. 그럼 당신은 내 가슴과 넓적다리로 만족하십니까? 당신은 거기에 충분히 입맞추고 충분히 주물렀나요? 어째서 당신은 내 옷소매를 팔꿈치 위로 잡아올리고 있나요? 그것은 의심할 여지 없이 맨팔이 움직이는 것을 보고 선생이 흥분하고 있기 때문이지요. 나는 어떻게 하고 있나요? 당신은 한마디도 말하지 못하는군요! 아, 이 악당, 그는 얼마나 재미를 보고 있나요!”

잠시 침묵이 흐르고 나서 갑자기 나는 원장신부가 외치는 소리를 들었습니다. “사랑하는 어머니, 더이상 참을 수 없어요! 조금 더 빨리요! 혀로 조금만 핥아줘요, 지금, 제발! 아! 나오…고…있어요!”

사랑하는 백작님, 내가 이 교훈적인 대화를 듣고 있는 상황을 상상할 수 있으시겠지요. 나는 스무 번이나 몸을 일으켜 그들을 볼 수 있는 곳을 찾으려고 노력했습니다. 하지만 나뭇잎 바스락거리는 소리 때문에 다시 주저앉곤 했답니다. 나는 그곳에 앉아 있다가, 할 수 있는 만큼 뒤로 기댔습니다. 그리고 내 몸을 휩싸고 있는 불을 끄기 위해 내가 늘 하던 작은 의식에 의존했습니다.

원장신부 T.는 작은 거위*의 쾌락은 완전히 합법적임을 증명한다

그 뒤 얼마 동안 원장신부 T.는 흐트러진 옷매무새를 바로 고친 뒤 이렇게 말했습니다. "친구여, 몇 번이고 생각한 끝에 진실을 말하자면, 내가 당신에게 즐거움을 요구했지만 당신이 거절한 것이 옳았다고 확신합니다. 나는 아주 큰 쾌락과 강력한 흥분을 느꼈기 때문에, 만일 당신이 내 방식대로 하도록 허락했다면 둑이 무너졌으리라고 생각합니다. 우리는 참으로 약한 동물이며 우리의 충동을 좀처럼 통제하지 못한다는 사실을 인정해야 합니다."

마담 C.는 이 말을 듣고 이렇게 대답했습니다. "가엾은 신부님, 나는 모두 알고 있답니다. 당신은 내가 모르는 것을 모두 말해주고 있지 않습니다. 하지만 말해봐요. 우리가 하는 것처럼 이러한 쾌락에 젖으면서 사회 전체의 행복을 거스르는 죄를 짓고 있는 것은 아닙니까? 당신이 환영하는 분별력을 가지고 새를 새집에서 꺼내어 땅 위에 생명의 재료를 쏟아붓는 이 슬기로운 연인도 역시 죄를 짓고 있지 않습니까? 왜냐하면 당신은 우리가 모두 사회에 유익할지 모르는 다른 시민을 이 세상으로부터 빼앗고 있다는 사실을 인정해야 할 테니까요."

원장신부는 대답했습니다. "이러한 추론은 언뜻 보아서 적절한 것 같습니다만, 사랑스러운 여인이여, 당신은 그것이 실제로 얼마나 피상적인 추론인지 곧 아시겠지요. 우리에게 종족의 번식을 위해 일하라고 권하는―하물며 요구하는―인간의 법이나 신법은 존재하지 않습니다. 젊은 남녀는 법으로 혼자 지낼 수 있도록 허락받았습니다. 그리하여 능력을 완전히 발

---

* '작은 거위Little Goose'는 전희, 애무를 뜻한다.

휘하지도 못하는 일에 종사하는 수도사와 쓸데없는 수녀들이 떼로 생겨나고 있습니다. 그리고 결혼한 남자는 합법적으로 임신한 아내와 함께 살 수 있습니다. 이 경우, 그는 씨를 뿌리면서도 더이상 임신을 시키지는 않습니다. 처녀성은 결혼에 바람직한 것으로 유지되기도 합니다.

그러나 이렇게 말할 수 있다면, 작은 속임수를 가진 남자, 그리고 '작은 거위' 놀이를 하는 우리는 남녀 수도성직자나 홀로 살아가는 사람보다 더 나을 것이 없다는 게 사실이 아니겠습니까? 전자가 아무런 목적도 없이 뿌리는 씨앗을 후자는 아무런 소용도 없이 자기 허리에 보존하고 있습니다. 그렇다면 그들은 모두 똑같은 위치에서 시회의 관계를 맺고 있는 것 아닌가요? 그들 가운데 시민을 생산하는 사람은 없습니다. 하지만 우리가 정자를 죽이는 그릇에 씨앗을 채워넣어, 우리의 건강에 아무런 도움도 주지 못할 뿐만 아니라 위협을 하고 심지어 생명을 위협하기도 하느니보다 차라리 씨앗을 쏟아부어 다른 사람에게 아무런 해도 끼치지 않으면서 우리의 쾌락에 빠지는 편이 더 낫다고 달콤한 이성은 명령하고 있지 않습니까? 만물박사님, 이제 당신은 우리의 쾌락이 남녀 수도성직자의 독신생활보다 사회에 더 많은 해를 끼치지 않는다는 사실을 아시겠지요. 그래서 우리는 우리의 사랑스러운 일을 계속할 수 있는 것이랍니다."

원장신부는 이렇게 말하면서 마담 C.에게 작은 봉사를 할 자세를 취하는 것이 분명했어요. 왜냐하면 잠시 후 나는 마담 C.가 이렇게 말하는 것을 들었기 때문이랍니다.

"아, 그만 해요, 이 교활한 원장신부님! 손가락을 빼요. 오늘은 그럴 기분이 아니랍니다. 어제 한 어리석은 짓 때문에 아직도 조금 아프거든요. 우리 내일까지 참아요. 어쨌든 난 침대에 퍼져서 편안한 자세로 있는 편을 좋아한다는 사실을 잘 아시잖아요. 이 나무의자는 조금도 그 일에 맞지 않아요. 그러나 기다려요. 한 가지만 더요. 지금 당신에게 원하는 것은 오직

한 가지, 대자연이란 무엇인지 내게 정의해주겠다고 약속했지요. 듣고 있으니 말씀해보세요."

'자연'이라는 말로 우리가 이해해야 할 것에 관한 정의

"대자연이라고요?" 원장신부가 물었습니다. "저런, 당신도 나만큼 자연에 대해서 곧 알게 될 텐데요. 자연은 상상으로 꾸며낸 것, 아무런 의미가 없는 낱말에 지나지 않는답니다. 최초의 종교 지도자들—원래 정치사상가들—은 대중에게 제공해야 할 선과 악의 관념에 의문을 품었지요. 그래서 그들은 우리와 하느님 사이에 있는 존재를 발명했답니다. 실은 하느님도 그들이 우리의 정열·병·범죄의 창조자라고 상상한 존재랍니다.

사실 이렇게 하지 못하고서 어떻게 그들이 만든 제도를 하느님의 가없는 너그러움과 일치시킬 수 있었겠습니까? 그들은 훔치고, 죽이고, 거짓 증언하고픈 우리의 욕망을 어떻게 달리 설명할 수 있었겠습니까? 어째서 세상에는 병폐가 그렇게 많고, 인간의 약점이 그렇게 많은 것입니까? 사람—평생 이 땅을 기어다닐 운명으로 태어난 불쌍한 벌레—은 하느님에게 무슨 보답을 했단 말입니까? 신학자는 이렇게 대답하겠지요. '이것은 자연의 결과입니다.' 그러나 이 자연이란 무엇이란 말입니까? 그것은 하느님의 의지와는 상관없이 저 나름대로 행동하는 것인가요? 그 신학자는 다시 한 번 무미건조하게 대답하겠지요. '아니오, 하느님은 악을 만들어내신 분이라고 할 수 없으므로, 악은 자연의 행위에 의해서만 존재할 수 있습니다.' 이 얼마나 황당한 말입니까? 내가 막대기로 맞았을 때, 막대기에 대고 화를 내야 합니까 아니면 그것을 휘두른 사람에게 화를 내야 합니까? 나에게 고통을 느끼도록 만든 게 그 사람 아니던가요?

자연은 마음이 빚어낸 것, 단순히 빈말이고, 모든 것은 하느님에게서 나오고, 어떤 이에게 닥치는 육체의 병은 다른 이의 행복에 이바지하며, 하느님의 눈으로 볼 때 이 세상에는 악덕이란 존재하지 않고 오직 선만 존재하며, 우리가 '선'이나 '악'이라고 부르는 것은 모두 사람이 설립한 사회의 이해관계에 따라서만 존재한다는 사실을 어째서 단 한 번만이라도 인정할 수 없단 말입니까? 우리는 하느님과 관계를 맺으면서 하느님의 의지에 따라 정해진 첫 번째 법, 하느님이 존재하는 모든 것 속에 세워놓은 운동의 첫 번째 원리에 따라 행동하게 마련입니다. 어떤 사람이 물건을 훔칩니다. 그는 자신에게 유익한 일을 합니다만 사회에는 해를 끼칩니다. 그는 사회의 법을 파괴하지만, 하느님의 눈에는 아무것도 파괴하지 않습니다."

나쁜 짓을 하는 사람이 벌 받아 마땅한 이유

[원장신부는 계속해서 말했습니다.] "하지만 나는 이 사람이 비록 필요에 따라 행동했고 범죄를 자유롭게 저지르거나 저지르지 않았다고 믿지만, 벌을 받아야 한다는 데 동의합니다. 그는 마땅히 벌을 받아야 합니다. 왜냐하면 공공질서를 흔든 사람을 벌하면, 감각을 통해 기계적으로 나쁜 짓을 할 가능성이 있는 사람들의 정신에 벌에 대한 깊은 인상을 심어줌으로써 똑같은 벌을 받을 만한 짓을 저지를 마음을 일으키지 않을 수 있기 때문이며, 범죄를 저지른 불쌍한 인간에게 벌을 내리는 자체가 언제나 개인의 행복보다 우선이어야 할 전체의 행복에 이바지할 것이 분명하기 때문입니다. 나는 범죄자의 친척·친구·패거리를 불명예스럽게 만들고, 그렇게 하는 가운데 사회구성원에게 국내의 안정을 해칠지 모르는 범죄나 그 밖의 행위에 대해 서로 두려움을 느낄 수 있도록 만들어주기 위해 모든 방면에서 노력해야 한다는 점을 덧붙이고 싶습니다.

우리의 자연적인 성향, 욕구, 개인적인 행복은 언제나 안정을 해치는 방향으로 나아가려고 합니다. 오직 교육을 통해, 그리고 친구나 동아리의 가르침이나 사례에 의해―한마디로 우리 내부의 모든 성질과 함께 우리의 모든 행동을 이끄는 외부 감각에 의해―얻을 수 있는 정신적 인상을 통해 우리는 정신적 성향을 발전시킬 수 있는 것입니다. 그렇다면 우리는 사람들을 자극하고, 그들 마음속에서 전체의 복지를 증진시키는 감각을 계발하도록 강제해야겠습니다.

마담, 내 생각에, 당신은 이제 '자연'이라는 낱말의 의미가 무엇인지 이해할 수 있으시겠지요. 내일 아침 종교의 정확한 개념에 대해서 알려드리겠습니다. 그것은 우리의 행복을 결정하는 중요한 주제입니다만, 오늘 얘기를 꺼내기에는 너무 늦었습니다. 초콜릿을 마시고 싶어지는군요."

마담 C.는 자리에서 일어나면서 이렇게 말했다. "그렇게 해주세요. 철학자는 내 도움을 받아 육욕에 따른 손실을 입은 뒤에 조금이나마 체력을 회복할 필요가 있답니다. 신부님은 내 도움을 받으셨고, 놀랄 만한 일을 하셨고, 말씀하셨습니다. 뭐니뭐니해도 자연에 대한 고찰이 그렇지요. 그러나 외람된 말이긴 하지만, 나는 신부님이 종교의 주제에 대해서도 그만큼 잘 설명하실 수 있을지 몹시 의심스럽습니다. 신부님은 벌써 여러 번 그 주제를 다뤘지만 별로 성공하지 못하셨기 때문이지요. 이처럼 추상적인 영역에서 과연 어떤 증거를 제시할 수 있을까요? 모든 것이 믿음에서 출발한 영역에 대해서 말입니다."

"내일이면 알게 됩니다"라고 원장신부는 대답했습니다.

마담 C.는 이렇게 되받았습니다. "오, 내일 토론에서 벗어나리라고 생각하지 마세요. 원하시면 일찍 돌아갈까요. 긴 의자가 있는 내 방에서 당신이 필요하답니다."

잠시 후 그들은 집으로 향했어요. 나는 뒷길로 눈에 띄지 않게 그들의 뒤를 밟았습니다. 나는 잠시 내 방에 들러서 옷을 갈아입고 곧장 마담

C.의 처소로 갔습니다. 원장신부가 벌써 종교의 주제에 대해 강의하기 시작하지나 않았을까 걱정스러웠어요. 어떤 일이 있어도 그 이야기를 나도 듣고 싶었답니다. 자연에 대한 그의 이야기에서 강한 인상을 받았지요. 하느님과 자연은 하나이며 같은 존재라는 사실, 그렇지 않다면 적어도 자연은 하느님의 직접 의지를 통해서만 움직인다는 사실을 분명히 알았습니다. 이로부터 나는 내 나름의 작은 결론을 끌어냈습니다. 그리고 아마 내 일생 처음으로 생각하기 시작했습니다.

이번에는 원장신부가 마담C.에게 흥미로운 쾌락을 제공한다

나는 마담 C.의 처소로 들어가면서 떨었습니다. 마담은 내 태도를 보면서 방금 내가 그의 믿음을 저버렸으며, 내 마음속에는 오만 가지 생각이 경쟁하고 있다는 사실을 깨닫지 못하는 것 같았습니다. 원장신부 T.는 나를 찬찬히 살폈습니다. 나는 일이 글렀다고 생각했지요. 그러나 그때 그는 마담 C.에게 거의 들리지 않게 이렇게 말했습니다.

"테레즈가 참 예쁘지요? 낯빛이 아주 밝고 눈도 또랑또랑하며, 날마다 표현력이 지적으로 향상되고 있습니다."

마담 C.가 어떻게 대답했는지 듣지 못했습니다. 그들은 미소를 머금고 있었습니다. 나는 마치 아무 말도 듣지 못한 것처럼 행동했답니다. 그리고 그때부터 그들의 곁을 떠나지 않으려고 무진 애를 썼어요.

그날 저녁 방으로 돌아가 다음날 아침 계획을 세웠습니다. 나는 아침에 일찍 일어나지 못할까 봐 몹시 두려웠습니다. 그래서 결국 한숨도 자지 못했습니다. 다섯 시쯤에 작은 숲을 향해 가는 마담 C.를 보았습니다. 그곳에는 T. 신부가 벌써 기다리고 있었습니다. 모든 일이 내가 전날 엿들었던 대로 진행된다면, 마담은 곧 자기 침실의 긴 의자로 돌아갈 것이었습니다.

나는 방으로 몰래 들어가 침대 뒤 마룻바닥 위에 웅크리고 앉았습니다. 등은 침대 머리맡의 벽에 기대고 숨었습니다. 침대의 닫집에 드리운 장막 덕분에 잘 보이지 않게 숨었지만, 긴 의자는 반대편 귀퉁이에 있었기 때문에 거기에서 일어나는 일을 방해받지 않고 보기 위해 장막을 열어놓을 수 있었습니다. 나는 거기에서 나누는 말을 하나도 놓치지 않고 들을 수 있을 것이었습니다.

이렇게 나는 무대 뒤에서 기다렸어요. 그동안 점점 초조해지면서, 내가 기회를 놓치지나 않을까 두려워지기 시작했어요. 바로 그때 두 배우가 방으로 들어왔답니다.

마담 C.는 긴 의자 위에 누우면서 말했습니다. "사랑하는 친구여, 나를 안아요. 나와 함께 정말로 누워요. 당신의 지독한 《샤르트뢰 수도원의 문지기》를 읽으면서 몸이 후끈 달아올랐어요. 거기에 나오는 인물을 어찌나 잘 묘사했던지. 그들에게서 부정할 수 없는 진실감을 느낄 수 있다니까요. 만약 그 작품이 좀 덜 추잡했다면 어디에도 비길 데 없는 작품이라 할 수 있을 텐데요. 신부님, 제발 오늘은 내게 그걸 사용해줘요. 하고 싶어 죽겠어요. 가장 나쁜 결과라도 감수할 테니까요."

원장신부는 대답했어요. "아니, 난 하지 않아요. 훌륭한 이유가 두 가지나 있답니다. 첫째, 나는 당신을 사랑하고 있으며, 대단한 신사라서 당신의 평판을 위태롭게 하는 일을 할 수 없고, 이처럼 분별 없는 짓을 하면 당신의 비난이 정당화되기 때문이지요. 둘째, 의사 선생님은 당신이 보다시피 오늘 최상의 상태가 아니랍니다. 나는 허풍선이가 아니며…."

마담 C.가 대답했어요. "나도 잘 알 수 있답니다. 두 번째 이유는 아주 그럴듯해서, 신부님이 실제로 첫 번째 이유로 우쭐해지는 수고를 할 필요조차 없군요. 하지만 여기 내 곁에 눕기라도 하세요." 마담은 침대 위에 음탕하게 누우면서 덧붙였습니다. "그리고 신부님이 말씀하시듯이 '작은 성가 부르기'나 함께해요."

바로 그 순간 서 있던 원장신부는 "아, 진심으로, 내 사랑하는 귀여운 어머니"라고 말하면서, 조심스럽게 마담의 옷을 벗겨 가슴을 드러나게 했답니다.

그러고 나서 그는 마담의 겉옷을 올리고 속옷도 배꼽 위로 올리더니, 마담의 두 다리를 벌려 무릎을 살짝 들어올리게 만들었습니다. 그래서 엉덩이 쪽으로 가까이 간 발꿈치는 거의 침대 발에 닿았기 때문에, 마치 침대 발이 마담의 발을 떠받치고 있는 것처럼 보였습니다.

마남이 이런 자세를 취하고 있는 동안 원장신부는 마담의 몸에서 아름다운 부분에 돌아가면서 입을 맞추고 있었기 때문에 나는 제대로 볼 수가 없었습니다. 마담 C.는 꼼짝도 하지 않고 깊은 명상에 잠긴 것 같았습니다. 이미 첫 자극을 받은 쾌락의 성격이 무엇인지 골똘히 생각하고 있었습니다. 마담은 눈을 반쯤 감고 있었는데, 진한 빨간색 입술 사이로 혀 끝이 보였고 얼굴의 모든 근육이 욕망 때문에 극도로 흥분해 팽팽해져 있었습니다.

마담은 원장신부 T.에게 말했습니다. "이제 입맞춤은 그만 하세요. 당신을 기다리고 있는 게 안 보이세요? 더이상 참을 수 없어요…."

친절한 고해신부는 두 번째 요청을 기다리지 않았습니다. 그는 마담 C.와 벽 사이에 있는 침대 발 위로 미끄러지듯 올라가, 왼손을 사랑스러운 C.의 머리 밑으로 넣어 껴안았습니다. 두 사람의 입술이 만났고, 혀가 가장 큰 육욕의 작은 움직임을 보여주었습니다. 신부는 다른 손으로 중요한 행위를 했습니다. 그는 훌륭한 솜씨로 우리를 여성으로 만들어주는 부분을 문질렀습니다. 마담 C.에게 달려 있는 부분에는 곱슬곱슬하고 칠흑같이 검은 털이 무성했습니다. 원장신부의 손가락은 여기서 가장 재미있는 역할을 했습니다.

내가 보기에 이 세상의 모든 그림 가운데 그보다 더 잘 보이는 장소에 놓인 것은 없었습니다. 긴 의자는 내가 마담 C.의 무성한 털을 똑바로 볼 수 있는 곳에 놓여 있었습니다. 나는 그 아래서 엉덩이 두 짝이 가볍게 들썩거리는 모습을 부분적으로 볼 수 있었습니다. 그 모습은 마치 마담의 몸 안에서 불길이 번지고 있음을 암시하는 듯했습니다. 마담의 넓적다리—우리가 상상할 수 있는 한 가장 둥글고 하얗고 아름다운 다리—는 무릎과 함께 엉덩이와 다른 방향으로, 다시 말해서 좌우로 가볍게 움직이고 있었습니다. 이 움직임은 분명 중요한 부분을 더 즐겁게 만들어 주는 데 이바지했을 것입니다. 원장신부의 손가락은 주요 부분에 집중했고, 그 부분이 오르내림에 따라서 손가락은 털 속에 묻혔다가 나타났습니다.

테레즈는 고해신부가 금지한 사항을 잊어버리고 선을 넘어 처녀성을 잃는다

사랑하는 백작님, 내가 그 순간 무슨 생각을 하고 있었는지 말씀드릴 시도조차 할 수 없었군요. 나는 몹시 흥분해서 아무것도 느끼지 못했답니다. 나는 내가 본 것을 모두 기계적으로 따라 하기 시작했습니다. 내 손은 원장신부의 손이 한 일을 했습니다. 나는 친한 친구의 움직임을 모두 흉내냈습니다.

갑자기 마담이 외쳤습니다. "아, 나 죽어요! 빼지 말고 그대로 있어요, 사랑하는 신부님. 그래요, 더 깊이, 제발. 더 세게 밀어요, 밀어요. 아, 좋아 죽겠네! 몸이 녹아요…. 정신이 아득해…요!"

나는 내가 본 것을 똑같이 하면서, 고해신부가 하지 말라던 것도 잊어버리고 결국 나도 내 손가락을 집어넣었습니다. 조금 아픔을 느꼈지만 멈추지 않았어요. 나는 온힘을 다해 밀어넣었고, 마침내 관능적인 쾌락의 절정에 도달했습니다.

이 사랑의 행위 뒤에 마음이 차분해졌습니다. 그래서 나는 불편한 자세로 있으면서도 꾸벅꾸벅 졸기 시작했습니다. 그때 마담 C.가 내가 숨어 있는 곳으로 오는 소리를 들었습니다. 나는 들켰다고 생각했습니다만, 단지 조금 두려웠을 뿐 들키지는 않았음을 알았습니다. 마담은 줄을 당겨 하인을 부르더니 초콜릿을 가져오라고 시켰습니다. 그들은 초콜릿을 마시면서 방금 맛보았던 쾌락을 찬양했습니다.

자연의 빛으로 검토해본 종교

마담 C.가 물었습니다. "그렇다면 어째서 성적 쾌락은 완전히 해가 없는 것이라 할 수 있지요? 당신은 멋대로 말하실 수 있기 때문에, 그것이 사회의 이익에 전혀 해를 끼치지 않으며, 우리는 굶주림과 목마름 같은 자연스러운 필요에 따라 거기에 이끌릴 뿐이라는 말씀이지요⋯. 당신은 우리가 오직 하느님의 의지에 따라서 행동할 뿐이고, '자연'이라는 말은 의미가 없으며 단지 하느님을 원인으로 하여 생긴 결과에 지나지 않는다는 점을 완전히 설명해주셨습니다. 그렇다면 당신은 종교에 대해서는 어떻게 말씀하실 건가요? 종교는 결혼관계를 벗어나 성적 쾌락을 얻어서는 안 된다고 가르치고 있습니다. 이것도 의미가 없는 낱말이란 말씀입니까?"

"뭐라구요?" 원장신부가 대답했습니다. "마담, 당신은 우리가 전혀 자유롭지 못하며, 우리의 모든 행위는 반드시 예정되어 있다는 점을 기억하지 못하십니까? 만일 우리가 자유롭지 않다면 어떻게 죄를 지을 수 있단 말인가요? 하지만 당신이 원하니까 이제부터 진지하게 종교 문제로 들어가봅시다. 나는 당신이 신중하고 사려 깊다는 사실을 잘 알고 있습니다. 그리고 나는 환상과 진리를 분별하고자 참신앙을 지키겠노라고 하느님 앞에서 맹세했기 때문에 더욱 두려움을 느끼지 않은 채 내 생각을 펼쳐 보일 수 있습니다. 지금부터 이 중요한 주제에 대한 내 생각과 내 글을 요약해서 들려드리지요.

단언하건대, 하느님은 선하십니다. 그분이 선하시다는 사실을 알고 있기 때문에 나는 확신할 수 있습니다. 만일 내가 하느님이 내게 실천하도록 요구하시는 참된 종교가 무엇인지 열심히 찾을 때, 하느님은 나를 그릇된 길로 인도하시지는 않을 것이라는 말씀입니다. 나는 반드시 그 종교를 발견하게 되겠지요. 그렇지 않으면 하느님은 부당한 존재일 것입니다. 그분은 내게 이성을 주셨기 때문에 나는 그것을 사용할 수 있고, 또 이성의 지도를 받을 수 있습니다. 그러므로 이보다 이성을 더 잘 활용할 수 있는 기회가 또 어디 있겠습니까?

만일 믿음이 깊은 기독교도가 자신의 종교에 대해 질문하고자 하지 않는다면, 어째서 그는 확신에 찬 이슬람교도가 그의 종교를 (그 자신이 요구하듯이) 검토해줄 것을 기대하겠습니까? 기독교도건 이슬람교도건 모두 자기네 종교가 하느님의 계시를 받았다고 믿고 있습니다. 하나는 예수 그리스도를 통해서, 다른 하나는 모하메드를 통해서 말입니다.

우리 마음속에 믿음이 생기는 이유는 단 하나뿐입니다. 하느님이 어떤 진리를 밝혀주셨다고 하는 사람들의 말을 우리가 들었기 때문입니다. 그러나 다른 종교에서도 추종자에게 똑같은 말을 들려줍니다. 그렇다면 누구의 말을 들어야 할까요? 그것을 알려면 우리는 그 문제를 세심하게 조사해야 합니다. 왜냐하면 사람들에게서 나오는 모든 것은 우리 이성에 복종해야 하기 때문입니다.

이 세상에 있는 여러 가지 종교의 창시자는 모두 자기네 종교야말로 하느님의 계시를 받았다고 자부합니다. 그렇다면 우리는 어떤 종교를 믿어야 할까요? 우리는 어떤 것이 진정한 종교인지 구별해야 합니다. 하지만 우리가 아는 것은 모두 젊음과 교육의 편견이기 때문에, 슬기롭게 판단하기 위해서는 이 모든 편견을 하느님 앞에 버리고, 현생은 물론 내세에도 영원히 우리의 행복이나 불행을 결정지을 만큼 중요한 문제를 이성의 빛으로 검토해야 하겠습니다.

나는 먼저 이 세상은 네 부분으로 구성되어 있으며, 가톨릭은 그 중 한 부분에서 기껏해야 20분의 1에 해당한다는 사실, 다른 부분에 사는 사람들은 우리가 사람과 빵조각을 숭배하면서 신성을 증대시키고 있다고 말한다는 사실, 그리고 교부들의 글을 읽어보면 거의 모든 교부들이 서로 모순되는 이야기를 하는 동시에 하느님의 세시를 받지 않았음을 증명하고 있다는 사실을 지적하면서 시작하겠습니다.

아담 이후에 일어난 종교상의 변화는 모두 모세, 솔로몬, 예수 그리스도, 그리고 교부들에 의해 일어났으며, 이 모든 종교는 사람이 만들어낸 것에 지나지 않는다는 사실을 보여주고 있습니다. 하느님은 결코 변하지 않으십니다! 그분은 불변이십니다.

하느님은 어디에나 계십니다. 게다가 성경은 하느님이 지상의 낙원에서 아담을 찾으셨다고 말합니다. **'아담, 그대는 어디 있느냐**Adam, ubi es?' 하느님은 그곳을 걸어다니셨고, 악마와 함께 욥 문제에 대해 대화하셨다고 얘기해줍니다.

이성은 하느님이 어떤 정열에도 복종하지 않는다고 말해줍니다. 그러나 창세기 6장에서는 하느님이 사람을 창조한 사실을 후회하시며, 자신이 화가 났기 때문에 중대한 결과가 생겼다고 말씀하신다고 합니다. 기독교에서 하느님은 아주 나약해 보이기 때문에 인간을 잘 따르게 만들지 못하십니다. 하느님은 물과 불로 인간에게 벌을 내리십니다. 그러나 인간은 아직도 그대로입니다. 하느님은 예언자를 보냅니다. 그래도 인간은 여전합니다. 하느님에게는 아들이 오직 하나 있습니다. 그를 인간에게로 보내지만,

인간은 조금도 변하지 않습니다. 기독교는 하느님을 얼마나 바보로 만들고 있단 말입니까!

하느님은 무슨 일이 일어날지 알고 계시다는 데 모든 사람이 동의합니다. 심지어 인간의 행동이 어떤 결과를 가져올지 알고 계시다고까지 말합니다. 하느님은 우리가 자신의 은총을 저버리고 똑같은 잘못을 저지르리라는 사실을 내다보았습니다. 이렇게 해서 하느님은 이 모든 사실을 미리 알고 계시면서 우리를 창조하시고, 우리가 반드시 저주를 받고 영원히 비참하게 살리라는 사실을 미리 알고 계셨습니다.

훌륭한 책을 보면 하느님은 인류에게 경고를 하고 행동을 바꾸도록 권고하려고 예언자를 보냈습니다. 그러나 모든 것을 알고 계시는 하느님은 인간이 행동을 바꾸지 않으리라는 사실도 잘 알았습니다. 따라서 성경에서는 하느님이 사기꾼이며 협잡꾼이라는 사실을 전제로 하고 있습니다. 우리가 하느님의 무한한 선을 확신하는 태도와 이러한 생각을 어떻게 조화시킬 수 있단 말입니까?

우리는 전능하신 하느님에게 위험한 경쟁자로 악마를 내세웁니다. 악마는 선택받은 소수 민족의 4분의 3이 하느님에게 영원히 등을 돌리도록 만들고 있습니다. 그런데도 하느님은 인류의 나머지 운명에는 아랑곳하지 않고 그들을 위해서 아들을 희생시켰습니다. 이 얼마나 한심한 모순이란 말입니까!

기독교에 따르면 우리는 오직 유혹의 결과로 죄를 짓습니다. 그들은 우리를 유혹하는 것은 악마라고 말합니다. 하느님은 악마를 없애기만 하면 되고, 그러면 우리는 모두 구원받을 것입니다. 하느님에게도 매우 부당하거나 약한 부분이 많지 않습니까?

가톨릭 성직자의 다수는 하느님이 우리에게 십계명을 주셨지만, 하느님의 은총을 받지 못하면 그것을 실천하지 못한다고 주장합니다. 그들은 하느님이 마음에 드는 일부에게 은총을 내렸다고 하면서도, 은총을 받지 못한 채 십계명을 지키지 않는 사람들을 벌하신다고 말합니다. 이 얼마나 모순입니까! 이 얼마나 어처구니없을 정도로 불경한 태도입니까!

하느님을 분노·질투·복수를 일삼는 존재로 묘사하는 말을 듣거나, 가톨릭교도들이 마치 성자들을 하느님처럼 모든 곳에 존재하고 인간의 마음을 들여다보면서 인간의 소원을 들어줄 수 있는 것처럼 기도를 올리는 것을 보는 것보다 더 비열한 일이 어디 있단 말입니까? 우리는 하느님에게 더 큰 영광을 돌리기 위해 무슨 일이든 해야 한다고 말한다면 얼마나 우스운 일이란 말입니까? 하느님이 인간의 상상이나 행동으로 더 영광스러워지는 분인가요? 사람들은 하느님 속에 무엇이건 더 크게 만들 수 있단 말인가요? 하느님은 그 자체로 충분한 존재가 아닌가요?

인간으로 하여금 자신들이 종다리보다 청어를 먹거나, 베이컨보다 양파로 끓인 국물을 마시거나, 메추라기보다 가자미를 먹는 것을 보도록 하느님을 더 찬양하고 만족시켜드려야 한다고 생각하게 만든 것은 무엇입니까? 그리고 만일 사람들이 어느 날 베이컨으로 국을 끓여 먹는다면 영원히 벌을 내릴 것이라고 생각하게 만든 것은 무엇입니까?

이 비천한 인간들! 당신들은 하느님을 화나게 만들 수 있다고 생각합니다! 당신들은 왕이나 군주가 당신들을 합리적으로 존중해준다 해도 그들을 하느님만큼 화나게 만들 수 있겠습니까? 그들은 당신들의 약점과 무력함을 얕볼 것입니다. 당신들은 하느님이 복수하는 신이며, 복수는 범죄라고 듣고 있습니다. 이렇게 큰 모순이 어디 있습니까! 그들은 당신들에게 죄를 용서하는 것은 미덕이라고 분명히 말하며, 심지어 하느님은 비자발적인 죄를 영원한 고통으로 복수할 것이라고 말합니다.

만일 하느님이 있다면 종교가 있어야 한다고 사람들은 말합니다. 그러나 이 세상을 창조하기 전에 하느님은 있었지만 종교적인 실천은 없었음을 인정해야 합니다. 더욱이 이 세상이 창조된 뒤 어떠한 형식으로든 하느님을 숭배하지 않는 존재들─동물들─이 있습니다. 만일 인간이 없었다 해도 하느님은 여전히 존재하고 만물은 여전히 존재하지만, 종교는 존재하지 않을 것입니다. 인간은 자기에 비춰 하느님의 행동을 생각하려는 망상에 사로잡혀 있습니다.

기독교는 하느님에 대해 그릇된 생각을 심어줍니다. 기독교도는 지상의 정의는 신의 정의에서 나온다고 말합니다. 그러나 지상의 정의를 규정한 법전으로 우리가 할 수 있는 일은 오직 하느님이 자기 아들, 아담, 이교도, 그리고 세례받지 못하고 죽은 아기에 대해 어떤 행동을 하는지 검열하는 것입니다.

기독교에 따르면 사람은 완벽해지려고 노력해야 합니다. 그들에게 순결을 지키는 상태는 결혼 상태보다 더 완전합니다. 그러므로 기독교에서 생각하는 완전은 인류의 멸망으로 이끌어간다는 사실이 명백합니다. 만일 기독교 사제들의 노력과 가르침이 성공한다면, 60년이나 80년 뒤에 인류는 더이상 존재하지 않을 것입니다. 과연 이러한 종교가 하느님한테서 나왔을까요?

사제나 수도자나 다른 사람들을 앞세워 하느님에게 기도를 올리는 것보다 더 모순이 어디 있단 말입니까? 이것이야말로 지상의 왕들의 모습에서 하느님을 생각하는 일이라 하겠습니다.

하느님은 단지 자연을 거스르는 일만 하도록, 이 세상에서 우리를 불행하게만 만들어줄 수 있는 일만 하도록 우리를 창조하셨다고 믿는 것만큼 지나친 어리석음이 어디 있겠습니까? 그리고 하느님은 우리가 관능의 만족과 하느님이 주신 취향을 저버리기를 바라신다고 믿는 것보다 더 어리석은 일이 또 어디 있겠습니까? 폭군이 우리를 요람에서 무덤까지 박해하도록 결정되었다면 그는 더이상 무슨 일을 할 수 있겠습니까?

완전한 기독교도가 되려면 무식하고, 맹목적으로 믿고, 모든 쾌락, 모든 명예, 모든 재산, 부모와 친구를 버리고, 순결을 지켜야 합니다. 한마디로, 자연을 거스르는 모든 일을 해야 합니다. 그러나 이 자연은 오직 하느님의 의지에 따라서만 작용하고 있음이 분명합니다. 그러므로 종교는 무한히 선하고 정당한 존재에게 얼마나 상반되는 성격을 부여했단 말입니까?

하느님은 자기가 창조한 만물의 주인이시므로, 우리는 그분의 창조물을 그분이 의도하신 대로 쓰고 모든 것을 창조된 목적에 맞게 이용해야 합니다. 하느님이 우리에게 주신 이성과 감정을 가지고 우리는 그분의 의도와 목적을 알 수 있으며, 우리가 살고 있는 사회의 이익을 거기에 맞출 수 있습니다.

인간은 활동을 하도록 창조되었습니다. 그는 전체의 행복과 조화를 이루는 개인의 이익을 목표로 부지런히 행동해야 합니다. 하느님은 몇몇 개인들만 행복하기를 바라시지 않았습니다. 모든 인류의 행복을 바라셨습니다. 따라서 우리는 모든 사람이 서로 봉사하도록 노력해야 하겠습니다. 하지만 서로 봉사한다는 이유로 기존 사회의 어떤 분야도 파괴해서는 안 되겠습니다. 그렇기 때문에 우리는 우리의 행동을 통제해야 합니다. 우리가 살아가면서 하는 모든 일에 이 같은 원칙을 적용하면서 의무를 수행해야 하겠습니다. 그 밖의 모든 것은 오직 편견과 환상일 뿐입니다."

종교의 기원

원장신부는 계속해서 말했습니다. "모든 종교는 예외 없이 인간의 작품입니다. 순교자와 기적이라는 것이 없는 종교란 없습니다. 다른 종교보다 우리의 종교에 더 설득력 있는 것은 무엇입니까?

종교는 두려움에서 나왔습니다. 우레·폭풍·강풍·우박―이 모든 것은 지상에 흩어진 최초의 인간들이 먹을 열매와 곡식을 망가뜨렸습니다. 인간은 이러한 재앙을 맞이하면서도 힘이 없었기 때문에, 자기네보다 더 위대하다고 인식하고 자신들에게 고통을 주는 경향을 띠고 있다고 본 권력에 기도를 하기에 이르렀습니다. 그 뒤 천재나 야심에 찬 사람들-강력한 정치가들-이 수백 년 동안 수많은 지역에서 나와, 쉽게 믿는 백성들에게 이상하거나, 변덕스럽거나, 폭압적인 신들에 관한 생각을 심어주면서 우롱했습니다. 그들은 의식을 만들고, 자신들이 지도자와 입법가가 될 사회를 만들기 시작했습니다. 그들은 이 사회를 유지하려면 시민이 다른 사람들의 행복을 위해 자신의 쾌락을 희생시켜야 한다는 사실을 알았습니다. 이를 위하여 사람들에게 이 같은 희생을 하도록 결심시키는 상벌제도를 만들 필요가 있었습니다. 그래서 이 정치 지도자들은 종교를 꿈꾸었습니다. 그들은 대부분의 사람들에게 상과 벌을 약속합니다. 그것은 다른 사람의 재산·아내·딸을 빼앗거나, 복수를 하고, 동료를 헐뜯고, 이웃의 명성에 먹칠을 하여 자기 명성을 드높이려는 자연스러운 경향에 저항하도록 부추기기 위해서입니다.

명예의 기원

명예는 나중에 종교와 결합하게 되었습니다. 이러한 현상은 종교만큼 환상이었으며, 개인과 사회의 행복에 근본적인 것이었습니다. 그것은 다른 사람들을 똑같은 한계 안에, 똑같은 수단으로 가둬두려는 목적을 가졌습니다.

인간의 삶은 주사위 던지기와 비교할 수 있다

하느님이 존재합니다. 그는 존재하는 모든 것의 창조자이며 원동력으로서, 모든 것에 아무런 잘못을 저지르지 않습니다. 우리는 이 전체의 일부이며, 우리는 오직 하느님이 전체에게 주신 운동의 첫 원리의 결과로서 움직이고 있습니다. 모든 것은 중요하고 잘 고안되었습니다. 우연한 것은 아무 데도 남아 있지 않습니다. 노름꾼이 던진 주사위 세 개는 던진 사람이 어떻게 순서를 정하거나 힘을 주거나 회전시키느냐에 따라 반드시 어떤 점수를 내게 마련입니다.

이처럼 주사위를 던지는 일을 우리가 일생 하는 행동의 그림으로 간주할 수 있습니다. 하나는 다른 것과 부딪치면서 죽고, 다른 것은 움직이기 시작하며, 운동의 결과는 분명한 점수로 나타납니다. 사람에게도 그의 첫 행동—첫 운동—은 둘째, 셋째 운동을 차례로 결정합니다. 사람이 단지 무엇을 원하기 때문에 그것을 원한다는 것은 아무런 의미가 없습니다. 어떤 것이 아무것도 아닌 것에서 나올 수 있다고 가정하는 것도 마찬가지겠지요. 분명히 사람에게 이것을 원하게 만드는 이유나 동기가 있으며, 한 가지 문제에서 다른 문제로 나아가는 과정을 결정하는 이유가 잇따라 발생하기 때문에, 사람의 의지는 평생 이것이나 저것을 택할 결정을 하게 마련입니다. 그러나 그것은 주사위 던지기로 다른 것을 움직이게 만들고 끝납니다.

하느님을 사랑합시다. 그분이 우리에게 사랑을 요구하시기 때문이 아니라 지극히 선하시기 때문입니다. 인간과 그들의 법률만을 두려워합시다. 우리는 우리가 한 부분을 담당하는 사회의 행복을 위해 필요한 법률만을 존중할 것입니다."

원장신부 T.는 덧붙여 말했습니다. "마담, 내가 당신에 대한 우정 때문에 종교라는 주제에 관해 애써 짜낸 내용이 무엇인지 이제 아시겠지요. 그 것은 20년 동안 명상하고 연구한 결과랍니다. 한밤에 등잔불을 태우면서, 나는 선량한 믿음을 가지고 그릇된 것과 섞여 있는 진리를 체로 치려고 노력했습니다.

사랑하는 친구여, 이제 결론을 내립시다. 우리, 당신과 내가 즐기는 쾌락은 악의 없고 순수합니다. 왜냐하면 우리가 남의 눈에 띄지 않고 예의바르게 처신하는 덕택에 그것은 하느님이나 인간에게 조금도 해롭지 않기 때문입니다. 은밀함과 예절이라는 두 가지 조건이 없다면 우리는 물의를 빚을지 모르고 사회에 반하는 범죄를 저지를지 모른다는 데 동의합니다. 가족이나 태어난 조건 때문에 사회에 유익하게 봉사할 운명을 가졌지만, 마구 몰려드는 욕망을 따라가다가 의무를 잊어버릴지 모르는 젊은이들 가운데 우리를 본보기로 삼을 만큼 유혹을 느낄 사람이 있을 수 있습니다."

마담C.는 원장신부 T.에게 사회의 행복을 위해 대중에게도 그가 받은 영감을 알려줘야 한다고 설득한다

마담 C.가 물었습니다. "그러나 만일 우리의 쾌락이 내가 지금 이해하고 있는 것처럼 악의 없는 것이라면, 어째서 그와 달리 온 세상은 똑같은 쾌락을 얻는 방법을 보여주지 않는 것인가요? 어째서 당신은 형이상학적 명상으로 쌓아놓은 열매를 당신의 친구와 동료 시민들에게 알려주지 않는 것인가요? 그것만큼 그들의 행복과 정신적 평온함에 이바지할 수 있는 것이 또 있던가요? 당신은 행복을 퍼뜨리는 것보다 더 큰 즐거움은 없다고 내게 골백번 말씀하지 않으셨나요?"

원장신부 T.가 내놓는 거절의 이유

원장신부가 대답했습니다. "마담, 나는 당신에게 진실을 말해드렸습니다. 그러나 바보들에게는 그들이 진가를 알아보지도 못하거나 잘못 이용할지 모를 진실을 보여주지 않도록 주의해야 합니다. 오직 생각할 줄 아는 사람, 모든 정열이 건전하게 균형을 이루어 진리를 제멋대로 쥐고 흔들지 않을 사람만이 진리에 접근할 수 있어야 합니다. 이러한 종류의 남녀는 아주 드물지요. 십만 명 가운데 생각하는 일에 익숙한 사람은 스무 명도 안 되며, 이 스무 명 가운데 스스로 생각하는 사람, 또는 어떤 정열에 지배받지 않는 사람은 실제로 네 명도 꼽기 힘듭니다.

그러므로 우리는 오늘 검토한 종류의 진리에 관해서 지극히 신중해야 합니다. 자기 자신의 행복을 확보하기 위해 이웃의 행복을 확보할 필요가 있다는 점을 이해할 사람은 아주 적기 때문에, 종교의 약점에 대해 지금까지 살핀 명백한 증거를 널리 알리는 일에 신중해야 합니다. 종교는 아직도 다수의 사람들을 동원하고, 그들에게 의무와 규칙에 계속 복종하도록 만들어줍니다. 종교적인 겉모습을 한 의무와 규칙은 결국 사람들에게 저주를 두려워하고 신자라면 영원한 보상을 받을 수 있다는 희망을 주기 때문에 사회에 유익한 것입니다. 약한 사람들을 부추기는 것은 바로 희망과 두려움입니다. 이처럼 영향을 받는 사람들은 아주 많습니다. 생각하는 사람을 이끄는 것은 명예, 공공의 이익, 그리고 사회의 법률입니다. 그러나 생각하는 사람의 수는 사실상 아주 적습니다."

원장신부 T.가 말을 멈추자마자 마담 C.는 가장 빛나는 말로 그에게 감사했습니다.

"사랑하는 친구여, 당신은 참 사랑스럽군요." 마담 C.는 이렇게 말하면서 원장신부의 목을 감싸안았습니다. "당신을 알게 되어서 얼마나 행운인지, 그리고 당신처럼 건전하게 생각하는 사람을 사랑하게 되어서 얼마나 행운인지 모르겠어요! 나는 당신의 믿음을 결코 저버리지 않을 것이며, 당신의 건전한 원리를 확실히 따를 것임을 확신해도 좋아요."

그들은 계속 입을 맞췄습니다. 나는 아주 불편한 자세로 그들을 보고 있었기 때문에 그들이 계속해서 입맞춤을 하는 것이 몹시 성가셨습니다. 마침내 나의 하느님 같은 고해신부와 그의 자발적인 개종자는 응접실로 내려갔습니다. 나는 곧 내 방으로 돌아가 틀어박혔습니다. 잠시 뒤, 마담 C.가 나를 찾는다는 전갈을 받았습니다. 나는 간밤에 한숨도 못 잤기 때문에 몇 시간만 더 쉬게 해달라는 대답을 보냈습니다. 나는 이 시간을 이용해서 내가 간밤에 들었던 것을 모두 적어나가기 시작했습니다.

＊　　　＊　　　＊

테레즈는 철학의 신비에 첫발을 들여놓은 뒤 어머니를 따라 파리로 간다. 그의 어머니는 그곳에 도착한 뒤 곧 죽고, 테레즈는 얼마 되지 않는 재산으로 사악한 도시에서 살아가야 한다. 테레즈는 무슨 일을 하면서 살아가야 할까 결정하지 못한 채 하숙집으로 이사한다. 거기서 한때 창녀 노릇을 하다가 포주에게서 재산을 조금 물려받고 창녀 생활을 접은 마담 부아 로리에와 사귄다. 마담 부아 로리에는 테레즈에게 자기가 경험한 성생활을 자세히 이야기해주고 도시를 구경시켜준다. 그들은 어느 날 저녁 오페라를 보러 간다. 거기에서 테레즈는 이 이야기를 들려줄 백작을 만나게 된다. 그래서 이 시점에서 이야기는 그가 백작과 맺은 관계로 넘어간다.

테레즈의 이야기, 계속

마담 부아 로리에가 이야기를 마쳤을 때, 나는 그에게 내 분별력을 믿어도 좋다고 확신시켜주었습니다. 그리고 보통사람이면 무절제한 과거를 말하기 싫은 것이 자연스러운 감정일 텐데도 나를 위해 그 감정을 억눌렀다는 데 대해 진심으로 고맙다고 말했습니다.

시계가 정오를 알려주었습니다. 마담 부아 로리에와 나는 농담을 주고받고 있었습니다. 그때 당신이 나를 만나고 싶어한다는 말을 들었습니다. 내 가슴은 기쁨에 젖어 뛰었습니다. 나는 용수철처럼 뛰어 일어나 당신께로 달려갔답니다. 우리는 함께 밥을 먹고 하루를 보냈던 거예요.

3주일 동안 우리는 헤어지지 않고 지냈지요. 그동안 내가 당신에게 중요한지 아닌지 가늠하고 있다는 사실을 나는 전혀 눈치채지 못했답니다. 사실 내 영혼은 당신을 바라보는 즐거움에 취해서 다른 감정이라고는 전혀 느끼지 못했습니다. 그리고 평생 당신을 소유하고 싶은 욕망밖에는 없었지만, 나는 내 행복을 보장해줄 계획을 세우려는 꿈이라고는 조금도 꾸지 않았답니다.

그동안, 당신이 내게 쓰는 고상한 말씨와 절제된 행동에 나는 놀라지 않을 수 없었지요. 나는 이렇게 생각했답니다. 만일 이분이 나를 사랑한다면, 그는 나를 따라다니며 식을 줄 모르는 사랑을 내게 확신시켜주려는 수많은 사람처럼 내 앞에서 몹시 강한 인상을 심어주려고 노력할 것이라고 말입니다. 이 때문에 나는 걱정스러웠어요. 나는 그때까지만 해도 합리적인 사람은 합리적으로 사랑한다는 사실, 차분하지 못한 사람은 매사에 차분하지 못하다는 사실을 몰랐답니다.

백작은 테레즈를 돕겠으며,
자신의 영지로 함께 가자고 제안한다

결국, 사랑하는 백작님, 한 달이 지나 당신은 아주 간단하게 말씀하셨지요. 당신이 나를 처음 만난 날부터 내 처지 때문에 마음이 무겁고, 내 표현, 내 성격, 당신을 믿는 마음, 이러한 것들 때문에 당신은 내가 빠져들어가고 있는 미궁에서 해방시켜줄 수단을 찾아줘야겠다고 마음먹게 되었다고 말입니다.

당신은 이렇게 말씀하셨지요. "아가씨, 당신을 사랑한다고 말하는 사람치고는 내가 확실히 아주 냉정하게 보이겠지요. 그러나 이보다 더 확실한 것은 없답니다. 하지만 내가 느끼는 가장 강한 열정은 당신을 행복하게 만들어주고자 하는 욕망이라는 사실을 아셔야 합니다." 당신이 이렇게 말씀하셨을 때 나는 고마운 마음을 표현하기 위해 당신 말씀을 막으려고 했습니다.

당신은 이렇게 대답했습니다. "아가씨, 이제 때가 되었습니다. 내 말을 잘 들어보세요. 내 수입은 1만 2천 리브르입니다. 나는 당신에게 평생 2천 리브르를 줄 것을 약속할 수 있으며, 그건 내게 전혀 폐가 되지 않습니다. 나는 독신이며, 결코 결혼하지 않겠다는 확고한 의지를 갖고 있습니다. 그리고 나는 상류사회의 변덕스러움에 부담을 느끼기 시작했기 때문에 떠나려고 결심했습니다. 나는 파리에서 40리그* 떨어진 곳에 있는 아주 아름다운 영지로 내려갈까 합니다. 나는 나흘 뒤에 떠납니다. 당신도 함께 가시겠어요? 아마 시간이 지나면 당신은 내 연인으로서 나와 함께 살려고 결정할지도 모르지요. 그것은 당신이 내게 즐거움을 주면서 그 대신 얻을

---

* 영미 식의 단위가 아니라 프랑스 식의 단위로 40리그는 약 160킬로미터.

즐거움에 달려 있습니다. 하지만 그렇게 하는 것이 당신의 행복을 위한 것이라는 확신이 설 때까지는 결정을 내리지 말아야 한다는 사실을 잊지 마세요."

즐거움과 행복의 정의: 두 가지 모두 감각에 순응하느냐 마느냐에 달려 있다

당신은 덧붙여 말씀하셨어요. "당신이 당신의 사고방식으로 행복해질 수 있다고 믿으면 바보입니다. 당신은 당신이 좋아하는 대로 생각할 수 없다는 사실은 이미 드러났습니다. 사람이 행복해지려면, 자신에게 맞는 쾌락을 잡아야 합니다. 그것은 그가 타고난 열정에 걸맞은 쾌락입니다. 그렇게 하면서 그는 이 쾌락을 즐긴 뒤에 따라올 선악을 계산해야 합니다. 그리고 이 선악을 자신뿐 아니라 공익과 관련해서 생각하도록 주의해야 합니다.

사람이 행복하게 살기 위해서는, 다른 사람들의 행복에 이바지하려고 주의해야 한다. 그는 신사가 되어야 한다

사람은 수많은 욕구 때문에 다른 사람들의 도움을 받지 않고서는 행복해질 수 없으며, 이웃의 행복을 감소시킬 일을 하지 않도록 주의해야 한다는 것은 분명한 사실입니다. 누구든지 행복을 찾으려면 이 체계에서 떨어져 있으면 안 됩니다. 그로부터 우리는 다음과 같은 결론을 분명히 내릴 수 있습니다. 이 세상에서 행복하게 살기 위해 따라야 할 첫 번째 원리는 신사가 되고 사회의 법률을 준수해야 한다는 것입니다. 법률은 우리가 서로 필요로 하는 욕구를 한데 묶어주는 것이기 때문입니다. 다시 말해 이 원리에서 벗어난 사람은 행복해질 수 없음이 분명합니다. 그들은 가혹한 법률, 동료 시민들의 미움과 멸시로 박해받을 것입니다. 그렇다면 내가 방금 아가씨에게 말한 모든 것을 곰곰이 생각해보세요. 당신이 나를 행복하게 해주는 동안 당신이 행복해질 수 있는지 생각해보시기 바랍니다. 오늘은 이만 물러가고 내일 다시 올 테니 그때 대답해주세요."

백작님의 말씀은 나를 흔들어놓았지요. 나는 백작님처럼 생각하는 남자를 즐겁게 해줄 수 있다고 상상하면서 이루 말할 수 없는 즐거움을 느꼈답니다. 그와 동시에 나는 내 앞에 미로가 놓여 있으며, 거기에서 나를 구해줄 수 있는 분은 너그러운 당신이라는 사실을 깨달았습니다. 나는 당신을 사랑했습니다. 그러나 우리의 편견은 얼마나 강하고, 얼마나 깨뜨리기 어려운 것인지!

남의 첩 노릇을 하는 여성의 사회적인 지위를 생각만 해도 나는 두렵습니다. 나는 언제나 그런 여성을 부끄러운 존재로 생각하고 있었기 때문입니다. 나는 아기를 갖는 일도 두려워했답니다. 우리 어머니나 마담 C.는 아기를 낳다가 거의 목숨을 잃을 뻔했거든요. 더욱이 나는 남자와 사랑하면서 얻는 것과 똑같을 것으로 이해한 육욕의 즐거움을 스스로 얻곤 했는데, 바로 이 습관으로 내 흥분의 불길을 죽일 수 있었습니다. 나는 이 점에 대해서는 아무것도 바랄 게 없었답니다. 왜냐하면 욕망이 일어나면 곧바로 구원을 받았기 때문이지요. 그렇다면 단 한 가지, 내 선택에 영향을 미칠 수 있는 것은 앞으로 내가 불행해지느냐 아니면 당신의 행복을 찾아주는 동안 내 행복을 찾을 수 있기를 바라야 하느냐뿐이었습니다. 앞의 생각이 가볍게 머리를 스쳤지만, 뒤의 생각으로 나는 결심을 굳혔습니다.

테레즈는 백작의 친구가 되기로 하고 함께 시골로 떠난다

일단 결심하고 나니 당신이 얼마나 기다려졌는지 모르겠습니다. 이튿날 당신은 오셨지요. 나는 당신 품으로 뛰어들었습니다. 나는 이렇게 외쳤지요. "백작님, 당신 마음대로 하세요! 당신을 사모하는 젊은 여성의 마음을 친절하게 대해주세요. 당신의 감정은 당신이 결코 내 감정을 억누르지 않으리라는 믿음을 줍니다. 당신은 내 두려움·약점·습관을 알고 계십니다. 시간의 흐름과 당신의 가르침에 모든 걸 맡기도록 하지요. 당신은 인간의 마음, 우리 의지를 지배하는 감각을 이해하십니다. 당신이 가장 적절하다고 판단하는 감각을 내게 불러일으킬 수 있도록 이러한 이점을 활용하시기 바랍니다. 그리하여 내가 당신의 쾌락에 무제한 이바지할 수 있도록 해주세요. 그리는 동안 나는 당신의 친구가 될게요."

내 기억으로는 당신은 내 마음을 다정하게 털어놓는 것을 가로막았지요. 당신은 결코 내 취미와 성향을 억압하지 않겠노라고 약속하셨어요. 모든 것이 조정됐습니다. 이튿날 나는 마담 부아 로리에에게 내가 행운을 얻었다고 알려주었답니다. 그는 헤어질 때 울음을 터뜨렸어요. 마침내 우리는 약속한 날 당신의 영지로 출발했지요.

이 사랑스러운 곳에 도착하자, 나는 아주 자연스럽게 내 지위의 변화를 받아들였습니다. 내 마음은 전적으로 당신을 즐겁게 해주는 데 쏠려 있었기 때문입니다.

백작은 '작은 거위' 놀이만 하는 신세가 된다

두 달이 흐르는 동안 당신은 내게 은연중 불러일으키려고 노력하던 욕망들을 강요하기를 자제했습니다. 나는 당신이 모든 쾌락 가운데 한 가지만 빼고 실현하기를 기대했습니다. 당신은 그 한 가지 쾌락이 주는 황홀경을 찬양했지만, 나는 그것이 내가 통상 맛보던 것보다 더 강한지 믿을 수 없었습니다. 나는 내가 맛보던 황홀경을 당신에게 나누어주려고 했지요.

그런데 그 반대로 나는 당신이 내 몸을 꿰뚫으려고 위협하던 기관을 보고 몸을 떨었어요. 이처럼 길고 넓은 것이, 이다지도 흉물스런 대가리가 달린 것이 겨우 내 손가락을 집어넣을 수 있는 공간으로 어떻게 밀고 들어갈 수 있단 말인가, 나는 자문해보았습니다. 게다가 만약 아기라도 선다면, 분명 그로 인해 죽을 것처럼 느꼈습니다.

나는 이야기를 계속했습니다. "아, 사랑하는 친구여, 이 숙명적인 함정은 피하기로 합시다. 내 방식대로 하게 해주세요."

나는 당신을 어루만져주었습니다. 나는 당신이 당신의 '의사'라고 부르고 싶어하는 곳에 두루 입을 맞춰주었지요. 나는 당신을 육욕의 극치로 끌어올려 그 의사를 힘차게 일으켜 세웠습니다. 그리고 마침내 이 성스러운 액체가 당신도 거의 모르는 사이에 몸에서 빠져나오더니, 당신의 영혼은 다시금 평온을 되찾았지요.

우리 삶의 모든 행동을 결정하는 자기애에 관한 이야기

일단 욕망의 칼날이 서면 당신은 윤리적이고 형이상학적인 문제에 대한 내 취향에 맞는 요리를 제공한다는 구실을 대지만, 사실은 논증의 힘을 이용하여 나로 하여금 당신이 내게 바라는 것에 유리한 결정을 내리도록 한다는 사실을 나는 알아차렸습니다.

당신은 어느 날 내게 말씀하셨지요. "우리 삶의 모든 행동을 결정하는 것은 자기애입니다. 내가 '자기애'라고 하는 것은 우리가 어떤 일을 하면서 느끼는 만족감입니다. 예를 들어 나는 당신을 사랑하는 데서 즐거움을 얻기 때문에 당신을 사랑합니다. 당신을 위해서 내가 한 일은 당신을 만족시킬지 모르며 당신의 목적에 도움을 줄지 모르지만, 당신은 그에 대해 조금도 감사할 마음을 가질 필요는 없습니다. 내 자기애 때문에 그렇게 행동했을 뿐이니까요. 나는 당신의 행복에 이바지하고 싶은 생각에만 나 자신의 행복을 고정시켜놓았답니다. 똑같은 이유로, 당신은 당신의 자기애가 나를 행복하게 만들면서 만족감을 얻지 못하는 한 나를 완전히 행복하게 만들 수 없습니다.

사람들은 종종 가난한 사람들에게 보시를 합니다. 그들은 그들을 위로하기 위해 자신들이 가는 길을 벗어나기도 합니다. 그들의 행동은 사회의 행복에 이바지하며, 그러한 한도 안에서 칭송받아 마땅합니다. 하지만 그들의 개인적인 관점에서 볼 때는 전혀 그렇지 않습니다. 그들은 가난한 사람들에 대해 느끼는 연민으로 고통스럽기 때문에 보시를 하고, 그 고통을 계속 견디느니보다 차라리 돈을 써서 불편함을 덜어내는 것입니다. 어쩌면 그들의 자기애는 자비로운 사람으로 통하려는 허영심에 들떠서 그들을 결심하게 만드는 진짜 만족감인지도 모르겠습니다. 우리의 모든 행동은 다음의 두 가지 원리에 따라 나옵니다. 첫째, 우리 자신에게 즐거움을 주는 원리, 둘째, 고통을 피하려는 원리."

영혼은 독자적으로 행동하거나 생각할 수 없다는 사실에 관한 이야기

또 어느 날인가 당신은 내가 원장신부 T.에게서 받은 짧은 가르침을 설명하고 부연해주었습니다.

당신은 내게 이렇게 말씀하셨지요. "그가 당신에게 우리는 몸에 열이 나거나 나지 않게 몸을 통제할 수는 있겠지만, 독자적으로 생각할 수도, 자유의지를 가지고 행동할 수도 없다고 가르쳤다면서요. 사실 우리는 명백하고 단순한 관찰을 통해서 영혼은 아무것도 통제하지 못하며, 단지 몸의 감각과 능력에 부응하여 반응할 뿐이라는 사실을 알고 있습니다. 우리 몸에 혼돈을 가져오는 원인 때문에 영혼이 괴롭고 정신이 변할 수 있습니다. 뇌 속에서 맥관이나 신경섬유가 교란되면 세상에서 가장 지적인 사람도 바보가 될 수 있습니다. 우리는 자연이란 가장 단순한 방식으로 움직인다는 사실을 알고 있으며, 단 하나의 변치 않는 원리를 갖고 있다는 사실을 알고 있습니다. 그리하여 우리는 우리 행동 가운데 일부에서는 자유롭지 못하다는 점이 분명하기 때문에, 우리는 그 어떤 행동에도 자유롭지 못합니다.

더욱이 영혼이 순수하게 정신적이라면, 그것 역시 마찬가지일 것입니다. 영혼도 스스로 생각하고 의지하는 능력을 갖고 있다면 비슷한 경우를 만날 때 똑같이 생각하고 결정할 것입니다. 그러나 이러한 상황은 결코 발생하지 않습니다. 그러므로 영혼은 다른 것으로 결정되어야 합니다. 그리고 다른 것이란 오직 물질일 수밖에 없습니다. 왜냐하면 가장 약한 사상가들도 정신과 물질만은 인정하기 때문입니다.

정신의 의미에 관한 고찰

이 속기 쉬운 사람들에게 정신이란 무엇인지 물어봅시다. 그것은 존재할 수 있지만 아무런 장소도 차지하지 않는 것입니까? 만일 그것이 어딘가에 자리잡고 있다면 공간을 차지해야 하며, 만일 공간을 차지한다면 그것은 크기를 가질 것이고, 크기를 가진다면 부분을 갖고 있어야 하며, 부분을 갖는다면 물질입니다. 따라서 정신은 상상적인 것이거나 물질의 부분입니다.

당신은 이렇게 말했습니다. "이러한 논증을 바탕으로 우리는 다음과 같은 결론을 확실히 내릴 수 있습니다. 첫째, 우리는 날마다 느낌·듣기·보기·냄새·맛으로 받아들이는 관념들과 결합한 몸의 조직 때문에 어떤 방식으로 생각합니다. 둘째, 우리의 행복과 불행은 물질의 변화와 이러한 관념들에 달려 있습니다. 마치 사상가와 천재들이 언제나 대중의 복지에, 그리고 좀더 각별하게 그들 자신이 사랑하는 사람들의 행복에 건설적으로 이바지하는 경향이 있는 관념들을 불러일으키려고 큰 고통을 겪어야 하는 이치와 같습니다. 이러한 목적을 향한 길이라면 어버이는 자식을 위해, 선생님은 학생을 위해 무슨 일을 마다하겠습니까?"

백작은 테레즈와 내기를 한다

끝으로, 사랑하는 백작님, 당신은 내가 거듭해서 거절하자 조금 지치기 시작했습니다. 그때 파리에 있는 서재로 사람을 보내서 성애를 다룬 책과 같은 종류의 그림 소장품을 가져오게 한다는 생각이 당신의 머리를 스쳤죠. 내가 책을 좋아하고 그림은 더 좋아한다는 데 착안하여 당신은 성공과 만날 수 있는 이 두 가지 길을 머릿속에 떠올렸던 것입니다.

당신은 놀리는 말투로 이렇게 말했지요. "테레즈 양, 그래 당신은 아슬아슬한 그림과 문학을 좋아하나요? 그 이야기를 들으니 기쁩니다. 당신은 가장 뛰어난 작품을 만나게 될 겁니다. 그러나 제발 내 요청을 들어주세요. 나는 내 책과 그림을 1년 동안 당신 처소에 빌려드리겠습니다. 단, 당신이 당신 몸의 그 부분을 오늘부터 권리상 내게 양도했다고 생각하고 2주일 동안 만지지 않겠다는 조건으로 약속해야 합니다. 당신은 참으로 '손으로 하는 일'을 그만두어야 합니다. 조금이라도 사정을 봐주지 않겠습니다." 그리고 당신은 덧붙여 말했지요. "우리는 각자 거래에 조금 타협을 하는 것이 공평합니다. 내겐 당신에게 이것을 요구할 만한 훌륭한 이유가 있습니다. 선택하세요. 우리가 타협하지 않는다면 책이나 그림을 볼 수 없습니다."

나는 잠시 망설이다가 2주일 동안 참고 견디겠다고 약속했습니다.

그러자 당신은 내게 말씀하셨습니다. "아직 조건이 더 있습니다. 우리 서로 조건을 내걸도록 합시다. 당신이 그림을 힐끗 보거나 책을 건성으로 읽으면서 이 같은 희생을 한다면 공평하지 않아요. 그러니 내기를 합시다. 물론 당신이 이길 수 있는 내기를 말입니다. 나는 책과 그림을, 당신은 처녀성을 각각 걸고 당신이 약속한 대로 2주일 동안 참고 견뎌내는가 지켜보도록 합시다."

나는 조금 기분 상한 듯이 대답했습니다. "백작님, 정말 당신은 내 기질에 대해 아주 호기심이 많으시군요. 그리고 당신은 내게 통제력이 별로 없다고 생각하십니다."

당신은 대답했지요. "오, 아가씨, 제발 비난하기 없기. 나는 당신과 합법적인 면에 대해 논쟁하면서 행복해질 수 없습니다. 더욱이 당신은 내가 제안한 이유를 추측하지 않는 듯하군요. 내 말을 잘 들으세요. 내가 당신에게 선물을 줄 때마다 당신은 자존심이 상했지요. 왜냐하면 당신은 당신이 최대한 행복하게 만들어주지 못하는 남자한테서 선물을 받았기 때문입니다. 안 그래요? 그렇습니다! 당신도 아주 사랑할 내 책과 그림 때문에 얼굴을 붉히지 않을 것입니다. 왜냐하면 당신은 결국 그것들을 차지하게 될 테니까요."

나는 대답했어요. "사랑하는 백작님, 당신은 내게 덫을 놓으시는군요. 하지만 경고하는데, 당신이나 덫에 걸리지 마세요. 내기를 받아들이지요!" 나는 이렇게 외치고 나서 덧붙여 말했습니다. "그리고 한 가지 더, 나는 아침마다 당신의 책을 읽고 사람의 넋을 홀리는 그림을 보면서 그 밖에는 아무 일도 하지 않겠다고 약속합니다."

독서와 그림의 효과

당신이 명령한 대로, 모든 것을 내 방으로 옮겨놓았습니다. 처음 나흘 동안 나는 《샤르트뢰 수도원의 문지기》의 이야기를 시작으로 《카르멜 수녀원 접수계 수녀》《귀부인들의 아카데미》《교회의 영광》《테미도르Thémidore》《프레티용Frétillon》, 그리고 같은 종류의 책들을 눈으로 삼켰지요. 아니, 이 책들을 전속력으로 읽어나갔다고 하는 편이 낫겠네요. 가끔 그림을 탐욕스럽게 검토할 때만 책에서 눈을 뗐지요. 그림은 내 몸에 불길을 일으켜 핏줄을 타고 돌아다니게 할 만큼 눈부신 색채와 풍부한 표현으로 가장 음탕한 자세를 보여주었어요.

닷새째 되는 날, 한 시간 동안 책을 읽은 뒤 나는 일종의 황홀경에 빠졌습니다. 침대의 장막을 모두 열어젖힌 채 누워서 그림 두 점―〈프리아푸스의 축제〉〈마르스와 비너스의 사랑〉―을 바라보았습니다. 그림 속 주인공들의 태도로 말미암아 상상력에 불이 붙기 시작하자 나는 이불보와 이불을 차버리고는 방문이 단단히 잠겼는지 잠시 생각할 틈도 없이 그림에서 본 모든 체위를 흉내 낼 지경에 이르렀습니다. 각각의 인물은 내게 화가가 부여한 느낌을 불러일으켰습니다. 〈프리아푸스의 축제〉의 왼쪽에 있는 육상선수 두 명에 나는 홀딱 빠졌습니다. 그림은 아주 작은 여성의 취향과 나 자신의 취향의 유사성을 보여주었기 때문에 나는 황홀해졌습니다. 아무 생각도 없이 나는 오른손을 남자의 손이 놓였던 곳으로 옮겨갔습니다. 그리고 내 손가락을 그곳에 밀어넣으려는 순간 정신이 번쩍 들었습니다. 나는 내가 환상을 보았음을 자각하게 되었고, 우리가 한 내기의 조건을 기억해내고는 내 손을 거기서 떼어내야 했습니다.

당신이 내 약점―만일 자연의 이처럼 달콤한 성향이 사실상 약점이라면―을 지켜보고 있으리라는 것을 꿈에도 상상하지 못한 나, 그리고 오, 하느님, 그것을 실제로 즐기면서 얻는 이루 말할 수 없는 쾌락에 저항한 나는 얼마나 어리석었던지요! 그것은 편견의 영향을 받았기 때문입니다. 편견은 우리에게 폭군과 같습니다. 나는 이 그림의 다른 부분을 하나하나 살펴보면서 감탄하고 연민의 정을 느꼈습니다.

그리고 나는 두 번째 그림으로 눈길을 돌렸습니다. 비너스의 몸짓은 얼마나 관능적인지! 나도 비너스처럼 몸을 게으르게 뻗었습니다. 넓적다리를 약간 벌리고 두 팔을 관능적으로 펼친 채로 나는 마르스 신의 눈부신 자태를 찬양했습니다. 그의 눈과 특히 창은 내 심장을 똑바로 겨누듯이 생기를 띤 채 활활 타오르고 있었지요. 나는 이불보 밑으로 들어갔습니다. 내 엉덩이는 마치 정복자를 위한 왕관을 떠받들려는 것처럼 탐욕스럽게 좌우로 진동했습니다.

나는 외쳤습니다. "이런! 신들도 내가 끊겠다고 맹세한 이 훌륭한 것에서 만족감을 얻을 텐데! 아, 사랑하는 연인이여! 나는 더이상 참을 수 없습니다. 백작님, 이리 오세요. 더이상 당신의 화살이 무섭지 않답니다. 오셔서 당신의 연인을 꿰뚫어도 좋아요. 당신이 원하는 곳이면 어디라도 쏘세요. 나로서는 아무 곳이나 상관없답니다. 당신을 믿고 한마디도 하지 않고 당신의 매를 견뎌내겠어요. 이리로 오셔서 승리를 확인하세요. 내 손가락은 그곳에 있답니다!"

백작은 내기에 이기고 마침내 테레즈를 품는다

아, 놀라워요! 이 얼마나 즐거운 순간인가요! 당신은 갑자기 나타났지요. 그림 속의 마르스 신보다 더 의기양양하고 더 빛나는 모습으로. 당신이 걸친 가벼운 가운을 벗으면서.

당신은 내게 말했죠. "난 지나칠 정도로 섬세하기 때문에 당신이 내게 준 첫 기회를 활용하지 못했어요. 나는 당신 문 밖에서 모든 것을 보고 들었습니다. 하지만 나는 현명한 내기꾼의 승리에서 내 행복을 얻고 싶지 않았답니다. 사랑하는 테레즈, 내가 온 이유는 단 하나, 당신이 나를 불렀기 때문입니다. 이제 결심했나요?"

나는 외쳤어요. "네, 내 사랑! 모든 걸 드릴게요. 나를 때리세요, 더이상 당신의 매가 두렵지 않으니까요."

바로 그 순간 당신은 내 품에 안겼습니다. 나는 망설이지 않고 화살을 잡았지요. 그때까지 그렇게 두려워하던 화살을 잡아, 그것이 위협하고 있던 구멍으로 스스로 넣어주었지요. 당신은 물건을 내 속으로 몰고 들어왔어요. 당신은 한층 더 깊이 밀어 넣었지만, 나는 조금도 소리를 내지 않았습니다. 나는 오직 쾌락만을 생각하고 있었기 때문에 아무런 고통도 느낄 수 없었답니다.

우리의 열정은 이미 자기통제의 철학을 모두 물리친 것 같았습니다. 그때 당신은 힘겹게 다음과 같은 말을 또박또박 내뱉었어요.

"테레즈 양, 나는 내가 얻은 모든 권리를 다 활용하지 않겠어요. 당신은 어머니가 될까봐 두려워하니까요. 당신을 이 정도로 봐드리지요. 쾌락의 절정에 다다르고 있습니다. 내가 물건을 빼는 즉시 당신의 정복자를 다시 손으로 잡고, 조금 힘을 주어 잡아서… 아, 지금, 나는… 쾌락을…."

나는 외쳤지요. "아! 나도 죽겠어요! 더이상 느낌이 없어요. 나… 까무라… 치고… 있어…."

내가 당신의 기관을 잡았을 때, 나는 그것을 가볍게 눌렀습니다. 손은 마치 그것을 담은 통 같았으며, 그 속에서 당신은 육욕의 문지방으로 다가서려고 애쓰고 있었습니다. 그 뒤 우리는 다시 시작했고, 10년 동안 똑같은 방식으로, 아무런 문제도, 걱정도, 아이도 없이 계속 쾌락을 즐길 수 있었습니다.

친애하는 후원자님, 지금까지 나는 당신이 바라는 대로 내 삶을 자세히 묘사했다고 믿습니다. 만일 이 원고가 세상에 나돈다면, 얼마나 많은 바보들이 관능에 반대해서, 이 원고에 담겨 있는 도덕적·형이상학적 원리에 반대해서 아우성을 칠는지요! 나는 다른 사람의 머리로 생각하는 데 익숙해진 이 바보들, 이 어리석은 기계들, 이러한 종류의 자동인형들, 남들이 하라는 대로 행동하는 그들에게 분명히 대답해줄 것입니다. 내가 쓴 내용은 모든 편견에서 벗어난 경험과 이성에 바탕을 둔 것이라고 말입니다.

자기 책에 담긴 원리가 인류의 행복에 이바지할 것임을 증명하려는 테레즈의 호기심 많은 고찰

그렇다, 불가지론자들이여! 자연은 환상이며, 모든 것은 하느님의 작품이다. 먹기, 마시기, 관능적으로 즐기기 따위의 욕구도 하느님에게서 받은 것이다. 그렇다면 우리가 하느님의 의도대로 행동하는 것에 왜 얼굴을 붉히는가? 사람들의 저마다 다른 다양한 입맛을 감각적으로 충족시키기 위해 그들에게 다른 음식을 제공해 행복하게 하는 일이 어째서 두려운 일인가? 내가 아무런 해를 끼치지 않고 오직 계몽시킬 수 있는 진리를 주장할 때 하느님과 인류를 불쾌하게 만들까봐 걱정해야 하는가?

테레즈는 자기 책에 담긴 모든 내용을 요약한다

이 불쾌한 비판자들이여, 다시 한 번 이르겠다. 우리는 우리 멋대로 생각하지 않는다. 영혼에는 의지가 없으며, 오직 감각의 영향을 받는다. 다시 말해서 물질의 영향을 받는다. 이성은 우리를 계몽하지만 우리의 행동을 결정할 수는 없다. 자기애(우리가 바라는 쾌락이나 피하고자 하는 고통)는 우리를 결정하게 만드는 원동력이다. 우리의 신체기관, 교육, 외부 감각이 균형 있게 배치될 때 행복해질 수 있다. 그리고 인간의 법률은 인간이 그 것을 지키고 신사로 살 때에만 행복해질 수 있도록 만드는 것이다.

하느님은 존재한다. 우리는 하느님을 사랑해야 한다. 왜냐하면 그는 지 극히 선하고 완전한 존재이기 때문이다. 합리적인 인간—철학자—은 자신 의 도덕을 통제함으로써 사회의 행복에 이바지해야 한다. 종교는 존재하 지 않는다. 왜냐하면 하느님은 자신만으로 충분하기 때문이다. 인간이 아 무리 많은 장치를 고안해내서 무릎꿇고 예배하거나 우거지상을 한다 해도 하느님을 너 영광스럽게 만들어드릴 수 없다. 도덕적 선악은 다만 인간 사 이에서 존재할 뿐, 하느님과 맺은 관계에서는 결코 존재하지 않는다.

만일 어떤 사람이 육체적인 병이나 손상을 입는다 해도, 그 상태로 다른 사람에게 이익을 줄 수 있다. 의사·변호사·재정가는 다른 사람의 불행으 로 먹고산다. 이처럼 모든 것은 서로 연관되어 있다. 각 지역의 사회를 한 데 묶을 목적으로 생긴 법률을 존중해야 한다. 법을 어기는 사람은 누구나 벌을 받아야 한다. 왜냐하면 나쁘게 조직되거나 그릇된 의도를 품은 사람 들이 나쁜 행동을 하지 못하게 억제할 수 있는 본보기로서, 위반행위에 대 한 벌은 전체의 평온함을 지키는 데 필요하다는 것도 사실이기 때문이다. 끝으로 왕, 제후, 법관, 모든 고위 관리는 국가의 필요성에 봉사하는 등급 에 따라 사랑과 존경을 받아야 한다. 왜냐하면 그들 각자는 행동으로써 전 체의 행복에 이바지하고 있기 때문이다.

2440년,
한 번쯤 꾸어봄직한 꿈

루이 세바스티앵 메르시에는
'암스테르담, 1771년'이라고 표기함.
초판이 나온 뒤 추가된 부분은 이 번역에서 볼 수 없다.

제2장
나는 700살이다

늙은 영국인은 한밤중에 갔다. 조금 피곤했다. 나는 문을 닫고 침대로
들어갔다. 곧 잠이 들었고, 내가 수백 년 동안 잠든 꿈, 방금 잠에서 깨어
나고 있는 꿈을 꾸었다.[a] 나는 일어나면서 내 몸이 전보다 더 무겁다고 느
꼈다. 손은 떨렸고, 다리는 휘청거렸다. 거울을 들여다보니 내 모습을 몰
라볼 지경이었다. 잠들기 전에는 금발에 창백한 얼굴, 그리고 장밋빛 뺨이
었다. 그런데 깨어나니 이마에는 주름이 가득하고, 머리는 하얗게 세고,

---

a   사람은 어떤 사물에 심한 인상을 받았을 때 그것이 밤에 다시 나타나는 것을 보려면 상상력을 동
원할 필요가 있다. 꿈속에서는 놀라운 일이 벌어진다. 독자가 이 글을 읽으면서 차차 알게 되듯이, 이
것은 아주 강력한 꿈이다.

눈이 움푹 파이고, 코가 길어지고, 얼굴은 파리하고 해쓱했다. 걸어다니려고 할 때는 기계적으로 지팡이에 의지했다. 그러나 적어도 나는 여느 늙은이와 달리 기분까지 나빠지는 않았다.

숙소 밖으로 나가니 낯선 광장이 보였다. 그곳에는 피라미드 모양의 기둥이 서 있었다. 그것은 호기심을 자아내기에 충분했다. 나는 거기로 다가가 글씨를 읽었다. '2440년.' 그들은 이 숫자를 대리석에 금으로 뚜렷이 새겨놓았다.

처음에는 내 눈을 의심했다. 아니, 오히려 나는 글씨를 새긴 사람이 실수를 했다고 생각했다. 이 결과에 대해서 말하려고 할 즈음 나는 벽에 붙은 두세 가지 왕령에 눈길을 돌렸고, 더 크게 놀랐다. 거기서도 왕령마다 착실하게 '2440년'이라고 인쇄해놓은 것을 보았기 때문이다. 나는 중얼거렸다. "아니, 이런! 나도 모르는 사이에 이렇게 늙어버리다니! 이런! 내가 672년 동안 잠을 잤단 말인가!"[b]

모든 것이 바뀌어 있었다. 내가 잘 알고 지내던 이웃들은 마치 최근에 얼굴을 뜯어고친 것처럼 새로운 모습으로 나타났다. 나는 이제는 넓고 아름답고 완벽하게 정비된 거리에서 길을 잃었다. 나는 넓은 네거리에 들어섰다. 거기도 역시 완벽하게 질서가 잡혀 있어서, 흉물스러운 것이라고는 조금도 찾아볼 수 없었다. 옛날에 내 귀에 울리던 이상하고 혼란스러운 소음마저 하나도 들리지 않았다.[c] 나는 나를 칠 듯이 달려드는 마차라고는 한 대도 만나지 못했다. 그래서 통풍환자라도 마음 편하게 어슬렁거릴 수 있을 정도였다. 도시는 활기에 넘쳤지만 소란이나 혼란은 없었다.

나는 몹시 신기하다는 생각에 골똘해 있었기 때문에, 행인들이 걸음을 멈추고 내 머리끝에서 발끝까지 놀라는 시선으로 훑어보는 것도 보지 못했다. 그들은 어깨를 움찔 하고 나서, 마치 우리가 가면을 보았을 때처럼 그렇게 살짝 웃었다. 사실 나는 그들과 사뭇 다른 옷을 입고 있었기 때문에 아주 기묘하고 우스꽝스럽게 보일 수밖에 없었다.

어떤 시민(나중에 그가 학자임을 알게 되었다)이 다가와 정중하지만 단호하게 말을 걸었다. "어르신, 왜 이렇게 변장을 하셨습니까? 당신은 이상한 시대의 우스꽝스러운 의상을 우리에게 재현해주고 싶으십니까? 우리는 그 옷을 본받고 싶지 않습니다. 이제 그만 이 바보 같은 놀이는 집어치우시지요."

나는 그에게 대답했다. "뭐라고요? 나는 변장하지 않았습니다. 난 그저 어제 입은 옷을 오늘도 입고 있습니다. 당신들이 세운 기둥과 공지사항이야말로 거짓말을 하고 있습니다. 당신들은 루이 15세가 아닌 다른 군주를 인정하는 것 같은데요. 나는 당신들이 도대체 무슨 생각을 하는지 모르겠지만, 경고하건대, 분명히 그건 참으로 위험합니다. 사람들은 이 같은 가장행렬을 해서는 안 됩니다. 아무도 당신들처럼 미칠 수는 없습니다. 어쨌거나 당신들은 비현실적인 목적을 추구하는 사기꾼입니다. 왜냐하면 당신들은 우리가 존재한다는 증거보다 더 확실한 것은 없다는 사실을 부정할 수 없을 테니까요."

아마도 그 사람은 내가 너스레를 떨고 있다고 믿었을지 모른다. 아니면 그는 내가 그처럼 늙어버렸기 때문에 바보 같은 이야기를 늘어놓는다고 생각했을지 모른다. 그가 다른 방식으로 의심했을 가능성도 있다. 하지만 그는 내게 언제 태어났는지 물었다. 나는 "1740년"이라고 대답했다. 그는 모여든 사람들을 둘러보며 이렇게 말했다. "내 계산으로는 당신 나이가 정확히 700살이군요. 놀라지 마십시오. 에녹과 엘리가 아직 살아 있습니다. 므두셀라 같은 사람들은 900년 이상 살았습니다. 니콜라스 플라멜은 방랑하는 유대인처럼 이 세상을 두루 돌아다닙니다. 그리고 이 선생님은 아마도 젊음의 샘이나 현자의 돌을 발견하셨나 봅니다."

그는 말을 마치고 나서 미소지었고, 모든 사람은 즐거움과 존경의 표정을 띤 채 나를 둘러쌌다. 그들은 다투어서 내게 질문하고 싶어했지만 신중하게 입을 다물었다. 그들은 각자 이렇게 중얼거리기만 했다. "루이 15세 시대에서 온 사람이라! 얼마나 이상한 일인가!"

제3장
중고품 상점에서 옷차림을 바꾸다

나는 내 겉모습 때문에 몹시 당황했다. 우리의 학자는 내게 말했다. "놀라우신 노인이여, 내가 기꺼이 당신의 안내자 노릇을 해드리겠습니다. 그러나 제발 처음 만나는 중고품 옷가게부터 들르기로 합시다. 당신이 점잖게 차려입지 않는 한 함께 다닐 수 없기 때문입니다"라고 솔직하게 말했다.

"예를 들어, 당신은 정부가 모든 싸움을 불법화하고 개인들이 저마다 안전하게 살 수 있도록 잘 운영하고 있는 도시에서는 치명적인 무기를 들고 힘들게 다니고, 한 편에 칼을 찬 채 하느님·여성·친구를 만나 얘기를 나누러 다니는 일이 무례하다느니 말하기에 앞서 그런 일이 아예 필요도 없다는 사실을 인정하시겠지요. 그것은 공격받고 있는 도시의 군인에게나 더어울릴 테니까요. 당신 시대 사람들은 여전히 케케묵은 기사도의 낡은 편견을 지키고 있었지요. 공격용 무기를 가지고 다니는 것은 언제나 명예의 표시였습니다. 그리고 당신 시대에 나온 작품에서 내가 읽기로는 약한 늙은이조차 아무짝에도 쓸모 없는 무기를 버젓이 지니고 다녔다고 하더군요.

그러니 당신 시대의 옷차림은 얼마나 몸을 구속하고 건강을 해치는 것인지 모르겠습니다. 당신의 어깨와 팔은 속박받고, 몸은 짓눌리며, 가슴은 뒤틀립니다. 당신은 전혀 숨을 쉴 수 없습니다. 그리고 이렇게 말하긴 뭣합니다만, 어째서 다리를 불순한 날씨에 노출하는 겁니까? 모든 시대는 저마다 새로운 양식의 의상을 입게 마련이지만, 내가 틀리지 않았다면 우리 시대의 의상은 위생적인 만큼 쾌적합니다. 직접 보세요."

사실 그가 옷을 입은 방식이 내 눈에는 새로웠지만 불쾌하게 보이지는 않았다. 그의 모자에는 더이상 슬프고 가련한 색깔이나, 당혹스러워 보일 정도로 뿔같이 생긴 전형적인 챙도 없었다.[a] 그것은 단순히 머리에 깊이 쓸 수 있는 골무 모양의 모자로서, 천으로 만든 띠를 두르고 있었다. 이 띠는 우아하게 말려 있었는데, 쓰지 않을 때는 접은 채로 놔뒀다가 마음이 바뀌어 햇빛을 가리려 하거나 험악한 날씨에는 앞으로 내놓거나 뒤로 물릴 수 있었다.

그의 머리는 뒤에서 볼 때 매듭처럼 깨끗하게 묶었다.[b] 머리에는 분을 조금만 뿌려 자연스러운 머리색을 보여준다. 이 단순한 양식은 머리기름을 덕지덕지 발라 자만심을 세우듯 피라미드 모양으로 빗어올린 우리의 양식과 아주 거리가 멀었다. 양 옆으로 날개도 늘어뜨리지 않았다. 사실 양 날개는 우울한 느낌을 발산하는 것이었다. 또 갈기처럼 휘날리게 만드는 대신 우아한 기색이라고는 하나도 없이 딱딱한 느낌만 나도록 말아서 고정시키는 양식도 이용하지 않았다.

---

a   만일 내가 프랑스 역사를 쓰려 한다면, 나는 특히 모자에도 관심을 기울일 것이다. 만일 제대로만 쓴다면, 이 주제를 다루는 장은 호기심을 돋우고 재미있을 것이다. 나는 영국과 프랑스를 비교할 것이다. 전자는 작은 모자를 쓰는 데 비해 후자는 큰 모자를 쓸 것이다. 그리고 전자가 작은 모자를 포기할 때 후자는 큰 모자를 포기할 것이다.

b   만일 머리 손질하는 기술에 관한 글을 써야 한다면, 신사의 머리를 꼬는 방법만 해도 300~400가지나 된다는 사실을 밝혀 독자를 놀라게 해줄 것이다. 오, 우리의 직업은 얼마나 심오한가! 놀라울 정도로 시시콜콜한 것을 자세히 안다고 자부할 수 있을 사람 누구인가? 바람에 휘날리는 갈기를 생각나게 만드는 대신, 그 어떤 표현력이나 우아함도 없이 그저 딱딱한 인상만 주도록 머리를 감아 고정시킨 모양까지 다 안다고 자부할 사람 또 누구인가?

그의 목도 더이상 모슬린 천의 좁은 띠로 조이지 않았다.[c] 그 대신 철에 따라 다른 식으로 보온을 하기 위해 천을 감았다. 그의 소매는 팔을 자유롭게 움직일 수 있을 정도로 적당히 넓고, 몸을 가볍게 감싸는 내의를 입은 뒤 그 위에 일종의 외투를 입었다. 이 겉옷은 비가 오거나 추울 때 모두 몸을 잘 보호해주었다. 허리를 긴 띠로 우아하게 감아 보온을 확실히 할 수 있었다. 대님을 묶지 않았기 때문에 장딴지 살을 파고들어 피돌기를 막는 일도 없었다. 허리부터 발끝까지 긴 양말을 신고, 끈 달린 장화 모양의 부드러운 구두로 발을 감쌌다.

그는 내세 가게로 들어가자고 했다. 거기에서 내게 옷을 완전히 바꿔 입으라고 권했다. 나는 의자에 앉았다. 몸을 피로하게 만들 정도로 속을 지나치게 채우지 않아서 몸을 편안하게 쉴 수 있게 해주는 의자였다. 짧고 기울어진 이 안락의자에는 몸을 움직여도 아무런 불편을 주지 않는 매트가 깔려 있었다. 가게는 명예나 양심을 거는 말이 오가지도 않는 곳이었고, 제대로 조명을 해놓았기 때문에 나 자신이 중고 의류상인 앞에 있다는 사실을 좀처럼 믿을 수 없었다.

제4장
짐꾼들

내 안내인은 시간이 지날수록 더 상냥해졌다. 그는 중고품 가게에서 나 대신 옷값을 지불했다. 나는 주머니에서 우리 시대에 쓰는 돈 루이 한 닢을 꺼냈다. 상인은 그 돈을 수집품처럼 소중하게 간직하겠다고 약속했다.

---

c   나는 우리 옷깃을 전부 비난할 생각은 전혀 없다. 우리는 늦도록 잠자리에 들지 않거나 과식하거나 그 밖의 일을 지나치게 해도 창백해진다. 우리의 옷깃은 목을 살짝 조르면서 그 잘못을 바로잡아 우리 낯빛을 되찾아준다.

사람들은 가게에서 현금으로 물건을 샀고, 시민들은 여전히 성실하고 정직했으며, 돈을 빌리거나 빌려주는 사람 모두가 속임수를 감추기 위해 사용하는 '신용'이라는 말도 더이상 통하지 않았다. 예의 바른 사회 구성원들은 빚을 더 많이 꾸고 갚지 않는 기술 따위는 사용하지 않았다.[a]

가게에서 나오자 또다시 사람들이 내 주위로 몰려왔다. 그러나 그들은 놀리거나 모욕하는 눈길을 보내지 않았다. 사방에서 웅성거리는 소리만 들렸다. "저기 칠백 살이나 된 사람이 있어. 옛날에는 얼마나 불행한 시절을 보냈을까."

나는 거리가 아주 깨끗해 쓰레기라고는 거의 찾아볼 수 없다는 사실에 놀랐다. 그날은 그리스도 성체 축일처럼 보였다. 그러나 도시에는 사람이 무척 많았다.

거리마다 공공질서를 지키는 사람이 있었다. 그는 마차와 짐꾼들의 흐름을 지도했다. 그는 특히 짐꾼들이 자유롭게 오갈 수 있는 통로를 열어두었다. 짐꾼은 힘에 맞는 짐을 메고 다녔다. 숨을 헐떡이며 땀을 뻘뻘 흘리고, 눈이 벌겋고 풀이 죽어 고개를 숙인 채, 짐승에게나 어울릴 만큼 무거운 짐을 지고 신음하는 비참한 사람들은 하나도 없었다. 부자는 돈 몇 푼가지고 사람을 억압하지 않았다.

---

a   프랑스의 왕 샤를 7세는 부르주에 갔을 때 구두 한 켤레를 주문했다. 그러나 그가 구두를 신어보려고 할 때, 그곳 지사가 가게로 들어와 주인에게 말했다. "이 상품을 치우시오. 우리는 얼마 동안 이 구두값을 지불할 수 없었소. 전하께서는 헌 구두를 한 달 더 신으실 수 있으시오." 왕은 지사를 칭찬했고, 그는 마땅히 이처럼 성실한 지사를 곁에 두었다. 구두를 주문하고 아직도 불쌍한 일꾼을 놀릴 여지가 있다는 사실을 알아낸 젊은 바보는 이 글을 읽으면서 무슨 생각을 했을까? 그는 신을 신어보고서도 돈을 내려 하지 않는 사람을 멸시한다. 그러고 나서 그는 밖으로 달려나가 범죄와 매춘의 소굴에서 돈을 탕진한다. 빚쟁이의 시선을 피하기 위해 길을 다닐 때마다 고개를 처박으면서도 부끄러워하지 않는 그의 이마에 영혼의 천박함이 새겨진 것은 아닌가? 만일 그에게 옷을 대준 사람들이 네거리에서 그의 길을 막고 옷을 벗긴다면, 그에게 걸칠 것이 무엇이 남겠는가? 나는 파리 거리를 오가는 사람 가운데 자기 처지보다 높은 신분의 옷을 입은 사람이라면 양복장이에게 돈을 낸 영수증을 주머니에 넣고 다니도록 하고, 어길 경우 가장 심한 벌을 내려야 한다고 생각한다.

더욱 행복하고 점잖은 임무를 수행하도록 태어난 여성이 예전처럼 짐꾼 노릇을 하면서 행인들의 눈살을 찌푸리게 만드는 일은 더이상 없었다. 그들의 모습은 더이상 시장에서 보이지 않았다. 그들은 한 걸음 한 걸음마다 그들의 본성을 힘차게 밀고 나아갔으며, 옛날 같으면 그들이 노동하는 모습을 몹시 침착하게 지켜보곤 하던 남성의 야만스러운 무감각을 고발했다. 여성은 이제 그들 본연의 임무로 되돌아가 있었다. 그들은 창조주가 그들에게 맡긴 의무, 다시 말해 아기를 낳고, 삶의 불행에 맞서 자기 주위 사람들을 위로해주는 의무만을 성취했다.

제5장
마차

내게서 멀어지는 사람들은 모두 오른쪽으로 가고, 내게 다가오는 사람들은 모두 왼쪽으로 온다는 사실을 나는 알아차렸다.[a] 이처럼 사람들이 서로 밟고 밟히는 일을 간단히 피할 수 있는 수단은 아주 최근에 발명되었다. 그래서 유익한 발견은 오직 시간이 흘러야만 가능하다고 말할 수 있다. 이런 식으로 불행한 사고를 피할 수 있었다. 모든 출구는 쉽고 안전했다. 그리하여, 끝날 때 대중이 쏟아져나오는 공공행사에서 모든 사람은 본성에 따라 사랑하게 마련인, 그리고 만일 싫어한다면 잘못이라고 말할 수 있는 구경거리를 즐길 수 있었다. 모든 사람은 이리저리 부딪치거나 숨막히는 일도 없이 무사히 집으로 돌아갈 수 있었다.

나는 천 대의 마차가 뒤엉켜서 세 시간 동안이나 꼼짝달싹도 못하는 우

---

a 외국인은 프랑스인들이 끊임없이 움직이는 것을 보고 당황한다. 프랑스인들은 아침부터 밤까지 이해할 수 없을 정도로 소란스럽게, 그리고 종종 이렇다 할 정도의 일도 없이 거리를 휩쓸고 다닌다.

스팡스럽고 몸서리치기도 하는 광경을 더이상 보지 못했다. 마차가 뒤엉키던 때만 해도, 직접 걸을 수 있다는 사실도 잊은 채 아무 데나 가자고 요청하는 부유하고 바보 같은 멋쟁이가 마차 문을 잡고 소리소리 치고, 마차가 앞으로 움직이지 못한다고 한탄했다.[b]

보통사람의 무리는 자유롭고 쉽고 질서 있게 돌아다녔다. 나는 내가 보았던 마차로 가져온 음식물이나 가구를 백여 대의 외바퀴 손수레에 가득 실어 옮기는 모습을 보았다. 심지어 아픈 것처럼 보이는 사람도 손수레에 실어 날랐다. 나는 사람들에게 이렇게 물었다. "내가 살던 시절에는 우아하게 금칠과 여러 가지 색을 칠하고 광을 낸 아름다운 마차가 파리의 거리를 메웠는데, 지금은 모두 어디 갔지요? 지금은 재정가나 정신,[c] 아니면 멋쟁이들은 없나요? 과거에는 이 세 가지 부류의 비천한 인간들이 대중을 모욕했지요. 그들은 누가 선량한 도시민을 가장 겁먹게 만들 수 있는지 경쟁을 벌이는 것처럼 보였습니다. 선량한 시민은 그들 마차 바퀴에 깔려 죽을까봐 급히 피하곤 했답니다. 우리의 고귀하신 영주님들은 인도를 마치 올림푸스의 싸움터처럼 생각했습니다. 그들은 말을 죽도록 혹사시키면서 자랑스러워했답니다. 당시에는 모든 사람이 목숨을 구하려고 달아나야 했습니다."

그들은 나를 안심시켜주었다. "이러한 종류의 경주는 더이상 할 수 없습니다. 슬기로운 사치 단속령으로 이처럼 야만스러운 사치는 쓸데없이 하인과 말을 많이 필요로 하기 때문에 불법이 되었습니다.[d] 그들은 더이상

---

b 다리 위에 죽 늘어선 마차들이 꼼짝달싹하지 못하는 것보다 더 우스운 광경은 없다. 나리들은 참지 못하고 밖을 내다보며, 마차꾼은 자리에서 일어서서 욕을 퍼붓는다. 이 장면을 보는 불행한 보행자들은 다소 위안을 받는다.

c [18세기 파리에서는] 아름다운 마구로 장식한 말 여섯 마리가 끄는 굉장한 마차가 거리를 누볐다. 사람들은 양편에 늘어서서 그런 마차가 지나가는 모습을 구경했다. 장인들은 모자를 벗어 인사를 했다. 그러나 그들이 인사한 대상은 창녀일 뿐이었다.

안락한 생활을 할 수 있는 운명이 아닙니다. 그러한 생활은 가난한 사람들의 눈에 대단히 역겹습니다. 오늘날 우리의 지배자들은 스스로 걸어다닙니다. 그들은 돈을 더 많이 쓰고, 통풍을 앓는 사람이 더 적습니다.

하지만 당신은 마차를 여러 대 보고 있습니다. 그것들은 지금은 나이가 들어 허리가 꼬부라진 법관이나 그 밖의 뛰어난 공복들에게 속한 것입니다. 그들만이 가장 소박한 시민이 존경받는 포도 위를 천천히 운행하도록 허가받았습니다. 만일 그들이 누구라도 다치게 하는 불행한 일이 벌어진다면, 그들은 곧 마차에서 내려 다친 사람을 일으켜주고, 그 뒤에는 다친 사람을 위해 그가 죽을 때까지 마차 운행비를 부담해줄 것입니다.

그러나 이러한 불행은 결코 일어나지 않습니다. 부유한 나으리들은 존경받을 만한 분들입니다. 그들은 마차를 몰다가 시민들을 만나면 길을 비켜주면서도 조금도 불명예로 생각하지 않으니까요.

우리의 임금님도 종종 거리를 걸어다닙니다. 그는 때로 우리의 집도 방문하시고, 거의 언제나 걷다가 지칠 때면 장인의 가게에 들어가 쉬기도 합니다. 그는 사람들 사이에 마땅히 있어야 할 자연적인 평등을 되살리기를 좋아합니다. 그래서 우리는 그를 사랑과 감사의 눈으로만 바라봅니다. 우리는 진심에서 우러나 그를 성원합니다. 그리고 그의 마음은 우리 마음의 소리를 듣고 즐깁니다. 그는 제2의 앙리 4세입니다. 그는 앙리 4세처럼 위대한 영혼, 용기, 장엄한 소박함을 갖추었지만, 앙리 4세보다 더 행운을 타고났습니다. 그가 도로 위에 남긴 신성한 발자취는 모든 사람이 존경합니다. 아무도 그곳에서 싸우려 들지 않습니다. 아주 사소한 잘못을 저질러도 부끄러워 얼굴을 붉힐 지경입니다. 그들은 "만일 왕이 지나가신다면"이

---

d 종복의 집단을 유지하는 풍요로운 바보들을 나무에 기생하는 이처럼 생각하는 사람들이 있었는데, 그것은 일리 있는 비유다. 그들은 발이 여럿 달렸지만 아주 느리게 움직이기 때문이다.

라고 말합니다. 나는 이러한 경고만이 내전을 멈출 수 있다고 생각합니다. 사회의 지도층에서 본보기를 보여준다면 그 얼마나 강력한 본보기가 되겠습니까! 얼마나 두드러진 본보기입니까! 얼마나 범할 수 없는 법률입니까! 모든 사람에게 얼마나 위엄 있는 본보기가 되겠습니까!"

제6장
수를 놓은 모자

나는 안내자에게 말했다. "사물이 조금 변한 것 같습니다. 모든 사람의 옷차림이 소박하고 검소해 보입니다. 그리고 우리가 걸어오는 동안 나는 금으로 장식한 옷을 입은 사람을 하나도 만나지 못했습니다. 꼰 끈이나 레이스가 달린 소맷부리를 보지도 못했습니다. 내가 살던 시절에는, 모든 사람이 망칠 정도로 얼빠진 사치에 정신이 팔렸습니다. 정신도 깃들이지 않은 몸에 금박을 덕지덕지 입힌 이 자동인형이 사람 행세를 했습니다."

"바로 그 때문에 우리는 그 케케묵은 방식으로 자만심을 드러내는 옷차림을 경멸했습니다. 우리는 사물의 겉모습 너머를 봅니다. 어떤 사람이 탁월한 일솜씨로 이름을 얻는다면, 굳이 자기 공덕을 동네방네 알리기 위해 화려한 옷이나 비싼 가구를 들여놓을 필요는 없습니다. 그에게는 자신을 극구 칭찬해줄 사람이나 뒷받침해줄 보호자도 필요없습니다. 그의 행동이 스스로 드러나게 마련이며, 모든 시민이 그를 위해 정당한 보상을 해줘야 한다고 관심을 기울일 테니까요. 그와 똑같은 경력을 쌓은 사람들이 먼저 그를 대신해서 사람들의 마음에 호소할 것입니다. 각자는 그가 국가에 한 봉사활동을 낱낱이 적어 밝히는 청원서를 준비합니다.

군주는 대중의 호감을 산 사람들을 망설이지 않고 궁전으로 초대합니다. 그는 교양을 쌓기 위해 그들과 대화를 나눕니다. 왜냐하면 그는 자신이 슬기를 갖추고 태어났다고 생각하지 않기 때문입니다. 그는 명상의 대상으로 가치 있는 목표를 정한 사람들의 사리 밝은 관찰 결과를 이용할 수 있습니다. 그는 그들의 이름을 모자에 수놓아 상으로 줍니다. 옛날에는 동포에게 절대로 알려지지 않은 사람들이 푸른색·붉은색·노란색 리본 장식으로 서열을 구분했듯이, 오늘날에는 이러한 모자를 가지고 구별하기 때문에 이 모자를 얻으려고 노력합니다.[a]

악명 높은 사람은 대중 앞에 섣불리 나서지 못하고 주춤거립니다. 대중이 어떤 반응을 보일지 잘 알기 때문입니다. 그러나 이 명예로운 모자를 쓴 사람은 어디나 갈 수 있습니다. 그는 아무 때나 왕에게 접근할 수 있습니다. 이것이 기본법입니다. 이와 똑같은 이유에서, 모자에 이름을 새길 만한 위업을 달성하지 못한 왕자나 공작은 자기 재산을 가지고 호사를 누릴 수 있지만 명예의 표시는 달지 못합니다. 그는 대중이 서로 알아보지 못하고 지나치는 이름 없는 시민과 똑같이 간주됩니다.

파헤치지 않는 편이 더 좋은 땅이 있듯이, 너무 가까이에서 검토하지 않는 편이 좋을 덕목이 있습니다. 공평하지 못한 동기에서 시작했지만, 나라 전체가 떠들썩하게 위대하고 현저한 결과를 얻는다면 무슨 상관이 있겠습니까?

언제나 최초의 원인에 대해 이러쿵저러쿵하는 비평가들은 존재하는 덕을 인식하기보다는 덕목의 범위를 축소시키려 하며, 자신들이 대중에게 더 쓸모 있는 사람이 되기보다는 자신의 게으름을 정당화하는 데 더 열심입니다.

---

a   옛 사람들은 허영심에 따라 자신들이 신의 후예임을 보여주려고 노력했다. 어떤 사람은 넵튠의 조카, 베누스의 손자, 마르스의 장조카가 되기 위해 백방으로 노력했다. 그보다 더 겸손한 사람들은 강물이나 물의 요정의 후손으로 만족했다. 오늘날의 바보들은 그들보다 더 이상해 슬플 지경이다. 그들은 유명한 사람의 후손으로 태어나기보다 전통 가문의 이름 없는 인물의 후손으로 태어나기를 원하기 때문이다.

이성과 정치는 모두 이 같은 명예를 수여하는 것을 호의적으로 증명합니다. 그것을 얻을 수 없는 사람들만이 불쾌하게 생각합니다. 사람은 완전하지 못한 존재이기 때문에 선을 행하고 난 뒤에 명예를 얻을 수 있다는 이유에서만 선을 행합니다. 그러나 당신이 추측할 수 있듯이, 이러한 고상함은 개인적인 것입니다. 다시 말해서 물려받거나 돈으로 살 수 있는 것이 아닙니다. 우리의 저명한 시민의 아들이 스물한 살이 되어 법원에 나서면, 법원에서는 그가 아버지의 특권을 누릴 수 있는지 결정합니다. 과거 행실에 근거해서, 그리고 때로는 그가 약속한 내용에 따라 우리는 그가 조국의 소중한 시민에 속할 수 있는 명예를 누릴 수 있는지 결정합니다. 그러나 아킬레우스의 아들이 테르시테스처럼 비겁하게 행동한다 할지라도,* 우리는 그에게 창피를 주지 않기 위해 아예 그를 거들떠보지도 않습니다. 그는 아버지의 이름이 더 영광스러워질수록 사람들의 기억에서 사라집니다.

당신이 살던 시대 사람들은 범죄를 다스리는 방법은 알고 있었지만, 덕성에 대해 상을 주지는 않았습니다. 그것은 몹시 불완전한 법률체계였습니다. 우리 시대에는 시민을 위험에서 구해준 용감한 사람,[b] 대중에게 밀어닥칠 참사를 예방한 사람, 위대하거나 유익한 일을 한 사람은 수 놓은 모자를 쓰고 존경받을 만한 이름을 모든 사람의 눈앞에 내건 채, 미다스건 플루톤**이건 가장 많은 행운을 지닌 사람 앞에서 행진합니다."[c]

---

* 테르시테스는 트로이전쟁에 참가한 군인이다. 호메로스는 그를 〈일리아스〉에서 가장 추악하고 뻔뻔스러운 사람으로 묘사했다. 그리스 장군 아가멤논을 욕했다는 이유로 오디세우스의 매를 맞기도 한 그는 아킬레우스를 놀리다가 죽임을 당했다고 한다.

[b] 동료 시민의 목숨을 구하는 사람에게 아무런 보상도 해주지 않는다는 점은 놀랍다. 경찰의 명령에 따르면 강물에 빠진 사람을 구해주는 뱃사공에게 10에퀴를 상으로 주도록 했지만, 다른 위험에 빠진 사람의 목숨을 구한 뱃사공은 아무것도 받지 못한다.

** 로마 신화에 따르면 플루톤은 사람들의 기도를 들은 척도 하지 않는 신으로서 지하세계를 다스렸다. 그러나 후대 사람들은 그 신의 성격이 유순해지고 사람들에게 재물을 준다고 보았다.

"참 좋은 생각이군요. 내가 살던 시절 사람들은 모자를 개인적으로 전달했습니다. 그 모자는 빨간색이었지요[말하자면 추기경의 모자였지요]. 사람들은 그 모자를 얻으려고 대양을 건너갔습니다. 그러나 그것은 아무런 의미도 없었지요. 사람들은 그 모자를 너도나도 갖고 싶어했지만, 정말 그것을 어떻게 받게 되었는지는 정확히 말씀드릴 수 없습니다."

제7장
이름을 바꾼 다리

재미있는 이야기를 한가롭게 하고 있다 보니 어느 틈엔지 많이 돌아다녔다. 나는 아주 새로운 것을 수없이 보고 다시 젊어졌기 때문에 이제는 내가 살던 시절의 추억을 그리 많이 느끼지 못한다. 그러나 내가 본 것은 무엇인가! 오, 저런, 이 무슨 광경이란 말인가! 나는 센 강가에 있었다. 나는 즐거운 시선으로 모든 것을 이리저리 살피면서, 가장 아름다운 기념건축물을 한눈에 알아보았다. 루브르 공사는 끝나 있었다. 튈르리와 루브르 사이에 뻗쳐 있는 훌륭한 공간을 공공의식을 베푸는 넓은 광장으로 만들고 있었다. 새로 생긴 미술관은 한창 작업하고 있는 페로의 손을 여전히 찬미하고 있던 낡은 미술관을 흉내 냈다. 당당한 이 두 개의 기념건축물은 이처럼 통일을 이룬 채 이 세상에서 가장 훌륭한 궁전을 형성했다. 저명한 미술가는 모두 이 궁전에서 살았다. 그들은 자신에게만 예술을 뽐내는 왕을 위해 가장 위엄 있는 수행원 집단을 구성했다. 그들은 제국의 영광과 행복

---

c   모든 사람이 극도로 어리석을 때 덕성을 찾는 열망은 사라진다. 정부는 명예의 자잘한 증거를 가지고 상을 내리곤 했던 사람들에게 막대한 금액을 상으로 내릴 수 있을 뿐이다. 어떤 화폐를 만들어 명예를 수여해야 한다고 생각하는 모든 군주는 여기서 교훈을 얻도록 내버려두자. 그러나 명예는 우리의 영혼이 그것을 추구하는 고상한 욕망을 느끼는 한도에서만 보상받을 것이다.

을 위한 밑거름이었다. 나는 시민을 대규모로 수용할 수 있는 훌륭한 시청 광장을 보았다. 정의의 전당은 그 맞은편에 서 있었다. 건축물을 보면서 그 전당이 맡은 임무가 얼마나 위엄을 갖춘 것인지 생각할 수 있었다.

나는 외쳤다. "저것은 퐁뇌프가 아닙니까? 정말 멋지게 장식해놓았네!"

"퐁뇌프라고 부르셨나요? 우리는 다른 이름으로 부릅니다. 다른 다리 이름도 더 의미 있거나 더 적절하게 바꿨습니다. 왜냐하면 사물의 이름을 올바르고 적절하게 불러야 사람들의 정신도 올바른 영향을 받기 때문입니다. 도시의 양쪽을 오가도록 해주는 수단인 앙리 4세 다리를 예로 들어봅시다. 이보다 더 존경할 만한 이름은 찾을 수 없었습니다. 우리는 다리 받침대 위의 공간마다 위대한 인물의 동상을 세워놓았습니다. 그들은 앙리 4세처럼 인류를 사랑하고 오직 조국의 행복만을 염려한 분들입니다. 우리는 조금도 망설이지 않고 앙리 4세의 동상 옆에 대법관 로피탈, 쉴리, 자냉, 콜베르의 상을 세웠습니다. 그것은 얼마나 좋은 도덕책이란 말입니까! 영웅들이 죽 늘어서서 모든 사람에게 대중의 존경을 받는 것이 몹시 위대하고 유익한 일임을 말없이 외치고 있는 모습은 대중에게 얼마나 존경하지 않을 수 없는 가르침이며, 말보다 더 유려한 가르침이란 말입니까! 당신이 살던 시대는 이런 일을 할 정도로 영광스럽지 않았습니다."

"아, 내가 살던 시대는 가장 작은 사업을 수행하려 해도 무척 어려웠답니다. 사람들은 터무니없을 정도로 거창하게 준비하지만, 그 결과는 오직 완전 실패로 돌아갈 뿐이었습니다. 모래 한 알도 가장 힘센 기계를 멈추게 했습니다. 우리는 가장 놀라운 관찰을 했고, 언제나 모든 것을 펜이나 혀로 도안하고 있었습니다. 그러나 모든 것은 때가 있게 마련입니다. 우리의 시대는 수많은 계획을 내놓은 시대였으며, 당신의 시대는 그것을 실행하는 시대입니다. 당신의 시대를 축하해 마지않습니다. 내가 이 같은 현실을 볼 수 있게 오래 살아 있다는 것이 얼마나 기분 좋은 일인지!"

제10장
가면쓴남자

"그런데 방금 가면을 쓰고 지나간 남자는 누구인가요? 참으로 걸음이 빠르기도 하군요. 마치 무엇에 쫓겨 뛰어가는 듯하군요."

"그는 나쁜 책을 쓴 작가랍니다. '나쁜 책'이라고 해서 문체나 주장에 결함이 있다는 말은 아닙니다. 우리는 평범한 상식을 보여주는 훌륭한 책을 쓸 수 있으니까요.[a] 우리는 그가 위험한 원리, 다시 말해서 건전한 도덕— 모든 사람의 마음에 호소하는 보편적 도덕—과 반대되는 원리를 제시했다는 이유에서만 그렇게 말합니다. 그는 속죄하는 뜻으로 가면을 씁니다. 전보다 더 슬기롭고 합리적인 글을 쓸 때까지 부끄러운 모습을 감추고 다녀야 합니다.

그리고 날마다 덕망을 갖춘 시민 두 명이 그를 찾아가 친절하고 설득력 있게 그의 틀린 의견을 바로잡아주려고 노력합니다. 그들은 그의 반론을 듣고 답변합니다. 그리고 그가 납득하는 즉시 그릇된 의견을 철회하도록 명령합니다. 그리고 나서 복권됩니다. 그는 잘못을 인정하는 일도 아주 영광스러운 일임을 배울 것입니다. 왜냐하면 자신의 잘못을 공개적으로 버리는 일보다 더 훌륭한 일은 없으며,[b] 고상하고 진지한 태도로 새로운 지성의 시계를 껴안는 일보다 더 훌륭한 일도 없기 때문입니다."

"그러나 그의 책은 검열을 통과했습니까?"

---

a　이보다 더 진실한 말은 없다. 그리고 지방 성직자의 설교가 아주 교묘하게 진실성과 궤변으로 가득 찬 책보다 더 확실하게 유익할 수 있다.

b　모든 것은 이론으로 보여줄 수 있다. 잘못도 그 자체의 결합구조를 갖고 있다.

"누가 감히 대중이 그것을 보기 전에 판단할 수 있단 말입니까? 누가 이러저러한 주장이 이러저러한 상황에서 끼칠 영향을 예견할 수 있습니까? 작가는 저마다 개인적으로 자신이 쓰는 것 뒤에 서 있으며, 결코 자기 이름을 위장하지 않습니다. 만일 그가 인간의 행동과 고결함의 바탕을 이루는 신성한 원리를 위반한다면, 그에게 불명예를 안겨줄 사람은 바로 대중입니다. 그가 어떤 폐단을 없애는 데 쓸모 있는 새로운 진리를 내놓는다면, 그를 지지할 사람도 바로 대중입니다.

사실 대중의 목소리야말로 이러한 종류의 사건을 판단할 유일한 재판관이며, 모든 사람은 그 목소리에 유의합니다. 공적인 개인인 저자는 모두 이 목소리의 심판을 받습니다. 개인은 국가라는 차원에서 볼 때 진실로 칭찬하거나 비난해야 마땅한 일이 무엇인지 확신할 만큼 넓고 공정한 식견을 가지기 어렵고, 게다가 마음이 오락가락하기 때문에 저자를 심판하는 일을 맡아서는 안 됩니다.

출판의 자유란 시민의 자유를 재는 진실한 잣대라는 사실은 수없이 밝혀졌습니다.[c] 우리는 다른 사람의 자유를 파괴하지 않고서는 공격할 수 없습니다. 사상은 자유로워야 합니다. 그것에 재갈을 물리거나 숨막히게 하려고 노력하는 것은 인간에 대한 범죄입니다. 내 생각이 더이상 내 것이 아니라면 내게 남은 것은 무엇이겠습니까?"

이 말에 나는 대답했다. "하지만 내가 살던 시대에는 권력자들이 훌륭한 작가들의 펜보다 더 두려워하던 것은 없었습니다. 자만에 차고 죄에 시달리는 그들의 영혼은 정의가 그들의 파렴치한 행위를 폭로하겠다고 으름장을 놓을 때 속으로 떨었습니다.[d] 그들은 잘만 운영된다면 악덕과 범죄를 강력히 막을 수단이 되었을 대중의 검열을 보호하는 대신, 모든 글을 걸

---

c   이것은 기하학적 논증처럼 자명한 일이다.

러내야 할 대상으로 규정했습니다. 그러나 거름장치는 아주 편협하고 제한되었기 때문에, 작품들을 거를 때 더 좋은 부분을 잃어버리는 일이 종종 일어났습니다. 평범한 사람이 잔인한 가위질로 천재성의 싹을 무자비하게 잘라버립니다."ᵉ

내 주위 사람들은 웃기 시작했다.

그들은 말했다. "그것 참 아주 웃기는 일이었겠군요. 남의 생각을 마구 자르고 글에 쓰인 한마디 한마디의 무게를 가늠하느라 심각하게 일하는 사람들이 있었다니! 당시에 그처럼 구속하면서 가치 있는 것을 만들어냈다는 사실이 놀랍군요. 그처럼 무거운 사슬에 묶인 채 어떻게 가볍고 우아하게 춤을 출 수 있었단 말입니까?"

"오, 우리 시대의 가장 훌륭한 작가들은 그 사슬을 떨쳐버리는 것이야말로 자신들의 임무라는 사실을 아주 자연스럽게 느꼈습니다. 두려움은 영혼을 타락시킵니다. 인류애에 젖은 사람은 두려움도 없고, 당당한 사람임이 분명합니다."

그들은 내 말에 이렇게 대답했다. "여기서 당신은 아무리 충격적인 것이라도 마음대로 쓸 수 있습니다. 왜냐하면 우리에게는 더이상 체나 가위나 수갑이 없으니까요. 그리고 우리는 아주 작은 푸념을 발간합니다. 왜냐하면 푸념은 제 무게를 견디지 못해 진흙탕에 처박힐 것이기 때문입니다. 진흙탕은 푸념의 한 요소랍니다. 정부는 비난받지 않을 만한 위치를 지키고

---

d 〈임금님 아들의 결혼식〉이라는 제목의 연극에 나오는 비열한 법무대신은 자기 종복에게 계몽사상가에 대해 이렇게 말한다. "친구여, 그들은 해로운 존재라네. 만일 그대가 아주 사소한 잘못을 저지른다 해도 그들은 그냥 넘어가지 않는다네. 가장 잘 꿰뚫어보는 시선 앞에서는 아무리 정교하게 만든 가면을 쓴다 해도 우리의 참된 얼굴을 가릴 수 없지. 이들은 우리 곁을 지나면서 이렇게 말하는 것처럼 보일 걸세. '난 당신을 알아요'라고. 계몽사상가 선생들, 나는 당신들에게 나 같은 사람을 알면 위험하다는 사실을 가르치고 싶다. 나는 남에게 알려지는 것을 원치 않는다."

e 이른바 왕립검열관의 절반은 작가들의 세계에서 가장 낮은 범주에도 들 수 없는 사람들이다. 우리는 그들에 대해 문자 그대로 이렇게 말할 수 있다. 그들은 읽을 줄도 모르는 사람들이라고.

있습니다. 그래서 계몽사상가의 펜을 조금도 두려워하지 않습니다. 만일 그것을 두려워한다면 스스로 잘못을 고발하는 셈입니다. 정부는 진지하고 올곧게 작용합니다. 우리는 정부에 대해 칭찬할 일만 있으며, 국가의 이익이 걸리는 경우 모든 사람은 자신의 이성이 안내하는 대로 글을 쓸 수 있습니다. 물론 작가라는 호칭을 바라고 글을 쓰지는 않지만 말입니다."

제11장
신약성서

"뭐라고요, 모든 사람이 작가라고요? 오, 하느님, 참으로 기막힌 생각이군요! 당신들의 울타리는 화약처럼 불길에 휩싸이겠군요. 모든 것이 폭발할 겁니다. 하느님 맙소사! 전 국민이 작가라니!"

"그렇습니다. 하지만 뻔뻔스럽거나 자만에 차 있거나 주제넘은 사람은 아무도 없습니다. 모든 사람은 행복한 순간에 생각한 내용을 씁니다. 그가 나이를 먹으면 평생 가장 훌륭하게 고찰한 것을 한데 모을 수 있습니다. 죽기 전에 그는 책을 펴냅니다. 그것은 자신을 바라보고 표현하는 나름의 방식에 따라 크기가 다릅니다. 이 책은 죽은 사람의 영혼입니다. 사람들은 장례식에서 그 책을 큰 소리로 읽습니다. 모든 찬사는 이것만으로 대신합니다. 어린이들은 대단한 존경심으로 조상들의 사상을 모두 모으고 거기에 대해 명상합니다. 이러한 사상이야말로 유골단지입니다. 나는 이것이 당신의 호사로운 영묘나 무덤보다 더 바람직하다고 생각합니다. 왜냐하면 당신들의 무덤에는 기껏해야 자만심과 속된 정신이 부르는 대로 형편없는 글귀를 새겨넣었기 때문입니다.

우리의 의무는 이처럼 우리 삶을 생생하게 그려 후손에게 물려주는 것입니다. 이 명예로운 추억거리는 우리가 이 세상에 남길 유일한 재산입니다.[a] 우리는 거기에 상당히 많은 생각을 부여합니다. 그것은 우리가 후손에게 남기는 불후의 가르침이며, 후손은 그 때문에 우리를 더욱 사랑할 것입니다. 초상화와 동상은 오직 몸만 묘사합니다. 왜 우리는 영혼의 그림, 영혼을 일깨웠던 덕망 있는 감정의 그림을 그리지 않는 것일까요? 우리가 그것들을 사랑스럽게 표현하면 꽃을 피웁니다. 우리의 가족은 우리가 남긴 생각과 행동의 역사에서 지침을 얻습니다. 그들은 보고 느끼는 방법을 완성하기 위해 우리 사상을 선택하고 비교하면서 배웁니다.

그러나 가장 뛰어난 작가들―그들 시대의 천재들―은 언제나 사상의 세계를 지배하고 회전하게 만들어주는 태양 같은 존재입니다. 그들은 지성의 세계를 움직이게 만들고, 인류애가 모든 사람의 너그러운 마음을 물들이듯, 모든 사람의 마음은 방금 전제정치와 미신을 때려부순 숭고하고 승리에 찬 목소리에 대답합니다."

"여러분, 제발 나도 내가 살던 시절을 옹호할 수 있게 해주세요. 그때에도 칭찬할 만한 일이 조금은 있었으니까요. 내 생각에, 우리에게도 덕을 갖춘 사람과 천재가 있었지요?"

"네, 하지만 이 야만인들이시여! 당신들은 그들을 제대로 인정해줄 줄 몰랐거나 그들을 박해했습니다. 우리는 그들의 정신에 보상을 해줌으로써 이러한 범죄에 속죄합니다. 우리는 공공장소에 동상을 세워놓았습니다. 그래서 우리는 물론 이방인도 그곳을 지나면서 그분들에게 존경심을 표현할 수 있습니다. 그들은 자신을 괴롭히던 폭군의 얼굴을 오른발로 밟고 있는 모습의 동상으로 서 있습니다. 예를 들어 리슐리외의 머리는 코르네유의 발에 밟혀 있습니다.[b] 당신의 시대에도 그만큼 뛰어난 사람들이 있었습

---

a   키케로는 종종 자신이 죽은 뒤 사람들이 무엇이라고 말할까 자문해보았다. 훌륭한 명성에 아랑곳하지 않는 사람은 그것을 얻는 방법도 무시할 것이다.

니까? 우리는 이들을 박해한 사람들이 왜 그처럼 바보 같고 무모하게 흥분했는지 이해할 수 없습니다. 그들은 실제로는 천박했지만 독수리가 날아오르는 만큼 고상하고 위대한 사람으로 대접받았습니다. 그러나 그들은 지금 영원히 치욕에서 살아가도록 판결받았습니다."

그는 이렇게 말하면서 나를 광장으로 데려가고 있었다. 거기에서 위대한 사람들의 동상이 진열되어 있는 것을 보았다. 나는 코르네유, 몰리에르, 라퐁텐, 몽테스키외, 루소,[c] 뷔퐁, 볼테르, 미라보 같은 사람을 보았다.

"그래 이곳에서는 이 유명한 작가들을 잘 알고 있다는 말씀이지요?"

"그들의 이름을 따서 우리 아이들의 이름을 짓는답니다. 어린이가 이성을 갖출 나이가 되자마자 우리는 그들 손에 당신들 시대에 나온 저 유명한 《백과사전》을 들려줍니다. 우리는 그 사전을 세심하게 재발간했답니다."

"놀랍군요! 《백과사전》을 입문서로 삼다니! 오, 그러니까 당신들은 과학을 얼마나 많이 발전시켰단 말입니까! 나도 당신들과 함께 가르침을 받고 싶은 마음 굴뚝같습니다! 보물상자를 열어서 보여주십시오. 단숨에 6세기의 영광을 쌓아놓은 작품들을 감상하고 싶습니다."

＊　　＊　　＊

---

b　나는 이 글을 쓴 사람이 루소, 볼테르, 그리고 그 밖의 작가들이 누구의 머리를 짓밟고 있는지 밝혀놓으면 좋았으리라고 생각한다. 주교의 모자를 썼건 아니건, 편안하게 쉬지 못할 머리가 분명히 있을 것이다. 하지만 그들은 자기 차례를 기다려야 한다. [리슐리외와 코르네유에 대한 언급은 1771년 판보다 늦게 나온 판에서는 보이지 않는다.]

c　여기서 말하는 루소는 《에밀》의 저자[장 자크 루소]이지 시인[장 바티스트 루소]이 아니다. 왜냐하면 이 시인은 사상도 없이, 그저 단어들을 배치하고 때로는 자기 영혼의 황폐함과 정신의 쌀쌀함을 감출 수 있도록 화려하게 치장할 수 있는 재능만 가지고 있기 때문이다.

제19장
전당

우리는 모퉁이를 돌았다. 거기에서 나는 아름다운 광장 한가운데에 둥그런 모양의 전당이 훌륭한 돔을 이고 서 있는 것을 보았다. 한 줄로 늘어선 기둥이 떠받치고 있는 이 건물에는 커다란 문이 네 개 있었다. 문 위에는 '하느님의 전당'이라고 새겨져 있었다. 세운 지 오래된 듯 벽은 고색창연하여, 보는 이의 존경심을 자아냈다. 내가 전당의 문에 도착했을 때, 나는 판 위에 대문자로 다음과 같이 네 줄을 새겨놓은 것을 읽고 크게 놀랐다.

이 최고 존재에 대해 어떤 것도 결론을 내리지 않는다.

그를 경배하는 동안 철저히 침묵을 지키자;

그의 본성은 광대하며 정신은 그것과 융합된다:

그가 어떤 존재인지 알기 위해서 그와 하나가 되어야 한다.

나는 그에게 낮은 목소리로 말했다. "오, 이것이 당신의 시대로부터 나온 것임을 말하려고 애쓰지도 않으시는군요."

그는 이렇게 대답했다. "이것은 당신들 시대에 속한 것이 아닙니다. 왜냐하면 당신들 시대의 신학자들은 그것 이상으로 나아가서는 안 되었기 때문입니다. 하느님에게서 직접 온 것 같은 이 말들은 다른 시들과 뒤섞인 채 남아 있었지만 대부분 잊혀졌습니다. 이 말들이 담고 있는 정서보다 더 아름다운 것은 없으며, 이 말들은 바로 여기가 제 고향이라고 생각합니다."

우리는 군중을 따라갔다. 그들은 사려 깊게 행동하면서 천천히 그리고 조용하게 전당 안으로 들어가고 있었다. 안에는 등받이 없는 의자가 줄줄이 놓여 있었는데, 거기에 남녀가 따로 한 사람씩 앉았다. 제단은 한가운데에 있었다. 거기에는 장식도 없었다. 그리고 모든 사람이 향에 불을 붙이고 있는 사제를 훤히 볼 수 있었다. 사제가 성가를 부를 때 그의 목소리는 성가대가 부르는 노랫소리와 교차되었다. 그들의 달콤한 노래는 그들의 마음속에서 존경심 가득한 감정을 불러일으켰다. 그들은 성스러운 위엄을 온몸으로 느끼는 것 같았다.[a] 그곳에는 동상, 은유적인 상징물, 그림이 하나도 없었다. 천 번이나 되뇌고 수많은 언어로 쓴 하느님의 거룩한 이름은 모든 벽 위에서 볼 수 있었다. 모든 것은 유일한 하느님의 통일성을 알려주고 있었다. 외부 장식은 용의주도하게 금지해놓았다. 결국 하느님은 그의 전당에 혼자 있었다.

전당의 꼭대기로 눈길을 돌리자, 하늘나라가 그대로 보였다. 돔을 쐐기돌이 아니라 투명한 창문으로 둥글게 마감했기 때문이다. 가끔 구름 없이 맑은 하늘은 창조주의 선함을 보여주었다. 소나기를 퍼붓는 두꺼운 구름층은 삶의 어두운 면을 보여주었고, 이 슬픈 세상은 우리가 추방당한 곳이라는 사실을 넌지시 일깨워주었다. 우레는 마음이 상한 하느님이 얼마나 무서운 존재인가를 선언하는 듯했다. 번개가 친 뒤에 찾아오는 고요함은 하느님께 복종할 때 하느님은 노여움을 푸신다고 알려주었다. 삶의 순수한 공기가 마치 세상의 병을 고쳐주는 약처럼 봄바람에 실려 떠다닐 때, 그것은 건강하고 위안을 주는 진리—신의 자비는 무한하다는 진리—를 암시했다. 이렇게 볼 때, 아주 유려한 목소리로 말하는 모든 사물과 계절은 그 목소리를 알아들을 줄 아는 민감한 사람들에게 말했고, 그들에게 모든 형태로 나타나는 자연의 주인이 누구인지 알려주었다.[b]

불협화음이란 존재하지 않았다. 어린아이들도 소리를 모아서 장대한 성

---

a 신교도는 옳다. 인간의 작품은 모두 사람들의 마음속에 우상을 부추긴다. 보이지는 않지만 존재하는 하느님을 증명하기 위해 당신은 오직 그분만이 존재하는 전당을 지어야 한다.

가를 불렀다. 활발한 노래나 세속적인 노래는 부르지 않았다. 단지 풍금 연주만이 (전혀 시끄럽지 않게) 이 중요한 모임의 목소리에 맞춰 반주를 넣어주었고, 따라서 사람들의 기도와 뒤섞인 신들의 노래처럼 들렸다. 기도하는 동안에는 아무도 드나들지 않았다. 꼴사나운 교회당지기, 성가신 거지가 신도들의 명상을 방해하는 일은 일어나지 않았다. 거기 모인 사람들은 신심에 가득 찬 깊은 존경심에 물들어 있었다. 어떤 사람들은 땅 위에 엎드렸다. 이 침묵, 이 명상 속에서 나는 성스러운 두려움에 몸을 떨었다. 하느님이 전당으로 내려와 보이지 않는 존재로 전당을 꽉 채우고 있는 것처럼 보였기 때문이다.

문간에는 사람들의 주의를 끌지 않게 성금함을 놓아두었다. 이 사람들은 남에게 알릴 필요도 없이 선행을 하는 방법을 알고 있었다. 끝으로 경배의 순간 사람들은 아주 경건하게 침묵을 지켰기 때문에, 최고 존재에 대한 생각과 장소의 성스러움이 한데 결합하여 모든 사람의 가슴에 깊고 건전한 인상을 남겨주고 있었다.

성직자는 대중에게 단순하고 자연스러운 설교를 했다. 화려한 말로 설교를 늘어놓지 않았지만 내용은 풍부했다. 그는 하느님에 대한 사랑을 불러일으키기 위해서만 하느님에 대해 말했다. 그리고 인류애·착함·인내를 부추기기 위해서만 인간에 대해 말했다. 그는 지성으로 하여금 말하도록 하는 대신 마음을 감동시키려고 노력했다. 그는 삶의 바른 길에 대해서 자식과 이야기하는 아버지 같았다. 완전한 신사의 입으로 이 같은 설교를 했기 때문에 더 주목할 만했다. 나는 설교를 들으면서 조금도 지루하지 않았다. 왜냐하면 그의 가르침에는 비난, 막연한 인물, 공상의 말, 그리고 시를

---

b 숲속을 이리저리 다니고 자연과 하늘나라에 대해 깊이 생각하는, 말하자면 자기가 인정하는 유일한 주인을 느끼는 야만인은 과열된 상상에서 만들어낸 유령과 함께 골방에 묻혀 사는 수도자보다 더 진정한 종교에 다가서 있다.

토막 내서 대개 그보다 훨씬 못한 산문과 뒤섞은 표현이 한마디도 들어 있지 않았다.[c]

나를 안내하는 사람은 이렇게 말했다. "우리는 관행에 따라서 아침마다 이런 식으로 공식 기도를 합니다. 이 기도는 한 시간 동안 계속되며, 그 뒤에는 전당의 문을 하루 종일 걸어잠급니다. 우리는 종교적인 축제를 거의 열지 않습니다만, 비종교적인 성격의 축제를 열어서 즐깁니다. 물론 방탕한 일은 결코 없습니다. 하루도 빈둥거리면서 보내지 않습니다. 자기 일을 하루도 거르지 않는 자연처럼, 사람도 자기가 할 일을 하지 않으면 죄의식을 느껴야 마땅합니다. 휴식은 게으름이 아닙니다. 활동하지 않을 때야말로 실제로 국가에 해를 입힙니다. 그리고 일을 멈추는 것은 근본적인 죄악의 일종입니다. 기도 시간은 정해져 있습니다. 그 시간은 사람의 마음을 하느님께로 들어올리기에 적합합니다. 긴 종교의식은 지루하고 거슬리는 결과를 낳습니다. 어떤 종류의 비밀 기도보다는 공공연하게 종교적인 열정을 보여주는 기도가 더 바람직합니다.

우리가 사용하는 기도의 형태에 귀 기울여보시기 바랍니다. 각자는 큰 소리로 기도하며, 기도문에 포함된 사상에 대해 명상합니다.

'유일한 존재이시여, 창조되지 않고 지적이시며 이 넓은 우주를 창조하신 분이시여! 당신의 선은 인간에게 우주를 펼쳐놓아주셨나이다. 당신이 창조하신 몹시 약한 존재는 이 위대하고 아름다운 작품에 대해 생각할 수 있는 값진 선물을 당신에게서 받았으면서도 야생동물처럼 당신의 힘과 슬

---

c   내가 살던 시대의 설교자들 중에는 안정되고 확실한 도덕 원리를 갖추지 못한 경우가 많고, 나는 특히 이 점을 싫어한다. 그들은 설교거리를 마음이 아니라 책에서 얻는다. 오늘 그들은 온건하고 합리적일지 모르지만, 만일 내일 그들을 만나러 가면 너그럽지도 않고 터무니없는 태도를 보여줄 것이다. 그들은 오직 터무니없는 말만 늘어놓는다. 그들이 하는 말에서 세 가지만 추릴 수 있어도 다른 모순은 문제삼지 않을 용의가 있다. 그런데 나는 심지어 어떤 설교자가 《백과사전》에서 사상을 훔치면서도 백과사전과 사상가들에게 악담을 퍼붓는 소리를 들었다.

기를 존경하지 않는다면, 이 땅 위를 지나가지 못하게 하옵소서. 우리는 당신의 고귀한 작품을 찬미하나이다. 우리는 최고 권력을 가진 당신의 손을 찬양하나이다. 우리는 당신을 주님으로 섬깁니다. 그러나 당신을 모든 피조물의 보편적인 아버지로 사랑합니다. 당신은 선하시고, 당신은 위대하십니다. 모든 것이 우리에게 이 사실을 말해줍니다. 무엇보다도 우리의 마음이 그렇게 말합니다. 만일 우리가 이 땅 위에서 어떤 덧없는 불행에 빠진다면, 그것은 틀림없이 그 불행이 필요하기 때문일 것입니다. 더욱이 당신의 의지만으로 충분합니다. 우리는 믿음으로써 복종합니다. 우리는 당신의 무한한 자비에 희망을 걸고 있습니다. 우리는 당신에게 불평하기는커녕 당신을 알도록 우리를 창조해주심에 감사드리나이다.

모든 사람이 자기 마음이 시키는 대로 온유하거나 열정적으로 당신을 명예롭게 하도록 해주소서. 그의 열성을 막지 않도록 하겠사옵니다. 당신은 널리 울려퍼지는 자연의 목소리로만 우리에게 말씀하시려는 목적을 세우셨습니다. 우리의 신앙은 당신을 찬미하고, 당신을 찬양하고, 당신의 옥좌 앞에서 우리는 약하고, 비참하고, 앞날을 내다보지 못하고, 당신의 너그러운 품이 필요하다고 울부짖는 일입니다.

우리가 잘못한다면, 옛것이건 새것이건 어떤 의식이 우리보다 당신의 눈에 더 적합하다면, 아, 우리의 눈을 뜨게 하시고 우리의 마음에 드리운 그림자를 거두어주시옵소서. 당신은 우리가 당신의 명령을 충실히 따른다는 사실을 발견하실 것입니다. 그러나 만일 당신이 당신의 위대함과 아버지처럼 자애로움에 비해 연약한 존경심에 만족하신다면, 우리를 북돋워줄 존경심을 끝까지 계속 지켜나갈 힘을 주시옵소서. 인류의 보호자이시여! 당신의 눈짓 속에 모든 것을 포용하시는 당신은 이 땅의 모든 주민들 마음에 자비의 불을 지펴주시기도 하시어, 그들에게 형제애로 뭉치고 당신께 사랑과 감사의 노래를 바치도록 하십니다!

우리는 기도 속에서 우리 생명의 시간을 감히 제한하지 않습니다. 당신이 이 땅에서 우리를 거두어가시든 아니면 땅 위에 남겨두시든 우리는 당신의 눈길을 결코 벗어날 수 없습니다. 우리는 당신에게 오직 덕성만을 요구합니다. 왜냐하면 헤아릴 수 없는 당신의 명령을 범할까 두렵기 때문입니다. 그러나 당신의 의지에 겸손히 복종하고 주의를 기울이는 우리를 조용한 죽음이나 고통스러운 죽음을 통해 행복의 영원한 원천이신 당신께 데려가사이다. 우리의 마음은 당신의 존재를 그리워합니다. 우리로 하여금 언젠가 죽어 없어질 이 옷을 벗어버리고 당신의 품으로 날아들게 하옵소서. 우리는 당신의 위대함을 보면서 더 많은 것을 보고 싶어집니다. 당신은 인간에게 너무 많은 것을 주셨으며 대담한 사상도 박탈하지 않으셨습니다. 인간은 당신에게 들릴 정도로 열렬히 기도를 올립니다. 그것은 오직 당신이 창조하신 존재가 당신의 호의를 받아들이도록 태어났다고 느끼기 때문입니다.'"

나는 그에게 이렇게 말했다. "하지만 선생, 당신의 종교에 대해서 감히 말하자면, 그것은 마치 산꼭대기에서 정신은 물론 실제로도 하느님을 섬기던 옛날 이스라엘 족장들의 종교와 매우 비슷합니다."

"바로 맞았습니다. 당신은 정곡을 찌르셨습니다. 우리의 종교는 에녹·엘리야·아담의 종교와 같습니다. 우리는 적어도 처음으로 되돌아갑니다. 종교는 법률과 같습니다. 단순할수록 더 좋지요. 하느님을 섬기시오. 이웃을 존중하시오. 양심의 목소리를 들으시오. 그 재판관은 언제나 당신의 마음을 깊이 꿰뚫어봅니다. 그 천상의 은밀한 목소리를 결코 억누르지 마시오. 그 나머지는 모두 속임수·사기·거짓말입니다. 우리의 사제들은 자신만이 하느님에게서 영감을 받았다고 주장하지 않습니다. 그들은 우리와 평등하다고 생각합니다. 그들은 자신들도 우리처럼 그림자 속을 헤쳐나간다는 사실을 받아들입니다. 그들은 하느님이 우리에게 보여주려고 작정하신 빛을 따릅니다. 그들은 형제들에게 그 빛을 가르쳐주면서도 폭군처럼 굴거나 잘난 체하지 않습니다. 단순한 도덕적 가르침과 지나친 독단도 없습니다. 그래야만 불경함·광신·미신을 피할 수 있으니까요. 우리는 이처럼 행복한 중용을 발견했고, 이에 대해 우리는 모든 선을 창조하신 분께 진지하게 감사드립니다."

"당신은 어떤 하느님을 섬깁니다. 그러나 영혼의 불멸성을 받아들이십니까? 이 위대하고 헤아릴 수 없는 신비에 대해 어떻게 생각하십니까? 모든 철학자들은 그것을 깨뜨려보려고 노력해왔습니다. 슬기로운 사람들과 바보들은 모두 할말을 했습니다. 가장 나약한 철학체계, 가장 시적인 체계는 바로 이 문제를 둘러싸고 생겼습니다. 그리하여 그것은 각별히 입법가의 상상력을 불러일으킨 것처럼 보였습니다. 당신이 살던 시대에는 어떻게 생각했습니까?"

그는 이렇게 대답했다. "당신은 주변을 둘러보시기만 해도 믿음을 가질 수 있습니다. 당신은 우리 속에 스스로 살고, 느끼고, 생각하고, 뜻을 품고, 결정하는 것이 있다고 느끼려면 오직 당신의 마음속을 들여다보면 됩니다. 우리는 우리 영혼이 물질에서 독립해 있고, 그것은 본성상 지적이라고 믿습니다. 우리는 이 점에 대해 많은 이론을 만들지 않습니다. 우리는 인간 본성을 드높이는 것은 무엇이건 믿는 편입니다. 인간 본성을 가장 위대하게 만드는 제도는 우리에게 가장 공감을 불러일으키는 제도입니다. 우리는 하느님이 창조한 존재들을 기리는 그 어떤 사상도 그릇된 것이 없다고 느낍니다. 우리는 가장 숭고한 개념을 선택하면서 잘못을 저지를 위험에 빠지지 않습니다. 그 대신 우리는 우리의 진정한 목적을 달성합니다. 믿지 않는 성질만이 약점입니다. 사상의 대담함은 지적인 존재의 신조라 하겠습니다. 우리에게 하느님께 날아갈 수 있는 날개가 있다고 느낄 때, 그리고 이 너그러우면서도 대담한 존재에 반대되는 증거란 없다고 느낄 때 왜 아무것도 아닌 것을 향해 기어야 한단 말입니까? 만일 우리가 잘 못했다면, 인간은 현재보다 더 아름다운 제도를 발명했겠지요. 하느님의 힘—나는 하마터면 하느님의 선이라고 말할 뻔했다—은 이처럼 유한할 것입니다.

우리는 모든 영혼이 본질적으로는 평등하지만 성격상 다르다고 믿습니다. 인간의 영혼과 동물의 영혼은 모두 물질이 아닙니다만, 전자는 후자보다 더 완벽에 다가서 있습니다. 비록 한순간 머물러 서 있는 곳에서 차이가 있기는 해도, 물론 모든 것은 변화할 수 있습니다.

게다가 우리는 별과 행성들에는 사람이 살고 있지만 모든 세계는 서로 다르다고 생각합니다. 이 무한한 위대함, 다른 세계들의 무한한 연쇄, 이 빛을 내고 있는 원은 창조의 넓은 계획의 부분임이 틀림없습니다. 보세요, 이 태양들, 이 세상들은 매우 아름답고, 매우 넓고, 매우 다양합니다. 우리는 그것들이 인간을 위해 구상된 주거지로 봅니다. 그들은 교차하고, 의사소통하고, 그들 나름의 위계질서 체계를 갖고 있습니다. 인간의 영혼은 이러한 세상들을 거쳐 빛나는 사다리를 타고 올라갑니다. 사다리를 한 층씩 올라갈 때마다 완전을 향해 한 걸음씩 나아갑니다. 인간은 여행하는 동안 자기가 보고 배운 것을 모두 기억합니다. 그는 자기 지식의 창고, 가장 소중한 보물을 간직합니다. 그는 그것을 아무 데나 지니고 다닙니다. 만일 그가 추진력을 발휘해 어떤 고상한 것을 발견한다면, 그는 인간 세상을 뒤로하고 뛰어나갑니다. 그는 자기가 얻은 지식과 덕성의 힘을 딛고 떠오릅니다. 뉴턴의 영혼은 그 자체의 힘을 날개삼아 그가 가늠했던 모든 천체를 향해 올라갔습니다. 죽음이 이 위대한 천재를 움직이지 않게 할 수 있다고 생각하면 옳지 못하다 하겠습니다. 이런 파괴는 물질세계의 파괴보다 더 참을 수 없고, 더 생각할 수 없는 것입니다. 또한 그의 영혼이 무지하거나 바보 같은 사람의 영혼과 나란히 존재했다고 가정하는 것도 터무니없습니다.

사실 인간 영혼이 관조를 통해서건 덕목을 실천해서건 더 나은 상태로 나아갈 수 없다면, 사람이 자기 영혼을 완전하게 만드는 것은 쓸데없는 일일지 모릅니다. 그러나 인간은 모든 반대를 극복하는 내면의 감정이 외치는 소리를 들을 수 있습니다. '그대의 힘을 계발하고 죽음을 멸시하라. 그대만이 죽음을 정복하고 삶을 증진시킬 수 있다. 삶이란 생각이기 때문이다.'

범죄나 게으름의 늪지에서 기어다니던 타락한 영혼들은 그들이 출발한 지점이나 그보다 낮은 곳으로 되돌아옵니다. 그들은 오랫동안 아무것도 아닌 존재의 가장자리에서 움직이지 못한 채 남아 있을 것입니다. 그들은 오랫동안 물질세계를 향해 손을 뻗질 것입니다. 그들은 오랫동안 비천한 동물 같은 종자로 살아갈 것입니다. 너그러운 영혼들이 하늘나라의 영원한 빛을 향해 올라가는 데 비해, 다른 영혼들은 그림자의 세계로 깊이 가라앉습니다. 그곳은 삶이 좀처럼 희미한 빛조차 내지 못하는 곳입니다. 어떤 군주는 죽어서 두더지가 되고 성직자는 독을 품은 뱀이 되어 고약한 냄새가 나는 늪지에서 사는 동안, 그들이 멸시하던—아니 차라리, 그들이 불완전하게 이해했다고 하는 편이 나을—작가는 인간을 사랑하는 지성인들 속에 자리잡게 되었습니다.

피타고라스는 이미 영혼의 평등함을 지적했고, 한 몸에서 다른 몸으로 옮겨간다고 주장했습니다. 그러나 그의 생각에 이 영혼들은 같은 세상의 궤도에 머물러 있으면서 결코 그곳을 떠나지 않았습니다. 우리의 윤회는 옛 사람들보다 더 합리적이고 더 낫습니다. 다른 인간에 대한 사랑에 바탕을 두고 행동하고자 노력하는 고상하고 너그러운 영혼을 위해 죽음은 영광으로 나아가는 빛나는 길을 열어줍니다. 우리의 제도에 대해 어떻게 생각하십니까?"

"무척 마음이 끌리는군요. 그것은 하느님의 권력이나 선을 조금도 거스르지 않습니다. 다른 세계로 진보하고 향상하는 것은 모두 하느님의 손에

서 이뤄집니다. 피조물의 우주 일주는 이해력을 갖춘 사람들에게 자신의
지배권을 보여주는 군주의 위엄에 적합해 보입니다."

그는 열정적으로 대답했다. "그래요, 형제여. 모든 태양을 하나씩 차례
로 방문하고, 여행을 떠난 모든 영혼이 한 번도 꿈꿔보지 못한 사물을 수
없이 만나는 가운데 더욱 풍부해지고, 더욱 완전해지며, 절대적 존재에 다
가설수록 더욱 숭고해지면서, 그 존재를 더 완전히 알고, 더욱 계몽된 사
랑으로 그를 사랑하며, 그의 바다 같은 위대함에 빠져든다는 것은 그 얼마
나 매혹적인 모습이란 말입니까! 오, 인간이여, 즐기시오! 당신은 오직 경
이로운 것으로부터 다른 경이로운 것으로 나아갈 수 있습니다. 언제나 새
롭고 언제나 기적 같은 광경이 당신을 기다리고 있습니다. 당신의 희망은
원대합니다. 당신은 자연의 가없는 품을 가로질러 마침내 자연의 원천인
하느님의 품속으로 들어갈 것입니다."

나는 이렇게 외쳤다. "그러나 자연법을 거스르면서 죄를 짓고, 자비를
바라는 외침에 마음을 굳게 닫으며, 죄 없는 사람을 죽이고, 오직 자신만
을 위해 통치하는 악인들—그들은 어떻게 될까요? 나는 증오와 복수를 사
랑하지 않지만, 잔인한 영혼들이 약자와 정당한 사람들에게 사악한 짓을
한 것을 보면 내 피가 끓어올라 그들을 집어넣을 지옥을 내 손으로 만들고
싶은 심정입니다."

"하느님이 그들을 벌하시는 방식에 대해 우리가—약한 존재인 동시에
여전히 수많은 열정에 지배받고 있기 때문에—이러쿵저러쿵 할 처지는 아
닙니다. 그러나 범인이 하느님의 정의의 무게를 느끼는 것은 분명합니다.
다른 사람을 배반하거나 다른 사람의 고통에 잔인하게 대하거나 무관심한
사람은 모두 하느님의 시야에서 쫓겨날 것입니다. 소크라테스나 마르쿠스
아우렐리우스의 영혼은 네로의 영혼과 결코 만나지 않을 것입니다. 그들
사이에는 언제나 무한한 거리가 있을 것이기 때문입니다. 그것만이 우리

가 확신할 수 있는 사실입니다. 그러나 영원의 저울 위에서 그 무게가 얼마나 나가는지 계산하는 일은 우리 소관이 아닙니다.

우리는 인간의 이해력을 완전히 희미하게 만들지 않은 잘못, 완전한 몰지각에 이르지 않았던 마음, 심지어 자신을 신으로 생각하지 않은 왕들—이들은 모두 장기간에 걸쳐 자기 개선을 통해 자신을 순수하게 만들 수 있을 것이라고 믿습니다. 그들은 육체적인 고통이 지배하는 세계로 내려올 것입니다. 이것은 그들의 의존성과 죄를 자각하게 만들고, 자만심에서 나온 위신을 교정해줄 효과적인 채찍이 될 것입니다. 만일 그들이 벌을 내리는 손 앞에서 머리를 조아리면, 또 그들이 이성을 따르고 이성의 빛에 복종하면, 또 그들이 이상적인 상태에서 얼마나 멀리 벗어나 있는지 깨닫는다면, 또 그들이 그 상태를 되찾기 위해 노력한다면 그들의 순례는 훨씬 단축될 것입니다. 그들은 전성기에 죽을 것이며, 남의 애도를 받을 것입니다. 하지만 그들은 자신들이 해방되어 행복해진다 할지라도, 불행한 행성에 남겨두고 온 사람들의 운명을 탄식할 것입니다. 이리하여 죽음을 느끼는 사람은 자기가 정확히 무엇을 두려워하는지 모릅니다. 그의 두려움은 무지의 소산이며, 이 무지는 그가 지은 죄의 첫 번째 벌입니다.

아마 가장 죄 많은 사람은 값진 자유의 느낌도 잃어버릴 것입니다. 그들은 분명히 절멸하지 않을 것입니다. 왜냐하면 우리는 죽음이라는 생각을 아주 미워하기 때문입니다. 창조자·보호자·복원자인 하느님이 보는 앞에서 죽음이란 있을 수 없습니다. 악인은 허무 속에 빠져들기를 기대해서는 안 됩니다. 그는 하느님의 눈에서 벗어날 수 없을 것입니다. 하느님은 모든 것을 보시니까요. 모든 종류의 박해자들은 존재의 가장 낮은 단계에서 단순한 식물처럼 살아갈 것입니다. 그들은 고통과 노예 상태라는 끊임없는 파괴의 순환에 빠져서 고통받을 것입니다. 그러나 하느님만이 그들을 벌하거나 사면할 시간이 언제인지 알고 계십니다."

제24장
고귀한 여관주인

안내인은 내게 말했다. "이제 저녁을 먹어야겠군요. 지금까지 걷는 동안 식욕이 생기지 않았나요? 우리 이 여관에 들릅시다…."

나는 세 걸음 뒤로 물러나면서 그에게 말했다. "그런 생각을 하면 안 돼요. 보세요, 여기 마차가 드나드는 입구, 문장이 새겨진 갑옷과 방패가 있는 걸로 봐서 군주가 여기 살고 있음이 분명합니다."

"사실 그렇습니다. 그는 훌륭한 군주입니다. 왜냐하면 그는 언제나 식탁 셋을 차려놓고 있기 때문이지요. 하나는 자신과 가족, 다른 하나는 이방인, 그리고 마지막은 몹시 가난한 사람을 위해 차려놓습니다."

"이 도시에는 이 같은 밥상이 많은가요?"

"모든 군주들의 가정에는."

"그들에게 붙어사는 게으른 기생충도 많이 있음직합니다. 그렇죠?"

"천만에요. 어떤 사람이 이방인도 아니면서 그러한 습관을 들이면 곧 그 사실이 널리 드러나고, 도시의 검열관들이 그의 자격을 조사하고 일을 맡깁니다. 그러나 만일 그가 먹는 일 말고는 잘하는 일이 없다면 그를 도시 밖으로 쫓아냅니다. 마치 꿀벌의 공화국에서 아무 일도 하지 않고 공동으로 저장한 음식만 축낼 때 벌집 밖으로 쫓아내듯이."

"그렇다면 당신들에게 검열관이 있습니까?"

"네, 아니 차라리 그들은 다른 이름을 가져야 합니다. 그들은 모든 곳에 이성의 햇불을 가지고 다니며, 고분고분 말을 듣지 않거나 반항하는 영혼들을 웅변으로, 때로는 친절과 기술로 고쳐주는 충고자입니다.

밥상은 늙은이, 회복기 환자, 임산부, 고아, 방문자들을 위해 마련해놓았습니다. 이 사람들은 망설이거나 수치심을 느끼지 않고 밥상에 앉습니다. 그들에게 가볍지만 풍부한 건강식을 제공합니다. 인간을 존중하는 이 군주는 사치스러운 모습을 보여주지 않습니다. 그것은 낭비처럼 보여 사람들의 마음을 거스를 수 있기 때문입니다. 그는 여남은 명에게 저녁 시중을 들기 위해 300명을 고용하는 따위의 일을 하지 않습니다. 그는 밥상머리에서 오페라를 감상하는 일도 하지 않습니다. 그는 실제로 부끄럽고 지나칠 정도로 터무니없고 우스꽝스러운 일을 하면서 자만에 차는 일은 하지 않습니다.[a] 그가 밥을 먹을 때에는 위가 단 하나뿐이라는 사실을 보여줍니다. 만일 옛 사람들이 신들을 모시듯 젓가락 한 번 대보지도 못할 정도로 많은 종류의 요리를 그에게 대접한다면, 그를 유일신처럼 모시는 격이 되리라는 사실을 보여줍니다."

우리는 이야기를 나누면서 안뜰을 두 개 지나 아주 긴 방으로 들어섰다. 그것은 이방인을 위해 따로 차려놓은 방이다. 방의 길이만 한 식탁에는 벌써 여러 사람이 밥을 먹은 흔적이 남아 있었다. 그들은 내게 안락의자를 권하면서 나이에 맞는 존경심을 보여주었다. 그들은 우리에게 맛있는 야채국물, 사냥으로 잡은 작은 동물, 과일을 가져다 주었다. 음식은 모두 간단하게 준비해놓고 있었다.[b]

나는 외쳤다. "정말 경탄할 만합니다. 자기 재산을 풀어서 배고픈 사람들을 먹이다니, 얼마나 훌륭한 일입니까! 나는 이러한 종류의 사고방식을

---

a 아궁이만큼 큰 입으로 한 끼에 빵 1,200파운드, 황소 12마리, 양 100마리, 닭 600마리, 산토끼 15마리, 메추라기 2,000마리, 포도주 12통(750갤런), 복숭아 6,000개⋯를 집어삼키는 가르강튀아의 판화를 보면서, "이 커다란 입은 왕의 입이군"이라고 중얼거리지 않는 사람이 있을까?

b 나는 언젠가 왕이 어떤 제후의 궁전으로 들어서서, 넓은 안뜰을 건너오는 모습을 보았다. 안뜰에는 불행한 인간들이 가득 서서 힘없이 외쳐댔다. "빵을 주시오." 왕은 이들을 거들떠보지도 않고 안뜰을 건너와 제후와 함께 100만 프랑짜리 연회에 참석했다.

그들의 사회적 지위보다 훨씬 더 고상하고 가치 있다고 봅니다….” 모든 것은 아주 질서 있게 진행되었다. 비록 쾌활하기는 해도 적절한 대화가 이 대중 식탁에 매력을 더해주었다. 군주가 나타나 고상하고 싹싹한 태도로 이것저것을 지시했다. 그는 얼굴에 웃음을 띤 채 내게 다가왔다. 그는 내가 살던 시대의 소식을 물으면서, 솔직하게 대답해달라고 힘주어 말했다.

나는 그에게 이렇게 말했다. “아, 당신의 선조는 당신만큼 너그럽지 못했습니다. 그들은 나날을 사냥터에서,[c] 그리고 밥상에서 보냈습니다. 만약 그들이 산토끼를 죽였다면, 그것은 게으름 때문입니다. 그들은 자신들로 인해 작물을 망친 사람들을 먹이기 위하여 사냥을 하지 않았습니다. 그들이 위대하고 유익한 목적을 향해 정신을 고취시키는 경우란 절대 없었습니다. 그들은 개·종복·말·아첨꾼에게 수백만 프랑을 썼습니다. 한마디로 말해서 그들은 전문적인 아첨꾼이었습니다. 그들은 조국의 대의명분을 포기했습니다.”

모든 사람이 놀라서 손사래를 쳤다. 그들은 내 말을 곧이 듣는 데 큰 어려움을 겪었다. 그들은 내게 확인했다. “역사책에는 그런 얘기가 하나도 나오지 않던데요—차라리 그 반대였죠.”

“아!” 하고 나는 대답했다. “역사가들은 군주들보다 더 죄가 많습니다.”

---

c 사냥은 저급하고 천한 오락으로 봐야 한다. 우리는 반드시 필요할 때에만 동물을 죽여야 한다. 그리고 우리가 생각할 수 있는 모든 일 가운데 사냥은 가장 슬픈 일임이 분명하다. 나는 언제나 몽테뉴, 루소, 그 밖의 철학자들이 사냥을 반대하면서 쓴 글을 매번 더 주의를 기울이면서 다시 읽곤 한다. 나는 동물의 피도 존중하는 선량한 인디언을 사랑한다. 인간의 본성은 그가 선택하는 여가활동에 반영된다. 피 흘리는 새를 하늘에서 떨어뜨리고, 산토끼를 발로 짓밟고, 스무 마리의 울부짖는 개를 쫓아가면서 그 개들이 불쌍한 짐승을 갈기갈기 찢는 모습을 지켜보는 것은 얼마나 소름끼치는 여가활동인가? 동물은 약하고 순진하며 겁이 많다. 숲의 자유로운 주민인 그는 적들에게 잔인하게 물려 쓰러진다. 인간이 나타나 화살로 그의 심장을 쏜다. 야만인은 자기가 맞힌 짐승의 아름다운 옆모습을 보면서 빙그레 웃는다. 그러나 그 짐승은 피를 흘리며, 눈에서는 하릴없이 눈물이 흐른다. 이러한 오락은 냉혹한 성격의 영혼에서 나온다. 사냥꾼의 성격은 잔인하고 무관심하다. 그뿐이다.

                       *   *   *

제38장
정부의 형태

"지금 어떤 정부 형태에서 살고 계신지 여쭈어도 될까요? 군주정·민주정·귀족정 가운데 어떤 형태입니까?"[a]

"군주정도 민주정도 귀족정도 아닙니다. 그것은 인류에 적합한 합리적인 형태입니다. 군주정은 더이상 존재하지 않습니다. [나중에 나온 판본에서는 이 구절을 "아무런 제약을 받지 않는 군주정은 더이상 존재하지 않는다"라고 바꿔놓았다.] 당신도 아시다시피, 마치 강물이 넓은 바다 속으로 흘러 들어가서 자취를 감추듯―그러나 별 효과를 거두지 못하면서―, 군주제 국가는 언제나 전제주의로 나아가게 마련입니다. 그리고 전제주의는 곧 그 자체로 붕괴합니다.[b] 모든 일이 말 그대로 일어났습니다. 이보다 더 확실한 예언은 이제까지 없었습니다.

인류가 지구에서 태양까지 거리를 재고 태양계를 측정할 수 있었다고 생각하면 수치스럽습니다. 인간은 이 위대한 지식을 얻은 뒤에도 합리적인 존재들을 다스리기 위한 단순하고 효과적인 법률을 발명하지 못했기 때문입니다. 자만심·탐욕·이기심 때문에 수많은 장애를 만났다는 것이 사실입니다. 그러나 개인의 열정을 전체의 행복에 바치도록 연결시켜주는 고리를 발견하는 것보다 더 큰 승리가 어디 있겠습니까? 배는 바다를 누

---

[a] 한 국가의 정신은 그 환경과 무관하다. 기후는 결코 한 나라의 위대함이나 쇠퇴의 물리적인 원인이 되지 못한다. 이 세상의 모든 나라 사람은 힘과 용기를 갖고 있다. 그러나 그것들을 동원하고 유지하는 원인들은 어떤 상황에서 나온다. 그 상황은 늦거나 빠르게 발전할 수 있지만, 언제나 조만간 현실로 나타난다. 본능에 의해서건 계몽의 결과이건, 그러한 순간을 잡은 민족은 축복을 받았다.

비면서 자연의 힘을 지배하기도 하지만 거기에 복종하기도 합니다. 그것은 사방에서 충격을 받으면서도 이러한 힘을 이용해 앞으로 나아갑니다. 우리는 가장 완전한 국가의 모습을 아마 여기에서 찾을 수 있을 것입니다. 격정 속에서 태어난 국가는 수많은 사람들의 격정의 폭풍 같은 힘에 저항하면서 추진력을 얻습니다. **모든 것은 선장의 기술에 달려 있다.**

당신 시대의 정치적인 빛은 아주 희미했습니다. 당신들은 바보같이 자연의 창조자를 비난했습니다. 창조자는 당신들에게 지성과 용기를 주어 스스로 다스리도록 만들었는데 말입니다. 단 한 사람만이라도 크게 외쳤다면 수많은 사람을 선잠에서 깨울 수 있었을 겁니다. 만일 당신이 압제의

---

b 당신은 나쁜 군주의 자문회의에서 보통 휘두르고 있는 일반 원칙이 무엇인지 알고 싶지 않은가? 거기에서 오가는 말, 아니 차라리 거기에서 하는 일을 다음과 같이 대강 보여줄 수 있다. "우리는 모든 종류의 세금을 늘려야 합니다. 왜냐하면 군주가 궁정을 가장 격조 높게 유지해줄 관리들과 군대를 거느리기 위해서 언제나 돈에 쪼들리기 때문입니다. 만일 국민이 지나친 부담에 짓눌려 반대한다면, 그들을 진압해 그들의 잘못을 알려줄 필요가 있습니다. 이것은 부당한 처사가 아닙니다. 왜냐하면 그들은 근본적으로 군주의 선의에 의한 것이 아니라면 아무것도 소유하지 못하기 때문입니다. 군주는 신중히 생각해 왕위를 위해서건 자신의 영광을 위해서건 필요하다고 결론을 얻을 때, 국민에게 소유하도록 허락했던 호의를 거두어들일 수 있습니다. 더욱이 재물을 쌓을 수 있던 국민이 전보다 일을 열심히 하지 않고 오만해질 가능성이 있음을 사람들은 알고 있습니다. 우리는 그들을 더 복종하게 만들기 위해서 그들의 행복을 제한해야 합니다. 군주의 신민들이 가난할 때 군주는 가장 강력하게 방어할 수 있습니다. 개인이 재산을 별로 갖지 못할수록 국민은 더 잘 복종할 것입니다. 일단 그들이 의무를 받아들였다면 습관적으로 실천에 옮겨야 할 것입니다. 이야말로 그들의 복종을 받아내는 가장 확실한 방법입니다. 그들을 복종시키는 것만으로 충분하지 않습니다. 그들은 슬기로운 정신이 전하의 신체 속에 깃들어 있다고 믿어야 합니다. 그리고 나면 우리가 내리는 온갖 법령에 토를 달지 않고 아무런 잘못이 없는 것으로 받아들이게 됩니다."

만일 군주를 알현할 기회를 얻은 철학자가 자문회의의 한가운데로 나아가 군주에게 이렇게 말했다고 하자. "이 그릇된 방향으로 가는 자문위원들의 말을 믿지 마시오. 당신은 당신 가족의 적들에게 둘러싸여 있습니다. 당신의 안전과 위대함은 당신의 절대권보다는 당신 백성의 사랑에 더 많이 바탕을 두고 있습니다. 만일 백성이 비참하다면 그들은 열렬히 혁명을 바랄 것이며, 당신의 옥좌나 당신 후계자의 옥좌를 뒤집어엎을 것입니다. 백성은 영원토록 존속하지만 당신의 지위는 덧없습니다. 옥좌의 위엄은 무제한의 권력보다는 아버지의 사랑에 더 깃들어 있습니다. 이러한 권력은 폭력이며, 사물의 본성을 거스릅니다. 당신이 온건해질수록 당신은 더 강력해집니다. 부디 정의의 본보기를 세우시기 바라며, 도덕성을 가진 군주들은 더 강력하고 더 존경받는다는 사실을 믿으십시오." 이 말을 들은 자문위원들은 분명히 이 철학자를 몽상가로 취급할 것이다. 그리고 그들은 아마도 그의 덕목에 대한 벌을 내리려 하지는 않을 것이다.

우레 소리를 견뎌야 했다면, 당신이 약했기 때문이라는 사실만 비난받아 마땅합니다. 자유와 행복은 그것을 잡을 수 있는 사람의 것입니다. 이 세상의 모든 것이 혁명을 겪고 있습니다. 가장 위대한 혁명이 무르익었으며, 우리는 그 열매를 따고 있습니다.[c]

우리가 압제의 국가에서 벗어났을 때 우리는 정부의 모든 힘과 작동원리, 모든 권리, 권력의 모든 속성을 단 한 사람의 손에 집중시키는 잘못을 저지르지 않도록 주의해야 했습니다.[d] 우리는 과거의 잘못에서 배우면서, 결코 과거 사람들처럼 무분별하지 않으려고 노력했습니다. 비록 소크라테스나 미르쿠스 아우렐리우스가 되살아난다 해도 우리는 그들에게 절대권을 맡기지 않을 것입니다. 그들을 믿지 못해서가 아니라, 자유로운 인간의 신성한 성격을 타락시킬까 겁나기 때문입니다. 법률은 일반의지의 표현이 아닙니까? 우리가 이처럼 중요한 기능을 어떻게 개인에게 맡길 수 있단 말입니까? 개인은 약해지는 순간을 맞이하지 않을까요? 그리고 설사 그가 늘 강한 존재로 남아 있을 수 있다손 치더라도, 사람들이 자신들의 대권인 자유를 포기할 수 있을까요?[e]

우리는 절대주의가 국민의 진정한 이익에 얼마나 반대되는 것인지 경험

---

c 몇몇 국가에는 피할 수 없는 단계가 있다. 그것이 비록 자유를 가져오는 것일지라도 그 단계는 피비린내 나고 무시무시하다. 나는 내란을 말하고 있다. 내란이 일어나면 위대한 인간들이 일어서서, 어떤 사람은 자유를 공격하고, 또 어떤 사람은 자유를 지킨다. 내란은 꼭꼭 숨어 있던 재능들의 고삐를 풀어준다. 비상한 시민들이 앞으로 나와 자신들이 모든 사람의 지휘자임을 증명한다. 이것은 끔찍한 치료책이다! 그러나 국가와 국민이 오랫동안 잠들어 있다면, 그러한 치료책이 필요해진다.

d 전제정은 다수를 속여서 재산을 빼앗는 소수와 연결된 통치권일 뿐이다. 이렇게 해서 군주나 그의 대리인들은 사회에 그늘을 지우고 분열시킨다. 그는 핵심적인 인물이 되어 마음대로 열정에 불을 지르고, 자기의 이익을 위해 사람들을 대립시킨다. 그는 정의롭거나 그렇지 못한 일이 무엇인지 널리 선포한다. 그의 변덕이 법률이 된다. 그의 호의가 대중의 존경을 낳는 기준이 된다. 이러한 제도는 몹시 폭력적이라서 오래갈 수 없다. 그러나 정의는 신민과 군주 양쪽을 보호하는 울타리다. 자유만이 너그러운 시민을 창조할 수 있다. 진리만이 합리적인 인간을 만들어낼 수 있다. 왕은 너그럽고 만족하는 국민을 앞에서 이끌 때만 강력하다. 일단 국민이 타락하고 나면, 왕좌는 무너진다.

했습니다. 음흉한 세금을 거두는 방식, 점점 더 무거운 짐이 되도록 세금을 늘리는 기술이 발달하고, 우리의 법률은 혼란스럽고 서로 모순을 보여주며, 개인의 재산은 하찮은 입씨름을 일삼는 법률가의 뱃속으로 들어가고, 모든 도시는 특권의 폭군들로 득실대며, 왕국의 모든 부분을 마치 제것으로 삼기에 적합할 만큼 무르익은 과실처럼 생각하는 공복·대신·지사들의 직책을 돈으로 사고 팔며, 사람들의 마음은 인류애를 저버리고 더욱더 냉혹해지며, 국민의 기대에 부응하지 못하는 왕의 관리들은 국민의 불평을 경청하기보다 모욕을 줍니다. 이 모든 행위는 이 빈틈없는 전제주의의 결과였습니다. 마치 돋보기가 빛을 모아 불을 내듯, 그것은 계몽된 정신을 한데 모아 그들의 힘을 남용하도록 하는 결과만 낳았습니다.

당신은 자연이 미소 짓던 아름다운 프랑스 왕국을 두루 여행하셨습니다. 거기서 무엇을 보셨습니까? 모든 행정단위가 세금 사기꾼 때문에 피폐해졌지요. 도시는 읍이 되고, 읍은 작은 마을로 축소되고, 주민들은 초췌해져 몰골이 변해서 결국 거지가 되었지요. 누군가 이런 악덕을 알았습니다만, 탐욕의 제도를 선택하기 위해 기존 원리를 무시했습니다.[f] 그 제도의 믿을 수 없는 그림자는 모든 곳에서 자행되는 약탈과 횡령을 뒤덮었습니다.

당신은 그것을 믿을 수 있습니까? 혁명은 어떤 위대한 인물의 영웅적

---

[e] 자유는 기적을 낳는다. 그것은 자연에 대해 승리한다. 그것은 바위를 뚫고 싹이 나게 만들고, 가장 슬픈 지역에 즐거운 분위기를 만들어준다. 그것은 단순한 목동을 계몽해 가장 세련된 궁정에 속한 위세 등등한 노예보다 더 깊이 있는 사람으로 만들어준다. 창조의 위대한 작품이며 영광인 다른 지역에서는, 일단 그들이 노예상태로 전락한다면 오직 버려진 벌판, 창백한 얼굴, 감히 하늘을 우러러 용기도 없이 땅만 내려다보는 시선을 보여준다. 인간이여! 그러니 선택하라. 행복이냐 비참함이냐. 만일 그대가 선택할 능력이 있다면, 폭군을 두려워하라, 노예제도를 미워하라, 무기를 들라, 자유롭게 살 것인지 죽을 것인지 선택하라.

[f] 수아송을 지나가고 있는 ㅇㅇㅇ[왕비]에게 프랑스가 풍요로운 나라라는 인상을 심어주고 싶은 어떤 지사는 도로를 포장한 돌을 뜯어내고 거기에 그 도시 어귀의 벌판에서 뽑아온 과일나무를 심었다. 나뭇가지에는 금박을 입힌 종이 화환을 만들어 걸어놓았다. 이 지사는 자신은 그렇게 인식하지 못했지만 아주 위대한 예술가였다.

행동에 의해 아주 쉽게 일어났답니다. 왕위는 거들떠보지도 않기 때문에 왕위를 받을 만한 자격이 있는 철학자—왕은 권력의 겉모습보다는 인간의 행복에 더 관심을 가졌고, 후대를 위해 관심을 쏟았으며, 자기 권력에 경계하면서, 신분회에 그들이 옛날에 누리던 특권을 회복시켜주겠다고 제안했습니다. 그는 광범위한 왕국을 슬기롭게 다스리려면 모든 지방을 통일할 필요가 있다고 느꼈습니다. 마치 피가 전신을 돌지만 각 부분은 그 나름의 순환이 이루어지고 있는 인간의 몸처럼, 각 지방도 전체의 법률에 복종하면서도 그 토양, 지리적 위치, 상업, 그리고 다양한 이해관계에 맞는 법률을 채택해야 합니다.

이처럼 모든 것이 살아가고 모든 것이 번성합니다. 모든 지방이 오직 궁정에 봉사하고 수도를 장식하기 위해 존재하는 시대는 지나갔습니다.[g] 왕에게서 나왔으나 방향을 잘못 잡은 질서는 통치자의 눈이 결코 꿰뚫어보지 못한 영역에 혼란의 씨를 뿌릴 수 있을 만큼 멀리 도달하지 못합니다. 각 지방은 그 자체의 안전과 복지를 확실하게 만듭니다. 그 존재의 원리는 그것이 나오는 곳에서 결코 멀리 떨어져 있지 않습니다. 그것은 그 품속에

---

g   잘못과 무지는 인간을 괴롭히는 폐단의 원천이다. 인간이 나쁜 이유는 오직 자신의 진짜 이기심을 잘못 생각하기 때문이다. 우리는 이론물리학·천문학·수학에서 실제로 부정적인 결과를 얻지 않은 채 잘못을 저지를 수 있다. 그러나 정치는 가장 가벼운 잘못도 저질러서는 안 된다. 물리적인 재앙보다 더 해로운 것이 행정상의 실수다. 이러한 종류의 잘못은 왕국의 인구를 줄이고 가난에 빠뜨릴 수 있다. 그러므로 특히 질문에 대한 양쪽 주장이 균형을 이루는 사례를 깊게, 활발히 연구해야 한다. 여기서는 일상적으로 대처하는 것보다 더 위험스러운 일은 없다. 그것은 우리가 생각할 수 없는 어려움을 낳고, 국가는 무너지는 순간에야 비로소 그 어려움을 알아차릴 뿐이기 때문이다. 이리하여 정부의 복잡한 운영기술을 조명하는 노력을 아끼지 말아야 한다. 왜냐하면 가장 작은 장애라도 커다란 잘못을 초래하는 길로 빠지게 만들 수 있기 때문이다. 여태껏 법률은 언제나 전반적인 처방의 형태로 제시되는 완화제에 불과했다. 그것은 (지금까지 설명했듯이) 필요하기 때문에 생겼지 철학에서 생기지 않았다. 우리는 법률의 결함이 무엇인지 알고 치료하기 위해 철학에 마음을 써야 한다. 그러나 아직 아무것도 분간할 수 없는 혼돈을 끝내고 적절한 건물을 짓고자 하는 사람에게 어떤 용기, 어떤 열의, 어떤 인류애가 필요하단 말인가! 아직 인류가 더 소중히 여길 수 있는 천재란 무엇일까? 천재에게 이처럼 가장 중요한 목표를 잊지 않게 하라. 그 목표란 인류의 행복에 가장 가까이 다가서고, 그 필연적인 결과로 인류의 운명에 가장 가까이 영향을 미치는 것이다!

있어서, 언제나 전체에게 다시 활력을 불어넣고, 어떤 폐단이 있어도 그것을 고칠 준비를 갖추고 있습니다. 남을 보살피는 일은 관련된 사람들의 손에 맡깁니다. 그들은 필요한 보살핌을 망설이지 않고 줄 것이며, 나라 전체를 위협하는 폐단을 즐기지 않을 것입니다.

절대군주정은 이렇게 해서 폐지되었습니다. 지도자는 왕의 이름을 유지했지만, 자기 조상을 짓누르던 짐을 바보처럼 떠맡지는 않았습니다. 왕국의 신분회는 유일하게 입법권을 가진 기관이었습니다. 민사는 물론 정치적인 운영은 원로원의 몫이며, 정의의 칼로 무장한 군주는 법률의 집행을 주도합니다. 그는 모든 종류의 유익한 제도를 제안합니다. 원로원은 왕 앞에 책임을 지며, 왕과 원로원은 신분회 앞에 책임을 집니다. 신분회는 2년마다 한 번씩 모입니다. 모든 것은 다수결 원칙에 따라 결정합니다. 새 법 제정, 새로운 인물의 지명, 탄원─이러한 일은 각 지방 안에서 해결합니다. 개인에 관련되거나 예외적인 사건은 군주의 슬기로운 판결에 맡깁니다.

군주는 행복하며,[h] 그의 옥좌는 국민의 자유가 왕위를 보장해주는 만큼 더 확고한 바탕 위에 자리잡고 있습니다.[i] 다른 식으로는 차이가 없을 사람

---

[h] 달랑베르 선생은 의무를 수행하는 왕이야말로 이 세상에서 가장 비참한 사람이며, 의무를 수행하지 않는 왕은 그보다 더 가엾은 사람이라고 말했다. 의무를 수행하는 왕이 어째서 이 세상에서 가장 비참한 사람인가? 그것은 그의 일이 많기 때문인가? 그러나 일을 잘 처리하면 진정한 즐거움을 얻는다. 그는 인류를 행복하게 만들어줬다는 느낌에서 오는 심리적인 만족을 무시하는가? 그는 덕성이란 그것만으로 보상이 되지 못한다고 믿는가? 널리 사랑받고 오직 사악한 사람들의 미움을 받는다면, 그의 마음은 어째서 즐거움을 느끼지 못할 만큼 냉담한가? 착한 일을 하고 만족을 느끼지 않는 사람은 어디 있는가? 자기 의무를 수행하지 않는 왕은 그보다 더 가엾다. 만일 그가 후회하고 치욕을 느낄 수 있다면 그보다 더 정당한 일은 없을 것이다. 만일 그렇지 못하다면 그는 더 가엾은 존재가 될 것이다. 이 마지막 명제보다 더 진실한 것은 없다.

[i] 모든 국가, 심지어 공화국을 위해서도 지도자가 있으면 좋다. 물론 그의 권력을 제한해야 하지만 말이다.
그는 야심만만한 사람들을 놀라게 하고 그들의 계획을 싹부터 비틀어버리는 밀짚인형이다. 그렇다면, 왕권이란 곡식을 먹으려고 달려드는 참새를 쫓기 위해 마당에 세워놓은 허수아비 같은 것이라 하겠다.

들은 그들의 덕성을 이 위대함의 원천에서 끌어냅니다. 시민은 결코 국가와 분리되어 있지 않기 때문에, 그는 국가라는 몸의 일부입니다.ʲ 이렇게 우리는 그가 국가를 영광스럽게 만들 수 있는 모든 것을 얼마나 열렬히 지지하는지 주목합니다.

원로원에서 법률을 만들 때마다 거기에 합당한 이유가 있으며, 원로원은 그 동기와 목적을 간결하게 설명합니다. 당신이 살던 (이른바 계몽된) 시대에는 마치 법률이 공공의 이성의 표현이 아닌 것처럼, 마치 사람들은 정확한 정보도 필요 없이 더 즉시 복종하는 것처럼, 법관들이 자만심에 젖어 자의적인 법률을 신학적 명령처럼 제안하는 일이 어떻게 가능했는지 우리는 이해할 수 없습니다. 판사의 모자로 치장하고 스스로 나라의 아버지라고 부르던 이 신사들은 설득의 위대한 기술에 대해 잘 몰랐습니다. 이 기술이야말로 별로 힘들이지 않고서도 아주 강력하게 작용하는 것입니다. 아니, 차라리 이렇게 말할 수 있겠습니다. 그들은 확고한 관점도 없이, 확실한 발판도 없이, 얼빠지고 선동적이고 비굴한 기질에 따라, 왕에게 아첨하면서 피곤하게 만들고, 때로는 발뒤꿈치로 사소한 일을 파헤치거나 현금을 받고 사람들을 팔아넘기기도 합니다.

당신은 우리가 그 뒤로 시민들의 생명·재산·명예를 냉정하게 처분해버릴 만큼 냉혹해진 법관들을 제거했다는 사실을 상상하실 수 있을 것입니다. 그들은 자기네 얄팍한 특권을 지키는 데는 눈이 벌갰지만, 공공의 이익에 대해서는 소극적이었습니다. 마침내 그들에게 뇌물을 먹인다 해도 별로 소란을 떨 만한 가치도 없어지게 되었습니다. 그들은 일종의 영원한

ʲ 군주국가에서 왕은 국가의 의지를 보관하는 장소라고 말한 사람들은 바보 같은 소리를 지껄였다. 과연 지적인 존재가 다른 사람에게 '우리들을 위한 의지'라고 말하는 것보다 더 우스운 것이 어디 있단 말인가? 사람들은 군주에게 언제나 '분명히 표현된 우리 의지에 부합하는, 우리를 위한 행동'을 요구했다.

게으름뱅이로 전락했습니다. 우리의 법관들은 그들과 아주 다릅니다. 우리는 그들을 '인민의 아버지'라고 부르는데, 그들은 그 뜻 그대로 존경받을 자격이 있습니다.

오늘날 정부의 고삐는 계획을 따르는 슬기롭고 확고한 손이 쥐고 있습니다. 법률이 다스리고, 그 누구도 법률 위에 있지 않습니다. 당신들이 살던 고딕풍의 정부에서는 법률 위에 군림하던 사람들이야말로 두려운 장애요소였습니다. 국가의 전체 행복은 각각의 신민의 안전에 바탕을 두고 있습니다. 그는 다른 사람들을 두려워하지 않습니다. 그는 법률을 두려워합니다. 또한 통치자 자신도 법률이 자기 위에 걸려 있음을 알고 있습니다.[k] 그는 부지런히 경계하기 때문에 원로원 의원들은 의무와 책임에 더욱 주의를 기울입니다. 그는 그들을 신뢰하기 때문에 그들의 고통을 어루만져 줍니다. 그의 권위는 그들이 결정을 내리는 데 필요한 힘과 용기를 줍니다. 이리하여 당신들의 왕들은 홀의 무게에 짓눌렸겠지만, 우리 군주는 홀을 가볍게 쥐고 있는 것 같습니다. 그는 이제 더이상 국가의 필요에 당당하게 배치되고 계속 희생되는 제물이 아닙니다. 그는 자연에서 받은 제한된 힘으로 짊어질 수 있는 만큼의 짐만 감당합니다.

---

k 개인이 법률 위에 있고 법률을 위반해도 아무 탈이 없는 정부가 있다면, 그것은 슬프고 무도한 정부다. 어떤 천재[랭게]는 자신의 재능을 발휘해 우리에게 아시아 나라들의 정부를 움직이는 원리를 알려주려고 노력했지만 허사였다. 그들의 원리는 인간 본성을 지나칠 정도로 거스른다. 기본요소를 무시하는 거만한 배가 있다고 상상해보라. 작은 틈이라도 바닷물을 세게 하여 침몰시킬 수 있다. 그와 마찬가지로 법을 얕보는 사람은 모든 종류의 부당하고 형평에 어긋나는 일을 하여 결국 정치체를 반드시 몰락하게 만든다. 우리가 멸망한다면, 그것이 한 사람 때문이든 아니면 다수 때문이든 무슨 차이가 있단 말인가? 그 불행은 똑같다. 폭군의 팔이 100개나 되고, 단 한 사람이 나라 전체를 다스리고, 폭군이 모든 개인을 억압하고, 폭정의 뿌리가 뽑힌 즉시 되살아난다 해도 무슨 대수란 말인가? 더욱이 전제주의 자체가 그다지 두려운 것은 아니다. 차라리 그것이 전파되는 것이 두렵다. 회교국의 대신들이 주인을 모방한다. 그들은 자기 목이 잘리기 전에 다른 사람의 목을 자른다. 유럽의 정부에서는 모든 부분이 동시에 반응한다. 그들이 함께할 때 생기는 충격으로 사람들이 자유롭게 숨을 쉴 수 있는 평형의 순간이 생긴다. 계속 도전받는 그들의 상대적인 권력에 한계가 있기 때문에 일종의 자유의 대용품이 생긴다. 이러한 유령은 적어도 현실적으로 자유롭지 못한 사람들을 위로해준다.

우리에게는 신을 두려워하고 경건하며 정당한 군주, 신과 조국을 존중하는 군주, 신의 노여움과 후대의 심판을 두려워하는 군주, 그리고 깨끗한 양심과 단 하나의 오점도 없는 명성으로 가장 높은 수준의 행복에 도달한 군주가 있습니다. 가장 훌륭한 일을 행하는 것은 위대한 지적 능력이나 넘칠 정도의 학식이 아닙니다. 착한 일 하기를 좋아하고 그 일을 소중하게 여기는 것은 순수한 마음의 진지한 욕망입니다. 가끔 군주가 국민의 행복을 증진시키는 대신 자신의 명민함을 대단히 과시할 때, 국민의 자유를 희생시킬 수 있습니다.

우리는 거의 합칠 수 없을 것 같은 두 가지 요소, 국가의 행복과 개인의 행복을 조화시킬 수 있었습니다. 사실 공공의 행복은 반드시 일부 개인의 행복과 구별해야 한다는 사실을 사람들은 주장해왔습니다. 우리는 이처럼 진정한 법률에 대해 잘 모르거나 사회에서 가장 가난하고 가장 유익한 구성원들을 깔보는 태도에서 나온 이 원시적인 정치철학을 거부했습니다. 인간은 사악하다고 전제하는 역겹고 잔인한 법률이 존재해왔습니다. 그 반면 우리는 인간이 사악해진 것은 이 같은 법률을 제정한 뒤에 일어난 일이라고 믿는 경향이 있습니다. 전제주의는 인간의 마음을 쇠약하게 만들었고, 그렇게 하는 가운데 그것을 냉혹하고 부패하게 만들었습니다.

우리의 왕은 착한 일을 하기 위해 필요한 만큼의 권력과 권위를 누립니다. 그리고 사악한 일을 할 때 그의 손은 묶입니다. 그는 언제나 국민에게 가장 유리한 조건에서 국민을 봅니다. 국민의 용기는 강조됩니다. 군주에 대한 국민의 충성심, 외국의 지배에 대한 국민의 두려움도 강조됩니다.

무신앙, 방탕, 거짓 그리고 덕성을 비웃는 가장 해로운 기술에 쏠리는 모든 사람을 군주로부터 멀리 쫓아낼 임무를 맡은 검열관이 있습니다.[1] 더 이상 귀족임을 주장하는 계급(이들이 귀족의 자격을 살 수 있었던 것은 모순이었습니다), 왕의 주변으로 몰려와 엎드리는 계급, 오직 군대나 궁정에서 봉사하기를 바라는 계급, 글씨가 희미해진 족보에서 자존심을 얻으면서 게으르게 살아가는 계급, 비열한 성격과 함께 허영을 통탄할 만큼 과시하는 계급은 존재하지 않습니다. 당신 시대의 척탄병들은 그들 중에서 가장 고귀한 사람들만큼 용감하게 싸움터로 나갔지만, 흘린 피에 대해 귀족처럼 대가를 요구하지 않았습니다. 게다가 우리의 공화국에서 귀족들의 이러한 요구는 국가의 다른 신분들의 감정을 거슬렀습니다. 우리의 시민은 평등합니다. 그들의 차이는 오직 덕성·지성·노력의 형태로 자연스럽게 발생할 뿐입니다.[m]

군주는 가난한 사람들에 대한 의무를 잊지 않도록, 대중에게 재앙이 일어나지 않도록 세심한 주의를 기울입니다. 더욱이 그는 해마다 사흘 동안 진지하게 금식을 합니다. 이 기간에 우리의 왕은 굶주림과 목마름을 견디고 딱딱한 짚자리 위에서 잠을 잡니다. 유쾌하지 않지만 건강한 금식으로 그의 마음에는 가난한 사람에 대해 더 친절한 동정심이 일어납니다. 우리의 군주는 이같이 육체적 자극을 받아야 할 일을 기억하는 사람은 아니지만, 그것은 신성한 국법이라는 것이 사실입니다. 우리는 이 법률을 여태껏 존중해왔습니다. 모든 대신들과 정부에서 관직을 보유하고 있는 사람들도

---

l 나는 통치자들이 거의 언제나 궁정에서는 가장 위대한 신사라고 믿고 싶은 마음이 간절하다. 나르키소스는 네로보다 더 검은 영혼을 갖고 있었다.

m 어째서 프랑스인은 어느 날 공화국 형태를 채택할 수 없었을까? 이 나라에서 왕국의 기원에 바탕을 두고 수백 년에 걸친 관행에 따라 굳어진 귀족의 특권을 모르는 사람이 어디 있단 말인가? 제3신분이 장John 왕의 치세에 밑바닥 상태에서 위로 떠오르자마자 그들은 국내 의회들 속에서 제자리를 차지했고, 거만하고 야만스러운 귀족도 아직 봉건제도와 무관계급에 바탕을 둔 편견이 가득 찬 시대였기 때문에 저항하는 마음이 있었음에도 불구하고. 제3신분이 왕국의 신분질서에 속해 있음을 인정하지 않을 수 없었다. 프랑스의 명예 감각—아직도 중요한 행동원리인 동시에 우리의 가장 존중할 만한 제도보다 더 큰 감각—은 아마 어느 날 공화국의 정신이 될 수 있을 것이다. 그날은 특히 철학의 취미, 정치적 법률 지식, 수많은 불행한 사람들의 경험이 프랑스를 세상에서 가장 훌륭한 나라로 만들어줄 찬란한 자질에 먹칠할 이 피상적인 성격과 무분별을 파괴하는 날이 될 것이다. 만일 그들이 오직 계획을 세우고, 그것을 발전시키고, 유지해나갈 줄 안다면 말이다.

군주를 본받아 개인적으로 가난과 그에 따르는 고통을 경험해야 한다는 의무감을 느낍니다. 이런 방식으로 그들은 지극히 가난한 상태의 준엄한 법칙에 얽매인 사람들에게 위안을 주는 성향을 갖추고 있습니다."[n]

나는 그에게 말했다. "하지만 이러한 변화는 아주 오래 걸리고 어렵고 고통스러운 것이었겠지요. 그렇게 하려니 오죽이나 노력을 많이 했을까요!"

슬기로운 사람은 온화하게 웃고 나서 이렇게 대답했다. "나쁜 일보다 착한 일을 하기가 더 어렵지 않습니다. 인간의 열정은 무서운 장애이기는 해도, 지성이 열정의 진정한 관심사항을 잘 알고 있을 때는 열정은 건전하고 정당해집니다. 내가 보기에, 모든 사람이 관용과 형평을 따를 때 한 사람만이 이 세상을 다스릴 수 있습니다. 당신이 살던 시절 사람들이 대체로 평범했다 할지라도, 당신은 이성으로 하여금 미래에 큰 걸음을 내디딜 수 있도록 만들었습니다. 이 결과가 지금 분명히 나타나고 있으며, 슬기로운 정부의 행복한 원리는 개혁의 첫 열매였던 것입니다."

---

n 높고 비옥한 산에 부드러운 햇빛 속에서 축복받으며 서 있는 철학자의 오두막집을 보자. 그것은 부드러운 풀밭, 황금빛 넘실대는 곡식, 삼나무, 각종 향초들로 덮여 있었다. 바삐 날아다니는 새 떼—우리가 상상할 수 있는 가장 아름답고 가장 즐거운 광경—는 날갯짓으로 천지를 진동시키고 서로 부르는 소리의 조화로 허공을 채우고 있었다. 숲에서는 사슴이 이리저리 뛰고 있었다. 호수에는 송어, 민어, 강꼬치고기가 은빛 물살을 가르며 놀고 있었다. 이 산자락 뒤편에는 300여 가구가 흩어져서 자리를 잡고 평화와 풍요로움을 누리면서 행복하게 살고 있었다. 그들은 이러한 조건에서 나타나는 덕목의 품에 안겨 살았다. 그들은 해가 뜨고 질 때마다 신을 찬양했다. 그러나 어느 날, 게으르고 음탕하고 주색에 빠진 오스만이 왕위에 올랐고, 300가구는 곧 망해서 그들이 살던 땅에서 쫓겨나 어쩔 수 없이 떠돌이 생활을 하게 되었다. 아름다운 산은 오스만 대신의 완전한 통제를 받았다. 이 귀족 출신의 강도는 이 불행한 사람들이 남긴 재산을 자기가 기르는 개와 첩과 아첨꾼을 위해 썼다. 어느 날 오스만이 사냥을 나가서 길을 잃고 우연히 철학자와 만났다. 철학자의 오두막은 멀리 떨어져 있었기 때문에 그의 이웃들을 삼켜버린 파괴의 파도를 피할 수 있었던 것이다. 철학자는 군주를 알아봤다. 그러나 군주는 철학자가 자신을 알아본다는 사실을 몰랐다. 철학자는 자기 의무를 고상하게 실천했다. 그들은 현재에 대해서 이야기를 나눴다. 슬기로운 늙은이가 말했다. "아, 슬프게도, 우리는 10년 전만 해도 즐거웠지요. 그러나 오늘 가난한 사람들은 극심한 가난에 시달리고, 그들의 영혼은 피폐해지고 있습니다. 그들은 날마다 용기를 가지고 비참한 상태에 맞서야 합니다. 하지만 그들은 조금씩 무덤으로 밀려가고 있습니다. 모두가 고통받고 있습니다…" 군주가 이렇게 대답했다. "말해주시오, 가난이 무엇입니까?" 철학자는 한숨을 쉬고 입을 다물었다. 그리고 궁전으로 돌아가는 길을 손으로 가리켰다.

뒤바리 백작부인에 관한 일화

'런던, 1775년',
마티외 프랑수아 피당사 드 메로베르의 작품으로 추정됨.

머리말

저자는 이 작품에서 뒤바리 백작부인의 일생을 가장 완전히 다루고 있지만, 잘난 척하는 태도를 보이지 않으려고 '일화'라는 온건한 제목을 달았다. 이리하여 저자는 이보다 더 남의 눈을 끄는 제목이 요구하는 필수적인 구조, 장면 전환, 장중한 문체에서 자유로워질 수 있었다. 그래서 그는 역사의 위엄을 더럽힐 수 있다고 보이는 다수의 세부사항을 생략하거나 주에 넣을 필요가 없었다. 후대 사람들은 이 책이 좀스러울 정도로 시시콜콜한 내용을 다룬다고 생각할지 모르지만, 오늘날의 독자들은 그 내용이 지극히 매섭다고 여길 것이다.

더욱이 이 유명한 매춘부에 관한 정보를 폭넓게 수집하는 가운데 잡다하고 서로 어긋나는 이야기를 싫든 좋든 한데 모아놓았다고 추측하지 말기 바란다. 독자는 뒤바리 백작부인이 태어나서 은퇴할 때까지에 대해 내리는 저자의 평가를 보면서, 그가 정보의 원천을 인용했음을 알아차릴 것이다. 저자는 이러한 점에서 역사가의 견실한 원칙을 따랐다.

이 책의 제목—가끔 비방이나 완전한 날조를 예고하는 제목—을 보고 마음이 이끌렸을 사람들, 그리고 이 책을 마치 사악함과 부패를 부추길 목적에서 쓴 중상비방문이라고 생각하고 손에 든 사람들은 지금이라도 잘못을 인정하고 손에서 내려놓기 바란다. 저자는 왕의 애첩의 치세에서 가장 빛나는 시기에 이 책을 쓰려는 계획을 세웠다. 그 당시 그는 희망이나 두려움 때문에 책을 쓰고자 마음먹지는 않았다. 그가 그 일을 그만두거나 제대로 진실을 밝히지 못할 이유란 하나도 없었다. 뒤바리 백작부인이 대중의 나쁜 뜻에 맞설 만한 권력이나 신용을 잃은 오늘, 저자는 이미 지나칠 정도로 물의와 불경함으로 가득 찬 생활을 아름답게 그릴 만큼 비굴해지지 않으련다.

저자의 목적은 좀더 고상하고 유익한 데 있었다. 그것은 낮은 신분 때문에 궁정과 그곳의 영화에 접근하는 길을 빼앗긴 채 한숨을 내쉴 소박한 시민들을 위로하려는 목적이다. 그리하여 그 시민에게 이러한 영광을 얻는 수단이 무엇인지, 누가 이러한 명예를 내려주는지, 누가 이러한 명예를 받는지 보여주는 데 목적이 있었다. 그는 다른 윤리주의자들보다 더 행복한 상태에서 주제를 선택했다. 그는 역사적 흥미와 함께 소설의 즐거움도 맛볼 수 있는 주제를 발견했기 때문이다. 그의 작품은 준엄한 철학자와 경박한 독자 모두를 즐겁게 해줄 것이다. 전자에게는 성찰의 기회를 주고, 후자에게는 즐거운 오락거리를 제공하기 때문이다. 한마디로 이 책은 모든 종류의 독자에게 기쁨을 줄 것이다.

*   *   *

제1부

뒤바리 백작부인의 어린 시절은 잘 알려지지 않았다. 처음에는 보잘것 없는 작은 샘에서 시작해 흐르지만, 우리가 주목할 정도로 점점 넓어지고 깊어지면서 마침내 여행자에게 깊은 인상을 심어주는 도도한 물결을 이루는 큰 강물과 같다. 그리고 거물급 가문이나 옛 사람들이 기억할 수 없을 정도로 오랜 시간이 흐르는 동안 어떻게 시작되었는지 잘 알 수 없듯이, 그의 가문도 전설과 뒤섞이고 신비에 휩싸였다. 그러나 우리는 그의 대부인 비야르 뒤몽소 선생의 이야기를 알고 있다. 그는 이 귀부인이 권력을 얻어가는 초기에 대해 잘 알고 있다. 그러나 그는—신중하기 때문인지 아니면 위로부터 명령을 받았기 때문인지—뒤바리 부인에 대해 무척이나 말을 아꼈다.

그의 말에 따르면, 그는 1744년 전쟁 당시 전비를 조달하는 임무를 맡았다. 그 임무 때문에 그는 샹파뉴 지방의 작은 마을 보쿨뢰르를 거쳐갔다. 이 마을은 잔 다르크가 탄생한 곳이라고 자부했고*, 아마 그에 못지않게 뒤바리 백작부인이 태어난 곳이라는 자부심도 갖고 있었을 것이다. 그는 재무대신 휘하에 있었기 때문에 그 지방 징세담당관에게 신세를 졌다. 그가 마을에 머무르는 동안, 징세청부업에 고용된 고마르 드 보베르니에의 아내가 아기를 낳았다. 고마르는 '지하실의 쥐'라는 별명이 붙은 하위직에 속해 있었다. 이들은 포도주나 그 밖의 음료를 감독하기 위해 지하실에서 대부분의 시간을 보냈기 때문에 이 같은 별명을 얻었다.

징세담당관의 아내는 아기의 대모가 되겠다고 약속했다. 그리고 뒤몽소 선생에게 자기와 함께 아기를 교회에 소개하는 일을 맡아달라고 부탁했

---

* 잔 다르크는 보쿨뢰르 남쪽에 있는 동레미라퓌셀에서 태어났다.

다. 성격상 여성에게 예의바르고 쾌활한 이 신사는 흔쾌히 이 정중한 초대를 받아들였다. 아기는 마리 잔이라는 세례명을 받았다. 대부는 세례식에서 굉장한 재력을 과시했다. 세례식 장면은 참으로 화려했으며, 관례에 따라 축제를 베풀고 요르단 품종 아몬드와 사탕을 모든 사람에게 나눠주면서 끝났다. 그 뒤 이 너그러운 사람은 그곳을 떠났다. 그는 하느님을 위해 자신이 구해준 작은 영혼이 곧 악마에게 돌아갈지 모른다는 데 대해서는 전혀 걱정하지 않았다.

아기를 더 가까이에서 지켜보고 있던 하느님의 섭리에 따라, 대부의 가슴속에는 새로 얻은 자격에 더욱 걸맞고 그의 신앙심과 인류애로 인해 더욱 소중한 감정이 다시 불붙는 기회가 왔다.

그가 파리로 돌아간 지 몇 년이 지난 어느 날 아침, 어떤 부인이 그를 만나러 왔다는 기별이 왔다. 그는 들어오라고 했다. 부인은 한 아이의 손을 끌고 들어왔다. 그는 두 사람을 알아보지 못하고, 부인에게 이름을 물었다. 부인은 눈물을 흘리면서 무릎을 꿇고, 자신이 바로 고마르 부인이며 그 딸이 바로 그가 세례식에서 소개한 아기였다고 말했다. 그 앞에 서 있는 어린아이가 바로 그의 대녀였던 것이다.

그는 계집아이에게 흥미를 느꼈다. 그 또래 아이에게서 자연스럽게 볼 수 있는 상냥함은 말할 것도 없고 우아한 기품이 흐르고 있었다. 그는 계집아이에게 살짝 입을 맞추고 어루만져주고 나서, 어미에게 파리로 온 이유를 물었다.

고마르 부인은 자기가 남편을 잃고 그때부터 아주 비참한 상태에 있다고 설명했다. 남편의 수입은 겨우 입에 풀칠할 정도라서 저축이라고는 한 푼도 남겨놓지 못했다는 것이다. 이처럼 보쿨뢰르에서는 살아갈 길이 막막해서, 일자리나 찾아보려고 파리로 올라왔다고 말했다.

뒤몽소 선생은 어미의 운명에 관심이 끌렸지만, 특히 어린아이에게 자비심이 일어났다. 그는 고마르 부인에게 12프랑을 주면서, 매달 말에 딸을 데리고 다시 오라고 말했다. 그는 계집아이의 초등 교육, 다시 말해서 읽기와 쓰기 교육을 위해 다달이 똑같은 액수를 주겠다고 제안했다. 게다가 그는 일자리를 알아봐주겠다고 약속했다. 우리는 그 뒤 어미가 어떻게 되었는지 잘 모른다. 또한 뒤몽소 선생의 기억도 이 점에 대해서는 분명하지 않다. 그는 단지 자신이 약속했듯이 계속 도움을 주었고, 추가로 돈을 주기도 했다고 회상한다.

어미는 그 돈에서 상당 부분을 착복한 것 같다. 대부는 계집아이의 교육을 위해 돈을 내놓았지만, 그 돈은 그가 마음먹은 대로 쓰이지 않았음이 분명하다. 왜냐하면 계집아이는 글도 제대로 읽지 못하고 글씨도 몹시 형편없이 쓰기 때문이다. 뒤바리 백작부인이 쓴 청원서가 남아 있는데, 거기에서 우리는 그가 자기 이름을 서투르게 쓰고 있음을 알 수 있다.

뒤몽소 선생이 이 같은 사실을 제대로 모르고 지나친 것은 별로 중요한 일은 아니지만, 아무튼 그는 곧 사실을 알아차리게 되었다. 그는 그 무렵 아주 유명한 매춘부 마드무아젤 프레데릭을 몹시 사랑하면서 정부로 두고 있었다. 과부 고마르가 아직 일자리를 구하지 못한 상태였기 때문에, 정부의 집에 요리사로 앉힐 작정이었다. 그는 돌 하나로 새 두 마리를 잡았다. 이 불쌍한 여인에게 호의를 베푸는 동시에, 질투심에서 우러나는 호기심을 채워줄 수 있는 첩자를 얻었기 때문이다.

그렇다면 계집아이 문제를 처리해야 하는 문제가 생겼다. 계집아이는 빨리 크고 있었으며, 나이보다 아주 조숙했다. 뒤몽소 선생의 친척이자 우체국 감독관인 비야르 선생은 얼마 전부터 종교적인 열정에 사로잡혀 있었는데, 뒤몽소 선생에게 계집아이를 원장신부 그리젤이 다른 이들과 함께 창설하고 그 당시 이끌고 있던 생토르 종교공동체에 보내라고 제안했다. 비야르의 열의는 대체로 칭찬받았고, 그의 제안은 수락되었다. 뒤몽소 선생은 계집아이가 이 종교단체에서 지내는 비용을 지불하는 데 찬성했다. 그곳에서 계집아이는 첫 번째 영성체를 하고 직업훈련을 충분히 받게 될 것이었다.

이 소중한 보물은 생토르의 종교공동체 속에 깊이 묻혀 잠시 우리의 눈에서 벗어난다. 거기서 이 소녀는 수녀원 생활의 모든 활동—우리가 잘 알다시피 반드시 정신적인 성격의 활동에 국한되지 않았다—에 적응해나갔다. 우리는 그의 생애 초기에 대한 몇 가지 사항을 검토해보겠다.

우리가 그의 출생에 관한 사실을 정리해볼 때, 다음과 같은 결과를 얻는다.

① 그는 사생아가 아니다. 그에게는 명백한 아버지가 있다. 법률에 따라 말하자면, "그는 결혼이 증명하는 바에 따라 아버지다"[Pater est quem nuptiae demonstrant].

② 그는 수도사의 딸이라고 보기 어렵다. 이 신화는 슈아죌 공작이 우스개로 한 말에서 나왔다. 공작은 진실을 말하기보다는 농담을 반복하면서, 이제 막 총애를 얻기 시작한 뒤바리 백작부인을 우스꽝스럽고 불명예스럽게 만들고자 했다. 왜냐하면 그는 그 누구 못지않게 진실을 알고 있었기 때문이다. 어느 날 슈아죌 공작은 식사 중에 종교단체로 화제를 돌렸는데, 모든 사람이 일제히 종교단체를 비난하자 공작은 이렇게 말했다. "수도사들을 비난하지 맙시다. 그들은 우리에게 예쁜 어린이들을 만들어주었으니까요."

③ 그의 아버지가 비록 거물급은 아니었지만, 사람들이 말하듯이 사회 밑바닥 출신은 아니었다. 그가 출세할 때부터 사람들이 주장했듯이, 그는 심지어 고마르 가문이나 보베르니에 가문이라는 유서 깊은 가문의 후예일 수 있었다. 그의 혈통을 밝히는 일은 계보학자에게 맡기기로 하고, 다음 일화로 돌아가기로 하자.

*   *   *

1760년경, 딸에게 큰 기대를 걸고 있던 과부 고마르는 그동안 모은 돈을 모두 합쳐보았다. 그의 대부와 마담 드 …에 의해 늘어난 돈이 비록 적었지만 라비유 씨 옷가게에서 마농을 위한 자리를 확보하기에는 충분했다. 이 직업은 그 자체로 보아 아주 존중할 만하지만 아주 널리 비판받았기 때문에, 슬기롭거나 신중한 어머니라면 젊고 매력 있는 자식에게 권할 만한 것이 못 되었다. 사실 딸을 이러한 가게에 발을 들이게 하는 것 자체가 그를 뭇 사람에게 노출시키는 일이었다. 다시 말해서 그를 '거리로' 내세우는 것과 같은 결과를 볼 일이었다. 말하자면 한량, 호색가, 싱싱한 몸의 감정가에게서 온갖 제안을 받도록 만드는 일이었다. 파리의 생활에 대해서 벌써 어느 정도 알고 있던 어미는 마음속으로 그 같은 결과를 예상하고 있었을지 모른다. 그가 자기 계획을 쉽게 실현하려는 희망으로 그 시점에서 딸의 이름까지 바꾸었는지 우리는 알 길이 없다. 어쨌든 딸은 라비유 옷가게에서 랑송으로 행세했다고 전한다. 그래서 우리는 이 시절의 그를 다룰 때 이 이름으로 다루고자 하는 것이다.

　랑송 양은 새로 정착한 구역에 아주 만족했다. 방금 세상으로 걸음을 내디뎠지만 아직 제대로 맛을 보지 못한 젊은 여성에게 옷가게는 끝없는 즐거움을 주는 곳이다. 그곳은 진실로 아양 떠는 사람들의 전당이다. 그는 가장 풍요롭고 가장 사치스러운 옷감, 가장 우아하고 엄청난 값의 의상, 소매 주름장식, 치마 주름장식, 모자술처럼 여성을 즐겁게 하는 모든 종류의 장식, 바느질과 방직기에서 나오는 가장 훌륭한 생산품을 차례로 접했다. 이 젊은 요정이 이러한 유혹을 어떻게 견딜 수 있단 말인가? 그는 무기를 처음 만져보는 아킬레우스 같다. 게다가 젊고 경험이 많지 않은 사람이 이러한 것을 보면 반드시 사치와 경박한 취미는 물론 허영심에 물든다고 한다면, 그나 동료들은 옷가게 견습점원의 일상업무로 말미암아 모두 윤리적으로 타락하게 마련이라는 사실을 보게 될 것이다.

과연 그는 프랑스나 외국 회사의 여러 제품을 다시 손봐주었을 뿐만 아니라 여성 손님들의 열정에 맞게 만들어내는 일을 했다. 그는 이제 거물급 귀부인의 자존심을 부풀려주거나, 요부의 차림새를 강조해주거나, 아니면 사랑에 정신이 팔린 귀부인의 열정, 관능주의자의 다정함, 질투하는 여성의 분노, 고급 매춘부의 음탕함을 부채질하면서 끊임없이 노력해야 했다. 아름다움은 우아함으로 받쳐줘야 한다. 친절함은 열정의 불을 필요로 한다. 못생긴 것은 위장, 조율, 부드러움을 더해주어야 한다. 이러한 여성은 모두 나름대로 승리를 필요로 한다. 아주 믿음이 깊은 사람도 양심의 지도사늘 눈에 잘 보이기를 바란다.

더욱이 이러한 일터에서 일하는 젊은 여성은 흔히 집적거림과 가벼운 행동을 접하면서 머리가 돌아버리는 경향이 있다. 젊은 여성이 수녀원에서 나온 뒤 남편감으로 선택한 남성을 옷과 품행으로 함정에 빠뜨릴 수 있도록 유혹의 기술을 전수받고 있는 사례를 들 수 있다. 아니면 궁정에 들어가려는 목적으로 왕을 유혹하려는 욕망을 품기 시작한 어떤 신부는 매력을 풍기기 위해 할 수 있는 노력을 아끼지 않는 사례도 있다. 게다가—사람들이 가장 많이 이야기하고 있는 사례로—어떤 여배우나 가수나 춤꾼처럼 의심스러운 배경을 가진 가게 점원은 오늘날 호화 마차를 타고 돌아다니고, 사방에서 몸치장을 위한 도움을 받는 경우도 있다.

마침내 멋쟁이가 애인에게 줄 선물을 사러 왔다가 지나치는 길에 이 사랑의 여신을 섬기는 아가씨들에게 슬쩍 호의를 보인다. 그들의 귀에는 축제·무도회·연극·사랑의 이야기가 아니면 들리지 않는다. 그리고 만일 그들이 부모형제를 잃은 사람들을 도와주어야 할 때가 있다면, 그들은 이 사람들을 덜 엄숙하게 만드는 동시에 이들에게 우아한 태도를 되찾아주려고 노력할 것이다. 상복을 주문하러 온 과부는 자신이 영원히 상복을 입지 않을 것처럼 보이고 싶어한다. 그리하여 미녀가 오늘은 비록 조잡한 상복을 입고 있지만, 어느 날 상복을 벗어버리고 활짝 피어날 것이라고 느끼게 만들고 싶어한다.

젊은 가게 점원의 감각을 공격하는 매혹적인 장면에 덧붙여, 난봉의 하수인 노릇을 하는 여자 가정교사들도 있다. 그들은 점원을 쾌락의 제물로 취급한다. 그리고 그의 귀에 가장 기분 좋은 제안을 속삭인다. 그들이 직접 사귀는 궁정 귀족이나 그 밖의 궁정 귀족이 이 아이를 우연히 보고서 탐욕스러운 눈길을 보내기도 한다. 이리하여 가게 점원은 주위의 온갖 부도덕한 사람들에게 지고 마는 일이 생기는 것 같다.

랑송 양이 다른 사람들과 똑같은 운명에 처했다고 해서 놀라운 일은 아니다. 그는 예쁜 얼굴 때문에 동료 점원보다 더 사람들의 관심을 끌었고, 태평한 태도 때문에 사람들에게 접근하고픈 용기를 불어넣어주었다. 돈을 펑펑 쓰고 싶은 욕망, 옷과 장신구에 지극히 집착하는 성격 때문에 그는 자신을 유혹하고 싶은 사람이면 누구나 접근할 수 있게 했다. 게다가 그가 위험에 빠지지 않도록 충고해줄 만한 사람이라고는 주변에 하나도 없었다. 딸을 주의 깊게 보살펴야 할 어미는 딸을 팔아먹을 만큼 타락하지는 않았지만, 아직도 어떤 수단을 써서라도 한밑천 잡아보겠다고 바라고 있었으며, 우리가 듣기로는 그렇게 해서 행운을 붙잡을 수 있을 거라고 상상하고 있었다.

바로 이런 상황에서 '도시와 궁정의 쾌락을 위한 공식 감독관'으로 알려진 유명한 포주가 '밀렵꾼'(직업인 세계에서 포주를 위해 일하는 사람을 부르는 용어)에게서 라비유 옷가게에 새로 온 아이에 관한 이야기를 들었다. 이 언변 좋은 포주의 이름은 구르당이었다. 그는 플로랑스·파리 같은 여성의 전통을 따르고 있었다. 이들은 모두 시테라*의 우등생 명단에서 불후

---

* 사랑의 여신 베누스가 탄생한 곳으로, 여기서는 사창가를 뜻한다.

의 명성을 날렸다. 구르당은 아직 이들만큼 유명해지지 못했지만, 수도에서 그에게 요구하는 기능을 뛰어나게 잘 수행하고 있었다. 그는 손님들을 완전히 만족시킬 정도로 일을 잘 했다. 그는 대신, 고위 성직자, 엄숙한 판사, 고위 재정가, 모든 종류의 바람둥이의 믿음을 샀다. 과연 그의 손에서 애인을 구하려 하지 않을 신사란 거의 없었다. 왜냐하면 그는 육체의 쾌락을 주는 기술을 잘 가르치는 것으로 이름이 드높았기 때문이다. 말하자면 그는 계속해서 파리의 가게 점원 아가씨들 가운데서 꽃을 뽑아갔다. 그는 그들을 씻기고, 교육시키고, 맵시와 교양을 불어넣어주고, 겉모양과 재능에 따라 성공하도록 도와주었다.

마담 구르당은 랑송 양을 찬찬히 훑어보자마자 그 후보자가 자기 사업에 가치 있는 존재라는 사실을 알았다. 그는 본능적으로 랑송의 잠재적인 시장가치를 이해하고, 곧바로 이 바람직한 먹이를 목록에 올리는 데 필요한 덫을 설치했다. 뒤바리 백작부인의 생애에서 이 일화를 마담 구르당의 입으로 자세히 이야기하고 있으므로 우리는 그의 말을 직접 들어보기로 한다. 여기서는 단지 부적절한 표현이나 지나치게 거친 언어만은 걸러내고자 한다. 그리고 몹시 강렬한 묘사는 좀더 감칠맛 나는 표현으로 바꾸도록 하겠다. 지금부터 마담 구르당이 하는 이야기를 들어보자.

나는 라비유의 옷가게에 아주 예쁘게 생긴 아이가 막 도착했다는 소식을 밀렵꾼들에게서 들었다. 몇 가지 천을 산다는 구실로 가게에 직접 들렀다. 이 세상에서 제일 예쁜 사람을 보았다. 열여섯 살이나 되었을까, 그러나 이미 황홀하게 보였다. 우아하고 고상한 체격에 달걀처럼 생긴 얼굴은 붓으로 그린 것처럼 고왔다. 크고 잘 찢어진 눈에는 교태를 담고 있었기 때문에 더욱 사랑스러웠다. 눈부시게 하얀 살결, 예쁜 입, 앙증맞은 발하며 삼단 같은 머리는 내 두 손에 넘칠 것 같았다. 나는 겉모양만 보고도 나머지를 짐작할 수 있었다. 이런 보물을 그냥 놔두고 싶지 않았다. 나는 자연스럽게 다가가서 내 주소를 적은 명함과 돈을 조금 그의 손에 쥐어주었다. 그러고는 다른 사람이 들을 수 없는 작은 소리로, 만일 시간이 있으면 우리 집에 들르도록 하고, 그렇게 하면 그 자신에게도 좋을 거라고 말했다.

나는 여자다. 그래서 어떻게 하면 아가씨들의 호기심을 부추길 수 있는지 안다. 나는 작은 선물과 함께 내가 건넨 말이 효과를 발휘하리라고 생각하고 있었다. 바로 다음 날인 일요일, 랑송 양이 나를 찾아왔다. 그는 미사를 드리러 성당에 다녀온다는 핑계로 빠져나왔다고 말했다. 나는 부산하게 움직였다. 점심을 내놓고, 지금 일터가 마음에 드느냐고 물었다. 그는 조금도 나쁘지 않으며 지금 직업은 다른 것보다 더 자기한테 적합하다고 대답했다. 하지만 자신은 일하기보다 시시덕거리고 장난치기를 더 좋아한다고 말했다. 또한 자기는 그 집에 드나드는 귀부인들처럼 언제나 잘 차려입고 훌륭한 기사들의 부축을 받으면서 무도회나 연극을 보러 가고 싶다고 덧붙였다.

나는 아가씨 말이 옳다고 맞장구를 쳤다. 아가씨처럼 예쁜 사람이 평생 바느질이나 하면서 걸상에 엉덩이를 붙이고 앉아 하루에 고작 20수나 30수를 벌어서야 되겠느냐고 말해줬다. 그런 일은 불행하고 못생긴 아가씨에게나 더 적합하고 그들이 더 잘해낼 수 있을 거라고 덧붙여 말하면서 나는 그를 따스하게 품어주었다. 나는 그를 데리고 집안을 구경시켜주었다. 쾌락과 사랑의 냄새가 배어 있는 규방들을 차례로 보여주면서, 그 방을 장식하고 있는 여러 판화들에 눈을 돌리도록 부추겼다. 그 판화는 사랑의 욕망에 불을 당기기에 적합한 음란한 자세를 하고 있는 벌거벗은 남녀의 그림이었다. 나는 이 바람기 많은 아가씨가 흠뻑 빠져드는 것을 보았다. 그의 몸이 달아오르고 있었다. 하지만 나는 그를 잡아끌었다. 그에 대한 내 판단이 옳았는지, 그렇다면 그가 과연 내게 제대로 봉사해줄지 꼭 시험해보고 싶었기 때문에 그를 데리고 그 방을 나왔다.

그다음에는 큰 의상실로 안내했다. 거기에 있는 옷장을 돌아가면서 열고 안에 있는 멋진 옷감이며 호박단, 레이스, 비단 양말, 부채, 다이아몬드 따위를 펼쳐 보여주었다. "자, 봐요, 아가씨, 나랑 같이 일해보지 않을래요? 그럼 이런 거 모두 가질 수 있어요. 당신이 바라던 생활을 할 수 있게 되지요. 날마다 극장이나 잔치에 갈 수 있어요. 궁정이나 파리에서 가장 거물급이고 가장 다정한 신사들과 밤참을 먹고 밤을 즐겁게 보낼 수 있어요! 아, 그건 얼마나 기쁜 일인지! 내 사랑, 사람들은 그걸 달리 설명할 길이 없어 천국의 즐거움이라고만 한다우! …그런 기쁨이 뭔지 알아요? 그걸 모르면 행복도 없다는 걸 알아야 해요. 그걸 찾지 않는 사람은 하나도 없어요. 왕족, 군장성, 대신, 관복 귀족, 성직자들을 이 집에서 만나게 될 거요. 그들은 모두 오로지 우리 집에 와서 쉬고 아가씨 같은 예쁜 아이들과 놀기 위해서 열심히 일한다우…. 자, 이제 무슨 말인지 알겠어요?"

아가씨는 순진하게 웃으면서 내가 무슨 말을 하려는지 모르겠다고 대답했다. 자기는 이제껏 그런 질문을 하는 사람을 만나보지 못했기 때문에, 어떻게 대답해야 좋을지 모르겠다고 말했다…. "아가씨 말이 옳아요. 그건 내가 알아서 묻지 말아야 했을 문제이지요." … 그러고 나서 나는 화려한 잠옷을 꺼내 보여주면서, 마침 그날 저녁 밤참을 먹으러 올 아가씨가 맞추어놓은 것인데 먼저 한번 입어보라는 구실로 그의 옷을 완전히 벗겼다. 나는 눈부신 몸, 가슴을 보았다—지금까지 여러 사람을 다뤄봤지만, 이렇게 탄력 있고 이렇게 균형잡히고 이렇게 찬탄할 만한 자세를 갖춘 몸은 처음 보았다. 허리부터 엉덩이, 넓적다리를 보니 황홀해서 넋이 나갈 지경이었다…. 조각가도 이렇게 완벽하게 만들지는 못할 것이다…. 그 나머지 부분에 대해서 말하자면, 나는 숫처녀인지 아닌지 잘 식별하는 눈을 가졌기 때문에 아가씨를 보고 숫처녀는 아니라고 생각하면서도 아직도 한 번 이상을 처녀로 팔아먹을 수 있겠다고 생각했다…. 이야말로 내가 진짜 알아내고 싶은 점이었다….

　이처럼 어린애같이 옷을 입히는 장난을 한 뒤, 아가씨는 당장에 우리 집에 남고 싶어했지만 나는 일을 그렇게 처리해서는 안 된다고 알아듣게 말해줬다. 아가씨는 아직 경찰에 등록되지 않은 관계로 라비유 집에 돌아가야 한다, 만일 내가 아가씨를 보내지 않으면 내가 유괴한 것이 되어 나까지 위험하다, 우리가 함께 위험한 모험을 할 이유가 없으니 돌아갔다가 아가씨에게 살림을 차려줄 사람을 찾게 될 때까지 가끔 우리 집에 몰래 와서 연회에 참석하고 용돈이나 벌어 쓰라고 말해줬다. 나는 그의 주머니에 6프랑짜리 은화 한 닢을 넣어주고, 필요할 때 사람을 보낼 테니 그리 알라고 약속했다. 심부름하는 여인은 아가씨에게 그저 약속한 신호만 가지고 의사소통을 하기로 서로 짰다. 그는 기뻐서 내 목을 와락 끌어안더니 물러갔다.

　그 무렵 파리에서는 성직자회의가 열렸다. (우리 처지에서는 고해신부처럼 입이 무거워야 하기 때문에) 이름을 밝힐 수 없는 고위 성직자 한 사람이 오래전부터 내게 애송이 처녀를 소개해주면 자기가 육체적 쾌락을 처음부터 가르쳐주겠노라고 했지만, 나는 그의 요구를 제대로 들어줄 수 없었다. 물론 우리는 스스로 찾아오는 아가씨를 고용할 수는 있다. 그러나 그들을 타락시킬 수는 없게 되어 있다. 그러던 차에 랑송 양은 그 일에 안성맞춤인 것처럼 보였다. 나는 고위 성직자에게 편지를 써서 그에게 맞는 아가씨를 구했으니 준비를 갖추라고 기별하면서, 아마 만족할 것이라고 했다. 그는 내게 자기가 올 날짜를 알려주었고, 나는 우리 처녀에게 시간 약속을 해두었다. 나는 아가씨가 맡을 역할을 귀띔해놓았다. 아니, 차라리 나는 그에게 그분의 비밀을 알려고 하지 말고, 알 수 있는 것도 파고들지 말며, 단지 모든 일에 대해서, 심지어 화제가 무엇인지도 모르는 척해야 한다고 말했다. 나는 그에게서 남성이 파고든 흔적을 없애기 위해 수렴성 화장수를 바르게 했다. 그리고 향수를 뿌려주고 머리를 우아하게 손봐주도록 시켰다.

그는 우아한 모습으로 바뀌었으며 자신의 눈부신 모습에 스스로 홀려 있었다. 나는 이렇게 가꾼 아이를 고위 성직자에게 넘겨주면서 이 꽃을 꺾는 대가로 100루이를 받았다.*

그는 분명히 그 아이에게 홀딱 반했다. 왜냐하면 그는 살림을 차려주기를 원했기 때문이다. 하지만 성직자회의가 끝나고 그는 갑자기 자기 주교구로 돌아가야 했다. 그런데 사실 이것은 내게 잘된 일이었다. 내가 이 아가씨를 내보내기 전까지 아직 적어도 한 번 이상은 처녀로 팔아먹을 수 있기 때문이다. 또 나는 이 아가씨의 호감을 더 많이 사기 위해 속옷이며 드레스를 사주었다. 나는 그가 동료들에게 빙덩하다고 의심받지 않으려면 복권에 당첨되었다고 말하라고 충고해주었다. 그러나 이런 것을 별로 가르쳐줄 필요가 없었다. 그는 나만큼 교묘한 솜씨를 지녔기 때문이다.

한편 나는 그의 약점을 내 선물로 감춰주었다. 그는 내 선물로 늘 단정하고 깨끗하게 몸을 가꿀 수 있었기 때문이다. 그는 나를 몹시 따랐으며, 나를 엄마라고 불렀다. 내가 그에게 처녀처럼 행동하라고 말할 때마다 그는 미친 듯이 웃었다. 그러다가도 맡은 역할을 해야 할 때가 오면 순진한 처녀가 되는 것이었다. 그는 가장 천연스럽게 처녀역을 해냈다. 이렇게 해서 그는 벌써 대여섯 번이나 처녀로 태어났다. 성직자 다음에는 귀족, 법조계 사람, 고위 재정직이 차례로 그 처녀를 다독거렸다. 나는 1,000루이 이상을 벌었다. 나는 이제 그를 부르주아 계층에게 돌리려고 계획하고 있었는데 그만 우리 같은 장사에는 피할 수 없는 사건이 일어나 내 계획을 망쳐놓았고, 나는 랑송 양과 헤어져야 했다.

---

* 1루이는 24프랑(또는 리브르)이므로 100루이는 2,400프랑이다. 이만한 돈은 평민에게는 꿈 같은 돈이다. 1760년대 숙련노동자는 기껏해야 일당 1.5~2프랑을 벌었다. 1년에 많아야 280~300일 정도 일할 수 있었으니, 최대한 600프랑을 번다고 치면 이는 4년치 봉급이다. 여성의 경우 하루에 고작 1프랑(또는 20수)를 벌었으니 8년치 봉급에 해당한다.

옛날부터 우리 집에 오던 단골손님이었지만 프레데리크 양과 눈이 맞은 뒤에는 자취를 감추었던 뒤몽소는 방금 이 애첩을 잃고 나한테 도움을 청하러 와서 뭐 새롭게 원기를 찾을 만한 일이 있으면 소개해달라고 부탁했다. 그는 돈을 후하게 내놓고 갔다. 나는 랑송 양을 생각했다. 나는 아가씨에게 그가 상대할 남자의 이름을 숨기는 습관이 있었다. 그것은 손님의 믿음을 저버리지 않기 위해서다. 나는 우리 집에 오는 아가씨에 대해서도 같은 원칙으로 대했다. 그래야만 아가씨도 보호해주고 나 자신이 주도권을 쥐고 쌍방을 소개할 수 있기 때문이다. 이 정도까지 조심했는데도 비극적인 결과가 나타날 예정이라면 그걸 어찌 막을 수 있겠는가?

약속한 날, 나는 우리 처녀와 호색한을 만나게 해주었다. 그들은 처음에는 서로 알아보지 못했다. 그러더니 뚫어져라 마주 보면서, 서로 이런 데서 만나는 것이 놀랍다는 표정을 지었다. 나는 뒤몽소의 눈길에서 육욕의 불길이 꺼지는 것을 보았다. 그는 화난 듯이 보였다. 랑송은 비명을 지르며 기절했다. "이런 파렴치한 일이 있다니!"라고 뒤몽소가 소리쳤다. "이런 데서 너를 만나리라고 생각이나 할 수 있었겠어? 내가 생토르 수녀원에서 네게 받게 한 교육이 이거냐? 네가 탕녀가 될 거라고 했던 사람들이 옳았구나."

그는 이렇게 말하면서 이 불쌍한 아가씨의 따귀라도 때리려는 듯이 앞으로 다가섰다. 나는 도대체 이 심한 말이 왜 오가는지 모른 채, 살아 있다기보다는 사색이 다 된 두 사람 사이에 끼어들었다. 나는 화난 사람을 진정시키면서 젊은 여성을 도와줄 사람을 불렀다. 그리고 늙은 호색한을 옆방으로 데려갔다. 처음에 나는 그가 이 일을 꾸민 나한테 화를 내는 줄만 알았다. 뒤몽소는 처녀인 척하는 아이를 벌써 한 번 겪어봤기 때문에 그와 나에 대해 몹시 화가 난 줄 알았던 것이다. 그러나 그의 설명을 듣고 나니 말다툼이 내 속임수 때문에 일어난 것이 아님을 알았다. 그는 랑송이 자기

대녀였다고 설명했다. 나머지 이야기는 이미 앞에서 얘기한 대로다.

나는 아이를 옹호해줄 용기가 생겼다. 나는 그 아이가 우리 집에 온 것은 오늘이 처음이라고 맹세했다. 우리 집의 밀렵꾼 가운데 하나가 데려왔으며, 보다시피 그는 아직 때가 묻지 않았기 때문에 이런 곳에 오는 것이 익숙지 못하다고 말하면서, 그는 자기가 어디로 가는지도 모르는 채 이곳에 왔기 때문에 아주 순진하기 짝이 없다고 열심히 설명했다….

"암, 그렇고말고. 악의가 전혀 없지요!"라고 대부가 노여움에 빈정대면서 내 말을 막았다. "그는 수녀원에서 나쁜 짓을 알고 있었어요!" 나는 이렇게 이성을 잃고 화를 내는 사람의 말을 막는 것이 위험하다고 생각했다. 나는 그가 말하는 대로 내버려두면서, 단지 나는 그에게 아무것도 가르쳐주지 않았으며, 그는 당신을 만나기 조금 전 처음으로 우리 집에 왔을 뿐이라고 대답했다. 그는 조금 침착해졌다. 그는 랑송 양과 그 어미에 대해 길게 늘어놓았다. 우리는 결국 그 어미에게 모든 잘못을 돌렸다. 그가 완전히 냉정해졌을 때, 나는 그가 그 아이에게 관심을 갖고 있었기 때문에 그 아이가 앞으로 내 집에 발을 들여놓지 못하게 하겠다고 약속한 뒤 두 사람을 화해시켜주겠다는 구실로 랑송을 불렀다. 그러나 내가 랑송을 불러온 진짜 목적은 그에게 사태가 어떻게 돌아가고 있는지 알려주는 데 있었다. 나는 랑송을 데리고 뒤몽소에게 돌아갔다. 하지만 우리는 이 죄 많은 늙은이에게서 또다시 비난을 듣기 시작했다. 왜냐하면 랑송은 자기 딴에는 소박하게 사과한다고 믿으면서 이렇게 말했기 때문이다. "하지만 대부님이 자주 오시는 곳에 제가 오기로서니 뭐가 그리 나쁜가요?" 이 야유에 찬 질문을 듣자마자 뒤몽소는 화가 머리끝까지 올랐다.

그는 자기 대녀, 그의 어미, 나에게 가장 심한 저주를 퍼부으면서 아가씨를 지팡이로 때리려고 덤벼들었고, 아가씨는 대부의 노여움에서 벗어나기 위해서 도망쳤다. 그는 만약 거기 서지 않으면 앞으로 아가씨나 그 어미가 불행해진다 해도 돌아보지 않겠으며, 또 앞으로 그들 모녀가 하는 말을 한마디도 들어주지 않겠다고 외치면서 그의 뒤를 쫓아다녔다. 그는 모녀를 자기 집 문 앞에 얼씬거리지도 못하게 하겠노라고 외쳤다. 그동안 나는 화난 사람을 붙들고 늘어졌다. 그는 나를 향해 "이 밥맛 없는 뚜쟁이야, 만일 이 패륜아가 이 집에 다시 오는 줄 알게 되면 나는 너희 둘 다 수용소에 집어넣을 거야"라고 말하더니 내 말은 들으려 하지도 않고 나갔다.

그의 대녀는 이 장면을 보고 너무 무서웠기 때문에 당분간 우리 집에 다시 오려 하지 않았다. 하지만 그는 내게 감사하고 있었고, 심지어는 나를 존경하기도 했다. 그는 남의 애첩이 된 뒤에도 가끔 내 보호를 받기도 했다. 그는 한두 차례 은밀한 약속 때문에 다시 왔다. 비록 이렇다 할 성과는 없었지만 말이다. 나는 그가 뒤바리와 함께 있을 때도 만났다. 뒤바리는 나와 협력하여 사업을 하면서 인재를 함께 활용하고 있었기 때문에, 가끔 내게 애인을 빌려주어 자리를 빛내게 만들어주었다. 나는 그를 백 번이나 남의 애첩으로 만들 수 있었다. 그는 종종 이 사악한 사내 때문에 넌더리가 날 때 내게 그만큼 도움을 청했다. 그러나 그 일이 끝나고 나면, 감히 그 사내를 떠나려 들지 못했다. 뒤바리는 랑송을 완전히 손아귀에 움켜쥐고 있는 것처럼 보였다. 그 밖에도 그는 랑송을 좀더 큰 운명에 맡기려고 작정하고 있었으며, 그 점에서만큼은 그의 생각이 분명히 옳았다.

지금까지 우리는 수녀원장* 구르당의 이야기를 들었다. 그는 덧붙여 말하기를, 훌륭한 뒤몽소는 구르당이 관련된 일에 관해서 자신이 한 말을 지켰으며, 다시는 구르당의 집을 후원하지 않았다고 했다. 구르당은 자신이 우리에게 생생하게 묘사했던 것처럼 뒤몽소가 거품을 물고 미쳐 날뛰듯이

---

* 이런 종류의 문학에서 논다니집을 수녀원에, 포주를 원장에 비유하는 사례를 많이 찾을 수 있다.

했던 사건이 평판 나쁜 집에서 대부를 만난 모욕적인 순간 때문에 발생했다고 말한다. 뒤몽소는 구르당에게서 행실에 대한 질책을 받았다고 여겼다는 것이다. 어쩌면, 랑송이 아주 예쁘지만, 뒤몽소가 다른 아가씨를 데리고 놀았던 것처럼 쉽게 랑송을 가질 수 없다는 것을 마음속으로 언짢게 생각했거나 질투를 느꼈기 때문에 이 사건이 일어났을 가능성도 있다. 한마디로 말해서 뒤몽소의 마음속에는 대녀를 본 순간 여러 가지 감정이 서로 다투고 있었다. 왜냐하면 그는 대부로서 갖춰야 할 도덕적 우월성을 버리면서까지 육욕을 만족시킬 처지가 아니었으며, 만일 자기의 권위 있는 역할을 향유하기를 원했다면 지속한 욕망을 억눌러야 했을 것이기 때문이다.

이 이상한 장면을 연출한 동기가 무엇이건, 우리는 구르당 부인의 이야기에서 뒤바리 백작부인을 옹호할 수 있는 새로운 결론을 끌어낼 수 있다. 여태껏 그가 젊은 시절을 논다니집에서 보냈다는 내용의 비난이 있었는데, 이처럼 중상비방까지는 아니더라도 어쨌든 과장된 비난에 대해서 우리는 그의 편을 들어주어야 한다. 우리는 그가 오직 호기심 때문에 거기에 갔지, 바람둥이 취향을 타고났기 때문에 간 것이 아님을 알 수 있기 때문이다. 또한 그는 그와 같은 처지의 대다수 아가씨들처럼 돈을 벌기 위한 더러운 욕망이 아니라 마음이 이끌려서 거기에 갔던 것이다. 여성이라면 매력과 옷차림에 신경을 쓰기 때문에, 마음이 이끌려 그곳에 갔다는 것은 용서받을 만한 일이다.

한마디로 그가 그 뒤 사랑의 기술을 많이 배웠다고 할지라도, 그는 전문직업인인 포주들과 대화를 통해서 그것을 배운 것이 아니라 스스로 배웠던 것이다. 그의 스승은 아주 어린 시절부터 그를 괴롭히던 정열적인 기질이었다. 그것은 여성의 진정한 감식가들이 최고로 치는 자질이었다. 우리의 주인공의 배경에 대해 이처럼 잘못된 관념은 노아유 공작(그때는 아엥 공작)이 한 말에서 나왔다. 그는 진실보다는 재담을 늘어놓기에 열중했다. 왕이 뒤바리 백작부인과 처음 관계를 맺기 시작한 뒤 난생 처음으로 이루 말할 수 없는 쾌락을 맛보았다고 얘기하자, 그는 왕에게 이렇게 말했다. "전하, 그건 전하께옵서 논다니집에 한 번도 가보지 못하셨기 때문이지요."

*　　*　　*

해군성*의 서기와 미용사를 차례로 거친 주인공은 잠시 어미와 함께 살아야 한다. 그들은 형편없는 수입을 보충하기 위해 길거리로 나서서 매춘부 노릇을 한다. 그러다가 어떤 수도사를 만나는데, 그는 어미의 옛 애인이자 딸의 의붓아비였다. 그는 이제 마드무아젤 보베르니에로 알려진 딸을 부유한 과부의 집에 맡긴다. 거기서 보베르니에 양은 과부의 아들들, 그리고 과부와 잠을 잔 뒤, 그들 집안의 하인들 품에서 진짜 쾌락을 찾는다. 그는 이 같은 나쁜 행실 때문에 해고당한다. 그는 이제 이름을 마드무아젤 랑주로 바꾸고 노름집에서 콜 걸 노릇을 한다. 거기에서 그는 장 뒤바리라는 이름의 모험가의 주문에 걸려 연인이 된다. 자칭 백작이라는 이 모험가는 부자와 권력자들에게 여자를 대주면서 살아간다.

1768년 봄, 뒤바리 백작은 왕이 가장 믿는 시종 가운데 하나인 르 벨 씨를 만났다. 르 벨 씨는 전하의 은밀한 쾌락에 가장 깊이 관여하는 사람이었다. 이 사람은 파르코세르**에 아가씨들을 조달하는 책임을 맡고 있었다. 베르사유에 속한 그곳에 마담 퐁파두르는 파리에서 계속 감시해야 할

---

* 　해군성Naval Ministry은 해군과 해외식민지를 관장하는 곳이었다.
** 　원래 사슴공원Parc-aux-Cerfs이었으나, 루이 15세 시대의 쾌락을 만족시키기 위한 젊은 여성을 모아놓는 곳으로 바꾸었다.

아가씨들을 수용할 수 있는 장소를 설치했다. 마담 퐁파두르는 이들 가운데 한 사람을 자기 연인인 왕의 침대로 공급했다. 부인은 왕의 육체적인 욕구를 충족시키기 위해 외부에서 도움을 받을 필요가 있음을 이해했다. 게다가 이러한 일을 수행하면서 자신을 위해서도 군주의 애정을 붙잡아두고 궁극적으로 왕의 공식 연인이라는 명예를 지켜나갔다.

이렇게 해서 각자가 자기 차례를 열심히 기다리던 동물원 같은 곳을 거쳐간 사람이 도대체 몇 명이나 되는지 알기 어렵다. 사실 많은 사람에게 차례가 오지 않았거나, 차례가 왔다 해도 잠시 얼굴만 보이거나, 아주 몇 번 만나는 것으로 그쳤다. 왜냐하면 군주가 흥미를 잃거나 후궁을 관상하는 애첩이 점점 더 걱정을 하게 되었기 때문이다. 마담 퐁파두르는 성격이나 정신적인 측면에서, 아니면 왕이 특히 관심을 기울임으로써 자신의 자리를 위협하는 것처럼 보이는 사람들을 제거해야 한다는 사실을 확실히 보여주기 위해 세심한 주의를 기울였다.

그러나 우리가 예상할 수 있듯이, 이 후궁에 들어갈 수 있는 사람은 두드러진 혜택을 받았다. 이 아가씨들은 대개 결혼지참금으로 20만 리브르를 받고 지방의 후미진 곳으로 가야 했다. 물론 특별한 혜택을 입어 파리에 가까스로 남은 사람도 몇몇 있었다. 그 중에는 은행가와 결혼한 마담 지앙본, 조달청 고위 관리의 아내인 마담 다비드, 왕이 마담 퐁파두르와 잠을 자지 않은 뒤 처음 침대로 데려간 여성 마담 르 노르망(그는 당시 마드무아젤 모르피로 알려졌고, 오늘날 매우 평판이 높다. 왜냐하면 얼마 전 딸을 원장신부 테레*의 조카와 결혼시켰기 때문이다), 브르타뉴 출신으로서 나중에 수녀원으로 들어가고 싶어했고 매우 뛰어난 경력을 쌓았다고 알려진 마드무

아젤 슬랭 같은 사람이 있었다. 여기서 그들의 이름을 모두 나열할 필요는 없다.

앞에서 말한 내용을 통해 우리는 이러한 시설을 유지하려면 얼마나 비용이 많이 들었겠는지 쉽게 상상할 수 있다. 그 이유는 이 젊은 요정들이 평균 일주일에 한 명꼴로 후궁을 떠났으며(이렇게 해서 1년에 1,000만 리브르 이상을 지출했다), 그뿐만 아니라 특히 아가씨들을 찾는 임무를 띤 고위직과 하위직이 많이 동원되었고, 그들을 깨끗하게 씻기고 단장시키고 옷을 입히는 비용—다시 말해서 그들을 원래 매력만이 아니라 우아한 외모를 갖추게 만들어 남성을 유혹할 수 있는 상태까지 도달하게 하는 비용이 많이 들었기 때문이다. 이 비용 외에도 이러한 일에 으레 따르게 마련인 낭비와 횡령의 비용을 고려한다면, '영수증'이라는 막연하고 오해를 불러일으키는 항목 아래 마치 고장난 수도꼭지에서 물이 쏟아지듯 국고에서 자금이 마구 쏟아져나왔음을 알 수 있다.

왕은 잇달아 주위 사람들을 여의었기 때문에 [1765년부터 1768년까지 왕세자·공주·왕비를 잃었다] 그는 파르코세르를 닫기로 결심했다. 그는 자기의 불행에 자포자기했다. 위대한 군주라면 누구라도 모든 욕망을 충족시킬 수 있는 나이가 되어가고 안락한 생활에 안주할 수 있게 된 결과 그의 성적 쾌락은 무뎌졌다. 그러나 이러한 욕구가 비록 줄었다고는 해도, 여전히 존재하고 있었다. 더욱이 그의 정신들은 오랫동안 병석에 있던 왕비의 모습을 슬프게 지켜보는 그에게 기분전환을 시켜줄 필요가 있다고 생각했다. 그의 주치의들은 기본적인 쾌락을 너무 갑자기 끊는 것은 위험하다고 말하면서 그를 안심시켜주었다. 군주는 그들의 충고를 가슴에 새겼음이 분명하다. 왜냐하면 그의 통치에 대해 걱정하는 사람이 있고 그가 왕비를 잃었다는 사실을 대주교에게 알리면서 쓴 편지에서 왕비를 지칭한 것처럼 '친구'를 잃었으면서도, 그는 르 벨 씨에게 이 방면에서 여성을 조달하는 임무를 맡겼기 때문이다.

아주 열심히 일하는 이 하인은 종종 주인을 더 잘 섬기려는 마음으로 현장 조사를 했다. 그는 이처럼 피곤하고 숨돌릴 틈도 없이 사냥여행을 다니던 중 뒤바리 백작에게 자신의 문제를 털어놓게 되었다. 뒤바리 백작은 이 방면에서 예민한 후각을 자랑하고 있었고, 더욱이 그 시종에게는 아주 쓸모 있는 인물로 알려져 있었기 때문에 별 문제 없이 그의 관심을 끌었다. 르 벨은 자신이 사냥여행을 다녔지만 전하에게 알맞은 여성을 한 사람도 만나지 못해서 몹시 유감이라고 말했다…. "당신의 문제가 겨우 그것입니까?"라고 뻔뻔스러운 백작이 물었다. "나한테 당신이 찾는 사람이 있습니다. 당신은 내 취미가 형편없지 않다는 사실을 알고 계실 겁니다. 내가 해결해드리지요. 우리 집에 저녁을 드시러 오세요. 만일 내가 선생께서 본 여성 가운데 가장 아름답고 가장 신선하고 가장 매혹적인 여성을 소개해드리지 못한다면, 나를 사기꾼이라고 불러도 좋습니다. 왕의 입맛에 딱 맞는 여성을 보여드리겠습니다." 왕의 공급책은 이처럼 용기를 북돋는 기대에 부풀어서 백작을 껴안고, 약속한 시각에 오겠다고 말했다.

뒤바리 씨는 곧장 집으로 돌아가 랑주 양에게 화려한 옷을 입혔다. (보베르니에 양은 뒤바리 백작과 함께 지낸 뒤로, 매춘부들이 사교계에 들어가 이리저리 굴러다니기 시작할 때 **가명**nom de guerre을 쓰는 관습에 따라 이 이름을 가졌다.) 그는 랑주 양이 무슨 역할을 해야 할지 가르쳐주었다. 그리하여 그 자신은 헛된 꿈에 지나지 않는다고 생각했지만, 사실상 실현된 희망을 랑주의 가슴에 일깨워주었다. 그는 랑주를 위해 빛나는 운명이 기다리고 있는 미래를 그려주었다. 랑주는 베르사유에서 그저 **이름 없는 존재**incognito로 왕의 쾌락을 충족시켜주는 역할만 하지는 않을 것이었다. 그는 랑주를 왕의 공식 애인으로 만들어 마담 퐁파두르의 자리를 차지하게 만들 것이었다. 이러한 목적을 달성하기 위해서 랑주는 식사하러 들른 르 벨 앞에서 마치 뒤바리의 제수처럼 행동해야 했다. 그리고 사실상 랑주는 그의 뚱보 동생 기욤 뒤바리와 결혼했다.* 만일 랑주가 온갖 우아함과 교태를 마음대로 동원하고 나머지를 뒤바리 백작에게 맡긴다면 모든 일이 아주 순조롭게 진행될 것이었다.

랑주 양은 이미 여기저기서 일종의 농담처럼 '뒤바리 백작부인'으로 불리고 있었다. 당시의 관행에 따르면, 애첩은 연인의 칭호를 사용할 수 있었다. 그래서 그는 르 벨 앞에서 자기 역할을 아무런 문제 없이 잘 수행할 수 있었다. 르 벨은 랑주의 얼굴, 재미있는 성격, 음탕한 눈길, 그리고 그 것들과 어울리는 말투에 아주 기뻤다. 르 벨은 자기 안에 있는 늙은이가 그 순간 젊어지는 것을 느꼈고, 자신의 경험에 비춰 이처럼 재능 있는 여성이 자기 주인에게 얼마나 좋은 영향을 끼칠 것인지 미리 알아차릴 수 있었다. 그들은 아주 유쾌하게 저녁을 먹었으며, 왕의 시종은 자기가 새로 발굴한 여성을 위해 얼마나 철저하게 보증할 수 있을지 보기 위하여 기꺼이 자기 운명을 조금 더 걸어볼 생각을 할 수 있었다.

뒤바리 씨는 시종의 열정을 이용하여 그 호색가에게 이 점을 분명히 했다. 자기 제수를 마치 아무 생각 없이 소개하고 버릴 수 있는 여느 천한 아이처럼 왕에게 소개해서는 안 된다는 것이었다. 왜냐하면 자기 제수는 예절 바른 여성으로서, 비록 군주—모든 사람이 탐내는 연인인 동시에 존엄한 군주—의 침대에 들어갈 수 있는 명예를 얻었지만, 거기에 그치지 않고 그분의 마음까지 정복하기를 원했기 때문이다. 게다가 벌써 군주의 신성한 몸에 대해 사랑을 느꼈고, 그 사랑은 두 사람이 더욱 친밀해질수록 더 깊어질 수 있는 것이었기 때문에 그 같은 야망을 품을 만한 자격을 충분히

---

* 미혼 여성을 왕이 점찍어 궁중에 들이려면 먼저 결혼을 시켜야 했다. 왕이라 할지라도 처녀를 타락시키는 것은 관습법에 어긋났기 때문이다.

갖추었다는 것이다.

그 얼간이는 이 주장을 진실로 생각하거나 필요한 모든 조치에 동의할 정도로 몹시 심한 상사병에 걸려 있었다. 그리하여 이 순간부터 이른바 백작부인의 몸은 신성한 몸이라고 결정을 보았다. 르 벨 씨는 자신이 한 사람을 발굴했으며, 문제의 숙녀가 왕을 만족시켜드리려는 욕망을 품고 있고, 그의 남편은 왕의 의지에 완전히 따를 것이며, 이 충성스러운 부부는 왕에게 편의를 제공하면서 행복을 느낄 것이라는 사실을 왕에게 전했다. 하지만 이 미녀는 오랫동안 변치 않고 전하를 사랑할 것이기 때문에, 그 대신 왕으로부터 다른 경쟁자들과는 전혀 다른 대접을 받고자 기대하고 있다고 전했다.

사악한 입을 가진 정신들은 그 대사가 이러한 대화를 나눈 뒤 왕의 이름으로 장래 첩을 가질 수 있는 허락을 받았다고 주장했다. 또 어떤 사람들은 뒤바리가 그보다는 더 영리했으며, 만일 자기 임무를 제대로 수행할 때 이러한 보상을 받을 가능성을 점치고 있었던 것처럼 말한다. 그러나 실상은 르 벨 자신이 백작부인에게 몹시 빠져 있었기 때문에 그는 자기 판단에 따라 왕에게 대단한 열과 정열을 쏟아부었고, 그 결과 그는 왕의 열의를 강력하게 부추길 수 있었을지 모른다. 그는 왕을 더욱 불붙게 만들기 위해, 왕에게 백작부인을 사전 지식이 없는 상태에서 보고, 그리하여 어떠한 조건을 약속하기 전에 과연 그가 쓸 만한가 판단하는 것이 좋겠다고 제안했다. 시종은 이러한 목적을 위해 별장을 마련해놓고 있었다. 그는 백작부인에게 그곳에서 밤참을 먹자고 초대했다. 백작부인은 누군가 은밀히 자기를 지켜볼 것이라는 귀띔을 받았다고 하는 사람도 있다. 그날 저녁 무대장치에 적합한 사람들이 모였으며, 음식은 몹시 관능적이었기 때문에 군주는 자신을 억누를 수 없었다.

바로 그날 밤 군주는 마드무아젤 랑주를 부르러 보냈고, 랑주에게는 아름다운 외모가 풍기는 것보다 더한 매력이 있음을 발견했다. 사실 왕보다 먼저 그를 품은 사람들은 한결같이 그가 가장 지친 상대를 회생시키는 능력을 가졌다는 데 동의한다. 모든 여성에게 입맛이 떨어진 나이 많은 왕처럼, 여태껏 자신에 대한 존경심과 흠모의 정이 바닥난 상태로 사랑의 행위에서도 자기가 활용할 수 있는 쾌락의 힘을 제대로 이용하지 못하는 연인을 위해서—갑자기 관능적인 쾌락의 신세계로 들어가게 될 지쳐빠진 연인을 위해서, 예전에는 그가 알지 못하던 기쁨을 끊임없이 제공하는 샘! 이 얼마나 훌륭한 발견인가! 이 얼마나 훌륭한 보물을 발견했단 말인가!

물론 지금까지 이 사람만큼 지식을 풍부하게 갖추고 왕의 침대로 온 여성이 있었다. 그러나 그들에게는 이 사람만큼 자유롭고 자연스러운 정신이 없었다. 그들은 자신만의 특별한 방법을 감히 믿으려 들지 않거나, 그 방법을 쓰려고 모험하지도 않았다. 그러나 짜릿한 매력, 솔직함, 신선함을 지니고 있는 마드무아젤 랑주는 전문가에게서 가장 세련된 방중술을 배웠다. 전문가는 자기 가르침이 놀라운 결과를 낳기를 기대했다. 또한 그 가르침은 왕을 거쳐간 애첩들의 차갑고 삼가는 포옹과 다른 효과를 낼 것으로 기대했다. 이제 그는 오직 한편으로 물러서서, 자기의 기민한 학생이 마음껏 기량을 펼치도록 놔두어야 했다. 학생은 초기에 성공을 거두자 자기 기술을 완전히 발휘하려는 용기를 얻었다. 밤의 여성들의 대담하고 정력이 넘치는 기술을 이미 여러 번 맛본 남성들도 여전히 그 기술로부터 쾌락을 얻을진대, 하물며 이 강력한 기술을 한 번도 맛보지 못한 관능주의자에게 이 기술이 주지 못할 효과란 무엇일까! 왕의 사생활과 여흥에 정통한 정신들이 전하는 말에 따르면, 당시 왕은 이 같은 상황에 있었다.

이 사랑의 여신 베누스의 딸은 재능을 훌륭하게 발휘했기 때문에 왕은 그가 없이는 견딜 수 없었고, 그에게 콩피에뉴로 함께 가자고 고집했다. 왕비의 공식적인 애도기간에 거기 따라간 그는 철저히 이름을 감추고 지내야 했다. 왜냐하면 전하는 아직 자신의 성적 쾌락을 대중에게 자랑하고 싶지 않았기 때문이다. 더욱이 왕은 겉보기에 관해서는 몹시 꼼꼼히 신경을 썼고, 자신이 백성에게 주는 인상에도 주의를 기울였다. 그는 훌륭한 공중도덕을 유지하려고 노력했던 것이다. 그러나 이 정도만 가지고서는 그의 욕망이 끓어오르는 것을 막기는커녕 오히려 증가시키는 데 도움을 줄 뿐이었다.

그 결과, 우리가 듣기로 르 벨은 자기 주인이 마드무아젤 랑주를 확실히 좋아한다는 사실을 알고, 자기가 예상했던 것보다 일이 더 커지고 있음을 보고는 뒤바리 백작의 흉계에 가담한 것을 후회하기 시작했다. 그가 더욱 후회한 것은 다름 아니라 그의 흉계가 어떤 술책에서 나왔는지 의심하고 있었기 때문이다. 그래서 그는 왕의 애첩이 확고한 위치를 자리 잡기 전에 왕 앞에 무릎을 꿇고 이 미인을 발견하게 된 상황을 정확히 아뢰면서 자신이 속았음을 자백하고, 사실은 미녀가 훌륭한 가문 태생이 아니며 심지어 결혼도 하지 않은 상태임을 설명해야 한다고 느꼈다…. 궁정에서 가장 널리 떠도는 말에 따르면, 왕은 이렇게 외쳤다고 한다. "그래서 어쨌다고? 즉시 결혼시키시오. 그래야만 과인이 무분별한 행동을 하지 않을 수 있지요." … 그들은 그 바보가 더 자세히 얘기하려 했지만 왕의 낯빛이 시들해지는 것을 보고 입을 다물었다고 덧붙인다. 이 같은 인물을 발굴한 일을 후회하고, 자기 군주의 안전을 두려워하면서 가슴 졸이던 이 열성 충복은 이제 노인이 된 사람의 이 격렬한 열정에 시달리다가 마음의 병을 앓아 죽었다고 한다. 그러나 다른 사람의 말에 따르면, 그는 더이상의 무분별한 폭로를 피하기 위해 독약을 먹고 죽었다고 한다.

경위야 어떻든 왕의 말은 뒤바리 백작의 정신에 놀라운 영향을 끼쳤다. 이 백작은 형제들과 구별하기 위해 '위대한 뒤바리'라고 불렸다. 이들 가운데 '뚱보 뒤바리'는 일종의 주정뱅이, 진짜 돼지로서, 가장 낮은 형태의 주색잡기로 밤낮을 뒹구는 인간이었다. 그가 마드무아젤 랑주의 손을 잡아줄 후보로 결정되었다. 그들은 그에게 사전 교육을 잘 시켰다. 만일 그들이 제시하는 조건을 순순히 따라준다면 좋아하는 생활을 전보다 더 자유롭게 할 수 있으며 원하는 만큼 돈을 받을 수 있다는 설명을 듣고 그는 별문제 없이 받아들였다. 그보다 훨씬 덜한 죄인이라도 이러한 약속을 들으면 타락했을 것이다. 그는 결혼식에 찬성했고, 식은 1768년 9월의 첫날 생로랑 교구에서 거행되었다.

오퇴이에서 개업한 공증인 르 포는 결혼계약서를 승인했다. 그는 자신이 주재한 민사행위의 당사자인 미인 앞에 굉장한 운명이 놓여 있다는 사실에 대해 그 당시 아무런 말도 하지 않았다. 하지만 그의 매력과 우아함에 넋이 나간 그는, 이러한 상황에서 자신과 같은 직업인이 관습적으로 누릴 수 있는 특권을 누려야겠다고 생각했다. 그는 젊은 여성을 안으러 정중하게 앞으로 걸어나갔다. 그러나 미녀는 예상치 못한 행동을 보고 저항의 몸짓을 했다. 이 몸짓은 보통 처녀다운 조심성에서 나왔지만, 이제껏 맡아온 역할에서 한층 더 고무된 과시행위이기도 했다. 곧 시숙이 될 사람의 충고에 따라 그는 공공 관리가 입술로 자기 뺨을 문지르도록 내버려두었다. 그동안 뒤바리는 그 공증인에게 이렇게 말해주었다. "선생, 이 호의를 잘 기억해두시오. 왜냐하면 이것이 마담으로부터 당신이 받을 수 있는 마지막 호의니까요."

이 여인의 연인인 왕은 결혼식이 거행되었다는 소식을 듣고 기뻤다. 그는 새 백작부인에게 더 푹 빠진 것처럼 보였다. 그리고 그의 열정은 날이 갈수록 식기는커녕 더욱 강해졌다. 그리하여 뒤바리 일가는 가슴속에 한없는 야망을 키우기 시작했다. 왕의 애첩은 이러한 목적에 맞게 훌륭한 지도를 받았다. 그들의 계획은 대단한 주의와 신중함을 요구했다.

이 숙녀는 이러한 일에는 취미가 없었다. 적어도 그의 위치가 요구하는 음모의 감각이라고는 거의 없었다. 그의 신분이 상승하는 순간에 이를 때까지 겪은 모든 모험의 과정을 우리가 보았듯이, 대부분의 매춘부는 남자를 덫에 빠뜨리기 위해 유용하게 써먹을 계획을 세우지만 그에게는 이러한 계획이라고는 하나도 없었다. 일반인은 야망이나 이기심을 가장 강력한 동기로 삼겠지만, 그는 거기에 따라 움직이지 않았다. 그 대신 새 백작부인은 자기 임무를 더 우수하게 수행했다. 그는 자신이 받은 충고에 따라 훌륭한 결과를 얻어서 이익을 볼 수 있는 방향으로 임무를 수행했던 것이다.

한마디로 그는 자기 시숙의 충고를 몹시도 고분고분 따랐다. 두 사람의 공동계획에서 뒤바리 백작이 성공을 서두먼, 결국 그의 제수에 대한 믿음이 강화될 수 있었다. 그렇다면 그들 앞에 있던 유일한 어려움이란 왕의 애첩을 조종하는 비밀 끈을 궁정 사람들의 눈에 띄지 않게 만들어야 하는데 있었다. 백작부인 대신 백작이 너무 설친다면 정신들의 미움을 살 뿐만 아니라 군주의 의심도 불러일으킬지 몰랐다. 그러나 이 상담자가 갑자기 물러날 경우, 왕의 애첩이 위험스러운 판단으로 잘못에 빠지기 쉬웠다.

뒤바리 백작은 여기서 행동 계획을 세웠다. 그것은 정치적인 영역에서 그러한 종류의 계획 가운데 걸작이라고 생각할 수 있는 것이다. 그는 궁정에서 완전히 물러나는 방향으로 조절하고, 제수를 찬란한 운명에 맡기는 것 같았다. 그러나 한편 그는 제수 곁에 자기 누이동생 마드무아젤 뒤바리를 두었다. 이 사람은 그가 판단하기에 그 일을 손쉽게 할 수 있는 적임자였다. 이 사람은 사실상 너무나 못생겼기 때문에, 백작부인에게 조금도 질투를 느끼거나 당면 과제에서 눈을 돌리게 만들지 모르는 연애사건에 말려들 염려도 없었다. 그는 매우 지적인 면도 갖추었다. 이미 《메르퀴르》지에 편지를 발간하여 문학적인 재능을 보여준 진정한 거장이었다. 그는 남의 비위를 잘 맞추고, 그리고—가장 중요한 점으로—곧 왕의 애첩을 통제할 수 있었다.

이리하여 오빠에게서 여동생에게, 여동생에게서 백작부인에게, 그리고 거꾸로 백작부인에게서 여동생에게, 여동생에게서 오빠에게 전달되는 순환체계가 생겼다. 경우에 따라서는 백작이 훈련한 젊은 밀사들이 구두나 서면의 명령을 지니고 베르사유로 향한 길을 급히 오갔다. 이 심부름꾼들의 수는 필요하면 늘어날 수 있었고, 애첩은 어떤 순간에도 백작의 통제를 받아야 했다. 가끔 백작부인은 파리에 잠시 다녀오고, 비록 파리에 다른 거처가 없었지만 시숙의 집에 묵으면서 전반적인 지시를 받아, 나중에 특별한 경우에 써먹었다.

이처럼 수없이 주의했다고 하지만, 아무튼 이처럼 보잘것없는 집안에서 태어나 빈약한 교육을 받고, 오직 나쁜 부류만 알고 지내며, 음모에 대한 성향을 원래 타고나지 않았던 아가씨가 왕을 처음 알현할 때부터 궁정에 들어간 날까지 1년 이상의 기간을 궁정에서 살아남을 수 있었다는 것은 대단한 일 아니겠는가? 이 기간에 그가 잘못을 저질렀다는 증거란 없으며, 자신을 우스꽝스러워 보이게 만들지도 모를 철부지짓이나 말을 피할 수 있었다.

그가 궁정에서 가장 겁낼 만한 슈아죌 일당의 반대를 받았던 만큼, 이처럼 용의주도하게 행동할 필요가 있었다. 사람들은 뒤바리 백작부인 이름만 들어도 운명이 전혀 딴판으로 바뀔 수 있다는 생각에 입이 딱 벌어졌다. 막강한 권력을 가진 대신이 한 번만 밟아도 깨질 유리조각처럼, 평범하고 약해 보이는 사람에 의해 얼마나 많은 혁명이 일어났던가!

리슐리외는 슈아죌 공작이 자기 주인에게 행사한 권력보다 더 큰 권력을 루이 13세에게 행사하지 못했을지 모른다. 평화조약[1763년]을 체결한 이래 그는 왕의 믿음을 그 어느 때보다 더 얻을 수 있었다. 그는 예술적인 음모감각으로 왕을 설득해 자신이 위대한 정치가라고 인식시켰으며, 프랑스의 천적들을 분열시킨 협상능력을 발휘하여 자신이 왕에게 반드시 필요한 인물이라는 확신을 심어주었다. 군주는 슈아죌만이 왕이 바라는 가장 중요한 목표라 할 평화를 유지해줄 인물로 믿었다. 게다가 이 대신은 자기 통치자의 게으른 성격에 딱 들어맞는 빠르고 편안한 방법으로 일했다. 그가 국가의 가장 중요한 문제를 보고하러 갈 때, 그는 오직 무도회와 여흥에 대해서만 이야기했다.

이러한 자질-그의 개인적 매력이든, 그의 유용성이든, 아니 차라리 그가 확실히 꼭 필요하다는 사실을 증명하는 자질이든-로 말미암아 공작의 지위는 흔들리지 않았다. 그는 특히 나이가 들면서 더 약해지고 남에게 의존하기만 하는 군주를 봉사하는 데서 확실한 위치를 차지했디. 더욱이 슈아죌은 자신의 권리에서 대단히 존경을 받았다. 그는 귀족 출신이었으며, 각별히 로렌을 포함한 몇 개 왕족의 후예였다. 로렌 제후 가문의 후예라는 사실로 말미암아 그는 빈 황실로부터 긴밀한 보호를 받았다. 그는 **가문협정**[pacte de famille: 1761년 슈아죌이 특히 프랑스와 에스파냐의 부르봉 세력을 방어적으로 연합시킴]*을 성사시킨 뒤 부르봉 가문의 다양한 가계로부터 소중한 존재로 대접받았다. 그리고 에스파냐와 포르투갈의 왕들은 특히 그가 예수회와 공개적인 싸움을 벌였기 때문에 그를 호의로 대했다. 끝으로 프랑스에서 그는 지지자를 대대적으로 모을 수 있었다. 행정부에는 그가 지명한 사람들이 속속 들어찼다. 왕족 가운데 절반이 그를 두려워했고, 나머지 절반은 동료나 친구 관계를 맺고 있었다.

처음에는 이러한 반대자를 두려워하던 뒤바리 패거리는 그를 이길 방법을 찾았다. 슈아죌은 여성을 무척이나 밝히는 관능주의자였다. 백작부인의 시숙이 백작부인에게 슈아죌 앞에서 모든 매력을 보여주라고 가르쳤다

---

* 7년전쟁(1757~1763)에서 프랑스는 영국의 해군에 맞서기 위해 에스파냐, 나폴리, 파르마의 부르봉 가문들과 협정을 맺었다. 이 협정에 따라 1762년 프랑스는 루이지애나를 에스파냐에 양도해야 했다. 에스파냐가 플로리다를 영국에 빼앗긴 데 대한 보상이었다.

는 말이 있을 정도다. 그리고 훗날 백작부인이 슈아죌을 한없이 미워했다고 한다면, 그것은 슈아죌이 뒤바리 일가를 무조건 경멸했기 때문이다. 이 천한 사람들을 두려워할 이유가 없다고 생각한 이 자존심 강한 적은 백작부인을 아주 경멸했다.

그러나 두 패거리 사이에 벌어진 전면전의 주요 원인은 슈아죌의 여동생인 그라몽 공작부인과 백작부인이 경쟁관계에 있었다는 데서 찾을 수 있다. 오빠보다 더 오만하고 더 건방지고 더 비뚤어진 이 여성은—사정이 허락하는 한—오빠를 손아귀에 넣고 마음대로 주물렀다. 그들이 얼마나 친했던지 궁정에서는 상당히 악의에 찬 이야기가 나돌 지경이었다. 심지어 둘이 잤다는 말까지 나왔다. 진실이야 어떻든 그는 완고하고, 뻔뻔스럽고, 방탕하고, 도덕은 자기 같은 사람이 아니라 평민이나 지켜야 할 것이라는 확신에 찬 여성, 문자 그대로 진정한 의미의 궁정 여성이었다.

그는 젊지도 않았으며, 그의 얼굴은 아름다움과는 거리가 멀었다. 그런데도 그는 자신이야말로 왕에게 매력을 풍기고 있다고 생각했다. 그는 자신의 신분과 오빠의 은덕으로 왕의 **사사로운 거실**petits appartements은 물론 침실까지 들어갈 수 있었다. 왕은 마담 퐁파두르가 죽은 뒤 자신의 욕망을 그만큼 만족시켜줄 사람을 찾지 못했다. 그라몽 공작부인은 이 공백을 메우기 위해 왕의 선량하고 느긋한 성품, 여성에 대한 약점, 순간의 쾌락에 정신이 팔리는 경향을 잘 파악하고, 그 지식을 이용해 왕의 주의를 끌었다.

그래서 공작부인은 왕이 원하지 않았지만 그의 침대로 들어갔다. 이것이 베르사유에서 일어난 사건에 대해 가장 널리 떠도는 이야기다. 하지만 그들의 관계는 왕의 성적 강박관념만이 아니라 단순히 편의 때문에 생긴 것이었다. 그래서 그들이 만날 때마다, 만일 우리가 아주 폭넓은 경험을 한 군주에 관해서 이런 말을 쓸 수 있다면, 공작부인은 군주를 강간했다. 그래서 공작부인보다 더 욕정을 불러일으키는 대상이 나타나 왕의 시들해진 열기를 되살려놓고 왕의 심장을 더 빨리 뛰게 만들었을 때 왕은 공작부인을 거부했던 것이다.

가장 평범한 배경을 가진 여성이라도 이러한 멸시를 용서하기 힘들 것이다. 그렇다면 고상한 가문의 여성으로서 야망에 속을 태우다가 갑자기 자기가 기대했던 역할을 맡지 못하고 좌절해야만 할 때 얼마나 분노했을지 보지 않고도 훤히 알 수 있다. 복수심에 휩싸인 그는 그것이 어떤 불행한 결과를 가져올지 생각하지 않은 채, 오빠에게 자기가 벌이는 싸움에 개입하도록 영향력을 행사했다. 슈아죌은 반대편에서 나오는 모든 제안을 들으려 하지 않았다. 이 불합리한 분노는 사실상 그들을 몰락시킨 첫 번째 원인이었다. 뒤바리 패거리는 그들과 어떤 식으로도 타협할 수 없음을 알고─그들을 이기든지 그들과 똑같은 운명을 겪든지 둘 중 하나뿐이라는 사실을 알고─, 그들을 이기는 방향으로 행동하기로 결심하고 곧 대법관 모푸를 강력한 원군으로 삼았다. 그러나 우리는 이 사건에 대해서 미리 판단을 내리지 말아야 한다.

그라몽 공작부인은 복수를 계획한 뒤 최고의 전략을 찾았다. 그리하여 새로운 애첩의 비열함을 폭로하고, 게다가 과장하여 아주 비천해 보이게 만들어 군주로 하여금 이처럼 천박한 취미에 빠지는 것이 부끄러운 일이라고 느끼도록 만들려고 노력했다. 공작부인은 백작부인을 공격하는 편을 택하지 않았다. 그것은 완전히 실패할지도 몰랐으며, 그렇지 않다 해도 버림받은 애첩이 하는 비난쯤으로 별로 주목받지 못할 가능성이 있었기 때문이다.

그의 오빠는 충분히 영리한 사람이었기 때문에 군주에게 직접 귀띔해주려 들지 않았다. 그들은 그 소식이 왕에게 천천히, 그러나 아마도 조만간, 대중이 외치는 소리에 실려 도착한다면 훨씬 더 좋은 결과를 얻을 수 있으리라는 데 동의했다. 그 대신이 동원할 수 있는 모든 수단을 동원하여 그들은 왕의 새로운 연애사건에 대한 소문을 가능한 모든 통로를 통해 퍼뜨렸다. 그들은 사회적인 모임마다 심부름꾼을 파견해 그 소식을 자세히 토론하게 만들었다. 그들은 경찰에게서 마드무아젤 랑주의 생활에 관한 자료를 손에 넣어 거기에 여러 가지 일화를 덧붙여 꾸미고, 확실히 더 우스꽝스럽고 더 입맛 떨어지는 이야기로 만들어냈다. 그리고 마침내 그것을 파리의 거리와 지방에서 노래로 만들어 거듭해서 부르도록 만드는 데 성공했다.

우리는 파리에 돌아다니던 [손으로 쓴] 신문쪽지에서 그것이 처음 나타난 경위를 알고 있다. 당시 [파리 치안총감인] 사르틴도 분명히 이 신문을 보았다. 그는 이 사건에 대해 농담을 했다.

1768년 9월 3일… 콩피에뉴에 뒤바리 백작부인이라는 사람이 나타났다. 그의 얼굴을 본 사람들은 말이 많았다. 그는 궁정에서 크게 성공했고, 왕이 특히 그를 반겼다고 한다. 그의 아름다움과 그가 갑자기 얻은 명성을 보고 사람들은 상당히 많이 조사했다. 수많은 사람이 그가 어디서 왔는지 추적하려 했고, 이미 그에 관해서 발간된 인쇄물을 믿는다면, 그는 실로 천한 태생인 것처럼 보인다. 그는 비난받아 마땅한 방법으로 지금의 자리에 올랐고, 그의 생애는 온갖 추문으로 얼룩져 있다. 영국의 배리모어 가문에서 왔으며, 동생과 그를 결혼시켰다고 하는 뒤바리라는 사람이 이 새 애첩을 뒤에서 조종하고 있다. 이 모험가는 성적 문제에 관한 취미와 경험을 통해 왕이 자신에게 애첩을 조달하는 임무를 맡길 것이며, 결국 르 벨이 하던 일을 계승하리라는 희망에 젖어 있다.

우리는 신문장이가 강력한 보호자에 의해 사실을 은밀히 알 수 있지 않았다면 이러한 신문이 파리에 유통되기 어려웠으리라고 상상할 수 있다. 그는 1768년 10월 15일 신문에서 이렇게 추가한다.

···얼마 전부터 〈라 부르보네즈〉*라는 노래가 나돌아다닌다. 그것은 몹시 빠르게 전파되고 있다. 노랫말은 비록 아주 재미없고 곡조도 최악이지만, 프랑스의 구석까지 전파되어 조그만 마을에서도 즐겨 부르는 노래가 되었다. 어느 곳에서도 그 노래를 들을 수 있을 정도다. 내막을 잘 아는 사람들은 그 노래가 가장 비천한 환경에서 보잘것없이 태어난 뒤 궁정에서 어떤 역할을 맡을 정도로 두각을 나타낸 여성을 풍자한 가벼운 노래라고 말한다. 확실한 것은 그 노래가 어중이떠중이에게까지 이야기를 퍼뜨리는 방식으로 미루어, 문제의 여성의 명성을 깎으려는 의도에서 나왔음을 반드시 알아차릴 수 있다는 점이다. 일화 수집꾼들gens à anecdotes은 재빨리 그 노래를 수집했으며, 그것을 의미 있게 만들고 후세에 값진 자료로 만드는 데 필요한 논평을 잔뜩 달아놓았다.

끝으로, 그는 1768년 11월 16일에 나온 다른 신문의 제3판에서 다음과 같이 썼다.

〈라 부르보네즈〉는 프랑스 곳곳에 퍼져나간 노래다. 이 희극적인 노래의 평범하고 사소한 노랫말 뒤에서 노련한 정신들은, 사회의 가장 밑바닥에 있는 매춘의 진흙탕에서 기어다니다가 궁정과 마을에서 축하받고 야단법석의 환영을 받는 인물을 은근히 표현하고 있음을 알아볼 수 있다. 대중은 노래 속에서 재무총감 라베르디와 이 여성을 한데 묶어 조롱하고 있다. 재무총감이 얼마나 몰락했는지 보여주기 위해 그를 이 타락한 여성과 결부시킨 것이야말로 가장 훌륭한 방법이었다.

그러고 나서 신문발행인은 〈라 부르보네즈〉의 곡조에 따라 이 대신을

---

* '부르보네 지방의 여인'이라고 옮길 수 있겠다.

비방하는 내용을 담은 노랫말을 인용했다. 다음은 원래 노랫말이다. 이 노래가 나온 뒤 수많은 노래가 뒤따라나왔다. 사르틴의 승인은 1768년 6월 16일에 나왔으며, 이날은 정확히 마드무아젤 랑주가 남의 눈을 피해 왕을 알현하는 날이었다.

새 노래　　　　　　　　곡조: 〈라 부르보네즈〉

La Bourbonnaise　　　　부르보네 지방에서 온 젊은 여성이

Arrivant à Paris,　　　　파리에 도착했다네,

A gagné des louis;　　　몇 루이를 벌었다네;

La Bourbonnaise　　　　부르보네 지방에서 온 젊은 여성은

A gagné des louis;　　　몇 루이를 벌었다네;

Chez un Marquis.　　　어떤 후작의 집에서.

Pour apanage,　　　　비록 영지를 물려받지는 못했어도,

Elle avait la beauté,　　그에겐 아름다움이,

Elle avait la beauté,　　그에겐 아름다움이,

Pour apanage;　　　　비록 영지를 물려받지는 못했어도;

Mais ce petit trésor　　이 작은 보물은

Lui vaut de l'or.　　　그에게 금만큼 소중했다네.

Etant servante　　　　하녀 노릇을 했다네

Chez un riche Seigneur,　부유한 나으리 집에서,

Elle fit son bonheur　　그를 행복하게 만들었다네

Quoique servante;　　　비록 하녀 노릇이지만;

Elle fit son bonheur	그를 행복하게 만들었다네
Par son humeur.	훌륭한 기질을 발휘하여.

Toujours facile	언제나 다소곳이
Aux discours d'un Amant,	연인의 말에 귀 기울였네,
Ce Seigneur la voyant	이 나으리 그를 보면서
Toujours facile,	언제나 다소곳한 그를 보면서,
Prodiguait les présents	아낌없이 선물을 퍼부었다네
De temps en temps.	이따금씩.

De bonnes rentes	많은 연금으로
Il lui fit un contrat,	나으리는 그와 계약을 맺었네,
Il lui fit un contrat,	나으리는 그와 계약을 맺었네,
De bonnes rentes;	많은 연금으로;
Elle est dans la maison	그는 지금 그의 집에 들어앉았다네
Sur le bon ton.	우아하게 살면서.

De paysanne,	농사꾼이던 그는,
Elle est dame à présent	숙녀가 되었다네 지금은,
Elle est dame, à présent	숙녀가 되었다네 지금은,
Mais grosse dame;	그러나 뚱뚱한 숙녀;
Porte les falbalas	온갖 주름 장식으로,
Du haut en bas.	머리끝에서 발끝까지 치장한 채.

En équipage,	호화 마차를 타고,

Elle roule grand train;	그는 우아하게 여행하네;
Elle roule grand train	그는 우아하게 여행하네
En équipage;	호화 마차를 타고;
Et préfère Paris	파리를 더 좋아하지,
à son pays.	자신의 고향보다.

Elle est allée	그는 갔다네
Se faire voir en cour;	궁정으로 갔다네;
Se faire voir en cour;	궁정으로 갔다네
Elle est allée;	그는 갔다네;
On dit qu'elle a, ma foi,	사람들은 말하네, 저런, 그가,
Plu même au Roi!	왕까지 꼬셨다 하네!

Fille gentille	다정한 아가씨,
Ne désespérez pas:	절망하지 마세요;
Quand on a des appas,	매력이 있을 때,
Qu'on est gentille,	다정할 때,
On trouve tôt ou tard	그대도 조만간 찾을 거예요
Pareil hazard.	그와 같은 운명을.

만일 이 사랑 이야기를 누군가 특별한 목적을 위해 지은 것이 아니라면, 어떻게 우리의 여주인공 이야기와 이렇게 비슷한 이야기가 나올 수 있겠는가? 그러나 우리는 그 여성의 특징을 가장 잘 나타내고 있는 제8연("그는 갔다네")이 인쇄물로 나온 노래집에는 나타나지 않으며, 아마도 그 사실이 있은 뒤에 지어낸 것이었으리라는 점을 인정해야 할 것이다. 사실이

야 어떻든 다른 노래들도 그렇게 모호하지 않게 만들었고, 모든 거리 사람들의 넋을 빼앗지는 못했지만 아주 널리 퍼졌다. 여기 가장 우직한 동시에 가장 짜릿한 노래가 있다.

다른 노래   곡조: 〈라 부르보네즈〉

Quelle merveill!	경이롭구나!
Une fille de rien;	보잘것없는 아가씨;
Une fille de rien,	보잘것없는 아가씨,
Quelle merveill!	경이롭구나!
Donne au Roi de l'amour,	왕에게 사랑을 주고,
Est à la cour!	궁정에 있다니!

Elle est gentille,	그는 다정하다네,
Elle a les yeux fripons;	그는 장난꾸러기 눈을 가졌다네;
Elle a les yeux fripons,	그는 장난꾸러기 눈을 가졌다네,
Elle est gentille;	그는 다정하다네,
Elle excite avec art	그는 기술적으로 흥분시키네
Un vieux paillard.	늙은 난봉꾼을.

En maison bonne	훌륭한 집에서
Elle a pris des leçons;	가르침을 받았다네;
Elle a pris des leçons	가르침을 받았다네
En maison bonne,	훌륭한 집에서,
Chez Gourdan, chez Brisson;	구르당의 집에서, 브리송의 집에서;

Elle en sait long.	그는 그것을 모두 다 알고 있다네.

Que de postures!	아, 다양한 체위!
Elle a lu l'Arétin;	그는 아레티노 책을 읽었네;
Elle a lu l'Arétin;	그는 아레티노 책을 읽었네;
Que de postures!	아, 다양한 체위!
Elle sait en tout sens,	모든 방향에서 알고 있다네,
Prendre les sens.	감각을 흥분시키는 방법을.

Le Roi s'écrie:	왕이 외친다:
L'Ange, le beau talent!	천사여, 놀라운 재능이여!
L'Ange, le beau talent!	천사여, 놀라운 재능이여!
Le Roi s'écrie;	왕이 외친다;
Encore aurais−je cru,	다시 한 번 상상할 수 있다면,
Faire un cocu.	남의 아내를 빼앗는 꿈.

Viens sur mon trône,	내 왕좌로 오라,
Je veux te couronner,	왕관을 씌워주고 싶다,
Je veux te couronner,	왕관을 씌워주고 싶다,
Viens sur mon trône:	내 왕좌로 오라:
Pour sceptre prends mon V…[Vit]	내 홀 대신 내 ㅈ…[자지]을 잡으라
Il vit, il vit!	그것이 살아 있다, 그것이 살아 있다!

시중에는 온갖 종류의 농담이 나돌고 있었다. 사람들은 뒤바리 백작부인이 역사상 가장 우수한 창녀였다고 말했다. 왜냐하면 그는 퐁뇌프에서

한 걸음에 트론까지 다가갔기 때문이다. 퐁뇌프는 파리의 창녀들이 오가는 곳이었고, 트론은 거기에서 얼마 떨어진 포부르 생탕투안 입구에 있는 문이다.* 루이 15세는 왕국에서 가장 역량 있는 인물이라는 농담도 있다. 왜냐하면 그는 통[뒤바리Barry의 이름은 통bail을 뜻하는 낱말과 음이 같다]을 채울 수 있기 때문이다. 보잘것없는 사람들이 아주 공공연히 주고받던, 이처럼 속된 비웃음을 통해 우리는 새 애첩에 대한 여론이 얼마나 자유롭고 무사히 표현되고 있었는지 알 수 있다.

*   *   *

뒤바리 백작부인이 궁정에 들어가 1769년 4월 왕의 공식 애첩이라는 칭호를 받은 뒤, 뒤바리 패거리는 슈아죌 패를 몰아내고 정부를 손아귀에 넣을 준비를 한다.

슈아죌 공작과 뒤바리 백작부인은 공격과 수비를 하면서 목숨을 걸고 싸우기 시작했다. 이 여성은 자기도 모르는 사이에 중요한 국사에 개입하기 시작했다. 그는 에기용 공작 사건에서 최초로 자기에게 영향력이 있다는 사실을 느낄 수 있게 만들었다. 음모를 몹시 좋아하던 이 귀족은 아주 심각한 위기에 휩쓸려 들어가 있었다. [브르타뉴 지방의 군지휘관이던 그는 징세 문제를 놓고 논란이 일자 렌 고등법원의 검찰총장 라 샬로테를 감옥에 집어넣었다. 고등법원은 에기용을 대상으로 소송을 걸어 앙갚음을 했고, 에기용은 파리 고등법원에서 재판받게 해달라고 요청했다. 1770년 6월, 왕은 재판에 영향력

---

* 트론Trône은 '왕좌'라는 뜻도 있는 낱말이다. 역사적 사실에 비춰볼 때, 당대 사람들 가운데에는 뒤바리가 '단숨에 파리 퐁뇌프에서 베르사유의 왕좌까지' 갈 수 있었다고 알아듣는 사람도 많았을 것이다.

을 행사할 수 없을 지경에 이르자 재판을 취소해버렸다. 그리고 1년 뒤 에기용을 외무대신으로 발탁했다.] 왕 자신은 이 사건에 개입하여, 파리 고등법원에서 왕족과 대귀족들이 다루도록 해야 한다고 믿고 있었다. 공작은 자신의 전제적인 행정 때문에 생긴 분쟁을 호도하고 결국 영원히 덮어버릴 수 있기를 기대하면서 이 법정에 기꺼이 출두하겠다고 동의했다.

그러나 그는 판사들이 자신을 은근히 적대시하던 슈아죌 공작의 부추김을 받아 반감을 품고 있는 것을 보고, 또 그들이 자신의 과거 행동을 완벽하게 조사했기 때문에 이제 자신에게 더 큰 혐의를 뒤집어씌우려 한다는 사실을 인식하고는 일이 글러버렸다고 두려워했다. 이제 그는 뒤바리 백작부인만이 자신을 보호해줄 수 있다고 생각했다. 백작부인은 당시 대법관[모푸]과 매우 가까웠다. 모푸는 백작부인의 손에 자신을 완전히 맡겼다. 그렇게 해서 그는 궁정에서 자기 위치를 확고히 하고, 법조계 전반을 개혁하려는 자기 계획을 완수하며, 슈아죌 공작—원래는 그의 은인이었으나 이제는 고등법원을 후원하기 때문에 그의 적이라 할 수 있는 사람—을 파멸시킬 기회를 찾으려 했다.

4월, 그는 왕을 설득해 에기용을 가장 엄숙하고 가장 존엄한 집단의 심리를 받게 함으로써 그와 대귀족들이 받고 있는 범죄의 혐의를 풀어주려고 노력했으며, 6월에는 왕에게 사건이 종결되었고 그 대귀족[에기용]은 혐의가 없으며 앞으로 이 사건을 다시 거론하지 말라고 선언하도록 했다. 여기서는 이러한 사정을 자세히 다루지 않겠다. 다만 뒤바리 백작부인이 당시에 대단한 영향력을 갖고 있음에 주목하는 것으로 만족하자. 백작부인은 왕족, 대귀족, 판사, 프랑스와 전 유럽이 보는 앞에서 왕을 설득해 에기용의 지위를 대단히 부끄럽게 뒤집어 엎어버렸던 것이다. 이 사건은 〈변절자Déserteur〉의 곡조에 맞춰 부르는 풍자 노래로 유명해졌다. 에기용 공작은 이렇게 말한다.

Oublions jusqu'à la trace	마지막 흔적까지 잊어버리자
De mon procès suspendu:	연기된 내 소송의 흔적을:
Avec des Lettres de grâce,	사면장 덕택에,
On ne peut être pendu.	교수형을 면한다.
Je triomphe de l'envie,	나는 질투를 이긴다,
Je jouis de la faveur;	나는 특별한 배려를 받는다;
Grace aux soins d'une amie!	여자 친구의 도움으로!
J'en suis quitte pour l'honneur.	나는 면제받았다, 명예를 바치면서.

원수^{maréchal} 브리사크 공작은 이 노래를 듣고 뒤바리 백작부인이 에기용 공작의 머리를 구했지만 그의 목을 비틀었다고 익살스럽게 평했다.

에기용 공작은 사건을 이러한 관점에서 보지 않았다. 그는 결과에만 아주 만족했다. 더욱이 그는 어떤 대가를 치르고서라도 잊고 싶었던 재판을 결정적으로 잊을 수 있다고 느꼈다. 왜냐하면 그는 슈아죌 일당이 왕의 총애를 잃어버리는 과정에 접어들었음을 볼 수 있었고, 그것을 유리하게 이용하기를 바랐기 때문이다. 바로 이같이 결정적인 고비에 그는 또다시 굉장한 은혜의 표시를 받았다. 왕이 마를리 궁에 머물고 있을 때 그는 뤼시엔*에 있는 뒤바리 백작부인의 저택에서 저녁을 들기로 하면서 연회에 에기용 공작이 포함된다는 사실을 인준하고, 심지어 자기와 겸상을 하도록 허락했던 것이다.

그 뒤로 에기용과 대법관은 매우 긴밀한 관계를 발전시켰다. 이들은 뒤바리 백작부인의 집에서 계속 만났다. 두 사람은 각자 나름대로의 이유가

---

* 뤼시엔Lucienne은 루브시엔Louveciennes을 잘못 표기한 것 같다. 다음에 뤼시엔이 나올 경우에는 루브시엔으로 읽어주기 바란다.

있었기 때문에 의기투합해 슈아죌 일당을 뒤집어엎을 계획을 세웠다. 그들은 이 일당을 더 빨리 파멸시키기 위해, 슈아죌과 고등법원들이 긴밀한 관계를 유지하고 있다고 왕에게 힘주어 아뢰었다. 그들은 최근 에기용의 재판에서 고등법원이 반항한 것이 슈아죌 때문이라고 했다. 대법관이 왕에게 아뢴 대로라면 이 재판은 쉽게 끝날 수 있었겠지만, 고등법원의 반항 때문에 더 소란스러워지기만 했다는 것이다. 그들은 이런 식으로 그 소송사건을 공격한 반대편을 뒤집어엎어 파멸시키기를 바랐다.

한편 질투가 난 나머지 궁전을 떠난 그라몽 공작부인은 병을 고친다는 핑계로 고등법원이 있는 지방들을 두루 여행하면서, 에기용의 극악한 범죄의 추가 증거를 제시해 고등법원들을 휘저었다. 그들은 자기 오빠의 보호를 약속하면서 자신들을 저항하라고 부추겼던 공작부인과 거듭해서 만났다는 사실을 왕에게 알렸다. 그때부터 왕은 눈에 띄게 슈아죌을 냉대했는데, 이야말로 이 고발사건이 왕에게 끼친 영향이라고 할 수 있다. 왕은 슈아죌과 일을 계속하고 그를 밤참에 참석시키면서도 이제 더이상 그에게 말을 걸어주지 않았다. 슈아죌이 총애를 잃어버린 사실을 정신들은 하나둘 알게 되었고, 이제 대부분이 그를 피했다.

솔직하고, 태평하고, 놀기 좋아하고, 경솔한 뒤바리 백작부인은 어떻게 자신의 욕망과 변덕을 하나하나 추켜세워주려고 노력하는 사람들의 놀림감이 되지 않을 수 있었겠는가? 대법관은 콩피에뉴에 머무르는 동안 그를 위해 저녁을 대접했다. 왕의 애첩은 이때 몹시 즐거워했다. 법조계를 총지휘하는 위치에 있었지만, 이제는 더이상 거기에 영향받지 않게 된 대법관은 이 행사 때문에 웃음거리가 되었다.

그때 애첩에게는 흑인 꼬마 자모르가 있었다. 그는 이 아이를 몹시 사랑하여 아무 데나 데리고 다니면서, 마치 개를 데리고 놀듯 그와 장난쳤다. 아이는 아이대로 몹시 개구쟁이였다. 모푸는 두 사람 가운데 한 사람을 즐겁게 해주면 다른 한 사람의 마음에도 들 것이라고 생각했다. 그는 뒤바리 백작부인을 즐겁게 해주기 위한 욕심에서 모든 수단을 다 사용하려고 했다.

달콤한 음식을 먹을 차례가 오자 그는 굉장한 파이를 가져오게 했다. 그것은 멋진 속임수였다. 칼로 파이를 찌르자마자, 그 속에 있던 왕풍뎅이 떼가 온 방 안을 날아다니기 시작했다. 어떤 놈들은 주로 대법관의 큰 가발 위로 날아가 앉았다. 자모르는 이 광경에 몹시 즐거워했다. 그는 확실히 이러한 곤충을 한번도 본 적이 없었다. 그는 몇 마리를 잡고 싶어서, 그물을 씌운 머리에 갇힌 놈들을 잡으러 왔다. 마침내 이 꼬마는 곤충을 가지고 느긋하게 놀고 싶은 마음에 사법부의 우두머리에 대해서 별로 존경심을 갖출 겨를도 없이 이 대신의 가발을 휙 벗겨버렸다. 이 모양을 보고 뒤바리 백작부인은 배를 잡고 웃었으며, 대법관은 손님들의 웃음거리가 되고서도 이 세상에서 가장 너그러운 태도를 보여주었다. 1770년 왕의 일행과 함께 콩피에뉴로 여행한 어떤 정신은 이 일을 다음과 같이 묘사했다. 어떤 사람을 가장 잘 묘사하려면, 동료들이 당시에 내린 평가를 살펴봐야 할 것이다.

8월 20일, 콩피에뉴에서 보낸 편지의 발췌문
파리에 계신 당신은 대법관이 법조계 전체의 반란에 몹시 관심을 기울이고 있고, 다양한 고등법원이 그를 힘들게 하고 있다고 추측하고 계실 겁니다. 하지만 그는 확실히 아무런 내색도 하지 않고 있습니다. 그는 어떤 단순하고 순진한 어린이와 즐겁게 지내고 있는 것처럼 보입니다. 궁정에서 떠도는 이야기로는 왕이 최근 뒤바리 부인의 처소에 불쑥 납시어서, 이 부인이—아주 장난이 지나칠 수 있으므로—젊은 정신 몇 명과 까막잡기를 하고 있는 모습을 보았습니다. 그 속에 대법관이 눈을 가린 술래 노릇을 하고 있었습니다. 전하는 그 광경을 보고 몹시 재미있어하셨습니다.

우리는 슈아죌 일가와 그 일당이 이처럼 꼴사나운 장면을 보고 얼마나 기분 전환을 했는지 상상만 할 수 있다. 그러나 모푸는 자기 목적을 추구하고 있었다. 그의 일당은 날마다 늘어나고 있었다. 영리하고 적극적인 정신을 가진 그는 자기 정적인 대신이 냉담하게 버린 사람들을 모두 끌어모았다. 그와 동시에 그는 리슐리외 공작과 아주 긴밀한 관계를 맺었다. 리슐리외 공은 그전까지만 해도 양쪽 진영에 한 다리씩 걸치고 있었다.

기옌의 군관구 사령관직을 수행하러 가던 리슐리외는 슈아죌 공작을 만나러 갔다가, 이야기를 마치고 떠날 즈음 이렇게 말했다. 그라몽 공작부인이 여행에서 돌아오는 길에 마침 기옌 쪽으로 오고 있으므로, 만일 보르도에서 자기를 방문해주면 매우 영광스럽겠다는 것이었다. 그는 부인의 오빠에게 자기가 부인에게 그 격에 맞는 온갖 기쁨과 여흥을 제공할 수 있도록 모든 준비를 갖추어놓을 것이라고 다짐했다. 이 말을 들은 대신은 불쾌한 낯빛을 감추지 않았다. 그는 사령관에게 자신은 이 같은 초대를 조롱으로 받아들이며, 자기 누이와 자신에 대해서 뻔뻔스러운 이야기가 나돌고 있음을 알고 있고, 자신은 리슐리외가 그런 이야기를 지어낸 사람 중 하나라고 본다고 말했다. 이 말을 들은 사령관은 혐의 사실을 해명하려고 노력했지만, 슈아죌 공작은 자신을 진정시키려는 사령관의 말을 들으려 하지 않았다. 그는 화를 내면서 앞으로 리슐리외나 그의 측근 누구도 자기 집 문 앞에 얼씬거리지도 말라고 대답한 뒤 등을 돌렸다.

얼마 뒤 슈아죌은 거만한 성격에 몹시 고통스러울 정도로 치욕스러운 일을 겪었다. 그는 뒤바리라는 사람을 코르시카 군단의 중령으로 임명해야만 했다. 이 사람은 삼형제의 막내로, 보스 연대에서 이 부대로 옮겨왔다. 이로써 슈아죌의 등에 다시 한 번 단도가 꽂혔다. 그는 자기 적이 하루가 다르게 늘어나고 있음을 보지 않을 수 없었다.

그해 왕이 콩피에뉴에서 돌아오는 길에는 뒤바리 백작부인이 공공연하게 왕과 샹티이로 동행했고, 왕은 그들을 수행하는 남녀 귀족을 선별할 권리를 주었다. 물론 슈아죌의 이름은 가장 먼저 제외되었다. 왕은 이처럼 결정적인 시기에 걱정과 조심할 일이 생기면 그 누구보다 뒤바리 백작부인에게 털어놓았다. 9월 3일 왕이 고등법원을 대하던 폭압적인 장면[왕은 고등법원이 월권을 하고 있다고 야단치면서, 에기용 사건을 그들의 손에서 벗어나게 했다]은 파리 시민들에게 불길한 영향을 끼쳤다. 그가 궁전으로 들어가고 나갈 때 사람들이 슬픈 침묵으로 맞이하고 있음을 볼 수밖에 없었다. "전하 만세!"라는 소리는 단 한마디도 들을 수 없었다.

그 뒤에 그는 뤼시엔으로 식사하러 갔고, 여주인은 왕의 침체된 기분을 되살려줄 수 있었다. 이 방면에서 그는 무척이나 값지고 유익하고 무료함을 달래줄 수 있는 재능을 발휘했기 때문에, 연인인 왕을 손아귀에 넣을 수 있었다. 사람들은 왕이 에기용 공작을 위해 고등법원에 개입한 일을 종종 그 증거로 제시한다. 그는 에기용과 관련한 법적 소송을 모두 파기하는 데까지 나아갔다. 그리하여 고등법원이 더이상 그 사건을 추적하지 못하게 하고 모든 문제의 싹을 잘라버렸다.

물론 에기용은 왕의 태도가 무척 중요하다는 사실을 이해했고, 자기를 보호해준 여성에게 적절한 선물을 해서 감사의 뜻을 표하고자 했다. 그는 파리에서 화제가 된 훌륭한 마차를 제작시켰다. 그것은 그때까지 제작된 것 가운데 가장 우아하고 가장 호화로웠다. 빈으로 보냈던 세자빈의 마차들도 취향으로 보나 정교한 솜씨로 보나 그것에 미치지 못했다. 그 모양을 설명하면, 군주의 부끄러운 연애사건이 속이 뻔히 보이는 이야기에 담겨 모든 프랑스인의 눈앞에 펼쳐지던 궁정의 도덕이 얼마나 땅에 떨어졌는지 알 수 있을 것이다. 황금색 배경을 칠한 네 개의 중요한 판 중앙에는 뒤바리 가문의 문장과 함께 '앞으로 밀고 나가라!'는 좌우명을 새겨넣었다. 양쪽 판에는 모두 장미바구니와 그 위에 다정하게 입맞추는 비둘기 두 마리와 함께 화살이 꿰뚫은 심장 모양이 있었다. 화살통, 횃불, 그리고 사랑의 여신을 상징하는 문양들도 있었다. 이렇게 여러 문양을 정교하게 새겨놓고, 그것도 모자라서 그 위를 이 세상에서 가장 아름다운 꽃으로 장식했다. 나머지 부분도 모두 잘 어울렸다. 마부석의 덮개, 종복을 위한 뒷받침대, 바퀴, 발판은 모두 섬세하게 만들고 마무리지었기 때문에 아무리 봐도 싫증나지 않을 정도였다. 이 관능적인 마차를 베누스의 가면이 뒤덮고 있었다. 모든 사람이 지금까지 이 정도로 완벽한 작품은 결코 본 적이 없다고 했다.

에기용 공작이 이처럼 정중한 선물에 돈을 얼마나 썼는지 말하려 들지 않기 때문에 우리는 그 값을 알 길이 없었다. 그러나 여러 일꾼에게 물어본 결과, 그 값이 5만 2000리브르라는 결론을 내린 사람이 있다. 어쨌든 뒤바리 백작부인은 그 마차를 한 번도 타지 않아서 공작을 몹시 실망시켰다. 왜 그랬는지 이유는 여러 가지다. 어떤 사람은 백작부인이 그 마차를 좋아하지 않았다고 말했다. 하지만 좀더 그럴듯한 설명에 따르면, 왕이 그 마차를 대단히 아름답다고 생각한 나머지 타지 못하게 명령을 내렸다고 한다. 심지어 이 마차를 받은 것은 두 연인이 조금 냉각기에 접어들었을 때였다고 말하는 사람도 있다. 분명한 것은 대중이 이처럼 꼴사나운 사치를 보고 분개했다는 사실이다. 그 결과, 그들은 준 사람과 받은 사람을 모두 겨냥하여 다음과 같은 풍자시를 지었다.

Pourquoi ce brillant vis-à-vis?	어째서 이토록 화려한 마차인가?
Est-ce le char d'une Déesse?	이것은 여신의 전차인가?
Ou de quelque jeune Princesse,	아니면 젊은 공주님의 것인가,

S'écriait un badaud surpris?	구경꾼이 놀라서 이렇게 외쳤다.
Non… de la foule curieuse	아니야…. 호기심에 찬 군중 속에서
Lui répond un caustique, non,	신랄한 대답이 나왔다. 아니야,
C'est le char de la blanchisseuse	그건 세탁부의 전차야
	[흰 칠로 겉을 꾸민 여인의 전차야]
De cet infâme d'Aiguillon.	저 악명 높은 에기용의 전차지.

반대파는 확실히 이처럼 무례한 사치를 맹렬히 비난하는 고삐를 늦추지 않았다. 그러나 슈아죌 공작은 신중하게 행동했다. 그는 지나치게 큰 소리를 내지 않았다. 차라리 큰 소리를 내는 사람들을 신중하게 지지하는 것으로 만족했다. 그 무렵 왕국이 처한 상황에서 볼 때 그들이 화를 내는 이유는 정당해 보였다. 빵값은 몹시 비싸서 수많은 사람이 굶어 죽어갔다. 그리고 이 마차값만 가지고도 한 지방 전체 주민을 몇 달 동안 먹여 살릴 수 있다고 생각한 사람이 많았다. 어떤 재사는 〈아버지$^{Le Pater}$〉라는 작은 작품을 뿌렸다. 거기서 우리는 당시 사람들이 전반적으로 느낀 불만이 모든 형태로 나타나고 있음을 볼 수 있다. 여기서 '아버지'란 왕을 가리킨다. 왕에게 바치는 이 글은 다음과 같이 말한다.

베르사유에 계신 우리 아버지,
당신 이름을 두렵게 하소서.
당신의 왕국이 흔들리고 있나이다.
당신의 의지는 더이상 지상에서나 하늘에서 이루어지지 않나이다.
당신이 우리에게서 빼앗아간 빵을 오늘 우리에게 돌려주사이다.
당신의 이익을 팔아먹은 대신들을 용서하듯,
당신의 이익을 지지해준 고등법원들도 용서하사이다.

뒤바리 부인의 유혹을 받지 마사이다.

우리를 저 악귀 같은 대법관의 손에서 구원하소서. 아멘!

사실 슈아죌 일당이 몰락하고 그들의 적이 놀라울 정도로 떠오르고 있
는 증거가 거듭 나타나고 있었지만, 그들은 여전히 희망을 버리지 않았다.
그들은 왕의 애첩을 제거할 수 있는 비밀무기를 개발해놓고 있었다. 그들
이 찾은 새로운 미인은 왕을 유혹할 만큼 매력을 지니고 있다고 그들은 느
꼈다.

슈아죌 후작은 고인이 된 해군장교의 아들로서, 《베르니 추기경의 환
상》으로 잘 알려진 사람이었다. 그는 얼마 전 마드무아젤 라비와 결혼했
다. 프랑스 해외식민지 태생의 이 여성은 세상에서 가장 아름다웠고, 우아
함과 재능을 모두 갖추었다. 이 모든 자질을 한 몸에 겸비한 그는 궁중에
서 가장 성공한 여성으로 떠올랐다. 더욱이 그는 헤베 여신처럼 젊고 신선
했다. 그는 군주를 알현할 때 강한 인상을 심어줄 것이 확실해 보였다. 알
현 행사는 궁정의 여인으로 받아들이기에 앞서 반드시 거치는 의식이었
다. 정신들은 이 혜성이 나타날 날을 손꼽아 기다렸다. 이 기적처럼 아름
다운 여성이 들어온다고 기별하자, 모인 사람은 일제히 왕을 쳐다보았다.
그러나 왕은 그를 힐끗 보는 것처럼 보였다. 모든 사람은 왕이 사실상 이
미인을 완전히 무시하지 않을 만큼만 눈길을 주었을 뿐임을 알았다.

이 마지막 패를 가지고도 바라던 효과를 거두지 못하자, 백작부인이 이
제부터 확고부동한 자리를 차지했다고 결론짓고 모두 그 앞에서 머리를
조아렸다. 그때까지 뭇 여성은 어떤 종류의 두드러진 적대감도 드러내지
않으면서 안전을 추구해왔다. 게다가 그들은 행동을 신중하게 하면서 모
든 제안을 피해오고 있었다. 이제 그들은 그라몽 백작부인이 총애를 잃은
데 몹시 놀라서, 그날의 우상 앞에 무릎을 꿇었다. 그라몽 백작부인은 슈

아지에서 감히 뒤바리 부인에게 맞서려고 분명히 무례한 행동을 했고, 이 행동으로 왕의 노여움을 사서 궁정에서 추방당했다. 이제 그라몽 백작부인조차 외로움과 유배생활을 오래 견딜 수 없었다. 그는 돌아오게 해달라고 간청할 정도로 몸을 낮췄다. 그는 공토 공작과 노아유 공작을 앞세워서 애첩에게 용서를 빌었으며, 앞으로 궁정에 나타나지 않는다는 조건으로 용서를 받았다.

뒤바리 백작부인은 특히 퐁텐블로에서 모든 영광을 얻었고 슈아죌 공작에게 모욕을 주었다. 왕의 연대는 왕의 사열을 받기 위해 그 마을 근처에 와서 수눈하고 있었다. 이 예식을 거행하려면 반드시 국방대신이 참석해야 했다[당시 국방대신은 외무대신직을 겸하고 있는 슈아죌 공작이었다]. 그 자리에는 뒤바리 백작부인이 발르티누아 공작부인, 몽모랑시 후작부인과 함께 참석했다. 그날 저녁 육군 중령인 샤틀레 백작이 자기 막사에 귀부인들을 초대해 연회를 베풀었다. 뒤바리 백작부인은 원래 오기로 했지만 오지 않은 세자빈 대신 왕의 곁에 앉았다. 이때가 세자빈과 왕의 애첩 사이가 처음으로 분명히 벌어진 때였다. 화가 나서 제정신이 아닌 슈아죌 공작은 아프다는 핑계를 대고 연회에 참석하지 않았다. 그는 사열식과 연회를 모두 빼먹었다.

왕은 매력 있는 정부와 관련된 것은 무엇이건 아주 작은 부분까지도 비상한 관심을 보였다. 퐁텐블로에서 머무르는 동안 그는 애첩의 수석시녀의 결혼식에서 즐거워했다. 우리는 이미 이 시녀가 뒤바리 백작부인의 시숙의 정부이며, 마드무아젤 랑주 드 보베르니에 때문에 버림받은 사람이라는 사실을 말한 적이 있다. 그는 비참한 상태에 빠져 있었는데, 뒤바리 백작부인이 그의 능력을 보고 고용하겠다고 제안해왔다. 그렇게 해서 그는 여주인의 은혜와 호의를 얻었기 때문에, 여주인은 그가 랑지보라는 남자와 결혼하는 데 동의했던 것이다. 뒤바리 백작부인은 랑지보에게 연금

1만 리브르의 직책을 하사했다. 왕은 왕대로 2만 5000리브르와 매우 아름다운 다이아몬드 몇 개를 결혼 선물로 주었다. 랑지보 부인은 계속 뒤바리 백작부인을 섬겼고, 계속해서 뒤바리 백작부인의 속내를 담은 심부름을 다녔다. 그는 우리가 상상할 수 있을 만큼 비열한 사람이었지만, 여주인인 뒤바리 백작부인이 보내주지 않을 만큼 마음을 사로잡았다. 우리는 이 같은 사실에서 왕의 애첩이 얼마나 마음씨가 착한지 보여주는 증거를 찾을 수 있다.

이 모든 종류의 작은 애정 표시는 뒤바리 백작부인이 대법관과 에기용 공작이 각자 자기 욕망을 좇고 있기는 해도 함께 준비하고 있던 혁명에서 영향력을 행사하기 위한 서막에 지나지 않았다. 그들은 모두 백작부인을 이용해 왕에게 자기네 생각을 전달하려 했다. 그들은 자신들을 지지하는 것이 이로울 것이라고 백작부인을 설득했다. 사실 백작부인은 슈아죌이 권력을 쥐고 있는 한 편안할 수 없었고, 그들이 슈아죌과 고등법원의 접촉에 대해 왕의 의심을 불러일으키지 못하는 한 슈아죌을 제거할 수 없었기 때문이다. 더욱이 슈아죌의 명성에 먹칠하는 가장 좋은 방법은 고등법원의 명성에도 먹칠을 하는 것이었다. 그러기 위해서는 고등법원이 왕의 권위를 깔아뭉개고 침범하는 한편, 왕의 모든 권리를 불법으로 빼앗으려 할 야심만만한 집단이라고 왕에게 찔러바쳐야 했다. 슈아죌을 쫓아낼 수 있다면 무엇보다도 그의 적인 에기용에게 이익이 돌아가는 동시에, 그다음 순서이기는 해도 그에 못지않게 중요한 것으로서 세금을 징수할 수 있고, 그 결과 왕이 백작부인을 후하게 대할 것이라고 그들은 서명했다.

이처럼 설득력 있게 수많은 이점을 제시한 결과 왕의 애첩은 법관들로부터 마음이 떠나게 되었다. 그는 곧 자신이 고등법원에 대해 느끼게 된 미움을 군주의 마음속에 솔솔 불어넣어줄 수 있었고, 어쨌든 왕은 그 말에 강한 영향을 받았다. 이렇게 해서, 확고한 목적도 없고 나약하기만 한 이

군주는 마침내 새 법률을 지지하기로 결정했다. 이 법은 1770년 12월에 나온 유명한 왕령으로서, 12월 3일 **친림법정**lit de justice*을 열어 고등법원에 등록시켰다. [왕령은 모든 고등법원의 정치적인 행위를 엄격히 금지했다. 그리하여 파리 고등법원은 12월 3일 회의를 열고 격론을 벌이면서 왕령을 비난했지만, 결국 왕령은 베르사유에서 열린 친림법정이라는 특별한 의전 절차에 따라 강제로 등록되었다. 그러나 그날은 여기에서 말하는 것처럼 12월 3일이 아니라 12월 7일이었다.]

그러나 대법관과 에기용 공작은 군주의 우유부단한 성격을 잘 이해하고 있었으며, 그의 단호한 겉모습에 기대를 걸지 않았다. 그들은 단지 자신들의 행동 계획을 밀고 나가기 위해서, 그리고 왕을 더이상 물러설 수 없을 지점까지 나아가도록 만들기 위해서만 왕의 태도를 이용했다. 이런 관점에서 볼 때 마담 뒤바리는 그들의 목적에 훌륭하게 들어맞았다. 왕이 거의 매일 저녁 마담과 저녁을 먹었기 때문에 그들은 마담이 해야 할 말을 미리 일러두었다. 그들은 왕의 서명을 받아내야 할 명령을 준비해서 마담에게 주었다. 그리고 마담이 대접한 맛좋은 포도주로 왕의 피가 끓어오르고 그의 마음이 마담의 포옹에 의한 사랑으로 불타오르면서 왕은 마담에게 어서 몸을 허락해달라고 간청하고, 마담이 요구하는 것을 하나도 거절할 수 없는 상태가 되었을 때 마담은 결정적인 서명을 후려냈다. 이렇게 해서 국무회의는 계략에 빠졌다. 적어도 다른 대신들은 파리 고등법원에 대해 이처럼 과격한 법이 나오리라는 사실을 전혀 몰랐다고 큰 소리로 불평했다.

이렇게 해서 마침내 12월 24일 슈아죌 공작에 대한 **봉인장**lettre de cachet

---

* 절대주의 시대에 왕은 모든 법의 원천rex lex이었다. 그러나 고등법원은 왕령을 등기하는 권한과 왕령의 부당함에 대해 상주할 수 있는 권리를 누리면서 왕권에 저항했다. 고등법원이 상주권과 등기권을 이용해 왕령을 시행하지 못하게 방해하는 경우, 왕이 친히 고등법원에 나아가 특별한 자리lit de justice에 앉아, 자신이 보는 앞에서 왕령을 등기부에 올리도록 강요할 수 있었다. 이를 친림법정이라고 한다. 이에 대해 고등법원이 불응하는 경우, 다음 수순은 귀양살이를 명령하는 일이었다.

이 발행되었다. 왕은 이미 여러 차례 술에 취한 채 마담과 정사를 벌일 때 봉인장에 서명했지만, 그다음 날이면 매번 후회했다. 이번에는 그도 단호했고, 라 브릴리에르 공작이 오전 열한 시에 해당 대신에게 봉인장을 전달했다. 슈아죌 공작은 스물네 시간 안에 샹틀루에 도착해야 했다. 봉인장의 내용은 다음과 같았다.

경에게 고하노니,

경의 봉사가 마음에 들지 않으므로, 나는 경을 샹틀루로 물러가 있으라 하지 않을 수 없다. 경은 스물네 시간 안에 그곳에 가 있도록 하라. 과인이 경의 부인을 각별히 존중하고 특히 그의 건강을 염려하지 않았다면, 실은 더 먼 곳으로 보냈을 것임을 명심하라. 경은 부디 행동을 조심하여, 과인이 다른 결정을 내리지 않도록 하라. 이와 함께 과인은 하느님이 경을 특별히 보살펴주시기를 기도한다.

왕의 명령을 전달한 라 브리예르 공작은 슈아죌이 억울한 처지에 놓이게 만든 또 하나의 원인이었다. 이 대신은 에기용 공작의 아저씨로서 자신의 임무에 은근히 기뻐할 수밖에 없었다. 그러므로 슈아죌은 그의 동료가 아무리 공손한 말로 위로해주어도 속지 않았다. 그래서 그는 이렇게 대답해주었다. "공작님, 나는 당신이 내게 이런 소식을 전하면서 얼마나 기뻐하는지 잘 알고 있습니다."

프랄랭 공작[슈아죌의 사촌, 재무대신]은 파리에 있었으며 머리까지 퍼진 통풍으로 고생하고 있었는데, 같은 날 훨씬 짧고 냉소적인 봉인장을 받았다.

과인은 더이상 경의 봉사가 필요하지 않으니, 경을 프랄랭으로 귀양보내노라. 경은 스물네 시간 안에 그곳에 가 있으라.

이 대신들이 궁정을 떠나고 난 뒤, 고등법원 사태는 오래 끌 수 없었다. 1월 22일[1771년] 고등법원은 전부 귀양가게 되었다.

우리가 추측할 수 있듯이 이러한 사건은 수많은 소문·분노·저항을 불러일으켰다. 그리고 무엇보다도 수많은 풍자시·노래·풍자문이 마구 쏟아져나왔다. 이러한 작품 가운데 가장 주목할 만한 것을 살펴보기로 한다. 첫째, 아주 간단하지만 왕의 행위와 그의 무능함을 잘 잡아낸 짧은 노래가 있었다. 그 노래는 왕의 값진 별명[사랑하는 루이]을 그에게서 앗아가기도 했다. 왕은 비록 이 별명을 누릴 만한 자격을 제대로 갖추지 못했지만, 어떤 대가를 치르고서라도 지켜야 했다.

Le Bien–aimé de l'Almanach	연감에서 가장 사랑받는 사람은
N'est pas le Bien–aimé de France;	프랑스에서 가장 사랑받는 사람이
	아니라네;
Il fait tout ab hoc & ab hac,	그는 모든 일을 우유부단하게 했다네,
Le Bien–aimé de l'Almanach:	연감에서 가장 사랑받는 사람은:
Il met tout dans le même sac	그는 모든 것을 한 자루 속에 넣었네
Et la Justice & la Finance:	사법과 재정을:
Le Bien–aimé de l'Almanach	연감에서 가장 사랑받는 사람은
N'est pas le Bien–aimé de France.	프랑스에서 가장 사랑받는 사람이
	아니라네.

또다른 풍자 노래가 한바퀴 나돌았다. 그것은 몹시 파렴치하고 역겹기는 해도, 대중이 사법부의 최고 우두머리를 얼마나 경멸했는지 보여주는 역사적 기록으로 보존해야 한다. 그것은 두 당파가 겨루는 기간에 작곡되었음이 분명하다. 그때 대법관은 슈아죌 공작의 지지를 받는 고등법원의

노력으로 몰락할지 모른다고 생각하던 때였다.

Le Roi, dans son Conseil dernier	왕은 지난번 국무회의에서
Dit à Monsieur le Chancelier:	대법관에게 말하셨지:
Choiseul fait briller ma couronne	슈아죌은 내 왕관을 빛내주지
De la Baltique à l'Archipel;	발틱 해에서 에게 해까지;
C'est-là l'emploi que je lui donne:	이것이 과인이 그에게 맡긴 일이다:
Vous, prenez soin de mon B…[Bordel]	경이여, 내 갈보집을 돌봐주게
Le chancelier lui répondit,	대법관은 왕에게 대답한다,
Sire, que vous avez d'esprit!	전하, 참으로 명민하시옵나이다!
D'un pauvre diable qui chancelle	갈팡질팡하는 불쌍한 인간에게
Vous raffermissez le crédit:	전하는 그의 영향력을 늘려주십니다:
Que ne puis-je en votre ruelle,	만일 소신이 전하의 침대 옆에서,
Raffermir aussi votre V…[Vit]!	전하의 ㅈ…[자지]을 세워드릴 수만 있다면!

마지막 작품은 12월 10일에 나온 고등법원의 명령과 관련된 재미있는 풍자화[인쇄물]였다. 거기서 고등법원은 자신들이 왕에게 모든 물건, 자유, 머리 등등을 일제히 바칠 것임을 알려주었다.

그 그림에서 왕은 대법관, 재무총감, 뒤바리 백작부인에게 둘러싸여 있었다. 고등법원의 수석 재판장은 왕의 발치에 고등법원 법관들의 머리·지갑·자지가 가득 든 작은 바구니를 놓아두었다. 대법관은 머리, 재무총감은 지갑, 그리고 왕의 애첩은 자지를 각각 움켜쥐고 있었다.

왕의 애첩이 이 풍자화가 나돈다는 사실을 알았는지 몰랐는지 알려지지 않았다. 그러나 만일 알았다면, 분명히 재미있다고 생각했을 것이다. 그는 자기 적을 제거했다는 사실에 훨씬 더 열광적으로 웃었을 것이다.

슈아죌은 그 나름대로 이 같은 재난에 대단한 의지로 맞섰다. 그것은 거의 그의 승리였다. 그는 파리를 떠나기 전 어떤 사람이라도 받아들이지 못하도록 명령받았지만, 모든 신분의 사람들이 몰려와 그의 문간에 쪽지를 적어놓고 갔다. 아주 친한 친구였던 샤르트르 공작은 모든 장애물을 뚫고 들어와 눈물을 펑펑 쏟으면서 슈아죌의 품에 뛰어들었다.

이튿날 슈아죌이 떠날 때, 그를 만날 수 없었던 사람들은 그가 지나갈 길에 늘어섰다. 그가 지나갈 때 아주 많은 사람이 모여 있었기 때문에, 길 양편에 마차가 두 줄로 늘어설 지경이었다.

왕은 슈아죌을 좋아하지 않았지만 그에게 익숙했다. 그는 슈아죌을 두려워했지만 영국과 에스파냐 사이에서 그가 내렸던 위험스러운 판단에 몹시 의존하기도 했다. [포클랜드 섬에 대한 논쟁을 말한다. 슈아죌은 에스파냐와 맺은 가문협정을 지지하는 뜻에서 전쟁에 참여하는 편을 좋아했다.] 왕에게 슈아죌에 대한 비난을 주입했기 때문에 왕은 이 대신을 제거해야 한다고 확신한 것 같다. 슈아죌은 자기 주인이 점점 평화주의 견해로 기우는 데 적응하려고 분명히 노력하면서도 전쟁을 일으키려고 은밀히 노력했다는 비난을 받았던 것이다.

이처럼 왕에게 슈아죌의 명성에 흠집을 내면서 승리한 집단은 이제 슈아죌을 공공연히 동정하는 대중의 문제를 해결할 필요가 있었다. (대중은 언제나 맹목적으로 미움이나 동정을 느낀다.) 12월 23일 슈아죌이 귀양을 간 직후 그들은 곡물 거래에 관한 왕령을 보란 듯이 반포했다. 그러나 그것은 고등법원에서 이 문제에 대해 여러 차례 내놓았지만 모두 [국무회의에서 왕에 의해] 좌절된 명령의 내용을 다시 말하는 역할에 그쳤을 뿐이다.

그 명령에 담긴 지혜와 필요성을 재확인한 이번의 규정은 그 당시로서는 절대 쓸데없는 것이었다. 왜냐하면 어떤 곡식도 전혀 수출할 수 없는 실정이었기 때문이다. 모든 시장에서 곡물의 값은 수출을 막기 위해 정해 놓은 수준을 넘어서 있었다. 그러나 아주 희귀해진 곡식은 너무 비싸졌기 때문에, 그 누구라도 그것을 외국에 보낼 꿈도 꿀 수 없었다는 사실이 더 중요하다. 정치적인 장면을 무심코 바라보는 사람조차도 이 문서가 모든 독점행위와 부족에 대한 비난의 화살을 슈아죌에게 돌리려는 목적에서 나왔다는 사실을 느낄 수 있었다.

마담 뒤바리는 자기의 지배권에 유일한 장애물인 사람을 제거한 일을 미칠 듯이 기뻐했다. 그러나 적을 추방하는 것만으로는 충분하지 않았다. 이제 그는 자기 추종자를 정부에 집어넣어야 했다.

에기용 공작은 마담 뒤바리에게 자신보다 더 충직한 하인을 찾을 수 없다는 확신을 심어주었다. 그에 따라 마담 뒤바리는 그를 해군대신에 임명했다. 사실 그는 이미 그 자리를 장악하고 있었지만, 냉정한 사람들은 그에게 시간을 기다리라고 자문해주었다. 이 조언자들은 그에게 아직은 정부에 들어갈 때가 아니라고 설득했다. 그는 얼마 전 브르타뉴 사건에 관한 새로운 **사건개요서**mémoires[lawyers' briefs]를 발간하여 세간의 주목을 받기에 이르렀다. 브르타뉴 지방신분회는 회기를 끝마치면서 여전히 그를 통렬하게 비난하고 있었다. 그리고 세간에서는 슈아죌을 동정하는 소리가 쏟아져나오고 있었기 때문에, 에기용이 앞으로 나서지 말고 신임 대신이 잘못을 저질러 마침내 대중이 변화를 외치게 될 때까지 기다리는 편이 낫다고 생각하는 사람들이 있었다.

[1769년 12월부터 재무총감이던] 원장신부 테레는 영리한 개였지만 아주 비천한 사람이었는데-가문이나 강인한 성격을 내세울 수 없을 정도였기 때문에 전적으로 자신에게만 의존했다-, 언제라도 자리를 포기하라면 포기할 사람이라고 이해했기 때문에 임시로 [해군대신] 자리에 임명받았다. 그의 진정한 계획은 그 자리를 지키는 데 있었다. 또한 그가 생각했던 대

로 그는 재무부를 운영할 수 있었다. 비록 그가 그 분야에서 경험을 쌓지 못했지만, 천재성을 발휘하면 자신이 책임진 새 부서를 잘 운영해나갈 수 있으리라고 생각했다. 그는 이미 지극히 위험한 상태에 빠져 있고 날마다 더 위험해지고 있던 전직을 버리고 새 직책을 유지할 수 있도록 사태가 유리하게 발전하기를 바랐다. 자신의 이해관계에 따라 생각하고 있던 에기용 공작은 테레를 빼어난 관리인으로 보았다. 테레가 해군에 대해서 모르고 고립된 처지에 있었기 때문에, 적당한 때가 오면 그를 쉽게 제거할 수 있을 것이었다.

국방대신직은 르 뮈 백작에게 주기로 했다. 이 사람은 경험 많은 군인이지만, 무척 경건하고 준엄한 사람이었기 때문에 그 자리를 얻으려고 마담 뒤바리 앞에서 무릎을 꿇으려 들지 않았다. 마담 뒤바리는 콩데 공이 후보로 밀고 있던 몽테나르 후작을 지명하는 데 찬성하지 않을 수 없었다. 콩데 공은 그가 자신의 계획을 실현시키는 데 가장 적합한 인물이라고 생각했다. 그 계획이 무엇인지 여기서는 자세히 다루지 않겠다. 외무대신직은 빈자리로 남아 있었다. 그리고 이 직책은 에기용 공작이 손아귀에 넣으려고 계획했던 또 하나의 분야였다.

슈아죌 가문과 연합했던 사람들은 모두 그들과 함께 총애를 잃었다. 브르퇴이 남작은 빈 대사로 임명되었다. 그는 벌써 자기 마차들을 보내놓고 자신도 임지로 떠날 준비를 갖추고 있었는데, 그때 그는 라 브리예르 공작으로부터 마담 뒤바리를 잠시 찾아보라는 부름을 받았다. 마담 뒤바리는 그에게 임지가 바뀌었음을 통보했다. 사실 베르젠 선생 다음으로 가장 유능한 협상자인 이 외교관은 나폴리 궁정에 재능을 묻으러 떠나지 않으면 안 되었다. 그는 귀양간 공작의 지지자였고 그 덕택에 지명받았기 때문에, 그가 황녀[빈의 마리아 테레사]에게 압력을 넣어 슈아죌을 위해 강력한 내용의 편지를 쓰도록 만들지나 않을까 두려웠기 때문이다. 그들 당파를 위해서는 빈에서 능력에 상관없이 의심할 바 없는 충성심을 발휘해줄 사람이 가장 필요했으며, 이 때문에 그들은 루이 공*을 그곳에 보내기에 이르렀다. 이처럼 중대한 정치적 실수는 폴란드에 불어닥친 재앙[1772년의 제1차 분할]의 기초가 되었음은 의심의 여지가 없었다. 국가의 이익, 우리 연합국의 이익은 이처럼 개인적인 이익, 이름 없는 당파의 이익 앞에 희생당했으며, 프랑스는 외국의 지지기반을 잃었을 뿐 아니라 국내의 소용돌이에 휩쓸리게 되었다.

*   *   *

뒤바리 백작부인은 자기가 좋아하는 사람을 위해 **성직록 지명권**Feuille des Bénéfices[성직자를 성직록에 지명할 수 있는 관직]**을 확보하지는 못했지만, 대법관의 오른팔 부르주아 드 부안에게 해군대신 직책을 확보해줄 만큼 강력한 지위에 있었다. 이 사람은 모푸의 정책을 위한 주춧돌을 놓을 적임자였다. 당시 모푸는 고등법원 대신 새로 낮은 등급의 법원을 창설하려는 정책을 세우고 있었다. 이 정책은 과연 4월 13일, 결코 잊지 못할 친림법정에서 반포되었다.

백작부인이 정변에 반대하는 대귀족 가운데 한 사람 니베르누아 공작에게 한 말에서 우리는 백작부인이 이 상황에 끼친―또는 그가 가졌다고 생각하는―영향력을 가장 잘 볼 수 있다. 백작부인은 이 영주와 교차하는 길

---

*   루이 드 로앙 공은 당시 스트라스부르 보좌주교였으며, 빈 대사를 거친 뒤 귀국해 궁정사제장, 추기경이 된다. 그러나 빈 대사로 지낼 때 마담 뒤바리에게 보낸 편지에서 마리아 테레사를 놀리는 편지를 보낸 것이 화근이 되어 루이 16세의 비 마리 앙투아네트의 미움을 샀다. 그는 왕비의 방해로 총리대신이 되고 싶은 야망을 이루지 못하고 안달하다가 '다이아몬드 목걸이 사건'에 휩싸이게 된다.

**   이 직책은 대신의 자리만큼 중요했다. 왕이 임명하는 성직록에 적합한 성직자를 지명할 수 있는 이 권리는 루이 14세 시대에는 주로 왕의 고해신부 차지였으나, 루이 15세 치세 말기에는 미르푸아 주교인 부아예가 오랫동안 휘둘렀다. 성직록은 수도원이나 교회 수입의 일부를 특정 직책에 대해 주는 것을 말한다.

을 가면서, 이 사건에서 이 영주가 했던 행동을 비난하는 가운데 이렇게 덧붙여 말했다. "공작님, 우리는 단지 당신이 그만 반대해주실 것만을 바라고 있습니다. 왜냐하면 당신은 반대의사를 확실히 표명하셨기 때문입니다. 그러나 왕은 결코 결심을 바꾸지 않겠다고 말씀하셨습니다." 이에 대해 공작은 이렇게 대답했다. "그렇지요, 마담. 하지만 전하께옵서는 당신을 바라보고 계셨습니다." 그는 이렇게 재치 있고 정중하게 대꾸하면서 어쩌면 난처하게 될 말을 주고받는 상황에서 벗어났다.

기존의 4행시를 새로 손질하고 마담 뒤바리에게 적용한 작품에서는 마담 뒤바리가 국가의 비참한 상태에 얼마나 책임이 있는지 더 상력하게 주장하고 있었다. 그것은 다음과 같다.

France! quel est donc ton destin?	프랑스여, 그렇다면 그대는 어떤 운명인가?
D'être soumis à la femelle.	여성의 지배를 받는 것.
Ton salut vint d'une pucelle,	그대는 처녀[즉 잔 다르크]의 구원을 받았노라,
Tu périras par la catin.	그러나 창녀에 의해 멸망하리라.

백작부인이 이 거친 풍자시에 대해 알고 있었는지 알려지지 않았다. 그러나 거기에 조금은 신경을 쓴 것 같다. 그는 어떤 방법을 동원해서라도 새 고등법원의 형성에 이바지하려고 얼마나 열심이었는지 분명히 보여주기를 원했다. 새 법원의 검찰총장이며 예전의 고등법원 법관 가운데 유일하게 용기가 없는 덕택에 관직을 보존했던 졸리 드 플뢰리에게 만족한다는 표시로 뒤바리 백작부인은 그의 아내 마담 드 플뢰리에게 10만 프랑어치의 다이아몬드를 선물했다. 사실 백작부인은 다른 사람들이 이끄는 대

로 행동했다고 믿을 만한 충분한 이유가 있다.

그의 시숙인 장 백작은 궁정에 가는 일이 아주 드물었지만, 그는 그 작전의 지도자였다. 그는 파리에 살고 있었고, 수많은 젊은이를 이용해 자기 제수가 아니라 친누이 마드무아젤 뒤바리에게 끊임없이 보내면서 자신이 내리는 여러 지시사항을 전하게 만들었다. 마드무아젤 뒤바리는 백작부인보다 지력이 뛰어났기 때문에 백작부인에게 많은 영향력을 행사할 수 있었다. 그는 좀처럼 백작부인의 곁을 떠나지 않았다. 이 세 사람이 의사소통의 경로를 유지한 결과, 사실상 백작이 하루나 이틀 전 상황에 따라서 계획한 것을 왕의 애첩이 말하거나 행했던 것이다.

더욱이 훈련과 교육을 잘 받은 이 젊은 밀사들은 끊임없이 왕국은 물론 외국의 궁정으로 여행을 다녔다. 하지만 그들이 왜 그렇게 다녔는지 이유를 아는 사람은 없었다. 어떤 사람은 언제나 정치에 큰 관심을 보여주었던 뒤바리 백작이 군주들의 관심 사항을 연구하고 있었고 우리가 외교 문제라고 부를 수 있는 일에 정통했으므로, 외무대신이 지명되지 않은 상태에서 이 직책을 수행하고 있었다고 생각했다. 아마 그는 왕이 외교 문제를 수행하는 데 도움을 주었던 것 같다. 슈아죌이 실각한 뒤 왕은 몹시 뛰어나게 외교 문제를 해결했던 것이다.

다른 사람들의 생각이 좀더 신빙성이 있다. 그들은 뒤바리가 결코 대신의 자리를 바라지 못했고 단지 에기용 공작에게 종속되어 있다고 생각했다. 그 뒤에 일어난 사건들은 이러한 추론이 올바르다고 증명해주었다. 6월, 1년 전 재판에 회부되어 아직도 고등법원의 미해결 명령에 따라 흠집을 입은 에기용은 왕의 내각에 들어가 외무대신에 임명되었다.

*　　*　　*

제2부

옛 고등법원이 폐지되고 새로운 사법제도가 창설된 뒤 권력은 세 사람의 주요 대신, 즉 모푸·테레·에기용의 손에 집중되었다. 그들은 프랑스의 이익을 무시하면서 서로 다투었다. 에기용은 뒤바리를 유혹하면서 자기 지위를 강화했고, 이렇게 해서 왕을 오쟁이지게 만들었다. 그리고 왕의 애첩의 시숙인 장 뒤바리 백작은 철저히 악행을 저지르기 위해 국고를 탕진하는 데 온 힘을 기울이고 있었다.

시숙인 뒤바리 백작은 국가에 무거운 짐이었다. 그가 제수에게 많은 영향력을 행사한 결과, 국고를 마치 자기 금고처럼 생각하기에 이르렀다. 그는 노름판에서 돈을 크게 잃었다. 하지만 걱정하기는커녕 그들을 조용하게 만들려고 고민하지도 않았다. 가끔 재수가 나빠서 돈을 잃은 그에게 노름꾼 동료가 미안해할 때 그는 이렇게 말했다. "내 계정에 대해서는 걱정 마시게. 이 모든 비용을 내야 할 사람은 자네니까." 1773년 봄, 그는 훌륭한 트리엘 성에 틀어박혔다. 그는 성을 소유하고 있던 총괄징세 청부업자 브리자르 선생에게서 그것을 빌렸다. 그는 자기와 같은 노름꾼들이 모여 마음껏 노름을 할 수 있는 외딴 장소가 필요해 그것을 빌렸던 것이다. 그는 한 판에 7,000루이를 잃기도 했다. 그때 그는 자기가 500만 리브르를 빚지고 있다고 뽐냈다.

앞서 말한 빚을 갚아야 할 때, 그는 늘 그랬듯이 원장신부 테레 앞으로 발행된 어음을 내밀었다. 테레 신부는 자신에 대해 그가 무례한 말을 했음을 기억하면서 그 돈을 갚아주지 못하겠다고 거절했다. 빚쟁이는 재무총감을 필사적으로 쫓아다녔지만, 화가 난 에기용 공작이 지불을 거절하는 테레 신부를 지지해주었다. 그리고 공작은 마담 뒤바리에게 이 사실을 알렸다. 마담 뒤바리의 시숙이 마담과 원장신부 테레를 서로 미워하게 만들려고 시도할 가능성을 미리 피하려는 속셈이었다.

이러한 술책에 대한 소문을 들은 백작은 불쾌감을 감추려 들지 않았다. 그는 저녁 연회에서 그 일을 공개적으로 떠벌렸다. 그는 에기용 공작이 자신에게 얼마나 빚을 졌는지 잊는다면, 쉽게 그를 해임시킬 수 있다─더욱이 그를 처치하는 일을 가장 먼저 하겠다─고 선언했다. 그는 이러한 말을 공개적으로 하면서도 아무런 두려움도 느끼지 않으며, 같은 얘기를 다시 할 때가 있기를 기대한다고 덧붙여 말했다. 대신들은 이 말에 몸서리를 쳤다. 왜냐하면 이 사건은 모두 수습되었고, 빚쟁이는 필요한 자금을 받아냈기 때문이다.

*　　*　　*

이러한 타락이 끝나는 시간이 왔다. 아마 루이 15세의 죽음이 왕국의 얼굴을 바꿔놓는 방향으로 개입하지 않았다면, 프랑스는 피치 못할 파멸의 길로 향했을 것이다. 이 사건은 그것으로부터 가장 많이 잃을 사람들이 일으켰다는 사실이야말로 가장 기묘한 일이라 하겠다.

당분간 전하는 좀더 의기소침했다. 그가 아끼던 신하며 모든 주연에 동반하던 친구 쇼블랭 후작이 갑작스럽게 죽자 몹시 상심했다. 쇼블랭은 무척이나 건강했는데, 왕과 흥겨운 연회에 참석하는 도중 왕이 보는 앞에서 쓰러졌다. 왕은 계속해서 그 일을 되뇌었다. 평생 왕과 친하고 아주 가깝게 지내던 아르망티에르 원수의 죽음에 그는 더 우울해졌다. 더욱이 그는 세족식*에서 세네즈 주교가 각별히 강하게 한 설교를 듣고 죄책감에 시달

---

*　환자의 발을 씻어주는 전통적인 의식(Maundy Thursday).

렸다.

뒤바리 패거리는 왕을 슬픔에서 끌어내려고 더 많은 노력을 해야겠다고 결심했다. 그리하여 그의 신체[기관]를 되살려줄 충격을 주기 위해 심지어 질탕한 연회의 힘을 빌리려고 노력했다. 결과적으로 트리아농 궁[베르사유 정원에 있는 궁전]으로 소풍을 가자고 제안하기로 결정했다. 그곳에서 왕은 자유로운 배경이 베풀어주는 그 같은 활동에 더 쉽게 빠져들 수 있으리라 여겼기 때문이다.

그들은 왕이 목수의 어린 딸을 욕정어린 눈으로 보았다는 사실을 알아차렸다. 그들은 그 소녀를 데려다가 깨끗이 씻기고 향수를 뿌린 뒤 이 뛰어난 난봉꾼의 침대에 넣어주었다. 만일 그들이 강력한 자극제를 써서 일시적이나마 60대의 난봉꾼이 통상 겪는 운명보다 더 많은 쾌락과 달콤한 기분을 느끼도록 도와주지 않았다면, 왕이 이 먹이를 소화하기란 벅찼을 것이다. 이 아이는 불행하게도 벌써 기분이 언짢았기 때문에 자신에게 요구한 것을 받아들이는 데 많은 괴로움을 겪었지만, 그들의 협박과 많은 재산을 얻을 수 있다는 희망 때문에 겨우 마음을 돌렸다. 그들은 그때 아이가 천연두에 걸려 있는지 몰랐다. 병은 몹시 빨리 퍼졌고, 아이는 곧 죽었다.

왕은 병균을 옮겨받았고 이튿날 병에 걸렸다. 그러나 아무도 병의 원인을 몰랐다. 따라서 그들은 마담 뒤바리에게 그곳에서 환자를 지키라고 충고했다. 그곳은 그가 왕의 애첩으로 남을 수 있는 곳이었다. 하지만 왕의 주치의 라 마르티니에르 선생은 왕의 병약함을 이용해 자신의 권위를 인정받을 수 있었기 때문에, 왕을 곧장 베르사유로 옮겨야 한다고 고집했다. 이튿날 왕은 베르사유에서 천연두를 앓고 있다는 진단을 받았다. 그것은 치명적인 증세임에 의심의 여지가 없었다. 그러나 초기에는 왕을 놀라게 하고 싶지 않았다. 그들은 왕에게 위험을 감췄다.

마담 뒤바리는 예방책을 생각해냈다. 그는 존엄한 연인에게 자기 주치의 보르되 선생을 많이 믿어야 한다고 부추겼다. 보르되는 왕을 간호하는 데 가장 큰 역할을 했고, **수석의사**의 임무를 수행하는 르 모니에 선생을 데리고 최고 책임의사로서 왕을 치료했다. 왕이 아프기 시작했을 때부터 그들은 왕의 병자성사를 어떻게 처리해야 할지 토론했다. 파리 대주교는 왕의 양심 문제에 도움을 줄 수 있으리라는 희망에서 베르사유로 갔지만, 보르되 선생은 그 같은 전망만으로 환자의 4분의 3을 죽일 수 있다고 주장하면서 입도 뻥긋하지 못하도록 강력하게 반대했다. 그가 이런 식으로 말하는 이유를 모든 사람이 분명히 알았다. 그것은 전하를 구하려는 욕망보다는 마담 뒤바리를 향한 애정 때문이었다. 왜냐하면 이 의식을 거행한 뒤에는 마담 뒤바리가 궁전을 떠나야 할 처지였기 때문이다. 뒤바리의 적들에게는 예상치 못한 행운이었을 것이다.

마담 뒤바리는 그때 거기 머무르고 있었고, 대주교가 도착하자 불쾌하게 여긴 군주는 직접 그를 돌려보냈다. 그가 왕의 침대 곁에 서 있을 때, 전하는 병실에 너무 많은 사람이 있어서 성가시다는 핑계로 하인들만 남고 모두 물러가라고 명령했다. 보몽 예하는 할 수 없이 파리로 돌아가야 했으며, 그 때문에 성직자에 대한 멸시를 불러일으켰다. 그 고위 성직자는 당시 물집이 생기는 병에 걸려 있었고, 그 때문에 그에 관한 농담이 많이 생겼다. 조롱꾼들은 이렇게 말했다. "예하는 파리에서 피오줌을 누었고, 베르사유에서만 물을 만들 수 있었다."

그 일이 있은 뒤 마담 뒤바리는 왕의 침대 곁을 하루 종일 지켰다. 그는 다른 날에도 그곳에 자주 나타났다. 아직도 자기 병이 얼마나 위중한지 모르는 전하는 살이 짓물러서 아픈 곳에 뒤바리의 섬세하고 흰 손을 짚도록 했다. 사람들은 왕이 여전히 마담 뒤바리를 때때로 애무했다고 주장한다. 또한 그가 마담 뒤바리의 가슴을 잡고 입도 맞췄다고 주장한다. 그러나 결국 그들은 이별의 시간을 피할 수 없는 곳까지 와야 했다.

왕은 병이 난 지 닷새째 밤에 주위 사람들에게 말했다. "나는 메스의 장면을 재연하고 싶은 생각은 조금도 없소. [1744년 그가 메스에서 중병에 걸리자, 왕의 고해신부는 애첩 마담 드 샤토루를 공식적으로 포기하라고 강요했다.] 에기용 공작부인에게 일러서, 제발 뒤바리 백작부인을 데려가 달라고 해주시오." 그 결과 애첩은 공작부인과 함께 지내기 위해 뤼엘로 갔다. 뒤바리 백작부인이 이처럼 추방당하면서도 꿋꿋하게 견뎌냈다고 사람들은 한결같이 말했다. 그는 곧장 자기 어머니에게 자신이 이사한 사실을 편지로 알렸다. 전하는 이처럼 위중한 상황에서 궁전에 애첩을 두는 일이 적합하지 않다고 결정하셨으며, 자신에게 안심하라는 말씀을 전해왔다고 설명했다. 자신은 보살핌을 받을 테니 아무 걱정 말라고 썼다. 그 뒤의 일을 우리는 알고 있다. 왕은 일시적인 정신착란의 순간을 제외하고는 자발적으로 행동하지 않았다. 왜냐하면 정신착란을 겪은 직후 왕은 마담 뒤바리가 없다는 사실을 잊어버린 채 그를 다시 불러오라고 했기 때문이다.

그러나 이미 되돌릴 수 없는 일이었다. 이때 마담 뒤바리는 자신을 늘 괴롭히던 《리에주 연감Almanach de Liège》에 대해 회상할 기회가 있었다. 그는 이 간행물을 최대한 탄압했다. 그런데 4월의 예언 가운데 이러한 구절이 담겨 있었다. "가장 총애를 받는 여성 가운데 한 명의 역할이 곧 끝날 것이다." 마담 뒤바리는 이러한 암시가 자신에 대한 것이라고 겸손히 받아들이면서 종종 이렇게 말했다. "나는 분명히 지난 4월을 몸서리치는 달로 보고 싶었다." 그러나 누가 그 일이 가능하다고 생각했겠는가?

그가 뤼엘에서 맞이한 슬픈 현실 속에서도 잠시 동안은 사치의 취미와 달콤한 생활을 결코 물리지 못했다. 그가 에기용 공작의 성에 설치한 침대들이 별로 편안하지 못하다는 사실을 알았을 때, 뤼시엔에서 자기 침대를 가져왔다. 확실히 왕은 병자성사를 받기 직전 궁중사제장을 통해 "과인은 백성들에게 부끄러운 일을 한 데 대해 원망을 들었으며, 앞으로는 믿음,

종교, 그리고 백성의 행복을 떠받드는 일만 하면서 살고 싶다"고 선언했지만 마담 뒤바리는 거의 마지막 날까지 희망을 잃지 않고 살았다.

죽어가는 사람이 일단 회복되면 그가 했던 약속이 얼마나 가치 있는 일인지 마담 뒤바리는 잘 알고 있었고, 정신들은 그 점을 그에게 상기시켜주었다. 루이 15세가 죽기 이틀 전, 그날 왕의 상태는 조금 덜 위중해 보였는데, 베르사유와 뤼엘 사이에 마차들이 계속 오고갔다. 그것은 사실 파리에서 베르사유로 가는 길보다 더 붐볐지만, 왕의 건강 상태가 더 걱정스럽게 되었다는 소식에 행렬이 곧 뚝 끊어졌다. 그리고 왕이 완전히 죽음의 문에 들어섰다고 본 그들은 여태껏 정치적 이유로 조용히 지냈지만, 이제 애첩과 그 가족을 격렬히 비난하기 시작했다.

'뒤바리'라는 이름은 저주였기 때문에, 아르투아 백작부인의 시녀로 궁정에 남아 있어야 했던 젊은 뒤바리 후작부인(마드무아젤 드 퓌멜)은 자신에게 모욕의 화살이 빗발치듯 하자 남의 눈에 띄지 않게 하려는 속셈으로 자기 하인들의 제복을 벗기기로 결심했다. 사실 그는 강제 결혼으로 언제나 강요당해왔음을 모든 사람이 두루 알고 있었다. 그 때문에 대중은 그를 놀림감으로 삼지 않았으며, 심지어 동정심을 자아내기도 했다. 그러나 상황이 중대했는데, 그를 놀려대는 말이 나돌고 있었다. 예를 들어 사람들은 이렇게 말했다. "통 제조인은 앞으로 할 일이 많이 생긴다. 왜냐하면 모든 통이 새고 있으니까." ['뒤바리'는 통을 뜻하는 말과 음이 같다.] 사실상 그의 적들은 백작부인이 뤼엘에서 도망쳤다는 소문을 퍼뜨렸다. 그것은 틀린 소문이었을 뿐 아니라, 도망친다는 일은 일어날 수 없었다. 그는 그곳에서 연인이 죽었다는 운명적인 소식을 들었으며, 라 브리예르 공작이 그를 모 근처의 브리에 있는 퐁토담 수녀원에 유배한다는 봉인장을 가지고 찾아왔다.

그는 얼마 전까지만 해도 자기 발치에서 비굴하게 굴던 이 대신을 보자

참을 수 없었다. 그는 이 대신이 맡은 역할에 대해 쓰디쓴 비난을 퍼부었다. 그리고 왕의 명령에 대해서는 예전처럼 힘차게 울부짖었다. "이 얼마나 엿같이 정치생활을 시작하는가—봉인장이라니!" 그는 자신의 구속 조건에 대해서 듣자 더욱 화를 냈다. 그는 몸종 한 사람만 데리고, 심지어 가족조차도 만나지 못하며, 편지를 보내려면 수녀원장이 미리 읽어봐야 한다는 조건으로 살아야 했다. 이처럼 가혹한 처분을 본 수많은 사람들은 작고한 왕에 대한 추억을 불경스럽게 만드는 것으로 생각하면서 충격을 받았다. 하지만 그것은 왕이 죽은 다음에 정치적으로 필요한 수순이었다.

애첩이 국가의 비밀을 알고 있었다는 사실은 의심의 여지가 없었고, 이처럼 무책임한 여성이 그 비밀을 폭로하지 못하게 하는 일은 반드시 필요했다. 그들은 유약한 사람들이 그가 받는 대우를 보면서 동정하지 못하게 하고 싶었다. 그래서 그들은 대중이 혹시라도 품을지 모르는 동정심을 적개심으로 상쇄하려는 목적을 가진 일화를 널리 퍼뜨렸다. 그들은 그가 방금 단골 모자가게에서 모자챙을 100개 주문했다고 대중에게 알렸다. 그것은 그가 제복을 입은 하인 100명을 거느리고 있음—믿지 못할 사치스러움—을 넌지시 암시했다. 역시 이 이야기는 사람들이 이 같은 재앙에서 벗어났다는 기쁨을 널리 퍼뜨리려는 속셈에서 나온 것이다.

더욱이 봉인장은 무뚝뚝한 말투를 쓰지 않았음이 곧 밝혀졌다. 전하는 국가적인 이유에서 그를 수녀원으로 가라고 명령해야 했다고 사람들은 전했다. 왕은 자기 선조가 백작부인을 보호해주면서 얼마나 존중해주었는지 결코 잊을 수 없었을 것이다. 또한 첫 국무회의에서 그들은 만약 백작부인이 은급을 필요로 한다면, 적절한 은급을 받을 수 있게 배려했을 것이다.

왕의 너그러움은 그보다 더 커 보였다. 왜냐하면 정신들은 마담 뒤바리가 그에 대해 온갖 상스러운 이야기를 하곤 했다는 사실을 알았기 때문이다. 그는 왕세자를 '뚱뚱하고, 잘못 큰 아이'라고 불렀고, 왕과 친한 사이를 악용하여 세자빈을 '빨간 머리'라고 불렀다. 그리고-그보다 더 악독하고, 실제로 벌을 받아 마땅한 일이라면-그는 이렇게 농담했다. "전하, 당신은 이 빨간 머리가 어떤 귀퉁이에서 성교하지 않도록 잘 보살펴야 할 것입니다." 확실히 옛날 루이 12세가 왕위에 오르기 전 오를레앙 공이었을 때 받았던 모욕을 용서했듯이, 왕과 왕비도 세자와 세자빈으로서 받았던 모욕을 용서했다. 그들은 마담 뒤바리에게 오직 국가적인 이유만을 적용하면서 행동을 자제했다. 그러나 궁정에서 '난봉꾼'으로 알려진 장 뒤바리 백작에게는 마담 뒤바리와 같은 원칙을 적용하지 않았다. 존경받을 만한 사람들은 그에게 책을 던지고 싶어했다.

이 모사꾼이 위험에 빠졌음을 알았을 때, 왕이 죽자 그는 누구를 믿어야 좋을지 모르는 채, 친하게 지내던 장난꾸러기 익살꾼 구아 선생에게 속내를 털어놓았다. 장 뒤바리는 그에게 어떻게 행동하면 좋을지 충고해달라고 부탁했다. 광대는 이마를 문지른 뒤 이렇게 대답했다. "저런, 친애하는 백작님, 참 안됐군요, 돈궤짝과 파발마들." 악당처럼 도망가야 한다는 데 대해 화를 내면서 이 충고를 거부한 백작은 친구에게 좀더 명예로운 해결책을 찾아달라고 간곡히 부탁했다. 구아 선생은 다시 한 번 이마를 문지르더니 말했다. "그렇다면 파발마들과 돈궤짝."

뒤바리는 이 충고를 반만 따를 수 있었다. 그의 제수는 그를 완전히 믿지 못했기 때문에 그가 돈궤짝을 완전히 가지고 갈 수 있도록 맡길 수 없었다. 실제로 그는 비밀리에 떠났으며, 이렇게 해서 치안 당국을 당황하게 만들었다. 경찰은 그를 철저히 수색하라고 명령을 내려놓고 있었다. 그가 친구인 에기용 공작의 도움을 받아서 도망쳤다는 것은 의심의 여지가 없다. 공작은 그때까지 외무대신직을 맡고 있었다.

모든 사람이 그에 대해 혀를 놀리고 있었다. 그리고 가장 극악무도한 이야기가 나돌았다. 예를 들어 어떤 이야기는 장 뒤바리가 저지른 무례한 범죄 가운데 하나를 이렇게 전했다. 어느 날 그가 돈이 떨어지자 "내 애승이 형제가 우리에게 얼마 줄 거야"라고 말했다고 한다. 그는 작고한 왕에 대해서 이야기할 때면 언제나 이처럼 믿지 못할 정도로 허물없는 관계를 이용했다. 다음의 농담이야말로 아마 우리가 생각할 수 있는 온갖 못된 짓을 한 이 난봉꾼에 관한 마지막 것이리라. 그는 도망치기 위해 한창 제철인 고등어* 바구니 속에 숨었다. 그리고 이런 익숙한 노래를 흥얼거렸다. "아, 한 가족의 품에서 산다는 것은 얼마나 행복한 일인가!"

---

*   고등어와 뚜쟁이는 같은 낱말에서 나왔다.

책머리에

1 Daniel Mornet, "Les Enseignements des bibliothèques privées(1750~1780)," *Revue d'histoire littéraire de la France* XVII (1910), pp. 449~492.; 모르네의 연구서도 참조하라. *Les Origines intellectuelles de la Révolution française*(1715~1787)(Paris, 1933).

모르네의 연구 노선을 좇은 예로서, François Furet, et al., *Livre et société dans la France du XVIIIe siècle*(Paris and The Hague, 1965 and 1970), 2 vols.; Roger Chartier and Henri-Jean Martin, eds., *Histoire de l'édition française*. Vol. II: *Le livre triomphant 1660~1830*(Paris, 1984); Roger Chartier, *Lectures et lecteurs dans la France d'ancien régime*(Paris, 1987); Daniel Roche, *Les Républicains des lettres. Gens de culture et Lumières au XVIIIe siècle*(Paris, 1988). 모르네의 저작을 비판적으로 논의한 저작으로는 Robert Darnton, *The Literary Underground of the Old Regime*(Cambridge, Mass., 1982), chap. 6; Roger Chartier, *Les Originesculturelles de la Révolution française*(Paris, 1990)를 보라. 프랑스 관용구인 "그것은 볼테르의 잘못이라네, 그것은 루소의 잘못이라네"(C'est la faute à Voltaire, c'est la faute à Rousseau)는 계몽사상가의 저작이 프랑스혁명과 직접 연결되었다는 관념을 담고 있다.

2 C.-G. de Lamoignon de Malesherbes, *Mémoires sur la liberté de la presse*, 1788년에 썼지만 1809년에 발간됨(Geneva, 1969, 영인본), p.300.

3 Robert Darnton, *The Business of Enlightenment: A Publishing History of the Encyclopé-*

die, 1775~1800(Cambridge, Mass., 1968). 나는 이 주제의 다양한 면모를 다룬 논문집을 두 권 발간했다. *The Literary Underground of the Old Regime; Gens de lettres, gens du livre*(Paris, 1992). 나는 이 책을 준비하는 과정에서 프랑스어로 책을 한 권 썼다. *Edition et sédition. L'Univers de la littérature clandestine au XVIIIe siècle*(Paris, 1991). 여기에서 비슷한 주제를 다루고 있다 해도, 이것은 책 그 자체보다는 출판업자와 서적상을 집중적으로 다루고 있다. 하지만 금서 전체에 관한 완전한 정보를 담고 있지는 않다.

1장 외투 밑의 철학

1 이 계산을 하기 위해 Félix Rocquain, *L'Esprit révolutionnaire avant la Révolution, 1715~1789*(Paris, 1878)의 부록을 이용했다. 해마다 고발된 책의 대부분은 단지 국부적인 소책자였다. 대부분은 불 속에 들어가는 대신 국무회의(오늘날의 최고행정재판소)나 파리 고등법원의 명령에 따라 단순히 '폐기'되었다. 이것은 경찰에 체포될 경우 몰수당하고, 그것을 판 사람은 벌금형이나 금고형을 받는다는 의미를 지니고 있었다.

2 도서 출판을 감독하는 관리들이 편찬한 완전한 목록은 프랑스 국립도서관(ms. fr. 21928~21929)에서 찾을 수 있다. 이 목록에는 1696년부터 1773년까지 모든 종류의 책 1,563가지 제목이 들어 있다. 그 중 다수는 한 번도 인쇄되지 않았다. 그러나 이 목록은 정확하지 않으며, 혁명 전에 유통된 문학을 대표하지도 않는다. 도서 출판을 감독하던 조제프 데므리(Joseph d'Hémery는 자신이 주목한 책에 관한 기록을 남겼다. 그가 남긴 일지(프랑스 국립도서관, ms. fr. 22156~22165)도 값진 정보를 담고 있지만, 단지 1750년부터 1769년까지 나온 책만 다뤘다. 우리는 이 기록을 가지고 금서가 얼마나 방대한 전집을 형성했으며, 경찰이 그것을 통제할 능력이 없었다는 사실을 볼 수 있는 증거로 이용할 수 있다. 다음의 논문을 참조하라. Nelly Lhotellier, *Livres prohibés, livres saisis. Recherches sur la diffusion du livre interdit à Paris au XVIIIe siècle*(파리 제1대학의 미발간 석사논문, 1973); Marlinda Ruth Bruno, *The "Journal d'Hémery," 1750~1751; An Edition*(밴더빌트대학교 미발간 박사논문, 1977).

3 Hans-Christoph Hobohm, "Der Diskurs der Zensur: Über den Wandel der literarischen Zensur zur Zeit der 'proscription des romans'(Paris, 1737)," *Romanistische Zeitschrift für Literaturgeschichte*, vol. X (1986), p. 79.

4 프랑스 국립도서관, ms. fr. 21933~21934. 이들보다 앞선 등기부(mss. 21931~21932)는 1703~1771년의 기간에 대한 것이다. 그러나 대개는 압수 이유를 적어놓지 않았다. 나중에 나온 등기부에는 이러저러한 이유를 많이 달았다. 이 때문에 혼란스럽다. 그러나 다음에서 설명하듯, 가장 불법적이고 가장 위험한 책은 토를 많이 달아놓았기 때문에 가려낼 수 있다. 그래서 이 수서본은 금지된 문학을 구별하기 위한 값진 자료다.

5 Jean-François Pion of Pontarlier to the Société typographique de Neuchâtel(이하 STN으로 표기함), Nov. 21, 1771. 이것은 프티가 보낸 쪽지를 포함하고 있다. 프티는 프랑부르의 세관에 근무하는 '징세관(buraliste'이었다. papers of the STN, Bibliothèque publique et universitaire, Neuchâtel, Switzerland.

6 Poinçot to STN, Sept. 22, 1781에 접수한 편지; Poinçot to STN, June 1, 1781.

7 Veuve Baritel to STN, Sept. 9, 1774; "Livre de Commissions" of the STN, entry for Baritel's order of Sept. 9, 1774.

8 1768년 9월 24일, 파리 고등법원은 식료품가게 점원 장 바티스트 조스랑, 중고품상 장 레퀴예, 레퀴예의 아내 마리 스위스에게 유죄판결을 내렸다. 이들은 《기독교의 실상Le Christianisme dévoilé》《40에퀴짜리 인간L'Homme aux quarante écus》《아라스의 초La Chandelle d'Arras》와 함께 몇몇 비슷한 책을 팔았다. 이들은 각각 케 데조귀스탱, 플라스 데 바르나비트, 플라스 드 라 그레브에서 사흘 동안 '불경하고 부도덕한 중상비방문 판매자'라고 쓴 판을 목에 걸고 말뚝에 묶여 있어야 했다. 두 남자의 어깨에는 GAL이라는 문신을 새기고 갤리선의 노를 젓게 했다. 레퀴예는 5년, 조스랑은 9년 동안 노 젓는 벌을 받은 뒤 왕국에서 영원히 추방당했다. 레퀴예 부인은 5년 동안 살페트리에르 감옥에 갇혔다. 벌을 면제해주는 사면장이 발행되었지만 너무 늦었다. 프랑스 국립도서관, ms. fr. 22099, folios 213~221.

9 Charpentier, *La Bastille dévoilée, ou recueil de pièces authentiques pour servir à son histoire*(Paris, 1789), IV, 119.

10 A.-F. Momoro, *Traité élémentaire de l'imprimerie, ou le manuel de l'imprimeur*(Paris, 1793), pp. 234~235. 모모로는 '이 말은 앙시앵 레짐에서 생겼으며, 중상비방문, 다시 말해 국가·도덕·종교·대신·왕·법관들을 비방하는 모든 작품'을 포함한다고 말했다.

11 STN to J. Rondi, Sept. 9, 1773.

12 인용문의 출처를 순서대로 정리하면 다음과 같다. P.-J. Duplain to STN, Oct. 11, 1772; Manoury to STN, Oct. 4, 1775; Le Lièvre to STN, Dec. 31, 1776; Blouet to STN, Aug. 30, 1772; Audéart to STN, April 14, 1776; Billault to STN, Sept. 10, 1776.

13 Patras to STN, June 6, 1777, Rouyer to STN, June 9, 1781; Regnault le jeune to STN, Sept. 19 and Dec. 28, 1774.

14 Jean-Elie Bertrand of the STN in Neuchâtel to Frédéric-Samuel Ostervald and Abram Bosset de Luze in Geneva, April 19, 1777.

15 STN to Téron, April 6, 1774; Téron to STN, April 14, 1774; Téron to STN, April 23, 1774; Téron to STN, June 10, 1777.

16 Gabriel Grasset to STN, June 19, 1772; April 25, 1774.

17 그라세의 목록은 STN에 보낸 1774년 4월 25일 편지에 들어 있다. 샤퓌와 디디에의 목록은 1780년 11월 1일 편지에 있다.

18 뇌샤텔출판사의 비밀 목록은 표준의 합법 서적 목록 대여섯 가지와 함께 "Société typographique de Neuchâtel"이라는 딱지를 붙인 서류철 속에 있다. 과부 슈토크도르프의 서류와 함께 몰수된 목록은 프랑스 국립도서관에 있다(ms. fr. 22101, folios 242~249). 비텔Wittel에 대한 언급은 Quandet de Lachenal to STN, May 6, 1781을 보라. '침묵'을 지키라는 언급과 관련해서 모든 상황을 볼 수 있는 문서는 프랑스 국립도서관의 Noël Gille 문서(ms. fr. 22081, folios 358~366)이며, folio 364의 앞면에서 인용했다. 푸앵소는 서적출판행정총감인 르 카뮈 드 네

빌Le Camus de Néville의 비서이자 오른팔인 마르탱과 면담한 보고서를 남겼다(STN에 보낸 1783년 7월 31일 편지).

19 STN "Copie de lettres," entries from Aug. 12 to Sept. 19, 1776.

20 Laisney to STN, July 26, 1777; Prévost to STN, May 11, 1783; Malassis to STN, June 27, 1775. 다음의 편지도 참조하라. Teinturier of Bar-le-Duc to STN, Sept. 2, 1776; Guichard of Avignon to STN, April 16, 1773.

21 STN to Bergeret, July 6, 1773; Bergeret to STN, Aug. 7, 1773; STN to Bergeret, Aug. 17, 1773. STN과 믈룅의 프레보도 이와 비슷한 거래를 했다. Prévost to STN, April 10, 1777; STN to Prévost, April 15, 1777.

22 뇌샤텔출판사는 1775년 9월 24일 랭스의 카쟁에게 철학책의 최신 목록을 보내면서 책값을 확정하지 못해 유감임을 밝혔다. "이 범주의 책값은 당신도 아시다시피 대체로 아주 불규칙하며, 아주 다양한 상황에 따라 달라집니다."

23 Grasset to STN, April 25, 1774.

24 도서목록은 다음에서 찾을 수 있다. Décombaz to STN, Jan. 8, 1776; Chappuis et Didier to STN, Nov. 1, 1780; 그리고 1773년 스트라스부르에 있는 슈토크도르프의 가게에서 몰수한 서류; 프랑스 국립도서관, ms. fr. 22101, folios 242~249.

25 Malherbe to STN, Aug. 13, 1774.

26 Favarger to STN, Aug. 16, 1776, and Sept. 4, 1776.

27 예를 들어, Barret of Lyon to STN, April 10, 1772; Mossy of Marseilles to STN, March 12, 1777; Gay of Lunéville to STN, May 19, 1772; Audéart of Lunéville to STN, April 8, 1775; Le Baron of Caen to STN, Dec. 24, 1776.

28 Manoury to STN, June 24, 1783; Desbordes to STN, Jan. 12, 1773; Malassis to STN, Aug. 15, 1775; Baritel to STN, Sept. 19, 1774; Billault to STN, Sept. 29, 1776; Charmet to STN, Oct. 1, 1774; Sombert to STN, Oct. 25, 1776.

29 Bergeret to STN, Feb. 11, 1775; Charmet to STN, Sept. 30, 1775; STN "Livre de Commissions," entry for April 24, 1776, 루뎅의 말레르브가 보낸 주문서를 바탕으로.

30 Regnault to STN, July 6, 1774; Favarger to STN, Nov. 15, 1778, 뉘블라가 준 지침을 보고하는 편지; Jacquenod to STN, Sept. 1775(정확한 날짜 없음); Bornand to STN, Oct. 16, 1785, 바루아가 준 지침을 보고하는 편지

31 Blouet to STN, Sept. 10, 1773.

32 Guillon to STN, April 6, 1773; STN to Guillon, April 19, 1773.

33 François Michaut of Les Verrières to STN, Oct. 30, 1783.

2장 베스트셀러

1 물론 수많은 기관에서 1789년 이전 프랑스에서 있었던 온갖 종류의 활동에 관한 정보를 모

아놓았지만, 그들의 자료가 믿음직스럽지 못하다는 사실은 잘 알려졌다. 다음을 참조하라. Emmanuel Le Roy Ladurie, "Les Comptes fantastiques de Gregory King," in Le Roy Ladurie, Le Territoire de l'historien(Paris, 1973), pp. 252~270; Jacques Dupâquier, et al., Histoire de la population française(Paris, 1988) vol. II, chap. I; Bernard Lepetit, Les Villes dans la France moderne(1741~1840), pp. 445~449; Christian Labrousse and Jacques Lecaillon, Statistique descriptive (Paris, 1970).

전국적인 차원에서 체계적인 자료 수집이 이루어진 것은 대개 1806년의 인구조사로 거슬러 올라간다. 그리고 알퐁스 케틀레Alphonse Quételet의 업적이 최초의 과학적인 통계분석이다.

2 뇌샤텔출판사가 발송한 상품은 비교적 거의 다 목적지에 도착했다. 만일 도착하지 못한 경우, 출판사가 주고받은 서신에서 그 사고에 대해 언급하고 장부에 기록했다. 그러므로 뇌샤텔출판사의 문서는 어떤 책이 가장 많이 찾는 것이었으며, 또 어떤 책이 실제로 독자에게 전달되었는지 보여준다. 그러나 불행히도 서류에는 소매상인의 판매 현황에 대한 체계적인 정보가 들어 있지 않아서, 서적 배포 과정의 마지막 단계는 비교적 모호하게 남아 있다.

3 "Liste des imprimeurs de Nancy," January 1767, 서적감독관 조제프 데므리의 보고서와 주석: 프랑스 국립도서관, mss. fr. 22098, piece 81.

4 Ibid.

5 로렌의 여러 상인이 뇌샤텔출판사에 보낸 수백 통의 편지 가운데 마티외와 관련된 가장 중요한 편지는 달랑쿠르·바뱅·뒤베가 보낸 것이다.

6 특히 마티외가 1779년 12월 28일 뇌샤텔출판사에 보낸 편지를 보라. 그리고 로렌 지방의 서적사업에 대한 지식을 얻으려면 Almanach de la librairie (Parie, 1781)를 보라.

7 Matthieu to STN, April 7, 1772.

8 Matthieu to STN, August 7, 1774. 이 편지에는 그가 1772년 2월 24일과 4월 7일의 편지에서 주문한 것과 비슷한 내용이 들어 있다.

9 Cazin to STN, March 24, 1777. 카쟁은 바스티유에서 6주일을 보내고 나서, 자신은 그 비극적인 사건을 겪으면서 2만 리브르를 잃어버렸다고 주장했다. 그는 사업을 계속할 수 있을 만큼 회복했지만 사업 규모를 줄었으며, 위험을 피하려고 조심하게 되었다. 그가 뇌샤텔출판사에 보낸 1780년 1월 1일, 1783년 11월 17일, 1784년 7월 27일의 편지를 보라.

10 인용문은 본문에 나오는 순서대로 프티가 뇌샤텔출판사에 보낸 편지(1783년 6월 29일, 1783년 1월 20일, 1783년 8월 31일)에서 나왔다.

11 Petit to STN, Sept. 9, 1782; April 24, 1782; Oct. 24, 1783. 랭스에서 프티와 주로 경쟁하던 마르탱 위베르 카쟁은 과잉생산과 헐값에 팔기에 대한 프티의 견해를 뒷받침해주었다. Cazin to STN, January 1, 1780: "점점 청구서를 받기가 아주 힘들어지고, 실제로 전반적인 판매업이 과도한 생산량 때문에 파괴되었다는 사실을 귀사는 알아야 할 것입니다. 지난 몇 년 동안 40명에서 50여 명이나 되는 행상인이 프랑스 전국을 돌며 상품을 부당하게 팔았으며, 그들은 상품을 스위스·아비뇽·루앙 같은 곳에서 구했습니다. 그들은 현찰로 물건을 사들이는 방식으로 공급자들을 유혹합니다. 그런데 그들이 공급자들의 환심을 사고 신용을 얻고 나면, 그 뒤로는 맞돈

을 내고 사지 않습니다. 상인 가운데 이러한 사람들의 손에서 손해를 입지 않은 사람은 단 한 명도 없습니다. 모든(행상인은) 상품을 반값에 처분하면서 결국 파산하게 되고, 지방 전체에 독을 먹입니다. … 이 도시의 서적판매업은 완전히 망했습니다."

12 Petit to STN, May 31, 1780.

13 브장송의 기관들에 대해 자세히 알려면, 《1784년도 브장송과 프랑슈 콩테의 역사적 연감》 (*Almanach historique de Besançon et de la Franche-Comté pour l'année 1784*, Besançon, 1784)을 참조하라. 그리고 프랑슈 콩테가 프랑스 왕국에 합병된 1674년 이후 브장송이 행정 중심지로 발전한 배경에 대해서는 Claude Fohlen, *Histoire de Besançon*(Paris, 1965)을 참조하라.

14 Charmet to STN, April 18, 1777. 브장송의 《백과사전》 시장을 포함한 서적판매업에 대해서는 내가 쓴 *Business of Enlightenment*, pp. 287~294를 참조하라.

15 서적상의 아내는 책가게의 계산대에 앉아 회계를 보고 편지를 정리하고 책을 파는 중요한 역할을 맡았지만, 별로 주목받지 못했다. 그러나 그들의 중요한 역할에 대한 연구가 있다. Geraldine Sheridan, "Women in the Booktrade in Eighteenth-Century France," *British Journal for Eighteenth-Century Studies*, XV(1992), 51~69.

16 레날의 《철학적 역사》에 관해 덧붙여둘 것은 STN에서도 이 책을 출판했다는 사실이다. 이 출판사는 대개 창고에 쌓아놓은 책들 가운데 자기가 발간한 책을 더 많이 팔았다. 그러므로 책의 출처가 판매 기록에 어느 정도 반영되었다. 독자의 주의를 이러한 측면으로 돌리기 위해, 표 2.5(135~136) 베스트셀러의 전체 목록에서 STN이 발간한 저작의 제목에는 십자표(†)를 달아놓았다.

17 Charmet to STN, Oct. 18, 1775.

18 Charmet to STN, Oct. 18, 1775.

19 Charmet to STN, March. 7, 1777.

20 Charmet to STN, Sept. 4, 1779.

21 Charmet to STN, April. 28, 1780.

22 Mme Charmet to STN, Sept. 6, 1782.

23 Mme Charmet to STN, Nov. 15, 1782.

24 Mme Charmet to STN, Jan. 9, 1783.

25 Mme Charmet to STN, April. 13, 1783.

26 Mme Charmet to STN, April. 24, 1787.

27 Mme Charmet to STN, Aug. 16, 1784.

28 Charmet to STN. June. 20, 1777.

29 Charmet to STN, Sept. 6, 1782.

30 Charmet to STN, Feb. 20, 1778.

31 누페가 실제로 교환의 방식으로 뇌샤텔출판사에 《루이 15세의 사생활》을 공급했는지 우리가 이용한 자료만으로는 알 수 없다. 그의 관점에서 이해하기 위해서는 그가 STN에 보낸 편지(1781년 5월 10일, 6월 6일, 7월 6일)를 보라. STN과 샤르메의 관점에서 이해하려면 먼저 샤르메

가 STN에 보낸 1781년 5월 18일, 5월 30일, 7월 18일 자 편지, 그리고 STN이 샤르메에게 보낸 1781년 6월 12일, 7월 22일 자 편지를 보라.

32 1781년 6월 9일 STN에 보낸 편지에서 샤르메는 데리슬 드 살의 《자연의 철학Philosophie de la Nature》을 다시 찍지 말라고 충고했다. "나는 이 작품이 낡아빠졌다고 생각합니다. 대체로 모든 철학책이 그렇습니다. 벌써 1년 이상 찾는 사람이 별로 없습니다." 이 경우 샤르메는 '철학'이라는 말을 철학논문을 지칭하기 위해 정상적인 의미로 쓰고 있다.

33 Charmet to STN, April 17, 1782. 또한 1782년 10월 2일 자 편지에서 샤르메는 자의적인 정부에 대한 미라보의 공격이 특히 브장송 고등법원과 관련된 변호사와 판사의 마음을 사로잡기 바란다고 썼다. 1777년 4월 18일, 그는 독자들이 그에 못지않게 솔직한 논문 《랭게 선생이 베르젠 백작에게 보낸 편지Lettre de M. Linguet à M. le comte de Vergennes》를 앞다투어 얻기 위해 넘어지고 있다고 썼다. "어떤 사람은 4루이에서 5루이(96리브르에서 125리브르 사이의 엄청난 값이다)까지 지불했습니다."

34 Charmet to STN, Nov. 8, 1774.

35 Charmet to STN, Sept. 30, 1775. 《개요》는 비슷한 종류의 중상비방문 《시테라의 신문, 또는 유럽의 주요 도시에서 방금 도착한 정사 이야기, 영어판의 프랑스어 번역, 끝부분에 뒤바리 백작부인의 생애에 관한 역사적 개요를 덧붙였음La Gazette de Cythère, ou aventures galantes et récentes arrivées dans les principales villes de l'Europe, traduite de l'anglais, à la fin de laquelle on a joint le Précis historique de la vie de Mad. la comtesse du Barry, London》(1774)과 함께 발간되었다.

36 Charmet to STN, Oct. 12, 1781. 이 경우 샤르메는 그의 '첩자들'을 혼동한 것 같다. 왜냐하면 10권짜리 《영국인 첩자》는 원래 인쇄지를 런던이라고 하여 1777년에 나온 4권짜리 《영국인 관찰자, 또는 얼아이 각하와 얼이어 각하 사이의 은밀한 통신L'Observateur anglais, ou correspondance secrète entre Milord All'Eye et Milord All'Ear》의 증보판이었다.

37 Charmet to STN, Aug. 28, 1782.

38 남부와 달리 북동부에 문자해독률이 높은 것과 관련해서는 다음을 참조하라. Michel Fleury and Pierre Valmary, "Les Progrès de l'instruction élémentaire de Louis XIV à Napoleon III," Population, XII(1957), 71~92; François Furet and Jacques Ozouf, Lire et écrire: L'alphabétisation des français de Calvin à Jules Ferry(Paris, 1977).

39 Etat et description de la ville de Montpellier, fait en 1768. J. 베르텔레Berthélé는 이 작자 미상의 책을 《두 개의 미발간 원고를 바탕으로 본 1768년과 1836년의 몽펠리에Montpellier en 1768 et en 1836 d'après deux manuscrits inédits, Montpellier》(1909)로 발간했다. pp. 52, 57에서 인용했다.

40 Ibid., pp. 27 and 55.

41 Manuel de l'auteur et du libraire(Paris, 1777), p. 67. 이 지방의 서적판매업에 관한 배경을 이해하기 위해서는 다음을 보라. Madeleine Ventre, L'Imprimerie et la librairie en Languedoc au dernier siècle de l'ancien *régime*(Paris and The Hague, 1958).

42 Jean–François Favarger to STN, Aug. 29, 1778. 1764년 몽펠리에에는 서적상 네 명과 인쇄업자 두 명이 있었다(Ventre, Ibid., pp. 227~228 참조). 포르는 과부 공티에의 동업자였다. 또한 리고의 회사와 퐁스의 회사는 1777년에 나온 《저자와 서적상 지침서》에 따로 등록되어 있지만, 1770년 하나가 되어 이자크 피에르 리고의 지휘를 받았다. 《지침서》는 대체로 믿을 만한 자료라고 할 수 없다.

43 어떤 사람은 익명의 청원서(날짜도 적지 않았지만 1754년에 나온 것으로 추정)를 서적출판행정총감에게 보냈다. 프랑스 국립도서관, Ms. fr. 22075, fo. 229. 도피네 지방에서 온 농민들이 불법 서적을 팔러 다니는 행위에 대해서는 ibid., fo. 234, "Mémoire remis à M. de Saint Priest" by Eméric David of Aix를 참조하라.

44 이 보고서(1754년 7월 24일)도 ibid., fo. 355.

45 *Ventre, L'imprimerie et la librairie en Languedoc*, p. 227.

46 Rigaud to STN, May. 23, 1777.

47 Rigaud to STN, Oct. 25, 1771.

48 Rigaud to STN, June 29, 1774. 관세법에 대해 자세히 알려면 내가 쓴 논문을 보라. "Reading, Writing, and Publishing in Eighteenth–Century France: A Case Study in the Sociology of Literature," *Daedalus*(Winter 1971), 231~238.

49 예를 들어 리고는 볼테르의 《백과사전에 관한 질문》의 정품을 주네브의 가브리엘 그라메에게 주문하기를 거부했다. 그는 뇌샤텔출판사에서 위조품을 싼값에 사들여 돈을 절약하고자 했기 때문이다. 그러나 그는 뇌샤텔출판사가 형편없는 종이를 사용하고 발송도 훨씬 느리다는 사실을 알았다. Rigaud to STN, Nov. 9, 1770: "어제 주네브의 그라메 선생이 발송한 편지가 도착했는데, 거기서 그는 우리 동료 가운데 한 사람에게 상품을 발송했음을 알려주었고, 우리가 그에게 주문하지 않았다는 사실에 놀랐다고 말했습니다. 이 같은 편지를 받고 아주 짜증이 났습니다. 우리는 귀사에 곧장 주문하면서 더 좋은 값에 더 빨리 물건을 받기를 기대했습니다. 그러나 매우 유감스럽게도 우리는 물건을 남보다 빨리 받지 못했음을 알았습니다. 이 문제는 아주 중요합니다." 1771년 8월 28일, 참을 만큼 참은 리고는 이렇게 썼다. "우리는 5천이나 6천 리그 정도 떨어져 있는 것 같습니다."

50 Cézary to STN, June. 25, 1781.

51 뇌샤텔출판사를 위한 몽펠리에의 대리인 시로는 세자리의 재정 상태를 분석하여 1779년 6월 5일에 보고했다. 다음의 회계는 시로의 편지뿐 아니라 뇌샤텔출판사의 지방대리점 사장 비알라르의 편지, 그리고 세자리의 편지에도 바탕을 두었다.

52 Cézary to STN, June. 25, 1781.

53 18세기 독서실에 관해서는 비교적 많이 알려지지 않았다. 이 주제를 미리 답사하기 위해서는 다음을 보라. Jean–Louis Pailhès, "En marge des bibliothèques: l'apparition des cabinets de lecture," in *Histoire des bibliothèques françaises*(Paris, 1988), pp. 415~421; Paul Benhamou, "The Reading Trade in Pre-revolutionary France," *Documentatieblad Werkgroep Achttiende Eeuw*, vol. 23(1991), 143~150; 내가 쓴 《출판과 반란Edition et sédition》, pp. 80~86와 "First Steps Toward a History of Reading," *Australian Journal of French Studies*, XXIII(1986), 5~30.

54 Fontanel to STN, May. 11, 1773.

55 Fontanel to STN, March. 4, 1775.

56 Fontanel to STN, Jan. 18, 1775.

57 Fontanel to STN, Jan. 24. 1781.

58 Fontanel to STN, May. 24, 1782.

59 Fontanel to STN, May. 18, 1781.

60 Fontanel to STN, March. 6, 1781.

61 Vialars to STN, Nov. 3, 1784.

62 Vialars to STN, Aug. 30, 1784.

63 Rigaud to STN, March. 23, 1774.

64 Rigaud to STN, April. 15, 1774, and June. 2, 1780.

65 Rigaud to STN, Sept. 23, 1771.

66 Rigaud to STN, Feb. 8, 1782.

67 Rigaud to STN, Nov. 22, 1779.

68 Rigaud to STN, July. 12, 1782.

69 Rigaud to STN, July. 27, 1771.

70 Rigaud to STN, July. 30, 1783.

71 Rigaud to STN, Aug. 15, 1777. 리고가 주문한 《편지》는 《랭게 선생이 프랑스 외무대신 베르젠 백작에게 보낸 편지Lettre de M. Linguet à M. le comte de Vergennes, ministre des affaires étrangères en France, London》(1777)였다. 이 작품은 혁명 전에 나온 정치논문 가운데 가장 대담하고 인기 있는 것이었다.

72 Rigaud to STN, July. 30, 1783.

73 반항적인 문학에 대해 정부가 결정적으로 내린 조치는 1783년 6월 12일 외무대신 베르젠 백작이 내린 명령이었다. 그는 왕국으로 들어오는 모든 책을 목적지에 상관 없이 파리 서적상 조합위원회의 검사를 반드시 거치도록 규정했다. 이 조치는 왕령의 형식으로 나오지 않았기 때문에 역사가들의 주목을 받지 못했지만 아주 큰 효과를 거두었다. 내 논문 "Reading, Writing, and Publishing in Prerevolutionary France," 226~238을 참조하라.

74 내가 이미 사례 연구 몇 가지를 출판했기 때문에 여기에서는 굳이 다시 말하지 않기로 했다. 내가 쓴 《출판과 반란》의 3~6장을 보라. 그리고 "The World of the Underground Booksellers in the Old Regime," and "Trade in the Taboo: The Life of a Clandestine Book Dealer in Prerevolutionary France," in Paul J. Korshin, ed., *The Widening Circle: Essays on the Cir-*

culation of Literature in Eighteenth-Century Europe(Philadelphia, 1976), pp. 11~83을 보라.

75 이상의 묘사에는 불법 판매업에 종사한 가장자리 사람들, 특히 서적행상인 대부분에 관한 정보가 많이 들어 있지 않다. 서적행상인과 그의 판매업에 대한 사례 연구로는 《출판과 반란》의 3장을 보라.

76 André to STN, Aug. 22, 1784.

77 뇌샤텔출판사의 문서고와 출판사 자체의 역사에 대해서는 다음을 참조하라.

John Jeanprêtre, "Histoire de la Société typographique de Neuchâtel, 1769~1798," *Musée neuchâtelois*(1949), 70~79, 115~120, and 148~153; Jacques Rychner, "Les Archives de la Société typographique de Neuchâtel," *Musée neuchâtelois*(1969), 1~24.

78 18세기 말 프랑스에서 출판업자가 나타나는 배경에 관한 적절한 연구는 아직 없다. 단지 샤르티에와 마르탱이 편찬한 책을 통해 여기저기 흩어진 정보를 조금 모을 수 있을 뿐이다.

Chartier et Martin eds., H*istoire de l'édition française*, vol. II: *Le livre triomphant 1660~1830* 참조. 이처럼 새로운 사회 부류에 대한 가장 훌륭한 논평은 아직까지 발자크Balzac의 작품 (*Illusions perdues*)에서 찾을 수 있다. 영국과 독일의 학자들은 좀더 연구를 발전시켰다. Philip Gaskell, *A New Introduction to Bibliography*(New York and Oxford, 1972), pp. 297~311; Reinhard Wittmann, *Geschichte des deutschen Buchhandels. Ein Überblick*(Munich, 1991), pp. 111~142.

79 이러한 종류의 잔꾀에 대한 논의는 뇌샤텔출판사의 문서에서 많이 찾아낼 수 있다. 마스트리히트의 뒤푸르, 루앙의 마쉬엘, 리옹의 바레의 문서를 참고하라.

80 교환이 실제로 어떻게 이루어졌는지에 관한 정보는 뇌샤텔출판사의 문서에 흩어져 있다. 3대 출판사의 동맹에 관한 자료는 대부분 ms. 1235에 모여 있다.

81 이 사건의 경제학에 대해서는 내가 쓴 《문인들, 출판업계 사람들Gens de lettres, gens du livre》(pp. 219~244)을 보라. 그리고 이 사건의 정치학에 대해서는 Charly Guyot, "Imprimeurs et passeurs neuchâtelois: l'affair du Système de la Nature(1771)," *Musée neuchâtelois*(1946), 74~81 and 108~116을 보라.

82 STN to Mossy of Marseille, July. 10, 1773.

83 STN to Astori of Lugano, April. 15, 1773.

84 Mossy to STN, Aug. 4, 1777.

85 Matthieu to STN, April. 23, 1771.

86 이미 설명했듯이 뇌샤텔출판사는 본격적인 금서를 많이 발행하지 않았다. 그러나 그들은 금서 분야의 전문가들과 교환을 통해 금서를 보유했고, 손님들에게 공급해주었다. 따라서 통계는 출판사보다는 도매상으로 활동한 결과에서 나왔다고 볼 수 있다. 그들이 '철학책'을 직접 생산하는 예외적인 경우에, 그 책은 출판사의 보유목록과 판매목록에서 여느 경우와 달리 중요한 위치를 차지했다. 그리고 서적상들도 뇌샤텔출판사에서 공급하는 다른 책보다 그 책을 더 많이 주문하는 경향을 보였다. 그런데도 뇌샤텔출판사는 시장 형편을 조심스럽게 살펴보지 않고는 이러한 책을 재발간하지 않았다(우리는 시대착오처럼 들리기는 해도 이들의 행위를 '시장 조사'라고 말

할 수 있다). 이에 대해서는 내가 쓴 논문 "Sounding the Literary Market in Prerevolutionary France," *Eighteenth-Century Studies*, XVII, 1984, 477~492를 참고하기 바란다. 그래서 돌바흐의 《자연의 체계》와 레날의 《철학적 역사》처럼 뇌샤텔출판사에서 발행한 작품은 비록 베스트셀러 목록에서 상위권에 들지는 못했어도 실제로는 베스트셀러였다.

뇌샤텔출판사는 1780년대에 계속해서 프랑스에 금서를 팔았다. 그러나 1783년 6월 프랑스 정부가 수입책에 대한 규제를 강화한 결과 그 사업을 삭감했다. 이 점에 대해서는 내 논문 "Reading, Writing, and Publishing," 226~238를 참고하기 바란다. 그러므로 미라보의 《봉인장과 국립감옥에 대하여》(1782)와 랭게의 《바스티유 회고록》(1783) 같은 작품은 아마 뇌샤텔출판사의 판매 실적에서 얻은 통계에 나타난 실적보다 더 많이 팔렸을 것이다. 끝으로 뇌샤텔출판사의 판매 유형에는 지리적인 편향성이 끼어들 가능성이 있다. 통계는 저지대 지방에서 발행된 서적보다는 스위스에서 생산된 서적에 유리한 결과를 보여줄 수 있기 때문이다. 비록 뇌샤텔출판사가 헤이그의 고스, 마스트리히트의 뒤푸르, 리에주의 플롱퇴, 노이비트출판사 같은 업자들과 광범위하게 사업을 했다고는 하지만, 그들은 스위스 출판사들과 가장 활발하게 책을 교환했다. 뇌샤텔출판사가 볼테르의 저작을 많이 팔았다는 사실에서 우리는 공급 측면에 스위스 편향성이 끼어드는 것을 볼 수 있을 것이다. 하지만 그들은 돌바흐와 그의 동아리의 책도 많이 팔았다. 그러나 뇌샤텔이 돌바흐의 《자연의 체계》를 직접 발행한 것을 제외하고 이러한 책은 대부분 네덜란드에서 발간되었다. 나는 네덜란드와 스위스 출판업자들이 강한 상업적 경쟁관계에 있었다는 징조를 발견했지만, 나는 그들이 출판한 프랑스 금서가 기본적으로 다른 종류였다는 증거를 찾아내지는 못했다.

87 《루이 15세의 사생활》을 빼고 모든 작품은 출판사가 판매하는 금서목록에서도 중요한 자리를 차지한다.

88 돌바흐와 그의 동아리의 작품 출판, 그리고 그러한 작품의 저자와 출판인을 밝히는 문제에 대해서는 다음을 보라.

Jeroom Vercruysse, *Bibliographie descriptive des écrits du baron d'Holbach*(Paris, 1971).

89 서적상들은 종종 대중의 눈에 띄는 작가들이 누구인지 암시했다. 예를 들어 1783년 3월 30일 뇌샤텔출판사에 보낸 편지에서 브뤼셀의 들라예는 이미 메르시에의 《파리의 모습》을 다량으로 판 경험에 비춰 자기는 이 작가가 새로 쓴 작품이라면 보지 않고서도 200부를 살 용의가 있다고 말했다. "귀사는 그것이 저 유명한 메르시에 선생의 작품이 틀림없고, 참으로 재미있다고 보장하시니까요." 그런데 서적상의 편지에서 가장 자주 언급되는 저자들은 볼테르·루소·레날·메르시에·랭게였다. 저자 목록의 꼭대기에 있는 다른 사람들은 결코 잘 알려지지 않았다. 왜냐하면 그들은 여전히 익명성에 싸여 있었기 때문이다.

90 《신 엘로이즈》가 거둔 경이로운 성공은 다니엘 모르네의 초기 연구 "Le Texte de *La Nouvelle Héloïse* et les éditions du XVIIIe siècle," *Annales de la société J.-J. Rousseau*, V, 1909, 1~117에 처음 소개되었다. 지금 옥스퍼드의 볼테르재단Voltaire Foundation in Oxford에서 조앤 매키천Jo-Anne McEchern의 지휘 아래 출판되고 있는 《1800년까지 나온 장 자크 루소의 작품의 서지학Bibliography of the Writings of Jean-Jacques Rousseau to 1800》덕택에 우리는 루소 작품의 모든 판본에 대해 더 정확히 알 수 있을 것이다. 매키천 박사는 1762년과 1770년 사

이에 나온 《에밀》의 판본이 19가지가 있음을 밝혔다. 그는 1770~1790년의 기간에는 겨우 8개를 찾아냈는데, 그 중 6개가 같은 출판사에서 나왔다. 그래서 그 작품의 수요는 시장에 그 작품이 널리 퍼지면서 수그러들었다고 볼 수 있다. 뇌샤텔출판사에서 모두 6권의 미미한 수만 주문받았다는 사실로 이 가설을 확인할 수 있다. 《에밀》은 출판사가 은밀히 돌린 상품목록 여섯 가지 가운데 단 하나, 그리고 경찰이 급습하여 몰수한 목록 열 가지 가운데 두 군데에서 나타난다. 하지만 그것은 파리 세관에 12번 몰수당했다. 그 중 7번은 1771년 한 해에 몰수당한 횟수다. 나는 이 자리를 빌려 매키천 박사가 아직 발간되지 않은 연구 결과를 친절하게 보여주신 데 대해 감사한다. 그것은 《서지학》 제2권(*Bibliography: Emile, ou de l'éducation, Oxford*, 1987)이다.

91 Barret to STN, Aug. 13, 1779.

92 뇌샤텔출판사에 해적판을 만들 만한 책 정보와 함께 실물을 보내주던 파리의 서적상 피르는 1776년 3월 23일 이렇게 보고했다. "나는 디드로 선생의 개별 작품을 보내지 않겠습니다. 그것들을 찾기도 아주 어렵거니와 전집으로 발간하는 것보다 비용이 더 많이 들 테니까요. 귀사는 전집류를 이곳(파리)보다는 리옹에서 훨씬 싸게 구할 수 있을 것입니다." 물론 디드로의 《라모의 조카Le Neuveu de Rameau》처럼 가장 중요한 작품 가운데 일부는 18세기에 발간되지 않았다. 뇌샤텔출판사에 들어온 주문으로 볼 때(아홉 번 주문에 33질) 그의 전집류는 아주 잘 팔렸다. 그러나 오늘날 그보다 훨씬 덜 유명한 그레쿠르Grécourt 같은 사람(열두 번 주문에 56질)보다는 덜 팔렸다.

93 이 표에는 루소가 죽은 뒤에 예전의 전집을 보완하기 위해서 발간한 11권짜리 작품집(*Oeuvres posthumes*)의 판매량은 포함되지 않았다. 이 작품집은 16회 주문에 107질이 팔렸다.

94 이처럼 문제를 제기한다고 해서 문학사가에게 위대한─위대함은 문화와 얽힌 문제이기는 해도─책의 연구를 포기하라고 주장하는 것은 아니다. 더군다나 실증주의의 부활을 찬성하려는 의도도 없다. 나는 경험적 연구를 통해 문학 수요의 유형을 발견하는 일이 중요하다고 생각한다. 그러나 나는 그에 못지않게 사람들은 책을 어떻게 읽었고, 취향은 어떻게 형성했으며, 문학은 문화와 사회 속에서 다른 요소와 어떤 관계를 맺는지를 생각하는 것도 아주 중요하다고 생각한다.

95 분류 체계에서 두 개 하위범주가 특히 문제를 불러일으킬 만하다. 첫째, '무신앙적 상스러움, 포르노그래피irreligious ribaldry, pornography'는 주로 종교에 관한 작품의 전반적인 항목이나 주로 성에 관한 작품의 항목에 놓을 수 있는 것이다. 나는 개별 책을 분류하는 가운데 본문의 무신앙적 요소의 상대적 무게를 임의로 포르노그래피성 요소들에 반대되는 것으로 결정해야 했다. 이 작업은 음란한 성격과 반성직자적 성격을 동시에 가진 책에는 좀처럼 통하지 않는 것이다. 나는 본문의 성격을 왜곡할 위험을 최소화하기 위해 《아레티노》《오를레앙의 처녀》, 그리고 심지어 《…동 부그르 이야기》 같은 책들을 '종교'라는 상위 항목 아래 '무신앙적 상스러움, 포르노그래피'라는 합성어 항목에 넣었다. '성'이라는 상위 항목 아래에 놓아도 마찬가지로 잘 통할 수 있었다. 독자는 하위범주를 옮겨놓음으로써 이 같은 편향성을 허용할 수 있을 것이며, 그 경우 금서의 전체 목록을 더 음란하게 보이게 만들 것이다. 두 번째로 문제를 불러일으킬 하위범주 '일반 사회·문화 비판General social, cultural criticism'은 볼테르의 《철학서간》, 레날의 《철학적 역사》, 메르시에의 《파리의 모습》 같은 작품을 포함하고 있다. 이들은 수많은 전선에서 앙시앵 레짐의 정통

가치를 공격했지만, 18세기에 넓은 의미로 이해하고 있던 '철학'을 표현했다. 따라서 이들을 '철학'이라는 상위 항목에 속한 총괄적인 하위 항목에 포함시켰다. 임의로 분류한 결과 생기는 왜곡은 이 책의 자매편에서 '수요의 통계'를 연구하면서 수정할 수 있었다. 자매편에는 분야에 따라, 그리고 '기본 대조표'에서 각 제목마다 자세한 정보를 다시 붙여가면서 배치한 베스트셀러에 관한 정보를 실었다. 물론 '기본 대조표'도 자매편에 실었다.

96 내가 이용한 상품 목록은 뇌샤텔출판사의 문서고에 각 출판업자의 이름으로 분류되어 있다. 그것은 다양한 크기의 다양한 판본을 소개하고 있다. 삽화가 있는 것과 삽화가 없는 것도 구별해서 실었다. 대부분의 값은 도매상이 내놓는 '서적상 가격prix de libraire'이다.

97 랭게의 《바스티유 회고록》은 《국무회의에 드리는 청원서》와 《랭게 선생이 프랑스 외무대신 베르젠 백작에게 보낸 편지》처럼 불티나게 팔렸던 작품을 본떠서 나왔다. 이들은 모두 소논문 형태로 여론에 호소했다. 미라보의 《봉인장과 국립감옥에 대하여》는 베스트셀러 목록에서 차지하는 위치로 볼 때 아마 랭게의 작품보다 더 잘 팔렸을 것이다. 왜냐하면 그것은 뇌샤텔출판사가 프랑스에서 사업 축소를 시작하기 직전인 1782년에야 비로소 발간되었기 때문이다. 미라보는 랭게만큼 과장법을 사용했지만, 개인적인 성격은 비교적 덜한 편이다. 미라보는 왕권의 남용에 대해 객관적인 논문을 쓴다고 자처했고, 자신의 경험을 말하는 대목도 대부분 서론과 후반부에 한정했다. 그것은 익명으로, 그리고 심지어는 '사후에' 나왔지만, 미라보가 저자라는 사실은 공개된 비밀이었다.

98 모푸를 공격하는 선전은 샌티 싱엄Shanti Singham이 준비하고 있는 책에서 자세히 분석할 것이다. 전반적인 위기를 다룬 최근의 저서로는 Durand Echeverria, *The Maupeou Revolution, a Study in the History of Libertarianism: France, 1770~1774*(Baton Rouge, 1985)를 보라.

99 물론 책과 소책자의 의미는 어떻게 읽느냐에 달려 있다. 우리는 제4장에서 이 문제를 제기하지만 해결하지는 못한다. 나는 이 문제를 이 책을 쓴 이후에 좀더 자세히 다루고 싶다. 하지만 그동안이라도 나는 당시 사람들이 혁명 전의 위기를 어떻게 이해했는지 조사하기 위해 노력한 내 박사학위 논문 "Trends in Radical Propaganda on the Eve of the French Revolution, 1782~1788"(Oxford, 1964)을 독자에게 권하고 싶다.

100 18세기 인쇄 출판에 관한 백과사전식의 정보를 훑을 수 있는 책으로는 Jean Sgard, ed., Dictionnaire des journaux 1600~1789(Oxford, 1991), 2 vols를 보라. 그리고 그보다 더 오래된 종합적 연구로는 Claude Bellanger and others, *Histoire générale de la presse française*(Paris, 1969), vol. I이 있다. 또한 아주 오래 전에 나왔지만 무척 유익한 저작이 있다. Eugène Hatin, *Histoire politique et littéraire de la presse en France*(Paris, 1859~1861), 8 vols. 그리고 모푸가 일으킨 정변은 별로 다루지 않았지만, 다이아몬드 목걸이 사건을 많이 다룬 《가제트 드 라이덴》에 대해서는 Jeremy D. Popkin, *News and Politics in the Age of Revolution. Jean Luzac's Gazette de Leyde*(Ithaca, 1989)를 보라. 끝으로 수기신문장이(nouvellistes)에 대해서는 Frantz Funck-Brentano, Les Nouvellistes(Paris, 1905)를 보라.

3장 철학적 포르노그래피

1　Nicolas-Edmé Restif de la Bretonne, *Le Pornographe ou Idées d'un honnête homme sur un projet de règlement pour les prostituées*(London, 1769; reprinted in *L'Enfer de la Bibliothèque Nationale* [Paris, 1985], vol. II).

2　포르노그래피의 개념에 들어 있는 시대착오적인 성격에 대해 다소 과장해서 논의하고 있는 쟁점을 보려면, Peter Wagner, *Eros Revived: Erotica of the Enlightenment in England and America*(London, 1988)를 보라. 18세기 프랑스에서 아레티노의 영향을 완전히 파헤친 박사학위 논문이 있다. Carolin Fischer, *Die Erotik der Aufklärung. Pietro Aretinos Ragionamenti als Hypotext des Libertinen Romans in Frankreich*(Freie Universität, Berlin, 1993)를 보라. 근대 초 성애를 다룬 문학에 싹트고 있는 학문적 성과에 대해서는 특히 다음을 참조하라. Jean-Pierre Dubost, Eros und Vernunft. Literatur und Libertinage(Frankfurt-am-Main, 1988); François Moureau and Alain-Marc Rieu, eds., *Eros philosophe. Discours libertins des Lumières*(Geneva and Paris, 1984); Lynn Hunt, ed., *The Invention of Pornography. Obscenity and the Origins of Modernity, 1500~1800*(New York, 1993).

3　Walter Kendrick, *The Secret Museum: Pornography in Modern Culture*(New York, 1987); Jeanne Veyrin-Forrer, "L'Enfer vu d'ici," *Revue de la Bibliothèque Nationale*, 14(1984), 22~41; Annie Stora-Lamarre, *L'Enfer de la IIIe République. Censeurs et pornographes*(1881~1914)(Paris, 1990).

4　이러한 말은 파리 세관에서 압수한 책의 등록부 어디에서나 볼 수 있다. 프랑스 국립박물관, mss. fr. 21931~21934. 그러나 '남녀 애정에 관한'(galant)이라는 말에는 가끔 '음란한'(obscène)이라는 뜻이 포함되었다.

5　Malesherbes, *Mémoires sur la librairie et sur la liberté de la presse*(Geneva, 1969 reprint), pp. 89~90.

6　Diderot, "Salon de 1765," quoted in Jacques Rustin, "Preface" to the reprint of *Vénus dans le cloître in Oeuvres érotiques du XVIIe siècle. L'Enfer de la Bibliothèque Nationale*(Paris, 1988), VII, 307.

7　*Thérèse philosophe, ou Mémoires pour servir à l'histoire du Père Dirrag et de Mademoiselle Eradice*, reprinted in *L'Enfer de la Bibliothèque Nationale*(Paris, 1986), V, 102.

8　Sade, *Histoire de Juliette in Oeuvres complètes*(Paris, 1967), VIII, 443.

9　경찰의 보고서 본문과 1749년의 상황에 관한 논의를 보려면, 내가 쓴 《문인들, 출판업계 사람들》의 "Les Encyclopédistes et la police"를 보라.

10　J.-F. Barbier, *Journal historique et anecdotique du règne de Louis XV*(Paris, 1851), III, 89~90, 1749년 7월의 일기. "그들은 문인이며 재사인 디드로도 체포했다. 그는 《계몽사상가 테레즈》라는 제목으로 나온 논문의 저자로 의심받고 있다…. 아주 매력 있고 아주 잘 쓴 이 책은 자연종교에 관해 지극히 강력하고 몹시 위험한 몇 가지 논의를 담고 있다."

11　Jacques Duprilot, "Nachwort," in *Thérèse philosophe. Erotische Küpferstiche aus fünf berühmten Büchern*(Dortmund, 1982), 특히 pp. 228~232. 이 글에서 《계몽사상가 테레즈》의 출판을 둘러싼 상황을 아주 충실하게 밝혀놓고 있지만, 디드로가 저자라는 사실을 충분히 납득시키지는 못한다. 이 작품의 배경에 관한 좀더 많은 정보를 원하면 Pascal Pia(Paris, 1979), Jacques Duprilot(Geneva, 1980), Philippe Roger(Paris, 1986)가 각각 서문을 써서 발간한 판본을 활용하라.

12 *Thérèse philosophe*, p. 69.

13 Ibid., pp. 58~59.

14 Ibid., p. 54.

15 Ibid., p. 87.

16 Ibid., p. 86.

17 Ibid., p. 95.

18 Ibid., p. 85.

19 Ibid., p. 101.

20 Ibid., p. 41.

21 Ibid., pp. 170, 175.

22 Ibid., p. 180

23 Ibid., p. 186.

24 이처럼 방대한 주제에 대한 가장 중요한 연구는 아직도 Ira O. Wade, *The Clandestine Organization and Diffusion of Philosophical Ideas in France from 1700 to 1800*(New York, 1967)이다. 이보다 뒤에 나온 연구로는 Olivier Bloch, ed., *Le Matérialisme du XVIIIe siècle et la littérature clandestine*(Paris, 1982)가 있다.

25 *Thérèse philosophe*, pp. 51, 53.

26 Ibid., p. 59.

27 Ibid., p. 87.

28 Ibid., p. 66.

29 Ibid., p. 54.

30 Otto Mayr, Authority, *Liberty, and Automatic Machinery in Early Modern Europe*(Baltimore, 1986) 참조.

31 Jean-Marie Goulemot, *Ces Livres qu'on ne lit que d'une main. Lecture et lecteurs de livres pornographiques au XVIIIe siècle*(Paris, 1991), p. 48. 참조.

32 Mirabeau, *Ma Convesion, ou le libertin de qualité*(London, 1783), reprinted in *L'Enfer de la Bibliothèque Nationale*, III, 38 참조.

33 Simon Henri Tissot, *L'Onanisme, dissertation sur les maladies produites par la masturbation* (Lausanne, 1760), and Goulemot, *Ces Livres qu'on ne lit que d'une main*, pp. 43~55.

34 *Thérèse philosophe*, p. 62.

35 *Thérèse philosophe, Erotische Küpferstiche*에는 수많은 도판을 재현해놓았다.

36 *Thérèse philosophe*, p. 170.

37 Ibid., pp. 186 and 189.

38 Ibid., p. 51

39 Herbert Dieckmann, *Le Philosophe. Text and Interpretation*(St. Louis, 1948).

40 *Thérèse philosophe*, p. 115.

41 Ibid., p. 112~113.

42 *Examen de la religion dont on cherche l'éclaircissement de bonne foi. Attribué à M. de St. Evremond. Traduit de l'anglais de Gilbert Burnet*(London, 1761), p. 24. *Thérèse philosophe*, p. 108. 《계몽사상가 테레즈》를 지은이는 "하느님은 어디에나 계십니다"라고 말할 때 실은 하느님이 존재하지 않는다는 뜻으로 말했다. 왜냐하면 다른 구절에서 그것은 범신론처럼 들리는 주장을 모든 것에 침투하는 유물론으로 바꿨기 때문이다(나는 〈검토〉의 1745년판을 구하지 못했기 때문에 1761년판에서 인용한다.) J.-M. Quérard, *Les Supercheries littéraires dévoilées*(Paris, 1847)에서 〈검토〉에 대한 항목을 보면, 케라르는 군장교인 라 세르La Serre를 〈검토〉의 저자라고 생각하며, 이 책은 1745년에 발간된 뒤 파리 고등법원에서 태워버리라는 판결을 받았다고 말한다. Ira Wade, *The Clandestine Organization and Diffusion of Philosophic Ideas in France from 1700 to 1750*, pp. 141~163에서 저자는 〈검토〉에 대해 훨씬 자세히 논의하고 있으며, César Chesneau de Marsais의 작품으로 생각한다. 뇌샤텔출판사는 1770년대와 1780년대에도 여전히 그 책을 팔고 있었다. 두 작품을 비교해본 결과, 나는 일관성 있는 양식을 발견했다. 《계몽사상가 테레즈》는 〈검토〉의 수많은 부분을 따오고 있으며, 말씨를 더 명쾌하고 더 무신앙적으로 바꾸는 경우가 자주 있어서, 전체적인 효과는 아주 다르다. 예를 들어 *Examen*, p. 141과 *Thérèse*, p. 112를 비교해보라. 그리고 *Examen*, pp. 24~27과 Thérèse, pp. 108~110의 내용을 비교해보라. 물론 두 작품 모두 당시에 유통되고 있던 제3의 작품이나 철학적 작품 원고 가운데에서 일련의 문장을 빌려왔을 가능성도 있다.

43 *Examen de la religion*, p. 141; *Thérèse philosophe*, p. 112.

44 *Thérèse philosophe*, pp. 112~113, 116.

45 Ibid., pp. 85~86.

46 Ibid., p. 94.

47 Ibid., p. 175. "사람이 이 세상에서 행복하게 살기 위해서 따라야 할 첫째 원리는 신사가 되는 것이며, 사회에서 우리의 상호 필요성을 함께 묶어주는 끈 같은 법률을 준수하는 일입니다."

48 Ibid., p. 190.

49 문자 해독능력의 문제를 다시 생각해보고, 적어도 프랑스 도시 지역의 문자해독률을 상향 조정할 필요에 대해서는 다음을 참조하라. Daniel Roche, *Le Peuple de Paris. Essai sur la culture populaire au XVIIIe siècle*(Paris, 1981), chap. 7; Roger Chartier, "Du Livre au lire," in Chartier, ed., *Pratiques de la lecture*(Paris, 1985).

50 우리는 18세기 프랑스에서 성애를 다룬 책의 독자가 누구인지 별로 알지 못한다. 뇌샤텔출판사의 통신문에서 우리는 출판사가 군 주둔지의 장교들을 대상으로 삼고 있는 경우를 볼 수 있지

만, 그 이상의 정보는 얻을 수 없다. 그림을 증거로 볼 때, 여성이 성적 자극을 얻기 위해 그러한 책을 읽기도 했다고 추정할 수 있다. 그러나 그림이 실제 행위와 일치하는지 아니면 그것도 남성의 공상의 산물인지 분명하지 않다. 자세한 내용은 다음을 참조하라. Erich Schön, *Der Verlust der Sinnlichkeit oder die Verwandlungen des Lesers. Mentalitätswandel um 1800*(Stuttgart, 1987), pp. 91~93; Goulemot, *Ces Livres qu'on ne lit que d'une main*, pp. 43~47.

51 예를 들어 포르노그래피에 대한 다음의 논의를 보라. Catharine A. MacKinnon, *Feminism Unmodified. Discourses on Life and Law*(Cambridge, Mass., 1987), part III.

52 *Thérèse philosophe*, p. 169. "두 마음이 공감하는 결과는 이렇게 나타납니다. 사람은 다른 사람의 기관을 이용해 생각하는 것처럼 보입니다."

53 이 같은 통계는 실제로 아주 복잡한 인구학적 유형을 아주 단순화시킨 것에 불과하다. 인구문제에 관해서는 다음을 보라. Jacques Dupâquier, et al., *Histoire de la population française*(Paris, 1988), II, 특히 8장~10장.

54 만일 인구학자들이 이 같은 주장을 본다면, 그들은 틀림없이 아무런 가치 없는 생각이라고 코웃음쳤으리라. 하지만 그들은 아직도 대부분의 유럽 국가들과 달리 왜 프랑스인들이 일찍부터 대대적으로 산아제한을 채택하여, 인구가 '전환기'(낮은 사망률에 높은 출생률의 시대)로 접어들어 폭발하는 것을 막을 수 있었는지 제대로 설명하지 못하고 있다. 이 시대 프랑스에서 나온 성애를 다루는 책 가운데 중단성교를 묘사하고 있는 책은 많다. 당시 사람들은 어떤 경우 이러한 내용을 거의 지침서처럼 읽었다. 예를 들어 《수녀들의 승리 또는 수다쟁이 수녀들》(*Le Triomphe des religieuses ou les nones babillardes*, 1748, reprinted in *L'Enfer de la Bibliothèque Nationale*, V, 223~226)을 보라. 《계몽사상가 테레즈》 같은 베스트셀러가 보급된 결과, 문맹자 가운데 산아제한에 관한 정보가 간접적으로 퍼졌으리라고 추측할 수 있다.

55 *Thérèse philosophe*, p. 58. 이와는 대조적으로 테레즈는 부유한 금융업자가 자기를 강간하려 할 때 싸워서 물리친다. p. 125.

56 Ibid., p. 175.

57 Ibid., p. 176.

58 Steven Hause and Anne Kenney, *Women's Suffrage and Social Politics in the French Third Republic*(Princeton, 1984)을 보라.

4장 이상향의 공상

1 이 해석은 루소가 1762년 《신 엘로이즈》를 발간한 뒤 독자들한테서 전에 없이 많이 받은 편지에 바탕을 두고 내린 것이다. 이에 대해서는 내가 쓴 *The Great Cat Massacre and Other Episodes in French Cultural History*(New York, 1984), chap. 6; Claude Labrosse, *Lire au XVIIIe siècle. La Nouvelle Héloïse et ses lecteurs*(Lyon, 1985)를 참조하라. 이 논점은 루소가 문화에 대해서 쓴 글, 특히 《달랑베르에게 보낸 연극에 관한 편지Lettre à d'Alembert sur les spectacles》를 읽은 결과로 얻었다. 이 논점을 더 자세히 참조하려면 다음을 보라. Ernst Cassirer, Jean Starobinski, and Robert Darnton, *Drei Vorschläge Rousseau zu Lesen*(Frankfurt-am-

Main), chap. 3; Darnton, "The Literary Revolution of 1789," *Studies in Eighteenth-Century Culture*, vol. 21(1991), 3~26.

2 혁명 전 메르시에의 경력을 가장 철저히 다룬 저작은 아직도 Léon Béclard, *Mercier, sa vie, son oeuvre, son temps d'après des documents inédits. Avant la Révolution*(1740~1789)(Paris, 1903)이다. 《2440년》의 출판 과정에 대한 역사로는 Everett C. Wilkie, Jr.의 탁월한 연구, "Mercier's L'An 2440: Its Publishing History During the Author's Lifetime," *Harvard Library Bulletin*, vol. 32(1984), 5~31, 348~400을 보라.

3 윌키Wilkie가 "Mercier's *L'An 2440*"에서 논증하듯이 이 작품은 결국 네 가지 판으로 남아 있다. 1771년에 나온 한 권짜리 초판, 1774년에 나온 가벼운 개정판, 1786년에 3권짜리로 많이 부풀린 판, 그리고 공화력 7년(1799)에 1786년판의 머리말을 늘려 3권으로 찍어낸 판. 나는 1771년판과 1775년판(1774의 개정판을 다시 찍은 책), 1786년판, 공화력 7년판을 비교하면서 연구했다. 편의상 여기에서는 1786년판에서 인용하기로 하겠다. 우리는 이 작품을 레이몽 트루송Raymond Trousson의 유익한 서문이 있는 슬라트킨영인본(Slatkine reprint)으로 이용할 수 있다(*L'An deux mille quatre cent quarante suivi de L'Homme de fer*, Geneva, 1979). 앞으로 이 작품을 《2440년L'An 2440》으로 인용하겠다. 그러나 1771년판이 대부분의 독자에게 보급된 기본 텍스트이므로 거기서 바뀌지 않은 부분만 인용하겠다.

4 이상향주의에 관한 수많은 비평서 가운데 가장 유익한 저작으로 《2440년》을 깊이 있게 논의하고 있는 것은 두 가지다. Bronislaw Baczko, *Lumières de l'utopie*(Paris, 1978); Frank E. and Fritzie P. Manuel, *Utopian Thought in the Western World*(Cambridge, Mass., 1979).

5 *L'An 2440*, I, 17.

6 인용한 순서에 따라, *L'An 2440*, III, 97; I, 133; I, 273.

7 Ibid., I, 51.

8 Ibid., I, 190. 메르시에는 192쪽부터 194쪽까지 긴 각주에서 중농주의자를 공격하고 있다.

9 Mercier, Preface to the edition of the Year VII(1799) in Ibid., ii.

10 Ibid., II, 110~112.

11 Ibid., II, 115.

12 Ibid., I, 43.

13 Ibid., I, 129.

14 Ibid., I, 29~30.

15 메르시에는 초판본의 여기저기에서 루이 14세를 비판했으나, 1786년판에서는 '루이 14세'라는 새로운 장을 넣어 집중적으로 비판했다. 특히 Ibid., I, 254~259를 보라.

16 메르시에는 종종 영Young에 대한 존경심을 표시했고, 《2440년》의 29장과 30장 사이에 비록 본 이야기와 상관 없는 것이기는 해도 '월식'이라는 시론을 추가했다. 그것은 '영의 취향에 따라' 단순히 슬픔을 자아내는 감상적인 부분이다. Ibid., I, 299.

17 Ibid., II, 94~95. '옥좌가 있는 방'이라는 이 장의 내용은 모든 판에서 똑같이 나타나지만, 메르시에는 나중에 나온 판에 두 가지 각주를 길게 추가하여 몽테스키외에게 빚졌음을 분명히 했

다. 나는 1786년판이 1771년판보다 몽테스키외를 좀더 완전히 이해했음을 보여준다는 인상을 받았다. 또한 새로운 자료를 많이 포함시키면서 초판의 급진적인 내용을 다소 누구려뜨렸다는 인상도 받았다. 그러나 그가 전하고자 하는 내용은 모든 판에서 본질적으로 똑같다.

18 Ibid., II, 105. '정부의 형태'라는 중요한 장은 아주 작지만 결정적인 변화만 있을 뿐, 모든 판에서 똑같다. 1771년판에서 메르시에는 이렇게 썼다. "군주정은 더이상 존재하지 않는다." 그는 이 구절을 그 뒤에 나온 판본들에서 "아무런 제약을 받지 않는 군주정은 더이상 존재하지 않는다"라고 바꾸었다. 그러나 일반의지나 근본적이고 상징적인 왕권에 관한 루소풍의 주장은 모든 판본에서 변함 없이 나타났다. 나중에 나온 판본들은 새로운 주를 달고 있지만, 초판의 본문과 각주에서 모두 분명히 두드러지게 나타나고 있는 전제주의에 대해 더 심하게 공격하지는 않는다.

19 Ibid., II, 193~194. 모든 판본의 본문과 각주는 같다.

20 Ibid., II, 107. 이 주는 모든 판본에 있다.

21 예를 들어, Ibid., II, 120.

22 Preface to the edition of the Year VII(1799), in *L'An 2440*, p. i. 메르시에가 본문을 언제 썼느냐 하는 문제에 대해서는 Wilkie, "Mercier's *L'An 2440*," pp. 8~10을 보라.

23 Ibid., I, 157.

24 Ibid., I, 169. 이 구절과 다음의 구절은 모든 판본에서 똑같이 나타난다.

25 Ibid., I, 113.

26 Ibid., II, 105

27 Ibid., II, 118.

28 Ibid., pp. xxix~xxxi.

29 메르시에는 이러한 모습을 발전시키는 가운데 실제로 경찰 감독관 르스뵈르Receveur의 이름을 언급했다. 그는 저자들을 체포해 바스티유로 보내는 것으로 명성을 날리던 사람이었다. "나는 거리에서 '그대, 예루살렘에 화가 미칠진저!'라고 외쳤을 예레미아를 체포하는 르스뵈르를 상상한다." Ibid., p. xi.

30 Ibid., p. xxxvii.

31 Ibid., p. xxxviii.

32 이러한 주제에 대해서 메르시에가 수없이 주장한 것의 보기로서 그가 항구적인 평화에 대해 언급한 내용을 볼 수 있다. "인쇄술이야말로 인류를 계몽시켜 이 위대한 혁명을 낳았다." Ibid., I, 283. 진보 사상에 대한 수많은 연구 가운데 John B. Bury의 업적이 아직도 대표적이다(*The Idea of Progress: An Inquiry into Its Origin and Growth*, London, 1932).

33 *L'An 2440*, I, 67. 나중의 판본들에는 코르네유와 리슐리외의 이야기가 빠져 있다.

34 Ibid., I, 37.

35 Ibid., I, 60.

36 Ibid., I, 60.

37 Ibid., I, 66.

38 Ibid., I, 65.

39 Ibid., I, 65.

40 Ibid., I, 175.

41 Ibid., I, 167.

42 Ibid., I, 157, 165. 똑같은 언급은 I, 147에도 나온다.

43 Ibid., I, 61.

44 Ibid., I, 283.

45 Ibid., I, 31.

46 Ibid., II, 192; I, 203~204.

5장 정치적 욕설

1 1771년에 죽은 바쇼몽이 실제로 《프랑스 문학 공화국의 역사를 기록하는 데 이용할 비밀 회고록》(London, 1779~1789, 36 vols.)을 조금이라도 썼는지는 분명하지 않다. 그러나 그와 그의 집단에 대한 기본 연구가 있다. Robert S. Tate, Jr., "Petit de Bachaumont: His Circle and the Mémoires secrets," in *Studies on Voltaire and the Eighteenth Century*(1968), vol. 65. 그리고 Jean Sgard, ed., *Dictionnaire des journalistes*(1600~1789), pp. 250~253에 Tate가 쓴 메로베르에 관한 항목도 있다. 새 소식과 수기신문 기자라는 방대한 주제에 대해서는 19세기 말의 '벨 에포크belle epoque'에 나온 연구가 아직도 가장 유익하다. 특히 다음의 연구를 참조하라. Eugene Hatin, *Histoire politique et littéraire de la presse en France*(Paris, 1859~1861), 8 vols.; Paul Estrée and Franz Funck-Brentano, *Les Nouvellistes*(Paris, 1906). 가장 최근의 종합적인 연구로는 Claude Bellanger, et al., *Histoire générale de la presse française*(Paris, 1969), vol. I.를 보라.

2 이 목록을 힐끗 보아도 중상비방문과 파렴치한 추문이 1769년부터 1789년 사이에 대단히 잘 팔린 상품이었음을 알 수 있다. 그러나 목록을 곧이곧대로 받아들여서는 안 된다. 《퐁파두르 후작부인의 회고록》(1766) 같은 작품의 수요는 아마 뇌샤텔출판사가 사업을 시작하기 전에 최고조에 도달했고, 그에 비해 《파렴치한 추문》(1783)이나 《샤르트르 공작 각하의 사생활, 또는 그를 위한 변명》(1784)은 아마 뇌샤텔출판사가 프랑스에서 사업의 규모를 줄인 뒤에도 계속 수요가 늘어났을 것이기 때문이다.

3 물론 이러한 종류의 글이 그전에 나오기도 했다. 예를 들어 1648~1649년의 프롱드 난에 나온 글이 좋은 예다. 중상비방문의 지속성과 변화의 문제에 대한 논의는 다음 장을 참조하라.

4 *Anecdotes sur Mme la comtesse du Barry*(London, 1776), p. 19.

5 Ibid., p. 24.

6 우리 역사가가 이 기관에 대해 내리는 평가에는 사냥과 식사의 은유가 많이 나타난다. Ibid., pp. 48, 57를 보라.

7 Ibid., p. 57.

8 Ibid., p. 31.

9 영국에서 나온 이 해석의 예로는 Alfred Cobban, *History of Modern France*(London,

1961), vol. I이 있다. 그리고 프랑스에서는 좀더 본질적이고 미묘한 차이를 보이는 해석이 나왔다. Michel Antoine, *Louis XV*(Paris, 1991).

10 *Anecdotes*, p. 34.

11 Ibid., p. 96.

12 Ibid., p. 269.

13 J. F. Bosher, French Finances, 1770~1795. *From Business to Bureaucracy*(Cambridge, Engl., 1970).

14 18세기에는 신문이 매우 번성했다. 그리고 프랑스 밖에서 발간된 프랑스어 신문 가운데 다수는 프랑스에서 일어난 일을 전보다 훨씬 자세하게 보도했다. 그러나 그것들은 검열제도 또는 왕국 안에서 유통체계를 차단하는 조치에 걸려들기 쉬웠다. 그들 가운데 가장 유명한 신문 《가제트 드 라이덴》(La Gazette de Leyde: 라이덴 신문)은 1771~1774년 모푸와 고등법원의 투쟁에 관한 정보를 많이 담지 못했다.

15 예를 들어 그는 슈아죌 정부가 몰락하기 직전 파리에서 크게 유행하던 노래를 다량으로 만들었다. 시골 사람이 볼 때 그것은 순진하고 진부한 내용에 지나지 않았지만, 화자의 주석으로 분명해졌듯이, 사실 그것은 당시 사건을 슈아죌 반대파의 편에서 격렬하게 논평한 노래였다. "노래의 짜릿한 맛은 아는 사람만 감상할 수 있었다." *Anecdotes*, pp. 129~130.

16 18세기에 '궁정과 도시'는 구별되지만 서로 연결된 사회 분위기를 묘사하기 위한 표준 방식이었다. 저자는 다음과 같이 말하면서 서로 분리된 정보의 유통경로를 직시하고 있음을 분명히 했다. "이 은밀한 음모(1772년 왕을 위해 새 애첩을 마련해주려는 시도)가 궁정 사람들을 사로잡았을 때, 도시의 사건(뒤바리의 사촌이 닭서리에 연루된 사건)은 추문을 양산했고 사람들을 많이 웃겼다." *Anecdotes*, pp. 244~245. 비슷한 언급이 pp. 108, 200에도 나온다.

17 Ibid., p. 215. 대중(le public)이라는 낱말을 사용하는 사례는 pp. 72, 152, 331에도 나타난다.

18 나는 서로 다른 판들을 비교하지 않았다. 나는 표제지에 1771년, '존 애덤슨 인쇄소'라는 주소가 있으며, 198쪽에서 두 부분으로 나뉜 판본을 이용했다. 이 책은 두 부분으로 나뉘어 있지만 쪽번호는 계속 연결되고 있어서, 왜 거기서 나누었는지 분명한 이유를 알 수 없다.

19 Ibid., pp. 147, 215, 223.

20 Ibid., p. 284.

21 Ibid., p. 185.

22 Ibid., p. 167.

23 Ibid., pp. 71~77.

24 Ibid., p. 87.

25 Ibid., p. 215.

26 Ibid., pp. 203, 221, 300에서 차례로 인용. pp. 131, 203에서도 비슷한 말을 찾을 수 있다.

27 《일화》에서 '수기신문'을 언급하는 내용 가운데 앞의 두 가지는 《비밀 회고록》의 내용과 정확히 일치하지 않는다. 그리고 그 뒤에 나오는 하나는 조금 차이가 날 뿐이다. *Anecdotes*, pp. 71, 72, 203; *Mémoires secrets*, 1768년 10월 15일, 1768년 11월 30일, 1771년 12월 26일의 기사들.

《《비밀 회고록》의 내용은 판본마다 차이가 나는 쪽수보다 날짜별로 인용하는 편이 편리하다.) 그러나 다른 7개에 대해서는 《비밀 회고록》에서 비슷한 내용을 찾아볼 수 없다. 그것들은 《일화》의 pp. 81, 82, 83, 131, 215, 221, 300에 나온다. 이렇게 볼 때 두 작품이 지하신문의 어떤 통로에서 나온 것인지 결정하기 어렵다 할지라도, 똑같은 정보원을 이용하고 있는 것처럼 보인다.

28 Ibid., p. 82.

29 Ibid., pp. 81~84.

30 Ibid., pp. 75~76.

31 Ibid., p. 160.

32 Ibid., p. 159.

33 Ibid., p. 160.

34 Ibid., p. 76.

35 Ibid., p. 76. 나는 본문을 질문- 답 형식으로 각색했다.

36 Ibid., p. 76.

37 Ibid., p. 325. 공개적이고 당파적인 웅변의 또다른 보기는 pp. 151, 164에도 나온다.

38 Ibid., p. 76.

39 Ibid., p. 259.

40 Ibid., p. 211.

41 Ibid., p. 153.

42 *Remarques sur les Anecdotes de Madame la comtesse du Barry. Par Madame Sara G…* (London, 1777), pp. 106~107.

6장 전파 대 담론

1 Chartier, *Les Origines culturelles de la Révolution française*, 특히 pp. 25~35.

2 'Bürgerlich'도 번역상의 문제를 일으킨다. 왜냐하면 'Bürger'는 독일어로 '부르주아'뿐 아니라 '시민'도 뜻하기 때문이다. 그러나 하버마스는 이미 한물 간 마르크스주의적 사회사에 빚지고 있음을 그의 책에서 분명히 보여주고 있다. 그의 논점이 사회와 국가를 전체적으로 구별하면서 시작하고 있기는 해도, 그것은 실제로 사적인 영역, 공권력의 영역, 그리고 이 둘 사이에 있는 "확실한 '공적 영역'"이라는 세 가지 '영역'을 다룬다. Jürgen Habermas, *The Structural Transformation of the Public Sphere. An Inquiry into a Category of Bourgeois Society*(Cambridge, Mass., 1989), trans. Thomas Burger, p. 30; Habermas, *Strukturwandel der Öffentlichkeit. Untersuchungen zu einer Kategorie der bürgerlichen Gesellschaft*(Darmstadt, 1984; 1st edn. 1962, p. 45).

3 Chartier, *Origines culturelles*, pp. 110~111.

4 이 광범위한 문학의 보기로 다음을 보라. James Tully, ed., *Meaning and Context. Quentin Skinner and His Critics*(Princeton, 1988); J. G. A. Pocock, *Politics, Language, and Time. Essays on Political Thought of John Locke*(Chicago, 1960); John Dunn, *The Political*

Thought of John Locke(Cambridge, Engl., 1969); Richard Tuck, *Natural Rights Theories: Their Origin and Development*(Cambridge, Engl., 1979).

5 특히 다음을 보라. Michel Foucault, *L'Ordre du discours. Leçon inaugurale au Collège de France prononcée le 2 décembre 1970*(Paris, 1971).

6 François Furet and Mona Ozouf, eds., *Dictionnaire critique de la Révolution française*(Paris, 1988), p. 8.

7 Keith Baker, *Inventing the French Revolution. Essays on French Political Culture in the Eighteenth Century*(Cambridge, Engl., 1990), 특히 pp. 301~305를 보라. 나는 다음의 논문에서 베이커의 주장을 폭넓게 검토했다. "An Enlightened Revolution?," *The New York Review of Books*, Oct. 24, 1991, pp. 33~36.

8 Marcel Gauchet, "Droits de l'homme," in Furet and Ozouf, eds., *Dictionnaire critique*, pp. 685, 689, 694에서 인용. 고셰는 '루소풍의 범주'와 '기능적 기회의 루소주의'라는 개념을 발전시키면서 《사회계약론》의 보급에 대해서는 비웃듯이 거들떠보지도 않는다(p. 690). 그의 주장을 더 철저하게 보려면 Gauchet, *La Révolution des droits de l'homme*(Paris, 1988)를 보라.

9 François Furet, *Penser la Révolution française*(Paris, 1978), pp. 41, 72~73, 109.

10 François Furet and Denis Richet, *La Révolution: des Etats Généraux au 9 thermidor*(Paris, 1965).

11 Issor Woloch, "On the Latent Illiberalism of the French Revolution," *The American Historical Review*, vol. 95(December 1990), 1467.

12 이러한 종류의 집단 정신자세의 역사를 담론이나 기호학을 이용하지 않고 달성한 예로는 다음을 참고하라. Georges Lefebvre, *La Grande Peur de 1789*(Paris, 1932); Richard Cobb, "The Revolutionary Mentality in France," in Cobb, *A Second Identity. Essays on France and French History*(Oxford, 1969), pp. 122~141.

13 Furet and Ozouf, eds., *Dictionnaire critique*, pp. 8~9, 12.

14 Keith Baker, *Inventing the French Revolution. Essays on French Political Culture in the Eighteenth Century*(Cambridge, Engl., 1990), Part II. 그리고 베이커가 자기 주장을 요약한 pp. 24~27.

15 Keith Baker, "Public Opinion as Political Invention," in Baker, *Inventing the French Revolution*, pp. 167~199; Mona Ozouf, "L'Opinion publique," in Keith Baker, ed., *The Political Culture of the Old Regime*(Oxford, 1987), pp. 419~434.

7장 의사소통의 그물

1 이것은 로제 샤르티에가 《프랑스혁명의 문화적 기원》 86쪽에서 공식화한 질문이다. 이것을 인용한다고 해서 그가 이념과 혁명의 단순주의적 개념을 채택하고 있다고 암시하려는 뜻은 없다. 그 반대로 나는 이념적 인과관계의 단순한 견해에 문제를 제기하려고 샤르티에를 좇아 이 질문을 사용하는 것이다.

2　나는 이 모형을 내가 쓴 책에 실은 논문에서 더 풍부하게 논의했다. "What Is the History of Books?," Robert Darnton, *The Kiss of Lamourette. Reflections in Cultural History*(New York, 1990), pp. 107~135.

3　나는 이 주장을 다음의 책에서 자세히 다뤘다. *Édition et sédition*, chaps. 2~6; *Gens de lettres, gens du livre*, chaps. 10~11.

4　Chartier, *Les Origines culturelles de la Révolution française*, chap. 4; "Intellectual History and the History of *Mentalités*: A Dual Reevaluation," in Chartier, *Cultural History. Between Practices and Representations*(Cambridge, Engl., 1988), pp. 40~42; "Du livre au lire," in Chartier ed., *Pratiques de la lecture*, pp. 62~88.

5　Chartier, "Intellectual History," p. 42; Michel de Certeau, *L'Invention du quotidien*(Paris, 1980), p. 286.

6　de Certeau, *L'Invention du quotidien*, pp. 279~296.

7　Richard Hoggart, *The Uses of Literacy*(London, 1960; 1st edn. 1957), 특히 제2장과 제4장을 보라. 호거트는 근대 대중매체가 발달하고 있는데도 노동계급의 낡은 문화가 짙게, 그리고 '모든 곳에 퍼져 있는' 모습을 강조한다(19쪽). 그 반면 드 세르토는 개인이 매체의 산물로부터 자기가 좋아하는 것을 만드는 '밀렵꾼'으로서 창조성을 발휘한다고 강조한다(de Certeau, *L'Invention du quotidien*, p. 292). 그러나 드 세르토는 그렇게 가정한다고 해서 그 산물을 개인이 흡수한다는 의미가 아니라 개인이 그것을 자기 것으로 만든다는, 말하자면 전유한다는 의미라고 주장한다. 이 전유의 개념은 노동계급이 대중가요와 문학을 자신들의 술어로 자기네 문화에 통합하며, 단순히 매체의 조종을 받지는 않는다는 호거트의 주장과 비슷하다.

8　Carlo Ginzburg, *The Cheese and the Worms. The cosmos of a Sixteenth-Century Miller*(Baltimore, 1980); Robert Darnton, "Readers Respond to Rousseau: the Fabrication of Romantic Sensibility," in *The Great Cat Massacre*, chap. 6. 다음의 연구도 참조하라. Claude Labrosse, *Lire au XVIIIe siècle. La Nouvelle Héloïse et ses lecteurs*(Lyon, 1985); Cathy Davidson, *Revolution and the Word. The Rise of the Novel in America*(New York and Oxford, 1986); Eric Schön, *Der Verlust der Sinnlichkeit oder die Verwandlungen des Lesers. Mentalitätswandel um 1800*(Stuttgart, 1987); Brigitte Schlieben–Lange, ed., *Lesen-historisch in Lili: Zeitschrift für Literaturwissenschaft und Linguistik*, vol. 15, no. 57/58(1985).

9　이 논점 가운데 일부를 좀더 철저하게 고려하려면 다음을 보라. Nelson Goodman, *Ways of Worldmaking*(Indianapolis, 1978); Erving Goffman, *Frame Analysis. An Essay on the Organization of Experience*(Boston, 1986); D. F. McKenzie, *Bibliography and the Sociology of Texts*(London, 1986).

10　권력의 행사와 '왕의 비밀'에 관해서는 다음을 보라. Michel Antoine, *Le Conseil du roi sous le règne de Louis XV*(Geneva, 1970), 특히 pp. 618~620. 특히 쥘 플라메르몽, 마르셀 마리옹, 펠릭스 로켕, 외젠 아탱, 프란츠 풍크 브렌타노처럼 오늘날 잊혀진 듯이 보이는 역사가들은 정치와 베르사유 밖의 여론에 관해 가장 완벽하게 연구했다. 최근의 연구 가운데 가장 훌륭한 보기는

다음과 같다. Dale Van Kley, *The Damiens Affair and the Unraveling of the Ancient Regime, 1750~1770*(Princeton, 1984); Arlette Farge, *Dire et mal dire. L'opinion publique au XVIIIe siècle*(Paris, 1992).

11 Daniel Roche, "Les Primitifs du rousseauisme. Une analyse sociologique et quantitative de la correspondance de J.-J. Rousseau," *Annanles. Economies, sociétés, civilisations*(1971), 151~172; Claude Labrosse, *Lire au XVIIIe siècle*; Darnton, "Readers Respond to Rousseau"; Agnes Marcetteau-Paul and Dominique Varry, "Les Bibliothèques de quelques acteurs de la Révolution," in Frédéric Barbier, Claude Jolly, and Sabine Juratic, eds., *Mélanges de la Bibliothèques de la Sorbonne*, vol. 9(1989), 189~207.

마르세토 폴과 바리는 장서목록을 함께 연구하면서 전반적인 결론을 피하려고 조심하고 있다. 왜냐하면 대부분의 장서에서 일부분의 책을 제외하고는 독서의 주체가 누구인지 정확히 밝혀내지 못하고 있기 때문이다. 또한 그들은 반혁명에 연루된 사람으로 겨우 5명의 목록을 찾아냈다. 그 것들과 함께, 제헌의회에 진출한 온건파의 목록들은 종교서적이 아주 큰 비중을 차지하고 있음을 보여준다. 이처럼 종교서적이 각각의 목록에서 12퍼센트를 차지하는 경향은 국민공회 의원들의 장서목록과 다른 경향을 보여주었다. 이들의 경우 종교서적은 겨우 2퍼센트에 불과했다. 장서를 자세히 연구해보면 우리가 역사·문학처럼 일반적인 항목에 따라 비교할 때보다 더 다양하게 보일지 모른다. 그리하여 우리가 기대하듯이, 라파예트의 장서에는 아메리카에 관한 작품이 상당수 들어 있었지만, 종교서적도 여느 경우와 다르게 큰 비중―17퍼센트―을 차지했다.

12 수서본 〈모르파 가요집Chansonnier Maurepas〉은 44권이나 된다. 프랑스 국립도서관, Ms. fr. 12616~12659.

13 '정치계급'의 개념에 대해서는, Pierre Goubert, *L'Ancien Régime*, vol II: *Les Pouvoirs* (Paris, 1973), pp. 49~55을 참조하라.

14 Danie Roche, *Le Siècle des Lumières en province. Académies et académiciens provinciaux, 1680~1789*(Paris and The Hague, 1978), 2 vols., and Roche, *Les Républicains des lettres. Gens de culture et Lumières au XVIIIe siècle*, 특히 chap. 3, "Les Lectures de la noblesse dans la France du XVIIIe siècle"; Guy Chaussinand-Nogaret, *La Noblesse au XVIIIe siècle, de la féodalité aux Lumière*(Paris, 1976), Darnton, *The Business of Enlightenment*, chap. 6; Darnton, "The Literary Revolution of 1789," *Sutdies in Eighteenth-Century Culture*, 3~26을 보라.

15 Alexis de Tocqueville, *The Old Regime and the French Revolution*(Garden City, N.Y., 1955), pp. 80~81.

16 혁명가들은 8월 5일부터 11일까지 법의 초안을 마련하기 위해 8월 4일 회의에서 무아지경에 빠져 양보했던 사안을 취소한 것처럼 보인다. 그러나 나는 1789년 8월 '봉건제의 폐지'에 관해 그 어떤 본질적인 측면도 거부하는 사람들을 지지하지 않는다. 다음의 사료를 참조하라. J. M. Roberts, ed., *French Revolution Documents*(Oxford, 1966), pp. 135~155.

8장 정치적 중상비방문의 역사

1 Claude Bellanger, Jacques Godechot, Pierre Guiral, and Fernand Terrou, eds., *Histoire générale de la presse française*(Paris, 1969), I, 65. 중상비방문의 어원에 대해서는 다음을 보라. Emil Littré, *Dictionnaire de la langue française*(Paris, 1957); *Le Grand Robert de la langue française*(Paris, 1986).

2 *Mémoires-Journaux de Peirre de l'Estoile*(Paris, 1888), III, 279. Denis Pallier, *Recherches sur l'imprimerie à Paris pendant la Ligue(1585~1594)*(Geneva, 1975), p. 56에서 인용.

3 Jeffrey K. Sawyer, *Printed Poison, Pamphlets Propaganda, Faction Politics, and the Public Sphere in Early Seventeenth-Century France*(Berkeley, 1990), p. 16에서 인용.

4 Hubert Carrier, *La Presse de la Fronde(1648~1653); Les Mazarinades. La Conquête de l'opinion*(Geneva, 1989), I, 56에서 인용.

5 Ibid., pp. 456~457.

6 Marie-Noële Grand-Mesnil, Mazarin, *la Fronde et la presse 1647~1649*(Paris, 1967), pp. 239~252.

7 Henri-Jean Martin, *Livre, pouvoirs et société à Paris au XVIIe siècle*(1598~1701)(Geneva, 1969), II, 678~772, 884~900; Bellanger, et al., *Histoire générale de la presse française*, I, 118~119.

8 *Mémoires-journaux de Pierre de l'Estoile*, III, 279.

9 Niccolò Machiavelli, *The Prince*(Mentor Classic, New Yrok, 1952), chap. 19, p. 95. 또한 명성에 대한 유명한 언급을 담은 제15장을 보라. 물론 마키아벨리는 특히 로렌초 데 메디치와 체사레 보르자 같은 군주들의 마음을 사려고 《군주론》을 썼다. 그러나 그는 명성의 개념—'이름과 명성' '공공의 목소리와 명성' '훌륭한 명성'—을 공화국을 분석하는 데 적용했다. Machiavelli, *The Discourses*(Modern Library College Edition, New York, 1950), book III, chap. 34, pp. 509~510.

10 Richelieu, *Testament politique*. Sawyer, *Political Poison*, p. 16에서 인용.

11 Machiavelli, *The Prince*, chap. 19, pp. 96~97. 마키아벨리가 '백성the people'이라는 개념을 정의하고 있지는 않더라도, 그 속에는 평민이 포함되어 있었다. 그러나 그는 멸시하듯 '하층계급the populace'에 대해 말했다(Ibid., p. 97). '여론'에 호소하는 일도 국제적인 차원에서 일어났다. J. H. Elliott, Richelieu and Olivares(Cambridge, Engl., 1984), pp. 128~129; Peter Burke, *The Fabrication of Louis XIV*(New Haven, 1992), pp. 152~153. 르네상스 정치에 대한 연출론적 견해의 보기는 다음과 같다. Steven Mullaney, *The Place of the Stage. License, Play, and Power in Renaissance England*(Chicago, 1988).

12 이러한 주제에 대한 수많은 책 가운데, 나는 특히 다음의 책에 의존했다. Jean-Pierre Seguin, *Nouvelles à sensation. Canards du XIXe siècle*(Paris, 1959); Robert Mandrou, *De la Culture populaire aux 17e et 18e siècles. La Bibliothèque bleue de Troyes*(Paris, 1964); Ge-

neviève Bollème, *La Bibliothèque bleue. Littérature populaire en France du XVIIe au XIXe siècle*(Paris, 1971); Alain Monestier, *Le Fait divers*(Paris, 1982), 국립민간예술전통박물관의 전람회 도록; Roger Chartier, *Lectures et lecteurs dans le France d'Ancien Régime*.

13 Mikhail Bakhtin, *Rabelais and His World*(Cambridge, Mass., 1968); Marc Soriano, *Les Contes de Perrault: Culture savante et traditions populaires*(Paris, 1968); Peter Burke, *Popular Culture in Early Modern Europe*(London and New York, 1978); Natalie Davis, *Society and Culture in Early Modern France*(Stanford, 1975); Roger Chartier, ed., *Les Usages de l'imprimé*(Paris, 1987).

14 이 시기를 통틀어 소책자 문학이 정확히 얼마나 영향을 미쳤는지 알기란 거의 불가능하다. 소책자pamphlet는 책과 한 면 인쇄물broadside의 양극 사이에서 조금씩 색깔을 달리하고 있기 때문에 그 개념 자체가 분명치 않다. 수많은 소책자에는 개인적인 욕설이 들어 있지 않았다. 그래서 수명이 짧은 문학의 전체 속에서 중상비방문이 차지하는 비중을 결정할 수 없다. 또한 우리가 연구하는 도서관에 보존된 소책자에서 통계자료를 얻을 수 있지만, 그 같은 문학에 대한 비중을 막연하게 측정할 수 있을 뿐이다. '오카지오넬' '쾨유 볼랑트' '피에스 퓌지티브'(하루살이 작품)는 그 이름이 가리키듯 수백 년 동안 살아남을 목적에 따라 나온 것은 아니었다. 그리고 살아남은 것이 있다 해도, 그러한 이유에서, 그것은 가장 덜 읽힌 작품일 가능성이 높다. 따라서 다음의 논의는 엄밀성을 주장하지 않는다. 그것은 특정 시기에 대한 전문연구 몇 편에 의존하고 있을 뿐이다. 특히 다음을 참조하라. Denis Pallier, *Recherches sur l'imprimerie à Paris pendant la Ligue*(1585~1594)(Paris, 1975); Jeffrey K. Sawyer, *Printed Poison. Pamphlet Propaganda, Faction Politics, and the Public Sphere in Early Seventeenth-Century France*; Hubert Carrier, *La Presse de la Fronde*(1648~1653): *Les Mazarinade*(Geneva, 1989~91), 2 vols.; P. J. W. Van Malssen, *Louis XIV d'après les pamphlets répandus en Hollande*(Amsterdam, 1936); Joseph Klaits, *Printed Propaganda Under Louis XIV. Absolute Monarchy and Public Opinion*(Princeton, 1976). 17세기 소책자 생산을 가장 잘 평가한 논문은 다음과 같다. Hélène Duccini, "Regard sur la littérature pamphlétaire en France au XVIIe siècle," *Revue historique*, CCLIX(1978), 313~340.

15 예를 들어, 다음을 참조하라. Gilbert Robin, *L'Enigme sexuelle d'Henri III*(Paris, 1964). 그리고 이보다 더 균형잡힌 견해로는 Philippe Erlanger, *Henri III*(Paris, 1948), pp. 188~189를 보라.

16 Sawyer, *Printed Poison*, p. 40.

17 Paul Scarron, *La Mazarinade*, in Scarron, *Oeuvres*(Geneva, 1970, reprint of 1785 edn.), I, 295.

18 Hubert Carrier, ed., *La Fronde. Contestation démocratique et misère paysanne: 52 mazarinades*(Paris, 1982), I, 11~12. 카리에는 인상적인 일반 연구에서 '마자리나드'의 극단주의에 대해 좀더 온건하게 주장하기도 했다. 그러나 그는 단 두 가지만이 '엄밀한 의미에서 진짜 혁명적인 작품'이라고 묘사한다(*La Presse de la Fronde*, I, 265). 마리 노엘 그랑 메닐은 그보다 앞서

좀 덜 완벽한 단일 연구를 내놓았다. *Mazarin, la Fronde et la presse 1647~49*(Paris, 1967)에서 그는 '마자리나드'를 혁명선언서보다 차라리 '거물급' 권력투쟁의 요소로 취급한다. 하지만 그는 1652년의 좀더 급진적인 소책자는 다루지 않는다.

19 *Le Guide au chemin de la liberté*, p. 23. Carrier, *La Fronde*, I, pamphlet no. 27에서 재수록. 나로서는 크리스티앙 주오의 해석에 더 마음이 끌린다. *Mazarinades: la Fronde des mots*(Paris, 1985)를 보라.

20 나는 후기 '마자리나드'의 급진주의에 대한 카리에의 주장에 반대하는 주오의 편에서 논점을 펴고 있기는 하지만, 카리에의 훌륭한 연구의 가치를 깎아내리려는 뜻은 없다. 카리에는 소책자를 쓰는 행위의 복잡한 정치적 맥락을 정당하게 다루고 있기 때문이다. 카리에는 '마자리나드'의 정치사상에 대해 준비하고 있는 책에서, 이미 나온 두 권으로 보여줄 수 있었던 것보다 더 면밀하고 한결같은 비판이 군주정에 대해 존재하고 있음을 보여줄지 모른다. 그리고 프롱드 난의 역사 편찬의 최근 경향을 보여주는 예로 다음을 참조하라. Roger Duchêne and Pierre Ronzeaud, eds., *La Fronde en questions. Actes du dix-huitième colloque du centre méridional de rencontres sur le XVIIème siècle*(Aix–en–Provence, 1989).

21 루이 14세의 문화정책에 대한 방대한 문학을 훌륭히 종합해놓은 연구로는 다음이 있다. Peter Burke, *The Fabrication of Louis XIV*(New Haven, 1992). 프랑스 저널리즘의 역사를 가장 훌륭하게 개관한 연구는 아직까지 Bellanger, et al., *Histoire générale de la presse française*이다. 그러나 Jean Sgard, Pierre Rétat, François Moureau, Jeremy Popkin, Jack Censer 같은 사람들은 지금 주제를 변화시키고 있다. 특히 Jean Sgard, ed., *Dictionnaire des journaux 1600~1789*(Paris and Oxford, 1991), 2 vols를 참조하라. 앙시앵 레짐 시대의 식자율은 아주 불확실하지만, 지금 과거로 거슬러 올라가면서 적어도 프랑스 도시에 대해 다시 연구를 진행하고 있다. 다음의 연구를 참조하라. Furet and Ozouf, *Reading and Writing. Literacy in France from Calvin to Jules Ferry*; Roche, *Le Peuple de Paris*, chap. 7.

22 위에서 이미 언급한 Van Malssen, Klaits, and Duccini의 작품과 함께 다음을 보라. C. Ringhoffer, *La Littérature de libelles au début de la Guerre de succession d'Espagne*(Paris, 1881).

23 Anne Sauvy, Livres saisis à Paris entre 1678 et 1701(The Hague, 1972), pp. 11~13.

24 뷔시 라뷔탱의 단편과 그 후속물로 가장 잘 알려진 작품을 편리하게 수록한 판본으로 다음을 참조하라. *Histoire amoureuse des Gaules suivie de La France galante: romans satiriques du XVIIe siècle attribués au comte de Bussy*(Paris, 1930), 2 vols. 이 판본의 서문은 Georges Mongrédien이 썼다. 대부분의 후편은 1680년대와 1690년대에 따로 나왔다. 그것들은 1737년에 가서야 비로소 《음란한 프랑스La France galante》—뷔시 라뷔탱이 쓰지 않은 단편 17편 모음집—로 발간되었다. Léonce Janmart de Brouillant, "Description raisonnée de l'édition originale et des réimpressions de *l'Histoire amoureuse des Gaules*," *Bulletin du bibliophile*(1887), 555~571, 그리고 프랑스 국립도서관의 도서목록 참조.

25 Henri–Jean Martin, et al., *Livres et lectures à Grenoble. Les Registres du libraire Nicolas(1645~1668)*(Geneva, 1977), 2 vols. 니콜라의 장부는 지방에서 '마자리나드'를 포함한 인쇄

물이 판매되는 현실에 대한 희귀한 정보를 담고 있다. 서적 배포에 대한 대부분의 해석은 중요한 연구 도서관에 존속한 책의 수에 바탕을 둔 추론은 물론 상당한 부분의 추측을 담고 있다. 17세기 서적의 전파에 관한 가장 훌륭한 연구는 다음과 같다. Henri-Jean Martin, *Livre, pouvoirs et société.*

26 나는 이처럼 주장하면서도 망설인다. 왜냐하면 전제주의의 개념에 적절한 주의를 기울인 지성사가는 없었고, 또한 전통적인 정치사상사(예를 들어 Georges Sabine, *A History of Political Theory,* New York, 1958)에서는 용어상의 일치를 보지 못하는 예가 많기 때문이다. '전제군주 despot'와 '전제정의despotic'라는 말은 18세기 이전에 평범한 술어였다. 그러나 내가 알기로 '전제주의despotism'는 그렇지 않았다. 가장 급진적인 '마자리나드'인 1652년의 〈질책La Mercuriale〉에서 전형적인 문장은 다음과 같다. "만일 군주가 백성에게 전제적인 영향력을 행사할 때, 그는 더이상 왕이 아니라 폭군이다." Hubert Carrier, *La Fronde,* pamphlet 26, I, 8. 나는 다음의 연구를 출발점 삼아 이 주제를 연구하기 시작했다. Robert Shackleton, *Montesquieu. A Critical Biography*(Oxford, 1961), chap. 12; Melvin Richter, "Despotism," in *Dictionary of the History of Ideas*(New York, 1973), II, 1~18.

27 Paul Hazard, *La Crise de la conscience européenne*(Paris, 1935), 2 vols. 이 주제에 대한 좀더 최근의 연구로는 다음을 참조하라. Lionel Rothkrug, *Opposition to Louis XIV. The Political Origins of the French Enlightenment*(Princeton, 1965).

9장 독자의 반응

1 충실한 계획에 따른 시론의 본보기로는 앙리 장 마르탱의 글을 보라. "Pour une histoire de la lecture," in Martin, *Le Livre français sous l'Ancien Régime*(Paris, 1987); Roger Chartier, "Du Livre au lire: les pratiques citadines de l'imprimé, 1660~1780," in Chartier, ed., *Lectures et lecteurs dans la France d'Ancien Régime*; Robert Darnton, "First Steps Toward a History of Reading," in *The Kiss of Lamourette.*

2 '독서혁명'의 핵심 논점을 발전시킨 사람은 롤프 엥겔징이었다. Rolf Engelsing, "Die Perioden der Lesergeschichte in der Neuzeit. Das statistische Ausmass und die soziokulturelle Bedeutung der Lektüre," *Archiv für Geschichte des Buchwesens,* X(1970), 945~1002; *Der Bürger als Leser. Lesergeschichte in Deutschland 1500~1800*(Stuttgart, 1974). 엥겔징의 견해와 대조적인 견해도 있다. Rudolf Schenda, *Volk ohne Buch. Studien zur Sozialgeschichte der populären Lesestoffe 1770~1910*(Frankfurt-am-Main, 1970); Erich Schön, *Der Verlust der Sinnlichkeit oder Die Verwandlung des Lesers. Mentalitätswandel um 1800,* 특히 pp. 298~300. 독일 서적의 역사에 관해 나온 최근의 연구 가운데 가장 훌륭한 것은 '독서혁명'의 개념을 매우 회의적으로 다룬다. Reinhard Wittmann, *Geschichte des deutschen Buchhandels. Ein Überblick,* chap. 6. '베르테르 열병'을 최근에 멋지게 논평한 사람은 예거다. Georg Jäger, "Die Wertherwirking. Ein Rezeptionsästhetischer Modellfall," in Walter Müller-Seidel, ed., *Historizität in Sprach- und Literaturwissenschaft*(Munich, 1974), pp. 389~409.

3 Nicolas–Edmé Restif de la Bretonne, *La Vie de mon père*(Ottawa, 1949; 1st edn., 1779), pp. 216~217.

4 François Furet, "La 'librairie' du royaume de France au 18e siècle," in Furet et al., *Livre et société dans la France du XVIIIe siècle*(Paris, 1965); Michel Marion, *Recherches sur les bibliothèque privées à Paris au milieu du XVIIIe siècle*(1750~1759) (Paris, 1978).

5 이 문제를 가장 잘 살펴본 사람은 샤르티에와 마르탱이다. Chartier and Martin, eds., *Histoire de l'édition française*, vol. II: *Le Livre triomphant 1660~1830*.

6 Chartier, *Les Origines culturelles de la Révolution française*, pp. 103~115.

7 Maurice Tourneux, ed., *Correspondance littéraire, philosophique et critique par Grimm, Diderot, Raynal, Meister, etc.*(Paris, 1877~1882), 16 vols. 《문학통신》은 《기독교의 실상》을 칭찬하는 가운데, 그것은 독자에게 활력을 불어넣어주고 해방시켜주는 영향을 끼친다고 주장했다. "그것은 독자를 휩쓸어버린다…. 독자는 거기서 새로운 것을 하나도 배우지 못한다. 그러나 거기에 빨려들어가고, 헤어나지 못한다"(V, 368). 그것은 《계몽사상가 테레즈》를 '무미건조하고, 예절도 없고, 신랄하지도 않고, 논리도 없고, 문체도 형편없는 작품'이라고 비난했다(I, 256).

8 *Correspondance littéraire*, XII, 482.

9 Ibid., XI, 399.

10 Ibid., XII, 339~340.

11 Barre to STN, Sept. 15, 1781.

12 Barre to STN, Aug. 23, 1782.

13 Godeffroy to STN, 1771년 6월 10일; 1772년 5월 5일; 1776년 2월 10일.

14 P.–J. Duplain to STN, Oct. 11, 1772.

15 Le Lièvre to STN, Jan. 3, 1777.

16 Malherbe to STN, Sept. 13, 1775.

17 Petit to STN, August. 31, 1783; Waroquier to STN, Jan. 7, 1778; Carez to STN, Feb. 23, 1783.

18 말레르브는 일부 단골들의 반응에 대해 논평한 아주 희귀한 사례다. 그들은 《백과사전》의 신학 항목들을 집필한 사람들이 "의심의 여지 없이 프랑스에서 유통되기 쉽도록 너무 소르본 신학부의 취향에 맞춰서 썼지만, 모든 독자는 그처럼 사상의 자유를 막는 장애물을 좋아하지 않는다"고 이의를 제기했다고 한다. Malherbe to STN, Sept. 14, 1778.

19 Jean–Marie Goulemot, *Ces Livres qu'on ne lit que d'une main. Lecture et lecteurs de livres pornographiques au XVIIIe siècle*(Aix–en–Provence, 1991), p. 9. 이 연구는 성적 자극을 주는 텍스트가 어떻게 독자를 이끄는지 예리하게 분석하고 있다.

20 "Projet pour la police de la librairie de Normandie donné par M. Rodolphe, subdélégué de M. l'intendant à Caen," 프랑스 국립도서관, ms. fr. 22123, item 33.

21 Labadie, "Projet d'un mémoire sur la librairie," ibid., item 21.

22 "Mémoire sur le corps des libraires imprimeurs," 1766, 익명, ibid., item 19.

23 "Mémoires sur la librairie de France fait par le sieur Guy pendant qu'il était à la Bastille," Feb. 8, 1767: ibid., item 22.

24 르누아르 회고록의 성격에 대해서는 다음을 참조하라. Georges Lefebvre, "Les Papiers de Lenoir," *Annales historiques de la Révolution française IV*(1927), 300; Robert Darnton, "The Memoirs of Lenoir, Lieutenant de Police of Paris, 1774~1785," *English Historical Review*, LXXXV(1970), 532~559.

25 Papers of Lenoir, 오를레앙 시립도서관, ms. 1422, "Titre sixième: De l'administration de l'ancienne police concernant les libelles, les mauvaises satires et chansons, leurs auteurs coupables, délinquants, complices ou adhérents."

26 Ibid. ,

27 Lenoir Papers, ms 1423, "Résidus."

28 Lenoir Papers, ms. 1422, "Sûreté."

29 Lenoir Papers, ms 1423, 제목 없는 기록.

30 Vergennes to comte d'Adhémar, May 21, 1783, Ministère des Affaires Etrangères, Correspondance politique, Angleterre, ms 542.

31 아르스날 도서관, ms 12517, ff. 73~78.

32 로제 샤르티에는 금서가 독서 대중에게 강한 영향을 끼쳤다고 주장하는 사람들이 이러한 견해를 가졌다고 생각하는 것 같다. Chartier, *Les Origines culturelles de la Révolution française*, pp. 103~104.

33 Mercier, *Tableau de Paris*(Amsterdam, 1783), VII, 23, 25. 샤르티에는 중상비방문이 독자에게 별 영향을 미치지 못한다고 주장하기 위해 이 구절을 인용한다. *Les Origines culturelles de la Révolution française*, pp. 104, 109.

34 Mercier, *Tableau de Paris*, VI, 79.

35 Ibid., VI, 268.

36 Ibid., VI, 269.

37 Ibid., I, 176.

38 Jean–François de La Harpe, *Correspondance littéraire adressée à son Altesse Impériale Mgr. le Grand-Duc, aujourd'hui Empereur de Russie, et à M. le Comte André Schowalow, Chamberlain de l'Impératrice Cathérine II, depuis 1774 jusqu'à 1789*, 6 vols. (Paris, 1804~1807), III, 202, 251.

39 *Mémoires secrets pour servir à l'histoire de la République des lettres en France, depuis 1762 jusqu'à nos jours*, 루이 르 프티 드 바쇼몽과 여러 사람의 공저로 추정함, 36 vols.(London, 1777~1789), 1781년 8월 1일, 1782년 4월 20일, 1784년 4월 23일의 기사들.

40 Lenoir papers, ms. 1423, "Extraits de divers rapports secrets faits à la police de Paris dans les années 1781 et suivantes, jusques et compris 1785, concernant des personnes

de tout état et condition [ayant] donné dans la Révolution."

41 *Tableau de Paris*, IV, 279. 서평의 인용문은 메르시에 자신이 옮긴 것을 재인용한 것이다.

42 《파리의 모습》이나 그 밖의 작품에서, 특히 《문학과 문학인에 관하여》와 《잠잘 때 쓰는 모자》에서 메르시에는 진정한 저자와 순수 문학인을 지나치게 소중히 떠받드는 아카데미 회원들이나 엉터리 작가들과 구별하려고 노력했다. 이러한 예는 다음을 보라. *Tableau de Paris*, II, 103~113; IV, 19~26, 245~261; VII, 230; X, 26~29, 154~156; XI, 181. 우리가 메르시에 자신의 경찰 보고서에서 언급한 내용을 가지고 의심할 수 있듯이, 그는 경찰의 비위를 맞추기 위해 중상비방문을 심하게 비난했던 것일까? 나는 그가 당국의 정보원이나 선전자로 활동했다는 증거를 찾지 못했지만, 《파리의 모습》에는 치안총감을 추켜세우는 구절이 여러 군데 들어 있다. 예를 들어 I, 187~193; VII, 36을 보라.

43 Mercier, *Tableau de Paris*, IV, 258~259. 이 구절은 메르시에가 *De la Littérature et des littéraires*(Yverdon, 1778), pp. 8~9에서 이미 발간한 것이다. 메르시에는 초기에 쓴 글을 《파리의 모습》《2440년》《잠잘 때 쓰는 모자》 같은 여러 권짜리 작품들 속에 버무려넣었다.

44 이 일반적인 주제에 대해서는 다음을 보라. Auguste Viatte, *Les Sources occultes du romantisme: illuminisme-théosophie*, 1770~1820(Paris, 1928), 2 vols.

45 Mercier, *De la Littérature*, 19~20; Mercier, *Mon Bonnet de nuit*, 4 vols.(Neuchâtel, 1785), I, 112~114. 다음에도 비슷한 내용이 있다. *De la Littérature*, 38~41; *Tableau de Paris*, V, 168~173; VII, 180; VIII, 98.

46 예를 들어 다음을 보라. "De la Littérature", in Mercier, *Eloges et discours philosophiques* (Amsterdam, 1776). 그는 이 부분을 《잠잘 때 쓰는 모자》에 집어넣었다. 메르시에는 지나친 독서, 특히 인간의 감수성을 둔하게 만들 수 있는 덧없는 문학을 읽는 일이 위험하다고 경고했다. "Discours sur la lecture," pp. 245~246, 253, 269, 284, 289~292. 이러한 면에서 우리는 그의 논평을 '폭넓은' 독서에 대한 반응이며, 그 이전의 '강도 높은' 형식의 독서로 되돌아가라는 호소로 받아들일 수 있다. 그러나 책이 도저히 손댈 수 없을 정도로 많이 쏟아지고 덧없는 문학을 읽는 일이 허망하다는 사실에 대해 메르시에처럼 불평을 늘어놓는 사람은 16세기와 17세기에도 만날 수 있었다.

47 Mercier, *Histoire d'une jeune luthérienne*(Neuchâtel, 1785), pp. 142~143.(1776년 뇌샤텔에서 나온 초판의 제목은 *Jezennemours, roman dramatique*이다.)

48 이 경우 메르시에는 볼테르와 퐁트넬의 작품을 읽은 젊은이가 독단적인 가톨릭에서 해방되는 모습을 묘사했다. 다른 작품에서 그는 루소를 읽을 때 압도적인 영향을 받는다는 사실을 강조했다. 또한 그의 묘사는 루소의 실제 독자들이 말한 내용과 부합한다. 다음을 참조하라. Darnton, "Readers Respond to Rousseau: The Fabrication of Romantic Sensitivity," in *The Great Cat Massacre*. 예를 들어 메르시에는 《파리의 모습》 5권 58쪽에서 어머니가 금지했는데도 《신 엘로이즈》를 몰래 구입한 소녀를 묘사한다. 그 소녀는 그것을 읽고 몹시 감동해서, 소설의 여주인공이 보여준 예를 따라 가정에 헌신하기로 결심했다고 묘사한다. 메르시에는 비슷한 말로 자신의 경험을 상기시켰다. "글쓰기! 지금까지 우리는 그 힘을 적절하게 찬양한 적이 없다! 말은 어

떤 작용에 따라 종이 위에 흔적을 남김으로써 비록 처음에는 영향력이 미약하지만 이처럼 오랫동안 깊은 인상을 남기는 것인가? … 관념들을 어떤 단순한 그림의 도움을 받아 빠르게 조합하는 힘은 놀랍고 초자연적인 면을 갖고 있다…. 말은 사물 자체보다 더 상상력을 자극한다…. 나는 루소의 《신 엘로이즈》를 펼친다. 그것은 여전히 흰 종이 위에 검은 글씨이지만, 갑자기 나는 주의를 기울이고, 후끈 달아오르고, 자극받는다. 나는 불길을 잡는다, 나는 천 가지 다른 방식으로 감동받는다." *Mon Bonnet de nuit*, I, 298, 302.

10장 여론

1 Chartier, *Les Origines culturelles de la Révolution française*, pp. 108~110.

2 Arlette Frage and Jacques Revel, *Logiques de la foule. L'affaire des enlèvements d'enfants*. Paris 1750(Paris, 1988); Arlette Farge, *Dire et mal dire. L'opinion publique au XVIIIe siècle* (Paris, 1992).

3 Mercier, *Tableau de Paris*, V, 109, 130; Chartier, *Les Origines culturelles de la Révolution française*, pp. 109~110. 사실, 메르시에는 간판에 대해 논평하면서 '거물급 인사들'의 영광이 얼마나 덧없는 것인지 일깨우려는 도덕적 시론을 펴기 위한 기회로 삼았다. 또한 그는 '가장 좋은à la royale'이라는 표현을 쓰면서 왕과 결부된 모든 것이 격조 높고 훌륭한 것이라는 파리인들의 견해를 보여주는 보기를 제시하려 했던 것이지, 그들이 군주정에 대한 존경심을 잃어버렸다고 지적하려 했던 것은 아니다. 어쨌든 우리는 메르시에의 논평을 길모퉁이의 사회학을 직접 만날 수 있는 기회로 받아들여서는 안 되며, 문학 텍스트로 받아들여야 한다.

4 Chartier, *Les Origines culturelles de la Révolution française*, pp. 108~109.

5 Johan Huizinga, *The Waning of the Middle Ages*(1st edn., 1919; New York, n.d.). 인류학자들은 신성한 것과 친숙한 것을 강조하는 경우가 많았다. 다음은 좋은 예다. E. E. Evans-Pritchard, Witchcraft, *Oracles and Magic Among the Azande*(Oxford, 1937).

6 아르스날 도서관, ms. 10170. 이 문서에는 주로 날짜와 서명이 없는 기록을 남긴 종이 조각들을 모아놓았다. 그리고 다른 시대에 대한 정보를 얻기 위해 이와 비교할 만한 문서는 없기 때문에, 우리는 18세기를 통틀어 카페에서 오가는 험담거리에 대한 일관성 있는 경찰 보고서를 한 벌도 제대로 갖추지 못했다.

7 Ibid., ms 10170, fo. 175. 따옴표는 내가 붙였다.

8 Ibid., ms 10170, f. 176.

9 프랑스 국립도서관, "Personnes qui ont été détenues à la Bastille depuis l'année 1660 jusques et compris l'année 1754": nouvelles acquisitions françaises, ms 1891, fo. 419. 불행하게도 아르스날 도서관의 소장 문서는 이 시기 경찰 첩자들이 카페에서 올린 보고서를 포함하고 있지 않다. 이러한 문서는 성격상 일상적인 대화보다는 선동적인 대화에 관한 보고서를 포함한다. 따라서 문서들의 분량이 일정하지 않고, 비교 결과도 만족스럽지 못하다. 그렇지만 1740년대 후반과 1750년대의 바스티유 문서에 담겨 있는 악담에 관한 보고서는 그 이전 시기의 보고서보다 훨씬 극단적이고 분량도 많다.

10 Ibid., fo. 427.

11 Ibid., fo. 431. 또한 나무 장수인 빅토르 에스페르그Victor Hespergues의 문서도 이와 비슷하다. ibid., fo. 489.

12 분홍빛 대중 이야기를 상당히 많이 나오게 만든 루이의 사생활에 대한 학술 연구가 있다. Michel Antoine, *Louis XV*, pp. 457~510.

13 바로크 시대의 종교성과 교리논쟁에 대해서는 다음을 보라. Michel Vovelle, *Piété baroque et déchristianisation en Provence au XVIIIe siècle*(Paris, 1973); Jean Delumeau, *Le Catholicisme entre Luther et Voltaire*(Paris, 1971). 얀센주의—가톨릭교 안에 나타난 아우구스티노풍의 엄격한 흐름으로서, 이프르의 주교 코르넬리우스 얀세니우스의 이름에서 나왔다—에 대해서는 Edmond Préclin, *Les Jansénistes du XVIIIe siècle et la constitution civile du clergé; le d éveloppement du richérisme, sa propagation dans le bas clergé, 1713~91*(Paris, 1929); René Taveneaux, *Jansénisme et politique*(Paris, 1965); Dale Van Kley, *The Damiens Affair and the Unraveling of the Ancien Regime*(Princeton, 1984)을 참조하라.

14 Farge, *Dire et mal dire*, pp. 187~240.

15 나는 당대 사람들이 여론에 대해 갖고 있던 개념을 이해하는 일이 중요하다는 사실을 저평가할 생각은 없다. 또한 저널리즘과 소책자에 관한 연구가 공헌한 것을 최소화할 생각도 없다. 이러한 주제를 학술적으로 훌륭하게 다룬 사람들은 키스 베이커, 모나 오주프, 장 스가르, 피에르 레타, 잭 센서, 제레미 폽킨이다. 이들의 저작은 이미 앞에서 인용했다. 내 주장의 요점은 지금까지 학자들이 앙시앵 레짐 시대의 독특한 의사소통 체계에서 작용하던 수많은 매체가 실제로 어떻게 여론에 영향을 미쳤으며, 여론은 어떻게 실제 사건에 영향을 미쳤는지 제대로 다루지 않았다는 것이다.

16 장 에그레의 업적은 중요한 도전이었지만, 지금까지 반향을 불러일으키지 못했다. 왜냐하면 그것은 아직도 프랑스혁명의 일반적인 역사에 적절히 포함되지 않았기 때문이다. 특히 다음을 보라. Jean Egret, *La Pré-Révolution française*(1787~1788)(Paris, 1962). 윌리엄 도일은 에그레의 견해를 가장 폭넓게 손질했다. William Doyle, *Origins of the French Revolution*(Oxford, 1980). 내 의견을 분명히 말하라면, 나는 내가 에그레의 저서를 처음 읽은 뒤부터 '특권층의 반란'을 믿지 않았으며, 그의 통찰력을 내 박사학위 논문—*Trends in Radical Propaganda on the Eve of the French Revolution*(1782~1788)—에 적용하려고 노력했음을 밝혀둔다.

17 Wilma J. Pugh, "Calonne's New Deal," *Journal of Modern History*, IX(1939), 289~312.

지은이 로버트 단턴 Robert Darnton은 1939년 미국 뉴욕에서 태어나 1960년 하버드대학교를 졸업했다. 1964년 옥스퍼드대학교에서 박사학위를 취득한 뒤, 〈뉴욕 타임스〉에서 짧은 기간 기자로 근무하다가 1965년 하버드대학교 명예교우회의 연구원이 되었다. 1968년부터 2007년까지 프린스턴대학교에서 유럽사를 가르치며 수많은 저서와 논문을 썼으며 왕성한 학술활동으로 국제적인 명성을 얻었다. 2007년에는 하버드대학교로 돌아가 칼 포르차이머 교수가 되었으며 도서관장에 취임했다.

'책의 역사가'로서 당대 최고의 위치를 확보하고 있는 단턴은 1979년 《계몽주의의 사업The Business of Enlightenment》으로 리오 거쇼이Leo Gershoy상을, 1996년 《책과 혁명》으로 미국비평가협회상을 받았으며, 1999년 프랑스 정부로부터 레지옹 도뇌르 슈발리에 훈장을, 2004년에는 국제구텐베르크협회로부터 구텐베르크 기념상을, 2012년에는 버락 오바마 대통령이 수여하는 2011년 국가인문학메달을, 2013년에는 키노델두카 세계문학상을 수상했다.

지은 책으로는 한국에서도 널리 읽힌 《고양이 대학살The Great Cat Massacre》을 비롯하여, 《앙시앵 레짐 시대의 문학적 지하세계The Literary Underground of the Old Regime》《로버트 단턴의 문화사 읽기The Kiss of Lamourette》《인쇄 혁명Revolution in Print》《18세기 지하문학의 세계L'univers de la littérature clandestine au XVIIIe siècle》《베를린 저널 1989~1990》《시인을 체포하라Poetry and the Police》들이 있으며, 《메스머리즘과 프랑스 계몽시대의 종언Mesmerism and the End of the Enlightenment in France》(알마 출판사 근간)이 올해 한국어판으로 나올 예정이다.

전자논문 프로젝트인 구텐베르크-e 프로그램의 설립자이기도 한 단턴은 디지털 기술과 인터넷 등 다양한 매체로 관심 영역을 넓혀가고 있다.

—

옮긴이 주명철은 1950년 서울에서 태어나 서강대학교 영어영문학과를 졸업했다. 같은 학교 대학원 사학과를 거쳐, 프랑스 파리1대학교에서 다니엘 로슈 교수의 지도를 받아 앙시앵 레짐 시대의 사회와 문화를 연구했다. 한국으로 돌아온 뒤, 박사학위 논문을 바탕으로 첫 책 《바스티유의 금서》를 저술했으며, 지은 책으로 《파리의 치마 밑》《지옥에 간 작가들》《다이아몬드 목걸이 사건과 마리 앙투아네트 신화》《서양 금서의 문화사》《오늘 만나는 프랑스혁명》《계몽과 쾌락》들이 있고, 번역서로는 《프랑스혁명의 지적 기원》《계몽주의의 기원》《역사 속의 기독교》들이 있다. 1987년부터 한국교원대학교 역사교육과에서 교수로 재직하고 있으며, 문화사학회·역사학회·한국서양사학회 회장을 역임했다.

책과 혁명

1판 1쇄 펴냄 2016년 12월 6일
1판 4쇄 펴냄 2021년 3월 19일

지은이 로버트 단턴
옮긴이 주명철
펴낸이 안지미

펴낸곳 (주)알마
출판등록 2006년 6월 22일 제2013-000266호
주소 04056 서울시 마포구 신촌로4길 5-13, 3층
전화 02.324.3800 판매 02.324.2846 편집
전송 02.324.1144

전자우편 alma@almabook.com
페이스북 /almabooks
트위터 @alma_books
인스타그램 @alma_books

ISBN 979-11-85430-07-2 03900

알마는 아이쿱생협과 더불어 협동조합의 가치를 실천하는 출판사입니다.

종이 표지_스노우화이트 250g/㎡ 본문_전주 그린라이트 70g/㎡ 스노우화이트 100g/㎡